Schriften

der

Centralstelle für Vorbereitung

von

Handelsverträgen.

---

8. Heft.

Deutschland und die Vereinigten Staaten.

Ein handelspolitischer Rückblick bei
Eröffnung des Internationalen Handelskongresses zu Philadelphia

von

Dr. Walther Borgius,
Dezernent in der Centralstelle für Vorbereitung von
Handelsverträgen.

Berlin.
J. Guttentag, Verlagsbuchhandlung.
G. m. b. H.
1899.

Deutschland und die Vereinigten Staaten.

Ein handelspolitischer Rückblick

bei Eröffnung des

Internationalen Handelskongresses

zu Philadelphia.

Von

Dr. Walther Borgius

Dezernent in der Centralstelle für Vorbereitung von Handelsverträgen.

Berlin.

J. Guttentag, Verlagsbuchhandlung.

G. m. b. H.

1899.

Vorwort.

Eine Neuregelung der handelspolitischen Beziehungen zwischen Deutschland und den Vereinigten Staaten dürfte für beide Theile eine der wünschenswerthesten aber auch der schwierigsten Aufgaben künftiger Handelspolitik sein. Denn einerseits sind die kommerziellen Beziehungen zwischen den genannten beiden Ländern ausserordentlich intensiv — sie umfassen beiderseits etwa ein Achtel bis ein Zehntel des gesammten Ein- und Ausfuhrhandels —; andererseits beruhen sie rechtlich auf so unklarer und komplizirter Basis, dass eine klare Uebersicht der Verhältnisse für den ferner stehenden Laien nicht ganz leicht ist.

In dem Augenblicke, in welchem das Handelsmuseum zu Philadelphia die ganze Welt zur Besichtigung seiner Einrichtungen, zur Beschickung der von ihm veranstalteten Ausstellung, zur Theilnahme an dem von ihm einberufenen internationalen Handelskongress einladet, wird dieser Uebelstand doppelt fühlbar. Ich habe deshalb versucht, zur schnelleren und leichteren Orientirung die wichtigsten Thatsachen der neueren Handels- und Handelsvertrags-Politik der amerikanischen Union, sowie ihres Verhältnisses zu Deutschland im Besonderen, in gedrängter Darstellung zusammen zu fassen.

Berlin, im September 1899.

Der Verfasser.

Inhalts-Verzeichniss.

Erstes Kapitel. Geschichtlicher Rückblick. Seite

Zweites Kapitel. Handelsverträge.

Drittes Kapitel. Zollbehandlung und Verzollungs-Verfahren.

Viertes Kapitel. Amerikanische Exportbestrebungen.

Statistik.

Verzeichniss
der wichtigsten benutzten Quellen:

Mayo-Smith und Seligman: „The Commercial Policy of the United States of America 1860—90.“ (Schr. d. Ver. f. Soz.-Pol.). Lpzg. 1892.

George M. Fisk: „Die handelspolitischen und sonstigen völkerrechtlichen Beziehungen zwischen Deutschland und den Vereinigten Staaten von Amerika.“ (Münch. Volksw. Stud.) Stuttg. 1897.

Sartorius Frhr. v. Waltershausen: „Deutschland und die Handelspolitik der Vereinigten Staaten von Amerika.“ (Schr. d. Centralst. f. Vorber. v. Handels-Vertr.) Berlin 1898.

Albrecht Wirth: „Das Wachsthum der Vereinigten Staaten von Amerika und ihre auswärtige Politik.“ Bonn 1899.

Kurt Apelt: „Die Konsumtion der wichtigsten Kulturländer in den letzten Jahrzehnten.“ Berlin 1899.

Handwörterbuch der Staatswissenschaften

Wörterbuch der Volkswirthschaft.

Deutsches Handelsarchiv. Berlin. Mittler & Sohn.

Handel und Gewerbe. Berlin. Siemenroth & Troschel.

Das Handelsmuseum. Wien.

Verhandlungen des Deutschen Reichstags.

Ausserdem amerikanische und deutsche Statistiken und Konsularberichte, Jahresberichte der Handelskammern, Mittheilungen der Fach- und Tagespresse

Erstes Kapitel.

Geschichtlicher Rückblick.

I. Finanzzollpolitik bis zum Jahre 1890.

Wer die Eigenthümlichkeiten der nordamerikanischen Zollpolitik verstehen will, muss sich gegenwärtig halten, dass dieselbe neben einander zwei verschiedenen Zwecken dient, welche sich zuweilen decken, zuweilen aber auch widersprechen: dem fiskalischen und dem protektionistischen.

Allerdings dienen auch in den übrigen Ländern die Schutzzölle gleichzeitig den Bedürfnissen des Staatssäckels, aber nur nebenbei, so zu sagen als unvermeidliche, angenehme Zugabe. Im Prinzip ist der Staatshaushalt wesentlich auf andere Einnahmen fundirt oder wenigstens in der Lage, auf diese nach Belieben zurückzugreifen: Steuern und Abgaben, Domänen und Forsten, Matrikularbeiträge, Gebühren aller Art, wirthschaftliche Staatsbetriebe, wie Post, Eisenbahn, Bergwerke und dergleichen bilden die grossen Einnahmequellen für die Staaten der alten Welt, neben denen die Grenzzölle heute nur subsidiär in Betracht kommen.

Anders in den Vereinigten Staaten. Derartige Einnahmen, wie die erwähnten, giebt es hier nur in geringem Umfang. Ausser den Einkünften aus dem Verkauf öffentlicher Ländereien, die verschwindend gering sind, und aus der Postverwaltung, welche in der Regel mit einem Defizit schliesst, kommen nur noch die sogenannten „inneren Revenue-Steuern“ in Betracht, die sich wesentlich auf Tabak-, Bier- und Branntweinsteuer beschränken. Davon abgesehen sind die gesammten

Einkünfte auf dem Ertrag des Zolltarifs basirt, und darum ist die Gestaltung des Letzteren von jeher in erster Linie eine Frage des Finanzbedarfs gewesen, hinter der die übrigen dadurch zu erreichenden Zwecke zurückstehen mussten und hauptsächlich dazu dienten, gelegentliche Zollerhöhungen annehmbarer erscheinen zu lassen.

Der Staatsbedarf der amerikanischen Union war nun der Lage der Sache nach bis in die neueste Zeit ein sehr geringer. Aus diesem Grunde war auch das amerikanische Zollsystem nicht besonders hoch. Erst um das Jahr 1860 zeigte sich plötzlich ein Defizit in der Staatskasse, und bei der dadurch veranlassten Erhöhung der Zollsätze in dem sogenannten Morill-Tarif setzten zum ersten Male die schutzzöllnerisch gesinnten Industrien Pennsylvaniens und Neu-Englands eine spezielle Berücksichtigung ihrer Wünsche durch. Als dann in dem bald folgenden Secessionskrieg die kapitalistisch-grossindustriellen Nordstaaten den Sieg errungen und die Klinke der Gesetzgebung in ihre Hand genommen hatten, bedeutete dies für die Handelspolitik zugleich einen Sieg des Protektionismus, dessen Bedürfnisse von nun ab für die Gestaltung des Tarifs neben den fiskalischen maassgebend waren. Dieselben kamen jedoch zunächst nicht allzu rigoros zum Ausdruck. Der ungeheure wirthschaftliche Aufschwung des Landes liess ein Verlangen nach Steigerung des Zollschutzes kaum fühlbar werden, und die neu erstandene und an Bedeutung gewinnende Klasse der exportirenden Getreidefarmer war eher einer Erniedrigung als einer Erhöhung der Zölle geneigt. Erst Mitte der achtziger Jahre wurde die Zollfrage aktuell. Durch das gewaltige Wiederaufblühen von Handel und Verkehr nach Abschluss der Kriegsperiode entstand ein schnelles und starkes Steigen der Waareneinfuhr und damit der Zollerträge. Die Einnahmen aus diesen brachten um diese Zeit solche Ueberschüsse (100—150 Mill. Dollar), dass man keine Gelegenheit mehr zur Verwendung des Geldes fand und deshalb — mit in Rücksicht auf die freihändlerischen Neigungen der Cerealienexporteure — eine allgemeine Herabsetzung der Zollsätze befürwortete und (durch Gesetz von 1883) theilweise auch durchführte. Dem widersetzten sich die industriellen Interessenten sehr heftig und entschieden. Um die trotz der Zollreduktion fortbestehende Thatsache der Einnahmen-Ueberschüsse aus der Welt zu schaffen, führten sie die enormen Pensionszahlungen an Invaliden und Veteranen der Union und ihre Familien ein, wodurch sie sich zugleich eine feste Anhängerschaar sicherten. Um die grosse Masse des Arbeiterproletariats zu gewinnen, brachten sie das — schon 1837 von Daniel Webster mit Glück angewendete — Schlagwort von der Erhaltung des hohen Lohnniveaus in den Vereinigten Staaten durch Schutzzölle auf; und ihre Agitation war so erfolgreich, dass sie, nachdem die Frage der Tarifreform einmal in Fluss gebracht und durch die Botschaft des Präsidenten Cleveland von 1887 sogar zum Angelpunkt des Wahlkampfes von 1889 gemacht worden war, mehr erreichten, als sie ursprünglich verlangt und erwartet hatten. Mit dem Mac Kinley-Tarif vom 10. Juni 1890 hielt faktisch der Hochschutzzollgedanke der wirthschaftlichen Selbstgenügsamkeit seinen Einzug in die Handelspolitik der Vereinigten Staaten, um sich bislang siegreich zu behaupten.

II. Schutzzollpolitik.

1. Der Mac Kinley-Tarif.

Zunächst schien es noch einmal, als sollten die gemässigten Tendenzen zur Geltung gelangen. Die erste Wirkung des neuen Tarifs war natürlich, dass die Preise der meisten und wichtigsten Bedarfsartikel plötzlich und erheblich stiegen. Dies stachelte die grosse Masse des niederen Volkes gegen die jüngste Wendung der Handelspolitik auf, und zwar mit um so grösserem Recht, als die prophezeite Steigerung der Leistungsfähigkeit der einheimischen Industrie sich keineswegs so schnell in dem Maasse und Umfange zeigte, wie man erwartet oder zu erwarten vorgegeben hatte. Denn die Zollsätze des Tarifs waren vielfach mehr eine Folge des Zufalls und der Willkür, als wohlerwogener ökonomischer

Rücksichten. Vor allem hatte die republikanische Partei sich genöthigt gesehen, zum Dank für die im Wahlkampf erhaltene Unterstützung an Interessentengruppen ein Reihe von Zöllen auszutheilen, die sich bei Licht besehen als unbegründete Liebesgaben darstellten; so — um ein Beispiel zu nennen — den Zoll auf Deckblatt-Tabak für Cigarren. Die Herstellung solches in den Vereinigten Staaten war so untergeordnet und im Hinblick auf den starken Verbrauch so gering, andererseits die wirthschaftliche Lage dieser Industrie so wenig bedroht, dass ein sachliches Bedürfniss nach Zollschutz keineswegs vorlag, dieser vielmehr lediglich ein Geschenk für eine kleine Anzahl Farmer in Connecticut bedeutete. Ferner waren hohe Zölle eingeführt worden für eine Anzahl von Industrien, welche in den Vereinigten Staaten überhaupt nicht existirten oder durchaus unbedeutend waren, welche man aber künstlich züchten zu können vermeinte. Hierher gehört z. B. die Fabrikation von Weissblech. Es leuchtet ein, dass die Aufzucht solcher Industriezweige nicht von heut auf morgen möglich ist; bis sie aber zu einer ausreichenden Höhe gediehen ist, wenn eine solche überhaupt erreicht wird, spürt der inländische Konsum von den angeblich wohlthätigen Folgen des Schutzzolles nichts als die plötzlich exorbitant gesteigerten Preise der nach wie vor aus dem Auslande bezogenen Güter und der aus ihnen hergestellten Fabrikate. Die Löhne, zu deren Hochhaltung der Schutztarif angeblich dienen sollte, stiegen aber nicht oder zu geringfügig, um die Mehrkosten wett zu machen. So kam es, dass die grosse Masse der Konsumenten sich einer gewissen Enttäuschung ausgesetzt sah und im ersten Moment einer Wiedererniedrigung des Zolltarifs nicht abgeneigt war.

Dazu kam, dass 1890 die Exportinteressen bereits über die Kreise der Farmer hinausgingen und eine Anzahl von Zweigen namentlich der Metallindustrie in Mitleidenschaft zogen, welche damals im Begriff waren, ausländische Absatzgebiete zu erobern. Diese waren nun — gerade in ihrem augenblicklichen Entwickelungsstadium — ebenfalls keine allzu warmen Anhänger der Hochschutzzollpolitik. Denn den inneren Markt beherrschten sie bereits, sodass sie ein Bedürfniss nach Schutz gegen die Konkurrenz des Auslandes nicht fühlten; wohl aber konnten sie von einer europafeindlichen, sich abschliessenden Handelspolitik der Union Schwierigkeiten für die Ausfuhr ihrer Fabrikate in andere Länder erwarten. Die amerikanische Regierung hatte dieser Sachlage bereits insoweit Rechnung getragen, als sie für die hier in Betracht kommenden Artikel die Zölle nicht nur nicht erhöht, sondern sogar vielfach gegen früher erniedrigt hatte. Aber das war natürlich nur halbe Arbeit, da diese Zölle ja so wie so durch die Entwickelung irrelevant geworden waren und ihre Ermässigung dem Ausland schwerlich nützen konnte.

2. Der Wilson- und Brice-Gorman-Tarif.

So machte sich denn gleich nach dem Inkrafttreten der Mac Kinley-Bill eine starke Strömung gegen sie geltend; noch am Ende desselben Jahres brachten die Wahlen zum Repräsentantenhaus, anderthalb Jahre später auch die zum Senat eine demokratische Majorität und die Präsidentenwahl von 1892 einen demokratischen Präsidenten: Grover Cleveland, der schon bei seiner vorigen Präsidentenschaft im Jahre 1887 lebhaft für die Herabsetzung selbst des damaligen niedrigeren Zolltarifs eingetreten war. Als im folgenden Jahre 1893 eine allgemeine einschneidende Krisis die wirthschaftlichen Verhältnisse der Vereinigten Staaten erschütterte und den Glauben an die wohlthätigen Wirkungen des Hochschutzzolls noch mehr diskreditirte, brachte die Regierung beim Kongress den Entwurf eines neuen Zollgesetzes, der sogenannten Wilson-Bill, ein, welche eine grundsätzliche Aenderung der Handelspolitik darstellen sollte. Die demokratische Partei, die nach dem Siege wesentlich unter dem Einfluss hres radikalen linken Flügels stand, hatte das Ideal des freihändlerischen reinen Finanztarifs zur Grundlage ihrer Handelspolitik gemacht, ja hatte sogar jeden, andere Zwecke verfolgenden Tarif als der Verfassung widersprechend erklärt. Aber es zeigte sich hier wieder einmal, dass grosse geschichtliche Entwickelungen nicht von den Personen abhängen, die ihre zufälligen Träger sind, sondern von den realen Thatsachen, ja dass die ausführenden Personen oft gegen ihren Willen und ohne es zu wollen zu Gunsten der gegnerischen Tendenzen handeln müssen. So auch hier. Der Entwurf bereitete der herrschenden Partei eine unangenehme Enttäuschung. Wilson selber war kein Freihändler nach dem Herzen der Demokraten, aber er war ein gemässigter Schutzzöllner, ein vernünftiger Volkswirth, der wusste, dass speziell die Fragen der Handelspolitik sich nicht nach Schlagworten oder Prinzipien lösen lassen, sondern dass ihre Beantwortung in einer zweckentsprechenden Anpassung an die augenblicklichen im Lauf der Zeit wechselnden wirthschaftlichen Verhältnisse wurzeln müsse. Von diesem Grundsatze ausgehend befürwortete er — und das war von prinzipieller Bedeutung — Loslösung des Zolltarifs von fiskalischen Rücksichten. Wilson sah ein, dass bei dem Stande der wirthschaftlichen Entwickelung, welchen die Vereinigten Staaten gegenwärtig erreicht haben, die erste wenn nicht einzige Aufgabe eines Zollgesetzes planmässige Einwirkung auf die Produktionsverhältnisse sein müsse, und dass durch eine Verquickung mit der Absicht der Erzielung bestimmter Zolleinnahmen als Selbstzweck jene erste und wichtigste Aufgabe leiden müsse. Der von ihm vorgelegte ursprüngliche Entwurf behandelt daher die Verzollungsfrage lediglich unter dem Gesichtspunkte der wirthschaftlichen Zweckmässigkeit. Bei Aufstellung desselben war der Grundsatz maassgebend gewesen, dass die Roh- und Hilfsstoffe, deren die amerikanische Industrie bedurfte, volle Zollfreiheit geniessen sollten; dagegen sollten die Fabrikate, soweit die ausländische Industrie der einheimischen nennenswerthe Konkurrenz machte, durchweg die Wohlthat eines Schutzzolls geniessen, aber nur für solche Artikel und nur in solcher Höhe, wie unbedingt erforderlich war, um ihr im Wettbewerb mit dem Ausland noch lohnende Preise zu garantiren; die Zollsätze zeigten deshalb, soweit sie nicht völlig aufgehoben wurden, wie der Zoll auf Wolle, gegen die übertriebenen Ziffern des Mac Kinley-Tarifs im Allgemeinen eine erfreuliche Ermässigung. Letztere erfuhren namentlich die Zölle auf Woll- und Baumwollwaaren, welche durch den Mac Kinley-Tarif weit über das Bedüfniss geschützt waren, sodann eine beträchtliche Anzahl Erzeugnisse der Seiden-, Porzellan-, Thon- etc. Industrie, die an sich kaum des Zollschutzes bedurften, und zu deren relativ billigen Werthen die enorm hohen Zollsätze der Mac Kinley-Bill in keinem Verhältniss standen. Bei einer solchen Gestaltung des Tarifs war nun freilich nicht daran zu denken, vermittelst der erheblich geringer zu veranschlagenden Zolleinnahmen den steigenden Bedarf des Staatshaushaltes zu decken. Deshalb plante Wilson als Korrelat zu dem neuen Zolltarif die Wiedereinführung einer allgemeinen Einkommensteuer für die Union, die in solcher Höhe bemessen werden sollte, dass ihr Ergebniss den zu erwartenden Ausfall der Zollerträge wett machte. Eine solche war schon nach dem Bürgerkriege einmal eingesetzt worden, aber 1872 wieder aufgehoben worden.

Das waren die Grundgedanken des Wilson'schen Entwurfs, den dieser im Einverständniss mit dem Präsidenten Cleveland im Herbst 1894 dem Kongress zur Berathung vorlegte. Aber, wie beinahe zu erwarten stand, er fand nicht Gnade vor den Augen des Kongresses. Die demokratische Partei, welche über die Majorität gebot, hatte eine grundsätzliche Absage an den Protektionismus und reuige Rückkehr zu den Prinzipien des reinen Finanzzollsystems erhofft. Statt dessen sahen sie sich jetzt einem Entwurf gegenüber, der sich offen zum Schutzzollsystem bekannte, und waren empört über dieses Ergebniss. Die Republikaner, an sich gegen früher bedeutend geschwächt, sahen nur die beträchtliche Ermässigung und theilweise Aufhebung der hohen Zollsätze, die sie im Jahre 1890 durchgesetzt hatten, und bekämpften sie nicht weniger stark. Das Projekt der Einkommensteuer endlich wurde vom Oberbundesgericht a limine abgelehnt, weil es der Verfassung widerspreche, sodass der

Entwurf nunmehr schon aus fiskalischen Rücksichten unannehmbar erschien.

Um ihn nicht ganz verwerfen zu lassen, wurde die leidige Bahn der Kompromisspolitik eingeschlagen. Da man angesichts der Unmöglichkeit, dem Staatsbedarf vor der Hand andere Einkommenquellen zu beschaffen, auf eine Steigerung der Zollgefälle so wie so hinarbeiten musste, so galt es, an dem Entwurf die Zollsätze solange zu erhöhen, bis sich eine wie auch gestaltete Majorität dafür fand. Der Entwurf wurde von Brice und Gorman einer dementsprechenden Umarbeitung unterzogen, die im Wesentlichen auf folgende Punkte hinauskam.

Zunächst wurden den Bergwerksmagnaten zu Gefallen sowohl die Eisenerze wie die Kohlen von der Liste der frei eingehenden Rohstoffe gestrichen. Die Rohrzuckerproduzenten von Louisiana und die Rübenzuckerproduzenten von Kalifornien wurden nebst dem mächtigen Zuckertrust durch die Beibehaltung des Zuckerzolls gewonnen, nur die Prämienzahlung fiel fort. Die starken und allgemeinen Zollherabsetzungen, welche die Fabrikate der Abtheilungen B (Pos. 94—98) und der Abtheilungen I, J, K, L (Waaren aus Baumwolle, Flachs, Hanf, Jute, Wolle, Seide) erfahren sollten, wurden bedeutend gemildert, namentlich für die feineren und höherwerthigen Textilprodukte weit mehr, als sich mit wirthschaftlichen Gründen vertheidigen liess; als Rohstoffe, welchen zollfreier Eingang gewährt wurde, blieben nur übrig: für die Textilindustrie Wolle, nebst Kameel-, Ziegen- etc. Haar, für die Holzindustrie Bretter, Planken, Dielen, sowie Bau- und Nutzholz, für die Metallindustrie Zinn, und von Konsumtibilien Salz. Aus Rücksicht auf die freihändlerischen Getreidefarmer wurde endlich die Zollfreiheit für landwirthschaftliche Maschinen und für gewisse zur Verfrachtung des Getreides nothwendige Artikel (Säcke und dergl.) zugestanden.

Um einige der wichtigsten Veränderungen des neuen Tarifs anzuführen, seien hier folgende Einzelheiten erwähnt.

Nachdem der hohe Wollzoll — 11 und 12 ct pro Pfd. für I. und II. Klasse, 32 pCt. und 50 pCt. für III. Klasse —

völlig gefallen war, mussten auch die enormen Zollsätze für Wollfabrikate, die sich nur durch die Belastung des Rohmaterials hatten rechtfertigen lassen, gemindert werden. Doch blieben dieselben hoch genug und höher als rationeller Weise angemessen war. Bisher hatten sie — aus Gewichts- und Werthzöllen kombinirt — weit über die Hälfte des Marktwerthes, im Einzelfall mehrfach 80—100 pCt. betragen. Nach dem neuen Tarif bewegten sie sich zwischen 25 und 50 pCt., wobei die wichtigsten Artikel etwa mit 40 pCt. belastet waren.

Bei den übrigen Textilzöllen, namentlich den Baumwollzöllen, bestanden die Abänderungen mehr in Umgestaltung der Klassifikation, als der Zollbelastung. Im Ganzen waren zwar Ermässigungen von ungefähr 10—12 pCt. vorgenommen, einzelne Artikel aber, namentlich die gröberen, sogar etwas erhöht worden.

Aehnlich war es mit den Zöllen für landwirthschaftliche Produkte. Die in grossem Umfang eingetretene Verwandlung in Werthzölle verschleierte die Geringfügigkeit der auch hier eingetretenen Ermässigungen. Die Zölle auf Butter und Käse wurden von 6 auf 4 cts per Pfund herabgesetzt, die Viehzölle durchweg auf 20 pCt. normirt, ebenso die wichtigsten Getreide- und Mehlarten. Nur Gerste wurde mit 30 pCt., Gerstenmalz sogar mit 40 pCt. v. W. geschützt.

Was die Metallindustrie anlangt, so wurde der Zoll für Eisenerze — die, wie erwähnt, von der Freiliste des Wilson-Entwurfs gestrichen waren — wenigstens von 75 auf 50 cts per ton herabgesetzt und dieser Ermässigung entsprechend auch die Sätze für Eisenfabrikate gemindert, aber auch sie nicht durchweg im angemessenen Maassstabe.

Um einige der wichtigsten Artikel anzuführen, betrug der Zoll per Tonne nach dem

für	Mac Kinley-Tarif:	Brice-Gorman-Tarif:
Roheisen	6,72 Doll.	4 Doll.
Eisenstangen	17,92 „	13,44 „
Stahl	5,15 „	3,36 „
Stahl in Stäben u. Schienen	13,44 „	9,84 „ .

Um endlich noch den für Deutschland speziell wichtigen Zucker zu erwähnen, so wurde für den seit 1890 zollfreien Zucker bis Nr. 16 Holl. Stand. ein 40 proz. Werthzoll neu eingeführt, zu dem für höherwerthige Nummern noch ein Zuschlagszoll von 1/8 ct. p. Pfd. tritt. Das durch den Mac Kinley-Tarif an Stelle des Zolles gesetzte System der Fabrikationsprämien von 2 ct. per Pfd. Zucker wurde aufgehoben, dagegen für Zucker aus Prämienländern, wozu bekanntlich auch Deutschland gehört, ein weiterer differentieller Zollzuschlag von 1/10 cts. per Pfd. gelegt, der uns weiter unten noch beschäftigen wird.

Alles in Allem war die durchschnittliche Zollbelastung der Einfuhr von 48,66 pCt. des Werthes auf 41,75 pCt. reduziert worden.

Der Entwurf hatte durch die Brice und Gorman'sche Bearbeitung seinen ursprünglichen Charakter so eingebüsst, dass seine einstigen Väter ihn verleugneten. Der Präsident selber erklärte, sich mit einem solchen Tarif nicht identifizieren zu können. Gleichwohl fand er sowohl im Repräsentantenhaus wie im Senat eine Majorität und wurde somit gegen den Willen des Präsidenten, der seine Unterschrift verweigte, Gesetz, mit Geltungskraft vom 27. August 1894 ab, soweit nicht Ausnahmen ausdrücklich vorgesehen waren.

3. Der Dingley-Tarif.

Es war von vornherein offensichtlich, dass diesem Produkt einer kläglichen Kompromisspolitik, dem legislatorischen Ergebniss einer durch kein festes Prinzip zusammengehaltenen, auf persönliche Interessen basierten Zufallsmehrheit, kein langes Leben beschieden sein konnte. Ein Tarif, der weder dem Finanzzoll-, noch dem gemässigten Schutzzoll-, noch dem Prohibitiv-System entsprach, musste in seiner Wirkung gleichermaassen alle Parteien enttäuschen und keine der möglichen Aufgaben zufriedenstellend lösen. Die demokratischen Anhänger des Finanzzollsystems sahen, dass auch die Partei, der sie zur Herrschaft verholfen hatten, unter dem Druck der Verhältnisse ihre Prinzipien verleugnet und einen Schutzzoll geschaffen hatte, dessen relativ geringe Ermässigungen einen allgemeinen Preisabschlag der Bedarfsartikel nicht zur Folge haben konnte. Die Republikaner sahen, dass trotz der gegnerischen Majorität ihr Prinzip gesiegt hatte, ohne jedoch für ihre Zwecke genügend ausgebeutet zu sein, und — das schlimmste von allem — die Bundeskasse wies für das erste Etatsjahr unter dem neuen Tarif ein Defizit von ca. 60 Mill. Dollar auf. Unter diesen Umständen war es für die Hochschutzzöllner nicht schwer, das handelspolitische Fiasko, das die Demokraten unstreitig erlitten hatten, zu einer neuen, mit Hochdruck betriebenen Agitation für ihre Ziele zu verwerthen, und nur allzuerfolgreich: Noch im Laufe desselben Jahres errangen sie bei den Neuwahlen zum Repräsentantenhaus die überwiegende Mehrheit, Cleveland fiel, und an seiner Statt zog der Vater des Hochschutztarifes von 1890, Mac Kinley, in das weisse Haus ein.

Der neue Präsident war nicht nur selbst Hochschutzzöllner, wie er durch den nach ihm genannten Tarif vom Jahre 1890 zur Genüge bewiesen hatte, sondern er war auch eben in dieser Eigenschaft von der protektionistisch-republikanischen Partei auf den Schild erhoben worden, um die „halbe Arbeit" des Brice-Gorman-Tarifs in ihrem Sinne auszugestalten. Diesen seinen Verpflichtungen nachzukommen, musste er deshalb in erster Linie als Aufgabe seiner Präsidentenschaft betrachten. Und so ging denn die neue Regierung unverzüglich an die Revision des Tarifs.

Wie wir bereits gesehen haben, war vom rationell schutzzöllnerischen Standpunkt aus der geltende Tarif mehr als ausreichend; es galt aber für die Interessenten mehr, als nur die Gleichstellung mit einer etwa unter günstigeren Chancen arbeitenden ausländischen Konkurrenz. Was die Wortführer des Hochschutzzolls zu erreichen strebten, war der möglichst weitgehende Ausschluss der Konkurrenz, um den inländischen Markt mühelos zu beherrschen und durch Trusts und Syndikate die Preise nach Belieben heraufschrauben zu können.

Die grossen Trusts, diese in ihrer Eigenart spezifisch amerikanischen Bildungen, waren es, welche — wurzelnd im Hochschutzzoll und durch ihn gezüchtet — ihn jetzt ins Maasslose auszudehnen bestrebt und leider mächtig genug sind. Es ist hier nicht der Ort, um auf die alle ähnlichen Erscheinungen in anderen Ländern in den Schatten stellende nahezu vollständige Monopolisirung von Produktion, Handel und Transport in den Vereinigten Staaten näher einzugehen. Um aber einen Begriff von der wirthschaftlichen Macht dieser Kapitalvereinigungen zu geben, die heute das öffentliche Leben der Union beinahe ausschlaggebend beeinflussen, seien nachstehende Zahlen als Stichproben gegeben:

Der erste Trust, die bekannte und berüchtigte Standard Oil Company, war im Jahre 1882 ins Leben getreten; bereits im Laufe der achtziger Jahre mehrten sich Anzahl und Kapitalkraft der „combines", wie sie der Amerikaner nennt, so beträchtlich, dass ihre Agitation, speziell die des Zuckertrust, für die Wahl des Republikaners Harrison und das Zustandekommen des Mac Kinley-Tarifs schon recht erheblich in die Wagschale fiel. Waren doch im Jahre 1888 bereits 21, im darauffolgenden sogar schon 59 solcher grossen Kapitalassoziationen bekannt geworden. Nachdem aber die praktische Durchführung des Hochschutzzolls freie Bahn für die Kartellirung geschaffen hatte, machte dieselbe so gigantische Fortschritte, dass nach einer statistischen Untersuchung des amerikanischen Handelsamts vom Frühsommer d. J. gegenwärtig kaum noch der zehnte Theil des in der industriellen Produktion thätigen Kapitals (ca. 680 Millionen Dollar) dem Einfluss der monopolistischen Vereinigungen entzogen ist.

Nach einer Mittheilung des „United States Investor" betrug die Gesammtzahl der bestehenden Trusts im Hochsommer 1899 487, von denen 439 zusammen über ein Kapital von 7371 Millionen Dollar verfügen. Die Macht dieser Trusts, die sich auf alle denkbaren Gebiete des menschlichen Lebens erstrecken, ist eine ausserordentlich weitgehende und in den letzten Jahren namentlich für die Gestaltung der Handelspolitik der Vereinigten Staaten so gut wie ausschlaggebend gewesen.

Ihr Wirken ist insofern ein weit verhängnissvolleres, als das analoger Bildungen in Europa, weil sie in der grossen Mehrzahl reine Spekulationsprodukte sind, die ihre Existenz weniger dem Streben nach rationeller Gestaltung der Produktionsbedingungen, als der Absicht rücksichts- und schrankenloser Ausbeutung des Marktes verdanken. Die Erniedrigung des Zolltarifs auf ein bescheidenes Maass würde das Ende ihrer maasslosen Preistreiberei und voraussichtlich für eine grosse Anzahl derselben ihrer Existenz bedeuten. Darum ist ihr ganzes Streben auf möglichste Hochhaltung des Tarifs gerichtet, und darum verwendeten sie alsbald nach Inkrafttreten des Brice-Gorman-Tarifs ihren ganzen gewaltigen Einfluss darauf, diesen zu Fall und das Prinzip des extremen Hochschutzzoll wieder zur Geltung zu bringen.

Dank ihrer politischen Macht, Dank ihren unerschöpflichen Mitteln, mit denen sie den republikanischen Wahlfonds zu speisen und die Wahlmache zu unterstützen in der Lage waren, und Dank dem Druck, den sie auf die maassgebenden Stellen auszuüben verstanden, gelang ihnen dies so trefflich, dass alsbald nach der Wahl sogar die Währungsfrage, die mit der Tariffrage zusammen den Kardinalpunkt des Wahlkampfes gebildet hatte, völlig in den Hintergrund trat und die Ausarbeitung eines neuen Tarifgesetzentwurfs sofort als erste und wichtigste Aufgabe von der Regierung in Angriff genommen wurde. Im Winter 1896/97 schon legte der Vorsitzende des Repräsentantenhaus-Komitees, Dingley, dem Parlament das Ergebniss dieser Arbeiten vor. Dasselbe stellte sich dar als ein Produkt des übertriebensten Hochschutzprinzips, das selbst die Mac Kinley-Bill noch erheblich übertraf. Einige Ermässigungen der Zollsätze wurden im Lauf der Verhandlungen noch mittelst Kompromisses zwischen den beiden Häusern des Kongresses zu Stande gebracht. Im Wesentlichen aber erhielt der Entwurf in der vorgelegten Form Gesetzeskraft und trat mit dem 24. Juni 1897 thatsächlich in Geltung. Dieser gegenwärtig noch in Kraft befindliche, sog. Dingley-Tarif hat nunmehr das Höchstmaass von Zollschutz in allen Ländern des Weltmarktes weitaus übertroffen. Nach einer vom Kongress beschlossenen und von Charles H. Evans ausgeführten Berechnung ergab sich als durchschnittliche Zollbelastung des Imports unter dem Dingley-Tarif 54,50 pCt. gegenüber 48,66 pCt. unter dem Mac Kinley-Tarif und 41,75 pCt. unter dem Brice-Gorman-Tarif. Des Vergleichs halber muss man sich vergegenwärtigt halten, dass die gleichberechnete Zollbelastung in den anderen schutzzöllnerischen Ländern, Deutschland, Frankreich, Italien etc. sich zwischen 10 und 20 pCt. bewegt. Was die wichtigsten Hauptabschnitte des Tarifs anlangt, so betrug die Belastung bei:

	nach dem Brice-Gorman-T.	nach dem Dingley-T.
Chemikalien	28,33	30,67
Wolle und Wollwaaren	47,62	86,54
Seidenwaaren	46,96	53,40
Töpferei- und Glaswaaren	35.	52,45
Metalle	38,11	49,24
Zucker	40,94	74,16
Tabak	109,06	121,90
Cerealien	22,44	38,42
Spirituosen etc.	61,54	68,83
Baumwollwaaren	42,75	52,33

Im einzelnen sei noch erwähnt, dass für Wolle die zollfreie Einfuhr des Brice-Gorman-Tarifs wieder aufgehoben und die Zollsätze des Mac Kinley-Tarifs (11 und 12 cts. per Pfd. für Wolle I. und II. Klasse) wieder eingeführt wurden. Fabrikate aus Wolle sind mit dem drei- bis vierfachen Betrage des Zolles für Rohmaterial I. Klasse belegt und zahlen ausserdem bei einem Mindestwerth von 40 cts. per Pfd. noch einen Werthzoll von 50—55 pCt.

Die Zölle auf Roh- und Stab-Eisen, Stahl in Stangen, Stäben, Blechen, Draht etc. haben den bisherigen Satz beibehalten.

Völlig geändert ist der Verzollungsmodus für Zucker. Rohzucker über Nr. 16 Holl. Stand. zählt 1,95 Doll. per Pfd., ebenso Raffinade. Rohzucker bis Nr. 16 inkl. und Melasse bis 75° Polarisation zahlt einen Grundzoll von 0,95 cts. und einen Zuschlagszoll von 0,035 cts. für jeden höheren Polarisationsgrad. Ausserdem waren in Sektion 5 des Zollgesetzes weitere Zollzuschläge für Zucker aus Prämienländern vorgesehen.

Die Freiliste des Tarifs war noch mehr zusammengeschmolzen, als im Mac Kinley-Tarif. Für einige Kolonialwaaren (Thee, Kaffee, Tonka- und Vanille-Bohnen) behielt der Präsident den Ursprungsländern gegenüber die Berechtigung, als Repressalie die Zollfreiheit für sie aufzuheben, ebenso für einige andere Artikel das Recht, die Zölle im Reciprocitätsverfahren herabzusetzen.

III. Ergebnisse und Aussichten der Hochschutzzollpolitik.

Die Wirkungen des Dingley-Tarifs lassen sich noch nicht in vollem Umfang ersehen. Die erste Folge war natürlich ein kolossaler Absturz der Einfuhr. Im dritten Quartal des Jahres 1897 — dem ersten nach dem Inkrafttreten der Dingley-Bill — betrugen nach einer Zusammenstellung des amerikanischen Generalkonsulates zu Berlin die Exporte der einzelnen Bezirke nach der Union im Vergleich mit dem Vorjahr folgende Summen:

Bezirk:	1896:		1897:	
Annaberg	400 486,98	Doll.	340 031,76	Doll.
Berlin	1 380 596,95	„	1 226 603,20	„
Bremen	674 399,30	„	629 758,77	„
Breslau	529 770,24	„	355 024,20	„
Braunschweig	1 194 620,16	„	279 752.	„
Chemnitz	1 171 875,79	„	519 531,44	„
Glauchau	1 051 709,48	„	205 036,52	„
Guben	212 945,61	„	50 854,44	„
Hamburg	5 352 506,16	„	879 569,28	„
Hannover	196 671,36	„	156 016,19	„
Leipzig	1 141 598,87	„	908 514,17	„
Magdeburg	1 989 199,81	„	865 374,75	„
Plauen	830 168,94	„	495 426,61	„
Stettin	920 059,65	„	275 654,35	„
In Summa:	17 026 609,31	Doll.	7 189 146,68	Doll.

Diese plötzliche gewaltige Abnahme der Einfuhr nach Amerika ist natürlich zu sehr erheblichem Theile auf das Konto des Zolländerungstermins zu setzen. Sicheren Mittheilungen zufolge haben die Amerikaner in den letzten Monaten, als die gesetzliche Einführung des Termins schon sicher in Aussicht stand, ungeheure Waarenmengen auf Spekulation aus dem Ausland bezogen, sodass im Moment seines Inkrafttretens der Bedarf vieler oder der meisten Artikel auf lange Zeit hinaus gedeckt war. Es lässt sich aber nicht verkennen und kann ja auch nicht Wunder nehmen, dass im Allgemeinen der neue Tarif die Einfuhr beträchtlich beschränkte. Wählen wir zum Vergleich das Jahr vor und das Jahr nach demjenigen, in dessen Mitte er gesetzliche Geltung erlangte, so erhalten wir für die zehn wichtigsten Artikel der deutschen Ausfuhr nach den Vereinigten Staaten folgende Ziffern:

Gegenstand	Menge in 1000 t		Werth in Mill. Mark	
	1896	1898	1896	1898
Rohzucker	304,2	182,9	65,2	32,5
Halbseidene Zeuge, Tücher, Shawls etc.	1,1	0,9	29,0	20,1
Baumwoll. Strumpf-Waaren	4,0	3,4	23,7	18,6
Wollene Tuche und Zeuge, unbedr. . .	3,4	1,4	21,4	9,2
Porzellanwaar., mehrfarbig	8,8	7,1	15,9	12,8
Spielzeug aller Art .	7,6	7,0	11,1	9,9
Anilin- u. a. Theerfarbstoffe . . .	2,7	4,2	10,7	16,1
Led. Handschuhe .	0,17	0,24	10,0	13,3
Farbendrucke, Kupferstiche etc. . . .	0,85	0,65	9,3	7,5
Schreibpapier, Bunt-, Gold- und Silberpapier etc. . . .	2,0	1,1	7,9	4,1
In Summa . .	334,82	208,89	204,2	144,1

Von den vorstehenden zehn Positionen sind es allerdings nur zwei, für die sich die Ausfuhrziffer gesteigert hat: Anilinfarben und Handschuhe; für alle anderen ist sie gefallen, und zum Theil erheblich. Freilich muss erwähnt werden, dass auch für eine Anzahl anderer Artikel die Ziffer gestiegen ist. Zu nennen wären: Romanzement, Chlorkali, Häute und Felle zu Pelzwerk, künstliche Blumen, zugerichtete Schmuckfedern, halbseidene Bänder. Auf der anderen Seite ist die Liste der Artikel, deren Export zurückging, nicht erschöpft; wir nennen von wichtigeren noch: Borsten und Borstensurrogate, Bücher, baumwollene Spitzen. Auch die Gesammtausfuhr nach der Union weist mit 345 Millionen Mark in 1898 gegen 383,2 in 1896 einen bedenklichen Rückschritt auf.

Wir sehen, die in Folge der Tariferhöhung eingetretene Entwickelung ist keine einheitliche, jedenfalls aber auch keine allgemein ungünstige. Auch eine interessante Umfrage der „Frankfurter Zeitung" an eine grössere Anzahl hervorragender Fachmänner der betheiligten Industrien ergab dies Bild. Wohl klagte die eine oder die andere Branche, dass ihr Export empfindlich getroffen sei, aber es fehlte auch nicht an Stimmen, welche die neuen Zollerhöhungen im Vertrauen auf Qualität und Preiswerthigkeit ihrer Waaren zuversichtlich zu überwinden hofften. Mehrere gaben den Rückgang ihrer Ausfuhr nach der Union zu, warnten aber davor, ihn lediglich dem Dingley-Tarif aufs Konto zu setzen, da er bereits seit längerer Zeit merklich gewesen wäre. Andere führten aus, dass der Rückschlag im wesentlichen nur die besseren oder auch die billigeren Qualitäten ihrer Artikel getroffen hätte.

Die wirthschaftlichen Verhältnisse, die Produktions- und Transport-Voraussetzungen, welche den Waarenaustausch zwischen zwei Länder indiziren und bedingen, sind eben viel zu komplizirt und vielseitig, als dass eine Erhöhung des Tarifs auf alle von ihm getroffenen Branchen gleichmässig wirken könnte. Wir müssen uns hier an das erinnern, was weiter oben schon erwähnt wurde: Die Syndikate, Trusts und combinations, deren Machenschaften in der Hauptsache die Gestaltung und das Zustandekommen des neuen Zollgesetzes zu verdanken ist, hatten nur theilweise wirklich das Bestreben, Zollschutz im eigentlichen Sinne zu erlangen, resp. besassen solchen in hinreichendem Maasse schon unter dem Mac Kinley- und Brice-Gorman-Tarif. Was sie vom Hochschutzzoll begehrten, war eine feste Grundlage für maasslose Preistreibereien, deren Grenze lediglich durch die Kaufkraft der Konsumenten gebildet wurde. Solche Absatzbedingungen aber schädigten die deutsche Konkurrenz nicht, soweit sie nach Technik und Qualität konkurrenzfähig blieb. Thatsächlich sind die erhöhten Zollsätze des Dingley-Tarifs zum grossen Theil von den Konsumenten getragen worden, und wenn trotzdem die deutsche Einfuhr im ersten Jahr vielfach beträchtlich zurückgegangen ist, so hat dies nicht zum Letzten seinen Grund mit darin, dass das Anziehen der Preise aus naheliegenden Gründen nicht plötzlich und allgemein erfolgen konnte. Es ist wohl zu vermuthen, dass — ebenso wie seiner Zeit nach dem Inkrafttreten der Mac Kinley-Bill — ein Theil der anfänglich sich stark geschädigt glaubenden Branchen allmählich ihre Konkurrenzfähigkeit auf dem amerikanischen Markt wiedergewinnen werden.

Selbstverständlich darf dabei nicht übersehen werden, dass unter dem Schutze der hohen Zollmauer — dies jedoch bereits seit 1890 — eine Reihe von Industriezweigen in Amerika in die Höhe gekommen oder neuentstanden sind, deren Produkte früher das Ausland bezw. Deutschland dorthin ausführte, während jetzt jene nicht nur den inneren Markt mehr oder weniger decken, sondern theilweise sogar ernste Exportkonkurrenten auf dem Weltmarkt geworden sind. Als besonders markantes Beispiel sei hier auf die Produktion von Weissblech hingewiesen, die — früher in den Vereinigten Staaten unbekannt — durch die Mac Kinley-Bill einen hohen Schutzzoll gewährt erhielt, um die Industrie künstlich zu züchten. Von welchem Erfolg diese Maassnahme begleitet gewesen ist, zeigt nachstehende, vom Schatzamt-Departement zu Washington aufgestellte Statistik. Es betrug in Weissblech:

Jahr	Produktion: Pfund	Einfuhr: Pfund	Von dem dazu benöthigten Schwarzblech war einheim. Fabrik.	importirt
1889	— — —	735 779 988	—	—
1890	— — —	680 060 925	—	—
1891	— — —	1 036 489 074	—	—
1892	13 646 719	422 176 202	68,12 pCt.	31,88 pCt.
1893	99 819 202	628 425 902	43,68 „	56,32 „
1894	139 223 467	454 160 826	61,74 „	38,26 „
1895	193 801 003	508 038 938	82,85 „	17,15 „
1896	307 228 621	385 138 983	98,62 „	1,38 „
1897	446 982 063	230 073 683	99,99 „	0,01 „
1898	640 000 000	171 662 245	100,— „	—

Die Fabrikation des als Rohstoff benöthigten Schwarzblechs wurde betrieben:

im I. Quartal des Jahres 1891/92 von 5 Fabriken
„ II. „ „ „ „ „ 11 „
„ III. „ „ „ „ „ 20 „
„ IV. „ „ „ „ „ 26 „

Gegenwärtig deckt Amerika seinen gesammten Bedarf an Weissblech durch eigene Produktion und ist ausserdem in der Lage, mit Erfolg zu exportiren, da bei gleicher Qualität der Preis in New-York für importirtes 4 Dollar per Kiste, für einheimisches nur 3,10 Dollar beträgt.

Einige weitere Beispiele:

Für Eisen- und Stahlprodukte betrug die

	Einfuhr:	Ausfuhr:
1880	71266 Tausend Dollar	14716 Tausend Dollar
1890	41679 „ „	25543 „ „
1895	25338 „ „	41160 „ „
1897	12615 „ „	70367 „ „

Die Walzdrahterzeugung stieg nach den statistischen Angaben der American Iron and Steel Association allein in den letzten zwei Jahren

von	623986	Rohtonnen	im	Jahre	1896
auf	970736	"	"	"	1897
und auf	1071683	"	"	"	1898

Ausserordentlich gehoben hat sich auch die Schuh- und Stiefelproduktion. Dieselbe ergab

1894	777	Tausend	Dollar
1898	1816	"	"
1899	2500	"	"

Die Zahl der in der Baumwoll-Industrie laufenden Spindeln stieg unter dem Einfluss der neueren Schutzzollgesetzgebung allein in den Südstaaten von 1631280 in 1890 auf 4057244 in 1898.

Der Aufschwung der Baumwollindustrie zeigt sich auch in den steigenden Ausfuhrziffern für baumwollene Gewebe. Dieselbe betrug:

1880	107	Millionen	Yards
1890	118	"	"
1891	175	"	"
1892	184	"	"
1893	144	"	"
1894	186	"	"
1895	184	"	"
1896	225	"	"
1897	314	"	"

Zement wurde vor 10 Jahren in Amerika überhaupt noch nicht gewonnen. Im Jahre 1891 betrug die (besonders in Pennsylvanien erstandene) Produktion 547440 Fass, im Jahre 1898 existirten bereits 30 Portlandzementfabriken mit einer Ausbeute von 2250000 Fass. In dem gleichen Zeitraum sank die deutsche Ausfuhr des Artikels von 4110000 dz auf 1969000 dz, also um mehr als die Hälfte.

Die Entwickelung der Holzmassenindustrie unter dem Schutzzollsystem zeigen folgende Ziffern. Es betrug die Produktion von

	Holzstoff	Cellulose	Deutsche Ausfuhr v. Cell. nach Amer.
1890	1450 t	556 t	11270 t
1897	3274 t	1725 t	1022 t

Um noch ein Beispiel aus der Obstkultur zu nehmen, so betrug die Pflaumenernte Kaliforniens im Jahre

1890	16 Millionen Pfund
1897	98 „ „

Um ein Beispiel dafür zu geben, wie stark einzelne Branchen des deutschen Gewerbefleisses geschädigt sind, sei auf die in Fürth und Schwabach ansässige Blattmetallindustrie hingewiesen, für die bisher Amerika eines der besten Absatzgebiete war. Durch die Steigerung der Zollbelastung für

Blattsilber	von	30 pCt.	auf	150	pCt. d. W.
Weissmetall	„	40 „	„	190	„ „
Aluminium	„	40 „	„	100	„ „
Geschlagene Blattmetalle	„	40 „	„	100—150	„ „

ist ihr dieser Markt so gut wie verschlossen. Da die klimatischen Verhältnisse es als ausgeschlossen erscheinen lassen, dass eine den Bedarf deckende einheimische Industrie sich entwickelt, und die verhältnissmässig geringfügige Summe der aus den betr. Artikeln sich ergebenden Zollgefälle die Zollhöhe auch finanziell nicht begründet, so ist die Benachtheiligung der deutschen Exporteure und der amerikanischen Konsumenten anscheinend der einzige Erfolg der Neutarifirung.

Fassen wir alles zusammen, so können wir das Eingeständniss nicht unterdrücken, dass die neuere Gestaltung der amerikanischen Handelspolitik für den Export Europas und in besonders hohem Maasse Deutschlands sehr bedenklich geworden ist. Ob dieselbe eine dauernde sein wird, oder in absehbarer Zeit einer Umkehr entgegensieht, wird wohl im Wesentlichen von zwei Momenten abhängen.

Das eine ist die Gestaltung des Staatsbedarfs und der Zolleinnahmen. — Wie wir oben schon erwähnt haben, ist das Ergebniss derselben in Amerika mit Hauptmaassstab für die Brauchbarkeit eines Zolltarifs. Nun liegen die Dinge so, dass der Dingley-Tarif und das dazu gehörige Administrativgesetz die Einfuhr ganz erheblich verringert hat. Dieselbe fiel

von	779,7	Millionen Dollar	in	1896,
auf	764,7	„ „	„	1897
und	616	„ „	„	1898,

während sie unter dem Mac Kinley-Tarif (1891—93) durchschnittlich sogar 845 Millionen betragen hatten. Dabei war der letztere ausdrücklich zu dem Zwecke bestimmt, die Staatseinkünfte zu reduziren, der Dingley-Tarif aber, sie zu erhöhen, um das unter dem Brice-Gorman-Tarif entstandene Defizit zu decken. Dass er eine gewisse Verminderung der Einfuhr bringen würde, sah Mr. Dingley allerdings voraus, glaubte aber, dass die starken Erhöhungen der Zollsätze diesen Uebelstand weitaus paralysiren würden. Für das erste Jahr war diese Hoffnung entschieden irrig gewesen. Aber dies kann, wie der Finanzminister Gage in seinem unterm 7. Dezember an den Kongress gerichteten Bericht behauptet, immerhin eine Folge der aussergewöhnlichen Verhältnisse dieses Jahres gewesen sein. Im letzten Jahre hat sich die Gesammteinfuhr wieder auf 697 Mill. Dollar gehoben und das Defizit beträchtlich abgenommen. Es ist jedoch zu beachten, dass der Staatsbedarf der amerikanischen Union allem Anschein nach einer bedeutenden Steigerung entgegensieht, theils in Folge der Expansions- und Annexionspolitik, theils durch die bleibenden und sich vermuthlich noch erhöhenden Ausgaben für Heer und Flotte. Auch werden die pekuniären Lasten des Krieges noch eine ganze Zeit auf dem Lande ruhen. Die Zukunft des amerikanischen Budgets lässt sich ungefähr aus folgender Bilanz für die letzten zwei Jahre ersehen:

Ausgaben (in Millionen Dollars)

	1896/97	1897/98	1898/99
Zinsen	37,8	37,6	39,9
Indianer	13	11	12,8
Krieg	49	92	229
Flotte	34,6	58,8	64,7
Pensionen	141	147,5	139
Verwaltung und Diverses	90	96,5	119,2
Summa	365,8	443,4	605,1

Nach Wegfall der Kriegssteuern, welche die internen Einkünfte um ca. 25 Millionen Dollar vermehrten, wird jede Erhöhung der Staatsausgaben den Zolleinkünften zur Last fallen. Und wenn sich dann der Dingley-Tarif als ein „Defizitzüchter" erweisen sollte, so dürfte seine Rolle bald ausgespielt sein. Es darf vielleicht als ein hierher gehöriges charakteristisches Symptom aufgefasst werden, dass die republikanische Partei, die ehemals selbst, um die Ueberschüsse der Bundeskasse zu verschleiern, die Pensionszahlungen an die Veteranen einführte, jetzt durch den Mund des Senators Gallinger einen Antrag eingebracht hat, den zahlreichen im Ausland lebenden Kriegsveteranen keine Pensionen mehr zu zahlen, um die Staatsausgaben zu mindern.

Das andere Moment, welches von maassgebender Wichtigkeit ist, ist die immer stärker werdende und neuerdings sehr energisch zum Ausdruck kommende Stimmung gegen die Trusts. Es wird der grossen Masse der Konsumenten immer deutlicher klar, dass die Vertrustung von Produktion und Handel in den Vereinigten Staaten eine schwere Gefahr nicht nur für das wirthschaftliche, sondern für das ganze öffentliche, das innere und äussere politische Leben der Union in sich trägt. Man fürchtet bereits — und mit vollem Recht —, dass die Staaten- und Bundesregierung vollständig in die Hände einer relativ kleinen Kapitalisten-Oligarchie geräth, die ihre wirthschaftliche und politische Macht mit der dem Amerikaner eigenen Rücksichtslosigkeit und Selbstsucht brutal zu ihren Gunsten ausnutzen würde; und deshalb fordert man stürmisch ein energisches Vorgehen der Regierung. Die demokratische Partei hat sich dieser Strömung längst bemächtigt, eine besondere Anti-Trust-Konvention hat sich gebildet, und „War against Trusts and Monopolies" wird die Parole sein, mit der im nächsten Wahlkampf der Ansturm gegen das republikanische Regime geführt werden wird.

Ob ihr Vorgehen den mächtigen Kapital-Associationen gegenüber praktischen Erfolg haben wird, steht freilich dahin. Geht es aber den Trusts an den Kragen, so muss auch der Dingley-Tarif bluten, nicht nur, weil bei der demokratischen Partei die freihändlerischen Interessen engagirt sind, sondern auch, weil man in ihm wesentlich ein Mittel erblickt, um die Trusts zu züchten und den inländischen Markt ihrer Ausbeutung preiszugeben.

Eine grundsätzliche Wandlung der amerikanischen Handelspolitik, sei es auch nur zum gemässigten Schutzzoll à la Wilson, liegt deshalb keineswegs ausserhalb des Bereichs der Möglichkeit.

Zweites Kapitel.

Handelsverträge.

1. Verträge auf Grund der Klausel des Dingley-Tarifs.

Aber selbst wenn ein politischer Wandel in der Regierung der Union nicht einen Fall des Dingley-Tarifs an sich zur Folge haben sollte, so dürfte doch zu hoffen sein, dass man ihn durch eine weitherzige und entgegenkommende Handelsvertragspolitik mehr oder weniger seines handelsfeindlichen Wesens entkleiden würde.

Allerdings hat auch unter dem Dingley-Gesetz die Union schon Handelsvertragspolitik getrieben, aber diese war etwas eigenthümlicher Natur und in ihren Wirkungen so geartet, dass sie mehr als Ausbau wie als Abschwächung desselben angesehen werden muss. Sie basirte auf den Absätzen 3 und 4 des Zollgesetzes, welche folgendermaassen lauten:

„Abschnitt 3. Zur Ausgleichung des Handels der Vereinigten Staaten mit fremden Ländern und ihren Kolonien, welche die folgenden Artikel oder einen derselben erzeugen und nach diesem Lande ausführen: Weinstein oder rohen Weinstein oder rohe Weinhefe, Branntwein (brandies) oder andere aus Körnerfrüchten oder anderen Materialien hergestellte oder destillirte Spirituosen, Champagner und alle anderen Schaumweine, nicht moussirende Weine und Wermuth, Gemälde und Statuen, wird der Präsident ermächtigt, nach Inkrafttreten dieses Gesetzes und darnach von Zeit zu

Zeit mit den Regierungen jener Länder, welche die obengenannten Artikel oder einen derselben nach den Vereinigten Staaten ausführen, zum Zweck des Abschlusses von Handelsverträgen, in welchem gegenseitige und gleichwerthige Zugeständnisse zu Gunsten der Erzeugnisse und Fabrikate der Vereinigten Staaten zugestanden werden, in Unterhandlungen zu treten; wenn die Regierung eines Landes oder einer Kolonie, welche die obengenannten Artikel oder einen derselben erzeugt und nach den Vereinigten Staaten ausführt, ein Handelsübereinkommen mit den Vereinigten Staaten abschliessen, oder Zugeständnisse zu Gunsten der Erzeugnisse oder Fabrikate derselben machen sollte, welche nach Ansicht des Präsidenten gegenseitig und gleichwerthig sind, so ist der Präsident ermächtigt, während der Dauer eines solchen Uebereinkommens oder Zugeständnisses durch Proklamation der Erhebung der in diesem Gesetz erwähnten Zölle von den genannten Artikeln, welche aus einem solchen Lande oder aus einer solchen Kolonie nach den Vereinigten Staaten ausgeführt werden, ausser Kraft zu setzen, und sollen sodann von den genannten Artikeln folgende Zölle erhoben werden:

Weinstein oder Weinstein, roh, und Weinhefe, roh, ...	v. W. 5 pCt. anstatt 4 u. 5 cts. p. Pfd.
Branntwein (brandies) od. andere aus Körnerfrüchten oder anderen Materialien hergestellt. od. destill. Spirituosen	p. N.-Gall. 1,75 Doll. anstatt 2,25 Doll.
Champagner und alle ander. Schaumweine: in Flaschen v. nicht mehr als ein. Quart, aber mehr als 1 Pint Gehalt	per Dtzd. 6 Dollar anstatt 8 Dollar,

v. nicht mehr als ein. Pint, ab. mehr als ein. halben Pint Gehalt	per Dtzd. 3 Dollar anstatt 4 Dollar,
von ein. halben Pint Gehalt oder weniger	per Dtzd. 1,50 Dollar anstatt 2 Dollar,
in Flaschen od. and. Behältern v. mehr als ein. Quart Gehalt Zuschlag zu den 6 Dollars p. Dutzend Flaschen auf die ein Quart übersteigend. Mengen, und zwar	p. Gall. 1,90 Dollar anstatt 2,50 Dollar.
Nicht moussir. Weine und Wermuth.	
in Fässern . . .	p. Gall. 35 cts. anstatt 40 und 50 cts.
in Flasch. od. Krüg. von nicht mehr als je ein. Quart, aber mehr als ein. Pint Gehalt	p. 1 Dtzd. Fl. 1,25 Doll. anstatt 1,60 Doll
von nicht mehr als je einem Pint Gehalt	p. 2 Dtzd. Fl. 1,25 Doll. anstatt 1,60 Doll.
Jeder Ueberschuss über diese Mengen, welcher in solchen Flaschen od. Krügen gefunden wird, soll einem Zoll v. 4 cts. p. Pint od. ein. Bruchtheil desselben unterliegen; von d. Flasch. oder Krügen ist kein besonderer oder Zuschlagzoll zu erheben.	

Oelgemälde od. Aquarelle, Pastellbilder, Federzeichnungen, sowie Bildhauerarbeiten von Werth 15 pCt. anstatt 20 pCt.

Der Präsident ist berechtigt und verpflichtet, wenn er davon überzeugt ist, dass ein derartiges Uebereinkommen, wie es in diesem Abschnitt erwähnt ist, von der Regierung, mit welcher es abgeschlossen wurde, nicht vollständig eingehalten wird, die Ausserkraftsetzung der in diesem Gesetze vorgesehenen Zölle zu widerrufen und dies der betreffenden Regierung mitzutheilen. —

Wenn ferner der Präsident die Ueberzeugung gewinnt, dass die Regierung eines Landes oder Kolonie, welche direkt oder indirekt nach den Vereinigten Staaten Kaffee, Thee, Tonkabohnen oder Vanillebohnen, oder einen dieser Artikel ausführt, Zölle oder andere Abgaben auf die landwirthschaftlichen Industrie- oder sonstigen Erzeugnisse der Vereinigten Staaten erhebt, welche der Präsident im Hinblick auf die Einfuhr von dergleichen Kaffee, Thee, Tonkabohnen und Vanillebohnen in die Vereinigten Staaten, wie in diesem Gesetze vorgesehen, vom Standpunkte der Gegenseitigkeit für unbillig und unverhältnissmässig erachtet, so ist der Präsident behufs Sicherung eines auf Reziprozität beruhenden Verkehres mit den die genannten Artikel erzeugenden Staaten berechtigt und verpflichtet, die auf die freie Einfuhr von dergleichen Kaffee, Thee, Tonkabohnen und Vanillebohnen-welche Erzeugnisse eines solchen Landes oder einer solchen Kolonie sind, bezüglichen Bestimmungen dieses Gesetzes für einen angemessenen Zeitraum durch Proklamation ausser Kraft zu setzen; in diesem Falle und während der Aufhebung der Zollfreiheit sind von Kaffee, Thee, Tonkabohnen und Vanillebohnen, die in einem Lande erzeugt oder unmittelbar oder mittelbar aus demselben ausgeführt wurden, folgende Zölle zu erheben:

Kaffee	per Pfund	3 cts.
Thee	„ „	10 „

Tonkabohnen	per Pfund	50	cts.
Vanillebohnen	„ „	2	Dollar
Vanillebohnen im Handel (als „cuts“ bekannt).“	„ „	1	„

„Abschnitt 4. Wenn der Präsident der Vereinigten Staaten auf den Rath und mit Zustimmung des Senats behufs Sicherung eines auf Reziprozität beruhenden Verkehres mit fremden Ländern innerhalb eines Zeitraumes von zwei Jahren nach dem Inkrafttreten dieses Gesetzes einen Handelsvertrag oder Handelsverträge mit einem anderen Lande oder mit anderen Ländern wegen Zulassung der Waaren der Vereinigten Staaten, deren Verwendung und Absatz in diesen Ländern im Interesse der Vereinigten Staaten liegt, abschliesst, so soll er in einem solchen Vertrage oder in solchen Verträgen in Anbetracht der Vortheile, welche den Vereinigten Staaten daraus erwachsen, für einen bestimmten, fünf Jahre nicht übersteigenden Zeitraum eine Ermässigung der durch dieses Gesetz vorgeschriebenen Zölle bis um 20 pCt. für Waaren des anderen Landes oder der anderen Länder, mit welchen ein derartiger Vertrag oder derartige Verträge vereinbart werden, vorsehen und die in Betracht kommenden Waaren darin bezeichnen; oder er soll für die Dauer dieses Zeitraumes die Uebertragung solcher Waaren, welche Naturerzeugnisse des betreffenden fremden Landes oder der betreffenden fremden Länder und nicht der Vereinigten Staaten sind, aus der Liste der zollpflichtigen Artikel in die Freiliste verfügen; oder er soll die Bestimmung aufnehmen, dass während eines bestimmten, fünf Jahre nicht übersteigenden Zeitraumes näher zu bezeichnende Waaren, welche auf der Freiliste stehen, auf derselben beizubehalten seien. Wenn ein solcher Vertrag vom Senate in gehöriger Form ratifizirt und vom Kongresse genehmigt und eine entsprechende öffentliche Verlautbarung erflossen ist, sollen die Zölle, welche von den Vereinigten Staaten von den bezeichneten Waaren aus dem fremden Lande, mit welchem ein derartiger Vertrag abgeschlossen wurde, erhoben werden, während des vorgesehenen

Zeitraumes die in diesem Vertrage festgesetzten und vorgesehenen Zölle und keine anderen sein.“ —

Durch diese Bestimmungen ist also der Präsident ermächtigt bezw. verpflichtet, unter bestimmten einschränkenden Bedingungen Neuregelungen der Handelsbeziehungen zwischen der Union und dem Ausland vorzunehmen, und zwar sind dafür drei verschiedene Formen vorgeschrieben:

I. Für einige Artikel — alkoholische Getränke und Kunstwerke — können einzelnen Ländern gegen gleichwerthige Zugeständnisse ihrerseits die Zollsätze um ein bebestimmtes Maass — etwa 25 pCt. — ermässigt werden.

II. Einige Kolonial-Artikel der Freiliste — Kaffee, Thee, Tonka- und Vanille-Bohnen — können Ländern ihrer Produktion gegenüber mit bestimmten Zöllen belegt werden, wenn deren Zölle auf amerikanische Provenienzen „unbillig und unverhältnissmässig“ erscheinen.

III. Gegen gleichwerthige Zugeständnisse kann der Präsident — vorbehaltlich der Genehmigung des Kongresses und der Ratifizirung durch den Senat — anderen Ländern nachstehende Vergünstigungen gewähren, jedoch nur innerhalb zwei Jahren nach Inkrafttreten des Gesetzes und nur mit Geltung für einen höchstens fünf Jahre betragenden Zeitraum:

1. Zollermässigung auf beliebige Artikel bis zum Maximalbetrag von 20 pCt.

2. Bindung der Zollfreiheit für beliebige Artikel der Freiliste.

3. Versetzung neuer Artikel auf die Freiliste, falls dieselben Naturerzeugnisse des betreffenden Landes, nicht aber der Vereinigten Staaten sind.

a) Mit Frankreich.

Auf Grund dieser Vollmacht hat nun der Präsident der Union während der am 24. Juli 1899 abgelaufenen Frist eine Anzahl Konventionen mit dem Ausland abgeschlossen, deren wichtigste die beiden mit Frankreich vom 28./30. Mai 1898 und 24. Juli 1899. Die Unterhandlungen zwischen Frankreich und der Union begannen sofort nach Promulgation des Dingley-Tarifs. Amerika zeigte sich zuerst zu Verhandlungen auf der Basis geneigt, dass Frankreich gegen gewisse zu vereinbarende Tarifreduktionen und Gewährung der Meistbegünstigung seinen Minimaltarif ohne Einschränkung gewähren sollte. Hiergegen machten sowohl die französischen Agrarier Front, welche Amerika keinesfalls den Minimaltarif für alle landwirthschaftlichen Produkte zugestehen wollten, als die amerikanische Regierung, welche — damals zuerst — die Gewährung der unbeschränkten Meistbegünstigung als den Grundsätzen der protektionistischen Handelspolitik zuwiderlaufend bezeichnete. So kam denn zunächst nur am 28. April 1898 ein vorläufiges Uebereinkommen auf Grund der oben unter I gedachten Norm zu Stande: Frankreich gewährte Amerika den Minimaltarif für folgende Artikel:

	Frcs per 100 kg
Büchsenfleich	15
Frische Tafelfrüchte:	
Citronen, Orangen, Cedratfrüchte u. deren Abarten	5
Mandarinen	10
Gewöhnliche Tafeltrauben	8
Aepfel und Birnen für die Tafel	2
für Obstweinfabrikation	1,50
Andere Früchte (mit Ausnahme von Treibhaustrauben und -Früchten)	3
Getrocknete oder gepresste Früchte (ausser Rosinen).	
Aepfel und Birnen für die Tafel	10
für Obstweinfabrikation	4
Pflaumen	10
Andere Früchte	5
Gewöhnliches Holz in Stämmen	0,65
gesägt oder beschlagen von 80 oder mehr mm Dicke	1

	Frcs. per 100 kg
35—80 mm Dicke	1,25
gesägt, 35 oder weniger mm Dicke	1,75
Pflaster-Holzblöcke	1,75
Dauben	0,75
Hopfen	30
Aepfel und Birnen, zerquetscht oder zerschnitten und getrocknet	1,50
Schweinefleisch, verarbeitet und zubereitet	50
Schweineschmalz und Gemische davon	25

Dagegen erhielt Frankreich von den Vereinigten Staaten die oben Abschnitt III ad 1 genannten niedrigeren Zollsätze für Weinstein etc., Branntwein etc., nicht schäumende Weine und Wermuth.

Das Abkommen wurde jedoch von vornherein als ein provisorisches angesehen, und die Verhandlungen über einen weitergreifenden Handels- und Tarifvertrag dauerten fort. Ein solcher ist nun kurz vor Ablauf der zweijärigen Frist denn auch noch zum Abschluss gelangt, und zwar auf Grund der oben unter III 1 angegebenen Norm. Datirt ist er vom letzten Termin dieser Frist — den 24. Juli 1899. Die Einzelheiten desselben sind die nachstehenden:

Frankreich gewährt den amerikanischen Importen im Prinzip den Minimaltarif nur mit Ausnahme folgender Artikel, die gegenüber der nordamerikanischen Konkurrenz besonders schutzbedürftig erschienen:

No. des Zolltarifs:	Gegenstand:
1	Pferde (auch Wallache), Stuten und Füllen,
34 (I)	Eier von Geflügel und Federwild,
36	Käse,
37	Butter,
38	Honig,

No. des Zolltarifs	Gegenstand
89 (III)	Luzernen- und Klee-Saat,
91	Zucker,
163	Cichorienwurzel,
164	Viehfutter,
205	Gusseisen,
347	Porzellan,
462	Pappe,
476	Häute, bearbeitete,
478	Zugeschnittene Sohlen aus geschlagenem oder geglättetem Leder, und Absätze,
479	Schäfte von Stiefeln, Halbstiefeln, Leder, welches die Darmsaitenspinner auf dem Spann tragen (Cottillons), Oberleder, Ueberschuhe (claques), geschweift oder nicht, Quartiere aus Kalb-, Rind-, Ross- und Ziegen oder Zickelleder,
480	Stiefel,
481	Halbstiefel für Männer und Frauen,
482	Schuhe,
488	Treibriemen und Seile aus Leder, Lederschläuche und andere Waaren aus Leder oder Haut für Maschinen,
524	Dynamo-elektrische Maschinen,
525	Werkzeugmaschinen,
536	Indukte von dynamo-elektrischen Maschinen und einzelne Theile als: Spulen, voll oder leer, aus Metall, umgeben von isolirtem Kupfer, von weniger als 1 kg Gewicht, numerirt und markirt, zusammengestellt oder zerlegt, für elektrische Apparate,
536 (II)	Bogenlampen, sogenannte Regulatoren.

Frankreich hat dabei aber weder einen Zollsatz seines Minimaltarifes für Amerika ermässigt, noch auch nur gebunden, sodass es ohne Verletzung des Vertrages sämmtliche Positionen desselben nach eigenem Ermessen erhöhen oder sonstwie verändern kann.

Als Entgelt gewährte die Union den französischen Provenienzen für etwa 130 Artikel Ermässigungen des Dingleytarifs, die zwischen 5 und 20 pCt. des Generalzollsatzes schwanken und im Einzelnen die nachstehenden sind:

Nummer des Zolltarifs	Gegenstand	Ermässigung in %
	Seifen und Parfümerien:	
	Parfümerien:	
2	a) alkoholhaltige	10
70	b) nicht alkoholhaltige . . .	10
72	Seife	10
	Chemikalien etc.:	
15	Kohlentheerfarben oder Farbstoffe	20
23	Gelatine	10
24	Glycerin	10
40	Olivenöl	15
44 59	Farben und Firnisse	10
62–66	Kali jeder Art	10
67–68	Medizinische Präparate	10
75–80	Soda und ihre Derivate	10
	Stein- und Glaswaaren:	
87,2.4—88,8.3	Ziegel, glasirt, emallirt, verziert .	10
89	Cement	10
99	Flaschen etc.	15
100	Glasflaschen und andere Gefässe und Glaswaaren, geschliffen etc.	5
101—105	Tafel- und Fensterglas	10

Nummer des Zolltarifs	Gegenstand	Ermässigung in %
108—110	Brillen und Brillengläser	10
111	Operngläser etc.	"
	Metallwaaren:	
153—155	Messerschmiedewaaren	"
160—165	Nägel, Stifte, Zwecke, Nadeln . .	15
179 III	Tressen, Stickereien, Schnüre, Litzen, Besatz und andere Artikel, ganz oder theilweise aus Flitterdraht, Boullon oder Metallfäden . . .	5
186	Schreibfedern aus Metall, sonst nicht genannt	10
187	Federhalter und Theile solcher .	"
191	Taschenuhrwerke	"
193	Andere Artikel, ganz oder theilweise aus Metall, sonst nicht genannt	"
	Esswaaren:	
229	Maccaroni etc.	"
24	Bohnen, Erbsen etc. in Blechbüchsen etc.	"
251, 252, 254	Pflanzen und Stecklinge	20
263	Konservirte Früchte in Zucker oder Alkohol	10
264	Pflaumen etc.	"
272	Nüsse	20
280	Cichorienwurzel	5
292	Liqueur	10
301	Mineralwasser	20
	Baumwollwaaren:	
311	Gewebe aus Baumwolle mit Seide gemischt	5

Nummer des Zolltarifs	Gegenstand	Ermässigung in %
314	Fertige Kleider etc. aus Baumwolle	5
315	Plüsch und Velvet aus Baumwolle	"
317—319	Baumwollene Strumpfwaaren . .	20
320	Baumw. Strumpfbänder, Borten etc.	5
338	Baumw. Kragen und Manschetten	10
339	Baumw. Spitzen	5
	Leinenwaaren:	
340	Leinene Spitzen	10
345	Leinene Taschentücher	"
346	Leinene Gewebe, nicht besonders genannt	"
384—391	Seide und Seidenwaaren .	5
	Papierwaaren:	
397—398	Kopir-, Löschpapier, überdruckt oder mit Metall oder Metalllösungen bedeckt, Pergamentpapier, photographische Papiere	10
399	Briefcouverts aus Papier	"
401	Briefpapier	"
403	Geschäftsbücher	"
404	Albums	"
407	Papierwaaren, nicht besonders gen.	"
	Bekleidungsgegenstände:	
370	Filzhüte	10
432	Hüte aus Thierhaaren	"
426	Pelzwerk zum Gebrauch für Hutmacher	20
409	Litzen aus Stroh oder Pflanzenfaser zur Herstellung oder Garnirung von Hüten	10

Nummer des Zolltarifs	Gegenstand	Ermässigung in %
412	Hosenschnallen	10
414	Knöpfe	5
440—445	Handschuhe, ausser den sogenannten „Schauschen"	10
425 I	Federn, nicht vorgerichtet . . .	20
425 II	Federn, bearbeitet	5
427	Fächer	10
434	Schmucksachen	5
408	Imitirter Schmuck	10
	Kurz-, Galanterie-Waaren etc.:	
410	Bürsten	„
417	Würfel, Schachfiguren	„
418, 433	Spielwaaren	20
448	Waaren aus Bernstein	15
446	Waaren aus Horn	„
450	Waaren aus Elfenbein, Perlmutter	„
453	Musikinstrumente	„
459	Pfeifen und Rauchartikel	„
208	Hölzerne Möbel	10

Ausserdem erhielt Frankreich für die Positionen 366—383 (Wollwaaren) und 295 (moussirende Weine) allerdings keine Ermässigung, aber das Recht der Meistbegünstigung, d. h. für diese Tarifnummern soll es alle Vergünstigungen mitgeniessen, welche künftighin diesen oder verwandten Produkten sonstiger europäischer Herkunft zugestanden werden.

Neben diesem Abkommen blieben die Vereinbarungen der Konvention vom 28./30. Mai 1898 fortbestehen. Dies ist zwar nirgends besonders erwähnt, aber mangels Kündigung und angesichts der weiteren Ausübung anzunehmen.

Im Allgemeinen wird man zu dem Schluss kommen, dass der neue Zustand für die Vereinigten Staaten günstiger als für Frankreich ist. Letzteres hat für eine Reihe nationaler Exportbranchen keine Zollermässigung durchsetzen können, während Amerika für seine wichtigsten Ausfuhrartikel den Minimaltarif erlangt hat. Es entspricht dies ganz den Prinzipien der jüngsten amerikanischen Handelspolitik. Indessen ist hier nicht der Ort, diese Frage näher zu untersuchen, da für uns wesentlich die Konsequenzen in Betracht kommen, welche der Abschluss der Konvention für Deutschland hat. Ehe wir jedoch hierauf eingehen, wollen wir noch einen kurzen Blick auf die übrigen Handelsverträge werfen, welche der Präsident in Ausübung seiner Vollmacht abgeschlossen hat.

b) Mit anderen Staaten.

Etwa zur gleichen Zeit wie mit Frankreich, nämlich am 22. Mai 1899, kam mit Portugal eine Uebereinkunft zu Stande, und zwar auf Grund der oben unter I gedachten Norm. Portugal erhielt die Ermässigungen für sämmtliche darin aufgeführten Artikel und gewährte dafür folgenden amerikanischen Provenienzen die Meistbegünstigung bei der Einfuhr nach Portugal:

1. Weizen und Mais,
2. Mehl,
3. Fett und Speck,
4. Maschinen und Instrumente,
5. Mineralöle, incl. Petroleum.

Für die letzten beiden Positionen wurden gleichzeitig die Zollsätze gebunden. Ausserdem behielt sich Portugal die Kündigung für den Fall eines amerikanischen Zolls auf den Kaffee seiner Kolonien und Kork vor, die Vereinigten Staaten dagegen die Eventualität, den westindischen Inseln Vorzugszölle für ihre Obstausfuhr zu gewähren.

Der Vertrag mit Portugal hatte, wie es scheint, in erster Linie den Zweck, den portugiesischen Markt wieder für das amerikanische Petroleum zu gewinnen, welchem seit Ablauf der von Portugals Seite gekündigten Konvention vom 26. August

1840 das russische Petroleum dank den ihm zustehenden niedrigeren Zollsätzen sehr starke Konkurrenz machte.

Ein weiterer Handelsvertrag wurde am 10. Juli d. J. mit Argentinien unterzeichnet. Der Inhalt desselben ist im Wesentlichen folgender: Argentinien gewährt der Union einen Zollnachlass von **50 pCt.** auf:

1. getrocknete Früchte,
2. Konserven in Büchsen (hierunter sind begriffen: Lachs, Hummer u. a. Seekrebse, unreife Maiskolben, Tomaten, Aepfel und Früchte, ausgenommen Birnen, Pfirsiche, Aprikosen, Quitten, Kirschen),
3. Paraffin,
4. Windmühlen,

von **20 pCt.** auf:

1. Speck,
2. Hafermehl, Weizenschrot, Mehl und dergl.,
3. Baumwollene Stricke und Bindfaden.

Für Baumwollsamenöl wird der Zoll auf $6^1/_4$ cts. Gold per kg, für unbehobeltes Bauholz auf 15 pCt v. W. unter Einführung bestimmter Normalwerthe festgesetzt, endlich vereinbart, dass der Werthzoll für Möbel auf Grund eidlicher Deklaration zu erheben ist.

Die Union gewährte ihrerseits eine Zollreduktion von 20 pCt. auf folgende Artikel argentinischer Herkunft:

1. Viehhäute, trocken oder gesalzen,
2. Wolle,
3. Zucker.

Die bisherigen Exportprämien auf Zucker liess Argentinien gleichzeitig fallen, ebenso die Vereinigten Staaten ihre Kompensationszölle dafür.

Der Vertrag mit Argentinien ist hervorragend unter politischen Gesichtspunkten zu betrachten. Er ist — ebenso wie die noch schwebenden Verhandlungen mit Brasilien — eines der Mittel, durch welche die Vereinigten Staaten die südamerikanischen Länder aus ihrer theils kühlen, theils geradezu gegnerischen Stellung herauszudrängen, ihren eigenen

Einfluss in Südamerika zu stärken und die wirthschaftlichen und politischen Beziehungen zwischen Süd- und Nordamerika zu heben suchen, um die Idee eines europafeindlichen, in sich geschlossenen Panamerika ihrer Verwirklichung allmählich näher zu bringen.

Wesentlich wirthschaftliche Bedeutung dagegen hatten die Verträge, welche unterm 16. bezw. 21. und 27. Juni 1899 in Washington mit Grossbritannien über dessen Kolonien Barbados, Guayana, Bermudas, Jamaica, Trinidad unter gleichzeitiger Mitwirkung von Vertretern der genannten Koloniallânder abgeschlossen wurden. Diesen gewährte Amerika eine 20 prozentige Ermässigung für einige wichtige Südfrüchte und Zucker; ausserdem wurde für Jamaica die Zollfreiheit des Kaffees gebunden, wogegen den Vereinigten Staaten theils Zollfreiheit, theils Zollbindung für eine grosse Reihe landwirthschaftlicher und industrieller Produkte, namentlich auch Lebensmittel zugestanden wurde. Die Einzelheiten sind hier um so weniger von Wichtigkeit, als die Realisirung der Verträge in der vorliegenden Form noch der Zustimmung des Parlaments bedarf und diese noch keineswegs sicher ist, namentlich von Seiten der kalifornischen Pflanzer werden sie wegen der Begünstigung der Obsteinfuhr heftig angefeindet. Uns interessiren sie wesentlich im Hinblick auf die Ermässigung der Zuckerzölle, deren weiter unten noch eingehender gedacht werden wird.

II. Folgen für Deutschland.

Wenn wir im Vorstehenden so ausführlich die Handelsverträge erörtet haben, welche die amerikanische Union mit verschiedenen Staaten des Auslandes abgeschlossen hat, so geschah dies wesentlich unter dem Gesichtspunkt, dass die Vereinbarung gegenseitiger Zollreduktionen zwischen jenen Ländern von grosser Bedeutung für die Gestaltung der Handelsbeziehungen zwischen Amerika und Deutschland ist, und zwar aus folgenden Gründen:

a) Verschiebung der Konkurrenzverhältnisse.

Durch die Tarifreduktionen, welche die Vereinigten Staaten jenen Ländern eingeräumt haben, ist natürlich die Ausfuhr derselben nach Amerika gegenüber allen anderen Staaten ausserordentlich begünstigt. Nun handelt es sich aber dabei zum Theil um Waaren, die in ganz hervorragendem Maasse Exportartikel des deutschen Reiches sind, und für die vielfach die amerikanische Union einer unserer besten Absatzmärkte war. Nachdem wir nun durch die indirekte Belastung mit Differentialzöllen zu Gunsten unserer Konkurrenzländer benachtheiligt sind, werde diese vielfach in der Lage sein, die deutsche Industrie vom amerikanischen Markte zu verdrängen und daselbst unsere Stelle einzunehmen. Die Frage der Zuckerzölle werden wir weiter unten noch eingehender zu behandeln haben. Es sind aber noch eine ganze Reihe wichtiger anderer Branchen in Mitleidenschaft gezogen, und zwar ist es in erster Linie der Handelsvertrag mit Frankreich, der hierbei in Frage kommt.

Unterziehen wir im Hinblick hierauf die Zollreduktionen, welche der französischen Industrie für die Ausfuhr nach Amerika gewährt worden sind, noch einer genaueren Betrachtung. E sist leider nicht möglich, die Ziffern der französischen und deutschen Ausfuhr nach Amerika in jenen Artikeln, deren Zölle ermässigt sind, in Parallele zu stellen, da die amerikanische Einfuhrstatistik viel zu wenig spezialisirt ist, die Positionen der französischen und deutschen Ausfuhrstatistik sich aber nur in den wenigsten Fällen decken. Wir müssen uns deshalb darauf beschränken, die Wichtigkeit der einzelnen Artikel allein durch die Ziffern der deutschen Ausfuhr nach Amerika zu illustriren.

Für eine Anzahl von Positionen hat Frankreich Ermässigungen von 20 pCt. erhalten. Hierunter fallen u. a. Kohlentheer-Farben und -Farbstoffe, nicht besonders genannt, ferner baumwollene Strumpfwaaren, sodann Mineralwasser, Pflanzen und Stecklinge, endlich Spielwaaren. Alles dies sind Waaren, die von besonderer Bedeutung für uns sind. Die Verschiebung der Konkurrenzlage erhellt aus nachstehenden Ziffern:

Artikel	Zollbetrag bei der Einfuhr nach Amerika aus Frankreich	Deutschland	Ausfuhr aus Deutschland 1896 nach der Union dz	1000 Mk.
a) Kohlentheerfarben od. -Farbstoffe n. b. gen.	24 pCt.	30 pCt.	26 844	10 738
b) Pflanzen und Stecklinge von			1 913	344
einz. Obstbäumen per 1000 Stück	80 cts. u. 12 pCt.	1 Doll. u. 15 pCt.		
Rosen per "	2 cts	$2^1/_2$ cts.		
Frucht- u. Zier-B.	20 pCt.	25 pCt.		
Sämereien n. b. gen.	24 pCt.	30 pCt.	3 196	288
c) Spielwaaren	28 pCt.	35 pCt.	75 861	11 092
d) Mineralwasser			32 837	657
a. in grünen oder farbigen Glasflaschen per Dtzd Flaschen:				
1 von nicht mehr als 1 Pint Inhalt	16 cts.	20 cts.		
2. von 1 Pint bis 1 Quart Inhalt	24 cts.	30 cts		
b in anderen Gefässen oder in Flaschen von mehr als 1 Quart Inhalt per Gallone	$19^1/_5$ cts.	24 cts.		
e) Baumwollene Strumpfwaaren			39 559	23 736
Strümpfe etc. n. bes. gen.	24 pCt.	30 pCt.		
Strümpfe etc gesäumt, faconnirt etc. je nach dem Werth per Dtzd.	40 cts. u. 12 pCt.	50 cts. u. 15 pCt		
	48 " 12 "	60 " 15 "		
	56 " 12 "	70 " 15 "		
	96 " 12 "	120 " 15 "		
	160 " 12 "	200 " 15 "		
	44 pCt	55 pCt.		
Hemden und Unterhosen etc. je nach d. Werth per Dtzd.	48 cts. u 12 pCt.	60 cts. u. 15 pCt.		
	88 " 12 "	110 " 15 "		
	120 " 20 "	150 " 25 "		
	140 " 28 "	175 " 35 -		
	180 " 28 "	225 " 35 "		
	40 pCt.	50 pCt.		

Dass der Präsident der Vereinigten der französischen Republik gerade auf diese Artikel, für die Frankreich gar kein besonderes Interesse hat, die höchste zulässige Ermässigung des Dingley-Tarifs gegeben hat, erweckt beinahe den Anschein, als habe man damit eine Pression auf Deutschland ausüben wollen.

Aber auch unter den mit 5,10 und 15 pCt. Zollreduktion bedachten Positionen sind noch genug, die für die deutsche Exportindustrie von grösster Wichtigkeit sind, und in denen nunmehr die französische Konkurrenz auf dem amerikanischen Markte unangenehm fühlbar werden wird.

Wir geben nachstehend noch einige Beispiele dafür:

Artikel	Zolleinheit	Einfuhrzoll nach Amerika aus Frankreich	Einfuhrzoll nach Amerika aus Deutschland	Ausf. Deutschlands 1897 in Mengen insgesammt	Ausf. Deutschlands 1897 à 100 kg nach der Union	Ausf. Deutschlands 1897 in Werthen à 1000 Mk. nach der Union
Drahtstifte						
kürzer als 1 Zoll und dünner als No. 16	Pfd.	0,85 cts.	1 cts.	536 104	1 878	27
andere		0,425 „	½ cts.			
Musikinstrumente		38¼ pCt.	45 pCt.	146 991	6 339	3 048
Gelatine				6 650	1 243	298
p. Pfd. im Werthe von nicht mehr als 10 cts.		2¼ cts.	2½ cts.			
10–35 cts.		22½ pCt.	25 pCt.			
mehr als 35 cts.		13½ cts. u. 18 pCt.	15 cts. u. 20 pCt.			
Cement						
p. 100 Pfd. brutto		7,2 cts.	8 cts.	4 764 492	1 891 106	6 619
lose verpackt ...		6,3 cts.	7 cts.			
Schmuckfedern						
bearbeitet		47½ pCt.	50 pCt.	1 023	494	4 446
Baumw. Spitzen		57 pCt.	60 pCt.	5 802	2 393	5 743

Artikel	Zoll-einheit	Einfuhrzoll nach Amerika aus Frankreich	Einfuhrzoll nach Amerika aus Deutschland	Ausf. Deutschlands 1897 in Mengen insgesammt	à 100 kg nach der Union	in Werthen à 1000 Mk. nach der Union
Baumwollsammet	□Yard					
gebleicht, gefärbt		11²/₅ cts. u. 23³/₄ pCt.	12 cts. und 25 pCt.	5 345	751	477
anderer		8,55 cts. u. 23³/₄ pCt.	9 cts. und 25 pCt.			
Chlorkali	Pfd.	2¹/₄ cts.	2¹/₂ cts.	803 893	401 340	5 679
Pottasche		0,332 cts.	0,375 cts.	130 996	21 148	608
Zinkweiss etc.				176 313	21 926	658
trocken		0,9 cts.	1 cts			
verrieben in Oel		1,570 cts.	1,750 cts.			
Photogr. Papier		2,7 cts. u. 9 pCt	3 cts. u. 10 pCt.	3 343	372	316
Albuminpapier		27 pCt.	30 pCt.			
Papierwaaren n. b. gen.		31¹/₂ pCt.	35 pCt.	106 461	9 138	1 462
Likör Gall. Normalstärke		202¹/₂ cts.	225 cts.	5 232	2 723	218
Seidene Bänder		47¹/₂ pCt.	50 pCt.	843	60	234

Wir können uns an diesen wenigen Beispielen genügen lassen. Ihre Zahl könnte bedeutend vermehrt werden: manche an sich sehr charakteristische lassen sich nur aus technischen Gründen der Statistik oder des Tarifs nicht gut ziffermässig darstellen. Aber aus den oben gegebenen geht wohl bereits zur Genüge hervor, was es zu zeigen galt, dass die deutsche Industrie durch die Frankreich resp. anderen Staaten gewährten Vergünstigungen indirekt stark geschädigt ist, und dass es sich in grossem Umfange um Artikel handelt, die entweder spezielle Exportartikel des deutschen Gewerbefleisses sind, oder von deren Ausfuhr Amerika einen besonders hohen Prozentsatz abnimmt, oder endlich für welche Amerika an sich einen sehr kaufkräftigen Markt darstellt.

Aus dieser Sachlage ergiebt sich für uns das unabweisbare Bedürfniss, mit den Vereinigten Staaten in bessere handelspolitische Beziehungen zu kommen, als das bislang der Fall ist.

b) Frage der Meistbegünstigung.

Bekanntlich stehen wir zu Amerika handelspolitisch in einem ganz eigenthümlichen und rechtlich unklaren Verhältniss, das seit einer Reihe von Jahren schon wiederholentlich zu gegenseitigen Reibereien und Misshelligkeiten geführt hat und dessen endliche Klärung dringend wünschenswerth erscheint. Zwischen dem Deutschen Reich und der amerikanischen Union ist ein Handelsvertrag bisher nicht abgeschlossen worden, dagegen hat das Königreich Preussen seit mehr als 100 Jahren im Handelsvertrags- und Meistbegünstigungsverhältniss mit ihr gestanden. Der erste derartige Vertrag wurde schon am 24. September 1785 abgeschlossen und nach seinem Ablauf im Jahre 1799 erneuert. 1810 lief der neue Vertrag ab, ohne prolongirt zu werden. Erst unterm 1. Mai 1828 kam wieder ein solcher zu Stande, nachdem im Jahre vorher ein solcher bereits zwischen der Union und den Hansa-Republiken Hamburg und Bremen abgeschlossen war. Nachdem dann bald darauf der norddeutsche Zollverein ins Leben getreten war, bemühte sich Henry Wheaton, der erste ständige diplomatische Vertreter der Union am Preussischen Hof, vergeblich, einen Handelsvertrag mit diesem neuen Gebilde zu Stande zu bringen. Es wurde zwar thatsächlich ein solcher nach langen Verhandlungen vereinbart und von den Geschäftsträgern unterzeichnet. Er fand aber im amerikanischen Senat keine Gegenliebe; man vertagte ihn mit 26 gegen 18 Stimmen, und da weder die rechtzeitige Ratifikation noch eine Verlängerung der hierfür ausbedungenen Frist erfolgte, so verlief die ganze Angelegenheit im Sande. Als Ersatz suchte Wheaton und nach ihm der als ausserordentlicher diplomatischer Agent nach Europa gesandte A. Dudley Mans, die Handelsbeziehungen mit den einzelnen Staaten des Zollvereins vertragsmässig auszugestalten. Diesen Bemühungen entsprangen die Verträge der Vereinigten Staaten mit Hannover (1840, erneuert 1846), Oldenburg und Mecklenburg-Schwerin (beide 1847). Damit sind aber auch die Handelsvertragsbeziehungen zwischen deutschen Staaten und der Union erledigt.

Nun wurde am 18. Januar 1871 das Deutsche Reich gegründet. Nach Art. 4 und 35 der Reichsverfassung unterliegt „das gesammte Zollwesen" sowie die „Zoll- und Handelsgesetzgebung" dem Reich, darauf bezügliche Verträge mit fremden Staaten bedürfen nach Art. 11 „zu ihrem Abschluss der Zustimmung des Bundesrathes und zu ihrer Gültigkeit die Genehmigung des Reichstags". Deutschland selbst „bildet ein Zoll- und Handelsgebiet" (Art. 33). Mit diesen essentiellen Eigenschaften des neuentstandenen staatsrechtlichen Gebildes erscheinen die oben erwähnten Einzelverträge deutscher Bundesstaaten mit der amerikanischen Union nicht gut vereinbar. Aber dieselben sind niemals gekündigt worden, sind demnach dem Wortlaut nach formell bis auf den heutigen Tag in Geltung. Es liegt hier thatsächlich eine staatsrechtliche Doktorfrage vor, zu deren Beantwortung schon viel geschrieben ist, ohne dass sie ihrer befriedigenden Lösung deshalb näher gekommen wäre. Ebenso strittig und schwankend wie die theoretischen Ansichten ist nun leider auch die praktische Behandlung der Frage gewesen:

Fürst Bismarck hat am 10. Februar 1885 sich im Reichstag ausdrücklich und unmissverständlich auf die Verträge von 1827, 1828 etc. berufen und erklärt, dass die in diesen ausgesprochene Meistbegünstigung — Tarifkonventionen enthielten dieselben nicht — praktisch nach wie vor fortbestehe. Daraufhin hat denn auch der Bundesrath am 20. Februar desselben Jahres den mit Spanien vertragsmässig auf 1 Mk. per 100 kg festgesetzten Eingangszoll für Roggen, welcher auf Grund der Meistbegünstigung auch einer Reihe anderer Staaten zu Gute kam, ebenfalls Amerika gewährt. Auf der gleichen Anschauung beruht der Bundesrathsbeschluss vom 30. Januar 1892, welcher gewisse Bestimmungen über Ursprungszeugnisse auf alle Länder ausdehnt, „welche einen vertragsmässigen Anspruch auf diese Vergünstigungen haben." Dieselben werden in einer Fussnote aufgezählt und hierunter ausdrücklich die Vereinigten Staaten von Amerika aufgeführt.

Die Berechtigung dieser Auffassung der gegenseitigen Meistbegünstigung ist auch von Seiten der Letzteren praktisch mehrfach anerkannt worden. So enthält z. B. die Dingley-Bill folgende Bestimmung über Zuschlagszölle auf Waaren, die in ausländischen Schiffen eingebracht werden.

Abschnitt 22. Ein Differentialzoll von 10 pCt. des Werthes, zusätzlich der in diesem Gesetz vorgeschriebenen Zölle, soll von allen Waaren erhoben werden, die in nicht den Vereinigten Staaten angehörenden Schiffen eingeführt werden; . . . . doch soll sich dieser Differentialzoll nicht auf Güter, Waaren oder andere Gegenstände beziehen, welche in nicht den Vereinigten Staaten angehörenden Schiffen eingeführt werden, die zur Zeit der Einfuhr auf Grund des Vertrages oder eines Uebereinkommens berechtigt sind, Waaren zu denselben Zöllen in die Häfen der Vereinigten Staaten einzuführen, wie sie für die Waaren zu entrichten sind, die in Schiffen der Vereinigten Staaten eingeführt werden.

Nun ist durch eine Konvention vom 26. Januar 1826 mit Preussen, sowie mit Hamburg und Bremen vereinbart, dass „die Fahrzeuge der betreffenden Nation und die Boden- und Gewerbserzeugnisse oder Waaren, die aus dem betreffenden fremden Lande oder irgend einem anderen fremden Lande in die Vereinigten Staaten eingeführt werden, denselben Einfuhrabgaben unterworfen sein sollen, wie wenn sie auf den Fahrzeugen der Vereinigten Staaten eingeführt würden". Diese Bestimmung wurde später nicht nur auf Lübeck und Oldenburg ausgedehnt, sondern auch durch den mehrerwähnten Handelsvertrag mit Preussen von 1828 ausdrücklich erneuert und doppelseitig gemacht (Art. III, VI), wozu Art. IV noch hinzufügt, es soll gleich bleiben, „ob die betreffenden Fahrzeuge direkt von den Häfen des Landes, dem sie jeweils angehören, oder von den Häfen irgend eines anderen Landes auslaufen". Im Hinblick auf diese alte Uebereinkunft hat denn die amerikanische Regierung von einer Ausdehnung der diesbezüglichen Zollzuschläge auf Deutschland Abstand genommen und damit ausdrücklich den staatsrechtlichen Fortbestand jener älteren Verträge in voller Ausdehnung auf das neue Deutsche Reich anerkannt.

Nicht ganz im Einklang mit dieser Auffassung steht allerdings die sogenannte Saratoga-Konvention. Dieselbe beschliesst die nahezu zehn Jahre lang währenden Streitigkeiten und Verhandlungen zwischen Deutschland und Amerika, welche sich an die Einfuhrverbote von amerikanischen Schweinen, Schweinefleisch, Würsten und Schinken zur Verhütung von Trichinose knüpfen (kaiserliche Erlasse vom 26. Juni 1880 resp. 6. März 1883); sie besteht in einem aus Saratoga (im Staate New-York) datirten — daher der Name — Notenaustausch zwischen dem deutschen Botschafter und dem amerikanischen Staatssekretär und enthält folgendes Uebereinkommen:

1. Deutschland erkennt das amerikanische Fleischschaugesetz vom 3. März 1891 als sanitätspolizeilich genügend an und verspricht die Aufhebung obiger Einfuhrverbote.

2. Ferner giebt der Präsident der Vereinigten Staaten die Zusage, von der in Abschnitt 3 des Mc Kinley-Tarifs enthaltenen Ermächtigung, Zuschlagszölle für gewisse Waaren — darunter Zucker — solchen Ländern gegenüber in Kraft zu setzen, welche Produkte der Union mit unbilligen Zöllen belasten, Deutschland gegenüber nicht anzuwenden. Dagegen giebt Deutschland die Zusicherung, Amerika den Mitgenuss der Oesterreich-Ungarn vertragsmässig zuzugestehenden Zollreduktionen gewähren zu wollen.

Es leuchtet ein, dass diese letztere Verpflichtung gegenstandslos und zwecklos war, wenn man deutscherseits die Vereinigten Staaten als staatsrechtlich meistbegünstigtes Land ansah. Immerhin kann geltend gemacht werden, dass ihr Inhalt dem nicht widerspricht, und eine derartige Bekräftigung der Anerkennung der Meistbegünstigungsklausel bei einem an sich nicht klaren Vertragsverhältniss angesichts der bevorstehenden neuen Handelsverträge Deutschlands wohl von gewissem Werth für die amerikanische Regierung erscheinen mochte.

Bei anderer Gelegenheit hat man wieder den rechtlichen Fortbestand der Meistbegünstigungsklausel von 1828 bestritten. So erklärte der Staatssekretär Gresham in einem Schreiben an den deutschen Botschafter anlässlich der Differentialzölle für Zucker, dass dieselbe „nur zwischen den Vereinigten Staaten und Preussen, nicht dem gesammten Deutschen Reiche" die Meistbegünstigung festsetze; und der spätere Schatzsekretär Olney sprach sich in einem Bericht dahin aus, dass der fragliche Vertrag zwar „in Hinsicht auf denjenigen Theil des Deutschen Reiches, welcher das Königreich Preussen bildet, als zu Kraft bestehend anzusehen ist," dass aber nichts „die Annahme rechtfertigt, dass derselbe als wirksam für andere Theile des Reiches aufgefasst werden muss". Diese neuerdings von der amerikanischen Regierung anscheinend offiziell vertretene Auffassung ist natürlich praktisch ein Nonsens. De facto ist beiderseitig seit 70 Jahren die Meistbegünstigung geübt worden und muss loyaler Weise so lange als gewohnheitsrechtlich begründet praktisch weitergeübt werden, bis eine klare Weigerung der weiteren Anerkennung von einer Seite erfolgt. Dies ist bisher nicht geschehen, im Gegentheil, das „Centralblatt für das Deutsche Reich" hat noch unterm 30. Januar 1892 amtlich erklärt: „Die Vereinigten Staaten von Amerika geniessen in Deutschland die Meistbegünstigung". Der Brauch ist also bis auf Weiteres als fortbestehend anzusehen. —

Nun ist die Frage aber aufs höchste aktuell geworden durch die in allerjüngster Zeit von den Vereinigten Staaten abgeschlossenen Handelsverträge. Wie erwähnt, gewähren dieselben Konkurrenzländern des Deutschen Reiches in wichtigen Artikeln erhebliche Zollermässigungen, die für den deutschen Export nach der Union verhängnissvoll werden können. Können wir jetzt auf Grund der Verträge von 1828 etc. Mitgenuss der niedrigen Zollsätze verlangen oder nicht?

Artikel 5 des mehrgenannten Handelsvertrags mit Preussen*) sagt — ziemlich gleichlautend mit den älteren Verträgen von 1785 und 1799 —:

„Auf den Eingang der Erzeugnisse des Bodens oder des Kunstfleisses des Königreichs Preussens in die Vereinigten Staaten und auf den Eingang der Erzeugnisse des Bodens oder des Kunstfleisses der Vereinigten Staaten in das Königreich Preussen sollen weder andere noch höhere Abgaben gelegt werden, als diejenigen, welche auf dieselben Artikel, wenn sie Erzeugnisse des Bodens oder des Kunstfleisses irgend eines andern fremden Landes, gelegt sind oder gelegt werden möchten."

Darnach hätten wir allerdings ipso jure Anspruch auf den Mitgenuss aller Zollermässigungen, welche den Provenienzen etwelchen Staates gewährt worden sind. Nun findet sich aber leider ein in allen drei Verträgen gleichlautender weiterer Passus (Art. 9), der in der Zusammenstellung aller für Deutschland in Betracht kommenden Meistbegünstigungsklauseln im Deutschen Handelsarchiv (1895, p. 443) auffallender Weise nicht mit abgedruckt ist und folgenden Wortlaut hat:

„Wenn von einem der kontrahirenden Theile in der Folge anderen Nationen irgend eine besondere Begünstigung in Betreff des Handels oder der Schiffahrt zugestanden werden sollte, so soll dieselbe sofort auch dem anderen Theile mit zu Gute kommen, welcher dieselbe, wenn sie ohne Gegenleistung zugestanden ist, ebenfalls ohne eine solche, wenn sie aber an die Bedingung einer Vergeltung geknüpft ist, gegen Bewilligung derselben Vergeltung geniessen wird."

Unter Berufung hierauf erklärt nun die Regierung der Vereinigten Staaten, die neueren vertragsmässigen Tarifreduktionen seien lediglich solche „besonderen Vergünstigungen" und an gewisse „Vergeltung" geknüpft; sie erklärt deshalb nur solche Länder zum Mitgenusse derselben be-

*) Preuss. Ges.-Sammlung 1826—30. p. 28—30.

rechtigt, welche ihr gleichwerthige Zugeständnisse wie die betreffenden Vertragsländer machen.

Dass diese Auslegung durchaus gekünstelt ist, lässt sich wohl kaum bestreiten, umsomehr als sie neu und ohne Präzedenzfall dasteht. Wenn der Begriff der Meistbegünstigung dermaassen restriktiv interpretirt wird, so hat die Meistbegünstigungsklausel überhaupt fast keinen Sinn, Zweck und Inhalt mehr. Denn dass ein Land einem anderen ohne jeden Entgelt Zollermässigungen gewährt, dürfte wohl nur in der Form vorkommen, dass die Zollsätze des autonomen Tarifs überhaupt durch die innere wirthschaftspolitische Gesetzgebung herabgesetzt werden. In diesem Falle kommt die Reduktion aber ohne Weiteres auch allen vertragslosen Ländern und nicht blos den meistbegünstigten zu Gute. Die Meistbegünstigungsklausel ist nachweisbar in der Absicht in die Handelsvertragspolitik eingeführt und den einzelnen Verträgen eingefügt worden, um zu verhüten, dass das zur Zeit vertragschliessende Land, das sich jetzt unter bestimmten Gesichtspunkten und gegen entsprechende Zugeständnisse gewisse ihm wünschenswerthe Zollermässigungen ausbedingt, infolge späterer nicht vorherzusehender Verträge andere Konkurrenz-Länder von neuem in eine nachtheilige Lage geräth. Wenn die Meistbegünstigung der jetzt von Amerika eingeführten Auffassung unterliegt, so bedeutet sie überhaupt nicht mehr, als dass das einen Handelsvertrag abschliessende Land bereit ist, auch noch mit anderen Ländern gleich günstige Handelsverträge abzuschliessen, eine Bereitwilligkeit, die ziemlich selbstverständlich ist, und deren vertragsmässige Beglaubigung kaum noch irgend welchen Werth haben dürfte.

Amerika scheint aber diese Auslegung zur authentischen machen zu wollen, da sie es allgemein anwendet und nicht die geringste Neigung zeigt, von ihr abzugehen. Das beweist auch sein neues Verhalten der Schweiz gegenüber. Diese hatte gegen die Anwendung ihr gegenüber durch ihren Gesandten zu Washington sofort lebhaften Protest eingelegt und sich darauf berufen, dass sie nach dem Wortlaut ihres Vertrages mit den Vereinigten Staaten vom 25. November

1850 unzweifelhaft die volle Meistbegünstigung im alten Sinne geniesse, da in jenem klar und deutlich ausgesprochen ist, dass „jede der beiden Vertragsmächte sich verflichtet, keine Handelsvergünstigungen einem anderen Lande einzuräumen, wenn sie nicht zugleich der anderen Vertragsmacht zugestanden werden." Die amerikanische Regierung hatte diese Fassung der Meistbegünstigungsklausel vollständig übersehen und war überrascht und nicht wenig enttäuscht, als der Schweizer Gesandte sein verbrieftes Recht geltend machte. Man konnte nicht umhin, es ihm zu gewähren (Zirk. d. Schatzamts vom 5. Dezember 1898), aber alsbald wurden auch die Artikel 8—12 des Vertrages, welche die Bestimmungen über Meistbegünstigung, Ursprungszeugnisse und Behandlung der Waaren nach der Flagge enthalten, auf den 23. März 1900 gekündigt.

Da wir uns also auf das Recht der Meistbegünstigung nicht mehr berufen können, da wir aber andererseits der Union bereits unseren niedrigsten (Vertrags-) Tarif von jeher in vollem Umfang gewähren, während ihr Frankreich seinen Minimaltarif als „Entgelt" sogar nur theilweise eingeräumt hat, so sind wir gar nicht im Stande, unsererseits den Vereinigten Staaten noch weitere Zugeständnisse zu machen, um so weniger, als an ihnen auch alle übrigen Staaten theilnehmen würden, welche auf dem deutschen Markte die Meistbegünstigung geniessen. Wir stehen also zur Zeit der schlauen Finte wehrlos gegenüber und müssen uns darauf beschränken, bei der bevorstehenden Erneuerung der Handelsverträge auch mit der Union ein geordnetes Vertragsverhältniss zu vereinbaren, wobei es denn wohl gerathen wäre, ihr ebenfalls nicht die Meistbegünstigung zu gewähren.

c) Beschwerden Amerikas.

Wie bekannt, sind von deutscher Seite in jüngster Zeit schon mehrfach Anstrengungen gemacht worden, auf Grund der gleichen Klausel der Dingley-Bill, wie Frankreich und die übrigen erwähnten Staaten zu einer Konvention mit den Vereinigten Staaten anzubahnen. Dass dies bisher nicht gelungen ist, liegt eines Theils an den eben gedachten Schwierigkeiten, andererseits aber auch an gewissen Maassnahmen unserer Handelsgesetzgebung, an denen die Amerikaner, als ihre wirthschaftlichen Beziehungen zum deutschen Markt störend, Anstoss nehmen weil sie sie als indirekte aber planmässige Maassregeln zur Erreichung dieses Zieles unter dem Deckmantel anderer Absichten ansehen. — Jedenfalls haben dieselben eine Missstimmung gegen Deutschland bei ihnen erzeugt, die es erst gilt zu überwinden, ehe wir zu gedeihlichen Beziehungen mit ihnen kommen werden. Es sind dies folgende beiden Maassregeln.

1. Die Beschränkungen des Geschäftsbetriebes der amerikanischen Lebensversicherungs-Gesellschaften.

Wie wohl bekannt ist, unterliegt der Geschäftsbetrieb der Lebensversicherungsgesellschaften im Deutschen Reiche gewissen einschränkenden Bestimmungen, die dazu dienen sollen, diesen ausserordentlich wichtigen Zweig des Wirthschaftslebens gegen Ausartungen zu schützen, welche der grossen Masse der Versicherungsnehmer zum Schaden gereichen können. Nach Artikel 4 der Reichsverfassung unterliegt auch das Versicherungswesen der Gesetzgebung und Kontrolle des Reichs. Bedauerlicher Weise ist aber bisher trotz verschiedener Anläufe eine reichsgesetzliche Regelung desselben nicht eingetreten. Es haben deshalb eine Anzahl Bundesstaaten — darunter namentlich Preussen — im Verordnungswege die ihnen erforderlich erscheinenden Anordnungen getroffen. Dieselben basiren im preussischen Königreich auf dem hier seit Alters üblichen Konzessionssystem, sie verlangen ferner gewisse Veröffentlichungen über die Lage des Geschäftsbetriebs und von ausländischen in Preussen zum Geschäftsbetrieb zugelassenen Gesellschaften ausserordentlich hohe Kautionen.

Ausserdem verlangt die preussische Regierung gewisse Sicherstellung des der Versicherung zu Grunde liegenden Effektenbesitzes: Die den Versicherungsnehmern für ihre Ansprüche geleistete Sicherheit beruht nämlich nicht so sehr auf dem Grund-

bezw. Aktienkapital der Gesellschaften, wovon in der Regel überhaupt nur ein Bruchtheil baar eingezahlt ist, sondern in den aus den eingezahlten Prämien zusammenkommenden Reserven, die in Werthpapieren seitens der Gesellschaft angelegt werden. Die preussische Regierung hat nun zur Sicherstellung dieser Reserven Normativbestimmungen für ihre Anlagen erlassen, welche im Wesentlichen für jene Anlagepapiere pupillarische Qualität verlangen. Nun sind in Preussen eine Anzahl ausländischer Lebensversicherungs-Gesellschaften konzessionirt, besonders drei amerikanische, darunter die ersten beiden in der Union überhaupt ins Leben getretenen: die New York Life Insurance and Trust Company, gegründet 1830, und die Mutual Life Insurance Company, gegründet 1842, ferner die Equitable-Gesellschaft. Diese konnten natürlicher Weise für die Anlage ihrer Papiere nicht preussische Mündelsicherheit nachweisen, wenn auch die Effekten, in denen ihr Garantiefonds angelegt war, an sich aus guten Papieren bestand. So wies beispielsweise die erstgenannte Gesellschaft folgenden Effektenbesitz auf:

New York Security and Trust Company,
Chicago and North Western Railway Preferred,
Chicago, Milwaukee and St. Paul Preferred,
Valley R. R. Five per Cent Bonds,
Atchison, Topeka and Santa Fé Preferred,
Fort Wayne and Jackson Five and a Half per Cent guaranteed by L. S. and Michigan S.,
Central National Bank, New York,
Pennsylvania Railroad Company,
Chicago, Milwaukee & St. Paul Common,
Southern Railway Company Preferred,
American Exchange National Bank, New York,
Merchants National Bank, New York,
Evansville and Terre Haut Railroad,
Bank of America, New York,
National Bank of the Republic, New York.

Es ergiebt aus dieser Zusammenstellung, wie schwierig es sein würde, hier einen den preussischen Normativbestimmungen entsprechenden Maassstab anzulegen. Sicherheitsgrenzen nach Effektenklassen lassen sich bei den eigenthümlichen wirthschaftlichen Verhältnissen und dem Finanz- und Verleihungswesen Amerikas nicht in der Weise aufstellen, wie dies bei uns wohl möglich ist. Dennoch stellte die preussische Regierung an die amerikanischen Lebensversicherungs-Gesellschaften das Verlangen, dass sie jenen Theil ihrer Reserven, der ihren Verbindlichkeiten aus Versicherungsverträgen mit preussischen Unterthanen entspräche, in nach preussischer Auffassung mündelsicheren Werthen anlegten und sich derselben Kontrolle in dieser Hinsicht unterzögen, wie die einheimischen Gesellschaften. Es war dies unter höherem Gesichtspunkt ein ganz gerechtfertigtes Verlangen, dem aber die amerikanischen Gesellschaften nicht recht nachzukommen wussten. Sie boten deshalb einen Kompromiss an des Inhalts, dass sie sich verpflichten wollten, jenes Kapital nur in solchen Werthen anzulegen, welche nach nordamerikanischen Begriffen völlige Sicherheit genössen. Hiermit konnte sich die preussische Regierung nun allerdings wohl nicht gut zufrieden geben.

Zu diesem Streitpunkt kam aber nun noch ein anderer: Durch Ministerialerlass vom 2. Februar 1891 verfügte die preussische Regierung eine eingehende Neuregelung der Rechenschaftsablage und verlangte hierbei unter anderm (Ziffer 9) „bei Gewinnbetheiligung von Versicherten nach dem sogenannten Tontinen-System Angaben darüber, wieviel von den eingesammelten Ueberschüssen auf die einzelnen, mit der Höhe der Versicherungssumme anzugebenden Jahresklassen der Tontinen-Versicherten trifft“, eine Forderung, welche unterm 8. März 1892 (IV 8) schärfer und ausführlicher wiederholt wurde, nachdem die Rechenschaftsberichte für 1891 ihre theilweise Nicht- oder unvollständige Befolgung ergeben hatten. Für die amerikanischen Gesellschaften war nun die Einhaltung dieser Vorschrift eine rechtliche Unmöglichkeit, da sie ihre Dividendenberechnung nicht auf dem eigentlichen Tontinen-System, welches Jahresklassen für die Dividenden-Ansammlung bildet, aufbauten, sondern alle Versicherungsnehmer in eine Gruppe zusammenfassten, eine plötzliche Aenderung des Systems aber natürlich nicht angängig war.

Mündliche Verhandlungen mit der Regierung blieben erfolglos, auch das Angebot, auf Kosten der Gesellschaften Sachverständige zwecks genauer Information nach Amerika zu senden, wurde ablehnend beschieden und die bisherigen Anforderungen aufrecht erhalten. Daraufhin verzichtete die Equitable-Gesellschaft mit dem 1. August 1894 freiwillig auf weitere Thätigkeit in Preussen, den übrigen wurde Ende 1895 die Konzession entzogen. Die zur Zeit bestehenden Versicherungsverträge blieben allerdings in Kraft und konnten fortgeführt werden, es wurde ihnen aber das Eingehen neuer Verbindlichkeiten untersagt, überhaupt jeder weitere Geschäftsbetrieb lahmgelegt. Die deutschen Versicherungs-Gesellschaften nahmen diese Maassregel erklärlicher Weise mit grosser Genugthuung auf; wurden sie doch dadurch von einer neuerdings recht fühlbar gewordenen Konkurrenz befreit. Eben dieser Umstand trug aber dazu bei, den amerikanischen Interessenten das Vorgehen der preussischen Regierung gehässiger und einseitiger erscheinen zu lassen, als es in Wirklichkeit war. So wurde das Verbot Gegenstand heftiger Angriffe auf die deutsche Regierung seitens der amerikanischen Betheiligten.

In jüngster Zeit hat sich die Spannung jedoch in erfreulicher Weise ausgeglichen. Die New York Life Insurance and Trust Company sowie die Mutual Life Insurance Company entschlossen sich nämlich, erneut bei der preussischen Regierung vorstellig zu werden und ihr von neuem den Vorschlag zu machen, durch besondere Emissäre die finanziellen Bedingungen und Grundlagen des amerikanischen Versicherungswesens an Ort und Stelle zu untersuchen, um dann auf Grund dieser Informationen den betreffenden Gesellschaften neue, ihren Verhältnissen angemessene Garantie-Forderungen zu unterbreiten. Die Regierung ging darauf ein und entsandte zwei Geheime Räthe des preussischen Ministeriums des Innern, die Herren v. Knebel-Doeberitz und Marschall v. Biberstein nach dem Hauptsitz der Gesellschaften: New-York, die unlängst von ihrer Mission zurückgekehrt sind.

Nach ihren Mittheilungen hat man amerikanischerseits ihren Bemühungen grösstes Entgegenkommen gezeigt. Man hat anerkannt, dass das den preussischen Vorschriften zu Grunde liegende Prinzip dem amerikanischen überlegen sei, und Bereitwilligkeit gezeigt, sich demselben grundsätzlich anzupassen, ohne, wie erst in Aussicht genommen war, die bevorstehende Reichsgesetzgebung abzuwarten. Man hat auch die den preussischen Lebensversicherungs-Gesellschaften in der Union erwachsenen Schwierigkeiten abgestellt und nur die Gewährung einer bis 1902 laufenden Uebergangsfrist für die Erfüllung der vereinbarten Kompromissbestimmungen als nothwendig erklärt. Daraufhin hat sich denn die preussische Regierung mit den angebotenen, den preussischen Vorschriften analog gestalten Garantien zufrieden gegeben und die Wiedereröffnung des Geschäftsbetriebes gestattet. Uebrigens wird dem Vernehmen nach nur die New York Life Insurance and Trust Company Gebrauch davon machen. Die Equitable-Gesellschaft wenigstens hat ausdrücklich erklärt, ihren Geschäftsbetrieb in Deutschland endgültig ausgeglichen zu haben, und die Mutual Life Insurance Company, bislang wenigstens, keinen Schritt gethan. um die Konzession zu erlangen. Jedenfalls dürfte aber die durch diese Affäre verursachte Spannung durchaus ausgeglichen sein.

Weniger günstig haben sich die Beziehungen auf dem anderen Gebiete gestaltet, welches unsere handelspolitische Stellung zur amerikanischen Regierung verschlechtert und erschwert. Es sind dies

2. die sanitätspolizeilichen Beschränkungen der Vieh- und Obsteinfuhr aus der Union.

Der erste derartige Zwischenfall war das schon weiter oben erwähnte unterm 26. Juni 1880 erlassene Einfuhrverbot amerikanischen Schweinefleisches, mit Ausnahme von Schinken und Speckseiten, welches unter dem 6. März 1883 auch auf lebende Schweine, Schinken und Wurstwaaren ausgedehnt wurde. Es wurde vom Bundesrath verfügt gemäss Art. II des Zollgesetzes von 1869, wonach dieser die Berechtigung hat, zur Verhütung gefährlicher, ansteckender Krankheiten unter ausserordentlichen Verhältnissen vorübergehend wirksame Ausnahmebestimmungen aus sanitären Gründen zu erlassen, und verfolgte nach einer ausdrücklichen Erklärung des deutschen Botschafters lediglich den sanitären Zweck, die Ausbreitung der Trichinose zu verhindern. Nichtsdestoweniger wurde es auf amerikanischer Seite als illoyales Schutzzoll-Surrogat empfunden und hierzu trug — abgesehen von gelegentlichen Wendungen der einschlägigen Parlamentsdebatten vom 9. Januar 1883 und der Tagespresse — nicht zum letzten der Umstand bei, dass die Stadtbezirke Hamburg und Bremen von der Haltung der Grenzsperre ausgenommen waren, was sich nur aus wirthschaftlichen Erwägungen und bei Ausschluss der hygienischen erklären lasse. Die amerikanische Regierung that verschiedene Schritte, um durch Untersuchung und Aufklärung über die Gestaltung der amerikanischen Fleischwaarenproduktion und durch Erlass eigener sanitätspolizeilicher Maassnahmen die deutsche Verordnung gegenstandslos zu machen und alsdann ihre Aufhebung bewirken zu können. Indess die deutsche Regierung zeigte sich dem zunächst nicht geneigt. Auch das — im Januar 1891 im Reichstag zur Erörterung gelangende — amerikanische Fleischschaugesetz vom 30. August 1890 gab ihr und den Interessenten noch keine genügende Sicherheit, weil die Fleischuntersuchung darnach nicht obligatorisch sei und erst am verpackten Fabrikat vorgenommen werde. Das daraufhin vom Kongress am 3. März 1891 angenommene neue und erheblich strengere Gesetz endlich genügte ihren Ansprüchen und führte zu der oben bereits erwähnten Saratoga-Konvention, in Verfolg deren durch Verordnung vom 3. September 1891 die Einfuhr lebender Schweine und Fabrikate aus solchen bei amtlicher Bescheinigung stattgehabter Untersuchung wieder freigegeben wurde. Von den Amerikanern wurde freilich behauptet, dass weniger die Fassung des Gesetzes als die Furcht vor der Mc Kinley-Bill drohenden

Differentialzöllen auf deutschen Zucker die Regierung nachgiebig gestimmt hätte.

Der Friedenszustand blieb indessen nicht von langer Dauer. Im Sommer 1894 wurden in Hamburg zwei Sendungen amerikanischen Rindviehs angehalten, weil der Untersuchungsbeamte bei einigen Thieren Texasfieber konstatirte. Daraufhin erliess der Kanzler unterm 27. Oktober d. J. abermals ein Einfuhrverbot, diesmal für Rindfleisch und lebendes Rindvieh amerikanischer Herkunft. Die amerikanische Regierung protestirte gegen diese Maassregel als zu weitgehend und den Zweck sanitärer Sicherung überschreitend, mit dem Hinweis darauf, dass Texasfieber nur innerhalb eines bestimmten Gebietes der Union vorkommen könne, und die Regierung hinreichende Vorsichtsmaassregeln getroffen habe, um jeden Export aus diesem Theile der Südstaaten zu verhindern. Trotzdem konnte bisher eine Aufhebung des Einfuhrverbotes nicht erlangt werden.

Auch ihre mehrfachen späteren Bemühungen in dieser Hinsicht blieben erfolglos; im Gegentheil, nachdem Belgien, das die gleiche Maassnahme getroffen hatte, auf Grund neuerer Verhandlungen sein Einfuhrverbot für amerikanisches Rindvieh aufgehoben hat, hat die deutsche Regierung in der Befürchtung, das dasselbe dort geschlachtet und nach dem deutschen Reich weiter exportirt wird, neuerdings die Grenzen auch für die Einfuhr belgischen Rindfleisches geschlossen; dies Vorgehen hat in Amerika um so mehr verstimmt, als daraufhin die dänische Regierung eine Wiederöffnung ihrer Grenzen für amerikanische Rinder abgelehnt hat, um nicht gleichfalls seine Fleischeinfuhr nach Deutschland zu verlieren.

Als drittes Moment kommt nun erschwerend hinzu, dass das geplante deutsche Schlachtvieh- und Fleischbeschaugesetz unverhältnissmäsig strenge Bestimmungen für die Vieh- und Fleischeinfuhr enthält, die theilweise wohl dadurch recht erheblich belästigt und erschwert werden würde. Namentlich der Import von amerikanischem Büchsenfleisch und Wurstwaaren würde dadurch nahezu unmöglich gemacht werden. Der Entwurf hat deshalb in dortigen Interessentenkreisen lebhafte Erregung hervorgerufen, welche im Kongress bereits zu Anträgen auf Repressalien geführt hat. Als solche würden vermuthlich analoge Bestimmungen für deutsche Einfuhrartikel in Betracht kommen. Betr. Spielwaaren ist dieser Fall bekanntlich schon eingetreten. Der Chef des Bureaus für Viehzucht im department of agriculture, Dr. D. E. Salmon, hat in seinem letzten Jahresbericht mitgetheilt, dass nach in seinem Bureau angestellten Untersuchungen deutsches Spielzeug vielfach mit gifthaltigen Farben gefärbt sei, die den damit spielenden Kindern gefährlich werden könnten. Es ist denn daraufhin eine minutiöse Untersuchung und höchst rigorose Zollbehandlung eingetreten, die den deutschen Spielwaarenexport nach den Vereinigten Staaten stark belästigt. — Aehnliche Maassnahmen plant man jetzt gegenüber anderen Artikeln, wie Weinen, Chemikalien und sogar Textilfabrikaten anzuwenden, die letztgenannten mit der Begründung, dass sie, wenn sie die Haut wundrieben, durch ihre Farben nachtheilig wirken könnten.

Ein drittes Einfuhrverbot, welches in Amerika böses Blut gemacht hat, ist endlich das für lebende Pflanzen und frisches Obst zur Verhütung der Einschleppung der St. José-Schildlaus (aspidiotus perniciosus). Im Oktober 1898 verbreitete die Presse eine Nachricht aus Hamburg, wonach in einer Schiffsladung getrockneter Birnen aus Kalifornien Eier der Larve dieses Thieres gefunden seien. Am 28. desselben Monats sollte einer weiteren Mittheilung zufolge die Schildlaus auch auf einer Ladung einer kalifornischen Pflaumensorte (nectarines) entdeckt worden sein. Auf weiteren ebendaherkommenden Ladungen von Pfirsichen, Aprikosen und gewöhnlichen Pflaumen liess sich ihr Vorkommen nicht feststellen, obwohl man dies hätte erwarten sollen, da dieselben auf dieselbe Weise — vor Allem unabgeschält — getrocknet worden waren. Es wurde jedoch die Einfuhr lebender Pflanzen und frischer Pflanzenabfälle, sowie frischen Obstes und frischer Obstabfälle, auch des zugehörigen Verpackungsmaterials, soweit aus den Vereinigten Staaten stammend, verboten, obwohl das department of agriculture zu Washington auf experimentellem Wege sich nachzuweisen bemühte, dass die handelsüblichen Methoden des Dörrens der Früchte das Weiterleben der Schildlaus, wenn solche etwa vorhanden, ausschlössen. —

Da die Einfuhr von Obst, Vieh und Fleischwaaren einen recht erheblichen Theil des Gesammtimports der Vereinigten Staaten nach Deutschland ausmacht, so kann es nicht Wunder nehmen, dass diese den Handel zweifellos benachtheiligenden und zum Theil vielleicht über das nothwendige Maass hinausgehenden Beschränkungen der Einfuhr die Interessentenkreise arg verstimmt und vielfach der Ansicht Vorschub geleistet haben, als verfolge die deutsche Regierung mit diesen Maassnahmen lediglich unter hygienischem Vorwand eine Weiterausgestaltung des Hochschutzzollsystems zu Gunsten unserer inländischen Landwirthschaft. Das ist wohl schwerlich richtig. Dass die sanitätspolizeilichen Untersuchungen in der Union nicht mit der Sorgfalt und Gründlichkeit vorgenommen werden, wie wir sie im Interesse der Volksgesundheit für nothwendig halten, darf als erwiesen gelten, und zweifellos ist jede Regierung nicht nur befugt, sondern auch verpflichtet, das hygienische Wohl der Gesammtheit mit allen rechtlichen Mitteln zu erstreben, auch wenn diese dem Handel und Verkehr Belästigungen zufügen sollten. Andererseits ist aber nicht ausser Acht zu lassen, dass die amerikanischen rationellen Produktionsverhältnisse, namentlich die Art der Aufzucht, Fütterung und Mästung, das Entstehen von Viehkrankheiten — speziell Trichinose — in höherem Grade ausschliessen, als die oft sehr primitive Viehzucht des deutschen Landwirths und Bauern. Und es muss zugegeben werden, dass die agrarisch interessirten Kreise in Deutschland die hygienischen Rücksichten und Maassnahmen der Regierung nur allzu offenherzig als ein Mittel betrachtet und benutzt haben, um sich die ihnen höchst unangenehme Konkurrenz der amerikanischen — überhaupt aller ausländischen — Nahrungsmittel auf Umwegen vom Leibe zu halten. Die Haltung ihrer

Partei im Parlament und in der Presse bezeugt dies zur Genüge.

Durch alle diese ärgerlichen Zwischenfälle sind die Handelsvertragsverhandlungen zwischen der amerikanischen und der deutschen Reichsregierung erschwert worden, sodass eine Vereinbarung bis jetzt noch nicht zu Stande gekommen ist. Dennoch ist wohl sicher zu erwarten, dass dieses Ziel in absehbarer Zeit erreicht werden wird. Eine gewisse Bürgschaft bietet hierfür u. A. die Beantwortung der Interpellation Kanitz und Genossen über den Stand der Verhandlungen zwischen dem Deutschen Reich und den Vereinigten Staaten von Nordamerika durch den Staatssekretär des Auswärtigen Amtes am 11. Februar 1899. Wie Graf Bülow damals amtlich erklärte, „haben wir das Missverhältniss der wechselseitig zur Erhebung gelangenden Zölle und die lästigen Bestimmungen des amerikanischen Verzollungsverfahrens wiederholt zum Gegenstand dringlicher Vorstellungen bei der Regierung der Vereinigten Staaten gemacht.

Wir sind Willens, in beiden Beziehungen auch fernerhin alles Erforderliche zu thun und namentlich mit Nachdruck dafür einzutreten, dass die Interessen unseres Ausfuhrhandels durch die Handhabung der Verzollungsvorschriften nicht gefährdet werden.

Zur Begleichung der entstehenden Rechtsauffassungen und zur befriedigenden Verständigung über die schwebenden Einzelheiten bedarf es auf beiden Seiten der Erkenntniss, welche weittragenden gegenseitigen Interessen für jedes der betheiligten Länder in Frage stehen. Von dieser Erkenntniss durchdrungen, dürfen wir, zumal im Hinblick auf die zunehmende Entwickelung der amerikanischen Einfuhr nach Deutschland, die gleiche Auffassung bei den Vereinigten Staaten voraussetzen.

Wir geben uns deshalb der Hoffnung hin, dass in nicht zu ferner Zeit eine für beide Theile annehmbare und befriedigende Lösung der bestehenden Schwierigkeiten erzielt werden wird.

Die verbündeten Regierungen sind sich der Pflichten bewusst, welche ihnen die Vertretung und Wahrnehmung der uns zustehenden Rechte auferlegen, nehmen aber zugleich das Vertrauen dieses hohen Hauses dafür in Anspruch, dass sie diejenigen Wege zu verfolgen wissen werden, durch welche die ihrer Pflege anvertrauten vaterländischen Interessen auf die Dauer am besten und sichersten gewahrt bleiben." —

Drittes Kapitel.

Zollbehandlung und Verzollungs-Verfahren.

Die Dingley-Bill ist nun aber keineswegs ein blosses Zolltarifgesetz, sie umfasst vielmehr einen umfangreichen Komplex von Bestimmungen handelspolitischen und zolltechnischen Inhalts, welche streng genommen eigentlich bedeutsamer und wichtiger für die prinzipielle handelspolitische Entwickelung der Union und speziell für die neuere Gestaltung der deutsch-amerikanischen Beziehungen sind, als die zufälligen und transitorischen Einzelheiten eines vielleicht nicht lange geltenden Zolltarifs. Denn sie charakterisiren schärfer als diese den Weg, welchen Amerika planmässig, zielbewusst und rücksichtslos zu verfolgen sich anschickt, und dessen Ziel die absolute Hegemonie auf dem Weltmarkt ist.

Soweit dies Bestreben im Zollgesetz zum Ausdruck gelangen kann, zeigt es sich negativ, als möglichste Erschwerung der ausländischen Konkurrenz auf dem amerikanischen Markte. Diesen Zwecken sollen neben den aufs äusserste hochgeschraubten Zöllen gewisse Maassnahmen der Zollbehandlung dienen, denen wir noch einige Aufmerksamkeit schenken müssen:

I. Rigorosität der Zollpraxis.

Wie der Kenner des amerikanischen Zolltarifs weiss, haben sich die Handelspolitiker der Union neuerdings in weitem Umfang wieder zur Anwendung von Werthzöllen bekehrt. Und diese sind es zunächst, welche in der Verzollungspraxis zu zahlreichen Klagen Anlass gegeben haben. Wie gewöhnlich bei der Verzollung ad valorem, ist hauptsächlich die Feststellung des Waarenwerthes der Angelpunkt des Streites geworden. In Anerkennung der grossen Schwierigkeit einer autonomen Festsetzung offizieller Werthziffern für die einzelnen ad valorem verzollten Artikel haben die Amerikaner die Verzollung auf die Deklaration des Importeurs bezw. Konsignatars oder Agenten basirt. Zur Sicherung gegen unwerthige Deklarirung sind nun eine Reihe von Maassregeln getroffen, welche nicht nur den Import ausserordentlich belästigen, sondern auch selbst dem gewissenhaftesten Importeur schwerer pekuniärer Schädigung aussetzen. Zunächst muss es als eine ungerechtfertigte Härte erscheinen, dass die — bei Werthverzollung auf Grund von Deklaration unerlässliche — Passiergrenze der Werthdifferenz, welche bisher mit 10 pCt. des Abweichens bestand, fallen gelassen ist. Nach Abschnitt 7 des Gesetzes gilt jede Abweichung des deklarirten Werthes von dem der amerikanischen Zollbehörde als richtig erscheinenden Werthe als falsche Angabe und strafbar, so zwar, dass ausser der entsprechenden Erhöhung des gesetzlichen Zolles noch ein Strafzollzuschlag von einem Prozent des gesammten Schätzungswerthes für jeden Prozent zu geringer Werthung erhoben wird. Angenommen z. B., ein Seifenfabrikant exportire einen Posten von 50 dz gewöhnlicher Seife, deren Werth er mit 78 Mk. per dz schätzt und deklarirt. Der Zoll würde 780 Mk. = 20 pCt. des Gesammtwerthes von 3900 Mk. betragen. Der amerikanische Appraiser glaubt den Werth mit 80 Mk. per 100 kg ansetzen zu müssen, also $^2/_{80}$ = 2,5 pCt. höher, als der Importeur; dann hat dieser zu zahlen:

a) zollgemäss der Deklaration	780,00 Mk.
b) Zollzuschlag gemäss der Wertherhöhung .	20,00 „
c) Zollstrafe = 2,5 pCt. des Gesammtwerthes von 3900 Mk.	97,50 „
also in Summa . .	897,50 Mk.

Geradezu unerhört ist es aber, dass diese Strafzuschläge auch erhoben werden, wenn die Werthdifferenz an sich gar keine andere Verzollung zur Folge hat, sondern es sich um rein technische Unterschiede in der Zollbewerthung handelt. Dies kommt z. B. bei den zahlreichen Positionen des Dingley-Tarifs in Frage, die einen Artikel, je nach der Qualität, staffelförmig ansteigenden Zollsätzen unterwerfen. So zahlt beispielsweise nach Pos. 358/9 Wolle und Kameelhaar III. Klasse im Werthe von

	12 cts. per Pfd. oder weniger	4 cts. per Pfd.
mehr als	12 „ „ „ „ „	7 „ „ „

Wenn jetzt ein Exporteur 1000 Pfd. Wolle nach Amerika verkauft und den Einheitswerth auf 14 cts. per Pfd. normirt, während der Appraiser 15 cts. als zutreffenden Marktpreis erklärt, so wird der zu zahlende Zollbetrag hierdurch zwar nicht alterirt; er beträgt in beiden Fällen 7 cts. per Pfd., also 70 Dollar für die ganze Sendung. Eine absichtliche Unterdeklaration ist hier, weil zwecklos, völlig ausgeschlossen. Trotzdem muss der Exporteur, weil er den Werth um 6,66 pCt. zu niedrig angegeben hat, diesen Bruchtheil der Gesammtschätzungssumme, also 10 Dollar als Strafzuschlag entrichten.

Ueber diese Härte wurden nicht nur heftige Klagen, sondern auch Einspruch erhoben, jedoch ohne Erfolg. Im Gegentheil: das Schatzamt verfügte durch Entscheidung vom 9. März 1899 (Synopsis 20847) ausdrücklich:

„Nach den Bestimmungen der durch Sektion 32 des Zolltarifgesetzes abgeänderten Sektion 7 des Zollverwaltungsgesetzes vom 10. Juni 1890 ist für den Fall, dass der abgeschätzte Werth einer eingeführten Waare, welche einem Werthzoll oder einem auf den Werth gegründeten oder in irgend einer Weise durch den Werth geregelten Zoll unterliegt, den bei der Einklarirung deklarirten Werth übersteigt, ausser dem tarifmässigen Zoll ein Zuschlagszoll zu erheben. Derartige, auf den Werth gegründete Zölle sind beispielsweise die spezifischen Zollsätze für Seidenwaaren gemäss § 387 des Tarifs, an dessen Schluss sich die Bestimmung befindet, dass keiner der in diesem Paragraphen aufgeführten Artikel einem geringeren Zollsatz als 50 pCt. vom Werth unterliegen soll. Der Zuschlagszoll ist bei zu niedriger Werthangabe auch dann zu erheben, wenn gleichwohl die spezifischen Sätze der Zollerhebung haben zu Grunde gelegt werden müssen."

Beträgt die Differenz des deklarirten Werthes von dem Schätzungswerth des Zollbeamten aber gar mehr als 50 pCt. des Letzteren, so ist die Deklaration als „muthmaasslich betrügerische" anzusehen. In diesem Fall aber, wie überhaupt wenn die Vermuthung bezw. der Nachweis einer wissentlich falschen Angabe vorliegt, erfolgt nicht nur Konfiskation des gesammten Waarenpostens, sondern Bestrafung des Deklaranten mit Geldbusse bis zu 5000 Dollar oder Zuchthaus bis zu zwei Jahren oder auch Beides zugleich nach dem Gutdünken des Richters. Und dabei liegt dem Deklaranten die Beweislast für seine Schuldlosigkeit ob.

Muss schon diese letztere Strafandrohung als ganz ungewöhnlich streng erachtet werden, so ist der Mangel eines Spielraums für straffreien Irrthum bei der Deklarirung nahezu unerträglich. Und er wird dies um so mehr angesichts des rigorosen Vorgehens der Zollbehörden hinsichtlich der Abschätzung. Die Abschnitte 10 und 11 des Gesetzes bestimmen hierüber:

„Abschnitt 10. Die Appraisers sind . . . verpflichtet, mit allen ihnen zu Gebote stehenden vernünftigen Mitteln den wirklichen Marktwerth und den en gros-Preis der Waare zur Zeit des Exportes nach den Vereinigten Staaten auf den Hauptmärkten des Landes, aus welchem dieselben importirt worden, herauszufinden und abzuschätzen (ohne Rücksicht auf die in den Fakturas, Affidavits etc. gemachten Angaben betreffs der Kosten oder Produktionskosten); ferner sollen die oben erwähnten Beamten verpflichtet sein, die Anzahl der Yards, Packete oder Quantitäten und den wirklichen Marktwerth oder en gros-Preis eines jeden derselben, wie es der Fall bedingen mag, auszufinden und abzuschätzen."

„Abschnitt 11. Wenn der wirkliche Marktwerth . . . nicht zur Zufriedenheit des abzuschätzenden Beamten festgestellt werden kann, . . . sollen die Appraisers alle ihnen zu Gebote stehenden Mittel anwenden, um die Produktionskosten der betreffenden Waare zur Zeit des Exportes nach den Vereinigten Staaten am Herstellungsorte ausfindig zu machen: in die betreffenden Produktionskosten müssen die Kosten des Rohmaterials und der Fabrikation, alle mit der Herstellung in Verbindung stehenden Ausgaben, die aus dem Zurechtmachen und der Verpackung der Waare zum Versand erwachsenden Ausgaben und ein Zuschlag von nicht weniger als 8 und nicht mehr als 50 pCt. auf die auf diese Weise festgestellten Gesammtkosten einbegriffen sein; in keinem solchen Falle soll die betreffende Waare bei der Originalabschätzung oder bei der Wiederabschätzung geringer, als der auf diese Weise festgestellte Betrag der Gesammt-Produktionskosten ist, abgeschätzt werden. Die abschätzenden Beamten sind berechtigt, bei der Feststellung des zollpflichtigen Werthes solcher Waaren den en gros-Preis in Betracht zu ziehen, zu welchem solche oder ähnliche Waaren in den Vereinigten Staaten verkauft oder zum Verkauf ausgeboten werden. Hierbei ist der darauf entfallende ungefähre Zoll, die Transportkosten, die Versicherung und andere nothwendige Auslagen vom Abgangsorte bis nach den Vereinigten Staaten und eine angemessene Kommission, falls eine solche bezahlt wurde, jedoch nicht mehr als 6 pCt., in Betracht zu ziehen."

Für diese selbständige Abschätzung der Waaren, speziell solcher, die an amerikanische Verkaufsagenten in Konsignation gegeben werden, sind neuerdings auch die Konsulate im Ausland zu Diensten herangezogen worden. Auf Anregung der New-Yorker Zollbehörde hat die dortige Regierung an die Konsuln in den wichtigsten Hafenplätzen, die für den Export nach den Vereinigten Staaten in Betracht kommen, vertrauliche Instruktionen erlassen, die heimathlichen Zollbehörden durch möglichst genaue, fortlaufende Informationen über den Marktwerth der zum Export gelangenden Waarengattungen unterrichtet zu halten. Zu diesem Zweck sind sie angewiesen worden, Musterbücher mit Preisangaben und sonstigen Mittheilungen über Qualität etc. einzusenden, ferner bei Beglaubigung der für Konsignationswaare erforderlichen Deklarationen ganz detaillirte Analysen des Fabrikanten über die Produktionskosten des Artikels zu verlangen und darauf zu halten, dass nicht das Bruttogewicht des gesammten Kollo, sondern das Nettogewicht jeder einzelnen Waare angegeben wird. Alle Veränderungen in der Marktlage, den Produktions- und Handelsbedingungen für jeden Artikel haben sie in periodischen Berichten an das State Departement zu berichten, und besonders auch auf Preisunterschiede zwischen fest verkaufter und konsignirter Waare zu achten. Ausserdem sind noch spezielle Anweisungen an diejenigen Konsulate ergangen, in deren Amtsbezirk eine besondere Export-Industrie ihren Sitz hat, wie z. B. St. Gallen (Stickereien), Carrara (Mamorwaaren) etc. Endlich sind sogar eine Anzahl General-Appraiser nach Europa antsandt zu dem alleinigen Zwecke, die hiesigen Marktwerthe für die wichtigsten Welthandelsartikel festzustellen und gegen etwaige Unterdeklaration Material zu sammeln.

Es leuchtete nun aber ein, dass der Appraiser sehr leicht zu einer anderen Werthschätzung kommen kann, als der Importeur, auch wenn Jeder der Beiden nach bestem Wissen und Gewissen handelt, und der Importeur eine im Einzelfall für ihn vollständig richtige Deklaration abgiebt. Denn es ist der Appraiser keineswegs im Stande, den effektiven Werth stets sachgemäss abzuschätzen. Er hilft sich deshalb vielfach auf eine mehr einfache als einwandsfreie Art. Es ist z. B. ein beliebtes Hilfsmittel der Zollbeamten, die Fakturen für gleiche Artikel mit einander zu vergleichen und den in der Mehrzahl derselben angegebenen Werth als den allein zutreffenden anzunehmen und ihn auf die anderen Posten in der oben angegebenen Weise anzuwenden. Wenn also drei deutsche Exporteure gleichzeitig einen Posten Zement nach der Union exportiren und zwei davon den Werth auf 3,60 Mk. per dz, der letzte auf nur 3,50 Mk. ansetzen, so kann sich dieser Letzte darauf gefasst machen, dass er für die Differenz Zuschlag und Strafe zahlen muss, obwohl er vielleicht aus besonderen Gründen gewillt, oder in Folge geringerer Qualität seiner Waare im Stande ist, thatsächlich um so viel billiger zu verkaufen.

Derartige willkürliche, mehr oder weniger unberechtigte Erhöhungen des zollpflichtigen Waarenwerthes durch die Appraiser sind keineswegs seltenere Ausnahmefälle. Im Gegentheil, sie sind beinahe zur Regel geworden, und von Interessenten wird darüber geklagt, dass ganz speziell und mit einer offen zu Tage tretenden Absichtlichkeit dies Verfahren den deutschen Provenienzen gegenüber angewendet werde. Auf die in den Fakturen, Affidavits etc. gemachten Angaben wird so gut wie gar kein Gewicht gelegt; der deutsche Exporteur muss dem amerikanischen Zollbeamten eine eingehend substanziirte Deklaration unterbreiten, und alle Kostenelemente aufführen, welche den deklarirten Werth der Waare bedingen, wie Kosten des Rohstoffs und der Hilfsmaterialien, Arbeitslöhne, Transport- und Versicherungsspesen, Zölle, Kommission, selbst eigenen Verdienst. Diese Deklaration ist ein nothwendiger Annex zur Faktura. Dabei wird behauptet, dass die hierdurch völlig preisgegebenen Geschäftsgeheimnisse des Fabrikanten zur Information der amerikanischen Konkurrenten missbraucht werden. Und bei alledem ist der Appraiser nicht gehalten, die Werthangabe des Produzenten als gültig anzuerkennen, sondern kann an seiner Höherwerthung festhalten.

Allerdings ist dem Importeur hiergegen Reklamation möglich. Auf seine Berufung erfolgt sodann eine Neuabschätzung der Waare durch einen der neun amtirenden Generalappraiser und bei nochmaliger Reklamation durch das board of general appraisers, eine seit dem August 1890 bestehende permanente Dreimänner-Kommission dieser mit dem Sitz in New-York. Er kann sogar die Angelegenheit vor das Bundeskreisgericht (Circuit Court) und den höchsten Gerichtshof der Vereinigten Staaten (Supreme Court) bringen. Aber alles dies macht dem Importeur nicht nur beträchtliche

Kosten, sondern bringt auch schwere Zeitverluste mit sich, da die Waaren bis zum Abschlusse der Verhandlungen im Zollhause festgehalten werden. Gerade diese Verzögerung des Absatzes muss aber in vielen Fällen, z. B. bei Gegenständen, die der Mode unterworfen oder Saison-Artikel sind, geradezu verhängnissvoll werden. Die Aussichten auf Erfolg der Reklamation sind aber ziemlich gering, wie aus folgenden Angaben hervorgeht, welche dem dem Schatzamt erstatteten Geschäftsbericht entnommen sind.

In den ersten acht Jahren ihrer Thätigkeit — vom August 1890 bis Ende September 1898 — sind dem board of general appraisers insgesammt

221468 Reklamationen

zur Entscheidung unterbreitet worden; von diesen entfallen

3208	auf den	Tarif von 1883
141185	„ „	Mac Kinley-Tarif
60698	„ „	Brice-Gorman und
16377	„ „	Dingley-Tarif.

Von der Gesammtzahl waren bereits

174606	entschieden worden
35751	suspendirt
11111	noch in Berathung.

Besonderes Interesse für uns haben die sogenannten „Reapraisement-Fälle“, d h. diejenigen Fälle, in denen die **Feststellung** des der Verzollung zu Grunde zu legenden **Marktwerthes** den Gegenstand der Protesterhebung bildete. Solche lagen während des letzten Berichtsjahres 3748 zur Entscheidung. Von diesen wurde befunden, dass

die Werthschätzung des Lokalappraisers richtig sei in	944	Fällen
die Werthschätzung des Lokalappraisers zum Theil richtig sei in	1257	„
die Werthschätzung des Lokalappraisers noch zu niedrig sei in	179	„
Summa	2380	Fälle,

die Deklaration des Importeurs richtig sei in . 954 Fällen,
noch zur Entscheidung standen . . . . 409 Fälle.

Zurückgestellt wurden 5 Reklamationen.

Ebenfalls von Interesse sind die Fälle, wo es sich um Revision der Entscheidung des General-Appraisers durch das boaord of general appraisers handelte. Von solchen gelangten 1174 zur Entscheidung, und zwar wurde befunden,

dass der General-Appraiser richtig entschieden hatte in	620	Fällen,
dass der General-Appraiser theilweise richtig entschieden hatte in	278	„
dass der General-Appraiser noch zu niedrig verzollt hatte in	18	„
Summa	916	Fälle.

Die Deklaration des Importeurs richtig sei in . 86 Fällen.
Noch zur Entscheidung standen . . . . . . 176 Fälle.

Während also die Aussicht auf Erfolg der Reklamation relativ gering ist, bringen die durch die Berufung herbeigeführten Erörterungen über den Werth der Waare schwere Misshelligkeiten mit sich. Die Zollbehörden legen nämlich zur Feststellung desselben die Waarenproben gewöhnlich Sachverständigen vor, welche der Lage der Sache nach meist Konkurrenten des deutschen Importeurs sind, in einer Reihe von Fällen nachgewiesenermaassen der schutzzöllnerischen Gustoms Textil Association angehörten, und auf diese Weise nicht nur einen maassgebenden Einfluss auf die Zollpraxis gewinnen, sondern auch vor allem einen Einblick in die Geschäftspraxis des auswärtigen Importeurs gewinnen, der diesem — wenn auch sein Name nicht genannt werden darf — selbstverständlich zu grössten Schaden gereicht. Dabei darf er oder sein dortiger Vertreter nicht einmal an den Verhandlungen theilnehmen, um die Ausführungen der Sachverständigen und Zollbeamten zu entkräften. Seine Anwesenheit wird nur geduldet, solange es sich um die Klassifikation der Waare handelt; sobald die Frage des Marktwerthes zur Sprache kommt, wird er von der Verhandlung ausgeschlossen.

Mit einiger Sicherheit einer Erhöhung seiner Werthangabe vorbeugen könnte er nur dadurch, dass er bewusst und absichtlich selber schon fälschlich einen zu hohen Werth angiebt. Herabgesetzt ist ein solcher noch nie, trotzdem dies rechtlich die Pflicht des dortigen Zollbeamten wäre, der den Fehler erkennt. Immerhin liefe er dabei Gefahr, wegen betrügerischer Falschdeklaration die oben angegebene Strafe zu erdulden.

Wie berechtigt die Klagen über diese Missstände der amerikanischen Zollpraxis sind, geht wohl am besten daraus hervor, dass aus den Kreisen der dortigen am Importhandel betheiligten Interessenten selbst schon eine grosse Anzahl von Beschwerden beim Schatzamt eingelaufen sind und schon bald nach dem Inkrafttreten der Dingley-Bill eine lebhafte Agitation — namentlich der New-Yorker Importfirmen — auf Abänderung der lästigsten Administrativbestimmungen einsetzte. Schon im Winter 1897/98 wurde dem Kongress eine dementsprechende Petition unterbreitet, die zu einer Erörterung der einschlägigen Fragen führte. Als charakteristisch mag angeführt werden, dass die am meisten angegriffene Bestimmung — Mangel einer Passiergrenze für die Werthungsdifferenzen und Strafzuschläge bei der kleinsten Abweichung — sogar von einem Mitglied des board of appraisers einem Vertreter der New-Yorker Handelszeitung gegenüber als ungerechtfertigt streng bezeichnet wurde, mit der Begründung, dass die Experten selbst in ihren Werthentscheidungen oftmals beträchtlich differirten. Im Schatzamt war der Hilfsschatzamtssekretär Howell bereits mit einer Vergleichung der geltenden administrativen Zollvorschriften mit den früheren und anderen, die zur Erörterung gestanden hatten, beschäftigt, und man erwartete Anfang 1898, dass das Schatzamt dem Kongress positive Amendements zur Dingley-Bill empfehlen würde. Leider wurde damals die Aufmerksamkeit des Kongresses wie der Behörden und des grossen Publikums durch die auswärtige Politik, speziell die Beziehungen zu Spanien, abgelenkt, und der Ausbruch des spanisch-amerikanischen Krieges liess die Angelegenheit völlig in den Hintergrund treten. Erst in einer der letzten Sitzungen des Kongresses im Hochsommer 1898 wurde die Erörterung wieder aufgenommen und endete damit, dass der Senat das Finanzkomié auf dessen Antrag ermächtigte, bis zum Beginn der nächsten Session die Frage für die Behandlung im Kongress vorzubereiten. Der Vorsitzende des Finanzkomités ernannte daraufhin drei Republikaner — Aldrich, Allison, Platt — und drei Demokraten — Jones, Daniel und Chilton — zum Subkomité für die Zollgesetzrevision und autorisirte diesen Unterausschuss unter Hinzuziehung von Zollbeamten und Interessenten die beanstandeten Verschriften des administrativen Theils der Dingley-Bill auf ihre Wirkung hin zu untersuchen und eventuell dem Kongress Abänderungsvorschläge zu unterbreiten.

Das Subkomité nahm seine Thätigkeit im September 1898 auf. Man liess das überreichliche Material durch mehrere clerks sichten und hielt zur Verhörung von Importeuren, Zollbeamten etc. in New-York Sitzungen ab. Auch im Schatzamt beschäftigte man sich weiterhin mit der Frage. Die Arbeiten haben sich bedauerlicherweise in die Länge gezogen, da die seit der Mac Kinley-Bill im wesentlichen gleichgebliebenen administrativen Bestimmungen des Zollgesetzes sich an verschiedenen Stellen als veraltet erwiesen und eine Anzahl naheliegender Fragen der Waarenklassifikation und Zollwerthung, der inneren Besteuerung, der Reorganisation der Zolldistrikte etc. mit in den Bereich der Verhandlungen gezogen werden mussten, sodass weitere Ergebnisse noch ausstehen.

II. Maassregeln gegen Exportvergünstigungen des Auslandes.

a) Auslegung des „Marktwerth"-Begriffes.

Wenn somit hinsichtlich der oben erörterten Misshelligkeiten wenigstens einige Hoffnung auf Abstellung oder Milderung vorhanden ist — allerdings ist ja noch keineswegs sicher, dass der unter einseitigem Einfluss stehende Kongress etwaigen derartigen Vorschlägen zustimmt —, so scheint leider bezüglich eines anderen vielbekämpften Punktes der amerikanischen Zollbehandlung wenig Aussicht auf Nachgiebigkeit vorhanden zu sein, nämlich bezüglich der Auslegung des Begriffs Marktwerth gemäss Abschnitt 19 des Administrativ-Gesetzes. Derselbe lautet:

„Wenn importirte Waare einem ad valorem oder einem Zolle, der in irgend einer Weise durch den Werth regulirt wird, unterliegt, soll der Zoll darauf festgelegt werden, mit Zugrundelegung des wirklichen Marktwerthes oder En gros-Preises einer solchen Waare, wie sie im gewöhnlichen En gros-Verkehre ge- und verkauft wird, zur Zeit des Exports nach den Vereinigten Staaten auf den Hauptmärkten des Landes, aus welchem sie importirt worden, und des Zustandes, in welchem solche Waare in ihrer Heimath zum Export nach den Vereinigten Staaten ge- und verkauft oder zum Verkauf in den Vereinigten Staaten konsignirt wird, einschliesslich des Werthes aller Kartons, Schachteln, Körbe, Kisten, Säcke und sonstige Emballage jeder Art und aller Kosten, Unkosten und Abgaben, wie sie aus dem Zurechtmachen und der Verpackung der Waare für den Transport nach den Vereinigten Staaten erwachsen mögen; und wenn zur Verpackung von importirter Waare, gleichviel ob zollpflichtig oder zollfrei, irgend ein ungewöhnlicher Artikel oder irgend eine ungewöhnliche Form benützt werden, welche zu einem anderen Zwecke als zum bona-fide-Transport der betreffenden Waaren nach den Vereinigten Staaten bestimmt sind, soll ein Zusatzzoll auf das betreffende Material oder den betreffenden Artikel zu derselben Rate erhoben werden, wie er entrichtet werden müsste, wenn das betreffende Verpackungsmaterial separat importirt worden wäre. Unter den Bezeichnungen „Werth“ oder „wirklicher Marktwerth“, wenn immer dieselben in diesem Gesetze oder in irgend einem auf die Abschätzung importirter Waaren bezüglichen Gesetze vorkommen, ist der thatsächliche Marktwerth oder En gros-Preis, wie in diesem Abschnitte näher bestimmt, zu verstehen.“

Der Wortlaut dieser Bestimmung hat nun Anlass zu lebhaften Zwistigkeiten gegeben bei dem Export solcher Waaren, welche in Deutschland unter Gewährung besonderer Exportvergünstigungen hergestellt werden. Hierher gehören in erster Linie alle Maassnahmen, welche bezwecken, die für den Export bestimmten Waaren von dem Zoll zu entlasten, welchen die zur Herstellung erforderlichen Rohmaterialien oder Hilfsfabrikate getragen haben, also Zoll- und Steuerrückvergütungen, Ausfuhrprämien, Fabrikation im Freihafengebiet oder unter Zollverschluss. Diese Vergünstigungen, welche von der deutschen Regierung ausdrücklich zu dem Zwecke geschaffen sind, um zu vermeiden, dass durch das Schutzzollsystem die Konkurrenzfähigkeit der deutschen Fabrikate auf dem Weltmarkt verringert wird, werden durch die amerikanische Zollbehandlung in Wirklichkeit illusorisch gemacht. Man beruft sich nämlich darauf, dass der Marktwerth „auf den Hauptmärkten des Landes, aus welchem sie importirt werden“ zu ermitteln sei, und rechnet deshalb bei der Feststellung desselben zwecks Verzollung ad valorem die deutschen Zölle für Roh- und Hilfsstoffe, Halbfabrikate etc. in die Produktionskosten mit ein, auch wo dieselben nachweislich vom deutschen Fabrikanten nicht gezahlt oder getragen sind.

Es ist dies offenbar eine jeder vernünftigen Logik widersprechende Auslegung des Begriffs Marktwerth, da für den internationalen Handel doch der Werth des Weltmarktes maassgebend sein muss.

Die fragliche Bestimmung ist denn auch anfänglich keineswegs so ausgelegt worden; die amerikanischen Konsuln, denen die zu Grunde liegenden Verhältnisse sehr genau bekannt waren, haben anstandslos die Fakturen beglaubigt, auf denen der Werth ohne Zurechnung der Zollsätze berechnet war, und dieser selbe Werth ist drüben für die Werthzollnormirung maassgebend gewesen. Ganz plötzlich fand die Zollverwaltung, dem Vernehmen nach auf Anregung dortiger Fabrikanten, welche dem Ausland die Konkurrenz noch mehr zu erschweren wünschten, dass diese Berechnungsart des

Marktwerthes nicht richtig sei, und es ist wiederum ein charakteristisches Zeichen für die Rigorosität der amerikanischen Zollbehörden, dass sie die neue Maassregel ebenso plötzlich einführten, ohne die Interessenten genügend lange vorher zu benachrichtigen, und sofort derart in die Praxis zu übersetzen, dass auch diejenigen Waarensendungen, welche mangels Kenntniss der neuen Uebung noch nach der alten Methode fakturirt und ordnungsmässig beglaubigt waren, mit Zollerhöhung und Strafzuschlag belegt wurden. Die deutschen Exporteure und die amerikanischen Importeure erhoben theilweise gegen dieses unwillkürliche Vorgehen Protest, aber ohne Erfolg. Eine amerikanische Importfirma für Baumwollsammet, der in Deutschland aus zollfreiem „cotton in the gray" englischer Herkunft unter Zollaufsicht, also frei von jedem Einfuhrzoll, gefärbt und appretirt war, trieb die Sache bis zur höchsten Instanz. Aber der Supreme Court entschied unter dem 3. Januar 1898: „This market value or price was the price in Germany, and not the price after leaving that country, and the act does not contemplate two prices or two market values," und schloss mit der Anweisung: . . „collectors and appraising officers should exercise due vigilance in the examination of invoices to ascertain the amount of any bonus allewed either as a remission of tax or a payment of drawback, so that said amount may be included in the dutiable value of the merchandise." (Synopsis 18805).

Auf Grund dieser Entscheidung verschieben sich die Konkurrenzverhältnisse auf dem amerikanischen Markte völlig gegen früher. Die Erschwerung des Wettbewerbes kommt gegenüber der inländisch-amerikanischen Produktion noch nicht einmal so sehr in Frage, als gegenüber den gleichfalls nach Amerika exportirenden Konkurrenzländern, da nun je nach den Verschiedenheiten der inneren Verbrauchsabgaben die Exportbedingungen für jene sich ändern und die Freihandelsländer, wie England und Holland, plötzlich besonders günstige Chancen bekommen. Wie schwer diese Unterschiede ins Gewicht fallen, ergiebt sich aus einem Vergleich der Zollsätze konkurrirender Länder, die für einen gemeinsamen Exportartikel nach Amerika in Betracht kommen, z. B. für Chokolade, Kakao und Zuckerwaaren. Es betrugen die Zölle für:

	Rohkakao	Zucker
in Deutschland	35 Mk. per dz,	20 Mk. per dz,
in Frankreich	104 Fr. „ „	52,50 Fr. per dz,
in Holland	frei	27 Fl. per dz,
in Belgien	frei	50,56 Fr. per dz,
in der Schweiz	1 Fr. per dz,	7,50 u. 9 Fr. per dz,
in England	1 d per Pfd.	frei.

Es geht aus diesen Zahlen deutlich hervor, dass die neue Auslegung des Wortbegriffs für den deutschen und französischen Export geradezu prohibitiv wirkt, für den englischen und schweizer dagegen stark bevorzugend. Es kommt nun noch dazu, dass die durch den Zuschlag des Zollbetrages erfolgte Erhöhung des Einheitswerthes häufig auch noch die Folge hat, dass die Waare in eine höhere Werthklasse des Artikels rückt und dann auch relativ höher besteuert wird. Für Chokolade setzt beispielsweise der Dingley-Tarif folgende Zölle fest (Pos. 281):

im Werthe von nicht mehr als 15 cts. per Pfd. 2½ cts. p. Pfd.
über 15 u. „ „ „ 24 „ „ „ 2½ „ „ „ u. 10 pCt. v.W.

Wenn jetzt 100 Pfd. Mittelwaare im Werthe von 12 cts. per Pfd., als 12 Dollar in Summa, nach Amerika exportirt werden, so zahlt der holländische Exporteur per Pfd. 2½ cts., also für den ganzen Posten 2,50 Doll.; er kann also die Waare in New-York anbieten mit **14,50 Doll.** Der deutschen Waare wird der deutsche Zoll in Höhe von etwa 3,7 cts. amerikanischer Währung per Pfd. zugerechnet. Jetzt ist ihr Marktwerth 15,7 cts., sie fällt in die zweite Kategorie des Tarifs, die einen Zuschlagszoll von 10 pCt. zahlt. Der Importeur muss also zahlen:

1. 2½ cts. per Pfd. = ... 2,50 Doll.
2. 10 pCt. vom Gesammtwerth (incl. deutschen Zoll), also von 100 × 15,7 cts. = ... 1,57 Doll.

in Summa 4,07 Doll.,

er kann also in New-York nur anbieten zum Preise von 16,07 Doll. — Für den französischen Exporteur erhöht sich bei dieser Berechnung der Zollwerth sogar auf 21 cts. per Pfd. gegen die 12 cts. der gleichwerthigen holländischen Provenienz.

Für die deutschen Provenienzen der Branche bedeutet diese Maassnahme eine Erhöhung des Einfuhrzolls — je nach dem Artikel — um 42, um 85 und 100 pCt. Sie lässt sich um so weniger vertheidigen, als eine genaue Feststellung der inneren Abgaben und Lasten, welche eine Waare im Produktionslande zu tragen hat, durchaus nicht in allen Fällen thunlich ist. So kennt Frankreich z. B. keine Besteuerung der Kognakproduktion, wohl aber städtische Octrois und Verkehrsteuern darauf. Streng genommen müssten auch diese, da sie für die Preisbildung den gleichen Effekt haben, wie allgemeine Steuern und Grenzzölle, bei der Zollwerth-Berechnung zugerechnet werden, dies erscheint aber unmöglich, da sie in verschiedenen Städten ganz verschieden hoch sind. Es ist deshalb nicht nur aus Gerechtigkeitsgründen, sondern auch aus praktischen Rücksichten der Weltmarktpreis der einzige, der vernünftiger Weise der Werthberechnung zu Grunde gelegt werden darf; bis jetzt sind jedoch keine Anzeichen dafür vorhanden, dass die amerikanische Zollverwaltung geneigt sein wird, ihre Methode aufzugeben.

Für die den amerikanischen Markt versorgenden Länder und die Branchen, die davon betroffen werden, werden je nach den besonderen Verhältnissen die Folgen verschieden sein. Zum Theil wird der Wettbewerb mit dem Ausland bezw. der inländisch-amerikanischen Industrie unmöglich gemacht oder doch stark beschränkt werden. So hat z. B. bei Baumwollsammeten (Velvets) Grossbritannien das Geschäft in billigen Qualitäten, die keinen hohen Zoll vertragen können, ziemlich lahm bereits die früher starke deutsche Konkurrenz gelegt, während es in besserer Waare nicht konkurriren kann. Wo der Verlust des amerikanischen Marktes schwer oder gar nicht wett zu machen wäre, haben sich deutsche Fabrikanten theilweise entschlossen, ihre Fabrikation nach den

Vereinigten Staaten zu verlegen oder wenigstens dort Filialen zu begründen, was in einer Reihe von Fällen bereits geschehen ist. Dass dies nicht im Interesse der Entwicklung der deutschen Industrie liegt, ist wohl klar, es bringt aber auch für die Produzenten selbst ein starkes Risiko mit sich; denn eine solche Verlegung erfordert, dass die besten und eingearbeiteten Kräfte des Arbeiter- und Beamtenpersonals mit hinüber geschickt werden. Da deren Kontrakte mit Betreten des amerikanischen Bodens sowieso hinfällig werden, gelingt es den amerikanischen Konkurrenten sehr leicht, dieselben durch höhere Löhne zu sich herüber zu ziehen und so der deutschen Industrie durch deutsche Arbeitskräfte selbst Konkurrenz zu machen. — Eine dritte Eventualität ist endlich die, dass die Länder, welche geringe oder gar keine Zölle auf die in Frage kommenden Artikel haben, Veredlung, Fertigstellung und Appretur der Waaren den bisherigen Produktionsländern abnehmen und jene alsdann als ihre Fabrikate ohne Zollzuschlag absetzen. Nehmen wir an, es wurden rohe Baumwollgewebe nach Deutschland importirt, hier veredelt und nach der Union verkauft, wo sie einem Zoll von sagen wir 30 pCt. des Werthes unterliegen. Der deutsche Fabrikant verkaufte sie bisher vielleicht zu 270 Mk. per dz, zahlte darauf 30 pCt. = 81 Mk. amerikanischen Eingangszoll, konnte also in New-York mit **351 Mk.** per dz anbieten. Die neue Auslegung des Zollgesetzes rechnet zum Einheitswerth noch den deutschen Zoll in Höhe von 80 Mk. zu, den der unter Zollverschluss arbeitende Fabrikant in Wirklichkeit nicht zahlt, nimmt also die 30 pCt. von 350 Mk., d. h. verlangt einen Zollsatz von 105 Mk. per dz. Der deutsche Exporteur kann demnach nur noch zu **375 Mk.** per dz anbieten. Jetzt kauft ein englischer Produzent die deutsche Waare, nachdem sie gebleicht bezw. gefärbt ist, um sie seinerseits bedrucken bezw. pressen oder sonst fertigstellen zu lassen. Angenommen, dass die Produktionskosten ceteris paribus die gleichen sind, kann auch er die Waare mit 270 Mk. per dz abgeben. Da es jetzt als englische Waare gilt, der deutsche Zoll auch de facto in keiner Weise darauf lastet, so zahlt er nur 30 pCt. von 270 Mk. = 81 Mk. Zoll bei der Einfuhr nach Amerika. Er kann also zu demselben Preis von **351 Mk.** per dz in New-York anbieten, wie bisher der deutsche Exporteur, und nimmt diesem das Geschäft ab.

b) Kompensationszölle gegen Ausfuhrprämien.

Für einen Artikel, der prinzipiell auch unter die hier erörterten Bestimmungen fällt, hat die amerikanische Regierung besondere Vorschriften der Verzollung erlassen, das ist der Zucker. Die Zuckerproduktion arbeitet bekanntlich in den meisten dafür in Betracht kommenden Ländern mit beträchtlichen — im Einzelnen aber sehr verschiedenartig gestalteten, direkten oder indirekten, offenen oder versteckten, kontingentirten oder unbegrenzten — Ausfuhrprämien und Zollvergütungen. Diese sind überhaupt die ersten Exportvergünstigungen gewesen, die Amerikaner zu Gegenmassregeln veranlasst haben. Die schon erwähnte grosse Verschiedenheit jener führte dazu, dies in Form eines Differentialzolls für Zucker aus Prämienländern zu thun. Die Mc Kinley-Bill bestimmt hierüber:

„Pos. 237. Aller Zucker über No. 16 Holl. Stand. in Farbe unterliegt einem Zoll von $^5/_{10}$ ct. pro Pfund.

Aller derartiger Zucker zahlt ausserdem $^1/_{10}$ ct. pro Pfund als Zuschlag zu dem vorstehenden Zollsatz, wenn er von einem Lande kommt oder Erzeugniss eines Landes ist, welches und solange dieses direkt oder indirekt bei der Ausfuhr von in diese Stufe fallendem Zucker eine Prämie bezahlt, welche höher ist als diejenige, welche auf Rohzucker von geringem Sacharingehalt gewährt wird."

Gleichzeitig wurde den inländischen Zuckerproduzenten eine Produktionsprämie von 2 cts. bezw. $1^3/_4$ ct. gewährt, um sie für die Zollfreiheit des Zuckers bis No. 16 Holl. Stand. zu entschädigen.

Der Wilson-Tarif unterwarf unter Abschaffung des Prämiensystems auch letzteren wieder einem hohen Zoll (40 pCt. d. W.), zu welchem für höhere Nummern ein Zuschlag von $^1/_8$ cts. per Pfund tritt. Der Differentialzuschlag für Zucker aus Prämienländern blieb aber bestehen.

Die Regierungen der also benachtheiligten Länder hatten gegen diese differerentielle Behandlung der Produkte sofort lebhaften Protest erhoben, unter Berufung darauf, dass eine solche dem Begriff der Meistbegünstigung widerspreche, die sie vertragsmässig geniessen sollten. Ihre Vorstellungen fanden aber bei den maassgebenden Kreisen der Union keinen Anklang, und die harte Maassnahme wurde trotz ihres Einspruchs aufrecht erhalten.

Die Dingley-Bill hat die einschlägigen Bestimmungen zwar abgeändert, aber lediglich formell und eher zum Nachtheil als zum Vortheil der zuckerproduzirenden Länder.

Sie enthält hierüber folgende Bestimmungen:

„Abschnitt 5. Wenn ein Land, eine Dependenz oder eine Kolonie unmittelbar oder mittelbar eine Prämie oder eine Vergütung auf die Ausfuhr eines Artikels oder einer Waare aus einem solchen Lande, solcher Dependenz oder Kolonie zahlen oder gewähren sollte, und der betreffende Artikel oder die betreffende Waare gemäss den Bestimmungen dieses Gesetzes zollpflichtig ist, so ist bei der Einfuhr eines solchen Artikels oder einer solchen Waare in die Vereinigten Staaten, mag dieselbe unmittelbar aus dem Erzeugungslande oder anderswoher erfolgen und mag die Beschaffenheit die gleiche wie bei der Ausfuhr aus dem Erzeugungslande oder durch Bearbeitung oder anderweitig geändert worden sein, in jedem einzelnen Falle zu den durch dieses Gesetz festgesetzten Zollsätzen ein Zollzuschlag in der Höhe des Nettobetrages der betreffenden Prämie oder Vergütung, in welcher Weise immer diese gezahlt oder gewährt wird, zu erheben. Der Nettobetrag aller solchen Prämien oder Vergütungen soll von Zeit zu Zeit von dem Schatzsekretär ermittelt und bekannt gegeben werden. Der Schatzsekretär hat alle erforderlichen Vorschriften für die Identifizirung solcher Artikel und Waaren und für die Festsetzung und Erhebung dieser Zollzuschläge zu erlassen."

Auf Grund dieser Vorschrift erliess der Hülfsschatzamtssekretär Howell unterm 22. September 1897 ein Zirkular an die Zollämter, in welchem er für Zucker aus Deutschland, Oesterreich-Ungarn, Frankreich und Argentinien die Erhebung von Kompensationszöllen für die daselbst gezahlten Ausfuhrprämien anordnet. Als Prämienraten werden dabei der Berechnung zu Grunde gelegt per 100 kg:

I. Für Deutschland.

1.	Rohzucker von mindestens 90 pCt. Polarisation Raffinade von weniger als 98 und mindestens 90 pCt.	2,50 Mk.
2.	Kandis und Zucker in weissen harten Broten, Blöcken etc. von mindestens 99½ pCt. . . .	3,55 Mk.
3.	Alle anderen Zuckersorten von mindestens 98 pCt.	3,— Mk.

II. Für Oesterreich-Ungarn.

1.	Zucker unter 93 und von mindestens 88 pCt. Pol.	1,50 Fl.
2.	Zucker unter 99½ pCt. und von mindestens 93. pCt.	1,60 Fl.
3.	Zucker von mindestens 99½ pCt.	2,30 Fl.

III. Für Frankreich.

1.	Rohzucker, vom Grade von 65—98 pCt., falls Rohzucker 65—97 pCt. falls Zucker aus den franz. Kolon.	3,50 Frcs. [1])
2.	Kandis in legalem Aequivalent berechnet . .	4,50 Frcs. [2])
3.	Raffinade in Broten oder zerstossen, hell, hart und trocken	(4,50 Frcs. [2])
4.	Raffinade in Körnern oder Krystallen, von einem Minimalgrad von 98 pCt.	4,— Frcs. [2])

IV. Argentinien.

Zucker, welcher im Lande vor dem 20. Januar 1897 produzirt wurde . per kg 3 Centavos.

Jede Zuckerfaktura muss von dem Certifikat des amerikanischen Konsuls im Versandthafen begleitet sein, in

[1]) Für 100 kg Raffinade.

[2]) Für 100 kg wirkliches Gewicht.

welchem Ort und Land der Produktion, und, falls Raffinade, auch das Land, aus dem das Rohmaterial stammt, angegeben sein muss. Sendungen ohne solche Certifikate sind die Zollbeamten angewiesen zu suspendiren und bei der Abschätzung des zu erhebenden Zolls einen Betrag einzuschliessen, der hinreicht, einen eventuellen Zuschlagszoll zu decken, dem solcher Zucker unterliegen könnte.

Diese letztere Bestimmung wurde streng genug ausgeführt. Als eine Sendung Zucker ohne ein solches Ursprungszeugniss angehalten und der Fall dem Schatzamt zur Entscheidung vorgelegt war, bestimmte dieses unterm 17. März 1898 (Synopsis 19108 der Treasury Decisions), es sollte in allen solchen Fällen präsumirt werden, dass die Waare aus einem Prämienlande stamme und die Unterlassung der beglaubigten Ursprungsbezeichnung dem Wunsche entspringe, den Kompensationszöllen zu entgehen. Um die Erhebung dieser zu sichern, sei der einzig gangbare Weg, die Liquidation der Eingangszölle einstweilen auszusetzen und die Zölle so hoch zu bemessen, dass sie die höchsten Ausfuhrprämien mit umfassen, welche in einem Lande direkt oder indirekt gezahlt werden.

Die neuen Bestimmungen erregten um so grösseren Unwillen auf deutscher Seite, als der deutsche Export darin auch den anderen Zuckerexportländern gegenüber zweifellos benachtheiligt war. Der Differentialzollsatz für deutschen Zucker entspricht nämlich nicht der deutschen Nettoprämie, sondern dem Bruttoertrage des deutschen Ausfuhrüberschusses. Dieser ist aber sowohl durch die Kontingentirung als auch durch die Betriebsabgabe beträchtlich verringert und kommt dem Fabrikanten nur beschränkt zu Gute. Dagegen wird der österreichische Zucker ganz angemessen gemäss der Nettoprämie besteuert.

Auch sonst wurden lebhafte Klagen laut über die ganz unzureichende Ausgestaltung des Kompensationszollsystems. Unter den berücksichtigten Ländern fehlten gänzlich: Holland (Gesetz vom 29. 1. 97) und Belgien, obwohl in diesen Ländern durch die neuere Gesetzgebung theils offene Ausfuhrprämien eingeführt sind, theils indirekte Prämiirung stattfindet. Ebenso waren die indirekten (Fabrikations-)Prämien, die Frankreich neben den offenen Ausfuhrvergütungen in jährlich wechselnder Höhe zahlt, übersehen worden. In Russland geniessen die Produzenten durch die staatliche Regelung des Gewerbes eine hohe Unterstützung, die ihrer Wirkung nach Ermöglichung billigen Verkaufs auf dem Weltmarkt durch künstliche Hochhaltung der Inlandpreise ebenfalls als indirekte Prämie zu betrachten ist. Da diese Dank der russischen Steuergesetzgebung gar nicht kontrollirbar ist, musste sich das Schatzamt dazu verstehen, den russischen Zucker für prämienfrei zu erklären, was sofort einen versuchsweisen Export desselben nach der Union zur Folge hatte. Betreffs Dänemark war die Prämienfrage ebenfalls strittig. Endlich verlangte auch Oesterreich Berücksichtigung seiner Kontingentirung des Gesammtprämienbetrages.

Die totale Verschiebung der Einfuhrbedingungen auf dem amerikanischen Markte zeigte sich denn auch sofort in der Statistik. In den letzten 5 Monaten des Jahres 1897 (nach Einführung der Dingley-Bill) sank der Zuckerimport Amerikas auf 13513938 Dollar gegen 26247327 in der gleichen Periode des Vorjahres. Hiervon kamen auf Deutschland ganze 27 Dollars gegen 6,2 Mill. 1896, während die Einfuhr aus dem inzwischen annektirten Hawaii von 1,4 auf 5,5 Mill. gestiegen war. Die von Kompensationszöllen freien Länder hatten dabei auch nicht ohne Weiteres Vortheil. Für belgischen Zucker fanden sich z. B. kaum Käufer, weil man fürchtete, die Zollzuschläge für die Prämien später nachzahlen zu müssen, ohne ihre Höhe voraussehen zu können.

Um die Wirkungen des Dingley-Tarifs und des Differential-Zollsystems ziffernmässig darzustellen, sei hier noch eine Zusammenstellung des statistischen Amts in Washington wiedergegeben. Die Einfuhr an Zucker nach den Vereinigten Staaten betrug im Etatsjahr

1896/97 insgesammt:	4381403687	Pfd.	=	85901802	Doll.
davon aus Deutschland .	1604233071	„	=	29844019	„
„ „ Oesterr.-Ung. .	105138128	„	=	1957027	„

davon aus Frankreich . .	92169241	Pfd.	=	1421317 Doll
„ „ Argentinien .	46940759	„	=	917457 „
1897/98 insgesammt:	2190154053	„	=	43812640 „
davon aus Deutschland .	275275440	„	=	3520796 „
„ „ Oesterr.-Ung.	2788767	„	=	67831 „
„ „ Frankreich .	17781	„	=	480 „
Dagegen Rohrzucker . .	1948423905	„	=	38659764 „

Man sieht, es ist sowohl die Zuckereinfuhr überhaupt, als besonders die des europäischen Rübenzuckers zu Gunsten des tropischen Rohrzuckers enorm zurückgegangen.

So waren die Klagen allgemein und eine Abänderung des herrschenden Zustandes unabweisbar. Während sie auf europäischer Seite den Hauptanlass zu der leider resultatlos verlaufenen Konferenz zur Abschaffung aller Zuckerprämien wurden, führten sie auf amerikanischer Seite wenigstens dazu, dass das Schatzamt eine Neuregelung der Kompensationszollsätze in Angriff nahm, nach deren Ergebniss nunmehr gemäss Zirkular 199 des Schatzamts vom 12. Dezember 1898 folgende Sätze der Berechnung zu Grunde zu legen sind.

Frankreich.*)

1. Rohzucker
vom Standard 69—98 pCt. für Rübenzucker
oder 65—97 pCt. für Kolonialzucker 10,82 Fr.**)

2. Rohzucker und raffinirter Zucker, granulirt oder krystallisirt mit einem Minimal-Standard von 98 pCt. . . . . 11,17 Fr.

3. Raffinirter Zucker, in Broten oder gemahlen, weiss, hart und trocken,
Kandiszucker, nach dem gesetzlichen Aequivalent berechnet . . . . 11,51 Fr.***)

---

*) Das Ergebniss an raffinirtem Zucker aus rohem Zucker wird berechnet, indem von der Polarisation des Rohzuckers zweimal die Glykose, viermal die Asche und 1½ pCt. für Verlust beim Raffiniren in Abzug gebracht wird.

**) Per 100 kg. Raffinade von 100 pCt.

***) Per 100 kg wirkliches Gewicht.

Oesterreich-Ungarn

hat eine Ermässigung der (S. 83 genannten) Sätze auf 1,37 Fl., 1,46 Fl. und 2,10 Fl. erfahren.

Argentinien

zahlt für prämiirten Zucker, seit dem 20. Januar 1897 hergestellt, per kg . . . 6 Centavos.

Neue Kompensationszölle sind für folgende Länder eingeführt worden:

Niederlande*)

1. Rohzucker, daselbst aus Rüben gewonnen, von nicht weniger als 98 pCt. . .	für 100 kg harter Raffinade (100 pCt.).	2,2354 fl.
2. Roher Rübenzucker von 98 pCt. und darüber . .		1,7655 „ **)
3. Raffinirter Rübenzucker .		0,2946 „ Zuschl.
4. Raffin. Zucker aus anderm Material als rohem inländ. Rübenzucker		0,2946 „

Dänemark

Raffin. Zucker, ganz aus dort gebauten Rüben 1,12 Kr.

Russland

Zucker, der beim Test per Pud aufweist:

nicht weniger als 99 pCt.	0,50 Rbl.
„ „ „ 88 „	0,44 „
„ „ „ 75 „	0,38 „

Ueber die Berechnung der Netto-Prämie für Belgien war das Schatzamt noch zu keinem festen Resultat gelangt. Vorläufig wurde bestimmt, dass ein Zuschlag von 4,50 Frcs. für Rohzucker und 5,36 Frcs. für raffinirten Zucker per 100 kg belgischer Provenienz erhoben werden sollte. Erst am 18. April 1899 wurde die Prämie, bezw. der Zollzuschlag endgültig für Rohzucker auf 4,05 Frcs., für Raffinade auf 4,60 Frcs. festgesetzt.

*) Berechnung wie bei Frankreich.

**) Unterm 20. Februar 1899 auf 1,67655 fl. berichtigt.

Für Deutschland ist nach wiederholten Vorstellungen wenigstens insoweit ein Entgegenkommen erzielt, als die deutsche Rohzuckerprämie durch Zirkular des Schatzamts vom 20. Juni d. J. von 2,50 auf 2,40 Mk. herabgesetzt wurde.

Dagegen ist es nicht gelungen, die Union von der Unrechtmässigkeit des Differentialzolls auf Prämienzucker überhaupt zu überzeugen, sodass der deutsche Exporteur mit dieser Erschwerung der Einfuhr nach den Vereinigten Staaten wohl bis auf Weiteres wird rechnen müssen. Die Zukunft der deutschen Zuckerausfuhr nach den Vereinigten Staaten ist demnach eine nicht sehr aussichtsreiche. Allerdings ist in Rücksicht zu ziehen, dass in Anbetracht des geschilderten Wechsels der Zollsätze und der Ungewissheit der Einfuhrbedingungen, sowie des spanisch-amerikanischen Krieges und der daraus hervorgegangenen Annexionen die obige Tabelle für die künftige Gestaltung der Marktverhältnisse nur in beschränktem Umfang maassgebend sein kann. Andrerseits haben sich die Konkurrenzverhältnisse durch die neuesten Handelskonventionen der Union sich bereits wieder von Neuem gewendet. Jamaica, Trinidad und British Guayana sind $12^1/_2$ %, Barbados 12 % Ermässigung gewährt. Von ihrer Gesammtproduktion in Höhe von 200000 t gingen bisher $^3/_4$ nach der Union. Nachdem England den westindischen Kolonialländern Kapital-Subventionen für die Erhöhung der Zuckerproduktion gewährt hat, wird sich voraussichtlich dieses Quantum beträchtlich erhöhen. Für Argentinien ist sogar eine 20prozentige Reduktion gewährt für solchen Zucker, der weder innere Steuer gezahlt noch Ausfuhrvergütung genossen hat. Auch Bermudas hat Vergünstigungen erhalten. Alles in Allem dürfte der Erfolg eine weitere Verdrängung des europäischen Rübenzuckers vom amerikanischen Markt zu Gunsten des kolonialen Rohrzuckers sein.

Viertes Kapitel.

Amerikanische Exportbestrebungen.

Während so Amerika die Einfuhr der Staaten des Auslands mit allen Mitteln von sich fern zu halten sucht, macht es umgekehrt die grössten Anstrengungen, seinerseits den inneren Markt eben dieser Staaten zu erobern. Die Thatsache selbst ist ja wohl bekannt und jedem Fachmann geläufig. Die Mittel, durch welche es diese zu erreichen sucht, sind mannigfach, und von diesen wollen wir einige der wichtigsten noch kurz skizziren, da ihre Bedeutung für die Ausdehnung des amerikanischen Exports ebenso evident ist, wie der Mangel oder der niedrige Stand ähnlicher Einrichtungen bei uns.

I. Die Reorganisation des Konsularwesens.

Mit am wichtigsten ist die **vorzügliche Organisation des Konsulardienstes** der Vereinigten Staaten. Die amerikanische Regierung ist sich darüber klar geworden, dass eine möglichst weitgehende, exakt und prompt arbeitende Information der heimischen Interessenten über die jeweilige Lage des Welthandels, über alle, auch die unscheinbarsten Vorgänge und Veränderungen in den wirthschaftlichen Verhältnissen des Auslandes erste und wichtigste Vorbedingung für die Herrschaft auf dem Weltmarkt ist. Sie hatte in Folge dessen ziemlich gleichzeitig mit der letzten, extremen Ausstattung des Hochschutzzolls im Dingley-Tarif eine durchgreifende und grundsätzliche Reform des Konsulardienstes in die Wege geleitet. Zur Anbahnung und Durchführung dieser Reorganisation war dem Präsidenten eine aus zwei Mitgliedern des Senats, drei des Repräsentantenhauses und einem Beamten des department of state bestehende Spezialkommission an die Spitze gestellt worden, und diese förderte ihre Arbeiten so, dass die neue Gestaltung des Konsularwesens bereits Anfang 1898 in Thätigkeit treten konnte. Den prinzipiellen Gesichtspunkt, von dem die Reorganisation ausging, zeichnet der Chef des bureau of foreign commerce im Auswärtigen Amt, Frederic Emory, in der Vorrede des im Herbst 1898 von dieser Stelle herausgegebenen Bandes über „die Handelsbeziehungen der Vereinigten Staaten“, die sich speziell auch an die Konsuln und auswärtigen Vertreter der amerikanischen. Wirthschaftsinteressen wendet, folgendermaassen:

„Seit der Eingabe der letzten Review an den Vereinigten Staaten - Kongress haben sich Vorfälle von der grössten Wichtigkeit in den Industrie- und Handelsvereinigungen der Nationen zugetragen und diese in Verbindung mit der Entwickelung der bisherigen Zustände geben den Fabrikanten und Exporteuren der Vereinigten Staaten Betrachtgründe von besonderem Interesse. Wie schon in der letzten Eingabe von diesem Bureau angedeutet wurde, erfahren die Handelsbeziehungen der Union einen markanten und bedeutungsvollen Wechsel, der in den 12 Monaten vor April 1898 ein schnelleres Tempo annahm. Die Union ist nunmehr nicht blos die „Kornkammer der Welt“. Während die Ausfuhr unserer landwirthschaftlichen Produkte sich im vergangenen Jahre in merkwürdiger Weise vermehrt hat, haben auch die Verkäufe unserer industriellen Erzeugnisse im Auslande einen beträchtlichen Zuwachs erfahren, eine Thatsache, die von anderen Industrieländern mit ängstlicher Besorgniss wahrgenommen wurde, weil diese nicht nur ihre heimischen, sondern thatsächlich auch die Märkte anderer Länder in den meisten Fabrikationszweigen bisher monopolisirt hatten. Wenn wir denken, dass dieses Resultat in verhältnissmässig leichter Art erreicht wurde, trotz der Hindernisse und unterschiedlichen Beschränkungen, die unseren Ausfuhrartikeln auferlegt wurden, und ungeachtet der Thatsache, dass noch keine Organisation in unseren Ausfuhrbestrebungen besteht — kann doch die Befähigung der Union, einen erfolgreichen Konkurrenzkampf auf allen Weltmärkten mit den vorgeschrittensten Industriefeldern aufzunehmdn, nicht länger bestritten werden. Die Berichte unserer Konsulate liefern schlagende Beweise von der allerwärts stetig zunehmenden Beliebtheit für amerikanische Fabrikate -- besonders für solche in Stahl und Eisen —, für Arbeit ersparende Maschinen und Handwerkzeuge, Schuhwaaren, Leder, Möbel, Fahrräder, elektrische Gebrauchsartikel, Eisenwaaren und Schneidzeuginstrumente, Lokomotiven, Manufakturwaaren u. s. w. Während der ersten acht Monate des Fiskaljahres 1897/98 betrug die Ausfuhr von Fabrikaten ca. $6^1/_2$ Millionen Dollar mehr als in der gleichen Periode des Vorjahres."

Um die konsularische Vertretung im Auslande diesen Interessen dienstbar zu machen, wurden nun hauptsächlich folgende Maassregeln getroffen:

Erstens wurde ein detaillirtes Reglement und Klassensystem für die Konsuln ausgearbeitet. Sowohl für die Ernennung wie für die Beförderung wurden besondere, zweckmässige und strenge Konsulatsprüfungen eingeführt. Es wurde festgesetzt, dass sämmtliche Gebühren, die die Konsuln zu erheben hatten, in die Bundeskasse abzuführen seien und die Konsuln keine ausserordentlichen Einnahmen beziehen, sondern nur auf die — dafür ziemlich hoch dotirten — staatlichen Gehälter angewiesen sein sollten. Hierdurch wurde erreicht, dass thatsächlich nur für das Fach befähigte und gut vorgebildete Persönlichkeiten in den Konsulatsdienst treten und zu den wichtigeren Stellungen desselben aufrücken konnten und gewisse Gewähr geschaffen, dass dieselben ohne Rücksicht auf ihre pekuniäre Stellung einzig die Interessen ihrer Auftraggeber verfolgten.

Zweitens wurde die Publikation der Konsulatsberichte auf eine völlig neue Basis gestellt. Man unterscheidet nunmehr:

1. Commercial Relations of the United States in

zwei umfangreichen Bänden, Jahresberichte über Handel und Industrie, Finanzen, Zollwesen, Verkehr- und Transportverhältnisse des gesammten Auslandes, unter besonderer Berücksichtigung der Gelegenheiten oder Hindernisse, Erleichterungen oder Erschwerungen, die der Ausdehnung des amerikanischen Exports in den betreffenden Ländern während des Berichtsjahres erwachsen sind.

2. Consular Reports, monatliche Sammlungen aller von den Konsuln seit Ende des vorhergehenden Monats eingelaufenen Berichte und Nachrichten.

3. Advance Sheets of Consular Reports, tägliche Aushängebogen der eben genannten, von denen alle die, welche praktisches Interesse für die Oeffentlichkeit oder Interessentenkreise haben, sofort nach Eingang gedruckt und noch im Druckbogen an die Presse, die Handelskammern und sonstigen Interessentenvertretungen sowie jeder Privatperson, die einen diesbezüglichen Antrag stellt, gratis versandt werden.

5. Declared Exports, Vierteljahrsübersichten über den Handel der Vereinigten Staaten mit dem betreffenden Lande oder Konsulatsbezirk, Angabe der von und namentlich nach der Union von dort ausgeführten Artikel, ihrer Qualität, der für sie deklarirten Marktwerthe u. s. w.

6. Special Consular Reports. Ausserordentliche und unperiodische Enqueten über die Produktion, Handel, Transport, Selbstkosten, Marktpreise, Technik u. s. w. bestimmter Artikel und Wirthschaftszweige, meist hervorgerufen durch die Anregung interessirter Fachkreise, die sich über die gesammte Weltlage und Exportaussichten ihrer Branche orientiren wollen. Solche sind in letzter Zeit beispielsweise veröffentlicht worden über Wallnusskultur, Seidehaspeln und Seidenwurmzucht, Seifenhandel, Kaninchenzucht und -Fellbereitung für Hutindustrie, Schrauben, Schraubbolzen und Schraubenmuttern und dergleichen mehr.

Zur eingehenden, sorgfältigen und erschöpfenden Erkundung aller der hierfür in Betracht kommenden Momente sind nun die amerikanischen Konsuln nicht nur durch ihren zweckmässigen Bildungsgang besonders befähigt, sondern werden auch durch die Anregung der Interessenten und der heimischen Behörden — und nicht zum letzten durch das Prinzip der freien Konkurrenz und jederzeit möglichen Absetzung, das in Amerika auch die Beamtenstellen umfasst — dauernd von neuem angewiesen. Sie sind auf diese Weise wahre Spürhunde geworden, die nicht nur aus dem Geschäftsverkehr mit den inländischen Interessenten, aus der Beglaubigung ihrer Fakturen etc. reiches Material zu schöpfen verstehen, sondern deren darüber hinausgehender, oft in geradezu naiven Ansuchen an die Interessenten und Interessenten-Vertretungen sich bethätigender Informationseifer letztgenannten bereits vielen Anlass zu Beschwerden gegeben hat. Es ist nicht übertrieben, wenn einer der Konsuln unlängst an den Präsidenten der National Association of American Manufaturers schrieb:

> „On the whole, the United States consular service is probably the best in the world. Within the past few years it has certeinly led all competitors in the thoroughness and promptness of its commercial researches and reports."

Und es kann keinem Zweifel unterliegen, dass die Methode, sich vermittelst der Konsulate nützliche Einblicke in die Fabrikationsverhältnisse des Auslandes zu verschaffen und diese vermittelst der Behörden den Interessenten in liberalster Weise zur Verfügung zu stellen, der Konkurrenzfähigkeit Amerikas auf dem Weltmarkte ganz unschätzbare Dienste leistet.

II. Die National Association of American Manufacturers.

Zu dieser energischen Thätigkeit der Konsuln kommen nun verschiedene andere Einrichtungen, die den gleichen Zweck der Ausdehnung des Exporthandels verfolgen. Hierher gehört z. B. eine Reihe von Exportvereinen, die sich in den letzten Jahren in Amerika gebildet haben, theils allgemeiner Natur, wie die National Association of Manufacturers (gegründet 1895), theils für bestimmte Branchen, wie die Export Iron and Steel Company (gegründet 1898). Von hervorragender Bedeutung ist namentlich die oben schon erwähnte National Association of American Manufacturers. Dieselbe verfolgt ihrem Programm gemäss folgende Ziele:

1. Erhaltung und Fruktifizirung des inneren Marktes durch die einheimische Industrie unter Ausschluss der fremdländischen Konkurrenz.

2. Ausdehnung des Exportes, unter anderem durch

a) Reziprozitäts-Verträge mit dem Ausland,

b) Aussendung von Kommissionen nach fremden Ländern zum Studium der Absatzmärkte, Bezugsquellen und Geschäftslage der Konkurrenzindustrie,

c) Errichtung von Ausstellungen und Musterlagern sogenannten sample-warehouses für amerikanische Produkte im Ausland,

d) Einrichtung amerikanischer Bankhäuser oder Filialen im Ausland.

3. Ausbau der nationalen Handelsflotte und Unterstützung derselben durch Subventionen, Zuwendung der Postsendungen etc., Tonnengelder für ausländische Schiffe etc.

4. Durchführung des Nikaragua-Kanals und Unterstellung unter die Kontrolle der Unionsregierung.

5. Hebung der Binnenschifffahrt, namentlich durch Ausbau von Kanälen und Kanalisirung der Ströme.

6. Zweckdienliche Gestaltung und Vereinheitlichung des Frachttarifwesens.

7. Uebernahme der Postpacketbeförderung auf den Staat.

8. Zeitgemässe und einheitliche Konkursgesetzgebung.

9. Weiterführung der Reform des Konsulatswesens, das nur in rein diplomatischen Dingen noch vom Staatsdepartement ressortiren soll.

10. Einrichtung eines besonderen Ministeriums für Handel und Gewerbe.

11. Schutz amerikanischer Patente, Handelsmarken, Urheberrechte, Waarenzeichen und dergl. im Ausland.

12. Wahrung der amerikanischen Interressen auf ausländischen und internationalen Ausstellungen.

13. Hebung des technischen und kaufmännischen Bildungswesens.

In der Verfolgung dieses Programms sind die amerikanischen Interessenten nun äusserst rührig und energisch. So sind z. B. Kommissionen und Emissäre zur Erkundung ausländischer Wirthschaftsgebiete (ad 2b) von dem genannten Verbande oder auf seine Anregung bereits ausgegangen nach Brasilien, Uruguay, Argentinien, Japan, China, Mexiko und mehreren kleinen centralamerikanischen Staaten. Ihre ausführlichen und sehr interessanten Produkte sind umgehend gedruckt und an die Interessenten zur Vertheilung gelangt. Von welcher Bedeutung diese Missionen seien können, erhellt u. a. an dem Beispiel der jüngsten nach China gegangenen. Dieselbe ist auf ein Jahr vorgesehen, sie untersucht nicht nur sämmtliche kommerziell wichtige Verhältnisse der grossen Handelshäfen, sondern bereist auch das Innere, um sich über die wirthschaftliche Entwickelungsfähigkeit des Landes aus eigenem Augenschein zu unterrichten. Ihr indirekter Hauptzweck ist aber, die leitenden Kreise der chinesischen Regierung für den Gedanken eines näheren handelspolitischen Anschlusses an die Vereinigten Staaten, sowie der Heranziehung des amerikanischen Unternehmerthums und Kapitals für die Ausbeutung des Landes zu gewinnen. Zur Unterstützung der Kommission bei ihrer Thätigkeit sollen die dortigen amerikanischen Konsulate laut besonderer Verfügung des department of state ihnen sowohl ihre persönliche Hülfe und Kenntnisse zur Verfügung stellen, als auch ihre Verbindung mit den massgebenden Persönlichkeiten, Korporationen etc. vermitteln.

In gleich zweckmässiger und energischer Weise wird die Einrichtung von warehouses betrieben. So ist z. B. ein permanentes Waarenlager in Hamburg im Werden begriffen und ein gleiches ist für Berlin in Aussicht genommen. In Japan schweben Verhandlungen zur Gründung eines solchen in Kobe. In Warschau hat man Anfang dieses Sommers Anstalten getroffen, ebenfalls eins zu errichten und vor der Hand eine Ausstellung amerikanischer Manufakturen dort in die Wege geleitet. In mehreren Staaten des übrigen Amerikas, welche man ja besonders näher heranzuziehen sich bemüht, sind solche bereits ins Leben getreten, so in Mexiko (zu Tampico), in Venezuela (zu Caracas), oder für die nächste Zukunft in Aussicht.

Diese Musterlager haben aber nicht nur den Zweck, eine permanente Waaren-Ausstellung amerikanischer Exportartikel in fremden Absatzmärkten zu bilden, sondern verfolgen noch viel weitergreifende Ziele. Instruktiv hierfür ist der Plan das Musterlager in Caracas. Dasselbe verbindet mit der Mustersammlung einen Informationsdienst; ferner enthält es eine reichhaltige Fachbibliothek; endlich soll in Anlehnung an dasselbe eine Art Exportakademie gebildet werden, welche dem angehenden Exporteur Gelegenheit geben wird, folgende Gegenstände zu erlernen:

1. Spanisch, mit besonderer Berüchsichtigung der Uebersetzung von Katalogen, Geschäftsbriefen, Preislisten, Circularen etc.; spanische und englische Korrespondenz, Bankwesen etc.

2. Handelsrechtliches Praktikum, inkl. Zollwesen, Marken-, Patent-Recht etc.

3. Frachtbrief-Wesen nebst Versicherung, Schiffahrts-Einrichtungen und dergl.

4. Comtoirwesen an der Hand eines einzurichtenden Mustercomtoirs.

5. Eingehendes Studium aller für Venezuela wichtigen Handelsbranchen an der Hand der vorhandenen Muster-Waaren. Hierher gehört: die gangbaren Qualitäten, die Verkaufspreise, Produktionskosten, Einkaufsländer, Frachtraten, Einfuhrzölle, Verpackung, Einfuhrstatistik, Adressen der einschlägigen Firmen, Umfang und Ausdehnungsfähigkeit des Handels, Aufmachung und Verpackung, u. dergl. mehr.

III. Das Philadelphia Commercial Museum.

Die Krone derartiger Institutionen, und vielleicht grossartigste Schöpfung des amerikanischen Unternehmungsgeistes ist aber das Philadelphia Commercial Museum, das — noch kein Jahrzehnt alt — in Folge in seiner eigenartigen, zweckmässigen und energischen Thätigkeit bereits einen Weltruf besitzt, und das gegenwärtig Interessenten aller Länder zu einem ersten internationalen Handelskongress in seinen Räumlichkeiten vereinigt.

Das Museum ist gegründet bereits 1893 im Anschluss an die Weltausstellung zu Chicago, deren reiche Sammlungen von Waarenproben den ersten Grundstock seines Musterlagers bildeten, wurde aber erst 1897, am 1. Juni durch den Präsidenten offiziell eröffnet. Die (sehr hohen) Kosten vertheilen sich auf die Stadt Philadelphia, den Staat Pennsylvanien und die Bundeskasse. Die Organisation gliedert sich in folgende Faktoren:

1. Der Aufsichtsrath, bestehend aus dem Gouverneur und zwei Beamten des Staates Pennsylvanien, dem Oberbürgermeister und vier Beamten der Stadt Philadelphia, endlich 14 dort ansässigen Interessenten.
2. Die Direktion, bestehend aus Präsident, Vicepräsident, Kassirer und Sekretär.
3. Die Verwaltung, bestehend aus dem Museumsdirektor (Wilson), dem Chef der wissenschaftlichen und Versuchs-Abtheilung (Niederlein) und dem Chef der Auskunftsstelle (Harper).
4. Die Beiräthe, und zwar
   a) der nationale, bestehend aus ca. 200 Delegirten von Interessentenvertretungen der Union;
   b) der panamerikanische, bestehend aus denselben und weiteren 120 aus dem übrigen Amerika;
   c) der internationale, aus ebensolchen Repräsentanten aus allen Ländern der Welt.
5. Der diplomatische Ehrenbeirath, bestehend aus den Gesandten fremder Länder.

Seiner Thätigkeit entsprechend zerfällt das Museum in fünf Abtheilungen.

1. Die Ausstellung. Diese umfasst die Rohstoffe, Halb- und Ganz-Fabrikate aller Länder, geordnet:

a) nach Ländern.

b) nach Produkten.

2. Die wissenschaftliche Versuchsanstalt mit Laboratorium und Materialienprüfungsanstalt.

3. Das Export-Musterlager für inländische Exportartikel mit der Sammlung der Kataloge und Preislisten der ausländischen Konkurrenz.

4. Die Handelsbibliothek.

5. Die Auskunftsstelle. Diese ertheilt auf Grund eines überreichen und musterhaft registrirten Materials an jedes Mitglied eingehendste Information über alle für die Ausdehnung seines Exportes in fremden Ländern wissenswerthe Punkte, als handelsübliche Qualitäten des Artikels, Bedarf, Menge und Herkunft des derzeitigen Imports, Fabrikations- und Verkaufs-Preise, en gros und en detail, Kredit- und Zahlungsverhältnisse, Transport-, Fracht- und Zoll-Tarife, Vertrieb durch Agenten, Kommissionäre etc., Kataloge, Spesen und Provisionen, Ausstattung und Verpackung, Adressen der Importeure und Fabrikanten und dergleichen mehr.

Ueber Gestaltung, Funktion und Bedeutung des Philadelphia-Commercial-Museum ist anlässlich seiner Einladungen zum internationalen Handelskongress bereits soviel gesagt und geschrieben worden, dass eine eingehendere Würdigung seiner Thätigkeit an dieser Stelle sich wohl erübrigt. Zusammenfassend können wir nur wiederholen: Es krönt in jeder Hinsicht die wirthschaftlichen Bestrebungen der amerikanischen Union, welche in letzter Linie alle auf das eine Ziel hinauslaufen: Eroberung und Beherrschung des Weltmarktes.

Statistik.

I. Deutsch-amerikanischer Handelsverkehr.

a) Allgemeines.

Betrachten wir zum Schluss noch die Ziffern des Handels zwischen Deutschland und Amerika im Einzelnen, so finden wir zunächst ein ganz ausserordentliches Wachsthum der deutschen Einfuhr aus den Vereinigten Staaten. Dieselbe ist von 164 Millionen Mark im Jahre 1880 auf 695 im Jahre 1898 gestiegen, der prozentuale Antheil der Union an der deutschen Gesammteinfuhr von 5,8 pCt. auf 12,7 pCt. in den gleichen Jahren. Nicht die gleiche Stetigkeit der Entwickelung sehen wir in der deutschen Ausfuhr nach Amerika. Dieselbe war von 1880—90 in starkem und regelmässigem Steigen begriffen, ist dann durch die protektionistische und in wenigen Jahren wiederholentlich schwankende Handels- und Zollpolitik Amerikas stark alterirt worden, ohne jedoch eine anhaltende Abnahme zu zeigen.

Die Einzelheiten ergeben sich aus nachstehenden beiden Tabellen (bei denen übrigens, wie überhaupt in allen auf der deutschen Handelsstatistik beruhenden Tabellen, zu beachten ist, dass der plötzliche Sprung des Jahres 1889 wesentlich auf den Zollanschluss der Hansestädte an das deutsche Zollgebiet zurückzuführen ist).

Einfuhr nach Deutschland:

	insgesammt	aus der Union	prozentual
1880	2 844 Mill. Mk.	164 Mill. Mk.	5,8
1881	2 990 „ „	150 „ „	5
1882	3 135 „ „	115 „ „	3,7
1883	3 249 „ „	136 „ „	4,2

	insgesammt	aus der Union	prozentual
1884	3 261 Mill. Mk.	125 Mill. Mk.	3,8
1885	2 975 „ „	122 „ „	4,1
1886	2 941 „ „	106 „ „	3,6
1887	3 186 „ „	143 „ „	4,5
1888	3 429 „ „	153 „ „	4,5
1889	4 087 „ „	317 „ „	7,8
1890	4 273 „ „	406 „ „	9,5
1891	4 403 „ „	457 „ „	10,4
1892	4 227 „ „	612 „ „	14,5
1893	4 134 „ „	458 „ „	11,1
1894	4 286 „ „	533 „ „	12,4
1895	4 246 „ „	512 „ „	12,1
1896	4 558 „ „	584 „ „	12,8
1897	4 865 „ „	658 „ „	13,5
1898	5 478 „ „	695 „ „	12,7

Ausfuhr aus Deutschland:

	insgesammt	nach der Union	prozentual
1880	2 977 Mill. Mk.	184 Mill. Mk.	6,2
1881	3 094 „ „	196 „ „	6,3
1882	3 280 „ „	194 „ „	5,9
1883	3 324 „ „	177 „ „	5,3
1884	3 256 „ „	169 „ „	5,2
1885	2 911 „ „	155 „ „	5,3
1886	3 042 „ „	211 „ „	6,9
1887	3 193 „ „	231 „ „	7,3
1888	3 356 „ „	237 „ „	7
1889	3 256 „ „	395 „ „	12,1
1890	3 410 „ „	417 „ „	12,2
1891	3 340 „ „	358 „ „	10,7
1892	3 150 „ „	347 „ „	11
1893	3 245 „ „	354 „ „	10,9
1894	3 051 „ „	271 „ „	8,9
1895	3 424 „ „	369 „ „	10,8
1896	3 754 „ „	384 „ „	10,2
1897	3 786 „ „	397,5 „ „	10,5
1898	4 002 „ „	345 „ „	8,6

b) Einzelne Artikel.

Was die Vertheilung der Einfuhr und Ausfuhr auf die einzelnen Waarengruppen angeht, so sei über unsere wichtigsten Einfuhrartikel aus Amerika noch folgendes bemerkt.

In erster Linie steht Rohbaumwolle, deren Werth mehr als ein Viertel der Gesammteinfuhr aus Amerika beträgt; in zweiter Linie kommt Petroleum und Kupfer. Für alle drei Artikel haben die Vereinigten Staaten eine Art Monopol in der Weltproduktion. Demnächst kommen Nahrungsmittel in Betracht, und zwar sowohl Getreide (besonders Mais und Weizen) wie Fleischwaaren (besonders Schweinespeck und Schweineschmalz); auch Obst, letzteres namentlich aus Kalifornien. Eine hervorragende Stelle nehmen die Vereinigten Staaten endlich noch für den Bezug von Oelkuchen und Terpentinprodukten ein.

Die deutsche Ausfuhr nach Amerika umfasst in allererster Linie Zucker. Wichtig sind auch gewisse Gruppen der Textil-Industrie und Konfektion, sowie Produkte der chemischen Industrie — namentlich Anilinfarben und Chlorkalium. — Von unserer Spielwaaren- und Porzellanfabrikation geht ein erheblicher Bruchtheil nach den Vereinigten Staaten, ebenso viele literarische und Kunstwerke.

In den folgenden beiden Tabellen sind die Werthziffern der deutsch-amerikanischen Ein- und Ausfuhr für die letzten drei Jahre zusammengestellt mit denen der deutschen Gesammtein- und Ausfuhr in den betreffenden Artikeln, um einen Ueberblick darüber zu ermöglichen, wie stark die in Frage kommenden Industrien am amerikanischen Markt interessirt sind und wie sich die Beziehungen unter dem Einfluss der Dingley-Bill geändert haben. (Die Ziffern bedeuten Millionen Mark.)

Die wichtigsten Artikel der deutschen Einfuhr aus Amerika.

	1898:		1897:		1896:	
	aus der Union	insgesammt	aus der Union	insgesammt	aus der Union	insgesammt
Baumwolle, roh	188,7	*237,5*	171,2	*231,0*	159,8	*226,9*
Kupfer, roh	56,7	*78,8*	50,9	*68,1*	41,4	*54.7*
Erdöl, gereinigt	59,7	*64,8*	45,4	*49,2*	55,1	*59,8*
Getreide, darunter						
Mais	97,3	*126,4*	63,4	*85,2*	38,8	*58,3*
Weizen	84,0	*231,4*	31,7	*173,7*	34,2	*197.9*
Roggen	28,6	*102,6*	13,9	*80,3*	5,9	*85,5*
Gerste	4,3	*132.8*	13,3	*120,6*	4,9	*108.9*
Hafer	26,0	*54,3*	9,3.	*54,7*	4,6	*45,1*
Schmalz und schmalzartige Fette	79,8	*83,1*	51,0	*55,3*	41,7	*45,2*
Fleisch, frisch und einfach zubereitet, darunter Schweinespeck	39,7	*72,5*	21,5	*39.9*	10,7	*21.2*
Obst, getrocknet	8,2	*22,2*	9,3	*21.2*	3,3	*14.6*
Oelkuchen	22,7	*53.2*	18,2	*46.4*	9,4	*29.7*
Kalk, natürl. phosphors	8,8	*10,8*	11,1	*14,5*	8,1	*10.8*
Terpentin-Harz u. Balsam	7,9	*9,9*	8,5	*10.5*	7,3	*9.3*
Terpentinöl u. andere Harzöle	11,0	*12,6*	8,3	*10,2*	7,0	*8.7*
Tabakblätter, unbearbeitet	7,9	*92,0*	7,8	*97,4*	8,6	*102,6*

Die wichtigsten Artikel der deutschen Ausfuhr nach Amerika:

	1898:		1897:		1896:	
	nach der Union	insgesammt	nach der Union	insgesammt	nach der Union	insgesammt
Rohzucker	40,2	212,4	67,3	229,9	68,6	236,4
Chemikalien, darunter:						
Anilin- u. a. Theerfarbstoffe	15,4	72,0	14,8	67,0	10,7	64,9
Chlorkali	7,4	13,5	5,7	11,4	6,7	12,3
Textil- und Konfektionsartikel, darunter:						
Halbseidene Zeuge, Tücher, Shawls	21,0	80,6	24,2	66,0	29,0	77,0
Halbseidene Bänder ohne Metallfäden	7,1	22,6	4,3	17,5	5,2	21,3
Baumwollene Strumpfwaaren	18,7	52,2	23,2	53,6	23,7	58,5
Baumwollene Spitzen	5,3	29,8	7,2	24,1	3,6	14,0
Wollene Tuche und Zeuge, ungedruckt	9,2	133,6	19,5	144,4	21,4	149,9
Künstliche Blumen	3,8	5,7	4,6	7,3	11,8	18,8
Lederne Handschuhe	13,3	22,0	13,1	21,3	10,0	18,9
Porzellan u. porzellanartige Waaren, mehrfarbig	11,5	30,3	14,0	32,1	15,9	32,9
Spielzeug aller Art	9,4	38,8	10,5	40,3	11,1	40,0
Literarische und Kunstwerke, darunter:						
Farbendrucke, Kupferstiche etc.	7,5	58,0	8,6	55,3	9,3	50,2
Bücher, Karten, Musikalien etc.	5,6	70,8	6,2	64,5	7,0	62,2
Romanzement	7,3	20,0	6,6	18,0	6,9	16,4
Borsten u. Borstensurrogate	2,9	13,6	6,3	32,3	2,0	11,0
Bunt-, Gold-, Silberpapier	4,1	25,0	5,8	22,8	7,9	28.4
Häute und Felle von Pelzthieren, auch Vogelbälge	6,7	30,3	5,0	29,3	2,5	26,8
Getreide etc. geschroten etc. Graupen etc.	4,1	7,8	4,0	7,0	0	3,6

c) Mehr- und Minder-Ausfuhr.

Um den Einfluss der neuesten amerikanischen Handelspolitik auf die deutsche Ausfuhr dorthin noch mehr zu spezialisiren, sei hier noch eine Zusammenstellung der Frankfurter Handelskammer wiedergegeben, aus der hervorgeht, für welche Waaren unter der Herrschaft des Dingley-Tarifs die Ausfuhr zurückgegangen ist und auf welche sie keinen Einfluss ausgeübt hat.

Die Minderausfuhr erstreckte sich namentlich auf folgende Artikel:

	Abnahme
Baumwollene Strumpfwaaren	8300 dz
„ Spitzen	900 „
„ Stickereien	300 „
Wollenes Garn, einfach und dublirt	1460 „
„ Strumpfwaaren	1100 „
„ Tuche und Zeuge, unbedruckt	15700 „
„ „ „ „ bedruckt	1570 „
Wollene Plüsche	245 „
Halbseidene Zeuge und Tücher	1700 „
Rohzucker	1844000 „
Zucker in Broten etc.	49000 „
Bier in Fässern	13000 „
Weine	8800 „
Spielwaaren	5300 „
Gerbstoffextrakte	5600 „
Mineralwasser	8000 „
Feine Eisenwaaren	4000 „
Erden etc.	36000 „
Hohlglas, grünes	10000 „
„ weisses	2000 „
Tafel- und Spiegelglas	2500 „
Holzcement	10000 „
Porzellan etc., mehrfarbig	12600 „
Bunt-, Gold-, Silberpapier	4600 „
Waaren aus animalischen Schnitzstoffen	4000 „

Eine Mehrausfuhr hatten hauptsächlich Produkte der chemischen Industrie zu verzeichnen, in welcher Deutschland ja den übrigen Ländern weit voran steht. Wir nennen:

Oxalsäure	2 700	dz,
Aetzkali	3 000	„
Alaun	9 000	„
Chlorkalk	16 000	„
Anilinöl	18 400	„
Anilin	3 300	„
Barytsalze	2 100	„
Benzoesäure	400	„
Chlorkali	129 000	„
Schwefelsaures Kali	53 000	„
Abraumsalze	300 000	„

Ferner sind noch zu erwähnen:

Abfälle der Lederfabrikation	10 900	dz,
Feine Bleiwaaren	1 165	„
Roman-Cement	50 000	„
Hopfen	5 600	„
Halbseidene Bänder	1 000	„

d) Aussenhandel der Union.

Fügen wir diesen Ziffern noch einen Ueberblick über den auswärtigen Handel der Vereinigten Staaten zu, so erhalten wir folgende Tabelle:

Es betrug in Millionen Dollars die

Fiskaljahr	Gesammt-Ausfuhr	Gesammt-Einfuhr
1790	20,2	23,0
1800	71,0	91,2
1810	66,8	85,4
1820	69,7	74,4
1830	71,7	62,7
1840	123,7	98,3
1850	144,4	173,5
1860	333,6	353,6

Fiskaljahr	Gesammt-Ausfuhr	Gesammt-Einfuhr
1870	392,8	436,0
1880	835,6	668,0
1890	857,8	789,3
1891	884,5	844,9
1892	1030,3	827,4
1893	847,7	866,4
1894	802,1	655,0
1895	807,5	732,0
1896	882,6	779,7
1897	1051,0	764,7
1898	1231,5	616,0
1899	1227,4	697,1

Nach Ländern vertheilte sich Ein- und Ausfuhr für 1898 folgendermaassen:

Staat	Export aus Amerika	Import nach Amerika
England	538,7	111,4
Deutschland	163,8	77,7
Canada	90,5	30,5
Frankreich	80,2	55,7
Holland	72,3	12,0
Belgien	46,5	9,0
Italien	24,6	21,9
Mexiko	23,0	21,7
Japan	19,7	23,3
Australien	17,7	0,3
Dänemark	15,8	0,2
Brit. Afrika	13,7	0,9
Brasilien	13,2	53,4
China	12,3	17,4
Cuba	10,8	18,3
Brit. Ostindien	4,1	29,2
Holl. Ostindien	1,2	18,4
Hawaï	6,8	16,6
Schweiz	0,3	13,3
Brit. Westindien	9,0	11,9

Nach Waarengruppen vertheilte sich der Export der Union in Millionen Dollars folgendermaassen:

	1898	1897
Bodenprodukte	851,9	730,0
Industrieprodukte	307,9	279,6
Minenprodukte	25,9	19,8
Forstprodukte	39,0	40,8
Fischereiprodukte	5,8	5,6
Verschiedenes	3,0	3,6

II. Weltmarktlage der wichtigsten Artikel des deutsch-amerikanischen Handels.

Den Ziffern über den deutsch-amerikanischen Waarenaustausch seien nun in Folgendem für einige der wichtigsten Artikel desselben noch allgemeinere Bemerkungen über ihre Stellung im Welthandel beigefügt.

a) Weizen:

Der Welthandel in Getreide konzentrirt sich bekanntlich im Weizen. Die übrigen Getreidesorten werden zur menschlichen Nahrung nur in beschränktem Umfange benutzt, so Roggen hauptsächlich nur in Russland und Deutschland, Mais in einigen Ländern Südeuropas, z. B. Italien und den Tropen, Gerste, soweit sie als Hilfsstoff für die Brauerei dient. Sonst kommen sie vornehmlich als Viehfutter in Betracht. Es kommt dazu, dass sich der Konsum ganz unstreitig immer mehr von den übrigen Getreidesorten abwendet und zunehmend dem Weizen den Vorzug giebt, so dass wir bei dieser gedrängten Uebersicht uns auf letzteren beschränken dürfen.

Wir geben zunächst an der Hand des Eving Corn Trade List (London) eine Tabelle der Weltproduktion und zwar, um die Differenzen des Ernteausfalls einigermaassen zu paralysiren, für die drei letzten Jahre, für welche vergleichsfähige Ziffern vorliegen:

I. Europa.

	1895:	1896:	1897:
	Millionen Hektoliter		
Russland	121	126	109
Frankreich	123	125	90
Ungarn	55	51	35
Italien	41	51	32
Deutschland	37	38	36
Spanien	38	29	32
Rumänien	24	25	14,5
Kaukasusgebiet	23	16	11
Bulgarien	17	18	12
Oesterreich	15	14	14,5
Europäische Türkei	13	14,5	10
Grossbritannien	14	21	20
Belgien	7	7	7
Serbien	4	4	2,5
Griechenland	2	2	2
Portugal	2	1,5	2
Niederlande	2	2	2
Schweiz	2	2	1,5
Dänemark	1,5	1,5	1,5
Schweden	1,5	1,5	1,5

II. Amerika.

Vereinigte Staaten	180	165	209
Kanada	20	14	20
Argentinien	17	12	19
Mexiko	4	4	4
Chile	5	4	6
Uruguay	4	2	4

III. Afrika.

Algier	7	7	6
Aegypten	4	3	3
Tunis	2	2	2
Capland	2	2	2

IV. Asien.

	1895:	1896:	1897:
	Millionen Hektoliter		
Ost-Indien	93	73	70
Klein-Asien	12	23	17
Persien	7	7	7
Syrien	4	4	4

V. Australien.

. . . .	9	10	11

Wenn wir die Länder der Welt in solche theilen, welche regelmässig Weizen exportiren und solche, welche importiren, so kommen als Hauptbezugsgebiete in Betracht:

Die Vereinigten Staaten von Amerika,
Russland,
Argentinien, nebst Chile und Uruguay,
die Balkanstaaten,
Ungarn,
Nordafrika,
Australien.

Als Bedarfsländer sind zu nennen in erster Linie:

Grossbritannien, ferner
Holland und Belgien,
Deutschland,
Frankreich,
Italien,
Schweiz.

Die deutsche Einfuhr kommt im grössten Umfange aus Russland, dann aus der amerikanischen Union, geringere Quantitäten beziehen wir aus den Balkanstaaten und Südamerika, einiges aus Ungarn und verschwindend wenig aus Ostindien. Im Durchschnitt der letzten Jahre vertheilten sich die Bezüge prozentual ungefähr folgendermaassen:

Russland	50 pCt.
Amerikanische Union	30 pCt.
Rumänien	11 pCt.
Argentinien	8 pCt

Deutschland nimmt insofern eine eigenartige Stellung im Getreidehandel ein, als es auf der einen Seite ein Import-, auf der anderen ein Exportland ist. Der Westen und Süden des Reiches sind vorwiegend gewerbliche Gebiete, selbst die Landwirthschaft baut daselbst zum grossen Theile Handelsgewächse und nur in beschränkten Maasse Brotgetreide. Der Nordosten, besonders die sieben altpreussischen Provinzen dagegen weisen bei geringer industrieller Entwickelung eine Ueberproduktion von Getreide auf. Ein Ausgleich beider Gebiete, wie er durch die Bismarck'sche Wirthschaftspolitik versucht wurde (Staffeltarife, Hochschutzzölle etc.), hat seine grossen Schwierigkeiten, einmal weil die Verkehrsverhältnisse den Süden und Westen ebenso naturgemäss auf den Bezug vom Auslande hinweisen, wie die ostelbischen Gebiete auf dem Absatz dorthin (Skandinavien, England, die Niederlande), anderseits weil der stärkehaltige, aber kleberarme Weizen einheimischen Wachsthums ohne Mischung mit den kleberreichen überseeischen Provenienzen nicht gut verwendbar, vor Allem wenig backfähig ist. Auf diesem Zwiespalt beruht im Wesentlichen der ganze handelspolitische Interessengegensatz zwischen den Agrariern und der nach dem Weltmarkt schauenden Industrie.

Baumwolle.

Der Anbau von Baumwolle war ursprünglich fast ganz auf die Südstaaten der amerikanischen Union beschränkt. Erst als der Abolitionskrieg lange Zeit den Anbau hemmte und die Preise gewaltig in die Höhe trieb, hob sich die Baumwollkultur auch in den übrigen dafür befähigten Ländern, von denen sich namentlich Aegypten und Ostindien, in gewissem Umfang auch Brasilien als Mitversorger des Weltmarktes aufrecht erhalten haben. Neuerdings macht auch Russland grosse Anstrengungen, um in seinen innerasiatischen Besitzungen die Baumwollkultur zu fördern.

Ueber die Weltproduktion der Baumwolle sind folgende Ziffern bekannt.

	1880/84:	1890:
	Tausend tons	
Weltproduktion:	2 121	2 922,5
darunter Vereinigte Staaten	1 334	1 960
Brit. Ostindien	290	396
Aegypten	127	180
Mexiko	23,5	23,5
Brasilien	22	13
Peru und Chile	2,5	4
Sonstiges Amerika	1,6	0,4
Türkei und Persien	22	22
Central- und Ostasien	296	316
Australien und sonstige Länder	2,7	8

Ueber den Verbrauch von Rohbaumwolle in den einzelnen Ländern werden folgende Ziffern angegeben:

Land	insgesammt in 1000 t Mitte 80er Jahre	kg pro Kopf	
		Mitte 80er Jahre	1891 bis 1895
Grossbritannien und Irland	653	18	18
Vereinigte Staaten	459	8,09	9,54
Schweiz	23	7,88	7,92
Deutsches Reich	171	3,66	4,95
Belgien	21	3,63	4,72
Frankreich	106	2,78	4,01
Spanien	49,5	2,62	3,65
Schweden	11	2,34	2,92
Italien	56	1,91	2,90
Oesterreich-Ungarn	84	2,10	2,68
Niederlande	12	2,75	2,55
Russland	135	1,50	1,70
Portugal	4	0,98	1,66
Finnland	3	1,33	1,44
Norwegen	2	1,15	1,29
Indien	40	0,20	1,29
Dänemark	0,06	0,03	0,18
Serbien	0,27	0,14	0,15
Rumänien	0,38	0,08	0,12
Bulgarien	0,13	0,04	0,10

Wie hieraus hervorgeht, ist der Konsum namentlich in den Vereinigten Staaten, Deutschland, Belgien, Frankreich, Italien, Spanien und Portugal gewachsen, sowie in Indien, dessen Zahlenangaben jedoch unsicher sind. Für Deutschland und die Vereinigten Staaten ergeben sich noch folgende Ziffern:

I. In Deutschland wurden verbraucht:

	insgesammt	pro Kopf
1836—40	8 917 tons	0,34
1851—55	26 441 „	0,85
1871—75	116 390 „	2,84
1891—95	252 381 „	4,95

II. In den Vereinigten Staaten betrugen:

	Produktion und Import	Verbrauch insgesammt	Verbrauch per Kopf
1855—60	1 750 Mill. Pfd.	416 Mill. Pfd.	5,64 kg
1870—75	1 795 „ „	552 „ „	5,56 „
1890—95	4 169 „ „	1 379 „ „	9,54 „
1898	5 729 „ „	1 879 „ „	?

Bis vor Kurzem war die Baumwollfabrikation in der Union nicht sonderlich entwickelt, sodass Amerika ein guter Absatzmarkt hierfür war; auch der Mc Kinley-Tarif hatte dieselbe noch nicht erheblich gefördert; es betrug in Millionen Dollar:

	die Einfuhr	die Ausfuhr
1880—85	30,2	12,6
1885—90	28,8	12,5
1890—95	29,4	13,3

Neuerdings hat der Dingley-Tarif allerdings einen starken Aufschwung der Industrie zur Folge gehabt (vergl. S. 20).

Fügen wir diesen Ziffern zum Vergleich die der letzten Jahre zu (nach dem New-Yorker Financial Cronicle), so ergeben sich für die Hauptbezugsländer folgende Produktionsziffern (in Tausenden Ballen à 500 engl. Pfd.):

	1898/99	1897/98	1896/97	1895/96
Ver. Staaten	11 078 000	10 890 000	8 435 000	6 912 000
Ostindien	2 210 000	1 964 523	2 021 401	2 241 711
Aegypten	1 100 000	1 229 547	1 105 895	1 003 044
Brasilien etc.	65 000	60 230	108 662	103 653
Zusammen	14 453 000	14 144 300	11 670 953	10 260 408

Dieser Produktion stand ein Konsum in nachstehendem Umfang gegenüber:

	1898/99	1897/98	1896/97	1895/96
England	69 000	66 000	62 000	63 000
Kontinent	93 000	89 000	84 000	80 000
Gesammt-Europa . .	162 000	155 000	146 000	143 000
Ver. Staaten, Norden .	43 154	34 770	34 154	32 904
„ „ Süden . .	25 173	22 192	18 500	16 558
Gesammt Ver. Staaten	68 327	56 962	52 654	49 462
Ostindien	23 000	21 942	19 303	21 250
Japan	10 800	10 103	6 866	5 587
Kanada	1 918	2 236	1 507	1 302
Mexiko	575	686	527	732
Andere Länder . . .	700	680	497	446
Weltverbrauch	267 320	247 609	227 359	221 779

In der vorstehenden Zusammenstellung ist von besonderem Interesse, dass der Baumwolleverbrauch der Vereinigten Staaten nunmehr denjenigen Englands fast erreicht hat. Dies ist insbesondere der beträchtlichen Vermehrung der Spindeln zuzuschreiben, welche in den Südstaaten der Union zu verzeichnen ist. Daselbst sind jetzt $7^1/_4$ pCt. mehr Spindeln für Baumwollgarn in Betrieb als im Vorjahr und fast das Doppelte der Zahl für 1892/1893, während sehr zahlreiche Pläne für Anlage weiterer Spinnereien vorliegen sollen. England hat aber während des vergangenen Jahres 1000000, der Kontinent, namentlich Russland, 1500000 neue Spindeln in Betrieb gebracht. Seit 1895 hat sich die gesammte Baumwolle-Spindelzahl der Welt von 95209322 auf 104197735 vermehrt.

Für den Konsum der europäischen Staaten bildet seit alters England den Zwischenhändler. Liverpool ist der wichtigste Handelshafen für Rohbaumwolle, dessen Börse die Preise für die ganze Welt festsetzt. Daneben kommt London in Betracht; für Deutschland und einen Theil von Oesterreich ist Bremen, für Frankreich und einen Theil der Schweiz Havre Haupthandelshafen. Die wichtigsten Exportplätze sind für amerikanische Baumwolle New-Orleans, Mobile, Galveston, Charleston, Savannah; für ostindische Bombay und Calcutta, für ägyptische Alexandria. Die ausserordentliche Verbrauchssteigerung hat die Preise in der letzten Hälfte des Jahrhunderts ganz bedeutend gedrückt. Es kostete — vom amerikanischen Bürgerkrieg an gerechnet — der Doppelzentner Rohbaumwolle in Hamburg durchschnittlich:

1861—65	278,72 Mk.,
1871—75	149,59 „
1881—85	105,82 „
1891—95	79,49 „

Petroleum.

Das Petroleum ist schon längere Zeit als Brenn- und Leuchtstoff bekannt, aber erst durch die Entdeckung des grossen Petroleumbeckens in Pennsylvania konnte es in solchen Massen produzirt werden, dass es auch in fernliegenden Ländern den Wettbewerb mit den bisherigen Materialien aufnehmen konnte. Bekanntlich sind die Hauptproduktionsländer noch heute wesentlich Amerika und Russland. Im Einzelnen vertheilt sich dieselbe folgendermaassen:

Vereinigte Staaten . .	2 500	Mill. Gallonen,
Russland	2 250	„ „
Oesterreich-Ungarn . .	87	„ „
Sumatra	72	„ „
Java	30	„ „

Kanada	29 Mill. Gallonen,
Rumänien	24 „ „
Indien	15 „ „
Japan	8 „ „
Deutschland	7 „ „
Peru	3 „ „
Italien	1 „ „

In Amerika selbst liegt das Hauptbecken, wie erwähnt in Pennsylvanien; es ergiebt ca. 60 pCt. der ganzen amerikanischen Ausbeute, in zweiter Linie kommen Ohio und New-York in Betracht. Mit der massenhaft zunehmenden Produktion ist auch der Preis enorm gesunken. Er betrug per 100 kg raffinirtes Petroleum in Hamburg:

1862—65	60,09 Mk.,
1871—75	30,98 „
1881—85	15,09 „
1891—95	10,89 „

Der beste Abnehmer für das amerikanische Petroleum ist Grossbritannien, dann Deutschland. Der Import aus der Union betrug:

in Grossbritannien .	212 Mill. Gallonen,
in Deutschland . .	155 „ „
in Japan	53 „ „
in China	45 „ „
in Brasilien . . .	21 „ „
in Australien . . .	20,5 „ „
in Frankreich . . .	13 „ „

In den Vereinigten Staaten von Amerika selbst betrug in Millionen Gallonen die

	Produktion	Ausfuhr	Verbrauch insgesammt	Verbrauch per Kopf
1864—70	142,4	66,3	76,1	2,09
1876—80	587,6	338,8	248,8	5,23
1886—90	1 184,1	605,8	578,3	9,62
1896	2 431,3	890,5	1 540,8	21,26

Im Deutschen Reich gestaltete sich die Verbrauchssteigerung in tausend Tonnen folgendermaassen:

	insgesammt	per Kopf
1866—70	70	1,87
1876—80	235	5,40
1886—90	557	11,61
1896	854	16,14

Die russische Produktion hat sich mindestens gleich erstaunlich entwickelt, sie ergab:

1860:	5	Tausend tons
1870:	28,7	„ „
1880:	358,3	„ „
1890:	3 985,9	„ „
1895:	6 190	„ „

Sie droht also der Union in Zukunft noch ein sehr gewaltiger Konkurrent werden zu wollen, um so mehr, als das Becken von Pennsylvanien Spuren von Erschöpfung zeigen soll. Die amerikanische Produktion ist in der Standard Oil Company (Rockfeller), die russische in der Naphtaproduktionsgesellschaft (Gebr. Nobel) konzentrirt.

In Deutschland wird nur wenig produzirt, 1894 insgesammt etwa 17200 t; neuerdings sind zu den alten Bohrstätten, Oelheim in Hannover, neu entdeckte ziemlich ergiebige Quellen im Unter-Elsass getreten.

Haupthandels- und Stapelplätze für Petroleum sind Hamburg, Bremen und Mannheim.

Zucker.

Die Produktion und Konsumtion von Zucker hat im Laufe unseres Jahrhunderts einen derartigen Aufschwung genommen, wie kein anderes Nahrungsmittel. Die Weltproduktion wurde geschätzt auf

8,8 Mill. Centner in 1828

23,5 „ „ „ 1851,

dagegen berechnete man für 1896/97 die Zuckerproduktion der Welt auf 7,837 tausend Tonnen, also 156 Millionen Centner, wovon bedeutend über die Hälfte auf Rübenzucker entfällt. Die Erfindung des letzteren, eine Folge der Continentalsperre unter Napoleon, war es speciell, welche den Anlass zu der enormen Produktions- und Verbrauchssteigerung gab und dem europäischen Kontinent nicht nur die Selbstdeckung des Bedarfs, sondern sogar einen umfangreichen Ausfuhrhandel in Zucker ermöglichte.

Die europäische Zuckerindustrie vertheilte sich für 1897/98 folgendermassen, in Tausend tons berechnet:

	Produktion:	Ausfuhr:
Deutschland	1749	1042
Oesterreich . . .	822	493
Frankreich . . .	773	464
Russland	740	142
Belgien	234	179
Holland	126	150
Schweden	88	—
Europa	4531	2471

Wie ersichtlich, ist das Deutsche Reich bei Weitem das ergiebigste Produktionsgebiet. Ueber die Entwickelung desselben seien noch folgende Zahlen gegeben:

1836/7	1,4	Tausend	Tonnen	davon Ausfuhr:		
1850/1	53,3	„	„			
1870/1	186,4	„	„			
1880/1	573,0	„	„	250,9	Tausend	Tonnen
1890/1	1336,2	„	„	796,4	„	„
1897/8	1844,4	„	„	1141,1	„	„

Von der gesammten Zuckerausfuhr Deutschlands in Höhe von 1141000 t gingen nach

Grossbritannien	571 596 t
Vereinigte Staaten . . .	376 286 t
Japan	26 515 t
Kanada	21 896 t

Br. Ostindien	18 971 t
Norwegen	14 109 t
Niederlande	13 238 t
Schweiz	11 212 t

Die Rohzuckerindustrie, deren Ziffern im Allgemeinen etwas weniger zuverlässig sind, beträgt gegenwärtig nur etwa noch ²/₅ der Gesammtproduktion. Sie vertheilt sich folgendermaassen, in Tansend Tonnen gerechnet pro 1896/97:

Java	531
Amerikan. Union .	287
Philippinen . . .	230
Cuba	212
Brasilien	211
Hawaii	160
Mauritius	154
Br.-Westindien . .	151
Br.-Ostindien .	56
Uebrige Länder .	850
Insgesammt . . .	2842

Der Antheil des Rübenzuckers an der Gesammtproduktion betrug:

1852/3	14	pCt.
1864/5	26,5	„
1881/2	46,2	„
1896/7	63,6	„

Mit der neuen Entwickelung der Rübenzuckerindustrie sind die Preise gewaltig gesunken. Sie betrugen per dz Rohzucker: in Magdeburg, ausschliesslich der Verbrauchsabgabe:

1882	59,70	Mk.
1890	31,90	„
1897	19,40	„

Das Herabgehen der Preise hat wiederum eine ausserordentliche Steigerung des Konsums zur Folge gehabt. Für den Konsum des Zuckers sind — absolut wie relativ — die Vereinigten Staaten und in zweiter Linie Grossbritannien die besten Absatzmärkte. Erstere konsumiren nahezu $^1/_3$ der gesammten Weltproduktion. Dass sie deshalb schon lange den Plan verfolgen, sich von der ausländischen, speziell der deutschen Produktion unabhängig zu machen, ist begreiflich. Dieser Wunsch ist auch die Haupttriebfeder für die Annexion Hawaiis gewesen, sowie für die Handelspolitik gegenüber den westindischen Inseln, Cuba, und den südamerikanischen Staaten, Argentinien, die weiter oben schon erörtert worden ist. Die inneramerikanische Rübenzuckerproduktion hat sich gleichzeitig infolge des Hochschutzzolls ganz bedeutend entwickelt. Ihre Ausbeute wurde 1897 schon auf 40, 1899 gar auf 120 Tausend Tons geschätzt. Die Rohrzuckerindustrie, Produktion 270—300000 t jährlich, hat namentlich in Louisiana ihren Sitz.

Der Zuckerverbrauch stellte sich für die Jahre 1891—95 in den wichtigsten Konsumländern folgendermaassen:

	insgesammt	pro Kopf
Grossbritannien . .	1364	35,7
Vereinigte Staaten .	1922	29,2
Frankreich	543	10,7
Deutschland	441	11,5

Allgemeine Vergleichsberechnungen liegen für 1893/94 vor. Danach betrug der relative Konsum per Kopf in:

Grossbritannien . . .	33,8
Vereinigte Staaten . .	20,8
Dänemark	13,5
Frankreich	12,4
Schweiz	11,7
Deutschland	10,1
Niederlande	9,5
Schweden	8,1
Oesterreich	7,5
Norwegen	5,5
Belgien	4,0
Italien	3,5

Seitdem ist der Verbrauch jedoch ziemlich allgemein schon wieder gestiegen.

Zum Schlusse sei noch die Uebersicht über die Ausfuhr deutschen Rohzuckers nach der Union in den letzten Jahren gegeben. Dieselbe betrug in

1881	1393 t	=	613	Tausend Mk.
1882	4795 t	=	2023	„ „
1883	4106 t	=	1591	„ „
1884	8520 t	=	2258	„ „
1885	18283 t	=	5119	„ „
1886	24552 t	=	5625	„ „
1887	9599 t	=	2640	„ „
1888	10493 t	=	2938	„ „
1889	10609 t	=	2917	„ „
1890	35007 t	=	8682	„ „
1891	137682 t	=	37174	„ „
1892	34110 t	=	9380	„ „
1893	113319 t	=	32579	„ „
1894	115698 t	=	25916	„ „
1895	69862 t	=	13553	„ „
1896	304153 t	=	65241	„ „
1897	367300 t	=	65196	„ „

Kupfer.

Der Konsum des Kupfers hat in neuester Zeit, hauptsächlich infolge der ausserordentlichen Entwickelung der elektrischen Industrie sowie des Schiffbaues, sehr stark zugenommen. Die Weltkonsumtion betrug noch Mitte dieses Jahrhunderts nach Mulhall etwa 50, gegenwärtig dagegen schon über 424 Tausend Tonnen. Auf die wichtigsten einzelnen Länder vertheilt sie sich folgendermaassen:

	Anfang der 90er Jahre insgesammt	per Kopf
Grossbritannien und Irland . .	89000 t	2,32
Vereinigte Staaten	97000 „	1,45
Deutsches Reich	56000 „	1,09

	Anfang der 90er Jahre insgesammt	per Kopf
Frankreich	32000 t	0,83
Belgien	4000 „	0,70
Oesterreich-Ungarn	12000 „	0,28

Den eigenen Bedarf decken können dieselben mit Ausnahme der Union alle nicht, letztere liefert ca. 60 pCt. der Gesammtproduktion der Welt, im letzten Jahre (98): 377000 t.

Von der Weltproduktion giebt folgende Tabelle ein Bild. Die Produktion betrug in 1000 Tonnen:

	1879:	1892:	1898:
Insgesammt	149	390	424
Vereinigte Staaten	23	140	234
Spanien-Portugal	43	68	53
Chile	49	42	25
Deutschland	9	34	20
Grossbritannien	3	33	?
Japan	2	14	25
Kapland	4	9	7
Australien	9,5	8	18
Russland	3	7	6

Ausserdem kommen noch Venezuela, Mexiko und Kanada für die Produktion von Kupfer in Betracht.

Für Deutschland und Amerika seien noch folgende Zahlen gegeben:

I. Deutschland.

	Produktion	Konsumtion insgesammt	per Kopf
1871—75	6 000 tons	18 000 tons	0,44 kg
1881—85	17 000 „	23 000 „	0,51 „
1891—95	25 000 „	56 000 „	1,09 „
1896	29 000 „	80 000 „	1,51 „

II. Amerikas Verbrauch betrug:

	insgesammt	per Kopf
1850	13 000 lbs. . . .	0,62 kg
1870	25 000 „ . . .	0,28 „
1886—90	145 000 „ . . .	1,10 „

Seine Produktion betrug:

1880	60,5 Mill. Pfd.
1885	171 „ „
1891	295,8 „ „
1894	353,5 „ „
1897	491,6 „ „

Erwähnt mag noch werden, dass dem Kupfer gerade auf dem Hauptgebiete seiner Verwendung, nämlich in der elektrischen Industrie, neuerdings ein anderes Metall fühlbare Konkurrenz zu machen begonnen hat, nämlich das Aluminium; sein Elektrizitätsvermögen beträgt zwar nur 59 pCt. von dem des Kupfer, doch ist sein ca. dreimal so geringes Gewicht bei nicht hohem Preise ein grosser Vorzug für verschiedene Verwendungszwecke, sodass es, falls seine Produktion sich genügend steigern lässt, das Kupfer vermuthlich in grösserem Umfang ersetzen wird. Nach Angaben von Sachverständigen stellt sich die Verwendung von Aluminium statt Kupfers unter Berücksichtigung der Differenzen von Leistungsfähigkeit, Gewicht und Preis immer noch um 33 pCt. rentabler.

Fleisch.

Nach dem Brotkorn bildet das Fleisch den wichtigsten Theil der menschlichen Nahrung, und zwar einen in neuerer Zeit zunehmenden Bruchtheil. In England stieg der jährliche Fleischkonsum von 1868—1891/95 pro Kopf von 100,51 Pfd. auf 121,70 Pfd.; in Frankreich, wo noch 1812 nur 17,16 kg auf den Kopf kamen, stieg er von 1862 bis 1892 von 26,5 auf 35 kg. In Deutschland war er in Folge der Napoleonischen Kriegszeiten zu Anfang des Jahrhunderts stark gesunken und erreicht seinen Tiefstand im zweiten und dritten Jahrzehnt des Jahrhunderts, wo ihn Schmoller für 1816 mit 11 kg pro Kopf berechnet. Seitdem ist der Fleischverbrauch anhaltend und stetig gestiegen, so beispielsweise im Königreich Sachsen von 15,8 kg per Kopf in 1835/44 auf 41,2 kg in 1897. Ebenso wie beim Brotkornverbrauch der Weizen immer entschiedener das Uebergewicht gewinnt, tritt beim Fleischkonsum das Rindfleisch immer mehr in den Vordergrund; neben ihm das Schweinefleisch, während Kalb- und Hammelfleisch anhaltend zurückgehen.

Da in den sich industriell entwickelnden Ländern die inländische Viehzucht nicht Schritt halten kann mit dem Steigen der Bevölkerung und ihres wachsenden Bedarfs, so sind dieselben in zunehmendem Maasse auf den Bezug von Vieh und Fleisch aus dem Ausland angewiesen. Das lebende Schlachtvieh beziehen wir vornehmlich — der Schwierigkeit und Kostspieligkeit des Transports halber — aus den Nachbarländern, Rindvieh besonders aus Dänemark und Oesterreich-Ungarn, Schweine vorwiegend aus Russland. Frisches und zubereitetes Fleisch dagegen, sowie Schmalz, Speck, Würste und Schinken kommen zu ganz überwiegendem Theile aus den Vereinigten Staaten, wo die bekannten Riesenschlächtereien zu St. Louis, Chicago und Cincinnati einen Theil der Welt mit Fleischnahrung versorgen. Wie gross die Betheiligung der amerikanischen Union an unserer Fleischnahrung ist, trotz der vielen aus sanitären Rücksichten dagegen erhobenen Einschränkungen, zeigt nachstehende Tabelle.

In das Deutsche Reich wurde 1897 eingeführt:

	insgesammt	davon a. d. Ver. Staat.
Schweinefleisch, frisch .	112 113 dz,	14 501 dz = ca. 13 pCt.
„ zubereitet	49 499 „	18 688 „ = „ 48 „
Rindfleisch, zubereitet .	21 705 „	17 264 „ = „ 80 „
Schweineschinken . .	33 166 „	26 353 „ = „ 80 „
Schweinespeck . . .	170 104 „	152 224 „ = „ 90 „
Würste	18 509 „	10 862 „ = „ 58 „
Fleisch in Büchsen etc.	34 544 „	32 364 „ = „ 94 „

Dazu kommt an verwandten Produkten:

	insgesammt	davon a. d. Ver Staat
Schweineschmalz	972 809 dz,	931 813 dz = ca 96 pCt.
Oleomargarin .	201 061 „	154 214 „ = „ 77 „

Frisches Rindfleisch kommt namentlich aus Dänemark und den Niederlanden, letztere liefern uns auch den Haupttheil des frischen Schweinefleisches (1897 ziemlich 60 pCt).

A. W Hayn s Erben, Berlin und Potsdam.

Schriften

der

Centralstelle für Vorbereitung

von

Handelsverträgen.

9. Heft.

Die Errichtung einer Centralstelle

zur

Förderung des deutschen Aussenhandels

von

Dr. Vosberg-Rekow.

Berlin 1900.
J. Guttentag, Verlagsbuchhandlung.
G. m. b. H.

Die

Errichtung einer Centralstelle

zur

Förderung des deutschen Aussenhandels.

Im Auftrage der Centralstelle für Vorbereitung von Handelsverträgen der auf Anregung des Bundes der Industriellen am 15. Dezember 1899 einberufenen Versammlung für die Errichtung einer Reichshandelsstelle überreicht

von

Dr. Vosberg-Rekow.

Berlin 1900.
J. Guttentag, Verlagsbuchhandlung,
G. m. b. H.

Vorwort.

Dass die Centralstelle für Vorbereitung von Handelsverträgen in der Frage der Errichtung einer centralen Auskunftsstelle für Handel und Industrie das Wort ergreift, liegt in ihrem Programm. Sie ist bisher in der Oeffentlichkeit mit bestimmten Vorschlägen nicht hervorgetreten, weil sie der Ansicht war, dass gewisse Vorarbeiten und Vorstudien nöthig seien, ehe sie mit Erfolg bei der Verwirklichung dieses ausgezeichneten Gedankens mitarbeiten könne. Es giebt nur ein einziges Institut in der Welt, welches für das geplante Unternehmen als vorbildlich bezeichnet werden kann: das Philadelphia-Handels-Museum. Die Leitung der Centralstelle hielt es für nothwendig, dieses Museum ausdrücklich zu studiren und erst auf Grund der dortselbst gewonnenen Eindrücke vorzugehen. Sie hat zu diesem Zwecke mich bei Gelegenheit des internationalen Handelskongresses nach den Vereinigten Staaten gesandt und mich beauftragt, alles dasjenige zu studiren, was für eine in gleicher Richtung sich bewegende Thätigkeit in Deutschland erspriesslich sein kann.

In der That habe ich an Ort und Stelle den Eindruck gewonnen, dass ein Studium der Anstalt auf Grund von Berichten, und seien sie noch so eingehend, nicht ausreicht. Man muss den Apparat praktisch arbeiten sehen, um einen richtigen Begriff davon zu bekommen, welch' einen gewaltigen Einfluss auf Handel und Industrie seines Gebietes er auszuüben vermag. Man muss auch alle die kleinen Einzelheiten kennen, welche die Thätigkeit dieses Instituts zu einer so impulsiven und folgerichtigen gestalten helfen, Dinge, die man in schriftlichen Berichten kaum wiedergeben kann. Man muss vor Allem aber die Männer kennen lernen, welche die Anstalt leiten; erfahren, welche Grundgedanken ihrer Thätigkeit Richtung und Inhalt geben und von ihnen lernen, welche Wege sie gegangen sind, welche missglückten Versuche sie unternommen haben, ehe man auf den hervorragenden Standpunkt gelangt, welchen sie heute einnehmen. Ohne diese lebendigen Eindrücke, ja selbst ohne einen persönlichen Einblick in das nur schwer zu beschreibende Registratursystem der Anstalt, wird man verhältnissmässig wenig von dem in sich aufnehmen können, was dort drüben zu lernen ist. Ich habe, bevor ich hinüberging, sämmtliche Drucksachen des Museums studirt; ich kannte auch die ausführlichen und ausgezeichneten Berichte, welche auf Veranlassung des früheren deutschen Botschafters bei den Vereinigten Staaten, des jetzigen Herrn Reichsschatzsekretärs, angefertigt worden sind; indessen muss ich heute sagen, dass diese theoretische Kenntniss mir nur eine sehr mangelhafte Vorstellung von der Sache selbst gegeben hat.

Es liegt dies nicht etwa an persönlichen Mängeln der Berichterstattung, sondern es liegt in der Natur des ganzen Unternehmens. Ich bin mir bewusst, dass auch ich einen völlig ausreichenden Bericht schriftlich nicht würde erstatten können; ich werde in Folgendem deshalb nur der Vollständigkeit halber einige bekannte Angaben wieder zusammenstellen. Ich will aber versuchen, den Extrakt meiner persönlichen Eindrücke in Form eines Entwurfes niederzuschlagen, welchen ich für die Ausgestaltung der künftigen Reichshandelsstelle oder wie man die neue Bildung bezeichnen mag, vorlegen möchte. Ich bin mir dabei bewusst, dass dieser Vorschlag Mängel hat und unvollkommen ist; zur Entschuldigung aber möge mir dienen, dass bisher noch von keiner Seite ein Programm für diese Anstalt vorgelegt worden ist, und dass zwar Jedermann von der Nützlichkeit einer solchen Einrichtung überzeugt zu sein scheint, Niemand aber ein rechtes Bild davon gegeben hat, was in einem derartigen Institut eigentlich zu arbeiten ist, und welche Wege für eine erfolgreiche Geschäftsführung eingeschlagen werden müssen.

Es haben sich mit der Frage der Errichtung einer centralen Auskunftsstelle auf Anregung des Bundes der Industriellen zahlreiche angesehene Verbände und Interessenvertretungen beschäftigt. Schon in allernächster Zeit treten unter Betheiligung von Vertretern der Behörden angesehene Körperschaften (Bund der Industriellen, Deutscher Handelstag, Centralverband Deutscher Industrieller, Centralstelle für Vorbereitung von Handelsverträgen, Verein zur Wahrung der Interessen der chemischen Industrie, Kolonialwirtschaftliches Komité, Verein Berliner Kaufleute und Industrieller, Aeltesten der Kaufmannschaft zu Berlin, Exportverein für das Königreich Sachsen, Exportmusterlager zu Berlin und Stuttgart, Handelsmuseum zu Braunschweig) zu einer Vorbesprechung über dieses Thema zusammen. Wir haben es für angezeigt gehalten, dieser Konferenz zunächst unsere Vorschläge zu unterbreiten. Die Frist, welche mir für die Konzeption dieser Schrift geblieben ist, bemass sich deshalb nur auf Stunden. Man möge meinen guten Willen freundlich anerkennen, im Uebrigen aber meine Ausführungen vervollständigen und meine Vorschläge verbessern, soweit dies im Interesse der Sache nur irgend thunlich ist.

Berlin, den 9. Dezember 1899.

Dr. Vosberg-Rekow.

Inhalts-Verzeichniss.

I. Einleitung. — Auskunfteien.

Ueber die Zweckmässigkeit der Errichtung einer Stelle, an welcher sich die Kreise des Handels und der Industrie authentische Auskunft über alle diejenigen Fragen holen könnten, welche die Entwickelung des Geschäftslebens aufwirft und deren Beantwortung dem Privatmann gemeinhin nicht möglich ist, ist im letzten Jahre so vielfach in zustimmendem Sinne geschrieben worden, dass es sich erübrigt hier noch eine Rechtfertigung eines dahinzielenden Vorschlages zu versuchen. Unser wirthschaftliches Leben hat sich eben während der letzten Jahrzehnte in dem Grade komplizirt, dass die Wirkung jeder einzelnen Erscheinung im Allgemeingetriebe beinahe verschwindet und in ihrer ganzen Bedeutung nur von gewissen erhöhten Punkten übersehen werden kann. Die Handels- und Zollpolitik ist so wichtig und gleichzeitig so verwickelt geworden, dass diejenigen, welche sie in erster Linie angeht, ihren Wegen kaum noch zu folgen vermögen. Die Verkehrseinrichtungen wurden so zahlreich und mannigfach, dass ein besonders unterrichteter Führer für denjenigen, der sie mit Klugheit und Vortheil benutzen will, nicht mehr zu entbehren ist. Und wenn schon im Inlande selbst die Geschäftswelt noch immer ziemlich bequem erkunden kann, was sie an Auskünften braucht, so nimmt diese Möglichkeit sehr bald ab und hört zu Zeiten ganz auf, sobald die Geschäftsverbindungen weit über die Grenzen des Landes hinausgehen. Der deutsche Handel und die deutsche Industrie suchen aber längst ihren Glanz und ihren Reichthum in fast allen Ländern der Welt. Die Entwickelung weist eine stete Zunahme der wirthschaftlichen Ueberseepolitik auf und das Bedürfniss, über fernliegende und doch nahe zu rückende Dinge unterrichtet zu werden, hat in demselben Verhältnisse zugenommen.

Dem ursprünglichen Bedürfnisse entsprach die private Auskunftei. Wir haben in dieser Beziehung gerade bei uns in Deutschland mustergiltige und ausserordentlich zuverlässige Anstalten ausgebildet. Aber diese Anstalten können dem Bedürfnisse nicht mehr folgen. Zwar vermag eine Auskunftei, welche Vertreter im Auslande hat, in vielen Fällen auch über fremdländische Firmen und Persönlichkeiten zuverlässig zu unterweisen; allein der Exporteur braucht heute Informationen, welche weit über diesen Rahmen hinausgehen. Er wünscht Situationsberichte über die Lage bestimmter Erwerbszweige in fremden Ländern, er will auf ethnographische und soziale Eigenthümlichkeiten aufmerksam gemacht werden, um sie entsprechend auszunutzen. In dem heissen Konkurrenzkampfe, der den Weltmarkt heute charakterisirt, bedarf er einer direkten ständigen Unterweisung und Führung nicht nur für seine Branche, sondern auch für sein allgemeines Verhalten. Allen solchen Bedürfnissen aber vermag eine Privatanstalt nicht zu entsprechen; um sie zu befriedigen, sind grosse Mittel nöthig, welche nur aufgewendet werden können, wenn sie zu gemeinnützigen Zwecke ohne Entgelt hergeliehen werden. Es ist eine Verbindung mit den staatlichen Autoritäten unumgänglich, um durch ihr Ansehen und ihre autoritative Arbeit rechtzeitig Nachrichten zu erhalten, welche dem Privatmann nur auf Umwegen zugänglich sind. Selbst die ausgezeichnetste Auskunftei verfügt nur über einen mehr oder weniger schematischen Betrieb. Was aber heute für Deutschland nothwendig wäre, das ist die Errichtung einer Art handelspolitischer, weltwirthschaftlicher Warte, von der aus das gesammte ökonomische Leben der Völker in seinen grossen Zügen übersehen, in seinen Einzelheiten nach grossen Gesichtspunkten geordnet und hernach für die nationale Wirthschaft nutzbar gemacht werden kann. Bleibt doch die nationale Produktion, in ihrer Gesammtheit aufgefasst, immer die nothwendige Grundlage für eine Betheiligung an den Geschäften des Weltmarktes. Und selbst die nationale Produktion in ihrem ganzen Umfange zu übersehen und in ihrer Kraft und Wirkung richtig zu beurtheilen, entzieht sich ganz und gar der Fähigkeit eines geschäftlichen Unternehmens.

Es ist nun verschiedentlich der Ansicht Ausdruck verliehen worden, dass die Auskunfteien mit ihrem durch ihr Agentensystem unter der Hand ausgedehntem Einflusse sich der Errichtung einer zentralen gemeinnützigen Auskunftsstelle widersetzen würden. In der That haben wir erleben müssen, dass Versuche zur Begründung deutscher Handelskammern im Auslande durch nicht ungeschickte Manipulationen solcher Auskunfteien hintangehalten worden sind, welche an den betreffenden Plätzen Zweigniederlassungen besassen und von dem Inslebentreten einer Handelskammer eine Beeinträchtigung ihres Geschäftes befürchteten, offenbar mit Unrecht und in kleinlicher Verkennung der Situation. Denn eine deutsche Handelskammer an einem bedeutenden Handelsplatze des Auslandes wird sehr bald eine Vermehrung der geschäftlichen Verbindung mit der Heimath bewirken und aus dieser Vermehrung dürfte die Auskunftei mehr Vortheil ziehen, als aus ihrer beschränkten Alleinherrschaft an dem betreffenden Platze. Man hat schon aus diesem einen Fall ersehen können, wie ungeeignet die Auskunfteien sind, dem allgemeinen Bedürfnisse zu entsprechen, welches zweifellos vorliegt.

Ich meine aber, die Auskunfteien hätten die Begründung einer Reichshandelsstelle — ich wähle diesen Ausdruck als den kürzesten, obgleich ich ihn nicht für durchaus geeignet halte — nicht zu fürchten. Die Auskünfte zunächst und die Arbeiten, welche den werthvollsten Theil der Leistung der neuen Anstalt ausmachen sollen, kann die Auskunftei garnicht leisten. Derlei Aufgaben werden ihr auch heute von keiner Seite gestellt. Es könnte sich also höchstens darum handeln, dass die Reichshandelsstelle ihre Auskunftsertheilung nothgedrungen und um ein organisches Ganze zu repräsentiren auf das ganze Gebiet der Handels- und industriellen Auskunft ausdehnen würde. Beispielsweise entsteht sofort die Frage, in wieweit die Anstalt die Auskünfte über Personen und Firmen und über die Kreditfähigkeit aufnehmen soll. Dies ist ja recht eigentlich das Geschäftsfeld der Auskunfteien.

Ich bin nun der unmaassgeblichen Ansicht, dass die Einbeziehung auch dieser Art von Auskünften garnicht wird vermieden werden können. Es erscheint nicht folgerichtig, einen Bericht über die Lage eines bestimmten Industriezweiges in einem bestimmten Lande des Auslandes zu geben, Muster der in Betracht kommenden Erzeugnisse zu sammeln, ohne gleichzeitig anzugeben, wer diese Muster fabrizirt, ob solcher Fabrikant vertrauenswürdig und zahlungsfähig ist, und ob es geeignet erscheint, eine Relation zwischen ihm und dem inländischen Abnehmer und umgekehrt zwischen dem inländischen Fabrikanten und dem ausländischen Abnehmer herzustellen. Dass damit viele Fragen beantwortet werden, welche heute die Auskunfteien beantworten, liegt auf der Hand. Aber es ist zu bemerken, dass die Thätigkeit der Auskunftei, soweit sie erfolgreich und absolut zuverlässig ist, sich im allgemeinen auf das Inland beschränkt und beschränken muss. Geht sie in das Ausland und insbesondere in entfernter liegende Ländnr, so muss, wenn nicht die Zuverlässigkeit, so doch sicher die Brauchbarkeit der Auskunft abdehmen. Denn es nützt wenig, wenn ich über die Kredit-Fähigkeit und -Würdigkeit einer fern über See gelegenen Firma eine zuverlässige Auskunft erhalte, ohne gleichzeitig darüber unterrichtet zu sein, ob die ganze Weltmarktslage eine Verbindung mit jener Firma gestattet und für eine gewisse Zeitdauer als vortheilhaft erscheinen lässt. Es ist andererseits auch abzusehen, dass die Reichshandelsstelle in vielen Fällen garnicht in der Lage sein wird, die gewünschte Personalauskunft zu erteilen, ohne sich hierbei ihrerseits der Hilfe einer Auskunftei zu bedienen. Ich kann aus meiner Praxis der Auskunftserteilung der Zentralstelle für Handelsverträge versichern, dass ich nicht selten die Mitwirkung einer Auskunftei in Anspruch genommen habe, obschon es sich bei dieser Auskunftserteilung niemals um Personalauskünfte gehandelt hat.

Es liegt eben der Schwerpunkt der Thätigkeit der Reichshandelsstelle und derjenige der Erwerbsauskunfteien weit auseinander. Beide werden meiner Ansicht nach ein weites Feld für ihre Thätigkeit er- und behalten, ohne dass ein Konkurrenzverhältniss zu Ungunsten der mit der Nothwendigkeit der Gewinnerzeugung betriebenen Auskunfteien eintritt. Im Gegentheil, wenn die Reichshandelsstelle ihrer Aufgabe, wie ich sie mir denke, voll und ganz gerecht wird, dürfte ihre Thätigkeit so befruchtend auf die Entwicklung unseres Aussenhandels einwirken, dass für die Arbeit der deutschen Auskunfteien neue Gebiete und neue Kundschaft erschlossen werden.

Es ist durchaus zuzugeben, dass es misslich wäre, wollte man Geschäften, die in solider Aufmachung und nach lobenswerthen Grundsätzen organisirt sind, Kapitalien investirt haben, nun durch Errichtung einer aus öffentlichen oder gemeinnützig hergegebenen Mitteln errichteten Anstalt Luft und Licht abschneiden. Es besteht aber die Befürchtung, dass die privaten Auskunfteien in missverständlicher Auffassung in der der neuen Stelle eine Beeinträchtigung erblicken können. Aus diesem Grunde hielt ich es für nothwendig, von vornherein darauf hinzuweisen, dass eine Gefahr für diese Anstalten nicht vorliegt.

II. Das Philadelphia-Handels-Museum.

Wenn man erfährt, dass das Philadelphia-Handels-Museum unter vielen anderen Anfragen auch die Anfrage eines seiner Abonnenten zu beantworten hätte: „In welchem Welttheile und in welchem Lande liegt Odessa, und auf welchem Wege kann man es erreichen?" so mag man schon hieraus ersehen, dass die Bedürfnisse der amerikanischen Fabrikanten und Kaufleute von denen der deutschen Industrie- und Handelswelt wesentlich abweichen. Drüben kann das Museum, oder wie es sich seit dem Schlusse des internationalen Handelskongresses richtiger nennt: „International Commercial Bureau" seinen Abonnenten schon wesentliche Dienste leisten, wenn es ihnen Sachen mittheilt, welche bei uns jeder weiss und kennt. Es folgt hieraus, dass nicht alle Einrichtungen von Philadelphia ohne weiteres nach Deutschland übertragen werden können. Dennoch aber kann das Musenm, wie gesagt, als für die zu begründende Anstalt vorbildlich bezeichnet werden. Es sei daran erinnert, dass vor einigen Monaten der Referent der Handelskammer London das Museum als einen „organisirten und erfolgreichen Angriff auf die englische Industrie" bezeichnete. Es verlohnt desshalb der Mühe, hier noch einmal die Organisation und das Arbeitsfeld des amerikanischen Vorbildes kurz zu schildern.

Das Museum ist äusserlich in einem vierstöckigen Gebäudekomplex untergebracht. In den Räumen des an der Strasse liegenden Hauses befinden sich die Sammlungen. Von diesen Sammlungen und ihrer Würdigung soll weiter unten die Rede sein; sie interessiren meiner Ansicht nach erst in zweiter Linie. Diejenige Einrichtung aber, auf welche es uns vor allem ankommen muss, ist das sogenante „Bureau of Information", welches im obersten, vierten Stockwerke seinen Sitz hat.

Das Philadelphia-Handels-Museum giebt als Zweck seines Bestehens und Ziel seiner Arbeiten Folgendes an: den amerikanischen Fabrikanten und Kaufleuten behilflich zu sein, fremde Märkte für ihre Produkte zu finden: wünschenswerthe Beziehungen und Verbindungen für sie zu schaffen, fremde Käufer und Produzenten in Geschäftsverbindung zu den Vereinigten Staaten zu setzen; zn diesem Zwecke Informationen aus allen Theilen der Welt an sich zu ziehen, dieselben womöglich durch die Beschaffung von Mustern zu ergänzen, mindestens aber sämmtliche fremden Handelsartikel zu beschreiben und zur Darstellung zu bringen.

Allen diesen Zwecken dient das Informationsbureau, welches man gewissermassen als die Seele des ganzen Unternehmens bezeichnen kann. Dieses Bureau zerfällt wieder in mehrere Abtheilungen:

1. Die Abtheilung für den Verkehr mit dem Auslande, mit 25 Beamten und nicht weniger als 65000 Agenten, Vertretern und Korrespondenten in der ganzen Welt.
2. Die Sammelabtheilung, mit 25 Beamten, deren Aufgabe es ist, alles Material, welches für die amerikanische Industrie und den amerikanischen Handel fruchtbringend gemacht werden könnte, an sich zu ziehen, zu sichten und zu verarbeiten.

3. Die Bibliotheks- und Uebersetzungs-Abtheilung, welche den litterarischen Dienst versieht.
4. Die Expeditions- und Post-Abtheilung, mit 10 Beamten, deren Geschäftsstücke gewöhnlich über 100000 im Monat hinausgehen.
5. Die Druckerei-Abtheilung, mit 15 Beamten, 3 elektrischen Pressen, Buchbinderei, Papierschneiderei, photographischem Atelier und anderen Maschinen. Sie kommt monatlich auf die Herstellung von durchschnittlich 85000 Drucksachen.
6. Die Stenographie- und Typewriter-Abtheilung, in welcher stets mindestens 30 Schreibmaschinen in Thätigkeit sind.

Das Informationsbureau, die Abtheilung für den Aussenverkehr und für die allgemeine Handelspolitik umfasst 125 Beamten, das wissenschaftliche Departement und die Laboratorien 15, die übrigen Abtheilungen 20 Beamten. Unter Beamten (Employers) sind hier Beamte in dauernder Stellung verstanden. Ausserdem beschäftigt das Museum noch eine grosse Menge vorübergehend engagierter Kräfte.

Das Museum leistet seinen Mitgliedern bezw. Abonnenten, überhaupt der gesammten amerikanischen Industriewelt eine Reihe besonderer Dienste, welche in Folgendem unterschieden werden:

1. Häufige Berichte über die Handelsbedingungen auf fremden Märkten, mit besonderer Berücksichtigung der Geschäfte mit Gütern, welche den betreffenden Industriellen besonders interessiren.

   Diese Berichte verbreiten sich über die Art der Waaren, über die Art und Weise ihrer Verwendung in dem Verkaufslande und dem Lande ihrer Herkunft; sie enthalten die Namen der fremden Fabrikanten und die Fabrikpreise, die jährlichen Importmengen, die Transportkosten vom Ursprungs- bis ins Bestimmungsland, verglichen mit den gleichen Kosten bei der Aus- und Einfuhr von dort nach den Vereinigten Staaten, die Höhe der Zollsätze, die Art der Verpackung und schliesslich die Namen solcher Firmen, welche eventl. als Käufer für derartige Waaren in Betracht kommen.

2. Berichte über die finanzielle Lage fremder Geschäftshäuser.

Zur Lösung dieser Aufgabe dient ein ganzes Netz von Agenturen, das über alle wichtigen Handelsplätze der Welt verbreitet ist. Insbesondere in Betracht kommt hier eine nahe Verbindung mit allen grösseren Bankhäusern der Welt. Beispielsweise besitzt das Museum allein in Amerika das Recht der Einsicht in die vertraulichen Berichte der „Associated Foreign Banks of England".

3. Beantwortung aller Fragen bezüglich der Einführung von Artikeln der Abonnenten auf fremden Märkten.

4. Ein „Card Index Cabinet", welches eine durchgesiebte und übersichtlich eingetheilte Liste aller hervorragenden Importeure und Kaufleute der Branche enthält. Jeder Name steht auf einer besonderen Karte, welche eine häufig erschöpfende Information über die Bedeutung, das Kapital, die Kreditfähigkeit, über die speziellen Fähigkeiten und Fertigkeiten der Firma enthält. Diese Kartensammlungen sind nach Ländern, bezw. innerhalb der Länder nach grossen Handelsplätzen geordnet. Die auf den Karten enthaltenen Angaben sind in erster Linie von den betreffenden Firmen selbst, und wo dieses nicht anging, von speziellen Abgesandten des Museums verifizirt. Die einzelnen Daten werden in gewissen Perioden revidirt und ergänzt.

5. Spezielle Listen von Importeuren, Händlern oder Käufern an bestimmten Plätzen.

Diese Listen werden bei Erfordern stets dem gegenwärtigen Stande der Sache angepasst.

6. Besondere Mittheilungen über Handelsverhältnisse, welche die Mitglieder interessiren müssen.

Diese Mittheilungen werden durch Spezialagenten des Museums eingesandt; sie spiegeln, wenn irgend möglich, jede Bewegung des ausländischen Marktes wieder und geben Fingerzeige für ein sofortiges Eingreifen des amerikanischen Absatzes.

7. Rathschläge für die beste Plazirung von Agenten im Auslande.

8. Aufstellung besonderer umfangreicher Zettelkataloge, welche alle wichtigeren amerikanischen Fabrikanten und Händler nebst genaueren Angaben enthalten und nach einem ausserordentlich übersichtlichen System geordnet sind.

Diese Zettelkataloge befinden sich in besonderen Registraturschränken, welche an den Haupthandelsplätzen der Vereinigten Staaten, insbesondere in den Bureaux der „Chambers of Commerce", der „Boards of Trade" und der Konsulate aufgestellt sind. Solche Zettelkataloge finden sich u. A. auch an folgenden Plätzen des Auslandes:

London, England,	Ben Juan, Porto Rico,
Liverpool, „	Manila, Philippinen,
Bradford, „	Mexiko, Mexiko,
Bristol, „	Guadalajara, „
Manchester, „	Monterey, „
Sheffield, „	Guatemala, Guatemala,
Nottingham, „	San José, Costa Rica,
Birmingham, „	Caracas, Venezuela,
Glasgow, „	Panama, Columbien,
Belfast, „	Lima, Peru,
Paris, Frankreich,	Santiago, Chile,
Brüssel, Belgien,	Buenos Aires, Argentinien,
Havana, Kuba,	Montevideo, Uruguay,
Rio de Janeiro, Brasilien,	Weldington, Neuseeland,
St. Paul, „	Bombay, Indien,
Para, „	Calcutta, „
Kapstadt, Südafrika,	Singapore, Straits Settlements,
Johannesburg, „	Hong Kong, China,
Port Elisabeth, Südafrika,	Shanghai, „
Durban, Natal, „	Tientsin, „

Sydney, Australien,	Osaka, Japan,
Melbourne, „	Yokohama, „
Adelaide, „	

Diese Kataloge bilden meines Erachtens eine der grossartigsten Einrichtungen des Museums. Sie sind nach zwei Gesichtspunkten hin geordnet: einmal nämlich nach 30 Fabrikationszweigen, mit mehreren hundert Unterabtheilungen, daneben alphabetisch nach den Namen der Fabrikate. Auch diese Kataloge werden durch ein besonderes Bureau fortlaufend ergänzt und berichtigt.

Zum Beweise, welchen Umfang die Geschäftsthätigkeit des Museums bereits genommen hat, diene folgender Wochenrapport des Informationsbureaus:

Philadelphia-Commercial-Museum.

(Bericht der Sammelstelle, Informationsbureau. Für die Woche endend am 21. Oktober 1899.)

I. Specialuntersuchungen.

Anzahl der eingegangenen Specialfragen 91,
(47 einheimische und 44 ausländische.)

Staaten des Auslandes, aus denen Anfragen einliefen . . . 23,
und zwar:

Arabien,	Aegypten,	Mexiko,
Argentinien,	England,	Portugal,
Australien,	Frankreich,	Russland,
Oesterreich,	Deutschland,	San Domingo,
Kap-Kolonie,	Haiti,	Spanien,
Columbien,	Italien,	Schweiz,
Costa-Rica,	Leewards-Inseln,	Schweden,
Cuba,		Türkei.

Gegenstand der Anfragen:

12270 Subskriptionspreis einer amerikanischen Handelszeitung.

12452 Konsumenten oder Käufer von Mandeln, Feigen und Kapern.

12420 Wo schwarzes Löschpapier in Amerika, Deutschland und Oesterreich zu bekommen ist.

12304 Möglichkeit der Einfuhr von gebogenem Holz nach den Vereinigten Staaten.

12223 Exporthäuser für Gerste, Hafer, Leinsamenmehl etc. in Philadelphia, Boston und New-York.

12422 Amerikanische Fabrikanten von Brauereimaschinen; Schaukelstühlen; Segelbootbauer etc.

12281 Amerikanische Importeure von Bürstenwaaren.

12267 Kalifornische Häuser für Wein und Kastoröl.

12275 Erste Fabriken von Fleisch, Vegetabilien und Fruchtkonserven, passend für die Tropen.

12259 Namen einiger zuverlässiger Fabrikanten von Kartonpapier in den Vereinigten Staaten.

12219 Amerikanische Fabrikanten von Baumwollenwaaren, Hüten, Zucker, Kaffee und Kakao. — Maschinen, Mehl etc.

12266 Fabrikanten der neuesten Motorwagen.

12240 Fabrikanten von zahnärztlichen, medizinischen, chirurgischen und optischen Instrumenten; Mikroskoplinsen etc.

12301 Zollabgaben der mexikanischen Republik.

12262 Ein deutscher Exporteur von Halbbatist (Handelsmarke Victoria Lawn).

12260 Verschiffer für Federn, gemäss Muster.

12453 Fabrikanten von Maschinen für Konservirung von Früchten, und von Blechbüchsen.

12313 Amerikanische Berichte über Frachten und Schiffsverkehr.

12449 Fabrikanten von Haarwaschmaschinen für kurzes Kuhhaar, sowie zum Kräuseln von Pferdehaar.

12238 Verkäufer in New-York und Käufer in Philadelphia von Schneider-Modellfiguren.

12256 Amerikanische Exporteure von Kupfersulphat.

12255 Fabrikanten von Werkzeug-Maschinen für Edelmetallarbeit.

12280 Umfang des Leinenimports aus Deutschland nach den Vereinigten Staaten mit Namenangabe der Importeure.

12451 Mühlen zum Export von Mehl, Weizen, Korn etc. geeignet.

12254 Käufer unbearbeiteter Opale in den Vereinigten Staaten.

12265 Fabrikanten von Maschinen für die Herstellung von Letternkasten und Preise von gut ausgewittertem Holz für denselben Zweck.

12305 Exporteure von Kornelkirschenholz für die Herstellung von Weberschiffchen für mechanische Webstühle.

12261 Anfrage, wo die Namen der amerikanischen Aussteller in Paris zu erfahren wären.

12306 Fabrikanten von Pappdeckel und Packbindfaden gemäss Muster.

12269 Fabrikanten von Rohmaterial für Malerfarben.

12274 Fabrikanten von Zucker-, Reis-, Alkoholmaschinen, auch Maschinen zur Gewinnung von Salz aus Seewasser.

12264 Gute Fabrikanten von Cylinderbureaux.

12424 Fabrikanten von Maschinen für die Bearbeitung vor Reis, Baumwolle, Kakao und Kaffee.

11271 Fabrikanten von Draht und Drahtstiften ausserhalb des Trustes.

12302 Amerikanische Fabrikanten von Eisenbahnmaterialien.

12272 Produzenten billiger amerikanischer Spritzen.

12454 Auskunft über Zuckerrohr-Maschinerien und Zubehör für eine Zuckerfabrik.

12283 Fabrikanten von Eisen- und Stahlmaschinen zu Bauzwecken.

12316 Direktoren namhafter Mühlen- und Hüttenwerke in der Altairegion.

12216 Chicagoer Importfirmen von schwedischem Eisen.

12236 Fabrikanten von Kupfersulphat.

12273 Philadelphiaer Fabrikanten, welche als Agenten für Tabak und Cigaretten aus Aegypten thätig sind.

12268 Amerikanische Produzenten von Maschinen und Apparaten für die Lederfabrikation.

12325 Fabrikanten von Weizendreschmaschinen und von Lokomobilen zum Treiben dieser.

12220 Fabrikanten von Textilmaschinen im allgemeinen, besonders für die Bearbeitung von Baumwolle.

II. Allgemeine Berichte.

Zahl der regelmässigen Berichte 981
Zahl der darin behandelten Gegenstände 87

Die Berichte behandeln die Einfuhr amerikanischer Waaren ins Ausland, wie folgt:

Ambosse, Luxemburg.
Schlachthausmaschinerie, Brisbane, England.
Kupfer- und Eisenwaaren für Bauzwecke in Neu-Südwales.
Treibriemen, Luxemburg.
Restaurantausstattungen, Manchester.
Hut- und Mützengestelle, Uruguay.
Kohlen, Algier.
Messerwaaren, Newcastle, Neu-Südwales.
Leuchtgas, Kapkolonie.
Schreibhefte, Honolulu, Hawaii.
Konfekt, China.
Konstruktions-Eisenwerke, Yarmouth, England.
Neues Schiffsreinigungs-Dock, Cardiff, Wales.
Baggermaschinen, Erdausheber etc., Russland.
Material für elektrische Strassenbahnen, Porto-Rico.
Fischpasten, Queensland.
Schmiedeeiserne Umfriedigungen, England.
Feuerspritzen, Italien.
Schulutensilien, Brisbane, Queensland.
Gasanlagen, England.
Neue Gaswerke, Devonshire, England.
Gummirtes Papier, Brisbane, Queensland.
Neue Gaswerke, Deutschland.
Schweinefleischwaaren, Beira, Südafrika.
Pferde- und Mauleselhufeisen, Honolulu, Hawaii.
Elektrische Beleuchtungsanlagen, Epsom, England.
Elektrische Strassenbahnen, Stockport, England.
Neue elektrische Unternehmungen. Deutschland.
Elektrische Bahnen, Kaukasus, Russland.
Aussichten für elektrische Strassenbahnen, England.

Neue elektrische Beleuchtungsanlagen, Ramsgate, England.
Elektrische Beleuchtungsanlagen, Devonshire, England.
Elektrische Kraftanlagen, Newark, Nottingham, England.
Neue elektrische Beleuchtungsanlagen, Devonshire, England.
Elektrische Staubkehrer- und Beleutungsanlagen, Durham, England.
Baueisen, Queensland.
Eisen und Stahl, Deutschland.
Markt für Gold- und Silberartikel, Neuseeland.
Bauholz, unbearbeitet, Durban, Natal.
Linoleum und Oeltuch, Honolulu, Hawaii.
Bergwerksmaschinerien, Westaustralien.
Neue Marktverhältnisse, Südafrika.
Werkzeugmaschinen, Salford, England.
Werkzeugmaschinen, Russland.
Montanindustrie, Griechenland.
Bergwerksmaschinerien, Siam.
Bergwerkspumpen, Südafrika.
Werkzeugmaschinen, Böhmen.
Werkzeugmaschinen, Darlington, England.
Werkzeugmaschinen, Port Talbot, Wales.
Flaschenzuggehäuse, Norwegen.
Pumpen, Indien.
Accidenzdruckerpressen, Neuseeland.
Drahtzangen und Werkzeuge, Venezuela.
Gemüsekonserven, Shanghai, China.
Farben, Newcastle, Neusüdwales.
Oelquellen-Maschinerien, Galizien.
Tragbare Maschinen, Russland.
Oelmaschinen, England.
Oelquellen-Maschinerien, Rumänien.
Bureauausstattungeu, Neuseeland.
Eisenbahnmaterial, Deutschland.
Neue Eisenbahnen, Wales.
Eisenbahnmaterial, Russland.
Pochstempelbatterien, Westaustralien
Gartensämereien, Queensland.
Bruchwachs, Türkei.

Dampfpumpen, England.
Sämereien, Dänemark.
Dampfmaschinen, Russland.
Dampfmaschinen, Warrington, England.
Spul-, Stickerei- und kordonnirte Seide, Kopenhagen und Dänemark.
Stiefellack, Japan.
Zucker-Maschinerien, Durban, Natal.
Werkzeuge zur Zurichtung von Walzenleder, England.
Gerberei-Maschinen, Luxemburg.
Werkzeuge, Shanghai, China.
Strassenbahnbauten etc., Glasgow, Schottland.
Baueisen, Sheffield, England.
Baueisen, Queensland.
Dampfpumpen, Russland.
Huf-Stollen, Schweden.
Druckschrift, Neuseeland.
Textilmaschinen, Schweiz, Deutschland und Russland.
Erweiterung von Wasserwerken, Cardiff, Wales.
Drahtseil, Südafrikanische Republik.

Von Ländern wurden berücksichtigt bei diesen Berichten:

Böhmen	1	Hawaii	3	Norwegen	1	Südafrika	9
China	3	Indien	1	Porto Rico	1	Schweden	1
Dänemark	2	Italien	1	Queensland	9	Schweiz	1
England	25	Japan	1	Rumänien	1	Türkei	1
Galizien	1	Luxemburg	3	Russland	6	Uruguay	1
Deutschland	4	Neusüdwales	2	Schottland	1	Venezuela	1
Griechenld.	1	Neuseeland	5	Siam	1	Westaustral.	2

Das Informationsbureau des Museums beantwortet grundsätzlich jede Anfrage. Es hat allerdings dabei den Usus, bei jeder Ertheilung einer Antwort auch seinerseits eine Auskunft zu erbitten. Sowohl für die Ertheilung der Auskünfte, als für die Befragung der Korrespondenten bestehen besondere Formulare, die kurz und geschickt abgefasst sind, und deren ausführliche Mittheilung hier nicht interessiren dürfte. Ausser den ausdrücklich angeforderten Berichten über bestimmte Länder, Branchen, Artikel und Firmen werden aus dem im Museum zusammenfliessenden Material fortlaufend Spezialberichte zusammengesetzt, welche in Druck gelegt und an die sogenannten Abonnenten, d. h. diejenigen amerikanischen Fabrikanten und Kaufleute, welche einen Jahresbeitrag von 50 bis 100 Dollars an das Museum zahlen, versandt.

Solcher Abonnenten zählt das Museum heute ca. 1000. Die Aufwendungen jedoch, welche es im Imteresse der Zahler macht, verursachen meist grössere Kosten, als der Beitrag einbringt. Für die Abonnenten nämlich ist ein spezieller Dienst eingerichtet, welcher das Museum als eine besondere Agentur jedes dieser Mitglieder in Anspruch nehmen lässt. Ich sagte vorher, das Museum lehne keine Anfrage ab: Will z. B. einer seiner Abonnenten Minen-Antheile oder claims von Bergwerken, oder Erze oder dergl. verkaufen und wendet sich zu diesem Zwecke an das Museum, so giebt das Museum sofort in einem besonderen Umschreiben allen ihm bekannten Interessenten Kenntniss von der Offerte. Meldet sich ein Reflektant, so erhält er wahrheitsgetreue Auskunft über den Verkäufer, seine Spezialitäten und seine Lage. Damit ist indessen die Thätigkeit des Museums beendet; das Geschäft selbst wird nicht vermittelt, es werden nur die Theilnehmer zu einander geführt. Wünscht ein Abonnent eine neue Waare, ein neues Muster oder dergl. einzuführen und will wissen, ob ähnliche oder ebensolche Sachen bereits anderweitig vertrieben werden, so durchforscht das Museum zunächst das bei ihm aufgestapelte Material. Glaubt es bei irgend einer Firma ähnliche Artikel vermuthen zu können, so erbittet es sofort den Katalog derselben, womöglich mit Abbildungen. Ist der Artikel selten und anderwärts nicht ohne weiteres aufzufinden, so werden sofort Beschreibungen ausgegeben und an die Aussenagenturen des Museums verschickt. Sucht der Fabrikant für seine Waare ein neues Absatzgebiet im Auslande, so erbittet das Museum entweder ein Muster oder eine Photographie eines Musters, photographirt das Muster bezw. die Photographie in seinem eigenen Atelier und in der für seine Formulare passenden Grösse und versendet die Abbildungen sodann an seine Aussenagenturen, insbesondere aber an die Konsulate der Vereinigten Staaten von Amerika.

Durch Spezialgesetz der Vereinigten Staaten sind die Konsuln angewiesen, jederzeit auf Erfordern bezw. auch aus eigener Initiative an das Museum zu berichten.

Eine besondere innige Beziehung hat das Museum zu fast allen grösseren Bankhäusern der Welt hergestellt. Es steht mit über 1000 grossen Banken in Verbindung. Das Museum versieht seinerseits die Banken mit zuverlässigen Berichten über die Marktlage einzelner Artikel in den Vereinigten Staaten und erlangt dafür Gegenberichte über die Marktlage derselben Artikel in fast allen Ländern der Welt.

Es liegt auf der Hand, dass durch eine Kombination aller dieser Verfahren ein ungeheures Material bei dem Informationsbureau zusammenlaufen muss, ein Material, das sich in allen seinen einzelnen Theilen fortlaufend ergänzt und vervollständigt. Fast 90 Proz. aller erforderten Auskünfte können heute von dem Museum bereits ertheilt werden, ohne dass besondere Kräfte aus dem Auslande dazu herangezogen werden.

Von den Abtheilungschefs der Anstalt befinden sich fast immer zwei oder drei unterwegs im Auslande. So war kurz vor meiner Ankunft in Philadelphia Mr. Harper, der Chef des Informationsbureaus aus London zurückgekehrt, wo er nach dem Vorbilde in Phiadelphia eine Auskunftsstelle für England hatte errichten helfen; wenige Tage nach mir traf Herr Niederlein, der Chef des wissenschaftlichen Departements ein, der sich soeben für Rechnung des Museums 18 Monate lang in Korea und Ostasien aufgehalten hatte. Diese Emissäre bereisen Länder, welche für den amerikanischen Export in Betracht kommen oder kommen sollen; sie studiren an Ort und Stelle die Produktionsbedingungen und ziehen vor allen Dingen sämmtliches litterarische Material an sich, welches geeignet ist, den informatorischen Zwecken des Museums Vorschub zu leisten. Für diese Informationsreisen wird ein grosser Theil der Mittel des Museums aufgewendet.

Die Besoldung der Beamten erscheint nach unseren Begriffen hoch. Der erste Direktor hat eine Jahreseinnahme von ca. 50000 Mk. Man engagirt aber gute Kräfte von überall her, von wo man sie erlangen kann, aus dem Inlande und Auslande, aus der Regierung, aus Geschäften, aus Gelehrtenkreisen, aus dem Konsularkorps etc. In dem Beamtenkörper des Museums, sowohl unter den eigentlichen Beamten, als unter den sogenannten Angestellten, sind die verschiedensten Nationalitäten vertreten, u. A. auch zahlreiche Deutsche.

Das Museum hat ausgedehnte Gebäulichkeiten und Grundbesitz zur Verfügung, die ihm die Pensylvania-Eisenbahn-Gesellschaft unentgeltlich überlassen hat. Es bezieht seinen Hauptunterhalt von der Stadt Philadelphia, erhält aber im übrigen von den Vereinigten Staaten und dem Staate Pensylvanien von Zeit zu Zeit namhafte Summen. Seit dem Jahre 1894 bis zum August 1899 sind ihm aus diesen Quellen baar zugeflossen 4250000 Mk. Diese Summe erscheint, wenn man die Zinsen aus dem Grundbesitz und den Gebäulichkeiten hinzuschlägt, ungeheuer gross und für unsere Verhältnisse ganz unerschwinglich: denn es ergiebt sich ein Jahreserforderniss von ca. 1000000 Mk. Hierbei ist aber zu berücksichtigen einmal, dass die Lebenshaltung in den Vereinigten Staaten, abgesehen von der der niederen Volksklassen, eine unverhältnissmässig theuerere ist, als in Europa. Jedes Bedürfniss, das über den gewöhnlichsten Gebrauch hinausgeht, kann nur mit einer doppelten bis dreifachen Aufwendung befriedigt werden.

Es kommt ferner hinzu, dass die Erhaltung der weitläufigen Gebäulichkeiten, der Maschinen, der Laboratorien und anderen Betriebe grosse Mittel erfordern. Desgleichen werden für Erhaltung und Ergänzung der Sammlungen ganz bedeutende Beträge aufgewendet. Wenn man sich den ganzen repräsentativen Museumsapparat fortdenkt, so kann man wohl annehmen, dass die Aufgabe des Informationsbureaus mit der Hälfte der Jahresverbrauchssumme zu lösen ist. Die leitenden Beamten des Museums geben selbst zu, dass vieles in dem ganzen Betriebe, was aus der ersten Entwickelung und aus der Zeit der Versuche stammt, heute noch fortgeführt wird und Geld kostet, indessen ohne besonderen Schaden fortgelassen werden könnte.

III. Ein deutsches Handelsmuseum. — Wer soll es begründen und unterhalten?

Bevor ich den Versuch unternehme, ein Programm der zu begründenden Anstalt zu entwerfen, sei es mir gestattet, einige Vorfragen zu besprechen.

Zunächst ist zu bemerken, dass ein grosser Theil derjenigen Personen, Verbände und Vereine, welche sich bisher mit der vorliegenden Frage beschäftigt haben, von einem Handelsmuseum reden. Ist doch auch die Musteranstalt in den Vereinigten Staaten ein „Museum". Ich muss mich von vornherein dahin resolviren, dass von Einrichtung eines eigentlichen Handelsmuseums keine Rede sein kann. Freilich wäre auch ein grosses umfassendes Handelsmuseum erfreulich, aber eine solche Institution würde ganz anderen Zwecken dienen, als diejenige, welche wir hier im Auge haben. Ein Museum ist eine Schausammlung, eine Darstellung gewisser nach bestimmten Grundsätzen zusammengestellter Gegenstände, die für das Publikum sichtbar aufgebaut werden, und die bestimmt sind, Anschauung und Kenntniss zu verbreiten. Was in einem Museum aufgestellt ist, ist gewissermassen das Ergebniss vorhergegangener Thätigkeit, das charakteristische Resultat bestimmter Arbeiten und Richtungen. Der Inhalt eines Museums gehört mehr oder weniger der Vergangenheit an. In einem Museum studirt man die Geschichte gewisser Entwickelungsreihen, die Geschichte gewisser Anschauungsweisen. Was wir aber brauchen, ist nicht eine historische Darstellung, sondern die lebendige Entwickelung der Gegenwart selbst, mit fortwährendem Ausblick auf eine nahe, ja sogar auf eine entferntere Zukunft. Ein Handelsmuseum wäre werthvoll für die Geschichte des nationalen oder Welthandels, oder für die Geschichte der Industrie; sicherlich wäre es nicht geeignet, dem Bedürfnisse des Tages zu dienen, wie es für den Kaufmann und Fabrikanten täglich sich ergänzt und ein anderes wird.

Selbstverständlich erschiene es trotzdessen nutzbringend, wenn man mit der geplanten Anstalt ein Museum verbinden könnte.

Man denke sich unter diesem Museum eine Zusammenstellung der Rohprodukte aller Länder der Welt, eine Zusammenstellung von Fabrikaten und Mustern, von Waaren und Gütern. Sollte diese Zusammenstellung aber so gehalten werden, dass der Industrielle oder Kaufmann wirklich etwas in ihr lernen könnte, was für seinen gegenwärtigen Geschäftsbetrieb passt, so bliebe nichts übrig, als diese Sammlung täglich und stündlich abzuändern und zu ergänzen. Wer die Mannigfaltigkeit unserer Produktion überblickt, wer sieht, mit welcher Raschheit die Fabrikation wechselt, nicht nur in der Form, im Geschmack, im Muster, in der Farbe, sondern auch in der inneren Konstruktion, in ihren Grundgedanken und Richtungen, der wird mir zugeben, dass aus einem solchen Museum täglich ganze Wagenladungen von Gütern als obsolet entfernt werden und neue hineingeführt werden müssen; oder aber das Museum würde wachsen ins Ungemessene und Angesichts der Fülle verschiedener Produktionsarten schliesslich eine kleine Stadt für sich bilden müssen. Es mag ja möglich sein, eine solche Anstalt zu konstruiren und sie mit einem grossen Apparate von Beamten und Sachverständigen zu erhalten: niemals aber würde der Kostenaufwand, den sie verursacht, auch nur einigermassen den Vortheilen entsprechen, welche ihr entspringen können.

Man weise nicht auf das Philadelphia-Museum hin und sage: was die Amerikaner können, könnten wir auch. Das Philadelphia-Museum ist als Museum durchaus keine Musteranstalt. Die Sammlungen von Rohprodukten, die es enthält, sind allerdings mustergiltig und interessant und gewiss nicht ohne Nutzen für diesen oder jenen Professor oder Studenten der Technologie, der sie besichtigt. Der Fabrikant oder Händler kennt aber die Produkte seiner Branche genau und braucht kein Museum, um sie zu studiren. Nach Aussage der Beamten des Philadelpia-Museums sind die Besucher drüben selten und fast niemals Industrielle oder Kaufleute.

Was die Mustersammlungen des Museums in Philadelphia angeht, so ist ihre Einrichtung allerdings ausgezeichnet und wirkt für den ersten Augenblick verblüffend. Man liest da beispielsweise an irgend einer Waare angeschrieben als Ort der

Fabrikation eine kleine deutsche Stadt, den Namen der fabrizirenden Firma, ihr Kapital, ihre Absatzgebiete, die Qualität und den Preis der Waare. Aber diese Muster sind heute schon zum grossen Theil veraltet und verlieren von Tag zu Tag an Werth. Die Kollektionen sind derzeit zu bestimmten Zwecken zusammengestellt und häufig durch die Konsulate im Auslande gesammelt und eingesandt. Es sind dann in einem besonderen Umschreiben die interessirten Kreise darauf aufmerksam gemacht worden, und in diesem Falle ist wohl dieser und jener erschienen und hat die Sammlungen besichtigt. Solche Musterlager haben in der That einen aktuellen Werth, aber sie haben diesen Werth nur dann, wenn sie ganz neu zu bestimmten Zwecken zusammengestellt und durch einen Bericht ergänzt sind, dessen Inhalt den eigentlichen Zweck des ganzen Unternehmens darstellt.

Die neue Anstalt könnte sehr wohl solche Musterkollektionen ad hoc und in Einzelfällen schaffen und ausstellen, vielleicht auch versenden, wie das schon heute mehrfach seitens der Regierung geschieht, aber sie dürfte nicht in diesen Musterlagern ihren Hauptzweck erblicken und sie dürfte nicht einen grösseren Theil ihrer Mittel in solchen Unternehmungen anlegen.

Das Museum an sich, und wenn es mit noch so grossen Mitteln errichtet und erhalten würde, dürfte der deutschen Industrie und dem deutschen Handel sehr wenig bringen. Ich bin der Ansicht, dass die betheiligten Kreise für seine Schaffung kaum Mittel flüssig machen würden. Die bisher in Deutschland nach dieser Richtung hin unternommenen Versuche beweisen das. Mir ist kein Handelsmuseum bekannt, welches wirklich einen Zusammenhang mit der Industrie- und Handelswelt unterhält oder dessen Dienste von dieser lebhaft in Anspruch genommen werden. Auch die sogenannten Exportmusterlager, welche in vielen Fällen allerdings die Reklame-Fassade von Inseratenblättern bilden, funktioniren mit einer einzigen Ausnahme — in Stuttgart — ohne jeden sichtbaren Nutzen für Handel und Industrie. Freilich sind die meisten von ihnen nichts weiter als Geschäftsunternehmungen, deren allgemein wirthschaftlicher Werth meist ausserordentlich niedrig zu veranschlagen ist. Also kein Handelsmuseum, wohl aber eine centrale Auskunftsstelle.

Ich halte indessen mit der Bezeichnung „Auskunftsstelle“ die Aufgaben der zu schaffenden Anstalt nicht für umschlossen, sondern vielmehr viel zu eng begriffen. Eine Stelle, welche ein so gewaltiges Material bei sich sammelt, wie es die zu errichtende sein würde, ist mehr als irgend eine andere geeignet, auf die wirthschaftliche Entwickelung ihres Landes einen Einfluss zu üben, der über die blosse Auskunftsertheilung weit hinausgeht. Die Anstalt in Philadelphia ist ja ebenfalls nicht nur Auskunftsstelle; man rühmt sie nicht, weil sie prompt und zuverlässig Fragen beantwortet, sondern weil sie Handel und Industrie ihres Landes direkt und planmässig fördert. Sie ist aber im Stande, diese Förderung zu bewirken, weil sie eine so weitgehende Kenntniss der wirthschaftlichen Einzelheiten in sich vereinigt, dass eben diese Kenntniss sie zu einer richtigen Beurtheilung der Gesammtlage und dadurch zur Ertheilung wichtiger Fingerzeige an den Interessenten befähigt. Denjenigen also, welche da meinen, dass eine Auskunftsstelle zu schaffen zu wenig wäre, und dass man den mehr idealen Gedanken eines grossen Handelsmuseums festhalten und damit verbinden müsste, halte ich meinerseits entgegen, dass die Aufgabe des neuen Informationsbureaus eine so grosse und grundsätzlich wichtige sein wird, dass es nicht nöthig erscheint, scheinbar ideale Zwecke mit einer so eminent praktischen Einrichtung zu verbinden.

Also eine Centralstelle, an welcher alles zusammenläuft, was für Handel und Industrie der Nation über Handel und Industrie der ganzen Welt erfahrenswerth ist, eine Stelle, welche sich bewusst wird, dass sie gewissermaassen ein Observatorium ist, nach dessen Beobachtungen sich Tausende von Interessenten mit gutem Vortheile richten können. Daraus folgt zugleich, dass die Anstalt mit ihren Einrichtungen das ganze Gebiet des nationalen Handels und der nationalen Erwerbsthätigkeit umfassen muss, gleichviel, ob dasselbe sich innerhalb oder ausserhalb der Grenzen des Vaterlandes bewegt. Daraus folgt des weiteren, dass der Sitz der Anstalt unter allen Umständen da liegen muss, wo das handelspolitische Rüstzeug, welches die Anstalt schmiedet, gebraucht und gehandhabt wird, nämlich in der Reichshauptstadt. Die Anstalt muss mit den maassgebenden Faktoren der Staatsleitung durchaus Fühlung halten und muss in der Lage sein, von dort her wichtige Winke und Fingerzeige für ihre Arbeit zu gewinnen; sie muss, kurz gesagt, eine nationale Institution werden. Aus demselben Grunde wird es auch nöthig sein, dass sie sämmtliche Gebiete der Produktion in den Bereich ihrer Thätigkeit zieht und nicht etwa vor der Urproduktion Halt macht. Getreide und Vieh sind ebensogut Objekte des nationalen und des Welthandels, wie dies die Gegenstände der industriellen Produktion sind. Es muss meiner Ansicht nach sorgfältig vermieden werden, aus dieser Anstalt etwa eine Institution zu schaffen, welche die Interessen des Handels und der Industrie wahrnimmt und dabei, vielleicht ohne es ursprünglich zu wollen, ein Sammelpunkt wird, von dem aus man in dem grossen Widerstreite, der bei uns heute diese beiden Produktionszweige von der Landwirthschaft trennt, Stellung nimmt.

Wir sind hier auf dem Punkte angelangt, wo wir uns fragen müssen: wer soll die Anstalt schaffen und die Mittel für dieselbe aufbringen? Schon daraus, dass diese Mittel bedeutende sein müssen, und dass ohne Zweifel der Staat zu einer Beisteuer herangezogen werden soll, folgt, dass alle Produktionszweige gleichen Antheil an dem Unternehmen haben und nehmen müssen. Denn es wäre eine Unmöglichkeit, aus öffentlichen Mitteln bestimmte Produktionszweige zum Kampfe gegen andere auszurüsten.

Wir haben gehört, dass das Museum in Philadelphia fast ganz aus öffentlichen Mitteln unterhalten wird, dass es aber trotzdessen nicht staatlich organisirt ist. Ein Verwaltungsrath, bestehend zum Theil aus Staatsbeamten und städtischen Beamten, zum Theil aus Notabeln des Handels und der Industrie, giebt die obersten Direktiven und unterhält mit der Direktion des Museums beständige Fühlung. Die Mitarbeit dieses Verwaltungsrathes ist nur eine beschränkte, sie geht im allgemeinen über die Kontrole der Finanzgebahrung nicht hinaus.

In Deutschland sind wir in dieser Beziehung in besonders günstiger Lage. Die Vereinigten Staaten kennen wohl eine Organisation der produktiven Stände; allein diese Organisation besteht nur zum Zwecke der Preisbildung. Wir dagegen haben Hunderte von Vereinen, Verbänden und Interessenvertretungen, deren Leiter und Geschäftsführer, deren thätige Mitarbeiter nationalökonomisch geschult und von gemeinnützigem Sinne erfüllt sind. In ihnen werden sich die werthvollsten Theilnehmer an der grossen Arbeit finden. Von ihnen und von den Kreisen, deren Interessen sie wahrzunehmen berufen sind, werden aber auch die Mittel zu erwarten sein, aus denen die Anstalt zu erhalten ist. Die Kreise des Handels und der Industrie haben auch bei uns gelernt, dass Gelder, die sie für scheinbar fernliegende, allgemeine Zwecke hergeben, ihnen doch hernach indirekt gute Zinsen tragen. Für die Aufbringung der Mittel wird Handel und Industrie selbst in erster Linie eintreten.

Freilich muss in Betracht gezogen werden, dass das Budget der zu errichtenden Anstalt ein für deutsche Verhältnisse ausserordentlich hohes werden muss. Soll sich das Unternehmen aus kleineren Anfängen allmählich entwickeln, so wird eine Viertelmillion Jahresbedarf erforderlich; soll es aber gleich in grossem Maassstab angelegt werden, so ist unter einer halben Million pro Jahr nicht auszukommen. Eine solche Summe aus den Vereinen, Verbänden, Handelskammern und Interessenvertretungen zu ziehen, wird trotz aller Opferwilligkeit dennoch schwer halten. Hat es doch beispielsweise ziemlich viel Mühe und Arbeit gekostet, ehe unsere Centralstelle die erforderliche Jahressumme von nur 50000 Mark zur Verfügung gehabt hat; und hier handelt es sich nahezu um das Zehnfache. Ich meine aber, man wird an dieser Stelle unbedingt öffentliche Mittel in Anspruch nehmen können. Das Reich zahlt Subventionen für manche Dinge, welche an sich schön und lobenswerth sind, aber weit unwichtigeren Zwecken dienen, als die geplante Anstalt. Man wird beanspruchen dürfen, dass aus öffentlichen Mitteln mindestens die Hälfte des Jahresbedarfs von vornherein in den Jahresetat gestellt wird. Die Stadt Philadelphia giebt für das Museum jährlich mehrere hunderttausend Dollar her. Warum? sie ist mit ihren $1\frac{1}{2}$ Millionen Einwohnern eine grosse Industriestadt, und die Stadtväter sind sich wohl bewusst, dass das Museum der Entwickelung ihres Wohlstandes wesentlich Vorschub leistet. Man wird nach diesem Vorgange dem Magistrat der Stadt Berlin, der grössten Industriestadt des Deutschen Reiches, welche der Sitz der Anstalt werden soll, ebenfalls unbedenklich eine Beisteuer anmuthen können.

Wenn aber trotzdessen damit ein grosser Theil des Budgets noch ungedeckt bleibt, und dieser Theil offenbar von den Interessenten selbst aufgebracht werden muss, so liegt auf der Hand, dass eine solche Last nur den breitesten Schultern aufgebürdet werden kann. Daraus folgt wiederum, dass zum Zwecke der Verwirklichung des Gedankens nothwendigerweise eine Einigung zwischen allen wirthschaftlichen Interessenvertretungen im Reiche herbeigeführt werden muss. Ich will hier nicht untersuchen, ob es nicht die Pflicht einer Regierung wäre, welche die Nützlichkeit und Nothwendigkeit einer solchen Stelle erkannt hat, ihrerseits die Initiative zu ergreifen und die einander widerstrebenden Interessenten zu dem guten Werke zusammenzubringen und zu einigen. Zweifellos ist, dass eine so starke Regierung wie die unserige hierzu sehr wohl im Stande wäre. Ich will mich heute mit der Hoffnung begnügen, dass der Nutzen der Sache allmählich von so weiten Kreisen richtig erkannt werden wird, dass eben durch diese Erkenntniss die Einigung kommt, welche nothwendig ist.

Es giebt in Deutschland eine Organisation, der man wohl zumuthen könnte, dass sie den werthvollen Anregungen einzelner Verbände und Vereine, unter denen sich besonders der Bund der Industriellen durch seine Propaganda hervorgethan hat, Folge gäbe, und das ganze Unternehmen in die Hand nähme. Das ist der Deutsche Handelstag. Seine seit Jahren im grossen und ganzen passive Haltung hat es verschuldet, dass er bei derartigen Fragen nicht in erster Linie und in führender Rolle herangezogen worden ist. Nach seiner Zusammensetzung aber käme ihm diese Stellung zu. Wahrscheinlich würden wohl sich heute sämmtliche Interessenvertretungen in dieser Frage unter seine Protektion stellen, wenn er den guten Willen und einige Energie und Initiative zeigen wollte. So würde beispielsweise die Centralstelle für Vorbereitung von Handelsverträgen mit ihren 5—600 Mitgliedern und den zahlreichen Verbänden und Handelskammern, welche ihr zugehören, voraussichtlich gern zu einer solchen gemeinsamen Arbeit bereit sein.

Es muss nämlich, entweder aus Delegirten sämmtlicher Interessenvertretungen — wie ich ausdrücklich wiederhole, einschliesslich der landwirthschaftlichen — ein besonderes Gremium gebildet werden, welches die Begründung der Anstalt in die Wege leitet, und in welches die Regierung Vertreter delegiren möge, oder aber es muss der Ausschuss des Deutschen Handelstages für die Sache eintreten und zum Zwecke ihrer Verwirklichung sich aus sämmtlichen Vereinen und Verbänden entsprechend ergänzen.

Was übrigens den Namen der Anstalt angeht, so hat der Ausdruck „Reichshandelsstelle“ vieles für sich. Er erscheint mir aber deshalb nicht recht am Platze, weil er den Anschein erweckt, als handle es sich um eine höchste Staatsbehörde für Sachen des Handels und der Industrie und als seien nicht sämmtliche Zweige der Produktion darunter begriffen. Ich fürchte, dass die Landwirthschaft an diesem Namen Anstoss nehmen könnte.

Es wird nicht leicht sein, einen Namen zu finden, der präcis ist und doch alles deckt, was darunter verstanden werden soll. Ich vermag für den Augenblick keinen besseren zu nennen, als denjenigen, mit welchem ich das folgende Kapitel bezeichnet habe:

IV. Centralstelle zur Förderung des deutschen Aussenhandels.

Ich möchte von vornherein dem Einwurfe begegnen, als wenn eine Stelle zur Förderung des deutschen Aussenhandels nicht allen Produktionsgebieten, insonderheit auch der Landwirthschaft diente. Man könnte vielleicht in gewissem Grade geneigt sein, ein Interesse der Landwirthschaft an diesem Gegenstande überhaupt anzuzweifeln. Dem gegenüber braucht nur darauf hingewiesen zu werden, dass die landwirthschaftlichen Kreise selbst an den handelspolitischen Vorgängen ausserhalb unserer Grenzen den lebhaftesten Antheil nehmen, dass sie sich sehr wohl bewusst sind, wie der Welthandel, der Weltmarkt auch auf ihr Produktionsgebiet einen entscheidenden Einfluss übt, und wie die Interessen, welche Deutschland über See investirt hat, den ihrigen nicht zuwiderlaufen, sondern mit ihnen Hand in Hand gehen. Hat doch gerade die landwirthschaftliche Interessenvertretung es durchgesetzt, dass einzelnen Botschaften besondere landwirthschaftliche Attachés beigegeben wurden.

Das Philadelphia-Handels-Museum bezw. das sogenannte Informations-Bureau des Museums hat das gewaltige Verdienst, den amerikanichen Handel und die amerikanische Industrie planmässig und auf möglichst allen Gebieten und in fast allen Ländern der Welt zu propagiren und vorwärts zu bringen. Diese Anstalt organisirt gewissermassen den Aussenhandel der Vereinigten Staaten; sie sucht überall in der Welt Abnehmer für amerikanische Produkte, und sie ist überall in der Welt bemüht, amerikanische Fabrikate auszustellen, zu bemustern und an den Mann zu bringen. Sie giebt der heimischen Industrie werthvolle Fingerzeige dafür, nach welchen Richtungen, in welchen Branchen, in welchen Spezialitäten sie sich entwickeln, vervollkommnen und vertiefen muss. Sie lehrt ihre Interessenten unablässig, wie man sich am praktischsten gebährdet, um in das Weltgeschäft mit Vortheil hineinzukommen. Sie sammelt Beispiele vorzüglicher Leistungen aus der ganzen Welt und rückt sie dem Produzenten in der Heimath als Beispiele vor. Sie studirt Methoden und untersucht Erfindungen auf ihre Leistungsfähigkeit hin, um das Brauchbare alsbald zur Einführung daheim zu empfehlen. Sie ermuntert zur Nachahmung und ermuthigt zu Versuchen in neuen Absatzgebieten; sie weist darauf hin, wo man neue Artikel begehrt und wo und wie der Geschmack der Abnehmer sich geändert hat.

Dass einem solchen zielbewussten Vorgehen gegenüber andere Nationen benachtheiligt erscheinen müssen, liegt auf der Hand; es sei denn, sie gingen hin und thäten desgleichen. Eine solche organisirte Abwehr der fremden Konkurrenz, einen solchen organisirten Angriff auf die fremden Märkte, das ist es, was wir von einer Centralstelle zur Förderung des deutschen

Aussenhandels in letzter Linie erwarten müssen. Dieses ideale Ziel ist aber nur zu erreichen, wenn wir auf vielen, vielleicht unscheinbaren und kaum bemerkbaren Wegen ihm zustreben. Indem wir aber diese Wege einschlagen, leisten wir Landwirthschaft, Handel und Industrie des Landes die grössten Dienste. Wir können sie nur organisiren und führen, indem wir sie selbst im höchsten Grade für den Konkurrenzkampf des Weltwettbewerbes befähigen. Und um ihnen diese Befähigung zu geben, müssen wir sie fortgesetzt unterrichten. Zu diesem Zwecke haben wir mit Bienenfleiss tausend Einzelheiten zusammenzutragen, welche viele von den Interessenten als werthvolle Beihilfe an sich begrüssen werden, welche aber in ihrer Gesammtheit geeignet sind, der ganzen Produktion Winke zu geben, welche sie auf erfolgreiche Bahnen leiten. Man muss nicht verkennen, dass der deutsche Handel und die deutsche Industrie sich durch eigene Kraft und eigene Intelligenz bereits einen grossen Theil der Welt erobert hat. Was die neue Anstalt leisten können wird, wird demgegenüber nicht viel mehr sein als eine fortwährende Anregung. Aber diese Anregung wird, je länger ausgeübt, desto werthvoller werden, und sie wird schliesslich vielleicht der leise Anstoss sein, dessen es bedarf, richtig zu sehen und richtig zu marschiren.

Ich bitte um die Erlaubniss, hier nun gleich in medias res gehen zu dürfen und zu sagen, wie ich mir die Organisation der Anstalt selbst denke, und wie ich ihre grosse Aufgabe durch Zerlegung in Einzelarbeiten durchgeführt sehen möchte. Ich beginne mit dem Ergebniss und will versuchen darzulegen, welche Gattung von Kenntnissen erworben und gesammelt werden sollen, und schliesslich, wie das ganze Unternehmen sich zu einem Organismus gliedern dürfte.

Handelspolitische Auskünfte sind diejenigen, welche unsere Erwerbskreise in immer weiterem Umfange fordern, und welche sie bisher am schwersten haben erlangen können. Es gehören hierher Auskünfte über die Höhe der Zollsätze bei der Einfuhr in fremde Länder, über Vorschriften der Zollverwaltungen und Zollbehandlung, über die Stellung der deutschen Kaufleute und deutschen Geschäftsreisenden, über die Ein- und Ausfuhr von

Mustern, über die Bestimmungen auf dem Gebiete des gewerblichen Urheberrechts u. dergl. m. Alle diese Dinge sind in vielen Handelsverträgen festgesetzt, in zahlreichen Zolltarifen aufgeführt, in hunderten und tausenden von Reglements und Verfügungen festgelegt, abgeändert und neugeordnet. Zolltarife zu lesen ist schwierig; ich möchte beinahe sagen, es ist eine besondere Kunst. Fremdsprachliche Verfügungen und Verordnungen zu beschaffen und richtig zu verstehen, ist für den einzelnen Interessenten kaum möglich. Von den Behörden eine solche Hülfe zu erwarten, ist naiv; unsere Regierung thut heute schon alles in dieser Richtung, was ihr möglich ist: sie hat zudem grössere Aufgaben, als die jeweilige Befriedigung der einzelnen Interessenten.

Ich darf aber aus meiner Praxis versichern, dass die hier erwähnten Kenntnisse in der Industrie fehlen, dass auch die Interessenvertretungen, Handelskammern etc. sie nicht besitzen und in vielen Fällen mit ihren Mitteln nicht schaffen können. Es ist absolut nothwendig, aus diesen Dingen ein spezielles Studium zu machen, und eine besondere Sammelstelle dafür einzurichten. Diese Sammelstelle haben wir in der Centralstelle für Vorbereitung von Handelsverträgen, was die handelspolitischen Auskünfte angeht, bereits geschaffen. Es wäre zu wünschen, dass die Industrie und ihre Vertreter unsere nach dieser Richtung hin getroffenen Einrichtungen kennen lernten und in weiterem Umfange benützten. Unsere Mitglieder werden uns gewiss das Zeugniss nicht versagen, dass wir ihnen nach dieser Richtung hin Dienste geleistet haben. Dass wir aber hierbei einem entschiedenen Bedürfniss entsprochen haben, beweist die Menge der an uns auch von Nichtmitgliedern ergehenden und bis in die jüngste Zeit sich immer mehrenden Anfragen, welche in der angedeuteten Richtung hin Auskunft auf schnellstem Wege — des öfteren selbst telegraphisch — erbitten und erhalten. Die Abtheilung der neuen Anstalt, welche diese Aufgabe zu lösen hat, findet sich in den Einrichtungen unserer Centralstelle bereits vor.

Die zweite Gruppe von Bedürfnissen, welcher entsprochen werden muss, liegt auf dem Gebiete des Verkehrswesens. Das Philadelphia-Handels-Museum ertheilt ohne weiteres Auskunft darüber, auf welchem Wege man z. B. am vortheilhaftesten von einem amerikanischen Hafen nach Nischni-Nowgorod verfrachtet, wie hoch sich die Fracht beläuft, welche Extraspesen entstehen, wie lange die Lieferzeit dauert, und welchen besonderen Schwierigkeiten dabei zu begegnen und zu entsprechen ist. Es ist das eine grossartige Leistung, und es wird nicht ganz leicht sein, sie nachzuahmen. Was speziell das Eisenbahnwesen angeht, so ist dasselbe in allen Ländern verschieden organisirt, die Reglements entsprechen einander nirgends, die Einheitssätze für die Beförderung sind höchst mannigfach und die Klassifikation der Güter ist so bunt wie nur möglich. Was aber das Schlimmste ist, die Frachten wechseln fortwährend nach Ländern, nach Gelegenheit, nach Ort und Zeit. Will man auf diesem Gebiete authentische und im Augenblicke der Anfrage richtige Auskunft ertheilen, so hat man einen Apparat einzurichten, der zwar an sich einfach, aber doch sehr umfassend ist. Es giebt in Deutschland augenblicklich keine Stelle, an welcher man sich rasch und sicher über alle bestehenden Frachtsätze für jede einzelne Sendung informiren kann. Die amtlichen Auskunftsbureaux der Eisenbahnen thun das Mögliche. Aber die ihnen zur Verfügung stehenden Mittel reichen nicht im entferntesten aus, um der hier vorliegenden Aufgabe gerecht zu werden. Der Privatmann kann selbstverständlich garnicht daran denken, auf diesem Felde sich selbst genug zu sein. Beispielsweise kosten die österreichischen Tarife im Laufe des Jahres eine Summe von mehreren tausend Mark. Wenn auch zu erhoffen steht, dass eine Stelle wie die zu begründende alle diese Tarife sowohl von den staatlichen Eisenbahnverwaltungen, als von den Privatgesellschaften gratis erhalten wird, so ist doch die Be- und Verarbeitung derselben ausserordentlich schwierig, erfordert eine tägliche Ergänzung und wird erst ganz glatt funktioniren, wenn spezielle Beamte gut und je auf kleine Sondergebiete eingearbeitet sein werden. Es kommen zu den Eisenbahnfrachten die Frachten der Binnenschiffahrt, es kommen die besonderen Abgaben, die in einzelnen Ländern für Benutzung der Verkehrsmittel erhoben werden, es treten ferner hinzu die Nachrichten über Flussregulirung, über Wasserstände, über Hochwasser etc. etc. Es folgt sodann das

Gebiet der Seefrachten, der Tonnage, der Hafengelder, der Departements-Gelegenheiten, der Lagerhäuser, der Transitläger, der Freihäfen, und der für die Benutzung aller dieser Institutionen bestehenden und in häufigem Wechsel abgeänderten Reglements.

Ein drittes Gebiet, auf welches sich die Auskunftsertheilung wird erstrecken müssen, ist das Gebiet der Branchen- und Firmenkenntniss, welches wir schon oben bei Besprechung der Auskunfteien behandelt haben. Das Philadelphia-Handels-Museum ist in der Lage, jedem Interessenten einer Branche fast an jedem Platze der Welt sofort diejenigen Hauptfirmen zu nennen, welche seinen Artikel handeln, umsetzen und gebrauchen. Es ist auch in der Lage, die ausländischen Abnehmer ganz genau über die amerikanische Produktion und die daselbst bestehenden Kaufgelegenheiten zu unterrichten. Es kennt die Spezialitäten der einzelnen Firmen und besitzt Abbildungen ihrer hervorragendsten und neuesten Muster. Seine Kenntniss der Firmen, Geschäfte und Personen wächst von Jahr zu Jahr und von Monat zu Monat Der Umkreis der Einzeldaten, welche das Museum bereits besitzt, dürfte einzig in der Welt dastehen. Es ist klar, dass auch die deutsche Auskunftsstelle ihre Thätigkeit auf dieses Gebiet ausdehnen muss. Die Berichte der Konsulate beispielsweise, die häufig sehr werthvoll sind, werden erst fruchtbringend gestaltet durch eine Ergänzung aus diesem Gebiete der Firmenauskunft. Wie ich schon oben sagte, kann sich diese Abtheilung erst ganz allmählich entwickeln. Sie wird vielfach die Hilfe von Auskunfteien in Anspruch nehmen müssen; aber schon nach verhältnissmässig kurzer Zeit wird sie in der Lage sein, wenn auch nicht Auskunft über jede Firma zu ertheilen, so doch für jede Branche diejenigen Firmen zu benennen, welche sich an den Haupthandelsplätzen der Welt als hervorragende und vertrauenswürdige bewährt haben. Unsere Industrie erzeugt fortwährend nicht nur neue Artikel, sondern ganz neue Branchen. Sie wird es dankbar aufnehmen, wenn man ihr an solchen Stellen zeigen kann, was anderswo in der Welt auf diesem Gebiete etwa schon geleistet ist, und wo voraussichtlich die Abnehmer für die neuen Erzeugnisse zu finden sein werden. Ich weise auf die Verbindung mit der Bankwelt hin, die das Philadelphia-Museum ausgebildet hat und welche an dieser Stelle ebenfalls fruktifizirt werden kann.

Mit diesen drei Abtheilungen dürfte dem dringendsten Bedürfniss entsprochen werden können; es ist selbstverständlich, dass daneben noch viele andere Aufgaben liegen, die in der Praxis ganz von selbst hervortreten, und deren Lösung man eben aus der Praxis lernen wird. Was aber hier darüber gesagt ist, ist eben nicht viel mehr als eine Skizze in grossen Zügen.

Fragen wir uns nun, wie kann das ungeheure Material gesammelt werden, welches allein schon für diese drei Abtheilungen erforderlich ist? Es muss offenbar gesammelt, gesichtet und bearbeitet werden, in einem anderen Departement der Anstalt, welches ich das Sammel-Departement nennen möchte. Bei der Centralstelle für Vorbereitung von Handelsverträgen ist es uns nicht möglich gewesen, die an uns gerichteten Anfragen zuverlässig zu beantworten, ohne die Hülfe zahlreicher auswärtiger und ausländischer Korrespondenten. Zwar haben wir eine spezielle Litteratur über die einschlägigen Fragen gesammelt, besitzen Zolltarife, Reglements, Amtsblätter etc. in allen möglichen Ausgaben, lesen ein halbes Hundert Tageszeitungen und ebensoviel Journale und Fachzeitschriften des In- und Auslandes, erhalten werthvolles Material von in- und ausländischen litterarischen Bureaux; dennoch reicht das, was wir alledem entnehmen können, nicht hin, um stets ausreichend zu antworten. Wenn man uns z. B. fragte: wie werden Akkumulatoren bei der Einfuhr nach folgenden zehn Staaten verzollt? so haben wir diese Frage nur mit Hülfe auswärtiger Korrespondenten, mit Hülfe deutscher und fremder Konsulate und Behörden lösen können. Hätten wir solche Korrespondenten nicht zur Hand gehabt, so hätte die Beantwortung dieser Anfrage vielleicht ein halbes Jahr in Anspruch genommen. Erhielten wir doch beispielsweise aus einem europäischen Lande den Bescheid, dass der Chef der gesammten Zollverwaltung, obgleich er diesbezügliche Erhebungen angestellt, vorläufig selbst nicht entscheiden könne, nach welchem Satze dieser Artikel zu verzollen sei. Und eine solche Anfrage is doch eine einfache und gehört durchaus nicht zu den schwierigsten, die uns zugegangen sind. Haben wir weiterhin beispielsweise doch einen besonderen Beamten, der fortwährend damit beschäftigt ist, die höchst dankenswerthen, vom Reichsamt des Innern herausgegebenen Zusammenstellungen der Zolltarife für die einzelnen Waarenklassen nach den fast allwöchentlich erscheinenden Aenderungen in der Klassifizirung etc. zu ergänzen und zu vervollständigen.

In der Sammelabtheilung wären folgende selbständige Bureaux einzurichten:

Ein Bureau, welches möglichst sämmtliche bedeutendere Blätter, Tageszeitungen sowohl, als Fachzeitschriften und wirthschaftspolitische Journale, läse, ausserdem in allen wichtigeren Ländern bei den hervorragendsten Ausschnitt-Bureaux abonnirt wäre, und das nach einem grossen, wohldurchdachten wissenschaftlichen Registraturplan — wie er auch dem Sammel-Bureau der Centralstelle für Handelsverträge zu Grunde liegt — aufzuspeichernde Material, nach dem berühmten vortrefflichen System des doppelten Zettelkatalogs, wie es in Philadelphia eingeführt ist, registrirte. Ein solches Bureau sammelt in verhältnissmässig kurzer Zeit ein ungeheures Thatsachenmaterial. Wir sind schon heute auf der von mir geleiteten Centralstelle in der Lage, für fast jedes handelspolitische Thema eine beträchtliche Reihe von Katalogzetteln unseren Sammelkästen zu entnehmen und hierdurch einen beachtenswerthen Stoff zur Verarbeitung zusammen zu bringen. Natürlich kommt es hierbei vor allem auf eine feindurchdachte und genau durchgeführte Registrirung und Katalogisirung an.

Ein zweites Bureau wäre zu beschäftigen mit dem Studium aller handels- und wirthschaftspolitischen Blaubücher, aller Konsulatsberichte, Handelskammerberichte, Berichte grosser Gesellschaften und amtlicher Publikationen. Wir können auf der Centralstelle für Handelsverträge bisher nur die Konsulatsberichte einiger Hauptländer regelmässig lesen und bearbeiten lassen. Dass in ihnen aber werthvolles Material steckt, ersieht man u. a. aus den zahlreichen wirthschaftspolitischen Mittheilungen, welche wir zum Zwecke der Instruktion der Interessenten der Tagespresse zukommen lassen. Das Philadelphia - Handels-

Museum verdankt einen grossen Theil seines werthvollen Materials der durch das oben erwähnte Spezialgesetz hergestellten Verbindung mit den Konsulaten der Vereinigten Staaten. Auch auf diesem Gebiete hat bekanntlich das Reichsamt des Innern in jüngster Zeit eine werthvolle Neuerung geschaffen, indem es neben dem nur periodisch bezw. monatlich erscheinenden Handels-Archiv besondere handelspolitische Mittheilungen veröffentlicht. Selbstverständlich ist die Regierung aber nicht in der Lage, jedem einzelnen Interessenten bezw. jeder Interessentengruppe aus diesen Berichten alles zukommen zu lassen, was für sie von Interesse ist.

Ein drittes Bureau hätte den Dienst mit den auswärtigen Spezial-Korrespondenten zu unterhalten, deren das Philadelphia-Museum bekanntlich ca. 65000 besitzt. Dieser Dienst müsste ähnlich eingerichtet werden, wie wir es weiter oben an dem amerikanischen Beispiel gesehen haben. Es wird Eifer und Geschick dazu nöthig sein, die fremden Korrespondenten fortgesetzt für die Anstalt zu interessiren und ihnen durch Gegenleistungen die Neigung zu häufigen Mittheilungen zu erhalten.

Diese drei Bureaux haben das bei ihnen einlaufende Material nicht nur zu lesen, sondern auch zu sichten, zu Spezialberichten zu vereinigen und für die Auskunftsstelle verwerthbar zu machen. Es kann sein, dass man für diese zusammenfassende Thätigkeit ein weiteres Dezernat wird einrichten müssen.

Die Funktionen der bisher genannten Abtheilungen von gewissen einheitlichen Gesichtspunkten aus zu leiten und auf dem gesammelten und ausgegebenen Material weiter zu arbeiten, um die höheren handelspolitischen Zwecke der Anstalt zu erreichen, wird Aufgabe einer dritten Hauptabtheilung, der Direktorial-Abtheilung sein. Auch bei ihr sind ausser der Verwaltungsthätigkeit eine Reihe wichtiger Dezernate zu konstruiren. Selbstverständlich wird der Direktion ein Pressbureau zur Verfügung stehen müssen, welches die Anstalt als solche in der Presse des In- und Auslandes vertritt, gute Beziehungen zur heimischen Tagespresse pflegt und die Erfahrungen, welche die Anstalt aus ihrer Gesammtthätigkeit resultiren sieht, durch Propagirung zum Gemeingute der Interessenten macht. Die Thätigkeit dieses Pressbureaus wird demnach eine ganz andere sein, als des bei der zweiten Abtheilung erwähnte Lese- und Ausschnittbureaus.

Sodann wird die Direktorialabtheilung über ein wissenschaftliches Bureau verfügen müssen. Es wird sich ganz von selbst ergeben, dass die Anstalt auf Grund des bei ihr zusammenlaufenden Materials grössere Zusammenstellungen, Monographien und dergleichen herausgiebt, welche theils dem allgemeinen Interesse, theils dem spezieller Branchen zu dienen haben. Der wissenschaftlichen Abtheilung wird es auch obliegen, gewisse Berichte der Sammelabtheilung von ihrem Standpunkte aus nachzuprüfen und zu verwerthen. Auch werden an dieser Stelle die Berichte derjenigen volkswirthschaftlichen Emissäre zusammenfliessen und Verarbeitung finden müssen, welche die Anstalt nach dem Beispiel des Philadelphia-Museums und nach Maassgabe der ihr zur Verfügung stehenden Mittel möglichst zahlreich und ununterbrochen wird ins Ausland zu senden haben.

Selbstverständlich wird es sodann nöthig sein, die Handels-, Verkehrs- und Berufsstatistik möglichst aller Länder, welche eine solche besitzen, zu studiren, zu bearbeiten und zu vergleichen und für jeden einzelnen Bedarfsfall nach Branchen und Artikeln auszuarbeiten und zu verwerthen. Es wird mithin auch ein statistisches Bureau in dieser Abtheilung zu schaffen sein.

Eine vierte — technische — Hauptabtheilung wird sich erst späterhin bilden können. Auch das Philadelphia-Handels-Museum besitzt eine ganze Reihe technischer Anstalten, in welchen Erfindungen geprüft, photographirt werden etc. etc. Dieser Abtheilung wird es je nach ihrer Gestaltung vorbehalten bleiben, für Spezialfälle Musterkollektionen zu sammeln und auszustellen, bezw. zu versenden, neue Erfindungen oder Entdeckungen zu studiren und an der richtigen Stelle der Interessentenwelt zu verwerthen.

Ich wiederhole der Uebersichtlichkeit wegen hier nochmals die Eintheilung der Anstalt, wie ich sie mir für ihre erste Einrichtung und auf Grund der ihr zunächst zu überweisenden Aufgaben vorstelle:

I. Direktorial-Abtheilung.

Centralbureau und Hauptregistratur.
Dezernate:

1. Press-Dezernat,
2. Wissenschaftliches Dezernat,
3. Statistisches Dezernat,
4. Bibliotheks-Dezernat.

II. Sammel-Abtheilung.

Hauptbureau, Sach-Registratur und Zettelkataloge.
Dezernate:

1. Zeitungs- und Zeitschriften-Dezernat,
2. Konsular- und Berichts-Dezernat,
3. Korrespondenz-Dezernat.

III. Auskünfts-Abtheilung.

Hauptbureau, Auskunftsregistratur.
Dezernate:

1. Handelspolitische Dezernate:
   a) Allgemeine handelspolitische Auskünfte,
   b) Zollsätze,
   c) Zollbehandlung.
2. Verkehrspolitische Dezernate:
   a) Eisenbahn,
   b) Binnenschiffahrt,
   c) Seeschiffahrt,
   d) Andere Verkehrsmittel.
3. Dezernate der Geschäftsauskünfte.

IV. Technische Abtheilung.

A. W. Hayn's Erben, Berlin und Potsdam.

Schriften

der

Centralstelle für Vorbereitung

von

Handelsverträgen.

10. Heft.

Das Aufsuchen von Waarenbestellungen im Auslande

von

Dr. August Etienne

Dezernent in der Centralstelle für Vorbereitung von Handelsverträgen

Berlin 1900.

J. Guttentag, Verlagsbuchhandlung.

G. m. b. H.

Das

Aufsuchen von Waarenbestellungen

im Auslande.

Ein Beitrag zur Vorbereitung der Handelsverträge

von

Dr. August Etienne

Dezernent in der Centralstelle für Vorbereitung von Handelsverträgen.

Berlin 1900.

J. Guttentag, Verlagsbuchhandlung,

G. m. b. H.

Inhalt.

I. Die Bedeutung einer vertragsrechtlichen Regelung des Aufsuchens von Waarenbestellungen im Ausland.

Der Hinweis auf die Zweckmässigkeit einer weltwirthschaftlichen Arbeitstheilung hat zu dem Rüstzeug gehört, mit dem der Kampf für den allgemeinen und absoluten Freihandel geführt worden ist. Wenn jedes Volk, so argumentirte man, nur das produzirt, wozu es durch die Eigenart der es umgebenden Natur, durch die Eigenart seiner Veranlagung besonders berufen erscheint, so giebt es keinen wirthschaftlichen Kampf der Völker unter einander. In dem Gesammtorganismus der Weltwirthschaft hat jedes seinen gesicherten Platz, sein gesichertes Auskommen, da jedes nur eine ganz bestimmte Spezialität produzirt, die alle anderen nothwendigerweise von ihm beziehen müssen.

Ein solches Idyll, in dem der Konkurrenzkampf fehlt, eine Sphäre holden Friedens Alle umschliesst, kennt die Wirklichkeit nicht. Was das eine Volk produzirt, produzirt auch gleichzeitig eine Reihe anderer, es entsteht der Wettbewerb, der Kampf um den Markt, in dem der Eine siegt, der Andere unterliegt.

Die Bedingungen dieses Kampfes regelt für jedes Wirthschaftsgebiet die souveräne Gewalt, die innerhalb seiner Grenzen gebietet. Sie lässt sich leiten von der Rücksicht auf die nationale Produktion und Konsumtion und bestimmt darnach, wie die ausländische Waare im Vergleich zur inländischen, wie die Waare des einen Staates im Vergleich zu der des anderen behandelt werden soll. Sie verlangt für die Gewährung besonderer Vergünstigungen Gegenleistungen, die dem eigenen Export auf fremden Märkten einen Vorsprung sichern sollen.

Die Handelsverträge der verschiedenen Staaten unter einander sind das nothwendige Gegenstück des Kampfes um die Märkte. Auf dem Wege des Vertrages suchen sich die Betheiligten die Bedingungen dieses Kampfes für ihre Interessen möglichst günstig zu gestalten. Die do ut des Politik, um die es sich dabei handelt, betrifft verschiedene Gebiete.

Zu den Attributen der souveränen Gewalt gehört das Recht, die Grenzen des eigenen Landes durch Einfuhrverbote für solche Waaren zu schliessen, die man aus irgend einem Grunde fernzuhalten wünscht. Der Vertrag soll dem anderen Theile eine Garantie geben für eine Beschränkung dieses Rechts seinen Erzeugnissen gegenüber auf möglichst wenige, im Voraus bestimmte Fälle.

Neben dem Verbot kommt die Erschwerung der Einfuhr in Frage, die auf verschiedene Weise erfolgen kann, durch Zölle, durch Maassregeln der inneren Besteuerung, durch Vertheuerung des Transports zu Lande und zu Wasser.

Auch in Bezug auf solche Erschwerungen hat der souveräne Staat freie Hand. Er kann Zölle in beliebiger Höhe auferlegen, den Zolltarif jederzeit ändern, bei der inneren Besteuerung die fremden Produkte höher belasten als die einheimischen, die Hafengebühren, die Eisenbahntarife so gestalten, dass die Einfuhr vom Auslande dadurch erschwert wird. Der Vertrag will dem souveränen Belieben des einen Theils Schranken auferlegen zu Gunsten des anderen in Bezug auf Verzollung, innere Besteuerung, Hafengebühren und Eisenbahnfrachten.

Welche besonderen Fragen ausserdem noch Gegenstand der vertragsmässigen Regelung sein können, hängt von dem konkreten Falle ab. Eine wichtige Rolle spielt die Technik des Handels, die freie Bahn verlangt, sich der Eigenart der Verhältnisse anzupassen. Auch auf diesem Gebiete gilt es, Vereinbarungen zu treffen, die den eigenen Wünschen und Interessen entgegenkommen.

Um Absatz zu gewinnen, darf der Verkäufer sich nicht damit begnügen, zu warten, bis der Kauflustige ihn aufsucht, die immer mehr sich steigernde Konkurrenz nöthigt ihn vielmehr, seinerseits die Initiative zu ergreifen. Er muss die fremden Märkte aufsuchen, durch Vorführung seiner Waaren dem Auslande Gelegenheit geben, seine Leistungsfähigkeit kennen zu lernen.

Beim Aufsuchen von Waarenbestellungen im Auslande kommen verschiedene Formen in Frage.

Man kann Käufer zu gewinnen suchen, indem man Muster und Proben von Waaren vorführt oder ausstellt. Die Vorführung des Musters soll zur Bestellung der Waare anreizen. Bei diesem Modus werden also zunächst nur Muster, keine Waaren ins Ausland gesandt, die Waare folgt erst später, sie überschreitet die Grenze erst, nachdem die Thatsache des Verkaufs und die Person des Käufers schon feststeht.

Die Vorführung der Muster kann erfolgen durch Vertreter des absendenden Geschäftshauses oder durch direkte Zusendung an solche Personen, bei denen man die Möglichkeit einer Bestellung voraussetzt. Die persönliche Vertretung der Firmen ist dabei auf verschiedene Weise möglich; entweder durch Geschäftsreisende, welche im Auftrage eines oder mehrerer Häuser das Ausland besuchen und die betreffenden Muster mit sich führen, oder durch im Auslande ansässige Agenten, an deren Adresse die Muster zuvor gesandt werden müssen.

Die andere Art, Bestellungen im Auslande aufzusuchen, besteht darin, dass man Waarenvorräthe über die Grenze wirft, um sie auf Märkten, Messen, Wanderlagern zum Verkauf zu stellen oder sie von Haus zu Haus vertreiben zu lassen.

Es ergiebt sich hieraus, was als Erschwerung oder Erleichterung anzusehen ist.

Der ausländische Geschäftsreisende tritt als Konkurrent des einheimischen Produzenten auf. Den Gewerbebetrieb des Letzteren trifft die inländische Besteuerung, er verlangt deshalb, dass auch der Fremde für die Ausübung seines Gewerbebetriebs zur inländischen Besteuerung herangezogen werde. Wenn dies geschieht, so unterliegt die ausländische Firma einer Doppelbesteuerung, denn sie ist auch dem Heimathstaate steuerpflichtig. Der Druck der Doppelbesteuerung wird leichter oder schwerer je nach der Höhe des Zuschlags, den das Ausland erhebt, diese hängt wieder wesentlich davon ab, ob der Staat allein oder auch die Kommunalverbände ein Besteuerungsrecht dem ausländischen Geschäftsreisenden gegenüber ausüben dürfen.

Zum Geschäftsbetrieb des Reisenden gehört das Mitführen der Muster, die Muster müssen die Zolllinie passiren, wie sollen sie zollamtlich behandelt werden? Sollen sie zollpflichtig sein, wenn für die betr. Waarenqualität ein Zoll besteht, oder soll Rücksicht darauf genommen werden, dass sie später das zollpflichtige Inland wieder verlassen, nicht in den Konsum desselben übergehen?

Der Geschäftsbetrieb des Reisenden wird erleichtert durch Zollfreiheit für die mitgeführten Muster. Aber die Gewährung der Zollfreiheit bedingt eine gewisse Garantie, dass auch thatsächlich die Wiederausfuhr erfolgt. Diese Garantie verlangt gewisse Leistungen, die ihrerseits durch das Mehr oder Weniger der Ansprüche erschwerend oder erleichternd wirken.

Die nächstliegende Form der Garantie ist die Hinterlegung oder Sicherstellung des Zollbetrages bei Einführung der Muster und spätere Rückzahlung bei der Wiederausfuhr. Dabei muss jedoch Vorsorge getroffen werden, dass die Identität der Ein- und Ausfuhr nach Art und Menge gewahrt wird, es entsteht ferner die Frage, ob als Vorbedingung der Rückzahlung das Einhalten einer bestimmten Präklusivfrist, einer bestimmten Marschroute, die Wiederausfuhr über dasjenige Grenzzollamt, bei dem der Zollbetrag deponirt wurde, angesehen werden soll. Je nach der Art, wie die nothwendige Garantie in formeller Beziehung ausgestaltet wird, ergiebt sich eine Erleichterung oder Erschwerung des Geschäftsbetriebs.

Darf der Reisende Bestellungen aufsuchen bei Jedermann? Je mehr ihm in dieser Beziehung Freiheit gelassen wird, um so mehr ist er in der Lage, seine Geschäftsbeziehungen auszudehnen. Das Maass der Freiheit im Aufsuchen von Bestellungen spielt daher eine wichtige Rolle, es bedeutet etwas sehr Verschiedenes, ob Steuerfreiheit, zollfreie Einführung von Mustern dem ausländischen Geschäftsreisenden gewährt wird mit oder ohne Beschränkung im Aufsuchen von Bestellungen.

Die Vorführung von Mustern und Proben im Auslande durch persönliche Vertreter ist für die betr. Firmen eine relativ kostspielige Form des Geschäftsbetriebs; wenn auf die persönliche Vorführung verzichtet werden kann, die Zollfreiheit aber gleichwohl bestehen bleibt, so liegt hierin eine nicht unwesentliche Erleichterung. Die zollfreie Einfuhr von Mustern und Proben in das Ausland auch bei direkter Zusendung an einzelne Konsumenten gehört deshalb zu den Wünschen des Exporthandels. Wird die Gewährung der Zollfreiheit jedoch wie bei der Einführung von Mustern durch Reisende an die Bedingung späterer Wiederausfuhr geknüpft, so tritt wieder die Frage der Kautelen in den Vordergrund, die schon oben berührt wurde. Die Erfüllung lästiger Formalien muss zum Theil auf den Empfänger abgewälzt werden, dem schon die Sorge für die Zurücksendung eine unbequeme Last auferlegt. Die Bedingung der Wiederausfuhr ist deshalb in diesem Fall eine drückendere, ihre Beseitigung erscheint wünschenswerth.

Wenn jedoch als alleinige Bedingung der Zollfreiheit die Eigenschaft als Muster oder Probe anerkannt werden soll, so entsteht die neue Schwierigkeit auszudrücken, worin diese Eigenschaft besteht. Man muss eine Grenze ziehen nach Menge und Werth, nur möglichst kleine Mengen und niedrige Werthe können als Proben zugelassen werden, um die Zollpflichtigkeit im Ganzen nicht illusorisch zu machen. Andererseits darf unter ein gewisses Minimum nicht herabgegangen werden, wenn die Probe als solche überhaupt ihren Zweck noch erfüllen soll. Die Höhe, auf der dies

Minimum festgelegt wird, bedeutet das Maass des Entgegenkommens gegen diese besondere Form des Aufsuchens von Bestellungen.

Werden Waaren über die Grenze geworfen auf ungewissen Verkauf, zum Verkauf auf Messen, Märkten, Wanderlagern, zum Vertrieb von Haus zu Haus, so sind die in Frage kommenden Erschwerungen resp. Erleichterungen analoger Art. Sie betreffen die Steuerpflicht der Personen, die Zollpflichtigkeit der Waaren.

Die die Grenze passirenden Waaren haben noch keinen festen Abnehmer, es ist ungewiss, ob sie in den Konsum des betr. Landes eingehen oder nicht. Soll dieser Thatbestand bei der zollamtlichen Behandlung berücksichtigt werden? Müssen auch diejenigen Waaren, die später unverkauft zurückgehen, den Zoll entrichten, so fragt es sich, ob diese Technik des Aufsuchens von Bestellungen ökonomisch möglich ist. Garantien in der Richtung, dass nur die thatsächlich verkauften Waaren der Zollpflicht unterliegen, erscheinen vom Standpunkt des Unternehmers aus wünschenswerth.

Gesteht man solche Garantien im Prinzip zu, so bleibt noch zu bestimmen, an welche Formalitäten sie geknüpft werden sollen. Je nach der Formulirung der Vorschriften über Nachweis der Identität, Verfallzeit des zu deponirenden oder sicherzustellenden Zollbetrages, Wahl des Weges für den Rücktransport kann mehr oder weniger an Entgegenkommen geleistet werden.

Der Verkauf auf Messen, Märkten, von Haus zu Haus erfordert die Begleitung der Waaren durch den Eigenthümer oder durch eine ihn vertretende Person. Die Frage der persönlichen Steuerpflicht taucht also auch hier wieder auf, lässt verschiedene Lösungen zu und eröffnet damit einen Spielraum für Erleichterung oder Erschwerung dieser Art des Geschäftsbetriebs.

Angesichts der steigenden Bedeutung, welche das Aufsuchen von Waarenbestellungen im Auslande für den Exporthandel hat, gewinnt naturgemäss für die Beurtheilung eines Handelsvertrages als Ganzes die Frage immer grösseres

Gewicht, welche Konzessionen enthält er in dieser Beziehung. Wenn man bisher von einer auf dem Wege des Vertrages sichergestellten Oeffnung der Grenzen sprach, so dachte man dabei im Wesentlichen nur an die Vereinbarungen über die Höhe der Zollsätze. Das Entgegenkommen in dieser Beziehung kann aber mehr oder weniger wieder aufgehoben werden durch eine Erschwerung des Aufsuchens von Waarenbestellungen. Ob die Bedingungen eines Vertrages im Ganzen als günstig oder ungünstig zu bezeichnen sind, lässt sich nur beurtheilen, wenn man auch diese Seite der Sache genügend in Erwägung zieht. Der Staat, der sich nicht bindet in Bezug auf die Steuerpflicht der ausländischen Geschäftsreisenden, die zollamtliche Behandlung von Mustern und Proben, behält sich die autonome Regelung vor, d. h. er ist jederzeit in der Lage, beliebige Aenderungen zu verfügen und so durch Erschwerung einer nothwendigen Technik des Exporthandels das wieder aufzuheben, was er an Zollermässigungen vertragsrechtlich zugestanden hat.

Ueber diesen Thatbestand sind weiteren Kreisen die Augen geöffnet durch die neue Besteuerung ausländischer Geschäftsreisender in Russland, eine Maassnahme der russischen Regierung, die in Deutschland sehr unangenehm überraschte, aber trotz des Bestehens eines deutsch-russischen Handelsvertrages rechtlich nicht anzufechten war.

Das russische Gewerbesteuergesetz vom 8. Juni 1898 unterwirft die russischen Handels- und Gewerbe-Unternehmungen, welche Handlungsreisende unterhalten, einer Doppelbesteuerung, indem es sowohl die Firmen als auch die Reisenden persönlich besteuert. Es bestimmt zugleich, dass nur solche Unternehmungen Handlungsreisende halten dürfen, die zur Gewerbesteuer mit einem jährlichen Satze von mindestens 500 Rubel herangezogen werden.

Diese Doppelbesteuerung ist durch die ministeriellen Ausführungsbestimmungen zum Gesetz auch auf ausländische Firmen, die in Russland reisen lassen, ausgedehnt. Man verlangt, dass ihre Reisenden nicht nur wie bisher, für ihren persönlichen Gewerbebetrieb einen Steuerbetrag von 50 Rubel entrichten, sondern auch noch einen zweiten in Höhe von 500 Rubel für ihre Firmen. Eine Erleichterung wird nur insofern gewährt, als ihnen gestattet sein soll, gegen Zahlung von 500 Rubel die Eigenschaft als selbstständige Kaufleute zu erwerben, in welchem Falle sie eines besonderen Gewerbescheines als Handlungsreisende nicht mehr bedürfen.

Das Gesetz gestattet auch die Erhebung kommunaler Zuschläge zur staatlichen Gewerbesteuer, die den ausländischen Geschäftsreisenden ebenfalls treffen. Wieweit sich durch diese Zuschläge der Steuerbetrag über die Grenze von 500 Rubel hinaus noch steigern kann, lässt sich noch nicht klar übersehen. In Warschau werden an Zuschlägen erhoben:

15 Proz. städtische Abgaben
10 „ Gemeindegerichtssteuer
10 „ Einquartirungssteuer

in Summa 35 Proz. Zuschlag, sodass der Gesammtbetrag der Steuer 675 Rubel (500 + 175) beträgt.

Ein Weiteres kommt noch hinzu. Die Zahlung des Steuerbetrages gewährt keineswegs allen Ausländern das Recht, in Russland Handel zu treiben. Die Ausführungsbestimmungen schreiben vor, dass ausländische Kaufleute israelitischen Glaubens zuvor die Erlaubniss der Minister des Innern, der Finanzen und der auswärtigen Angelegenheiten einzuholen haben. Nur nach Ertheilung der ministeriellen Genehmigung soll ihnen der erforderliche Gewerbeschein ausgestellt werden dürfen.

In Betracht kommen die Artikel 1 und 12 des deutsch-russischen Handelsvertrages vom Jahre 1894.

Artikel 1.

„Die Angehörigen eines der beiden vertragschliessenden Theile, welche sich in dem Gebiete des anderen Theils niedergelassen haben oder sich dort vorübergehend aufhalten, sollen dort im Handels- und Gewerbebetrieb die nämlichen Rechte geniessen und keinen höheren oder anderen Abgaben unterworfen werden, als die Inländer. Sie sollen in dem Gebiete des anderen Theils in jeder Hinsicht dieselben

Rechte, Privilegien, Freiheiten, Begünstigungen und Befreiungen haben, wie die Angehörigen des meistbegünstigten Landes.

Es herrscht jedoch darüber Einverständniss, dass durch die vorstehenden Bestimmungen die besonderen Gesetze, Erlasse und Verordnungen auf dem Gebiete des Handels, der Gewerbe und der Polizei nicht berührt werden, welche in jedem der beiden vertragschliessenden Länder gelten oder gelten werden und auf alle Ausländer Anwendung finden."

Artikel 12.

„Kaufleute, Fabrikanten und andere Gewerbetreibende, welche sich durch den Besitz einer von den Behörden des Heimathlandes ausgefertigten Gewerbelegitimationskarte darüber ausweisen, dass sie in dem Staate, wo sie ihren Wohnsitz haben, zum Gewerbebetrieb berechtigt sind, sollen befugt sein persönlich oder durch die in ihren Diensten stehenden Reisenden in dem Gebiete des anderen vertragschliessenden Theiles Waareneinkäufe zu machen oder Bestellungen, auch unter Mitführung von Mustern, zu suchen. Die gedachten Kaufleute, Fabrikanten und anderen Gewerbetreibenden oder Handlungsreisenden sollen wechselseitig in den beiden Ländern hinsichtlich der Pässe und der den Handelsbetrieb treffenden Abgaben wie die Angehörigen der meistbegünstigten Nation behandelt werden." u. s. w.

Aus dem angezogenen Text kann ein Argument gegen die vertragsrechtliche Zulässigkeit der fraglichen Maassnahmen nicht abgeleitet werden.

Andere oder höhere Abgaben, als die Inländer zu entrichten haben, werden auch von den Ausländern nicht gefordert. Dass die deutschen Firmen auch in der Heimath Gewerbesteuer zahlen, braucht der russische Staat nicht zu berücksichtigen, solange hierüber eine vertragsmässige Vereinbarung nicht vorliegt. Betreffs der den Ausländern einzuräumenden Rechte, Freiheiten, Begünstigungen und Befreiungen haben die Angehörigen des Deutschen Reiches vertragsmässig nur den Anspruch auf Gleichstellung mit der meistbegünstigten Nation. Rechte, Privilegien etc., auf die man sich deutscherseits im vorliegenden Falle hätte berufen können, sind aber Angehörigen irgend einer Nation russischerseits nicht zugestanden.

Bezüglich der Sonderbehandlung der jüdischen Reisenden kann sich die russische Regierung auf Absatz 2 des Artikel 1 berufen, 'wonach Einverständniss darüber herrscht, dass durch die Bestimmungen des Vertrages die besonderen Gesetze, Erlasse und Verordnungen auf dem Gebiete des Handels, der Gewerbe und der Polizei nicht berührt werden, welche in jedem der beiden vertragschliessenden Länder gelten oder gelten werden und auf alle Ausländer Anwendung finden.

Wenn aber auch von der vertragsrechtlichen Seite die fraglichen Maassnahmen nicht angreifbar erscheinen, so liegt doch klar zu Tage, dass sie eine erhebliche Erschwerung der deutschen Ausfuhr nach Russland über jenes Maass hinaus bedeuten, das durch Bindung der russischen Zölle auf deutscher Seite als festgelegt erachtet wurde. Diese Erschwerung wirkt um so bedauerlicher, als sie hauptsächlich die Unternehmungen mittleren und kleinen Umfangs trifft, deren Umsatz nicht gross genug ist, um die erhöhten Geschäftsunkosten leicht wieder einbringen zu können. Es ist dabei nicht zu übersehen, dass die ausländische Firma den Steuerbetrag von 500 Rubel zu zahlen hat für einen Komplex von Geschäften, der seinem Umfange nach in der Mehrzahl der Fälle hinter demjenigen des inländischen Konkurrenten zurückstehen dürfte, der einzelne Umsatz bei der ausländischen Firma mithin in der Regel höher besteuert erscheint, als der der inländischen.

Das Aufsuchen von Waarenbestellungen durch deutsche Geschäftsreisende in Russland spielt in den deutsch-russischen Handelsbeziehungen eine hoch bedeutsame Rolle. Die Zahl der Geschäftsbranchen, welche im Interesse ihres Exports auf diese Art des Gesehäftsbetriebes angewiesen sind, scheint überaus stattlich zu sein.

So berichtet die Handels- und Gewerbekammer für Mittelfranken, dass folgende Branchen ihres Bezirks Russland regelmässig durch Reisende besuchen lassen: Leinwaaren-, Bilderbücher-, Bleistift-, Bronze-, Cedernholz-, Celluloidwaaren-, Farben-, Fahrräder-, Hopfen-, Holzwaaren-, Kamm-, Maschinen-, Metallwaaren-, Majolika-, Nachtlicht-, Pinsel-, Spielwaaren-, Zinnfiguren - Branche, Ghromolithographische und elektrotechnische Anstalten.

Die Handelskammer zu Pforzheim spricht sich in einer Eingabe an den Reichskanzler folgendermaassen aus: „Es giebt gewiss eine ganze Reihe von Industriezweigen, welche diese ausserordentliche Erhöhung eines bis dahin untergeordneten Postens der Geschäftsunkosten ohne sonderliche Nachtheile und Beschwerden werden ertragen oder auf die Vermittelung des Absatzes ihrer Erzeugnisse durch Handlungsreisende werden verzichten können, viele aber werden es nicht vermögen, ohne gleichzeitig auf Russland ganz oder zum grössten Theil als Absatzgebiet verzichten zu müssen. Zu diesen Industriezweigen ist die Bijouterie- und Edelmetallwaaren-Industrie zu zählen, der es zum Theil nur unter Aufwendung sehr erheblicher Mittel gelungen ist, seiner Zeit den durch einen erbitterten Zollkrieg verlorenen oder gefährdeten russischen Markt wieder zu erobern bezw. zu behaupten. Die in dieser Beziehung errungenen Erfolge verdankt sie nicht zum Wenigsten gerade den im internationalen Wettbewerb mit Recht allgemein als besonders wirksam anerkannten Geschäftsbetrieb durch Handlungsreisende und sie ist naturgemäss in Folge der Bedrohung dieses Instituts aufs Höchste beunruhigt. Allein aus unserer Stadt pflegen jährlich 15—20 Reisende regelmässig zwei Mal Russland zu besuchen und sich 6 bis 8 Wochen im Lande aufzuhalten. Erstreckte sich der Besuch dieser Reisenden in Folge der Natur des von ihnen vertriebenen Artikels wie auch wegen der im Ganzen geringeren Bequemlichkeit und Leichtigkeit des Reisens in Russland auch vorwiegend auf die Hauptstädte des Landes, so fehlt es neuerdings doch auch nicht an erfolgreichen Versuchen, die Provinzen bereisen zu lassen.

und der deutsche Geschäftsreisende ist ebenso in Warschau, Riga und Moskau wie in St. Petersburg, Kiew und Odessa, im Westen wie im Osten, im Norden wie im Süden des Landes vertreten."

Die neue russische Besteuerung der ausländischen Geschäftsreisenden in Verbindung mit dem schutzzöllnerischen Tarif ist nichts Anderes als ein Absperrungssystem doppelter Art. Hinter der Mauer, welche die Schutzzölle darstellen, erhebt sich ein zweites Hinderniss, dessen besondere Stärke im Vergleich zum ersten darin besteht, dass es beliebig erhöht werden kann. Die jetzige Steuerhöhe wirkt erdrosselnd nur für die Unternehmungen kleineren Umfanges, sie lässt den grösseren noch die Möglichkeit, ihre Geschäfte weiterzuführen. Aber auch über den grösseren hängt das Damoklesschwert, die Steuerschraube kann jederzeit bis zu einem solchen Grade angezogen werden, dass auch sie als Opfer fallen.

Das Aufsuchen von Waarenbestellungen bildet einen integrirenden Bestandtheil der durch Handelsverträge zu regelnden Fragen, es müssen Garantien geschaffen werden, dass zolltarifarische und sonstige Zugeständnisse nicht durch Erschwerung einer nothwendigen Technik des Exporthandels illusorisch gemacht werden können.

II. Die gegenwärtigen Vereinbarungen mit dem Auslande.

Das Deutsche Reich ist ein auf den Export angewiesenes Wirthschaftsgebiet. Wenn das Aufsuchen von Waarenbestellungen im Auslande eine nothwendige Technik des Exporthandels darstellt, so muss deutscherseits Gewicht darauf gelegt werden beim Abschluss von Handelsverträgen, einmal die Bedingungen für die Ausübung dieser Technik in möglichst weitgehender Weise vertragsrechtlich festzulegen,

d. h. sie der willkürlichen Bestimmung des anderen Theils zu entziehen, zweitens diese Bedingungen für den deutschen Export inhaltlich möglichst günstig zu gestalten. Was ist nach diesen beiden Richtungen hin durch die bisher abgeschlossenen Handelsverträge erreicht?

Besonderes Interesse bietet die Gruppe der im Anfang der neunziger Jahre mit Oesterreich-Ungarn, Italien, Belgien, Schweiz, Russland, Rumänien und Serbien abgeschlossenen Verträge, deren demnächstige Erneuerung augenblicklich den Gegenstand vorbereitender Berathungen bildet. Wir wollen die Untersuchung auf diese Gruppe beschränken.

Zunächst ist zu konstatiren, dass sämmtliche Verträge Abmachungen über die steuerliche Behandlung der sog. Geschäftsreisenden enthalten. Mit Ausnahme des russischen Vertrages, dessen abweichender Inhalt oben näher dargelegt ist, gestehen sie übereinstimmend Steuerfreiheit unter gewissen Bedingungen und Voraussetzungen zu. Es kommt darauf an, die vertragsmässigen Abmachungen bezüglich dieser Bedingungen und Voraussetzungen näher darzulegen.

Da in den einzelnen Verträgen ein verschiedenes Maass von fester Regelung und von Zugeständnissen sich findet, so erscheint es zweckmässig, zuerst auf einen Vertrag näher einzugehen, der in möglichst klarer Weise zum Ausdruck bringt, wie weit man in beiden Beziehungen gehen will.

Der Handelsvertrag mit der Schweiz gesteht den deutschen Geschäftsreisenden, mögen sie Inhaber oder Angestellte einer Firma sein, die steuerfreie Ausübung ihres Gewerbebetriebes unter klar und unzweideutig formulirten Bedingungen zu.

Vorbedingung der Steuerfreiheit ist zunächst der Nachweis auf Grund einer von der Heimathsbehörde ausgestellten Gewerbelegitimationskarte, dass die absendende Firma im Heimathstaate zum Gewerbebetrieb berechtigt ist und die gesetzlichen Steuern und Abgaben entrichtet. Für die Legitimationskarte sieht der Vertrag ein Muster vor, das den Wortlaut der Bescheinigung festlegt.

(Muster.)

Gewerbelegitimationskarte für Handlungsreisende.

Für das Jahr 19 . . . No. der Karte . . .

(Wappen.)

Gültig in dem Deutschen Reiche, in Luxemburg, in der Schweiz.

Inhaber
(Vor- und Zunahme.)

(Ortsname), den . . . . 19 . . .

(Siegel)

(Behörde)
Unterschrift

Es wird hiermit bescheinigt, dass Inhaber dieser Karte
eine (Art der Fabrik oder Handlung) in . . . .
unter der Firma . . . . besitzt.
als Handlungsreisender im Dienste der Firma . . . .
in . . . . steht, welche eine (Art der Fabrik oder Handlung) daselbst besitzt.

Ferner wird, da Inhaber für Rechnung dieser Firma und ausserdem nachfolgender Firmen:

1. . . . . in . . . .

2. . . . . in . . . .

Waarenbestellungen aufzusuchen und Waareneinkäufe zu machen beabsichtigt, bescheinigt, dass

für den Gewerbetrieb vorgedachter Firm$\frac{a}{en}$ im hiesigen Lande die gesetzlich bestehenden Abgaben zu entrichten sind.

die vorgedachte(n) Firm$\frac{a}{en}$ im hiesigen Lande zum Gewerbebetrieb berechtigt $\frac{ist}{sind}$.

Bezeichnung der Person des Inhabers.

Alter: . . . .

Gestalt: . . . .

Haare: . . . .

Besondere Kennzeichen: . . . .

Unterschrift: . . . .

Eine Kontrole der Legitimationskarten wird dadurch ermöglicht, dass beide Theile sich gegenseitig Mittheilung zu machen haben, welche Behörden zur Ausstellung befugt sind.

Eine zweite Bedingung der Abgabenfreiheit ist die Innehaltung der Grenzen, welche für die Ausübung steuerfreien Gewerbebetriebs im Vertrage vereinbart sind. Der Gewerbebetrieb darf sich nur erstrecken auf das Aufsuchen von Bestellungen bei Kaufleuten oder solchen Personen, in deren Gewerbebetrieb Waaren der angebotenen Art Verwendung finden. Ausdrücklich ausgenommen von dem Zugeständniss der Abgabenfreiheit wird der Hausirhandel und das Aufsuchen von Bestellungen bei Nichtgewerbetreibenden.

Wie die in den beiden letzteren Arten des Gewerbebetriebs beschäftigten Personen steuerlich behandelt werden sollen, erwähnt der Vertrag nicht, d. h. er überlässt es der autonomen Regelung. Das Gleiche gilt bezüglich solcher Personen, die auf Messen und Märkten Waaren zum Verkaufe stellen wollen.

Der Vertrag mit der Schweiz unterscheidet nach Vorstehendem zwei Kategorien von Geschäftsreisenden:

1. Geschäftsreisende, welche Bestellungen nur bei Kaufleuten und solchen Personen aufsuchen, in deren Gewerbebetrieb Waaren der angebotenen Art Verwendung finden;
2. Geschäftsreisende mit anderem Gewerbebetrieb (Aufsuchen von Bestellungen bei Nichtgewerbetreibenden, Hausiren, Verkauf auf Messen und Märkten).

Erstere Kategorie geniesst Steuerfreiheit, wie letztere steuerlich behandelt werden soll, unterliegt dem autonomen Belieben.

Für Geschäftsreisende der ersten Kategorie wird Steuerfreiheit auch in den übrigen Verträgen ausdrücklich zugestanden. Mit Ausnahme des italienischen Vertrages gilt dabei dieselbe Voraussetzung, dass nämlich die betr. Firmen in ihrer Heimath die gesetzlichen Abgaben entrichten. Dieser Nachweis ist ebenso wie in der Schweiz durch eine von der Heimathsbehörde ausgestellte Legitimationskarte nach vertragsmässig festgelegtem Muster zu führen. Der italienische Vertrag verlangt nur eine Bescheinigung der Heimathsbehörde über die Eigenschaft der betreffenden Personen als Geschäftsreisende, von einer vertragsmässigen Festlegung des Inhalts dieser Bescheinigung ist abgesehen.

Verschiedenheiten im Vergleich zum schweizerischen enthalten die übrigen Verträge in Bezug auf die Abgrenzung des steuerfreien Gewerbebetriebs. Während die Verträge mit Rumänien und Serbien in der gleichen Weise abgrenzen wie der schweizerische Vertrag, bewilligen die Verträge mit Oesterreich-Ungarn, Italien und Belgien die Steuerfreiheit allen Geschäftsreisenden, die Bestellungen aufsuchen, gleichviel ob nur bei Gewerbetreibenden oder auch bei Nichtgewerbetreibenden.

Der schweizerische Vertrag unterscheidet nur zwischen vertragsmässiger Steuerfreiheit und autonomer Regelung der Steuerbelastung, während in den übrigen Verträgen auch noch das Recht auf Gleichstellung mit den Inländern oder mit der meistbegünstigten Nation eine Rolle spielt.

Nach dem Vertrage mit Serbien geniessen die deutschen Gewerbetreibenden grundsätzlich das Recht auf Gleichstellung sowohl mit den Inländern als auch mit der meistbegünstigten Nation. Der deutsche Hausirer oder Messkaufmann, dem vertragsmässig ein Anspruch auf Steuerfreiheit nicht zusteht, geniesst hiernach wenigstens insofern einen Schutz gegen willkürliche Belastung, als er zu keinen anderen oder höheren Abgaben herangezogen werden darf, als der inländische Gewerbetreibende gleicher Kategorie; soweit für diese Art des Gewerbebetriebs Angehörigen einer dritten Nation weitergehende Konzessionen gemacht werden sollten, kommen sie eo ipso auch den deutschen Staatsangehörigen zu Gute. Der russische Vertrag enthält, wie oben dargelegt, dieselben Abmachungen.

Dasselbe Zugeständniss wie Serbien hat auch Italien bewilligt mit der Einschränkung jedoch, dass Hausirer deutscher Nationalität nur den Anspruch auf Gleichstellung mit der meistbegünstigten Nation haben sollen.

Rumänien bewilligt den deutschen Hausirern gleichfalls nur das Recht auf Gleichstellung mit der meistbegünstigten Nation, während es im Uebrigen den deutschen Gewerbetreibenden Gleichstellung mit den Inländern verspricht.

Oesterreich-Ungarn gesteht Gleichstellung mit den Inländern den deutschen Messkaufleuten zu, behält sich jedoch bezüglich der Belastung der deutschen Hausirer völlig freie Hand vor.

Belgien hat für alle hier in Frage kommenden Kategorien von Gewerbetreibenden nur Gleichstellung mit der meistbegünstigten Nation versprochen.

Neben der steuerlichen Behandlung der verschiedenen Kategorien von Gewerbetreibenden kommt für unsere Erörterung die zollamtliche Behandlung von Waaren und Mustern als Gegenstand vertragsmässiger Vereinbarungen in Betracht. Wir wollen auch hier wieder von dem schweizerischen Vertrage ausgehen.

Er enthält keine besondere Vorschrift über die zollamtliche Behandlung der von Reisenden mitgeführten Muster, behandelt vielmehr die Frage der Muster in umfassenderer Weise und macht dabei eine bemerkenswerthe Unterscheidung.

Im Schlussprotokoll wird festgesetzt, dass Musterkarten und Muster in Abschnitten oder Proben, welche nur zum Gebrauch als solche geeignet sind, von Eingangsabgaben befreit bleiben sollen. Artikel V des Vertrags andererseits legt die Zollfreiheit für alle diejenigen Waaren (mit Ausnahme der Verzehrungsgegenstände) fest, die als Muster eingehen und binnen einer im Voraus zu bestimmenden Frist wieder ausgeführt werden.

Die gleiche zollamtliche Behandlung wie Waaren, die als Muster eingehen, wird auch solchen Waaren (ebenfalls wieder mit Ausnahme der Verzehrungsgegenstände) versprochen, die zum Verkauf auf Märkten und Messen oder auf ungewissen Verkauf ausser dem Mess- und Marktverkehr eingebracht werden.

Es wird also eine bedingungslose und eine bedingte Zollfreiheit unterschieden. Die bedingungslose geniessen diejenigen Waaren, die nur zum Gebrauch als Muster geeignet erscheinen; für Waaren, die dieser Voraussetzung nicht entsprechen, kann die Zollfreiheit beansprucht werden unter den im Vertrage vorgesehenen Bedingungen.

Für die praktische Beurtheilung der Frage, ob Abschnitte und Proben von Waaren ausschliesslich zum Gebrauch als Muster geeignet erscheinen, legt der Vertrag keine Merkmale fest, dagegen sucht das Schlussprotokoll die Praxis der Bewilligung bedingter Zollfreiheit für Muster im Allgemeinen und für Waaren, die Märkte und Messen aufsuchen, durch Aufstellung bindender Grundsätze in detaillirter Weise zu regeln. Es wird stipulirt, von welchen Bedingungen die Zollfreiheit abhängig gemacht werden darf.

Als solche werden aufgezählt die baare Hinterlegung oder Sicherstellung des Zollbetrages, die Bezeichnung der Musterstücke durch aufgedruckte Stempel oder angehängte Siegel oder Bleie, gewisse Vorschriften über den Inhalt der Abfertigungspapiere. Letztere sollen unter Anderem die Bestimmung der Frist enthalten, nach deren Ablauf, soweit nicht vorher die Wiederausfuhr der Muster nachgewiesen wird, der hinterlegte Zollbetrag verrechnet oder aus der bestellten Sicherheit eingezogen werden darf. Für die Bemessung der Frist wird eine gewisse Länge garantirt, bei der Wiederausfuhr soll die Wahl des Weges offen bleiben, d. h. sie kann über jedes beliebige Zollamt erfolgen.

Von Bedeutung sind auch die Abmachungen zur Erleichterung des Abfertigungsverfahrens. Es wird unter Anderem ausbedungen, dass die Abfertigung derjenigen Gegenstände, für welche eine Zollbefreiung in Anspruch genommen wird, auch bei Zollstellen im Innern des Landes stattfinden kann, dass ferner die von der Zollbehörde des einen Gebiets angelegten Erkennungszeichen auch in dem anderen Gebiet zum Beweise der Identität dienen können, dass endlich alle Abfertigungen durchaus gebührenfrei erfolgen sollen.

Auch bezüglich der Kontrolmassregeln zur Verhütung von Missbrauch sucht das Schlussprotokoll eine Bindung an feste Normen anzubahnen.

Was stipuliren die übrigen Verträge bezüglich der zollamtlichen Behandlung von Waaren und Mustern?

Die Verträge mit Russland, Italien und Belgien enthalten Abmachungen nur bezüglich der von Geschäftsreisenden mitgeführten Muster, sie sichern Zollfreiheit für dieselben unter gewissen Bedingungen zu. Für Muster, die auf andere Weise eingeführt werden, mögen sie Waarenqualität haben oder nur zum Gebrauch als Muster oder Probe geeignet sein, sind keine Festsetzungen getroffen.

Eine vertragsmässige Vereinbarung über die Zollfreiheit von Musterkarten und Mustern in Abschnitten und Proben, die nur zum Gebrauch als solche geeignet sind, fehlt auch in den Verträgen mit Oesterreich-Ungarn, Rumänien und Serbien, die im Uebrigen weiter gehen in ihren Zugeständnissen als Russland, Italien und Belgien.

Oesterreich-Ungarn sichert wie die Schweiz Zollfreiheit unter gewissen Voraussetzungen zu für Waaren (mit Ausnahme von Verzehrungsgegenständen), die auf Messen oder Märkte gebracht oder auf ungewissen Verkauf ausser dem Mess- und Marktverkehr versendet werden. Rumänien macht dasselbe Zugeständniss bezüglich des Mess- und Marktverkehrs und dehnt die Zollfreiheit auch auf solche Waaren aus, die auf zollamtliche Niederlagen oder Lager gebracht werden. Serbien verspricht gleiche Behandlung des Mess- und Marktverkehrs und des ungewissen Verkaufs ausserhalb dieses Verkehrs, insoweit die betreffenden Waaren nicht in den freien Verkehr gesetzt, sondern unter Kontrolle der Zollbehörden in öffentlichen Niederlagen gelagert werden.

Ganz besonders bemerkenswerth ist das Zurückbleiben der übrigen Verträge hinter dem schweizerischen auf dem Gebiete der möglichst unzweideutigen Präzisirung der Bedingungen für die Zollfreiheit.

Dass eine möglichst weitgehende Präzisirung für die Praxis den allergrössten Werth hat, liegt auf der Hand, man schafft erst dadurch die nöthige Garantie, dass die Zugeständnisse nicht durch eine chikanöse Formulirung an und für sich nothwendiger Kautelen wieder werthlos gemacht werden.

Die Zollfreiheit kann nur zugestanden werden unter den Bedingungen der Wiederausfuhr, der Wahrung der Identität, der Deponirung oder Sicherstellung des Zollbetrags. Diese selbstverständlichen Voraussetzungen werden in den Verträgen überall ausdrücklich erwähnt, eine detaillirte Bindung der Ausführungsvorschriften, wie sie der schweizerische Vertrag anstrebt, fehlt indessen. Die wichtigen Fragen, innerhalb welcher Frist die Wiederausfuhr erfolgen muss, ob sie über jedes beliebige Zollamt erfolgen kann, auf welche Weise die Identität gesichert werden soll, ob im Besonderen die Erkennungszeichen, welche die Zollbehörden in dem einen Lande schon angelegt haben, im anderen als geeignet zur Wahrung der Identität anerkannt werden sollen, ob die zollamtlichen Abfertigungen nur an der Grenze oder auch im Inlande erfolgen dürfen, ob sie gebührenfrei oder kostenpflichtig sein sollen, bleiben offen. Der belgische Vertrag ist ergänzt durch eine nachträgliche Verständigung über die gegenseitige Anerkennung der Identitätszeichen an Waarenmustern (Bekanntmachung vom 28. März 1897).

Im Grossen und Ganzen wird man sagen dürfen, das Meiste an Zugeständnissen und Bindung zur Erleichterung des Aufsuchens von Waarenbestellungen enthält der schweizerische Vertrag. Fasst man bei ihm die Einzelheiten zusammen, um an dem Ganzen zu zeigen, wieweit das Aufsuchen von Waarenbestellungen Gegenstand vertragsmässiger Vereinbarung geworden ist, so ergiebt sich Folgendes:

1. Steuerfreiheit für ausländische Geschäftsreisende, soweit sie sich darauf beschränken, Bestellungen bei Gewerbetreibenden aufzusuchen, keine vertragsmässigen Festsetzungen bezüglich der Personen, welche einen Gewerbebetrieb anderer Art ausüben, d. h. Vorbehalt der autonomen Regelung, der Regelung nach freiem Belieben;
2. Zollfreiheit unter der Bedingung der Wiederausfuhr für alle Muster von Waaren (mit Ausnahme von Verzehrungsgegenständen), gleichviel ob sie von Geschäftsreisenden eingeführt oder direkt an einzelne Konsumenten versandt werden;

3. Zollfreiheit ohne die Bedingung der Wiederausfuhr für Musterkarten und Muster in Abschnitten und Proben, welche nur zum Gebrauch als solche geeignet sind;
4. Zollfreiheit unter der Bedingung der Wiederausfuhr für Waaren (mit Ausnahme von Verzehrungsgegenständen), die zum Verkauf auf Messen und Märkten oder zu ungewissem Verkauf ausserhalb des Mess- und Marktverkehrs eingeführt werden;
5. möglichst weitgehende Bindung bezüglich aller derjenigen Vorschriften, die als Bedingungen der Steuer- und Zollfreiheit erlassen werden dürfen.

Charakteristisch für alle vorstehend erörterten Verträge ist, dass der eine Theil als Gegenleistung für die ihm gemachten Zugeständnisse dem anderen Theile das Recht auf gleiche Behandlung garantirt. Soweit das Aufsuchen von Waarenbestellungen Gegenstand der vertragsmässigen Vereinbarung geworden ist, handelt es sich also um Gegenseitigkeitsverträge, eine Form, die an sich keineswegs als die einzige oder selbstverständliche angesehen zu werden braucht.

III. Die Vorbereitung neuer Handelsverträge.

Welche Forderungen sollen deutscherseits beim Neuabschluss von Handelsverträgen gestellt werden in Bezug auf die Erleichterung des Aufsuchens von Waarenbestellungen im Auslande?

Diese Frage lässt sich nur beantworten auf Grund sorgfältiger, möglichst eingehender Erhebungen, getrennt für die einzelnen in Betracht kommenden Länder.

Aus der Handelsstatistik kann man, wenn auch nicht immer detaillirt genug, ersehen, aus welchen einzelnen Artikeln sich der deutsche Gesammtexport nach einem bestimmten Lande zusammensetzt. Die Kenntniss der in Betracht kommenden Waarengattungen giebt aber keineswegs die wünschenswerthe Orientirung bezüglich der Technik des Handels mit dem betr. Lande, insbesondere nicht über die Frage, welche Rolle spielt das Aufsuchen von Waarenbestellungen für den deutschen Export dorthin.

Die Technik des Handels ist nicht die gleiche bei allen Waarengattungen, sie bildet Besonderheiten aus je nach der Waaren-Individualität, diese Besonderheiten wechseln nach Zeit und Ort. Die Kenntniss aller wissenswerthen Einzelheiten hat bei der einzelnen Branche nur ein enger Kreis Nächstbetheiligter, ihm muss Gelegenheit gegeben werden, sich zu äussern.

Wenn man das Aufsuchen von Waarenbestellungen als eine besondere Technik des Exporthandels bezeichnet im Gegensatz zu anderen Arten, so fasst man mit einem Sammelbegriff eine Reihe an sich verschiedener Praktiken zusammen. Die Verschiedenheit der einzelnen in Betracht kommenden Vorgänge ist oben schon dargelegt. Bei einer Klarstellung der Bedeutung, welche dem Aufsuchen von Waarenbestellungen im Verkehr mit einem bestimmten Lande zukommt, gilt es also zu spezifiziren für die einzelnen Arten.

Es genügt nicht, zu erfahren, dass die und die Branchen auf Vermittelung des Absatzes durch Geschäftsreisende angewiesen sind, es muss präzisirt werden, worin der Geschäftsbetrieb der Reisenden im konkreten Falle besteht. Eine Reihe weiterer Fragen drängt sich auf.

Bedingen es die besonderen Verhältnisse, dass der Reisende sich nicht beschränkt auf das Aufsuchen von Bestellungen bei Kaufleuten und Gewerbetreibenden, sondern auch über diesen Kreis hinaus Beziehungen anknüpft? Findet der sog. Detailreisende, d. h. der Reisende, der Waaren mit sich führt, um sie direkt an Konsumenten abzusetzen, ein geeignetes Feld? Sind die Geschäftsreisenden Agenten, die im Importlande ihr Domizil haben, die Eigenschaft als Staatsangehörige dort besitzen, oder Geschäftsreisende im engeren Sinne, die das Importland nur vorübergehend besuchen, Muster und Waaren, die sie anbieten, mit sich über die Grenze bringen?

Wenn in der gewöhnlichen Tagesdiskussion vom Aufsuchen von Waarenbestellungen die Rede ist, so denkt man in der Regel nur an den Gewerbebetrieb der Geschäftsreisenden. Es ist schon oben dargelegt, dass auch noch andere Formen des Aufsuchens von Bestellungen eine Rolle spielen, welche Bedeutung kommt diesen zu im Verkehr mit dem betr. Lande?

Liegen die Verhältnisse günstig für eine Vermittelung des Absatzes durch direkte Zusendung von Mustern und Proben an einzelne Konsumenten? Ist es dabei möglich, die Mustersendung nach Menge und Werth so gering zu bemessen, dass sie für sich die Eigenschaft als Muster ohne Werth beanspruchen darf, oder ist es nicht zu vermeiden, dass sie, wenn auch als Probe bezeichnet, doch eine für den Konsum geeignete Waare mit entsprechendem Werth darstellt?

Spielt der Besuch von Messen und Märkten für den Exporthandel eine Rolle? Hat sich die Errichtung von Musterlagern an den Hauptplätzen des Landes als rathsam erwiesen, welche Bedeutung hat der Hausirhandel und der Verkauf auf Wanderlager?

Wenn man über diese Verhältnisse die Nächstbetheiligten befragt, so werden positive Anhaltspunkte gewonnen zu einem Urtheil darüber, welche Bedeutung den verschiedenen Formen des Aufsuchens von Waarenbestellungen in einem ganz bestimmten Falle, d. h. gegenüber einem bestimmten Lande, zuzumessen ist.

An eine Untersuchung der eben bezeichneten Art reiht sich naturgemäss eine zweite, die ebenfalls nur durch Befragung der Nächstbetheiligten erledigt werden kann. Es ist festzustellen, wieweit sich die bisherigen Vereinbarungen bewährt haben, wieweit sie den Bedürfnissen der Praxis entsprechen.

Der Güteraustausch mit einem bestimmten Lande unterliegt dem Wechsel in Bezug auf die Zusammensetzung der ausgetauschten Gütermenge. Gewisse Artikel treten hinzu, gewisse verschwinden, die relative Bedeutung der einzelnen verschiebt sich. Da bei der einen Waare das Aufsuchen von Bestellungen eine Rolle spielt, bei der anderen nicht, so ändert sich mit der Zusammensetzung des Gesammtexports natürlich auch die Bedeutung, welche dieser Technik des Handels im Verkehr mit einem ganz bestimmten Lande zukommt. Sie wird grösser oder kleiner je nach der Eigenart des Wechsels in der Zusammensetzung. Das Gewicht, das man beim Abschluss früherer Handelsverträge auf eine Erleichterung des Aufsuchens von Bestellungen legen zu müssen glaubte, kann Angesichts der neueren Entwickelung der Dinge als zu gering erscheinen, die Konzessionen des anderen Theils können hinter dem Bedürfniss der Praxis, wie es sich augenblicklich gestaltet hat, zurückbleiben.

Betreffs der steuerlichen Behandlung der in Frage kommenden Personen sehen die bisherigen Verträge vier verschiedene Arten der Bindung des souverainen Befindens vor: Steuerfreiheit, Gleichstellung mit den Inländern, Gleichstellung mit der meistbegünstigten Nation, Gleichstellung mit den Inländern und der meistbegünstigten Nation. Der wirkliche Inhalt dieser Konzessionen ist a priori nur klar bei der Steuerfreiheit, sie allein schafft einen Zustand, der nur eine einzige, ihrem Wesen nach von vornherein klar zu übersehende Art der Behandlung zulässt. Was die anderen Zugeständnisse praktisch bedeuten, lehrt erst die Erfahrung, wie jetzt beim neuen russischen Gewerbesteuergesetz. Je nach den Erfahrungen wird man daher ihren Werth zu bemessen haben.

Die Erfahrung wird aber auch darthun, in welcher Weise die bisher üblichen Formen der Bindung modifizirt werden können, um neue Mittelwege zu finden zu grösserer Annäherung entgegengesetzter Standpunkte. Die Erfahrungen mit dem neuen russischen Gewerbesteuergesetz zeigen, wie rathsam es ist, wenn das Zugeständniss der Steuerfreiheit nicht durchgesetzt werden kann, wenigstens auf Bindung des Maasses der Besteuerung zu dringen, Maximalsätze festzulegen, über die nicht hinausgegangen werden darf. Das Besteuerungsrecht wird nicht nur vom Staat, sondern auch von den Selbstverwaltungskörpern ausgeübt. Die Zulässigkeit kommunaler Zuschläge erweitert den Spielraum für das Anwachsen der Steuerhöhe. Auch in dieser Richtung können Grenzen gezogen werden durch eine Vereinbarung, dass nur eine staatliche Besteuerung zulässig sein soll.

Das gleiche Bedürfniss, die thatsächlichen Erfahrungen sprechen zu lassen, liegt vor zur Beurtheilung der bisherigen Festsetzungen auf dem Gebiete der zollamtlichen Behandlung von Waaren. Neue Formen des Entgegenkommens, andere Formulirungen bisher schon gemachter Zugeständnisse können sich als erwünscht herausgestellt haben.

Alle materiellen Zugeständnisse in den Verträgen sind an bestimmte Bedingungen und Voraussetzungen geknüpft, in Bezug auf diese waltet ein besonderes Bedürfniss ob, die thatsächlichen Erfahrungen festzustellen. Wie schon erwähnt, geht die vertragsmässige Bindung auf diesem Gebiete im Allgemeinen nur sehr wenig in die Details, es liegt die Gefahr vor, dass die materiellen Zugeständnisse durch chikanöse Praxis illusorisch gemacht werden.

Beim Vertrage handelt es sich um Leistung und Gegenleistung. Je mehr man selbst in der Lage ist, Werthvolles anzubieten, um so mehr darf man hoffen, Werthvolles von dem anderen Theile zu erlangen. Das eigene Angebot schätzt der andere Theil je nach dem Zustande ein, der sich für ihn ergeben würde, wenn er auf besondere Vergünstigungen einen Anspruch nicht erworben hat. Die Bewilligung eines Konventional-Zolltarifs macht erst das Vorhandensein eines autonomen Tarifs mit höheren Zollsätzen werthvoll. Wer nicht den Anspruch auf Anwendung des Vertragstarifs erwirbt, unterliegt den höheren Sätzen des autonomen. Einen ähnlichen Unterschied auch in Bezug auf das Aufsuchen von Waarenbestellungen zu begründen, liegt nahe. Man schmiedet dadurch eine Waffe zur Durchsetzung der eigenen Forderungen. Die deutscherseits hisher gemachten Bewilligungen bedeuten für die betr. Staaten keineswegs durchweg eine Besserstellung gegenüber einem beliebigen Dritten ohne vertragsmässige Rechte. Freilich muss dieser Dritte sich jederzeit dem autonomen Belieben unterwerfen, solange dies autonome Belieben aber keine Differenzirung verfügt, ist er nicht schlechten gestellt, als der auf Grund des Vertrages berechtigte. So wird bisher in Deutschland die Steuerfreiheit ausländischen Geschäftsreisenden ganz allgemein bewilligt, der vertragsmässige Anspruch hierauf begründet also thatsächlich keinen Vorzug.

Um die deutschen Zugeständnisse wirksam zu machen, bedarf die Frage des Aufsuchens von Waarenbestellungen im Deutschen Reiche durch Ausländer einer gesetzlichen Regelung, durch welche die Staaten ohne Vertrag schlechter gestellt werden.

Die Schweiz ist schon im Jahre 1892 auf diesem Wege gesetzgeberisch vorgegangen, insoweit die Besteuerung der Handelsreisenden dabei in Frage kommt.

Nach dem Bundesgesetze betr. die Patenttaxen der Handelsreisenden vom 24. Juni 1892 können die Reisenden auswärtiger Handelshäuser in der Schweiz unter den nämlichen Bedingungen (d. h. steuerfrei) Bestellungen aufsuchen, wie die Reisenden inländischer Häuser, wenn die Schweiz mit dem Staate, in welchem jene Häuser niedergelassen sind, in diesem Sinne eine Vereinbarung getroffen hat. Trifft diese Voraussetzung nicht zu, so haben die Reisenden ausländischer Häuser eine jährliche Taxe von 300 resp. 500 Frcs. zu entrichten, je nachdem sie nur bei Geschäftsleuten, welche die angebotenen Waaren wiederverkaufen oder in ihrem Gewerbe verwenden, Bestellungen aufsuchen, oder mit beliebigen Personen in Verbindung treten wollen.

Dem Bundesrath wird ausdrücklich das Recht zugesprochen, Handelsreisenden aus solchen Staaten, welche in ihrem Gebiete den Reisenden schweizerischer Nationalität das Aufsuchen von Bestellungen nur unter sehr erschwerenden Umständen gestatten, den Gewerbebetrieb in der Schweiz gänzlich zu untersagen.

Die Ausarbeitung eines ähnlichen Gesetzes für Deutschland gehört zur Vorbereitung der Handelsverträge. Auch auf diesem Gebiete bedarf es der Mitarbeit der Geschäftswelt, um den Rahmen des Gesetzes und das Detail der Vorschriften zweckentsprechend zu gestalten.

Von einer Vorbereitung der Handelsverträge im Sinne der vorstehenden Ausführungen verlautet augenblicklich in Deutschland noch nichts, es ist auch nicht bekannt geworden, ob sie überhaupt auf dem offiziellen Programme steht. Und doch wäre es höchste Zeit die Arbeit zu beginnen, die einen grossen Apparat in Bewegung setzen muss, wenn alle diejenigen zu Worte kommen sollen, deren Stimme Gehör verdient.

Man hat beim Abschluss früherer Handelsverträge die Regierung beschuldigt, dass sie ihre Unterhändler ohne das Rüstzeug einer detaillirten Kenntniss aller in Betracht kommenden Dinge gelassen. Das Rüstzeug wäre auch diesmal nicht vollständig, wenn die systematische Vorbereitung der Handelsverträge über den Rahmen der Zolltariffragen nicht hinauskäme. Die Kenntniss der technischen Vorgänge beim Exporthandel ist für den Unterhändler unerlässlich.

Die Erschwerung einer nothwendigen Technik kann dieselbe prohibitive Wirkung ausüben, wie eine Erhöhung der Zölle. Ein zolltarifarisches Zugeständniss bei einer bestimmten Waarengattung kann seine Bedeutung verlieren, wenn nicht freie Bahn für die dieser Waarengattung eigenthümliche Technik des Handels geschaffen wird.

Der Unterhändler muss deshalb die zolltarifarische und die handelstechnische Seite der Sache im Zusammenhang behandeln.

Durch eine solche Umgrenzung seiner Aufgabe wird die Beherrschung des Stoffes freilich erheblich schwieriger. Alle diejenigen Dinge, auf deren Kenntniss es ankommt, liegen nicht so greifbar zu Tage, dass mit Intelligenz und Fleiss sie sich Jeder aneignen könnte. Sie sind nicht aus den Folianten der Fachbibliotheken herauszulesen, sondern liegen verborgen im Schoosse der Praxis, aus derem Borne sie erst herausgeschöpft werden müssen. Nur aus eingehenden Spezialenqueten, wie wir sie oben verlangt, kann der Unterhändler sich die Kenntnisse erwerben, deren er bedarf.

Wenn man von solchen Spezialenqueten auch heute noch nichts hört, wo nur wenige Jahre noch bleiben bis zur Stunde der Entscheidung, wem trifft die Schuld? Soll man auch hier die Regierung verantwortlich machen, dem unglückseligen Hange folgend von ihr Alles zu erwarten? Sie lebt nicht allein von der eigenen Initiative, sondern bedarf der Anregung, der Anregung aus dem Kreise derer, die es angeht. Tua res agitur.

Wer von den zahlreichen Resolutionen Kenntniss nimmt, in denen Handelskammern und wirthschaftliche Verbände ihre Mitarbeit und ihr Interesse bezeugen an gründlicher Vorbereitung der Handelsverträge, wird sagen, die Betheiligten sind sich bewusst geworden, dass es sich um ihre Sache handelt, dass von ihnen die entscheidenden Anregungen ausgehen müssen. In Bezug auf das Aufsuchen von Waarenbestellungen im Auslande als integrirenden Theil der durch Handelsverträge zu regelnden Fragen trifft dies jedoch n i c h t zu. Diese Materie wird in den Resolutionen wenig oder garnicht berührt.

Mitten hinein in die Periode der Resolutionen und Petitionen, der produktionsstatistischen Erhebungen traf die Besteuerung der ausländischen Geschäftsreisenden in Russland. Wie schwer sie empfunden wurde als Schädigung des deutschen Exports, ist oben dargelegt. Als man sich darüber klar wurde, dass der deutsch-russische Handelsvertrag keine Handhabe biete zum Einspruch, rief man die Vermittlung des Reiches an, um durch gütliche Einwirkung die russische Regierung geneigt zu machen zur Aufhebung oder doch Milderung der verfügten Besteuerung. Damit aber hat man sich im Wesentlichen begnügt. Der Hinweis, dass diese Erfahrung zum Anlass werden müsse beim Abschluss von Handelsverträgen, künftig diesen Spezialfragen einen ganz besonderen Werth beizumessen, Sicherheit zu schaffen gegen solche unerwartete Schädigungen, hat in den Kreisen der Betheiligten nicht das nöthige Echo gefunden. Wäre es der Fall gewesen, so hätte man mit der Forderung hervortreten müssen, auch nach dieser Richtung den Abschluss der

Handelsverträge durch Enqueten der oben bezeichneten Art vorzubereiten.

Noch lässt sich das Versäumte nachholen, möge die kommerzielle und industrielle Welt mit Nachdruck dafür eintreten.

IV. Die steuer- und zollamtliche Behandlung des deutschen Geschäftsreisenden und seiner Muster in den europäischen Ländern.

Wenn das Aufsuchen von Waarenbestellungen im Auslande für viele Branchen eine nothwendige Technik des Exporthandels darstellt, so liegt es im Interesse der Geschäftswelt, sich über die Bedingungen, unter denen diese Technik in den verschiedenen Ländern ausgeübt werden kann, möglichst eingehend zu unterrichten.

Die bequemste Art der Orientirung wäre es, wenn man aus amtlichen Nachschlagebüchern alles Wissenswerthe entnehmen könnte. Eine Bearbeitung des Stoffes in solcher Form entspricht jedoch seiner Eigenart nur schlecht.

Der thatsächliche Zustand, wie er zu einer bestimmten Zeit in einem bestimmten Lande besteht, basirt auf sehr verschiedenartigem Grunde, theils auf dem Boden der autonomen Gesetzgebung, theils auf dem des internationalen Vertrages, theils auf der Verordnungsgewalt verschiedener Ressort-Behörden, zuletzt, aber deshalb nicht am wenigsten, auf der Auslegung und praktischen Handhabung aller Vorschriften durch die unteren Beamten. Er unterliegt deshalb häufigem Wechsel. Kompendien, welche das Wissenswerthe für alle Länder zusammenstellen wollten, würden in dem Moment, wo sie im Druck erschienen, zum Theil schon wieder veraltet sein.

Werke, die einer solchen Gefahr ausgesetzt sind, eignen sich schlecht als Orientirungsquelle über die Verhältnisse der Wirklichkeit. Die Geschäftswelt will sich informiren, um dementsprechend zu handeln, nicht zum theoretischen Studium. Basirt sie auf falsche Voraussetzung ihre Transaktionen, so erleidet sie Verluste und Derjenige trägt eine Mitschuld, von dem die falsche Orientirung ausgegangen. Man wird es verstehen, wenn unter solchen Verhältnissen amtliche Stellen Bedenken tragen, einzugehen auf den Wunsch weiter Kreise und das zu liefern, was verlangt wird, ein bequemes Nachschlagebuch, das den vielbeschäftigten Kaufmann der Mühe enthebt, bei anderen Personen mit Aufwand von Zeit und Geld sich Rath zu erholen.

Nach der Natur der Sache kann ihm dies lästige Geschäft nicht abgenommen werden. Es handelt sich um zu komplizirte, in beständigem Fluss befindliche Dinge, die nur der beherrscht, der sich berufsmässig und ausschliesslich mit ihnen beschäftigt.

Grosse zentrale Organisationen müssen da sein, die unausgesetzt die bezüglichen Vorgänge in allen Ländern beobachten und dadurch befähigt sind, jederzeit über die augenblicklichen Verhältnisse eines bestimmten Landes Auskunft zu ertheilen. Bei diesen zentralen Stellen muss der Geschäftsmann sich die Informationen holen, die gedruckte Zusammenstellungen allein nicht vollständig und zuverlässig genug liefern können.

Wenn wir im Nachstehenden gleichwohl eine kurze Uebersicht geben über die steuer- und zollamtliche Behandlung des deutschen Geschäftsreisenden und seiner Muster in den verschiedenen Ländern Europas, so geschieht es mit allem Vorbehalt, der sich aus den vorstehenden Darlegungen ergiebt.

Die Bedenken gegen solche Zusammenstellungen werden um so geringer, je mehr man sich stofflich beschränkt. Wir behandeln deshalb nicht den gesammten Komplex von Fragen, den die Technik des Aufsuchens von Waarenbestellungen umschliesst, sondern nur einen engeren Ausschnitt, diesen engeren Ausschnitt nur in räumlicher Beschränkung, nur bei den europäischen Ländern. Das Material soll nur Anhaltspunkte zur Beurtheilung der Verhältnisse geben, nur eine Rundschau aus der Vogelperspektive sein, es soll die Art der ¡Orientirung, die wir oben als die beste bezeichneten, nicht überflüssig machen.

England.

Der Geschäftsreisende ist im Prinzip weder konzessions- noch steuerpflichtig. Nur für den Abschluss von Geschäften in nachstehenden, der Accise unterliegenden Artikeln bedarf er eines besonderen Erlaubnissscheins, dessen Kosten sich stellen für den Handel

mit Spirituosen und Wein . . .	auf	10	Lstrl.	10 s.	—
mit Bier	„	3	„	6 „	1 d.
mit Tabak	„	—	„	5 „	3 „
mit pharmazeutischen Spezialitäten	„	—	„	5 „	—
mit Gold- und Silberwaaren . .	„	2	„	6 „	—
	oder	5	„	15 „	—

je nach dem Gewicht des Goldes oder Silbers. Muster kann er zollfrei einführen, sie bedürfen aber einer Kennzeichnung durch amtliche Stempel oder Siegel. Die Wiederausfuhr kann über jedes beliebige Zollamt erfolgen.

Belgien.

Der Geschäftsreisende, der Waarenbestellungen aufsucht, geniesst Steuerfreiheit, wenn durch eine von der Heimathsbehörde ausgestellte Legitimationskarte nachgewiesen wird, dass seine Firma in Deutschland zum Gewerbebetrieb berechtigt ist.

Zollpflichtige Gegenstände, welche als Muster von Geschäftsreisenden eingeführt werden, bleiben von Eingangsabgaben befreit unter der Voraussetzung, dass dieselben binnen einer bestimmten Frist wieder ausgeführt werden und die Identität der ein- und wiederausgeführten Gegenstände ausser Zweifel steht.

Die Wiederausfuhr muss durch Hinterlegung oder Sicherstellung des Zollbetrages gewährleistet werden.

Dänemark.

Der Geschäftsreisende hat einen Steuerbetrag von 160 Kronen pro Jahr zu entrichten. Vertritt er mehrere

Häuser, so ist für das zweite und jedes folgende Haus noch ein weiterer Satz von 80 Kronen zu zahlen. Die Jahresdauer wird berechnet vom Tage der Zahlung an.

Der Reisende hat den Steuerbetrag beim ersten Zollamt, das er berührt, zu entrichten und hierbei eine Bescheinigung der Heimathsbehörde vorzulegen, die sich darüber ausspricht, ob er für eigene oder fremde Rechnung reist. In letzterem Falle muss die Bescheinigung auch die Namen seiner Auftraggeber enthalten.

Der gegen Zahlung der Steuer ertheilte Berechtigungsschein ist durch die Polizeibehörde des Ortes, wo er ausgestellt wird, zu visiren. Ein solches Visum hat der Reisende ausserdem in jedem Orte, wo er Geschäfte machen will, von der Polizei- und Steuerbehörde sich ertheilen zu lassen.

Der Reisende darf Bestellungen aufsuchen nur innerhalb der Städte und bei solchen Personen, die der betr. Waaren für ihren Gewerbebetrieb bedürfen.

Die Muster sind zu verzollen, der Zollbetrag wird jedoch auf besonderen Antrag zurückerstattet. Der Reisende hat bei der Einführung der Muster eine Erklärung abzugeben, dass die Wiederausfuhr später erfolgen soll. Die Wiederausfuhr muss vor Ablauf von 3 Monaten stattfinden.

Frankreich.

Der Geschäftsreisende geniesst Steuerfreiheit. Die mitgeführten Muster sind zollfrei, wenn sie innerhalb eines Jahres wieder ausgeführt werden. Der Zollbetrag ist zu hinterlegen oder sicherzustellen.

Griechenland.

Besondere Vorschriften über die steuerliche Behandlung der Geschäftsreisenden existiren nicht, thatsächlich geniesst der Geschäftsreisende Steuerfreiheit.

Eine dem Werth der mitgeführten Muster angepasste Kaution ist zu hinterlegen, die bei der Wiederausfuhr zurückerstattet wird.

Italien.

Der Geschäftsreisende, der Bestellungen aufsucht, geniesst Steuerfreiheit unter der Voraussetzung, dass seine

Eigenschaft als Geschäftsreisender durch eine von der Heimathsbehörde ausgestellte Legitimation nachgewiesen wird.

Die mitgeführten Muster sind zollfrei, wenn ihre Wiederausfuhr innerhalb der vorschriftsmässigen Frist erfolgt, und die sonstigen Formalien beachtet werden.

Die Wiederausfuhr muss durch Hinterlegung oder Sicherstellung des Zollbetrags gewährleistet werden.

Niederlande.

Die Geschäftsreisenden haben eine Steuer von 15 Gulden pro Jahr zu zahlen.

Die mitgeführten Muster werden zollfrei eingelassen gegen Kautionshinterlegung, die Wiederausfuhr muss binnen Jahresfrist erfolgen.

Norwegen.

Die Geschäftsreisenden haben bei ihrer Ankunft auf norwegischem Gebiet einen Handelspass zu lösen. Derselbe hat Gültigkeit für einen Zeitraum von 30 Tagen, vom Tage der Ausstellung an gerechnet, und kostet 100 Kronen.

Die mitgeführten Muster sind zu verzollen. Der Zollbetrag wird jedoch bei der Wiederausfuhr zurückerstattet, wenn bei der Einfuhr die Erklärung abgegeben ist, dass später die Wiederausfuhr erfolgen solle.

Oesterreich-Ungarn.

Die Geschäftsreisenden, die Waarenbestellungen aufsuchen, geniessen Steuerfreiheit, wenn durch eine von der Heimathsbehörde ausgestellte Legitimationskarte nachgewiesen wird, dass die betr. Firmen in Deutschland die gesetzlichen Abgaben entrichten.

Die Reisenden dürfen nur Waarenmuster, aber keine Waaren mit sich führen und Bestellungen ausschliesslich im Umherreisen aufsuchen.

Die mitgeführten Muster sind zollfrei, wenn sie innerhalb der vorschriftsmässigen Frist wieder ausgeführt werden, und die Identität der ein- und wiederausgeführten Gegenstände ausser Zweifel steht.

Portugal.

Die Geschäftsreisenden haben eine Steuer zu zahlen, deren Jahressatz zwischen 5 und 28 Milreis schwankt.

Die mitgeführten Muster werden gegen Kautionshinterlegung zollfrei eingelassen.

Rumänien.

Die Geschäftsreisenden, die Waarenbestellungen aufsuchen, geniessen Steuerfreiheit, wenn sie durch eine von der Heimathsbehörde ausgestellte Legitimationskarte nachweisen, dass ihre Firmen in Deutschland die gesetzlichen Abgaben entrichten.

Sie haben den örtlichen Handelskammern oder, wo solche fehlen, der Lokalbehörde unter Vorzeigung ihrer Vollmacht anzuzeigen, für welche Häuser sie reisen.

Die mitgeführten Muster sind zollfrei, wenn sie innerhalb einer bestimmten Frist wiederausgeführt werden, und die Identität der ein- und ausgeführten Gegenstände ausser Zweifel ist.

Der Zollbetrag ist zu hinterlegen oder sicherzustellen.

Russland.

Der Geschäftsreisende, der Waarenbestellungen aufsucht, bedarf einer von der Heimathsbehörde ausgestellten Bescheinigung darüber, dass er in Deutschland zum Gewerbebetrieb berechtigt ist. Er hat beim Grenzzollamt einen commis voyageur-Schein für seine Person und ausserdem noch einen Gewerbeschein für seine Firma zu lösen. Beide Scheine haben Gültigkeit bis zum Schluss des betreffenden Kalenderjahres, ersterer kostet 50, letzterer 500 Rubel.

Christlichen Reisenden ist es gestattet, sich den Gewerbeschein (500 Rubel) auf ihren Namen ausstellen zu lassen, sie bedürfen dann eines besonderen commis voyageur-Scheines für ihre Person nicht mehr. Jüdische Reisende haben jedoch stets beide Scheine zu lösen.

Schweden.

Der Geschäftsreisende hat eine Steuer zu zahlen in Höhe von 100 Kronen für je 30 Tage und die Quittung an jedem Orte, wo er Geschäfte machen will, der Ortspolizei vorzulegen.

Die mitgeführten Muster bleiben zollfrei, wenn die Wiederausfuhr innerhalb einer Frist von 3 Monaten erfolgt. Diese Frist kann indessen auf Antrag verlängert werden. Der Zollbetrag ist zu hinterlegen.

Schweiz.

Der Geschäftsreisende geniesst Steuerfreiheit, wenn er Bestellungen nur bei Kaufleuten oder solchen Personen aufsucht, in deren Gewerbebetrieb Waaren der angebotenen Art Verwendung finden. Er hat durch eine von der Heimathsbehörde ausgestellte Legitimationskarte nachzuweisen, dass seine Firma in Deutschland die gesetzlichen Abgaben entrichtet und zum Gewerbebetrieb berechtigt ist. Will der Reisende die Berechtigung haben bei Jedermann Bestellungen aufzusuchen, so ist eine Taxe von 150 Frcs. pro Jahr, von 100 Frcs. pro Halbjahr zu entrichten.

Die Reisenden, die auf Steuerfreiheit Anspruch machen, dürfen keine Waaren mit sich führen. Ausnahmsweise kann jedoch der Bundesrath auch das Mitführen von Waaren gestatten, wenn (wie beim Handel mit Edelsteinen) die sofortige Uebergabe der Waare an den Käufer für den Betrieb des Geschäfts nothwendig ist. Bezügliche Gesuche sind an die Regierung desjenigen Kantons zu richten, der zuerst bereist werden soll. Gesuche bezüglich ganzer Branchen, z. B. Modewaaren, Manufakturwaaren, Uhren, Bijouterien werden nicht berücksichtigt. Die Artikel, um welche es sich speziell handelt, sind genau auszuscheiden und zu benennen.

Sämmtliche Geschäftsreisenden bedürfen einer Ausweiskarte. Dieselbe wird im ersten Kanton, den sie besuchen, ausgestellt, kostenlos für Diejenigen, die nach Vorstehendem ihr Gewerbe steuerfrei ausüben dürfen, im Uebrigen gegen Zahlung des vorgeschriebenen Steuerbetrags.

Die mitgeführten Muster sind zollfrei, wenn sie innerhalb der vorgeschriebenen Frist wieder ausgeführt werden, und die Identität der ein- und ausgeführten Gegenstände ausser Zweifel ist.

Serbien.

Die Geschäftsreisenden, die Waarenbestellungen aufsuchen, geniessen Steuerfreiheit, wenn sie durch eine von der Heimathsbehörde ausgestellte Legitimationskarte nachweisen, dass ihre Firmen in Deutschland die gesetzlichen Abgaben entrichten.

Die mitgeführten Muster sind zollfrei, wenn sie binnen 3 Monaten wiederausgeführt werden, und die Identität der ein- und ausgeführten Gegenstände ausser Zweifel steht.

Spanien.

Die Geschäftsreisenden, welche sich darauf beschränken, Bestellungen aufzusuchen, geniessen Steuerfreiheit. Soweit sie Waaren zum direkten Verkauf mit sich führen, haben sie einen Steuerbetrag von 1500 Pesetas pro Jahr zu entrichten.

Die mitgeführten Muster sind zu verzollen, der Zollbetrag wird jedoch zurückerstattet, wenn die Wiederausfuhr binnen Jahresfrist erfolgt.

Türkei.

Die Geschäftsreisenden geniessen Steuerfreiheit. Die mitgeführten Muster unterliegen dem Einfuhrzoll von 8 Proz. des Werthes.

Erfolgt die Wiederausfuhr innerhalb einer Frist von 6 Monaten, so wird der entrichtete Zoll bis zum Betrage von 7 Proz. des Werthes der wiederausgeführten Waaren zurückvergütet.

Bulgarien.

Die Geschäftsreisenden geniessen Steuerfreiheit, müssen aber ihre Legitimationskarte durch eine der grossen Handelskammern des Landes abstempeln lassen.

Sie dürfen keine Waaren zum Verkauf, sondern nur Muster mitführen. Für letztere ist der Zoll zu entrichten, er wird jedoch zurückvergütet, wenn die Wiederausfuhr innerhalb einer bestimmten Frist erfolgt.

A. W. Hayn's Erben, Berlin und Potsdam.

Schriften

der

Centralstelle für Vorbereitung

von

Handelsverträgen.

11. Heft.

Bericht über die zweite ordentliche Generalversammlung.

Berlin 1900.
J. Guttentag, Verlagsbuchhandlung.
G. m. b. H.

Bericht

über die

Zweite ordentliche Generalversammlung

der

Centralstelle für Vorbereitung von Handelsverträgen

zu

Berlin, im Saale des Architektenhauses

am

19. und 20. Januar 1900,

Vormittags 10 Uhr.

Berlin 1900.
J. Guttentag, Verlagsbuchhandlung,
G. m. b. H.

Erster Sitzungstag.

Der Vorsitzende, Herr Dr. C. A. Martius-Berlin, eröffnet die Sitzung um 10½ Uhr, begrüsst die Versammlung und ertheilt dem Direktor das Wort zur Erstattung des

Jahresberichtes.

Dr. Vosberg-Rekow: „Meine Herren! Im Vorjahre war es mir vergönnt, vor Erstattung des Berichtes über unsere Thätigkeit einen Ausblick über die handelspolitische Weltlage zu nehmen und Ihnen damit gewissermaassen die Grundlage zu skizziren, auf welcher sich unsere Thätigkeit aufgebaut hat und durch welche ihr die Wege gewiesen worden sind. Das reichhaltige Arbeitspensum indessen, welches diesmal für die beiden Tage unserer Generalversammlung vor uns liegt, insbesondere die Nothwendigkeit einer eingehenden Durchberathung des Entwurfs der neuen Satzung, welchen wir Ihnen unterbreitet haben, macht es erwünscht, sich bei Erstattung des Geschäftsberichtes auf das Nothwendigste zu beschränken.

Gestatten Sie mir nur eine kurze Vorbemerkung. Wir alle sind uns bewusst, dass wir uns in einer Periode des industriellen Aufschwungs befinden. Alle Werke sind voll oder überbeschäftigt, die Arbeitslöhne und die Preise sind im Steigen begriffen, die Rohmaterialien können kaum in genügender Menge herangeschafft werden und wer heute z. B. eine Maschine in Auftrag geben will, muss eine geraume Weile warten, bis seine Ordre effektuirt wird.

Dieser Aufschwung erstreckt sich gleichmässig auf alle Gebiete der Produktion. Sogar die Landwirthschaft hat bessere Tage herankommen sehen. Stockt das Geschäft an irgend einer Stelle, so ist hieran meist eine Verschiebung in den äusseren handelspolitischen Verhältnissen schuld, etwa eine Aufhebung handelspolitischer Vergünstigungen, eine Abänderung von Zöllen oder Verzollungsvorschriften. Aber der Schaden erscheint sehr bald ausgebessert: Das Geschäft sucht und findet andere Bahnen und blüht wie vorher.

Es erscheint nur natürlich, dass der weise Hausvater in der Industrie dieser Entwicklung zwar mit Genugthuung und Freude, aber doch auch mit einer gewissen Besorgniss zusieht, der Besorgniss nämlich, ob diese Entwicklung eine anhaltende bleiben werde. Wir haben eine Reihe sprunghafter Bewegungen in der wirthschaftlichen Evolution gesehen und es ist uns sehr wohl bewusst, dass auf eine Periode hohen Aufschwungs eine solche des Niedergangs mit einer gewissen Sicherheit zu folgen pflegt. Es fragt sich nun, meine Herren, ob wir einen solchen Niedergang alsbald zu befürchten haben, ob derselbe etwa zu einem bedenklichen Tiefstande führen könnte und ob es nicht etwa gar über kurz oder lang zu einer jener einschneidenden Baissen kommen dürfte, welche man gemeinhin als wirthschaftliche Krisis bezeichnet. Erlauben Sie, dass ich Ihnen meine Ansicht dahin präzisire, dass mir der Eintritt einer solchen Krisis für die nächsten Jahre ausgeschlossen erscheint. Dass die wirthschaftliche Entwickelung in Aufschwung und Rückgang sich vorwärts bewegt, ist gewiss. Der Rückgang aber den wir nach der gegenwärtigen Periode etwa zu erwarten haben, kann meiner Meinung nach nur ein verhältnismässig geringer sein, jedenfalls kein solcher, welcher von einschneidender Wirkung auf unsere Produktion sein könnte. Es ist klar, dass bei jeder wirthschaftlichen Hausse hie und da Uebertreibungen mit unterlaufen. Eine Maschine, die vorzüglich geheizt und stark angetrieben wird, erhitzt sich wohl einmal an irgend einem Theil bei dauerndem Lauf. Solche Uebertreibungen, solche Erhitzungen sind aber gewöhnlich, und sind auch in unserem Falle nur partielle und wenn ihr Ausgleich, bezw. der Eintritt der erforderlichen Abkühlung auch für diese oder jene Branche eine vorübergehende Störung herbeiführt, so kann doch der Effekt solcher Störung keinesfalls ein allgemeiner sein.

Die Gründe, welche ich für diese meine Anschauung anzuführen habe, liegen auf der Hand. Unser Aufschwung ist nicht plötzlich gekommen und hat nicht ruckweise zugenommen. Die Entwicklung ist zunächst langsam, in der Stille und auf breitester und gesunder Basis vor sich gegangen. Wir bemerkten die Mächtigkeit unserer Fortschritte zuerst an den Klagen, welche im Auslande laut geworden sind. England erklärte nicht ohne Berechtigung, dass es die Alleinherrschaft auf handelspolitischem Gebiete verloren habe, bezw. sie mit uns theilen müsse. Frankreich beklagte vernehmlich und mit ausdrücklichem Hinweise auf die deutsche Konkurrenz den steten und ziemlich raschen Niedergang seines Ausfuhrhandels. Unser Uebergewicht fand schliesslich allgemein anerkennende Beurtheilung, und während unsere Konkurrenten zu neuen Anstrengungen sich gegenseitig ermahnten, wurden wir uns der eigenen raschen Aufwärtsbewegung bewusst. Es war nicht das Hineinfluthen einer übergrossen Geldwelle, wie nach dem französischen Kriege, welche bei uns gewissermaassen einen künstlichen Antrieb schuf, sondern es war das Ergebniss jahrzehntelanger fleissiger und andauernder Arbeit.

Es kommt hinzu, dass das handelspolitische Verhältniss, welches uns den Absatz unserer Produkte auf den Hauptmärkten der Welt offen hält, für eine gewisse Zeit fest begründet erscheint. Zwar laufen eine Reihe der wichtigsten Handelsverträge im Jahre 1903 ab, allein es steht zu hoffen, dass es an ihrer Erneuerung und Verbesserung nicht fehlen wird. Der Umstand, dass uns das Ausland theils mit Neid, theils mit einer gewissen Hochachtung betrachtet, bestätigt uns unsere hervorragende Stellung und giebt uns ein Recht, auf deren Fortdauer zu vertrauen. Es darf in dieser Richtung als ein bemerkenswerthes Sympton bezeichnet werden, dass in einer ganzen Reihe fremder Staaten, so in Holland, Belgien und der Schweiz, ganz neuerdings auch in Österreich-Ungarn, Bestrebungen hervorgetreten sind, welche auf eine handelspolitische Vereinigung mit Deutschland hinzielen. Arbeiten wir weiter gründlich und gewissenhaft wie bisher, so wird unsere handelspolitische Machtstellung gekräftigt, unser Absatz ausgedehnt, und damit auch die Zukunft unserer Produktion mehr und mehr gesichert erscheinen. Die Ueberzeugung von der Nothwendigkeit einer kraftvollen Uebersee- und Weltpolitik bricht sich in immer weiteren Kreisen Bahn und das energische Eintreten dieser Kreise für die geplante Vermehrung der deutschen Kriegsflotte zeigt deutlicher als vieles Andere, dass man sich allenthalben der gewaltigen Aufgabe bewusst wird, unsere Produktion auf dem heutigen Hochstande dauernd zu erhalten.

Dass hierbei die Befolgung einer konsequenten und zielbewussten Handels- und Handelsvertragspolitik eine wichtige Rolle spielen muss, ist allgemein anerkannt. Zwar glaube ich persönlich nicht, dass das Jahr 1903 uns eine handelspolitische Krisis oder Systemänderung bringen wird; allein es erscheint dennoch geboten alles zu thun, was eine solche Krisis verhindern oder ihr doch etwaige Schärfen benehmen kann. Hierher gehört in erster Linie eine sorgfältige und planmässige Vorbereitung für die in Aussicht zu nehmenden handelspolitischen Maassnahmen. Zum Zwecke dieser Vorbereitung ist unser Unternehmen selbst entstanden und ihr ist unsere Thätigkeit auch im verflossenen Berichtsjahre gewidmet gewesen. Ehe ich aber dazu übergehe, Ihnen die einzelnen Phasen dieser Thätigkeit in die Erinnerung zu rufen, halte ich es für meine Pflicht darauf hinzuweisen, dass wir fast seit Anbeginn unserer Arbeit nicht mehr die einzigen geblieben sind, welche diesem Ziele zustreben. Insbesondere haben die deutschen Regierungen in der von mir bezeichneten Richtung eine Thätigkeit von einem Umfange aufgenommen, wie noch nie zuvor. Die Reichsämter, soweit sie ressortmässig hierzu berufen waren, können heute bereits auf Erfolge zurückblicken, welche die produzirenden Stände mit dankbarer Zustimmung erfüllen müssen und welche auch unserer besonderen Thätigkeit Vertheilung und Ausdehnung ermöglicht haben. Ueber die im Reichsschatzamt bewirkte Aufstellung eines neuen Schemas zum Zolltarif wird der Herr Vorsitzende nachher des Näheren berichten. Das Reichsamt des Innern, welches vom preussischen Handelsministerium in seiner Thätigkeit eifrig unterstützt worden ist, hat eine Reihe von Neuerungen geschaffen, welche von Handel und Industrie in allen Ihren Kreisen mit ungetheiltem Beifall begrüsst worden sind. So mancher Wunsch, welchen die Interessentenkreise in früheren Jahren vergeblich an den Thüren der Reichsämter niedergelegt haben, hat seine Erfüllung gefunden oder ist ihr doch näher gekommen. Insbesondere muss es mit Genugthuung begrüsst werden, dass seitens der behördlichen Kreise die Fühlung, mit produzirenden Ständen gesucht und gefunden worden ist, was die besten Ergebnisse erhoffen lässt. Es ist uns eine Freude Ihnen berichten zu dürfen, dass diese Fühlung speciell auch zwischen den leitenden Personen der Centralstelle und den Regierungskreisen erreicht und zu erspriesslichem Zusammenwirken benutzt worden ist. Wie Ihnen bekannt, hat vor Jahresfrist in dieser Richtung eine Verstimmung bestanden. Wir dürfen Ihnen versichern, dass diese Verstimmung heute behoben ist und dass wir weiterhin alles thun werden, was die Fortdauer eines guten und fruchtbringenden Verhältnisses nach dieser Seite hin gewährleisten kann.

Ich gehe nun dazu über, Ihnen im Einzelnen, wenn auch freilich, der beschränkten Zeit halber, nur in grossen Umrissen ein Bild von der Thätigkeit zu geben, welche wir im Berichtsjahre zu entwickeln bemüht gewesen sind. Je mehr die Interessenten sich sachverständig ergänzend an die Arbeit der Regierung betheiligen können, in desto weiterem Umfange wird natürlich den Bedürfnissen der Produktion entsprochen werden können. Es wäre falsch, wollte man die Schuld für die bei dem letzten Vertrage vorgekommenen Fehler einseitig den Unterhändlern und der Regierung zuschieben. Diese Fehler sind in erster Linie deshalb gemacht worden, weil die Interessenten es nicht verstanden haben, ihre Wünsche zur rechten Zeit und an richtiger Stelle zum Ausdruck zu bringen. In vielen Fällen sind sie sich nicht klar darüber gewesen, welche einschneidenden Folgen von dieser oder jener Maassregel zu erwarten wären. Wer deshalb die Handelsverträge vorbereiten will, muss meiner Ansicht nach in erster Linie an die Interessenten selbst herangehen, versuchen, ihnen Geschmack und Interesse für handelspolitische Dinge beizubringen und ihr Verständniss für alle diejenigen Fragen zu wecken, welche gegebenen Falls sowohl für die Allgemeinheit der Produktion als für ihre Branchen wichtig werden können.

Der Umstand, dass wir Handelskammern im Auslande leider noch nicht besitzen und dass unseren konsularischen Berichterstattungen unzweifelhaft sehr bemerkbare Mängel anhaften, hat es mit sich gebracht, dass das handelspolitische Verständniss und die handelspolitische Gemeinschaft unserer Fabrikantenkreise der Stellung des deutschen Handels auf dem Weltmarkte nicht überall entspricht. Wir haben es deshalb von jeher für eine unserer Hauptaufgaben betrachtet, solches Verständniss zu wecken und zu verbreiten. Zu diesem Zwecke haben wir fortgesetzt handelspolitische Mittheilungen und Anregungen nicht nur an unsere Mitglieder und eine grosse Anzahl bedeutenderer Handelskammern, sondern auch an die Fach- und an denjenigen Theil der Tagespresse gegeben, welcher unbefangen genug war, unsere durchaus parteilosen und sachlichen Arbeiten zu propagiren. Wir dürfen mit Freude konstatiren, dass die gesammte Fachpresse und fast alle grösseren und wichtigeren Organe der Tagespresse uns hierin mit feinem Verständniss zu Hülfe gekommen sind. Wenn eine Anzahl Parteiblätter, oder kleinerer, auf den engen provinziellen Rahmen beschränkter Blätter, unseren bezüglichen Einladungen nicht entsprochen hat, so beklagen wir dies mit dem Bewusstsein, das Beste gewollt zu haben. Denjenigen Organen aber, welche uns bereitwillig und liebenswürdig unterstützt haben, glaube ich an dieser Stelle unseren aufrichtigen Dank noch besonders aussprechen zu müssen. Ich lasse hier auszugsweise den

Gegenstand einer Anzahl solcher informatorischer Artikel folgen, welche wir der Oeffentlichkeit übergeben haben:

1. Aenderungen in den Handelsvertragsbeziehungen der Weltmarkt-Länder, so z. B. zwischen Deutschland einerseits und Peru, Argentinien, Uruguay, Spanien, Japan andererseits; zwischen Frankreich einerseits und Italien, der Schweiz, Portugal, den Vereinigten Staaten von Amerika andererseits: zwischen Russland und Griechenland, zwischen der Schweiz und der amerikanischen Union u. s. w., Brasilien und Oesterreich u. s. w.
2. die Konkurrenzverhältnisse des deutschen Exports mit der Industrie des Auslandes, so z. B. mit Amerika in Südafrika, mit England in Brasilien, Ceylon, Dänemark u. s. w.
3. die Vorbereitung der neuen Handelsverträge im Ausland.
4. Ausländische Institute zur Förderung des Exports; so z. B. in Frankreich, England, Oesterreich-Ungarn, Spanien, den Vereinigten Staaten von Amerika, Japan.
5. Aenderungen in den Zolltarifen des Auslands, so z. B. in Spanien, um einen besonders wichtigen Vorgang zu erwähnen, oder in der Zollbehandlung (Russland, Kanada, Türkei).
6. Internationale Schiffahrts- u. a. Verkehrs-Verhältnisse.
7. Uebersichten über die neuere Entwicklung und Gestaltung des Aussenhandels zwischen einzelnen wichtigeren Ländern des Weltmarkts.
8. die wirthschaftliche Lage einzelner Weltmarktsländer, z. B. Russland, Japan, Kanada, Aegypten, Samoa.
9. die Aussichten des Exports für gewisse Branchen nach einzelnen Ländern, z. B. Bier nach Spanien, Südamerika, Silberwaaren nach Russland, Leder- und Lederwaaren nach Japan, Maschinen nach Portugal.

Ich halte es für richtig, an dieser Stelle nochmals und ganz ausdrücklich zu erklären, dass von Seiten der Centralstelle und der ihr nahestehenden Person eine handelspolitische Agitation nach einer bestimmten Richtung nicht getrieben worden ist und auch nicht getrieben werden wird. Es werden von hier aus lediglich Notizen sachlichen und objektiven Inhalts versendet. Nehmen wir eine bestimmte handelspolitische Stellung, so kann sich dieselhe immer nur aus Momenten der speziellen Sachlage erklären. Niemals aber ist eine solche Stellungnahme eine grundsätzliche oder prinzipielle. Wir sind nicht Freihändler, wie dies von unseren Gegnern böswillig behauptet wird; wir sind aber ebenso wenig Schutzzöllner. Wenn wir die Politik der Handelsverträge propagiren, so kann dies uns nicht hindern, in jedem einzelnen Falle nach sachlichen Momenten zu entscheiden. Die Befolgung einer Politik der Handelsverträge aber halten wir im gegenwärtigen Stadium unserer Entwicklung für gleich nothwendig für denjenigen, welcher für seine Artikel überall in der Welt Zollfreiheit zu sehen wünscht, wie für den, dessen Geschäftslage die Einführung eines Erziehungs- oder Schutzzolles erfordert.

Der Wunsch, handelspolitisches Verständniss zu verbreiten, hat uns bekanntlich auch zur Herausgabe einer grösseren Reihe von Schriften veranlasst. Ich darf berichten, dass diese Schriften im Allgemeinen von der Kritik, soweit sie nicht böswillige Parteikritik war, gut aufgenommen worden sind, jedenfalls ist zu konstatiren, dass diese Schriften im Buchhandel fortgesetzt verkauft werden und dass man auch bei uns selbst vom Inlande und Auslande in steigendem Maasse Exemplare derselben anfordert. Leider haben wir im Laufe des Berichtsjahres aus hier nicht näher zu erörternden Gründen die Verlagsbuchhandlung wechseln müssen. Indessen hat sich der Uebergang an die bekannte Firma J. Guttentag, hierselbst, ohne Schwierigkeit und unter den gleichen vertraglichen Voraussetzungen vollziehen lassen. Der Vollständigkeit halber will ich unsere Schriften an dieser Stelle noch einmal vollständig aufführen.

1. Vosberg-Rekow, Dr. Das Britische Weltreich und der deutsche Wettbewerb. 2. Auflage.
2. Sartorius von Waltershausen, Professor Freiherr A., Deutschland und die Handelspolitik der Vereinigten Staaten.
3. Vosberg-Rekow, Dr. Die Politik der Handelsverträge, in ihren Grundzügen gemeinfasslich dargestellt.
4. Vosberg-Rekow, Dr. Die amtliche Statistik des deutschen Aussenhandels.
5. von Brandt, Kaiserlicher Gesandter a. D. M., Excellenz. China und seine Handelsbeziehungen zum Auslande mit besonderer Berücksichtigung der deutschen.
6. Bericht über die erste ordentliche General-Versammlung vom 17. Dezember 1898.
7. Osel, H., Königlich Bayerischer Haupt-Zollamts-Official. Mängel und Ueberlebtes im Zolltarif und in den Zollgesetzen.
8. Borgius, Dr. Deutschland und die Vereinigten Staaten.
9. Vosberg-Rekow, Dr. Die Errichtung einer Centralstelle zur Förderung des deutschen Aussenhandels.
10. Etienne, Dr. Das Aufsuchen von Waarenbestellungen im Auslande.

Dass wir die Wünsche der Interessenten aus dem Kreise unserer Mitgliedschaft bei jeweiligen handelspolitischen Vorkommnissen gesammelt, eingehend bearbeitet und entsprechend vertreten haben, ist Ihnen bekannt. Ich will Ihnen eine Reihe der von uns erlassenen Denkschriften und Eingaben in die Erinnerung zurückrufen. Im Allgemeinen darf ich hierzu bemerken, dass unsere Anträge von den Reichs- und Staatsbehörden mit liebenswürdigem Entgegenkommen behandelt und mit dankenswerthem Interesse beschieden worden sind. Wir freuen uns mittheilen zu können, dass unsere Anregungen in vielen Fällen als nicht unrichtig erkannt und bezeichnet worden sind, so, dass beispielsweise auf unsere Anregungen hin besondere Erhebungen und Enqueten bei den nachgeordneten Amtsstellen veranlasst worden sind. Hier nur einige Beispiele der von uns bearbeiteten und zur

Inanspruchnahme der Behörde verdichteten Anträge. Dieselben betrafen u. a.:

1. Ungerechtfertigte Zollbehandlung von Waaren deutscher Herkunft in einzelnen Ländern des Weltmarktes:
   Die zollamtliche Behandlung deutscher Waaren in der Türkei.
   Die Zollbehandlung von Waarenmustern in Russland.
   Die Aufhebung der Zollfreiheit von Rohsilber und Erhöhung der Zölle auf Silberwaaren und Silbersalze in Russland.
   Die Verzollung von Wasserleitungshähnen, Wachsperlen, Galanteriewaaren bei der Einfuhr nach Russland.
   Zollbehandlung von Fayencewaaren, ebenso von Büchern und Landkarten bei der Einfuhr nach Italien.
2. Modifizierung der deutschen Verzollung von Waaren des Auslandes:
   Radiatoren und Economiser.
   Stahlflaschen als Behälter für hochgespannte Gase.
   Batisttaschentücher mit Hohlsaumnaht.
3. Wahrung der deutschen Handelsinteressen im Auslande:
   Bei Einbringung des neuen Zolltarifgesetz-Entwurfs in Belgien.
   Aus Anlass der neuen russischen Besteuerung ausländischer Geschäftsreisender.
   Bei Gelegenheit der Nachtragskonvention zum japanisch-französischen Handelsvertrage.
   Bei Gelegenheit der politischen Wirren in Tripolis gegenüber der sog. tripolkanischen Siege.

Es liegt auf der Hand, dass wir für ein noch junges Unternehmen unsere Einflusssphäre nur sehr langsam ausdehnen und nur ein beschränktes Arbeitsgebiet in den Bereich unserer Interessen hineinziehen können. So haben wir beispielsweise, was den Ueberseeverkehr betrifft, bisher nur an einer einzigen Stelle zu einer Einwirkung Gelegenheit gefunden. Wir sind nämlich mit der Direktion der Deutschen Levante-Linie wiederholt in Verbindung getreten und sind nicht müssig gewesen, ihr immer und immer wieder Material zu überweisen, auf Grund dessen wir zu einer Ausdehnung ihres Verkehrsnetzes bezw. zum Anlaufen neuer Hafenplätze im Mittelmehr angeregt haben. Im Falle des Anschlusses der grösseren deutschen Schifffahrtsgesellschaften an unser Unternehmen wird es unsere Aufgabe sein, diesem wichtigen Gebiete eine erhöhte Aufmerksamkeit zuzuwenden.

Das handelspolitische Material, welches wir im Laufe des Berichtsjahres an uns gezogen haben, ist im Vergleich zum Vorjahre nach Umfangund Bedeutung wesentlich ergänzt und erweitert worden. In Anerkennung der Bedeutung der Tages- und Fachpresse haben wir auf unseren Bureaux 75 Tageszeitungen und ca. 120 Fachjournale des In- und Auslandes lesen lassen. Wir haben diese Materialiensammlung durch Verbindung mit Ausschnittbureaux, auch des Auslandes (London, Paris u. s. w.) ergänzt. Eine rege Verbindung, die wir mit Vertretern der Presse des In- und Auslandes unterhalten, hat sich als fruchtbringend erwiesen. Ich darf bei dieser Gelegenheit nicht unerwähnt lassen, dass unsere bescheidene Thätigkeit, welche in Anbetracht der uns zu Gebote stehenden Kräfte ja nur eine beschränkte sein kann, erfreulicherweise dennoch im Auslande gute Beachtung gefunden hat. Nicht nur, dass die ausländische Presse über unsere Arbeit berichtet; es haben darüber hinaus eine Reihe answärtiger Staaten und Regierungen auch ihre amtlichen Publikationen auf handelspolitischem Gebiete in höchst dankenswerther Munificenz gratis zur Verfügung gestellt. So erhalten wir regelmässig die Konsulatsberichte der Vereinigten Staaten, der Schweiz und Oesterreich-Ungarns, desgleichen die amtliche Handelsstatistik Oesterreich-Ungarns, der Schweiz, Serbiens, der Vereinigten Staaten, Frankreichs und Englands. Ueberdies gehen uns die Veröffentlichungen in- und ausländischer Interessenvertretungen, Handelskammern u. s. w. in immer wachsenderem Umfange zu. Mit dem französischen Office Nationale und der österreichischen

Land- und wirthschaftlichen Centralstelle für Handelsverträge u. v. A. stehen wir im Austausch der Publikationen. Durch die Güte des Herrn Staatssekretärs des Innern, gelangen wir auch kostenlos in den Besitz der deutschen amtlichen Statistik. Wie und in welchem Umfange dieses Material verwerthet und verarbeitet wird, werde ich die Ehre haben in meinem morgigen Referate über die Begründung einer Reichshandelsstelle auseinander zu setzen. Aus dem gleichen Grunde wollen Sie mir erlassen, Ihnen heute nähere Angaben über die Ausgestaltung unserer Auskunftsertheilung zu machen. Da diese Frage speziell in den Mittelpunkt der morgigen Erörterung hineingehört, behalte ich mir vor, bei jener Gelegenheit auf dieselbe zurückzukommen.

Was den äusseren Umfang unserer Vereinigung angeht, so hat derselbe ein erfreuliches Wachsthum gezeigt. Wir haben bei Beginn des Berichtsjahres wahrscheinlich auf Grund einseitiger und unrichtiger Auffassung unserer Besprechung einer einzelnen Arbeit der Handelsstatistik ca. 15 Mitglieder verloren. Im Laufe des Jahres haben sich als schlechte Zahler gezeigt und sind deshalb aus unserem Verbande ausgeschieden weitere 14 Mitglieder. Der Verband der Soda-Fabrikanten hat seine Auflösung beschlossen und ist uns deshalb ebenfalls verloren gegangen. Diesem Abgange von insgesammt 30 Mitgliedern steht ein Zuwachs von über 100 neuen Mitgliedern gegenüber. Unter Anderem haben sich auch in diesem Jahre mehrere Handelskammern und grössere Verbände uns angeschlossen. Das Nähere hierüber ergiebt das gleichzeitig mit diesem Bericht auszugebende Mitgliederverzeichniss.

Besonderer Erwähnung bedarf es, dass sich im Laufe des Berichtsjahres eine grössere Anzahl von Firmen der Papierindustrie zusammengefunden hat, welche eine besondere Vereinigung für die Zollfragen des Papierfaches gebildet haben. Es sind hier die ersten Firmen der einzelnen Unterbranchen der Papierindustrie vertreten.

Die beschränkten Mittel, über welche wir vorläufig nur verfügen haben es uns leider nicht möglich gemacht, unsere Thätigkeit in dem Grade auszubilden und zu vertheilen, wie uns dies erwünscht erscheint. Trotz dessen ist es mir gelungen einen kleinen Stab älterer und jüngerer Nationalökonomen zur Mitarbeit heranzuziehen, sodass ich heute im Ganzen 5 akademisch gebildete Mitarbeiter und Assistenten zur Seite habe. Schliesslich sei noch bemerkt, dass es uns gelungen ist, auch in den Hauptplätzen des Auslandes eine Reihe von tüchtigen Korrespondenten zu gewinnen, welchen wir sehr werthvolle Hülfe bei unserer Arbeit verdanken.

Meine Herren! Wenn ich am Schlusse meines Jahresberichtes die Frage aufwerfen darf, ob die Centralstelle während des Berichtsjahres sich entsprechend weiter entwickelt hat, so ist es mir eine Freude, diese Frage dahin beantworten zu können, dass unsere Fortschritte sowohl nach innen als nach aussen hin befriedigende genannt werden dürfen. Wir haben das Gefühl, dass unsere fortdauernde und nach Möglichkeit sachlich gehaltene Arbeit die gütige Anerkennung weiter Interessentenkreise und darüber hinaus der Regierung und der Oeffentlichkeit gefunden hat. Ich sehe unser Unternehmen heute innerlich gefestigt und meine, wir dürfen in das vor uns liegende Arbeitsjahr eintreten, mit der zuversichtlichen Hoffnung auf eine weitere günstige Entwicklung. Dass wir zur Zeit unserer Begründung Gegner gefunden haben, lag in äusseren Umständen, vielleicht auch in der Natur der Sache. Wir werden bemüht sein, diese Gegner uns durch unentwegte Fortarbeit und jedes mögliche Entgegenkommen geneigt zu machen und damit hinzuarbeiten auf das grosse und wichtige Ziel, welches heute fast alle Kreise der Produktion als erstrebenswerth erklärt haben, auf das Ziel der Ausgestaltung einer einheitlichen wirthschaftlichen Interessenvertretung."

Sodann erstattet Herr Finanzrath **Rose**, Präsident der Handelskammer für das Herzogthum Coburg, den

Kassenbericht

für die Zeit vom 1. September 1898 bis zum 31. Dezember 1899. (Hierzu Anlage I.)

Die in der Vorstandssitzung am 7. Dezember 1899 zu Rechnungsprüfern gewählten Herren Finanzrath **Rose**-Coburg und Fabrikbesitzer **Max Bendix**-Berlin haben am 18. Januar 1900 eine fünfstündige Kassenprüfung (Revision) vorgenommen. Es wurden ihnen vorgelgt:

Die Kassenbücher für die Zeit vom 1. 9. 98 bis 31. 12. 99, das Beitragsbuch, das Portobuch, 10 Kontobücher über die einzelnen Titel nebst 10 dazu gehörigen Aktenstücken „Beläge", das Aus- und Eingangs-Journal, die Kontokorrente des Bankiers, sowie die Schlussabrechnung für den obigen Zeitraum von 16 Monaten.

Die Abrechnungen wurden mit den Büchern verglichen und völlig übereinstimmend gefunden, in den vorgelegten Hilfsbüchern und Belägen wurden zahlreiche Stichproben gemacht und die Hilfsbücher in den Monatsaddirungen aufgerechnet. Es wurde konstatirt, dass das vorgelegte Material sehr sorgfältig und übersichtlich geführt ist. Die Schlussrechnung ergiebt nachstehende Summen für Ein- nnd Ausgaben:

Als Bestand aus dem Vorjahr übernommen	2172,28 M.
An Beiträgen eingegangen	52432,20 „
Sonstige Einnahmen	454,41 „
	55058,89 M.
Ausgaben	53373,92 M.
Gegenwärtiger Kassenbestand	1684,97 „
	55058,89 M.

Auf Grund dieses Befundes beantragen die Rechnungsprüfer, dem Vorstand und Direktor die Entlastung zu gewähren, was einstimmig angenommen wird.

An der Hand des geprüften Rechnungsabschlusses und unter Reduzirung der Ziffern für 16 Monat, auf den Zeitraum von 12 Monat beantragt alsdann der Referent den Voranschlag. für das Jahr 1900 auf **45000 M.** festzusetzen.

Es wurde hierbei zur Begründung geltend gemacht, dass das erfolgreiche Arbeiten der Centralstelle und die wachsende Anerkennung ihrer werthvollen Thätigkeit, die in dem ständigen Zuwachs von Mitgliedern zum Ausdruck gelange, eine erhebliche Steigerung der Einnahmen aus Mitgliederbeiträgen für das neue Geschäftsjahr erwarten lasse. Andererseits seien aber auch die Ausgaben der Centralstelle in dauerndem starken Anwachsen begriffen. Die immer intensiver sich gestaltende Korrespondenz mit der Mitgliedschaft, namentlich in der Auskunftsertheilung, die zunehmende Zahl der Anforderungen und Anliegen, die an die Centralstelle gebracht werden, erheischen eine entsprechende Vermehrung der Arbeitskräfte. Angesichts dessen dürfte eine Etatisirung mit 45000 M. für das Jahr 1900 nicht zu hoch gegriffen sein.

M. Bendix-Berlin erklärt sich mit den Ausführungen des Berichterstatters einverstanden. Was den Voranschlag für 1900 anbelange, so seien die Revisoren zwar in der Lage, die ausgeworfene Summe von 45000 M. zu spezialisiren und besondere Summen für die einzelnen Posten in Vorschlag zu bringen. Sie hielten es indess für angebracht, von einer derartigen Festlegung der verfügbaren Mittel abzusehen, da der Vorstand es den Verhältnissen nach in der Hand haben müsse, die Verwendung derselben den vielleicht wechselnden Bedürfnissen anzupassen und Summen von einem Posten auf einen anderen zu übertragen.

Es wurde hierauf der zum Vorschlag gebrachte Etat von der Versammlung genehmigt und alsdann die Herren Finanzrath **Rose**, Präsident der Handelskammer zu Coburg, und Fabrikbesitzer **Max Bendix**-Berlin als Revisoren wiedergewählt.

Dr. C. G. Martius: Ich erteile das Wort Herrn Geheimen Kommerzienrat Görz zu seinem Referat über Punkt 2 der heutigen Tagesordnung:

Der neue französisch-amerikanische Handelsvertrag und seine Konsequenzen für Deutschland.

Geh. Kommerzienrat **Görz**: „Meine Herren! Die neuere Zollpolitik der Vereinigten Staaten ist dahingehend zu charakterisiren, dass man dort auf dem Standpunkte des „Amerika für sich" steht, d. h., dass man beansprucht, alles, was das Land gebraucht, aus den im Lande selbst vorhandenen Mitteln herstellen zu können. Dieser Standpunkt wird am besten durch den Dingley-Tarif vom 24. Juli 1897 charakterisirt, welcher als eine Ausgeburt des protektionistischen Systems zu betrachten ist. Allerdings hat sich der amerikanische Kongress durch Klausel 3 und 4 dieses Gesetzes ein gewisses Sicherheitsventil geschaffen, um zu vermeiden, dass seitens der europäischen Staaten Repressalien angewandt würden. Artikel 3 oder die sogenannte Reziprozitätsklausel bestimmt nämlich, dass für gewisse Artikel Zollermässigungen stattfinden können, jedoch nur unter der Voraussetzung, dass entsprechende Konzessionen Seitens des anderen Staates gemacht werden.

Der Artikel 4 autorisirt den Präsidenten, derartige Verträge mit anderen Mächten mit der Maassgabe abzuschliessen, dass die zugestandenen Reduktionen 20⁰/₀ des Zolles nicht überstiegen und dass diese Verträge innerhalb 2 Jahren, d. h. also, bis zum 25. Juli 1899 geschlossen sein müssen. Es geht daraus hervor, dass die neue amerikanische Zollgesetzgebung überhaupt die Meistbegünstigungsverträge ignorirt und nur noch Reziprozitätsverträge vorsieht, d. h. also, sich in dieser Beziehung in einen direkten Kontrast auch mit Deutschland stellt, da dieses bisher den Vereinigten Staaten seinen Minimaltarif ohne jede Einschränkung gewährt. Es wird mit anderen Worten Deutschland, welches überdies im Allgemeinen noch viel niedrigere Zölle als Frankreich hat, in die Lage versetzt, den französischen Vorzugszöllen in den Vereinigten Staaten gegenüber Differenzial-Zölle zahlen zu müssen. Daraus entsteht aber ein den Grundsätzen der Gegenseitigkeit völlig widersprechendes Verhältniss und es scheint hohe Zeit zu sein, dass die seit längerer Zeit schwebenden Verhandlungen zwischen den Vereinigten Staaten und Deutschland endlich bald zu einem befriedigenden Ergebniss, welches diesen scharfen Kontrast der zollpolitischen Behandlung aufhebt, führen. Ich will dabei bemerken, dass aus der oben genannten Reziprozitäts-Klausel, welche derartige Verträge anscheinend nur bis zum 25. Juli 1899 gestattet, nicht gefolgert werden kann, dass ein Vertrag der Vereinigten Staaten mit Deutschland, welcher die Frankreich gemachten Zugeständnisse paralysirt, nicht mehr geschlossen werden könne. Es muss vielmehr die in der Reziprozitätsklausel genannte Termin-Bestimmung nur als ein Wunsch der damaligen Kongress-Majorität betrachtet werden, an welchen der Präsident der Vereinigten Staaten nicht gebunden ist. Es besitzt derselbe die Machtbefugniss zum Abschluss solcher Verträge kraft der amerikanischen Verfassung und es ist meiner Ansicht nach nicht möglich, dass dem Präsidenten durch Bestimmungen des Dingley-Gesetzes von seinen verfassungsmässigen Befugnissen etwas weggenommen werden kann. Es besagt aber die amerikanische Verfassung, dass der Präsident die Macht haben soll, mit dem Beirath unter Zustimmung des Senats Verträge abzuschliessen, vorausgesetzt, dass $^2/_3$ der Senatoren beistimmen.

Es scheint somit nach dieser Richtung durch die von der deutschen Regierung noch nicht erzielten Resultate der Verhandlungen über einen Vertrag mit den Vereinigten Staaten nichts verspätet oder unmöglich geworden zu sein und ist der Wunsch oder vielmehr das Bedürfniss, dass diese Verhandlungen endlich zu einem Abschluss gelangen, nur deshalb in sehr prononzirter Weise hervorzuheben, damit aus den Frankreich jetzt gemachten Zugeständnissen sich nicht für unsere Industrie schädigende Situationen entwickeln, die nachher von der deutschen Industrie viel schwerer zu überwinden sein dürften, als wenn dieselbe baldigst in den Stand gesetzt wird, unter gleichen Bedingungen mit Frankreich die Konkurrenz in Amerika aufzunehmen.

Wenn ich mir einen Wunsch bezüglich dieser Verhandlungen zwischen Deutschland und den Vereinigten Staaten auszusprechen erlauben darf, so wäre es in erster Linie der, dass Seitens der deutschen Regierung die nach meiner Ansicht geübte Nachgiebigkeit etwas verringert würde, da durch dieselbe offenbar die Verhandlungen eine nicht unbeträchtliche Verzögerung erleiden müssen.

Sehen wir uns nun nach der Stellung, die Frankreich in dieser Frage eingenommen hat, näher um, so finden wir vor Allem, dass die französische Regierung in den letzten Jahren eine wesentlich grössere Thätigkeit in Handels- und wirthschafts-politischen Fragen als vorher, wo sie das Hauptgewicht mehr auf staatspolitische Fragen legte, verwendet hat. Sie hat dabei vor Allem ihr Augenmerk auf den amerikanischen Kontinent gerichtet, wo sie hoffen konnte, dass ihr durch die lebendig gebliebenen französischen Reminiszenzen in einzelnen Gebietstheilen eine Erleichterung in handelspolitischer Beziehung erwachsen könnte. Sie war einerseits zu einer vermehrten Thätigkeit in dieser Beziehung gezwungen, weil sich die Nachtheile der bisherigen Vernachlässigung immer stärker kenntlich machten. Sie war anderseits aber auch durch die wachsende Rücksichtslosigkeit, womit der Panamerikanismus den ganzen amerikanischen Kontinent als Ausbeutungsobjekt der Vereinigten Staaten in Anspruch nahm, zu einem Vorgehen gezwungen. So hatte die Ausfuhr Frankreichs 1889 einen Werth von 356 Mill. Frk., im Jahre 1897 nur noch einen solchen von 240 Mill. Frk., während auf der anderen Seite die Ausfuhr der Vereinigten Staaten nach Frankreich im Jahre 1889 248 Mill. Frk. betrug und im Jahre 1897 auf 633 Mill. Frk. gestiegen war. Derartige Ziffern mussten umsomehr die französische Regierung zu einem geeigneten Eingreifen veranlassen, als es auf der Hand lag, dass durch die Einführung des Dingley-Tarifs der Einfuhrwerth französischer Waare nach den Vereinigten Staaten noch weiter und ganz wesentlich sinken würde. Man muss es der französischen Regierung nachsagen, dass sie mit einer ganz ausserordentlichen Energie vorging, und wer in den damaligen Zeiten nur einigermaassen diese Frankreich betreffenden Verhältnisse verfolgt hat, wird sich erinnern, wie nicht allein in den Konsulatsberichten, sondern auch in den Regierungsorganen die lebhafteste Klage über die Indolenz, Schwerfälligkeit und Unbeholfenheit der exportirenden Industrieen geführt wurde, welche sich den Verhältnissen ausserhalb Frankreichs nicht anpassen wollten.

Die französisch-amerikanischen Verhandlungen führten zunächst zu dem Präliminar-Abkommen vom 28. Mai 1898, welches als eine Art von Waffenstillstand, während welches weitere Verhandlungen fortgeführt werden sollten, zu betrachten ist. Durch dieses Abkommen erreichte Frankreich für Weine, Spirituosen, Weinstein und Kunstwerke niedrigere Zollsätze als der Dingley-Tarif feststellte, während es auf der anderen Seite die Zollsätze für amerikanisches Fleisch und Schmalz als Gegenleistung herabsetzte. Damit war der Weg zu weiteren Verhandlungen, die schliesslich zu dem gedachten Handelsvertrage vom 25. Juli 1899 führten, geebnet. Es war aber auch gleichzeitig für die Vereinigten Staaten, was vielleicht noch bedeutsamer ist, erreicht, dass die zuerst von Kanada aufgestellte neue Theorie der amerikanischen Zoll-Politik eine praktische Sanktion durch eine europäische Grossmacht erhielt. Es ist dies aber eine Zoll-Politik, nach welcher trotz bestehender Meistbegünstigungsverträge neue Zugeständnisse von der Erfüllung ähnlicher Konzessionen abhängig gemacht werden, die ein begünstigter Dritter hat erfüllen müssen, wogegen man bisher darin einig war, dass sie ohne Weiteres jedem Meistbegünstigten zugestanden werden müssten, wenn sie einem anderen eingeräumt wurden. Kanada kam freilich Deutschland gegenüber mit dieser Theorie nicht durch, während dieselbe nun durch die Vereinigten Staaten zur praktischen Durchführung erzwungen wurde.

Wir stehen somit in einer Zeit prinzipieller Aenderungen der Abschlüsse von Handelsverträgen, die eigentlich nicht mehr Handelsverträge genannt werden können, sondern als Tarifverträge zu bezeichnen sind. Wir werden im allgemeinen von jetzt ab bei derartigen Verträgen zwei Unterscheidungen zu machen haben und zwar auf der einen Seite Tarifverträge, auf der anderen Seite Verkehrsverträge, welche den gesicherten Grenzverkehr, die Gleichberechtigung der Gewerbetreibenden im Gebiete des vertragschliessenden Theiles und die Ansprüche des einen an die Aufsichtsbehörde und Verkehrseinrichtungen des anderen Staates zu ordnen haben.

Wir werden auf der Basis des autonomen Tarifs unsere Tarifverträge durchzuführen haben und gilt dies ganz besonders von den Vertragsverhandlungen, die wir mit aussereuropäischen Mächten zu führen haben.

Immerhin muss bezüglich der Vertragsverhandlungen zwischen Frankreich und den Vereinigten Staaten betont werden, dass die Vertreter der ersteren bemüht blieben, als meistbegünstigte Nation behandelt zu werden, und geschah dies besonders unter Méline als Ministerpräsident, welcher in seinen Avancen so weit ging, dass er den Vereinigten Staaten den französischen Minimaltarif auf der ganzen Linie anbot, also auch — und das ist das Bezeichnendste für diese Phase der Verhandlungen —, wie für die Auffassung der ganzen Sachlage gerade durch ein Ministerium Méline — dass damit auch die französische Landwirthschaft preisgegeben wurde. Trotzdem gelang die Absicht der französischen Vertreter nicht und blieb denselben nichts übrig, als soviel als möglich Zollreduktionen vom amerikanischen Tarife für französische Erzeugnisse durchzusetzen. Den Vortheil, den damit die Vereinigten Staaten erreichten, ist klar. Es konnte niemand von der Gewährung einer allgemeinen Meistbegünstigung an Frankreich reden und auf Grund gewisser bestehender Meistbegünstigungsverträge von den Amerikanern dieselben Konzessionen, die an Frankreich gegeben wurden, verlangen. Selbstverständlich konzedirte Frankreich auch nicht Reduktionen auf alle amerikanischen Erzeugnisse und so scheint das hergestellte Verhältniss, wie es sich in dem Vertrage vom 24. Juli 1899 darstellt, als ein den beiderseitigen wichtigsten Interessen Rechnung tragendes.

Durch diesen Vertrag wurden Frankreich für 130 Positionen des amerikanischen Zolltarifs Zollermässigungen eingeräumt und dürfte die Liste dieser Positionen in Ihrer aller Hand sein. Es wurde, soviel mir bekannt, Seitens der Zentralstelle bereits vor längerer Zeit den Mitgliedern diese Positionen bekannt gegeben und ich darf wohl annehmen, dass allen anwesenden Herren nicht allein die Positionen bekannt, sondern dass auch Jeder, der Interesse für die eine oder andere Position hat, sich bereits klar geworden, inwieweit seine Industrie davon betroffen, und die eventuell nothwendigen Schritte bei dem Reichsamt des Innern unternommen hat. Wir werden wohl in der Debatte noch Gelegenheit haben, von den Vertretern der verschiedenen Industrieen Näheres über die Lage, in welche dieselben durch diesen Vertrag gebracht sind, zu hören. Ich will nur kurz bemerken, dass nach der allgemeinen Auffassung die folgenden Positionen bei der Ausfuhr aus Deutschland nach den Vereinigten Staaten, am meisten durch den vorliegenden Vertrag getroffen zu sein scheinen:

	Ausfuhrwerth 1897	
Baumwollene Stoffe mit Seide gemischt	24,2	Mill. M.
Baumwollene Strumpfwaaren	23,2	„ „
Baumwollene Posamentierwaaren . . .	3,9	„ „
Baumwollene Spitzen	5,7	„ „
Anilin und andere Theerfarbstoffe . .	14,8	„ „
Farben, Firnisse	5,5	„ „
Medizinische Präparate	7,0	„ „
Lederne Handschuhe	13,1	„ „
Spielzeug	10,5	„ „
Papier	8,6	„ „
Roman-Zement	6,6	„ „
Im ganzen:	123,1	Mill. M.

Frankreich konzedirte im Allgemeinen den amerikanischen Produkten die Anwendung des Minimaltarifs statt des Generalzolltarifs und sind nur 23 Positionen ausgenommen, welche vorwiegend landwirthschaftliche Produkte betreffen.

Nach dem französischen Motiven-Bericht profitiren amerikanische Waaren im Werthe von 25 Mill. Frk. oder 4% vom französisch-amerikanischen Handel und sparen die Amerikaner darauf an Zöllen ca. 1,1 Mill. Frk. Frankreich dagegen profitirt für Waaren im Gesammtbetrage von 156,9 Mill. Frk. oder 53,4% des französisch-amerikanischen Handels und sind die durch den Vertrag entstehenden Zollermässigungen auf ca. 5,2 Mill. Frk. zu beziffern.

Der Vertrag selbst kann täglich mit einjähriger Frist gekündigt werden, ist auf 5 Jahre geschlossen, und läuft weiter, wenn er dann nicht gekündigt wird. Derselbe ist bis heute noch nicht ratifizirt; es soll aber diese Ratifikation im März dieses Jahres erfolgen.

Wenn nun aus den obigen Ziffern ziemlich deutlich hervorgeht, dass die Vortheile für Frankreich als recht bedeutende angesehen werden können und wenn man andererseits die offiziellen Stimmen, die in Washington laut werden und sich als mit diesem Vertrage zufriedengestellt erklären, berücksichtigt, so darf doch nicht übersehen werden, dass sich in beiden Ländern auch eine Opposition gegen diesen Vertrag kund giebt und es deshalb mit absoluter Sicherheit noch nicht vorauszusehen ist, dass der Vertrag auch wirklich ratifizirt werden wird. In Frankreich spricht man in nicht wenigen Kreisen die Befürchtung aus, dass diese einseitige Begünstigung kaum lange bestehen bleiben werde und thut dies insbesondere mit Bezugnahme auf Deutschland, da man auch dort den deutsch-amerikanischen Verhandlungen mit grosser Aufmerksamkeit zu folgen und einzusehen scheint, dass Deutschland diese einseitige Begünstigung Frankreichs doch nicht ruhig hinnehmen werde.

Man hört in französischen Kreisen öfter den Wunsch aussprechen, dass die französische Regierung sich jetzt in ihrer Zollpolitik nach den Vereinigten Staaten richte, giebt aber gleichzeitig zu, dass einem derartigen Vorgehen der Frankfurter Vertrag hindernd im Wege stehe. Mit Frankreich stehen wir „Auf ewige Zeit“ bezw. für die Dauer des Frankfurter Friedensvertrages im gegenseitigen Verhältniss der Meistbegünstigung.

Eine lebhafte Opposition macht sich auch in Frankreich in landwirthschaftlichen Kreisen gegen den Vertrag bemerkbar, und bei der starken Protektion, welche bekannterweise die französische Landwirthschaft geniesst, ist diese Opposition nicht gleichgiltig aufzunehmen.

Auf amerikanischer Seite sieht man vor allen Dingen in den Frankreich gemachten Konzessionen einen Einbruch in die Dingley-Bill, der nicht ohne Folge bleiben könne, d. h., es scheint in manchen Kreisen der Vereinigten Staaten, die unter allen Umständen den Standpunkt des „Amerika für uns" vertreten, die Ansicht vorzuherrschen, dass diese oder andere Konzessionen auch anderen Staaten gemacht werden müssten, wenn der amerikanische Ausfuhrhandel nach denselben nicht geschädigt werden sollte. Auch aus verschiedenen amerikanischen industriellen Kreisen kommen Proteste gegen diesen Vertrag und scheint es speziell die Strumpfwaaren-Industrie zu sein, welche sich energisch gegen die Ratifikation des Vertrages wendet. Ob indessen diese Stimmen auf amerikanischer Seite durchdringen werden, erscheint deshalb zweifelhaft, weil durch den Vertrag Petroleum und Mineralöle eine wesentlich billigere Einfuhr nach Frankreich geniessen und man nicht vergessen darf, dass gerade diese Industrie über so enorme finanzielle Mittel verfügt, dass bei der amerikanischen Art der Gesetzgebung man wohl voraussehen darf, dass der finanziell Stärkere schliesslich Recht behalten wird.

Der Opposition gegen den Vertrag hält man in weiten Kreisen der Vereinigten Staaten von offizieller Seite entgegen, dass durch den Vertrag die aus den Vereinigten Staaten nach Frankreich nun billiger eingeführten Artikel auf derselben Basis wie die aus England und Deutschland kommenden stehen, d. h. also, dass die amerikanischen diesbezüglichen Produkte die Konkurrenz in Frankreich mit England und Deutschland aufnehmen könnten.

Wenn wir nun unser Verhältniss zu den Vereinigten Staaten in handelsvertraglicher Beziehung betrachten und wie dasselbe sich durch den vorliegenden französisch-amerikanischen Vertrag gestaltet hat, so ist zunächst zu bemerken, dass der Handelsvertrag zwischen Preussen und den Vereinigten Staaten von Amerika vom Jahre 1828 bisher als für das Deutsche Reich geltend angesehen worden ist und unangefochten bestand. Dieser Vertrag bestimmt nun in Artikel 5, dass auf landwirthschaftliche und industrielle Erzeugnisse des einen Landes keine höheren Abgaben gelegt werden dürfen als auf die irgend eines fremden Landes.

Im Weiteren besagt Artikel 9 des Vertrages, dass jede Begünstigung, welche in Betreff von Handel und Schiffahrt einer anderen Nation zugestanden wird, auch sofort dem anderen Theile zufallen soll und zwar, wenn sie an eine Gegenleistung geknüpft ist, gegen Gewährung derselben Gegenleistung.

Aus den bisherigen deutsch-amerikanischen Verhandlungen hat sich nun eine Meinungsverschiedenheit über das, was als Gegenleistung im Sinne des Artikel 9 aufzufassen ist, gezeigt. Deutschland hat die Meistbegünstigung auf Grund des Artikel 5 gewährt, während die Vereinigten Staaten sich auf den engeren Artikel 9 stützen. Es hat aber Deutschland die durch die Handelsverträge von 1891/94 den sieben europäischen Vertragsstaaten gewährten Vergünstigungen auch den Vereinigten Staaten auf Grund von Artikel 5 des Vertrages vom Jahre 1828 eingeräumt.

Diese weitgehende Meinungsverschiedenheit ist ein Grund, warum die deutsch-amerikanischen Verhandlungen bisher noch zu keinem Ergebniss geführt haben und wird es und muss es nach meiner Ansicht unter allen Umständen Aufgabe der deutschen Regierung sein, in der energischsten Weise auf dem Standpunkte zu bestehen, dass einerseits durch den französisch-amerikauischen Vertrag eine Verletzung unseres Vertrages vom Jahre 1828 stattgefunden, und dass namentlich, falls die amerikanische Regierung auf ihrem Standpunkte stehen bleiben sollte, die deutsche Regierung das Recht erhält, entweder die den europäischen Vertragsstaaten gewährten Vergünstigungen, welche auch den Vereinigten Staaten auf Grund des Artikel 5 eingeräumt worden sind, zurückzuziehen oder, wie ich vorhin schon angedeutet habe, als ultima ratio auf Grund eines autonomen Zolltarifs in nicht zu ferner Zeit die Verhandlungen mit den Vereinigten Staaten durchzuführen bezw. wieder aufzunehmen.

Die Stellung Amerikas uns gegenüber ist um so unbegreiflicher, als der Werth der Einfuhr aus Amerika nach

Deutschland ein ganz wesentlich höherer als der Werth unserer Erzeugnisse ist, die wir nach Amerika exportiren. Die betreffenden Ziffern sind für die letzten Jahre nämlich die folgenden:

Einfuhr aus den Vereinigten Staaten nach Deutschland:

1895	512	Mill. M. Werth
1896	584	" " "
1897	658	" " "
1898	877	" " "

während umgekehrt der Werth der deutschen Ausfuhr nach Amerika sich wie folgt stellt:

1895	369	Mill. M. Werth
1896	384	" " "
1897	397	" " "
1898	335	" " "

d. h. also, dass speziell im letztgenannten Jahre der Werth der nach Deutschland eingeführten amerikanischen Waare ungefähr $2\,^2/_3$ mal grösser war, als der Werth der deutschen nach Amerika ausgeführten Waare. Diesem Verhältniss trägt aber die Zollpolitik der Vereinigten Staaten in keiner Weise Rechnung und stellt Deutschland vor die Konsequenzen eines Vertrages, durch welchen unter allen Umständen unsere Ausfuhr nach den Vereinigten Staaten leicht sehr stark geschädigt werden kann. Dazu kommt aber noch, dass auch in Kanada deutsche Waaren einen um $33\,^1/_3$ % höheren Zoll zahlen müssen, als die Herkünfte aus Gross-Brittanien, aus den englischen Kolonien und aus Frankreich und so sollen wir nun in ganz Nordamerika differenziell behandelt werden. Wir können aber bei einem 25prozentigen Differenzial-Zoll, wie ein solcher sich z. B. aus den 20prozentigen Ermässigungen herausrechnet, nicht mehr konkurriren.

Es ist in weiterem zu betonen, dass, da Deutschland von dem Mitgenuss der Frankreich konzedirten Ermässigungen ausgeschlossen ist, durch dieses Vorgehen Seitens der Vereinigten Staaten die Wirkung eines Zollkrieges entstehen muss; denn es ist ganz gleich, ob die Differenzial-

Zölle, die wir für unsere Fabrikate in den Vereinigten Staaten zahlen müssen, nur indirekt durch die den Fabrikaten anderer Länder gewährten Ermässigungen oder direkt durch Zollaufschläge zum Ausdruck gebracht werden. Freilich tritt im Falle der Differenzirung diese Tendenz weniger scharf zu Tage. Die Wirkung bleibt aber immer dieselbe.

Es ist aus dem Vorgesagten unschwer zu ersehen, dass unsere Lage sowohl für die Industrie als auch für die Regierung eine recht schwierige ist und dass es eines energischen und zielbewussten Auftretens der deutschen Regierung bedarf, um die deutsche Industrie vor schweren Schäden zu bewahren.

Die Verhandlungen sind nicht leichte, und dies umsomehr, als mittlerweile die Regierung zu Washington mit Portugal, den Britisch-Westindischen Kolonien und mit Argentina ähnliche Reziprozitätsverträge geschlossen hat und somit durch diese Abschlüsse in dem Festhalten an ihrer neuerdings eingeschlagenen Zollpolitik erheblich bestärkt wird.

Nichts destoweniger dürfen wir uns doch wohl der Hoffnung hingeben, dass die Verhandlungen zu einem baldigen und befriedigenden Ergebniss führen. Unter allen Umständen aber scheint Seitens aller betheiligten deutschen Kreise die grösste Vorsicht geboten, um die uns sehr nothwendigen Atouts, welche wir in der Hand haben, nicht früher auszuspielen, als es durchaus nothwendig ist, und es ist in gewisser Beziehung zu bedauern, dass in dieser Richtung leider nicht immer mit der nöthigen Vorsicht vorgegangen zu sein scheint. Ich glaube Ihnen auf Grund des Vorhergesagten und in Rücksicht auf die durch dieses französisch-amerikanische Abkommen geschaffenen Verhältnisse folgende Resolution zur Annahme empfehlen zu sollen:

> Die Versammlung erachtet das französisch-amerikanische Abkommen als ein die deutsche Ausfuhr nach den Vereinigten Staaten schwer beeinträchtigendes, zugleich hält sie das Vorgehen der Vereinigten Staaten als nicht vereinbar mit den auf dem Vertrag von 1828 basirten Handelsbeziehungen und spricht die sichere Hoffnung

aus, dass es der deutschen Regierung bald gelingen werde, die diesbezüglichen schwebenden Verhandlungen zu einem befriedigenden Ergebniss zu führen.

Scheckenbach-Nürnberg. Die Handels- und Gewerbe-Kammer für Mittelfranken habe die Bedeutsamkeit des französisch-amerikanischen Abkommens von vornherein voll gewürdigt und die Gefahren erkannt, welche eine Ratifizirung desselben für die deutsche Industrie bedeute. Sie habe deshalb auch schon vor geraumer Zeit ihre Erwägungen und Wünsche in einer besonderen Denkschrift niedergelegt und der Regierung zur Berücksichtigung unterbreitet. Redner verliest einige Absätze der Eingabe und giebt gleichfalls seiner Ueberzeugung Ausdruck, dass die deutsche Industrie bestrebt sein müsse, baldmöglichst die gleichen oder gleichwerthige Zugeständnisse Seitens der Vereinigten Staaten zu erhalten wie Frankreich.

Dr. Hatschek-Frankfurt a. M. Auch er schliesse sich dieser Auffassung durchaus an; er wolle aber nicht unterlassen, ausdrücklich zu betonen, dass die in Rede stehende Konvention, bevor sie in Kraft trete, erst noch den amerikanischen Senat zu passiren habe. Schon bei den Verhandlungen in der französischen Kammer habe sich von Seiten gewisser Interessentenkreise, namentlich der Land- und Forstwirthschaft, heftige Opposition geltend gemacht. Neuerdings haben sich auch aus den Kreisen industrieller Interessenten lebhafte Bedenken gegen die Ratifizirung geltend gemacht. So haben Fabrikanten von Fahrrädern und Motorwagen, Vertreter von Giessereien, Eisenwerken, Röhrenfabriken, Eisenbahn-Materialien, ferner das Syndikat der Baumwollwaarenfabrikanten, die Lyoner Seidenindustrie u. a. dagegen protestirt. Noch viel umfassender und besser organisirt sei die gegen die Ratifizirung der Uebereinkunft sich richtende Bewegung in den Vereinigten Staaten. Hier seien es u. a. die kalifornischen Landwirthe, namentlich die Obstzüchter und Weinproduzenten, sodann die Textilindustriellen der Neuengland-

Staaten, die Juweliere und Bijouterie-Interessenten von Massachusetts und Rhode Island, welche schwere Schädigungen für wichtige Zweige ihrer Erwerbsthätigkeit fürchteten und deshalb mit allen Mitteln gegen den Vertrag Stimmung machten. Es sei den Umständen nach noch durchaus zweifelhaft, ob die für den Spätwinter zu erwartende Abstimmung dem Vertrag die Genehmigung des Senates ertheilen werde.

Aber auch die deutschen Interessen an diesen Verhandlungen kämen erst durch Berücksichtigung der einzelnen Industriezweige, die dadurch betroffen würden, recht zur Geltung. Der Referent habe sich auf die Darlegung der allgemeinen Gesichtspunkte beschränkt, und das sei bei einem derartigen an Interessenten aller Kreise der Industrie und des Handels gerichteten Vortrage auch völlig angebracht gewesen. Aber für das feinere Verständniss und die intimere Beleuchtung der vorliegenden Verhältnisse sei es doch erwünscht, speziellere Interessen geltend gemacht und den Standpunkt einzelner Branchen gewahrt zu sehen. Er verleihe deshalb der Hoffnung Ausdruck, dass die Diskussion hier noch interessantes Material zubringen werde.

Rágóczy-Metz. Als Vertreter des Vereins zur Wahrung der wirthschaftlichen Interessen der Eisen- und Stahl-Industrie von Elsass-Lothringen und Luxemburg müsse er — in Anknüpfung an die letzten Worte des Herrn Vorredners — allerdings bestätigen, dass die Eisen-Industrie des deutschen Reiches durch ein Inkrafttreten der in Rede stehenden Handelskonvention schwer geschädigt werden würde. Ebenso könne er, obwohl er ja in dieser Branche nicht Fachmann sei, versichern, dass die Glasflaschenfabrikanten mit Sorge den Verhandlungen im amerikanischen Senat entgegensähen, denn ihr jetzt erheblicher Export nach der amerikanischen Union dürfte durch eine der französischen Konkurrenz gewährte 15 prozentige Zollreduktion nachhaltig beeinträchtigt werden.

Dr. E. Richter-Breslau. Es sei richtig, dass eine heftige Opposition der Annahme des Vertrages namentlich in Amerika entgegenarbeite. Die lärmende Agitation, welche sie entfalte, entspreche aber seines Erachtens doch nicht ihrer inneren Stärke. Sie beschränke sich eben auf einige wenige und nur zum Theil einflussreiche Interessentenkreise, welche fürchteten, die übertriebenen Preise ihrer Produkte, deren enorme Hochtreibung ihnen der Dingley - Tarif ermöglicht habe, bis zu einem gewissen Grade ermässigen zu müssen, wenn die Produkte der französischen Industrie und Landwirthschaft wieder Zugang zu den Vereinigten Staaten fänden. Was Deutschland anlange, so werde u. a. die chemische Industrie in einzelnen Spezialzweigen stark in ihrem Absatz auf dem amerikanischen Markte gefährdet. Für Anilinfarben und Anilinfarbstoffe, eine unserer blühendsten Export-Industrieen werde der französischen Konkurrenz ein Vorzugszoll von 20 pCt. des Zollbetrages zugestanden. Farben und Firnisse, Kali- und Natron-Salze, sowie verschiedene andere Chemikalien würden um 10 pCt. bei der Einfuhr aus Frankreich begünstigt werden. Trotzdem die hohe Entwickelung der deutschen chemischen Industrie dieser Branche eine starke Stellung auf dem Weltmarkt verleihe, sei zu befürchten, dass man beträchtliche Theile des amerikanischen Absatzes künftighin an Frankreich werde abgeben müssen.

Guttmann-Göppingen. Auch die Textil-Industrie, insbesondere seine engere Branche, die Baumwollwaaren-Fabrikation, sei durch den französisch-amerikanischen Reziprozitätsvertrag schwer bedroht. Er wolle nur darauf hinweisen, dass beispielsweise baumwollene Strumpf- und Wirk-Waaren Frankreich gegenüber einen 20prozentigen Zollaufschlag beim Eingang nach der Union zahlen müssten. Die Gesammtausfuhr des deutschen Reiches in diesen Artikeln betrage nahezu 100000 dz im ungefähren Werthe von mehr als 50 Mill. Mark. Und von dieser gewaltigen Summe ginge durchschnittlich nicht viel weniger als die Hälfte nach den Vereinigten Staaten. Unter dem Einfluss der Dingley-Bill sei der Export dorthin in den letzten drei Jahren bereits von

42000 auf 31000 dz zurückgegangen. Wenn jetzt die französische Industrie noch eine derartige Zollvergünstigung erhielte, so sähe die deutsche Wirkwaaren-Industrie auf ihrem Hauptabsatzmarkt einer sehr trüben Zukunft entgegen.

Nachdem sich noch einige andere Redner in gleichem Sinne für eine Anzahl besonderer Industriezweige ausgesprochen hatten, gelangte die von dem Referenten eingebrachte Resolution zur Abstimmung und einstimmigen Annahme. Es wurde alsdann beschlossen, die Behandlung von Punkt 3 der Tagesordnung bis nach der Frühstückspause aufzuschieben, vorher aber noch den Bericht des Vorsitzenden über

Das neue Schema zum Zolltarif

anzuhören, worüber den Umständen nach eine eigentliche Diskussion nicht zu erwarten sei.

Dr. Martius: „Meine Herren! Wie Ihnen ja bekannt ist, stammt unser gegenwärtig in Geltung befindlicher Zolltarif im Wesentlichen vom Jahre 1878/79, ist also schon über 20 Jahr alt, ohne dass andere Aenderungen, als einige Erhöhungen der Zollsätze seitdem eingetreten wären; und wenn man von den Zollsätzen, die ja zunächst noch gar nicht in Betracht kommen, absieht, so ist unser heutiger Zolltarif seinem Schema nach sogar nicht wesentlich verschieden von dem noch aus dem Anfang des Jahrhunderts stammenden alten preussischen Zolltarif. Schon aus diesem seinem ehrwürdigen Alter ergiebt sich zur Genüge, dass er nach so langer Zeit recht verbesserungsbedürftig geworden sein dürfte, besonders wenn man bedenkt, welch gewaltige Umgestaltung das deutsche Wirthschaftsleben in den letzten Jahrzehnten durchgemacht hat. Die Vermuthung wird aber zur Gewissheit, wenn man in die Praxis tritt, und die zahllosen Zollschwierigkeiten, Chikanen und Unzuträglichkeiten aller Art kennen lernt, über welche die deutsche Geschäftswelt heute mit Recht so häufig Klage führt. Alle diese fallen nicht oder zum geringsten Theile den Beamten des Zollabfertigungsdienstes zur Last, sondern wurzeln hauptsächlich in dem Uebelstand, dass das der Zollbehandlung zu Grunde liegende Zolltarifschema veraltet und den heutigen Verhältnissen des internationalen Waarenverkehrs nicht mehr genügend angepasst ist. Vor Allem ist es auch zolltechnisch unbrauchhar geworden, da die Positionen in den einzelnen Abtheilungen bis zur Unübersichtlichkeit ineinandergeschachtelt und durch zahlreiche spätere Entscheidungen, Anmerkungen u. s. w. ergänzt und vervollständigt sind.

Die Reichsregierung hat sich deshalb entschlossen, für den Neuàbschluss der Handelsverträge ein vollständig neues, in seinen Grundlagen wie Einzelheiten durchaus von den bisherigen abweichendes Schema aufzustellen und ist bereits vor geraumer Zeit daran gegangen, ein solches, den wirthschaftlichen Bedürfnissen der Gegenwart angepasstes, auszuarbeiten. Das Reichschatzamt war mit dieser Aufgabe betraut worden, und hatte schon im Jahre 1898 einen ersten Entwurf fertig gestellt, der noch in demselben Jahre den einzelnen Bundesstaaten zur Prüfung und gutachtlichen Aeusserung zuging. Ausserdem wurde es dem Reichsamt des Innern und dem preussischen Finanzministerium zur Begutachtung unterbreitet. Alsdann wurde es unter Berücksichtigung der Abänderungsvorschläge, die von den befragten Stellen dazu gemacht waren, neu umgestaltet und im Herbst des vergangenen Jahres in Druck gelegt. Dieser Entwurf ist darauf wiederum den Bundesregierungen zur Begutachtung unterbreitet und nochmals umgeändert worden. Aus diesem Grunde konnte er nicht, wie anfänglich beabsichtigt war, schon Mitte Dezember 1900 dem Wirthschaftlichen Ausschuss vorgelegt werden. In der letzten Fassung, in welcher er gegenwärtig vorliegt, ist er nunmehr in der Sitzung vom 17. Januar den Mitgliedern des Wirthschaftlichen Ausschusses zur Prüfung übergeben worden.

Die Wichtigkeit dieses redaktionellen Theils ist ja keinem Praktiker des Wirthschaftslebens unbekannt, wird aber in den Kreisen der Geschäftswelt zumeist doch unterschätzt. Es ist deshalb mit besonderem Nachdruck darauf hinzuweisen, dass die Fassung und der Wortlaut der einzelnen Tarifpositionen für die Zollpraxis von grösster Bedeutung ist, in Einzelfällen zuweilen von höherer, als die eigentlichen Zollsätze. Die Centralstelle für Vorbereitung von Handelsverträgen hat in Erwägung dieser Sachlage bereits im vorigen Jahre eine hierauf bezügliche Schrift herausgegeben, die Ihnen ja wohlbekannte Arbeit des Bayrischen Hauptzollamtsoffizials Osel „Mängel und Ueberlebtes im Zolltarif und in den Zollgesetzen." Es wird dort an der Hand eines reichen Thatsachenmaterials von einem Praktiker des Zollabfertigungsdienstes dargelegt, wie nothwendig und unerlässlich für eine gerechte, schnelle und zweckdienliche Zollbehandlung die präzise und unzweideutige Bezeichnung der einzelnen Artikel, klare Unterscheidung der einzelnen Positionen und Gruppen, zweckmässige systematische Anordnung des ganzen Tarifs, sowie eine weitgehende Spezialisirung ist. In letzter Hinsicht dürfte der vorliegende Entwurf weitgehenden Ansprüchen genügen. In der ersten Fassung enthielt er nahezu 1900 Positionen gegen 925 des gegenwärtigen Tarifs. Es sind das mehr, als irgend ein anderer Zolltarif der Erde aufweist; es haben nämlich der französische 1764, der nordamerikanische 964, der schweizerische 737, der italienische 728, der russische 563, der österreich-ungarische 561 Positionen. In der letzten Fassung des deutschen neuen Tarifschemas sind aus Zweckmässigkeitsgründen eine beträchtliche Anzahl Sonder-Positionen wieder vereinigt worden; immerhin sind noch 1365 Nummern vorhanden, sodass nur der französische noch spezialisirter ist.

Sache der Centralstelle wird es nun sein, an die Interessenten heranzutreten und branchenweise das neue Zolltarifschema mit ihnen durchzuarbeiten, um alsdann auf Grund der erhaltenen Anträge, Wünsche und Bedenken den maassgebenden Stellen ihr Urtheil über den Entwurf, bezw. ihre Abänderungsvorschläge zu unterbreiten; die Regierung scheut nicht nur nicht die sachverständige Kritik, sie wünscht und sucht solche sogar. Ich möchte deshalb den Antrag stellen, dass wir eine Kommission wählen, welche die Prüfung des Zolltarifschemas in ihre Hand nimmt, die Verhandlungen mit den Interessenten in die Wege leitet und der Regierung das Ergebniss ihrer Arbeiten zur Verfügung stellt."

Dr. Vosberg-Rekow: „Die zu wählende Kommission solle mit dem Recht der Zuwahl ausgestattet werden, damit es jederzeit möglich sei, hervorragende Sachverständige, sowie eventuell Praktiker des Zolldienstes zu ihren Verhandlungen heranzuziehen. Man müsse den Hauptwerth darauf legen, Persönlichkeiten hineinzubekommen, die für eine derartige Thätigkeit geeignet seien. Ob alle einzelnen Branchen in ihr selbst vertreten seien, sei von sekundärer Wichtigkeit, da die Kommission doch ihr Urtheil auf die Gutachten der Interessenten der einzelnen Branchen selbst aufbaue. Man dürfe auch nicht einen bestimmten Ort als Sitz der Kommission festlegen, da sich im Voraus nicht übersehen lasse, ob Berlin, bezw. welche andere Stadt hierfür am geeignetsten sei, oder ob nicht ein Wechsel des Orts für die Verhandlungen der Kommission wünschenwerth sei."

Der Antrag, eine besondere Kommission für die Prüfung des neuen Zolltarifschemas zu wählen und dieser das Recht der Kooptation zu verleihen, wird einstimmig angenommen.

Der Vorsitzende bittet alsdann um Vorschläge aus der Versammlung für die Wahl der Kommissionsmitglieder. Es werden durch Akklamation die nachstehenden Herren gewählt:

C. Craemer, Fabrikbesitzer, Vicepräsident der Handelskammer zu Sonneberg, Sa.-Mein.

B. Gutmann, Fabrikbesitzer, Vorsitzender des Vereins süddeutscher Baumwollgarn-Konsumenten, Göppingen, Württemberg.

J. Kuhlow, Generaldirektor der Sächsisch-Thüringischen Aktiengesellschaft für Braunkohlenverwerthung, Präsident der Handelskammer zu Halle a. S.

Dr. Kunreuther, Rechtsanwalt, Syndikus der Handelskammer zu Gotha.

M. Pulvermacher, Fabrikdirektor, Mitglied der Handelskammer zu Cassel.

V. Scheckenbach, Kaufmann und Marktsadjunkt, Mitglied der Handels- und Gewerbekammer für Mittelfranken zu Nürnberg.

Rágóczy, Generalsekretär des Vereins zur Wahrung der wirthschaftlichen Interessen der Eisen- und Stahl-Industrie von Elsass-Lothringen und Luxemburg, Metz.

A. Rose, Finanzrath, Präsident der Handelskammer für das Herzogthum Coburg zu Coburg.

Thorwart*), Direktor der Genossenschaftsbank, Mitglied der Handelkammer zu Frankfurt a. Main.

Dr. Vosberg-Rekow, Direktor der Centralstelle für Vorbereitung von Handelsverträgen zu Berlin.

Die Gewählten nehmen die Wahl an. — Es tritt alsdann die Frühstückspause ein.

Nach Wiedereröffnung der Sitzung erklärt

Dr. Martius: „Meine Herren! Herr Geh. Kommerzienrath Goldberger ist leider aus persönlichen Gründen nicht in der Lage, das Referat zu Punkt 3 der Tagesordnung: „Die Vertretung der deutschen Industrie im In- und Auslande“ übernehmen zu können. Die Centralstelle sah sich deshalb vor die Frage gestellt, diesen Gegenstand von der Tagesordnung überhaupt abzusetzen. Wenn sie dies nicht gethan hat, sondern sich entschloss, das Thema unter Beschränkung auf seinen zweiten Theil durch einen Beamten ihrer Verwaltung behandeln zu lassen, so war dafür wesentlich die Erwägung massgebend, dass dieser Punkt nicht nur für Industrie und Handel von besonderer Wichtigkeit, sondern vor Allem auch gegenwärtig von aktuellstem Interesse ist. Wie Ihnen wohl bekannt, ist seitens der Nationalliberalen Partei dem Reichstag ein diesbezüglichen Antrag unterbreitet worden, der demnächst zur Verhandlung gelangen wird. Angesichts dieser Sachlage hielten wir es für angebracht, das in Rede stehende Thema unter keinen Umständen ganz

---

*) Vorbehaltlich des Wechsels mit dem Syndikus Dr. Hatscheck oder mit einem anderen Mitglied der Handelskammer zu Frankfurt a. M.

fallen zu lassen, sondern zur Unterstützung jenes Antrages erneut auf den Werth und die Bedeutung deutscher Handelskammern im Ausland hinzuweisen.

Bevor ich aber dem Referenten das Wort zu seinem Vortrage ertheile, ist es mir eine grosse Freude, konstatiren zu können, dass die Debatte über diesen Gegenstand ein besonderes Interesse haben wird infolge der Anwesenheit des des Freiherrn von Gienanth hierselbst, des Präsidenten der bisher einzigen deutschen Auslandskammer zu Brüssel, welche, wie Ihnen ja bekannt ist, zum Kreise unserer Mitglieder gehört. Es ist uns eine Genugthuung, zu sehen, dass man sich in Brüssel durch die weite Entfernung nach Berlin nicht hat abhalten lassen, unsere Generalversammlung zu beschicken. Wir dürfen darin wohl eine gewisse Gewähr dafür sehen, dass man auch im Ausland unsere Arbeit schätzt und anerkennt, und der Hoffnung Raum geben, dass, wie schon bisher in einzelnen Fällen, so auch in Zukunft ein erfolgreiches Zusammengehen und in die Hände arbeiten beider Institute diesseits und jenseits der Grenze stattfinden, dass die Innigkeit unserer Beziehungen wachsen und unsere gemeinsame Thätigkeit dem deutschen Handel und Verkehr Nutzen bringen wird. Ich begrüsse Herrn v. Gienanth Namens der Centralstelle und ertheile nunmehr das Wort dem Referenten zu seinem Vortrag über

Deutsche Handelskammern im Ausland."

Dr. Walther Borgius: „Meine Herren! Der deutsche Grosshandel und die mit ihm eng zusammenhängende Gross-Industrie sind mächtig und blühend geworden durch das System der freien Konkurrenz. Das Prinzip der Selbsthilfe und des Selbstvertrauens ist in ihren Kreisen massgebend und ihnen entstammt das Schlagwort vom self made man. Dennoch hat man auch in diesen Schichten längst eingesehen, dass der Einzelne eben vereinzelt dasteht und dass ein Bündel Stäbe, das als solches unzerbrechlich ist, aus der Verbindung gelöst, gleich zerbrochen werden kann.

Als seiner Zeit in Deutschland die zunftmässigen Formen, in welche Handel und Verkehr vordem eingeengt waren, zerfielen, und Grossindustrie und Grosshandel die ersten Ansätze zu ihrem späteren gewaltigen Aufschwung zeigten, da zögerten die Regierungen der deutschen Bundesstaaten nicht, den betheiligten Kreisen bei der Ausbildung neuer Formen zur Vertretung ihrer Interessen hilfreiche Hand zu leisten. Sie schufen als offizielle Körperschaften zu diesem Zwecke die deutschen Handelskammern, deren segensreiche Thätigkeit für die Entwickelung unseres Wirthschaftslebens wohl von keiner Seite verkannt werden kann.

In ähnlichen Verhältnissen, wie vor Jahren die inländische Geschäftswelt, befinden sich gegenwärtig die im Ausland ansässigen Vertreter des deutschen Gewerbefleisses. Die mächtige Entfaltung unseres auswärtigen Handels hat es mit sich gebracht, dass der deutsche Kaufmann in grossen Massen selbst hinausgezogen ist in die fernen Länder, die als Absatzgebiet für unseren Export oder als Bezugsquellen für wichtige Artikel unseres Konsums, für die Rohstoffe oder Halbfabrikate unserer Industrie maassgebend sind, dass er dort unter fremden Nationen festen Fuss gefasst hat und als Vorkämpfer unserer wirthschaftlichen Machtstellung in den grossen Handelsplätzen des Auslandes selbst sesshaft geworden ist.

Wenn diese deutschen Vorposten im Kampfe um den Weltmarkt heute noch nicht die Wirksamkeit entfalten, die ihrer numerisch grossen Zahl eigentlich entspräche, so liegt das nicht zum geringsten an der wirthschaftlichen Vereinzelung, der sie unter den heutigen Verhältnissen unterliegen. Das deutsche Wirthschaftsleben hat bereits früher einmal eine Periode des Hinauswanderns deutscher Kaufmannschaft in das Ausland durchgemacht, das war zu den Zeiten der hanseatischen Macht. Aber die alte deutsche Hansa überliess ihre Emissäre nicht schutzlos und alleinstehend der fremden Umgebung. Im Gegenteil: in England, Russland, Schweden und sonst überall, wo sie mit ihren Geschäftsverbindungen Wurzel geschlagen hatte, blühten alsbald ihre stolzen

Faktoreien auf, die dem hanseatischen Kaufmann mit Unterstützung und Rat in allen Geschäftsangelegenheiten zur Seite standen und auch äusserlich die Macht und Bedeutung des deutschen Handelsstandes verkündeten. Unsere heutigen Konkurrenten auf dem Weltmarkt haben diese Erfahrung wohl beherzigt und in veränderter, den heutigen Verhältnissen angepasster Form nachgeahmt; wir selbst haben das Beispiel unserer Vorfahren noch nicht nutzbar für die Gegenwart gemacht. Und so stehen wir heute der beklagenswerten Erscheinung gegenüber, dass, während die in ausländischen Plätzen angesiedelte Geschäftswelt unserer hauptsächlichsten Konkurrenzländer grösstentheils seit Jahren organisirt ist und in besonderen Auslands-Handelskammern ein Organ für die Geltendmachung ihrer geschäftlichen Bedürfnisse gebildet hat, der deutsche Kaufmann im Ausland sich bei Wahrung seiner Interessen ganz auf sich selbst angewiesen sieht, ein Umstand, der in manchen Fällen vielleicht dazu beitragen mag, dass er im Laufe der Zeit dem Deutschthum entfremdet wird und in der Nationalität seiner Umgebung aufgeht.

Schon diese Thatsache, dass unsere heftigsten Konkurrenten auf dem Weltmarkt — namentlich Grossbritannien und die Vereinigten Staaten von Amerika — es für unerlässlich gehalten haben, ihre wirthschaftliche Stellung an den wichtigsten Plätzen des Auslandes durch derartige Institute zu schützen, sollte eine eindringliche Mahnung für uns sein, auf diesem Wege nicht hintenanzubleiben. Am nächsten läge es natürlich, diesen Appell an die betheiligten Kreise selbst zu richten. Eine selbstständige Organisirung der im Ausland lebenden deutschen Geschäftswelt aus eigener Kraft hat sich aber trotz wiederholter Anläufe mit einer Ausnahme — in Brüssel — als nicht erreichbar erwiesen. Erschwerend tritt hier u. a. besonders der Umstand hervor, dass vielfach Auskunfteien, Exportblätter, Exportmusterlager und ähnliche Privatunternehmungen dem entgegenarbeiten, weil sie fürchten, dass durch Errichtung deutscher Handelskammern im Ausland ihre Thätigkeit theilweise überflüssig gemacht werde. Nichtsdestoweniger wird das Bedürfniss nach solchen immer lebhafter gefühlt. Die betheiligten Kreise haben deshalb schon wiederholentlich und nachdrücklich dem Wunsche Ausdruck verliehen, die deutsche Regierung möchte die Bildung derartiger Organisationen für die deutsche Geschäftswelt im Auslande unterstützen, bisher jedoch leider ohne Erfolg.

Angesichts des auch in den Kreisen unserer Mitgliedschaft immer wieder laut gewordenen Wunsches nach Schaffung deutscher Handelskammern im Auslande, halten wir es demgemäss für angebracht, erneut auf den Werth solcher Institute hinzuweisen und kurz zu skizziren, welchen Zwecken und Aufgaben unseres Erachtens diese Institute hauptsächlich zu dienen hätten.

In erster Linie übt eine deutsche Auslandshandelskammer für die in ihrem Bezirk ansässigen deutschen Firmen dieselben Funktionen aus, wie eine innerhalb des Deutschen Reiches gelegene für die ihr zugehörigen Geschäftsleute, d. h. sie ermöglicht und fördert eine gemeinsame Erörterung und Verfolgung aller gemeinsamen Interessen, ein geschlossenes Vorgehen in wichtigen den Handel betreffenden Angelegenheiten, die Abgabe von Gutachten und Schiedssprüchen, Bestellung von Sachverständigen, sowie körperschaftliche Vertretung ihrer Mitglieder und der deutschen Handelsinteressen überhaupt gegenüber der Oeffentlichkeit und den Behörden.

Von mindestens gleich grosser Bedeutung sind aber diejenigen Funktionen der Auslandskammern, welche der mit dem betreffenden Lande in Geschäftsverkehr stehenden einheimisch-deutschen Geschäftswelt zu Gute kommen.

Zunächst bilden diese Institute eine authentische und ergiebige Quelle für Informationen aller Art über die speziellen Verhältnisse des betreffenden Landes und andere Fragen, welche den deutschen Geschäftsverkehr mit diesem berühren. Die Nothwendigkeit derartiger Informationsquellen möchte ich noch besonders betonen im Hinblick auf die in Aussicht stehende Errichtung einer Reichshandelsstelle, die — weit entfernt, deutsche Auslandskammern zu ersetzen, vielmehr in erhöhtem Maasse auf die Mitarbeit solcher angewiesen ist, um sich das für ihren Auskunftsdienst erforderliche Material zu verschaffen. Die einzigen Stellen, durch deren Vermittelung es heutzutage möglich ist, Informationen über die Handelsverhältnisse eines bestimmten Landes, über Zoll- und Frachtsätze, innere Gesetzgebnng und Verwaltung, Hafen- und Quaigebühren, Steuern und Abgaben, Behandlung von Waarenmustern und Geschäftsreisenden, Formulare für Ursprungszeugnisse, Beglaubigungen und ähnliche für den internationalen Waarenhandel unumgänglich nothwendige Kenntnisse zu erhalten, sind die deutschen Konsulate. Deren Thätigkeit ist aber auf diesem Gebiete keineswegs ausreichend. Abgesehen davon, dass die Konsuln mit Funktionen anderen Charakters überhäuft sind, ist es für sie in mancher Hinsicht aus naheliegenden Gründen garnicht möglich, Auskunft zu ertheilen; theils mangeln ihnen die etwa erforderlichen Branchenkenntnisse, während eine Handelskammer stets sachverständige Berather zur Verfügung hat; theils handelt es sich um Anliegen und Auskünfte, die über den Kreis ihrer Amtsthätigkeit hinausgehen, wie die Vermittelung von Geschäftsverbindungen oder die Ertheilung von Kreditauskünften.

Als besonders wichtiges Moment kommt aber weiterhin dazu, dass eine deutsche Handelskammer im Auslande nicht nur auf Ansuchen der Interessenten, sondern aus eigener Initiative thätig wird, dass sie ihrerseits die betheiligten Kreise der deutschen Geschäftswelt in Kenntnis setzt und zu geeigneten Maassnahmen veranlasst, wenn durch Wandlung der dortigen Verhältnisse dem deutschen Geschäftsverkehr mit dem betreffenden Lande irgend welche Gefahr droht, oder umgekehrt irgend eine günstige Perspektive sich eröffnet. Namentlich würde sie die deutschen Interessenten rechtzeitig von Gesetzentwürfen und behördlichen Anordnungen in Kenntniss zu setzen haben, die den Handel mit Deutschland in Mitleidenschaft ziehen, und deren Inkrafttreten es eventuell vorzubeugen gilt.

Soweit am Ort der Handelskammer Einrichtungen wie Handelsgerichte, Seegerichte, Börsen-Schiedsgerichte und dergl. bestehen, ferner bei Konkurs-, Havarie- und ähnlichen Fällen wird es ihre Aufgabe sein, geeignete

Vertreter der ihr angehörigen deutschen Firmen zu Beisitzern und sachverständigen Begutachtern vorzuschlagen. Endlich würde sie nach Analogie der einheimisch-reichsdeutschen Kammern Jahresberichte herauszugeben haben, welche über den Geschäftsgang in den Hauptbranchen und über die wichtigsten wirthschaftlichen Ereignisse des Bezirks referiren.

Eine gewisse Schwierigkeit formeller Natur würde sich allerdings bei der Gründung von Auslandskammern aus staatsrechtlichen Erwägungen ergeben. Unsere einheimischen Handelskammern sind bekanntlich juristische Personen des öffentlichen Rechts. Nur auf Grund dieses behördlichen Charakters ist es angängig, sie einerseits vermittelst der Verleihung eines Besteuerungsrecht im Verein mit der Gewährung der Zwangsmitgliedschaft hinreichend zu finanziren, andrerseits zu Auskünften, Gutachten, Bestellung von Sachverständigen und dergleichen obligatorisch heranzuziehen. Die Gewährung des öffentlich-rechtlichen Charakters für Auslandskammern ist nun einleuchtender Weise unthunlich, sofern der Staat damit über die Grenzen seiner Gebietshoheit hinausgreifen würde, er müsste sie denn gleich den Konsulaten, Gesandschaften etc. zu diplomatischen Personen machen, was ihnen wiederum die nothwendige Bewegungs-Freiheit in unerträglichem Maasse einschränken würde. Im Prinzip könnten also deutsche Handelskammern im Ausland nur als freie und freiwillige Vereinigungen fungiren, ein Einfluss oder eine Aufsicht auf ihre Thätigkeit Seitens des Heimathstaates liesse sich nur schwierig und auf Umwegen ausführen. Ebenso könnten Dienstleistungen von ihnen, wie die oben erwähnten, von Seiten der in- und ausländischen Behörden oder der ihnen nicht als Mitglieder angeschlossenen Firmen nicht erzwungen werden. Es müsste deshalb, um den Instituten eine sichere finanzielle Grundlage zu geben, ihnen von vorne herein — mindestens für eine grössere Anzahl von Jahren — eine Subvention Seitens des Heimathstaates garantirt, und ferner durch besondere Vergünstigung für ihre Mitglieder ein indirekter Druck zum Beitritt auf die am Platz ansässigen deutschen Firmen ausgeübt werden, beispielsweise durch Anweisung an die Konsulate und Gesandschaften, der Handelskammer und ihren Mitgliedern besondere Unterstützung und Bevorzugung angedeihen zu lassen.

Ein derartiges Verfahren liesse sich wohl rechtfertigen im Hinblick auf die wichtigen und werthvollen Dienste, welche auswärtige Handelskammern unstreitig dem ganzen heimathlichen Wirthschaftsleben leisten. Als Illustration für die vielgestaltige Thätigkeit und die grossen Aufgaben, die einem solchen Institut obliegen, seien nachstehend einige der wichtigsten Zirkulare und Mittheilungen aufgezählt, welche die einzige bisher existirende deutsche Handelskammer in Brüssel trotz ihres sehr geringen Etats und der wenigen Jahre ihres Bestehens bereits ausgegeben hat.

Dieselben betrafen folgende Gegenstände:

A. Rundschreiben an ihre Mitglieder.

1. Gerichtsstand bei Streitigkeiten aus deutsch-belgischen Handelsbeziehungen.

2. Schwindelfirma in Belgien.

3—9. Drohende Zollerhöhungen in Belgien (ausführliche Arbeit mit zahlreichen Nachträgen).

10—11. Verzollung von Waaren, die nicht zur Ablieferung gelangen.

12. Bevorstehende Umgestaltung der Weinzölle in Belgien.

13—14. Erhöhung der Verbrauchabgabe auf Wein.

15. Zollamtliche Abstempelung der von Handlungsreisenden mitgeführten Musterkollektionen.

16—20. Abänderungen der Bestimmungen über Zollbehandlung, Eingangszölle auf typographische Produkte, Gesetzentwurf über zollamtliche Behandlung der nach dem Werth verzollten Artikel.

21. Enquete über den deutsch-belgischen Geschäftsverkehr und die Wirkungen des deutsch-belgischen Handelsvertrages.

B. Mittheilungen an weitere Kreise.

1. Die internationale Ausstellung zu Antwerpen i. J. 1894 und ihr Einfluss auf die Ausdehnung der deutsch-belgischen Handelsbeziehungen.

2. Die Elektrotechnik in Belgien, soweit dieselbe für deutsche Erfinder und Fabrikanten in Betracht kommt.
3. Die Handhabung des deutschen Patentgesetzes in ihrem Einfluss auf den Absatz deutscher, in Belgien patentirter Fabrikate und Erzeugungsverfahren.
4. Das belgische Patentgesetz und dessen Ausführungsbestimmungen.
5. Die Elektrotechnik in Belgien.
6. Brüsseler Weltausstellung 1897.
7. Erhöhung des belgischen Zolles auf Spirituosen.
8. Handelskammern im Auslande.
9. Die Organisation des belgischen Konsularkorps.
10. Gesetz vom 31. Dezember 1896 betr. die Zoll- bezw. Accise-Gebühren für Maschinentheile, gesägte Balken und Wein.
11. Die Brüsseler Weltausstellung 1897.
12. Einiges über belgischen Verkehr.
13. Tarif des belgisch-deutschen Telephonverkehrs.
14. Lieferung belgischer Eisenbahnwaggons nach Deutschland.
15. Die Entwickelung des Kongostaates.
16. Belgische Gründungsthätigkeit im Jahre 1898.

C. Jährliche Berichterstattung.

Die Kammer veröffentlicht alljährlich die Ziffern der belgischen Handelsthätigkeit, über den Ein- und Ausfuhrhandel Belgiens mit Deutschland und giebt über die wichtigeren Artikel und Waarengruppen besondere ausführliche Erläuterungen der Marktlage im Berichtsjahr mit besonderer Berücksichtigung der einschlägigen Konkurrenzländer.

Wie bereits bemerkt, ist die Thätigkeit dieser bisher einzigen deutschen Handelskammer im Ausland durch die Rücksicht auf ihre geringen Mittel aufs Aeusserste eingeengt. Bei einem Bestand von nur 56 ordentlichen Mitgliedern in Brüssel ist ihr Jahresetat auf wenig über 4000 M. beschränkt. Nichtsdestoweniger wird sich nicht leugnen lassen, dass sie der dortigen wie der hiesigen deutschen Geschäftswelt höchst schätzbare und dankenswerthe Dienste geleistet hat. Wie sehr dies in den Kreisen unserer Interessenten selbst gefühlt wird, erhellt wohl eindringlich daraus, dass zur Zeit nicht weniger als 68 deutsche Handelskammern sich ihr als korrespondirende Mitglieder angeschlossen haben. Und es ist keine Frage, dass eine finanzielle Unterstützung ihrer Thätigkeit, etwa in Form einer Subvention Seitens der deutschen Regierung den Werth ihrer Arbeit ausserordentlich steigern könnte.

Ebenso stark wie in Brüssel oder noch stärker ist aber das Bedürfniss nach einem offiziellen Organ der deutschen geschäftlichen Interessenvertretungen an zahlreichen anderen Plätzen, wo deutscher Erwerbsfleiss im Begriff ist, sich eine dauernde Arbeitsstätte zu schaffen, von den Haupthandelsplätzen des Weltmarkts, wie London, Paris, New-York, ganz abgesehen.

Allerdings darf hierbei nicht schematisch vorgegangen werden. In manchen Gebieten des Weltmarkts, beispielsweise in Ostasien, steht die Geschäftswelt der zivilisirten und wirthschaftlich hochentwickelten Nationen einer in ihrer Eigenart schwer zugänglichen, zum Theil sich bewusst nach aussen abschliessenden Halbkultur gegenüber, deren Erschliessung für den Welthandel dem fremdländischen Kaufmann, gleichviel welcher Nation, grosse Schwierigkeiten macht. Hier besteht bei ziemlich gemeinsamen Interessen der europäischen Handelsländer ein starker Interessengegensatz zwischen diesen einerseits und der dort einheimischen Handelswelt und den Behörden des betreffenden Landes andererseits, ein Zustand, der auch in der Organisation der erstgenannten zum Ausdruck gelangt. So hat sich z. B. in China eine internationale „Shangai Chamber of Commerce" gebildet, welche hauptsächlich deutsche und englische Elemente umfasst und die Interessen des fremdländischen Handels überhaupt vertritt. Nationale Sonderkorporationen dürften hier kaum erforderlich, vielleicht nicht einmal zweckmässig sein; wenigstens haben die Franzosen mit einer derartigen Abgliederung ebendort wenig günstige Erfahrungen gemacht.

An manchen anderen Plätzen ist der deutsche Handel noch zu jungen Datums, oder zu sehr auf die besonderen Verhältnisse des Landes zugeschnitten oder vorwiegend Exporthandel nach Deutschland, das Geschäft noch zu wenig spezialisirt, die Konkurrenz der deutschen Firmen untereinander noch zu heftig, die Gemeinsamkeit ihrer Interessen denen der fremdländischen gegenüber noch zu wenig ausgeprägt, als dass die Errichtung deutscher Handelskammern von wesentlichem Nutzen sein dürfte. Daneben aber giebt es bedeutende Handelsplätze, wie Konstantinopel, Moskau, Buenos Aires, Rio grande do Sul, wo die ganze Geschäftslage eine solche Gründung geradezu erfordert, und das Bedürfniss danach in den betheiligten Kreisen lebhaft empfunden wird.

Die Centralstelle für Vorbereitung von Handelsverträgen hat bereits in einem Falle praktische Versuche gemacht, ihrerseits einzugreifen. Sie hat sich in Konstantinopel mit einer Reihe namhafter deutscher Firmen in Verbindung gesetzt und diese zu veranlassen gesucht, zu einem Gremium zusammenzutreten, das den ersten Keim für eine spätere Handelskammer bilden könnte. Man durfte hoffen, dass, wenn erst einmal ein derartiger Ausgangspunkt vorhanden wäre, es angängig sein würde, die deutsche Regierung zu weiteren Schritten zu bewegen. Da wir aber für ein späteres zweckentsprechendes Vorgehen der deutschen Regierung natürlich keinerlei Gewähr leisten konnten, und da uns andererseits von Interessenten der oben gedachten Art entgegengearbeitet wurde, so war das Entgegenkommen der Nächstbetheiligten gering und unser Bemühen demzufolge bislang ziemlich ergebnisslos.

Nichtsdestoweniger haben wir die Angelegenheit nicht aus den Augen verloren. Seit wir die ersten Schritte in dieser Hinsicht thaten, ist die Verknüpfung der deutschen Interessen mit dem Orient und der Levante immer enger geworden: Durch den Ausbau der anatolischen Bahnen und die Vorkonzessionirung der Linie bis zum persischen Meerbusen ist der Hauptseeweg nach Ostindien durch deutsches Kapital finanzirt. Die Reise des deutschen Kaisers nach Palästina und sein persönlicher Aufenthalt bei der Hohen Pforte haben auch die politischen Beziehungen intimer gestaltet. Der deutsche Levante-Handel selbst ist dauernd im Steigen begriffen; die deutsche Ausfuhr nach der Türkei betrug:

1896	28	Millionen Mark
1897	30,9	„ „
1898	37	„ „

Die Verkehrsmittel beginnen sich dem bereits anzupassen, zwischen Deutschland einerseits und der Türkei und den Balkanstaaten andererseits ist die Einfürung direkter Transittarife durch Oesterreich-Ungarn unlängst in die Wege geleitet. Ferner hat — mit auf Veranlassung der Centralstelle — die deutsche Levantelinie zu Hamburg sich entschlossen, ihren Schifffahrtsdienst zu erweitern und eine Anzahl bisher vernachlässigter Hafenplätze regelmässig anzulaufen.

Aber auch die internationale Konkurrenz daselbst wird eine immer heftigere:

Auf der einen Seite haben England und Frankreich in der Levante so fest Wurzel gefasst, dass es nicht ohne weiteres leicht ist, sie zu verdrängen. Betrug doch nach den statistischen Ausweisen der Türkei vom Jahre 1311 (1895/96) die Waarenausfuhr:

	nach der Türkei aus:	aus der Türkei nach:
England	36 %	41 %
Frankreich	12 %	25,5 %
Deutschland Oesterr.-Ung. Belgien	} 26 %	15 %

Und dabei fällt von der letzten Ziffer noch der Löwenantheil an Oesterreich-Ungarn Dank seiner ebenfalls alteingesessenen Handelsbeziehungen nach der Levante.

Auf der anderen Seite machen aber auch andere Länder — namentlich die Vereinigten Staaten von Amerika — neuerdings heftige Anstrengungen, den Levantemarkt zu erobern. Letztere haben z. B. Anfang September 1898 eine eigene Dampferlinie zwischen New-York und den Levantehäfen eröffnet. Die wichtigsten Handelsplätze werden von amerikanischen Kaufleuten bereist, und der dortige amerikanische Generalkonsul hat bereits die Absicht kundgegeben, in Konstantinopel und einigen anderen Handelsplätzen Ausstellungen amerikanischer Erzeugnisse zu veranstalten.

In Anbetracht dieser Sachlage empfehle ich Ihnen die Annahme nachstehender Resolution:

> Die heutige Versammlung wiederholt die in der ersten ordentlichen Generalversammlung der Centralstelle für Vorbereitung von Handelsverträgen vom 17. Dezember 1898 zum Ausdruck gelangte Auffassung, dass die Errichtung deutscher Handelskammern im Ausland Angesichts der wachsenden Bedeutung des deutschen Aussenhandels ein nothwendiges Erforderniss sei, und hält es deshalb für angezeigt, den gleichzeitig beim Reichstag eingereichten diesbezüglichen Antrag des Abgeordneten Münch-Ferber in jeder Hinsicht zu unterstützen."

Dr. Louis Merck-Darmstadt: „Meine Herren! Ich möchte mir erlauben, Ihre Aufmerksamkeit noch besonders auf einen Punkt zu lenken, den der Herr Referent zwar bereits erwähnt, aber m. E. nicht nachdrücklich genug betont hat: die Auskunftertheilung über ausländische Firmen. Gerade auf diesem Felde, meine Herren, ist die Thätigkeit von Auslandskammern von unschätzbarem Wert, durch sie wird eigentlich jene überhaupt erst ermöglicht. Wie wichtig und unerlässlich es in zahllosen Fällen für den deutschen Exporteur oder Importeur ist, über bestimmte Firmen, mit denen er in Geschäftsverbindung steht oder treten will, genauer orientirt zu werden, besonders über ihre Bonität und Kreditfähigkeit, das brauche ich wohl nicht im Einzelnen auszuführen. Heute ist dafür aber eigentlich kein gangbarer Weg vorhanden. Die Konsulate können sich, wie der Herr Referent schon richtig bemerkte, hierauf nicht oder nur in besonderen Einzelfällen und ohne Gewähr einlassen. Unsere Konkurrenzländer haben in ihren Auslandskammern sehr zuverlässige Quellen für derlei Informationen; so bestehen in Konstantinopel, welches hier besonders in den Vordergrund des Interesses gerückt worden ist und mir auch geschäftlich speziell bekannt ist, nicht weniger als fünf ausländische Handelskammern. Nur wir deutsche Kaufleute sind einzig auf uns selbst angewiesen. Wir müssen uns daher in solchen Fällen an die privaten gewerbsmässigen Auskunfteien wenden; und dass dies ein wenig befriedigender Ersatz ist, brauche ich keinem Kaufmann erst zu sagen. Diese Auskunfteien müssen sich auf die spärlichen und oft zweifelhaften Angaben verlassen, welche ihnen theils von der in Rede stehenden Firma selbst, theils über sie von Dritten gemacht werden. Diese Dritten sind meist als Gewährsmänner durchaus unzureichend, vielfach junge, unerfahrene Leute, die in Restaurationen und Cafés, bei der Konkurrenz oder bei Bediensteten ihre Kenntnisse sammeln, sodass das Gesammtbild natürlich in der Regel ein ganz einseitiges und schiefes wird, oder aber, wenn es sich auf die sicheren Daten beschränkt, für den Geschäftsmann zu dürftig ist.

Man hat ja neuerdings in Deutschland den Versuch gemacht, durch Bestellung besonderer kommerzieller Attachés bei den Gesandtschaften den Wünschen der deutschen Geschäftswelt nachzukommen. Auch in Konstantinopel ist jetzt ein solcher Handelsattaché. Aber so dankenswerth und in vielen Beziehungen nützlich diese Einrichtung ist, genügt sie doch keineswegs allen Bedürfnissen des Geschäftsverkehrs mit dem Ausland. Und gerade auf dem beregten Gebiete der Firmenauskunft bleibt die vorhandene Lücke nach wie vor bestehen."

Freiherr v. Gienanth: „Meine Herren! Ihr Herr Vorsitzender hat mir die Ehre erwiesen, mich hier im Namen der Centralstelle ausdrücklich zu begrüssen. Hierfür möchte ich Ihnen zunächst meinen Dank aussprechen. Des Weiteren möchte ich aber auch meiner Freude Ausdruck geben, dass die heutige Versammlung uns Gelegenheit gegeben hat, in direkte Berührung mit Ihnen zu treten, nachdem wir bislang nur aus der Ferne eines fremden Landes die Thätigkeit Ihres Instituts beobachtet und verfolgt haben. Als Vertretung des deutschen Handels und seiner Interessen im Ausland haben wir es für unsere Pflicht gehalten, diese Ihre Thätigkeit nach Kräften zu unterstützen und haben deshalb auch, wie Ihnen bekannt ist, während des verflossenen Jahres die Mitgliedschaft Ihres Verbandes erworben, denn unser Arbeitsfeld ist ja ein mit dem Ihrigen innig verwandtes: die Förderung und Hebung des deutschen Geschäftsverkehrs mit dem Weltmarkt.

Was uns aber im Besonderen veranlasst hat, heute einen Vertreter unserer Kammer hierher zu entsenden, war der wichtige und interessante Gegenstand, welcher das Thema des eben gehörten Referates bildete. Seit sieben Jahren etwa arbeiten wir daran, das hierin aufgestellte Ziel zu erreichen, über dessen Wichtigkeit wir uns mit dem Referenten einig wissen, ohne dass es uns bisher gelungen ist, nennenswerte positive Erfolge zu erreichen. Ich möchte deshalb meinem Dank und meiner lebhaften Genugthuung darüber Ausdruck verleihen, dass die Centralstelle trotz der bisherigen wenig ermuthigenden Erfahrungen in ihren Bestrebungen nicht nachgelassen hat und diese Angelegenheit fortdauernd zum Gegenstand ihrer Thätigkeit macht.

Insonderheit möchte ich dem Herrn Referenten meinen Dank aussprechen für die anerkennenden Worte, welche er unserer Brüsseler Kammer und ihren Arbeiten gewidmet hat. Es hat mich dies um so mehr erfreut, als wir leider nicht immer und überall eine solche Anerkennung gefunden haben. Die deutsche Handelskammer in Brüssel ist seinerzeit Dank der Initiative der Handelskammer zu Mannheim gegründet worden. Die Gründung fand damals durchaus nicht den allseitigen und uneingeschränkten Beifall der betheiligten Kreise; zahlreiche Elemente in der dortigen deutschen Geschäftswelt sträubten sich sogar gegen die Errichtung, weil sie fürchteten, die Erfolge und Vortheile ihrer langjährigen Thätigkeit und ihre alteingesessenen Verbindungen in Folge der Thätigkeit einer Handelskammer mit anderen, jüngeren Firmen theilen zu müssen. Aber nachdem die Handelskammer erst ins Leben getreten war und einige Jahre gewirkt hat, ist nunmehr jede Gegnerschaft gegen sie erloschen und man hat sich allgemein von dem Werth ihrer Existenz un dihrer Arbeiten überzeugt. Wenn letztere bislang noch nicht den Stand und die Höhe erreichten, die im Interesse des deutschen Handels zu wünschen wäre, so liegt das, wie auch der Herr Referent ja schon erwähnte, an den beschränkten Mitteln, mit denen wir haushalten müssen. Das Budget der Kammer ist allerdings ein sehr bescheidenes, sie ist finanziell eben in der Hauptsache auf die Unterstützung durch die deutsche Kolonie angewiesen, und da am Orte etwa 15 deutsche Vereine verschiedensten Charakters existiren, so zersplittert sich die finanzielle Leistungsfähigkeit der deutschen Kolonie auch noch ziemlich stark.

In einer Hinsicht kann ich dem Herrn Referenten nicht ganz beistimmen, das ist die in seinen Worten wenigstens indirekt enthaltene Beschränkung auf Konstantinopel oder überhaupt auf einige wenige Plätze. Eine solche Bescheidenheit der Forderungen ist meines Erachtens garnicht angebracht; im Gegentheil, man sollte von der Regierung ganz allgemein die Errichtung deutscher Auslandskammern verlangen; an welchen Orten dies dann geschieht, bezw. zuerst geschieht, ist eine Frage von untergeordneter Wichtigkeit und sekundärer Bedeutung.

Recht geben muss ich dagegen dem Referenten hinsichtlich dessen, was er über das Konsulatswesen sagte. Mit der kommerziellen Thätigkeit der deutschen Konsulate habe auch ich wenig günstige Erfahrungen gemacht. Wenn die Konsuln Berufskonsuln sind, so geht ihnen meist überhaupt das richtige Verständniss für die Bedürfnisse der Geschäftswelt und die Bedeutung des Kaufmannstandes ab. Sie fühlen sich als Vertreter des Reichs, als behördliche Stelle thurmhoch über ihn erhaben, behandeln ihn bureaukratisch von oben herab, geschweige denn, dass sie in engere persönliche Beziehungen mit ihm kommen, und stellen die Wahrung seiner geschäftlichen Interessen hinter die für sie in erster Linie in Betracht kommenden politischen weit zurück. Die inneren Vorgänge und Zusammenhänge des Geschäftslebens bleiben ihnen Dank ihrer rein juristischen Vorbildung in der Regel fremd. Ueber die zahlreichen Einzelzweige des Wirthschaftslebens sind sie unzureichend unterrichtet, sie haben keinen ausreichenden Blick für wirtschaftlich bedeutsame Dinge, und keine genügende Kenntnis, wenigstens kein genügendes Verständniss für die wirtschaftlichen und und kommerziellen Eigenthümlichkeiten des Landes bezw. ihres Bezirks und seines Geschäftsverkehrs mit dem deutschen Reich. Wenn aber wirklich einmal ein Konsul Eifer und Verständniss für diese Angelegenheit zeigt, dann macht sich ein anderer Uebelstand geltend: er macht Karriere, d. h. wenn er sich soweit eingearbeitet hat, dass er gerade mit der Kaufmannschaft am Orte Fühlung zu gewinnen, die lokalen Verhältnisse genauer zu kennen beginnt, dann wird er auf wichtigere Posten, an grössere Auslandsplätze versetzt, wo er seine Erfahrungen nicht oder nur in beschränktem Maasse verwenden kann, während der alte Platz einen neuen Konsul erhält, der sich wiederum erst einarbeiten muss, wenn er nicht von vornherein die Stellung als Durchgangsposten betrachtet und demgemäss behandelt. Und dies ist ein schwerer Uebelstand, denn brauchbare Handelsberichte und kommerzielle Auskünfte beispielsweise können nur von Leuten gegeben werden, die langjährig am Orte ansässig und durchaus branchenkundig sind.

Ein Theil dieser Uebelstände wird behoben, wenn der Konsul Wahlkonsul, also Kaufmann von Beruf ist. In diesem Falle aber kommt wieder ein anderer Umstand in Betracht, dass ein einzelner Kaufmann, sei er auch von der loyalsten Gesinnung erfüllt, doch nicht mit genügender Neutralität und Interesselosigkeit dem Geschäftsleben gegenübersteht, um eine objektive Vertretung des Gesammtstandes und seiner Interessen zu bilden. Er ist und bleibt eben

Kaufmann und sieht als solcher die Geschäftslage mindestens unter dem schiefen Gesichtswinkel seiner Branche und seines eigenen Geschäfts an. Es fehlt auch ihm der objektive Einblick in und Ueberblick über das gesammte Geschäftsleben, wie ihn nur ein Gremium von Geschäftsleuten, bezw. ein auf der Basis dieses Gremiums arbeitender Nationalökonom gewinnen und nutzbar machen kann.

Aus diesen Gründen erscheint — was hier gleich erwähnt werden mag — als besonders wichtig für Handelskammern im Ausland die Wahl eines tüchtigen Sekretärs. Dieser muss, wenn die Kammer etwas leisten soll, am Ort vollständig heimisch werden, und mit den wirthschaftlichen Verhältnissen des betr. Bezirks und Landes ebenso vertraut sein, wie mit denen des Heimatlandes. Dieses kann aber, wie bemerkt, nur die Frucht langjähriger Thätigkeit am Orte sein; man muss deshalb Werth darauf legen, ihn an seine Stelle zu fesseln, um zu vermeiden, dass sie als Durchgangsposten behandelt wird, und dass man auch bei diesem Amte alle paar Jahre mit einer anderen Persönlichkeit sich einarbeiten müsste. Es wären deshalb für diese Stellungen ziemlich hohe Gehälter anzusetzen, und in irgend welcher Form ein Alterseinkommen zu sichern, sei es durch Gewährung einer Pension, sei es durch Einkaufen in eine Lebensversicherung oder dergl.

An massgebenden Stellen wird, wie mir mehrfach entgegen gehalten ist, als besonders schwierig und bedenklich die Frage erachtet, wie sich das Verhältniss zwischen deutschem Konsulat und deutscher Auslandskammer gestalten solle. Wenn hier geltend gemacht wird, die Konsularberichte und die Handelskammerberichte würden sich gewissermassen gegenseitig Konkurrenz machen, so ist demgegenüber doch darauf hinzuweisen, dass die Thätigkeit und Interessensphäre der Konsulate und der Handelskammern eine sehr verschiedene ist. Meines Erachtens ist die gegebene und ausreichende Lösung dieser Frage, dass der deutsche Konsul am Ort Sitz und Stimme in der Handelskammer hat. Unseren Satzungen gemäss ist dies auch in Brüssel der Fall; allerdings ist daselbst der

Konsul, obwohl er verschiedentlich noch ausdrückliche Einladungen erhalten hat, bislang nie zu unseren Sitzungen erschienen."

Im Gegensatz zu den deutschen Konsulaten, deren Thätigkeit auf volkswirthschaftlichem Gebiete in mancher Hinsicht zu wünschen übrig lasse, rühmt Referent die belgischen Konsuln, welche der belgischen Geschäftswelt im Ausland thatsächlich eine Hülfe und Stütze seien. Auch auf diesem Gebiete dürfe das deutsche Reich nicht zurückbleiben, sondern müsse in der Ausbildung seiner einschlägigen Organe mit den Konkurrenzländern gleichen Schritt halten.

Dr. C. A. Martius spricht im Namen der Versammlung dem Vorredner seinen Dank aus für die werthvollen und interessanten Mittheilungen zur Sache und verleiht der Hoffnung Ausdruck, dass es dem gemeinsamen Bemühen der interessirten Kreise gelingen werde, das erstrebte Ziel zu erreichen.

Dr. Vosberg-Rekow. So sehr er die vielfachen Uebelstände anerkennen müsse, die von den Vorrednern zur Sprache gebracht seien, und obgleich er am wenigsten verkenne, dass unser deutsches Konsulatswesen einer Reorganisation an Haupt und Gliedern bedürfe, müsse er doch auf der andern Seite die Konsulate des Deutschen Reiches vertheidigen. Die Centralstelle wenigstens sei stets sehr gut gefahren, so oft sie sich an die deutschen Konsuln im Auslande mit Bitten um Auskunft gewendet habe.

Kommerzienrath **Krause**-Berlin stimmt dem bei. Er habe auch im Allgemeinen gute Erfahrungen gemacht. Speziell in einem Falle verdanke er eigentlich nur der Intervention und Mühewaltung des deutschen Konsulats die Vermeidung erheblicher pekuniärer Verluste im Exportgeschäft.

Generalsekretär **Rágóczy**-Metz. Man müsse sich in Acht nehmen, persönliche Erfahrungen, die man im eigenen — vielleicht wenig ausgedehnten — Verkehr mit den Konsulaten gemacht habe, zu verallgemeinern, und Mängel und

Verfehlungen Einzelner dem Stand und der Institution selbst zur Last zu legen. Die vorgebrachten Klagen beruhten wohl zum Theil mehr auf Eigenschaften der betreffenden Persönlichkeit, die mit dem Konsulat betraut sei, als auf der Einrichtung dieses selber.

Dr. Vosberg-Rekow: Ich kann mich den Ausführungen des Herrn Vorredners durchaus anschliessen. Unstreitig sind zwar alle die Erwägungen und Bedenken richtig, die hier gegen die alleinige Verweisung der Geschäftswelt auf die Konsulate geltend gemacht sind. Namentlich Herr v. Gienanth hat treffend dargelegt, dass und warum diese ihrem ganzen Wesen nach keine ausreichende Stütze des deuschen Handels sein könnten. Wohl aber muss betont werden, dass die deutschen Konsuln sich persönlich grösstentheils redliche Mühe geben, den an sie herantretenden Anforderungen nach besten Kräften gerecht zu werden. Wie schon bemerkt, sind wir in der Centralstelle sehr vielfach genöthigt gewesen, uns mit dem Ansuchen um Auskünfte an die Konsulate und Generalkonsulate des deutschen Reiches wenden zu müssen, und zwar gerade in komplizirten und schwierigen Fällen, wo uns die bei unseren gewöhnlichen Korrespondenten und sonstigen Informationsquellen erhaltenen Bescheide nicht erschöpfend oder aus irgend welchen Gründen nicht einwandsfrei erschienen. Und wir haben mit wenigen Ausnahmen die Erfahrung gemacht, dass wir prompte, zuverlässige und ausführliche Auskunft erhielten, ja, wir sind in einzelnen Fällen erstaunt gewesen, mit welchem Entgegenkommen und unverdrossenem Bemühen ganz umfangreiche Erhebungen veranstaltet und alle möglichen Behörden und Interessenten befragt worden sind.

Dass zuweilen Persönlichkeiten sich im Konsulatsdienst vorfinden, welche den an sie herantretenden Aufgaben nicht gewachsen sind, ist gar nicht zu leugnen. Leider übertragen sich Missstände, die in der Persönlichkeit eines Konsuls liegen, auch auf den Handelsattaché, wo ein solcher vorhanden ist. Denn bei der gegenwärtigen Organisation unseres Konsulatswesens ist dieser dem betreffenden Konsul unterstellt und dadurch in seiner Bewegungsfreiheit so eingeengt, dass eine ungeeignete Persönlichkeit als Konsul zugleich die Thätigkeit und Wirksamkeit des wirthschaftlichen Attachés beeinträchtigt.

Ein anderer Mangel, auf den ich nicht unterlassen möchte aufmerksam zu machen, besteht darin, dass sowohl die Besoldung wie die gesellschaftliche Stellung, welche die erwähnten Attachés bei der derzeitigen Organisation haben, als unzureichend bezeichnet werden muss. Der Attaché muss durch seine Bezüge in Stand gesetzt sein, nicht nur in einer seiner Umgebung und seinen amtlichen Beziehungen entsprechenden Weise zu repräsentiren, sondern auch auf eigene Hand im Lande umher zu reisen, und die Verhältnisse allenthalben aus eigener Anschauung kennen zu lernen. Neben der Höhe des Gehalts ist es aber vor Allem die ihm verliehene gesellschaftliche Stellung, welche ihm die Thüren öffnet und dort Zutritt gewährt, wo es etwas zu sehen und zu hören giebt. Deshalb müsste ein solcher Handelsattaché nicht den Konsulaten, sondern den Botschaften attachirt sein, und auch hier dem Gesandten gegenüber eine gewisse Selbstständigkeit und Bewegungsfreiheit haben.

Meine Herren! Die Russen haben derartige Posten längst geschaffen. Einer derselben, der zu Paris, ist besetzt mit dem bekannten Nationalökonomen und Wirthschaftspolitiker Arthur Raffalowich, der soeben die Initative zur Gründung einer russischen Handelskammer in Paris ergriffen hat. Auch hier in Berlin haben die Russen seit langen Jahren einen solchen Funktionär, dessen Thätigkeit zweifelsohne dem russischen Handel grosse Dienste leistet. Diese russischen Beamten sind auch den russischen Gesandtschaften attachirt, aber sie haben eine sehr selbständige Stellung, sind hoch besoldet, führen den Titel Excellenz und besitzen den Rang eines Wirklichen Geheimraths. Dies verschafft ihnen überall Zutritt, sie können mit hochstehenden und einflussreichen Persönlichkeiten auf gleichem Fuss verkehren, und da sie die hierin liegenden Hülfsquellen wohl auszunutzen verstehen, so sind sie in der Regel über alle Vorgänge und Zustände, die für den russischen Handel von Bedeutung sind, aufs Vorzüglichste orientirt.

Und die Russen stehen mit dieser Organisation nicht allein. Ganz neuerdings wird England nicht weniger als 19 derartige Stellen im Ausland schaffen, und zwar hat die englische Regierung diesen Emissären eine völlig unabhängige und selbständige Stellung gegeben; sie unterstehen weder den Konsulaten, noch den Gesandtschaften, sondern berichten direkt an den Handelsminister.

Eine entsprechende Ausgestaltung der deutschen Handelsattaché-Stellen, sowie die gleichzeitige Vermehrung ihrer Anzahl erscheint Angesichts des geschilderten Vorgehens höchst wünschenswerth. Nur darf man darüber die Gründung deutscher Auslandskammern nicht vernachlässigen, denn die Funktionen beider Einrichtungen decken sich keineswegs, sondern ergänzen sich gegenseitig".

Hierauf gelangt die von dem Referenten eingebrachte Resolution zur Abstimmung und findet einstimmige Annahme. Um 5 Uhr Nachmittags schliesst der Vorsitzende die Versammlung.

Zweiter Sitzungstag.

Der Vorsitzende, Herr Dr. C. A. Martius eröffnet die Sitzung um 10 Uhr und ertheilt das Wort Herrn Direktor Dr. Vosberg-Rekow zu seinem Referat über

Das Philadelphia Commercial-Museum und die Schaffung einer Centralhandelsstelle in Deutschland.

Dr. Vosberg-Rekow: „Meine Herren! Die Direktion des Philadelphia Handelsmuseums hatte für den Oktober 1899 einen internationalen Welthandelskongress nach Philadelphia berufen und zu dessen Beschickung alle Regierungen der Welt und die hervorragendsten Interessenvertretungen aller Länder eingeladen. Die unfreundliche handelspolitische Haltung, welche die Vereinigten Staaten von Nordamerika gegen Deutschland seit geraumer Zeit an den Tag gelegt haben, liess es für den ersten Augenblick zweifelhaft erscheinen, ob eine Beschickung dieses unter amerikanischer Leitung einberufenen Kongresses für die deutschen Interessenvertretungen würdig und vortheilhaft sei. Nachdem indessen die Regierung Sr. Majestät des Kaisers offizielle Vertreter für diesen Kongress ernannt hatte, erschien es angezeigt, die berechtigten nationalen Beschwerden zunächst zurückzustellen und die Angelegenheit unter rein sachlichen Gesichtspunkten zu betrachten. Hierbei kamen für die Centralstelle zwei Momente in Betracht. Einmal die Frage, ob nicht durch einen internationalen Handelskongress die handelspolitischen

Beziehungen der Völker in Folge der persönlichen Berührungen von Handelspolitikern der verschiedenen Nationen einander näher gebracht und damit die von uns grundsätzlich verfolgte Politik der Handelsverträge gefördert werden könne; sodann aber die Frage, ob nicht die Gelegenheit des Kongresses zu benutzen sei, um das während der letzten Jahre wiederholt vorbildlich genannte Philadelphia Commercial Museum einem eingehenden Studium zu unterziehen. Der letztere Gesichtspunkt trat um so mehr in den Vordergrund, als die Frage der Errichtung eines Reichshandelsmuseums oder einer Reichshandelsstelle, welche schon im September 1883 den deutschen Handelstag und ihm nahestehende Kreise beschäftigt hatte, neuerdings — es war das ein Verdienst des Bundes der Industriellen — in den Vordergrund der Erörterung getreten war. Allerdings kannte man eingehende amtliche und nichtamtliche Berichte über die Organisation des Philadelphia Museums; allein es schien dennoch vortheilhaft, durch persönlichen Besuch die Wirkung und die Ergebnisse dieses Unternehmens näher ins Auge zu fassen. Es kam dazu, dass eine Reihe hervorragender wirthschaftlicher Interessenvertretungen, u. a. die Aeltesten der Kaufmannschaft zu Berlin, ihrerseits die Beschickung des Kongresses beschlossen. Im Verfolg dieser Anregungen hat mich Ihr geschäftsführender Ausschuss nach den Vereinigten Staaten entsandt und mit der Vertretung der Centralstelle auf dem internationalen Handelskongresse betraut. Ich habe es mir angelegen sein lassen, diese Vertretung so zu führen, dass sie dem Ansehen unserer jungen Körperschaft und dem Gewichte des deutschen Namens entsprach. Mit Befriedigung darf ich anführen, dass es Ihrem Delegirten vergönnt war, gleich in der Eröffnungssitzung des Kongresses das Wort zu ergreifen und in Gemeinschaft mit einem hervorragenden englischen Handelspolitiker in programmatischer Rede diejenigen Gedankenreihen zum Vortrag zu bringen, welche der von Ihnen vertretenen handelsfreundlichen Politik internationalen Ausdruck verleihen. Darüber hinaus ist es uns deutschen Delegirten gelungen, mit jetzigen und früheren konsularischen Beamten der Vereinigten Staaten eine deutsch-amerikanische

Kommission zu bilden, welche in unverdrossener Arbeit und in neun umfangreichen Sitzungen die Beschwerden der deutschen Industrie gegen die Willkür der amerikanischen Zollverwaltung verhandelte. Diese deutsch-amerikanische Kommission des Kongresses, die erste ihrer Art überhaupt, hat die vorgetragenen Beschwerden untersucht und ihre Berechtigung in vielen Stücken einstimmig anerkannt. Die Kommission hat ausführliche Protokolle ihrer Sitzungen aufgenommen und in englischer, sowie in deutscher Sprache in Druck gelegt. Sie hat beschlossen, diese Ergebnisse ihrer Arbeit den beiden beteiligten Regierungen zur Kenntnisnahme zu überreichen. In der Plenarsitzung des Kongresses vom 23. Oktober 1899 hat die genannte Kommission auf Einladung des Präsidenten auf der Platform des Kongresses Platz genommen und mich als ihren deutschen Vorsitzenden beauftragt, dem Kongresse die Ergebnisse ihrer Arbeit zu überreichen und die Aufnahme derselben unter die Drucksachen des Kongresses zu empfehlen. Das Plenum des Kongresses hat diesem Ansuchen entsprochen. Die Kommission ging bei ihrer Arbeit von dem Gedanken aus, dass sie zwar keine für die handelspolitische Haltung beider Regierungen maassgebenden Beschlüsse fassen könne, dass es indessen nicht ohne Werth erscheine, wenn die wiederholt vorgetragenen Beschwerden von Sachverständigen beider Nationen in gemeinsamer Erörterung anerkannt würden. Wenn Sie, meine Herren, dieser Erwägung beizupflichten die Güte haben, so werden Sie mir zugestehen, dass mit Einsetzung dieser Kommission und Durchführung ihrer Arbeiten für uns ein Erfolg erzielt worden ist. Leider ist die Zeit, welche mir hier für meinen Vortrag zugemessen ist, nur eine beschränkte und ich muss es mir deshalb versagen, Ihnen weiter über die Arbeiten des Kongresses zu berichten.

Bald nach meiner Rückkehr nach Europa trat bekanntlich auf Anregung des Bundes der Industriellen ein Ausschuss zusammen, welcher von angesehenen Interessenvertretungen beschickt worden war und welcher in eine Vorberatung über Begründung einer Reichshandelsstelle eintreten sollte. Die Leitung der Centralstelle erkannte in dem Vorgehen des Bundes der Industriellen unter anderem insofern ein nicht unbedeutendes Verdienst, als es diesem Verbande gelungen war, einander bisher in gewissen Fragen widerstrebende Verbände und Gruppen in einer wichtigen Angelegenheit zu gemeinsamer Berathung zu vereinigen. Sie hat deshalb geglaubt, auch ihrerseits hierbei nicht fehlen zu sollen und hat ihren Vorsitzenden zur Betheiligung an der betreffenden Konferenz entsandt. Gleichzeitig habe ich selbst auf Veranlassung des geschäftsführenden Ausschusses einen Bericht über meine Erfahrungen beim Studium des Philadelphia Museums erstattet und hieran eine Reihe praktischer Vorschläge für die Durchführung der Reichshandelsstelle geknüpft. Dieses Referat, welches Ihnen heute bereits als Heft 10 unserer Schriften vorliegt, ist seinerzeit der im Dezember vorigen Jahres tagenden Konferenz unterbreitet und der Oeffentlichkeit übergeben worden, nachdem das Präsidium des für die Reichshandelsstelle eingesetzten Ausschusses sich mit der Veröffentlichung einverstanden erklärt hat.

In der eben citirten Schrift ist die Organisation des Philadelphia Museums in dem Umfange beschrieben und gewürdigt, als sich dies im Rahmen eines schriftlichen Berichts eben durchführen lässt. Ich darf deshalb heute, unter Bezugnahme auf dieses Referat von einem näheren Eingehen auf das Museum Abstand nehmen und kann mich damit begnügen, einige Bemerkungen hinzuzufügen.

Zur Charakteristik der Gesammtwirkung, welche von dem Philadelphia Commercial-Museum ausgeht, vermag ich auch an dieser Stelle keine charakteristischere Bezeichnung anzugeben, als diejenige, welche der nach Philadelphia entsandte Berichterstatter der Handelskammer zu London in der Plenarsitzung angewandt hat. Er bezeichnet das Museum als „an organised and successful attack against the english industry“. Als einen wohlorganisirten und in der That erfolgreichen Angriff der Vereinigten Staaten auf die Industrie und den Exporthandel der ganzen Welt muss auch ich das Museum bezeichnen. Es ist aber über diesen Gegenstand in der letzten Zeit soviel gesprochen und geschrieben worden, dass ich fürchten muss schon Gesagtes zu wiederholen, wenn ich aus dieser meiner Anschauung die Nothwendigkeit der Errichtung einer ähnlichen Stellung zur Abwehr jenes Angriffs auch für Deutschland behaupte. Gestatten Sie mir, nur darauf hinzuweisen, dass die Organisation des Philadelphia Museums durch andere Institutionen der Vereinigten Staaten folgerichtig ergänzt und unterstützt wird. Ich habe hier in erster Linie Das „Bureau of American Republics" im Auge, welches in Washington etablirt ist, von sämmtlichen Staaten des amerikanischen Festlandes erhalten und unterstützt wird und die Aufgabe hat, den wirthschaftlichen Verkehr zwischen den Vereinigten Staaten und den übrigen amerikanischen Republiken systematisch zu fördern und zu begünstigen. Wir besitzen in Europa keine Einrichtung, welche dieser volkswirthschaftlichen Agentur zur Durchführung der Monroe Doctrine an die Seite zu setzen wäre. Wenn wir schon nach den Grundlagen unserer Satzung für die Errichtung einer centralen Handelsauskunftsstelle in möglichst grossem Stile einzutreten verpflichtet sind, so entsteht für uns vor Allem die Frage, welche Versuche auf die praktische Durchführbarkeit der einer solchen Reichshandelstelle gestellten Aufgaben wir im Rahmen unserer Centralstelle bisher unternommen haben.

Ich habe schon bei Erstattung des Geschäftsberichtes ausgeführt, wie die Centralstelle bemüht gewesen ist, handelspolitische Kenntniss zu verbreiten, das Interesse der nächstbetheiligten Kreise wachzurufen und eine Klärung der wirthschaftspolitischen Anschauungen auf diesem Gebiete fördern zu helfen. Es ist klar, dass dieser Zweck unserer Thätigkeit gleichfalls in das Programm der Reichshandelsstelle. wenn Sie diesen Namen für die Einrichtung acceptiren wollen, hineingehört. Ich beziehe mich dieserhalb indessen auf den Geschäftsbericht und will das dort Gesagte hier nicht wiederholen. An derselben Stelle habe ich dargestellt, wie und auf welchen Wegen wir bestrebt sind, fortgesetzt handelspolitisches Material aus der ganzen Welt an uns zu ziehen und dasselbe zu ergänzen. Zu einer Bearbeitung oder Verarbeitung dieses Materials, wie ich sie in Ausgestaltung der Reichshandelsstelle wünsche, reichen vorerst leider unsere Kräfte nicht aus. Sie wollen sich gütigst an den Arbeitsplan erinnern, welchen ich in meiner Broschüre für die Reichshandelsstelle entwickelt habe. Ich kann mir auch hier versagen dort Gesagtes zu wiederholen. Dass aus der Tagespresse, den volkswirthschaftlichen, politischen und Fachzeitschriften, aus Konsulatsberichten, Blaubüchern, Jahresberichten der Interessenvertretungen, der wissenschaftlichen Literatur, der amtlichen und privaten Statistik entnommene Material wird, soweit wir es mit unseren Arbeitskräften zu erfassen vermögen, nach einem umfangreichen wissenschaftlichen Grundplan registrirt und in 480 bis 500 verschiedenen Aktenstücken untergebracht. Handlich und gebrauchsfertig gemacht wird dieses Material durch einen Zettelkatalog, der in die entsprechenden Abtheilungen zerlegt und nach verschiedenen Gesichtspunkten geordnet ist. Diejenigen von Ihnen, welche unsere Bureaux besucht haben, kennen die Einrichtung aus eigener Anschauung. Das Material, welches wir auf diese Weise bisher gesammelt haben, und welches durch die Berichte unserer Correspondenten im Auslande fortgesetzt ergänzt wird, ist bereits so umfangreich, dass wir fast für jedes handelspolitische Thema gewisse Unterlagen und Thatsachen-Materialien vorlegen können.

Wie ich indessen sagte, reichen unsere Arbeitskräfte nicht im Entferntesten zu, das, was wir gesammelt haben, entsprechend auszubeuten. Wir thun in dieser Beziehung, was möglich ist. Allerdings haben wir unsere Auskunftsertheilung und unsere Berichterstattung auf Handels- und Zollpolitik beschränken müssen und sind noch nicht in der Lage gewesen, die uns durch unsere Satzung gleichfalls zugewiesene Aufgabe auf verkehrspolitischem Gebiete zu lösen. Trotz dessen sind die Auskünfte, welche wir im letzten Jahre ertheilt haben, zahlreich und mannigfach. Es ist mir unmöglich, sie hier mit ungefährer Vollständigkeit aufzuzählen. Dennoch wollen Sie gestatten, dass ich einige unserer Arbeiten auf diesem Gebiete namhaft mache.

Wir ertheilten Auskunft über die Höhe der Zollsätze in allen Kulturländern. Die Auskünfte bezogen sich auf Produkte der verschiedensten Industriezweige. In erster Linie betheiligt waren die chemische Industrie, die elektrische Industrie, die Metall-, Textil-, Papier- und Spielwaaren-Industrie, Brauerei- und Tabak-Industrie. Um aus der grossen Zahl der einzelnen Artikel einige herauszugreifen, nenne ich speziell: Farben aller Art, Glycerin, Flusssäure, Antimonsalze, Sprengstoffe und Zündwaaren, Dynamomaschinen, Accumulatoren, Bogen- und Glühlampen, Metallwaaren, Baumwoll-, Woll- und Seidenfabrikate, Stahlfedern, Federhalter, Mappen, Bücher und sonstige Drucksachen, Möbel, Musikinstrumente, Bier, Gerste, Malz, Hopfen, Milchzucker, Chocolade, Cakes, Pflanzeneiweiss, Weine aller Art, kandirte Früchte.

Ganz besonders in Anspruch genommen wurden wir mit Anfragen über die Wirkung internationaler Verträge auf die Verzollung deutscher Waaren, so unter anderem beim Abschluss des französisch-japanischen und französisch-italienischen Tarifvertrages, des deutsch-spanischen Meistbegünstigungsvertrages, des amerikanisch-französischen Reziprozitätsvertrages.

Sehr zahlreiche Auskünfte wurden verlangt über die steuer- und zollamtliche Behandlung der deutschen Geschäftsreisenden und ihrer Muster im Auslande, über die von den Reisenden zu beobachtenden Passformalitäten. Auch über Produktions- und Absatzverhältnisse haben wir zum Theil sehr umfangreiche Auskünfte geliefert. Wir mussten dazu oft besondere Spezialenqueten in die Wege leiten, um das Material aus den allerverschiedensten Quellen herbeizuschaffen.

Wenn Sie diese kurze Auslese überblicken, so werden Sie, meine Herren, mir vielleicht zustimmen, wenn ich die Ansicht ausspreche, dass hier ein gewisser Theil der der Reichshandelsstelle zuzuweisenden Aufgaben bereits in der Lösung begriffen ist. Wir werden in unserer Thätigkeit, während der Ausschuss für die Reichshandelsstelle seine Arbeiten weiterführt, beharren. Wir dürfen hoffen, dass wir zu dem Zeitpunkte, in welchem die Begründung der Reichshandelsstelle thatsächlich erfolgen wird, schon ein so reiches Material und eine so gute Erfahrung gesammelt haben werden, dass wir im grossen Ganzen eine nicht gering zu schätzende Menge an Vorarbeit werden zuführen können." Referent schliesst, indem er Anregungen zu einer Resolution giebt, deren Wortlaut er dem Vorsitzenden zur weiteren Behandlung überlässt.

Scheckenbach-Nürnberg. „Meine Herren! Auch wir in Nürnberg sind der Ansicht, dass die Errichtung einer derartigen Centralhandelsstelle ein nothwendiges Erforderniss unserer wirthschaftlichen Entwicklung ist, und dass das Zustandekommen dieses Institutes wohl nur noch eine Frage der Zeit sein kann. Was den Umfang der Auskunftsertheilung anlangt, so gebe ich dem Herrn Referenten durchaus Recht darin, dass die Auskunft über ausländische Firmen unbedingt in die Thätigkeit dieser Stelle mit einbezogen werden muss. Wir haben in der Handelskammer immer wieder die Erfahrung gemacht, dass gerade auf diesem Gebiete die Vermittlung guter Informationen für den Kaufmann von ausserordentlicher Wichtigkeit, allerdings aber auch mit besonderen Schwierigkeiten verknüpft ist. Es wäre mit grosser Freude zu begrüssen, wenn die Auskunftsthätigkeit der zu schaffenden Reichshandelsstelle auf dieses Gebiet mit ausgedehnt werden könnte. Freilich könnte dieser Dienst natürlich nicht ins Schrankenlose gehen, sondern müsste sich aus naheliegenden Gründen innerhalb gewisser Grenzen halten, welche sich aus der Praxis wohl bald ergeben würden. Ich will von näheren Ausführungen hierüber absehen, da die ganze Angelegenheit heute ja noch in zu weiter Ferne steht, als dass es einen Zweck hätte, jetzt schon so ins Detail einzugehen. Ich möchte nur noch bemerken, dass die Auskunftsstelle sich schon dadurch ein ausserordentlich grosses Verdienst um Handel und Industrie erwerben könnte, dass sie notorisch u n z u v e r l ä s s i g e H ä u s e r u n d S c h w i n d e l f i r m e n im Ausland rechtzeitig zur Kenntniss der deutschen Interessenten brächte. Hier ist heute eine Lücke vorhanden, deren Ausfüllung von allen betheiligten Kreisen ausnahmslos mit lebhaftestem Dank empfunden werden würde."

Rágóczy-Metz. „Meine Herren! Ueber die Wichtigkeit und Nothwendigkeit einer Reichshandelsstelle sind wir ja wohl alle einig. Erfreulicher Weise sind ja, wie der Herr Referent bereits erwähnte, auch die sonst durch sachliche Divergenzen von einander fern gehaltenen grossen centralen Interessen-Vertretungen in dieser Frage bereit, miteinander zusammen zu gehen. Es ist dies in gewisser Weise ein Opfer, welches die hoch entwickelte Grossindustrie der kleineren und mittleren bringt. Denn, wie ja schon angedeutet worden ist, hat die ganz grosse Industrie in der That ein nur geringes oder nur theilweises Interesse an der Errichtung eines derartigen Institutes. Unsere grossen sogenannten Welt-Häuser haben seit langen Jahren bereits in allen wichtigeren Absatzgebieten ihre eigenen Agenten und Kommissionäre sitzen, welche ihre geschäftlichen Interessen zur Genüge wahrnehmen und sie ausreichend schnell und ausführlich genug von allen Vorgängen und Veränderungen der Marktlage unterrichten, Fingerzeige geben, welche für ihre Branche von Bedeutung sind. Wenn jetzt eine Reichshandelsstelle errichtet wird, die alle diese Nachrichten auch der mittleren und kleinen Industrie zugänglich macht, welche bisher kaum in der Lage war, sich durch eigene Vertreter im Auslande zu informiren, so wird natürlicher Weise damit eine Konkurrenz herangezogen, deren Aufkommen den bisher den Markt beherrschenden wenigen Firmen nur unangenehm sein kann. Die mittlere und kleine Industrie, sowie der Handel, dessen Organisationsbedingungen bislang nicht solche Riesenetablissements hat entstehen lassen, wie wir sie auf verschiedenen Gebieten des industriellen Lebens kennen, sind aber umgekehrt an der Gründung einer derartigen Auskunftsstelle mit ihren vitalsten Interessen beteiligt. Sie sind deshalb es auch gewesen, welche den Gedanken hauptsächlich propagiren, und für seine Realisirung thätig sind. Von der grossen Industrie der oben gedachten Art aber ist es auch wohl nicht mehr als billig, dass sie in dieser für sie verhältnismässig nicht bedeutungsvollen Angelegenheit einmal ihr direktes Privatinteresse hinter dem allgemeinen zurücktreten lässt, zumal ihr ein allgemeiner Aufschwung des deutschen Geschäftslebens indirekt doch auch wieder zu Gute kommt.

Pulvermacher-Kassel: „Meine Herren! Ich möchte die Debatte von den allgemeineren Gesichtspunkten einmal auf ein engeres und praktischeres Gebiet lenken. Ich halte es nämlich im Interesse des Zustandekommens der allseitig mit Freude begrüssten Reichshandelsstelle für ganz besonders erfreulich und dankenswerth, dass die Centralstelle für Vorbereitung von Handelsverträgen auf dem Thätigkeitsfelde des erhofften Institutes schon so eingehende und wichtige Vorarbeiten gemacht hat. Meine Herren! Wie Ihnen bekannt ist, hat sich ja die am 15. Dezember zusammengetretene Versammlung als permanentes Komitee erklärt, und aus ihrer Mitte einen geschäftsführenden Ausschuss gewählt, dem die weitere Förderung der Angelegenheit obliegen soll. Das ist ja sehr gut und schön; aber bekanntlich pflegen die Arbeiten eines mehrköpfigen Komitees, in dem die einzelnen Herren für sich thätig sind und nur zeitweise zu gemeinsamen Sitzungen zusammentreten, zum mindestens ziemlich langwierig zu sein, und häufig aus naheliegenden Gründen mehr theoretische Klärung als praktische Ergebnisse zu zeitigen. Ich bin nicht im Einzelnen darüber unterrichtet, wie die Arbeiten des Komitees bezw. des Ausschusses verteilt sind, und worauf sie sich erstrecken. Aber so viel ist ja doch wohl klar: das praktische Ergebniss derselben wird sich darauf beschränken, die Handelskammern und Interessenverbände zur Mitarbeit und finanziellen Betheiligung heranzuziehen, die Regierung zur Unterstützung und Subventionirung zu veranlassen, vielleicht eine gewisse Summe baar zusammen zu bringen, ein Haus dafür zu bauen und einzurichten und die erste Einrichtung des neuen Institutes in die Wege zu leiten. Damit ist aber, so sehr ein solcher Erfolg an sich anzuerkennen wäre, eigentlich noch recht wenig gethan. Denn die Praxis der Auskunftserteilung fordert auch lange praktische Vorarbeiten. Sie erfordert vor allen Dingen eine lange, mindestens mehrjährige Materialsammlung, ein weitverzweigtes Netz persönlicher Verbindungen in aller Welt und einen Stab eingearbeiteter Beamter, der auch erst zu dieser Thätigkeit erzogen und geschult werden muss. Bedenken Sie, dass auch das vielgerühmte Philadelphia Commercial Museum im Jahre 1893 gegründet ist, aber erst seit sehr viel kürzerer Zeit diejenige intensive und befruchtende Thätigkeit entwickelt, welche es heute allbekannt macht; und, meine Herren, soweit ich einen Einblick in die Thätigkeit unserer Centralstelle gewonnen habe, hat sie diese Vorbedingungen schon in einem ziemlich umfangreichen Maasse erfüllt. Es ist dies eine nicht zu unterschätzende Mitgift, welche sie ihrerseits der neuen Reichshandelsstelle mitbringt, und es wäre ausserordentlich bedauerlich, wenn diese Vorarbeiten der Centralstelle nicht in vollem Umfang bei der weiteren Behandlung dieser Angelegenheit nutzbar gemacht werden würden. Ich meine aber auch, die Centralstelle solle sich bewusst werden, dass auf diesem Gebiete ein Schwergewicht ihrer Thätigkeit ruht, welches mit der Vorbereitung der Handelsverträge nicht kollidirt, sondern sogar in vielen Hinsichten Hand in Hand geht. Die Ergebnisse dieser Thätigkeit werden sich sicher bei der Verhandlung über die neuen Handelsverträge nutzbar erweisen. Und darum sollte die Centralstelle auch bestrebt sein, diese so wichtige Frage in keiner Weise zu vernachlässigen, sondern ihren Auskunftsdienst nach Möglichkeit auszugestalten und zu erweitern. Denn bis eventuell eine eigene und besondere Reichshandelsstelle geschaffen ist und praktisch in Thätigkeit treten kann, wird noch viel Wasser die Spree hinunter fliessen. Das Bedürfniss nach derartiger Informationsthätigkeit ist aber in weiten Kreisen von Industrie und Handel heute schon äusserst lebhaft gefühlt; und es ist deshalb zu wünschen, dass wenigstens den der Centralstelle angeschlossenen Interessentenkreisen heute schon möglichst weitgehend diese Vortheile zu Theil werden. Es ist nicht zu zweifeln, dass gerade diese Thätigkeit der Centralstelle es ist, welche weite Kreise zum Anschluss an sie bewogen haben."

Dr. Vosberg-Rekow. „Meine Herren! Ich bin den Herren Vorrednern zu Danke verpflichtet, dass sie einen Punkt berührt haben, der allerdings in meinem Referat nicht so eindringlich erörtert wurde, wie es der Sache nach wünschenswerth ist: die Auskunftsertheilung über Firmen im Ausland. Es ist dies allerdings der wohl noch am meisten umstrittene Punkt in der ganzen Angelegenheit. Im Allgemeinen scheint ja über die Nothwendigkeit der Errichtung einer Reichshandelsstelle völlige Einigkeit zu herrschen, sowie über die Art und ihre Thätigkeit; namentlich ist man von dem früher sehr in den Vordergrund der Diskussion gerückten Projekt eines Handelsmuseums wohl ganz zurückgekommen. Mir wenigstens ist kaum ein ernstlicher Freund und Anhänger dieser Idee mehr bekannt. Wie weit und in welcher Weise sich die Auskunftsertheilung aber auf ausländische Firmen erstrecken soll, darüber sind allerdings von den betheiligten Kreisen die Ansichten noch sehr weit auseinandergehend.

Meine Herren! Auch ich bin der festen Ueberzeugung, dass dieses Gebiet unter keinen Umständen aus dem Rahmen der Informationsthätigkeit herausgelassen werden darf; man würde damit vielleicht der Centralauskunftsstelle ihren Hauptwerth und ihre Hauptanziehungskraft für sehr grosse Kreise der Geschäftswelt rauben oder mindestens stark herabdrücken. Und wir haben bei unserer Auskunftsertheilung bisher es stets als einen grossen Mangel empfunden, dass wir aus Mangel an brauchbarem und zuverlässigem Material in vielen Fällen uns auf die Beantwortung der an uns ergangenen Anfragen im engeren Sinne beschränken mussten und nicht in der Lage waren, wie es das Philadelphia Commercial Museum beispielsweise thut, alsbald die in Frage kommenden Firmen hinzuzufügen. Wir haben immer mehr einsehen gelernt, dass dadurch die ertheilten Auskünfte die Hälfte ihres

Werthes für den Kaufmann einbüssen. Wenn Anfragen einfacher Natur an uns ergingen, beispielsweise über Verzollung gewisser Artikel oder die Ein- und Ausfuhrziffer solcher in einzelnen Ländern des Weltmarktes, so kommt Firmenauskunft ja nicht in Betracht. Aber dies sind doch nur ein Bruchtheil der Anfragen, die wir zu bearbeiten haben. Bei allen Anfragen, welche die Lage des deutschen Exportgeschäftes in irgend welchen Waaren irgendwohin betreffen, ist es fast unerlässlich für die Auskunft ertheilende Stelle, über die dafür in Betracht kommenden ausländischen Import- und Export-Firmen in irgend welcher Art informirt zu sein. Ich bin keineswegs der Ansicht, dass es unsere Sache sei, oder von uns erstrebt werden müsste, über irgend welche Firma Müller & Co. in irgend einem entlegenen Platze unter allen Umständen Auskunft ertheilen zu können. Was ich aber für unbedingt nothwendig halte, ist einmal, wie schon von einem der Herren Vorredner mit Recht erwähnt wurde, eine möglichst ausführliche „schwarze Liste“ von Schwindelfirmen und dergl. aufzustellen, in die der Interessent auf Wunsch Einsicht nehmen könnte; ferner aber müssen wir in der Lage sein, wenigstens für die wichtigsten Artikel des internationalen Handels und die wichtigsten Handelsplätze des Weltmarkts je einige zuverlässige und vertrauenswürdige Firmen angeben zu können. Was nützt es beispielsweise dem deutschen Kaufmann, wenn wir ihm an sich werthvolle und interessante Mittheilungen über die Konkurrenzlage und Absatzaussichten gewisser Artikel nach gewissen Gebieten machen, wenn wir ihm nicht gleichzeitig bestimmte Firmen angeben, an welche er sich eventl. wenden kann. Oder wir bekommen etwa — wie uns das passirt ist — Anfragen über die Exportfähigkeit deutscher Korbwaaren nach Ostindien. Schon an sich bietet die Beantwortung derartiger Anfragen, wie sie uns des Oefteren vorgekommen sind, bei der heutigen Beschaffenheit des zur Verfügung stehenden Materials grosse Schwierigkeiten. Um sie einigermassen erschöpfend zu beantworten, müsste hier ausgeführt werden, wie es das Museum in Philadelphia stets thut, welche Arten und Qualitäten von

Korbwaaren in Ostindien marktgängig sind, welches die Preise, welches die Zahlungsbedingungen nach Währung, Kreditfristen u. s. w. sind, welche Frachtrouten und Frachtsätze in Frage kommen, welche Zölle, Abgaben u. s. w. darauf lasten, in welcher Weise sich der Verkehr vollzieht, ob z. B. durch Reisende, durch Waarenproben oder durch Preislisten und Katalage, in welcher Sprache eventl. die Letzteren abgefasst sein müssen, welcher Zollbehandlung die Muster, welchen Formalitäten die Reisenden unterliegen, ob Ursprungszeugnisse erforderlich sind, wie diese beschafft und beglaubigt werden müssen, wie die Verpackung und Aufmachung zweckmässiger Weise sein muss, wie die Konkurrenzverhältnisse des Auslandes liegen und dergleichen mehr. Aber mit alledem kann der Fragesteller noch so gut wie gar nichts anfangen; wenn wir ihm nicht gleichzeitig mittheilen können, welche dortigen Firmen für den Import seines Artikels in Frage kommen, denen er seine Offerten machen kann."

Geh. Komm.-Rath **Goldberger**-Berlin. „Meine Herren! Es ist bereits darauf hingewiesen worden, dass sich in dieser Frage eine erfreuliche Einmüthigkeit in allen Schichten von Handel und Industrie gezeigt hat. Das Verdienst, diese gemeinsame Aktion, die wohl die erste dieser Art ist, in die Wege geleitet zu haben, gebührt unstreitig dem Bund der Industriellen. Dies muss um so rückhaltloser anerkannt werden, als die Durchführung eines so gewaltigen Unternehmens, wie es eine Reichshandelsstelle ist, ohne eine solche Vereinigung aller Kräfte auf einen Punkt kaum denkbar wäre. Dem gegenüber müssen alle privaten Interessen und Etikettefragen in den Hintergrund treten; auch die Centralstelle muss in jeder Hinsicht ihre eigenen Bestrebungen loyal dem grossen Ganzen unterordnen. Da die Centralstelle aber, wie bestätigt werden muss, auf dem einschlägigen Gebiete bereits werthvolle Dienste der heimischen Handelswelt geleistet hat, so gebe ich der Hoffnung Ausdruck, dass die grosse Arbeit, die sie auf diese Thätigkeit verwandt hat, bei der Errichtung der Reichshandelsstelle nicht unverwerthet bleiben wird.

Vor Allem ist es dankenswerth, dass in unserer Schrift ein praktischer Arbeitsplan und ein Schema für die innere Organisation des neuen Instituts aufgerollt und dadurch die Erörterung auf eine realere Basis gestellt worden ist. Auch stimme ich mit Herrn Direktor Pulvermacher darin überein, dass wir nicht in Hoffnung auf eine künftige Reichshandelsstelle unsere Thätigkeit auf diesem Felde vernachlässigen, sondern dass wir damit in emsiger und stiller Arbeit fortfahren, bis der Augenblick kommt, in dem unsere Arbeiten in geeigneter Weise weiten Kreisen nutzbar gemacht werden. In diesem Sinne, meine Herren, erlaube ich mir Ihnen folgende Resolution vorzuschlagen und zur Annahme zu empfehlen:

> Die Versammlung begrüsst mit Genugthuung und lebhafter Zustimmung die vom Bunde der Industriellen unter Mitwirkung namhafter Verbände und Korporationen in die Wege geleiteten Maassnahmen zur Gründung einer Reichshandelsstelle. Die Centralstelle für Vorbereitung von Handelsverträgen erklärt sich im Interesse nationaler Arbeit bereit, sich mit allen ihr zu Gebote stehenden Mitteln an dem Werk zu betheiligen und für sein Zustandekommen einzutreten. Die Versammlung betrachtet die in der Schrift: „Die Errichtung einer Centralstelle zur Förderung des deutschen Aussenhandels“ von Dr. Vosberg-Rekow niedergelegten Gesichtspunkte als werthvolle Grundlage für die Schaffung der Reichshandelsstelle.“

Diese Resolution wurde nach kurzer Debatte einstimmig angenommen.

Dr. C. A. Martius: Meine Herren! Ich ertheile nunmehr Herrn Wirth das Wort zu seinem Referat über

Die Bestrebungen auf Einführung eines Wollzolls.

Wirth-Sorau: „Meine Herren! Schon seit Jahrzehnten lässt unsere Agrar-Partei die Frage eines Wollzolles nicht von ihrer Tagesordnung verschwinden; ich will deshalb heute versuchen, Ihnen die Gründe darzulegen, die die deutsche Wollenwaaren-Industrie bestimmen, dieser Frage energisch Opposition zu machen.

Es ist eine bekannte Thatsache, dass die Wollproduktion in Deutschland von Jahr zu Jahr zurückgegangen ist, nicht allein aus dem Grunde, weil die grosse Konkurrenz der überseeischen Wollen die Preise so sehr gedrückt hat, sondern vor allen Dingen auch, weil der heutige Stand der Landwirthschaft eine intensivere Bewirthschaftung des Grund und Bodens verlangt als dass dieselbe bei einer ausgedehnten Schafzucht jetzt noch vortheilhaft erscheinen könnte. Unsere Landwirthe arbeiten heute in ganz anderer Weise als vor 30 und 40 Jahren, damals war die Dreifelder-Wirthschaft an der Tagesordnung, der dritte Theil des Landes ruhte damals als Brache und lohnte die Schafzucht, weil die Schafe auf die Weide getrieben geringe Kosten für ihren Unterhalt verursachten. In dem vom Bunde der Landwirthe vor etwa 2 Jahren herausgegebenen „Agrarischen Handbuch" wird gesagt:

> „und niemand wird behaupten, dass guter Schafmist für gut kultivirten Boden nicht mehr brauchbar sei, oder dass — wenn man etwa im Weidegange ein Hinderniss sehen will — im Winter im Stalle heufressende Thiere das grüne Futter im Sommer, im Stalle vorgelegt, nicht fressen möchten."

Der Verfasser dieses Satzes wird sich wohl selbst klar darüber sein, dass die Frage, ob die Schafe das grüne Futter, im Stalle vorgelegt, fressen möchten oder nicht, eine Scheinfrage ist, die bei der Beurtheilung, ob die Produktionskosten gedeckt werden, nicht in Betracht kommt. Eine Heerde vom 500 Schafen kann von 1 oder 2 Hirten auf die Weide getrieben und gehütet werden, während bei Stallfütterung wohl 10 Arbeiter nöthig wären, um das Gras zu mähen, hereinzubringen und es den Thieren vorzuwerfen. Die Produktionskosten sind dadurch zu hoch geworden und der rationelle Landwirth findet durch Milchviehhaltung und gute Ackerkultur ein besseres Auskommen als durch Schafviehhaltung. — Wenn in der Industrie ein Artikel nicht mehr geht, so wirft sich der intelligente Fabrikant auf einen anderen Artikel, der ihm vortheilhafter erscheint und bei dem er sein Geld nicht zusetzt. — Der intelligente Landwirth hat sich auch dieses kaufmännische Prinzip zu Nutzen gemacht. Er ist von der Dreifelder-Wirthschaft abgegangen und hat eingesehen, dass sein Acker ihm an Feldfrüchten mehr einbringt, wenn er denselben nicht ruhen sondern arbeiten lässt. — Sobald heute die Feldfrüchte eingeheimst sind, wird der Acker umgebrochen, gedüngt und zur neuen Saat vorbereitet. Es bleibt also für Weidevieh kein Platz mehr übrig. Ganz anders ist es in den Ländern, die besonders auf Schafzucht angewiesen sind. Wir sehen da meilenweite Strecken, auf denen nichts als Gras wächst, die der Kultur noch nicht erschlossen sind. Dort wird mit geringen Unkosten das Schafvieh gehalten und auch das Klima ist in diesen Ländern der Vermehrung des Schafes günstiger als bei uns. Es ist nicht selten, dass in günstigen Jahren die Heerden sich verdoppeln, ja verdreifachen, während bei uns die Lammung in einem viel langsameren Tempo vor sich geht.

Nach dieser allgemeinen Orientirung lassen Sie mich im Näheren auf die Gründe eingehen, welche innerhalb der letzten 50 Jahre den ungeheuren Preisrückgang der Wolle herbeigeführt haben:

Es ist ja bekannt, dass die Wolle seit 1850 um ca. 50% im Werthe gefallen ist und unterliegt es zunächst keinem Zweifel, dass hierzu die Veränderung der Produktions-Verhältnisse bedeutend beigetragen hat. Die Wollproduktion hat in Australien, Südamerika und am Kaplande durch die vorher angeführten günstigen Produktionsbedingungen seit 1850 rapid zugenommen. Deutsche Schafe sind nach jenen Ländern in grossen Mengen transportirt worden und haben die Besitzer der Stammschäfereien grossen Verdienst durch diesen Export gehabt. Man darf aus der Zunahme der Produktion allerdings nur dann auf ein Fallen der Wollpreise schliessen, wenn die Konsumtion mit der Produktion nicht gleichen Schritt hält und hat in der That die Produktion die Konsumtion bedeutend überflügelt. Die Wollenindustrie hat in Europa ja ohne Frage einen ganz gewaltigen Aufschwung genommen, aber immerhin war bis vor nicht allzulanger Zeit die Produktion viel grösser als der Verbrauch, was naturgemäss einen Rückgang der Preise im Gefolge haben musste. Es kamen aber auch noch verschiedene andere Erscheinungen hinzu, die eine gleichartige Wirkung ausübten. Eine der wichtigsten derselben, die hier in Betracht kommt, ist die, dass auch pro Kopf der Bevölkerung der Wollkonsum in den letzten Decennien sich entschieden vermindert hat. Durch die hohen Baumwollpreise, welche der amerikanische Bürgerkrieg in der ersten Hälfte der 60er Jahre zur Folge hatte, sahen sich die europäischen Textilindustriellen vielfach gezwungen, Wolle als Rohmaterial mit heranzuziehen. Der Verbrauch der Wolle ging ganz natürlich zurück, als Ende der 60er Jahre die Baumwollpreise wieder anfingen zu weichen. Wir finden sogar in späterer Zeit, dass Baumwolle in zunehmendem Umfang an Stelle von Wolle verwendet wird, was noch durch den Umstand bedeutend erleichtert wurde, dass die Industrie soweit fortschritt, dass sie auch aus Baumwolle, mit anderem Material vermischt, feste und warme Stoffe herzustellen im Stande war. Aber nicht nur die Baumwolle allein machte der Wolle Konkurrenz. Mit der Entwicklung und Vervollkommnung der Maschinen vervollkommnete sich auch die Fabrikation von Shoddy und Mungo und nahm schnell einen bedeutenden Aufschwung; während in Preussen 1861 nur 20 Shoddyfabriken mit 1141 Arbeitern bestanden, war im Jahre 1875 die Zahl der Fabriken schon auf 74 gestiegen, in denen 1375 männliche und 2306 weibliche Arbeiter beschäftigt wurden; und im Jahre 1882 ergab die Zählung bereits 131 Fabriken mit 6161 Arbeitern beiderlei Geschlechts. Der Preis der Kunstwolle stieg in dem Zeitraum 1851—1876 ziemlich regelmässig und ging dann von dieser Zeit ab wieder zurück, stieg und fiel also analog dem Preise für Wolle, welcher hierdurch bedeutende Konkurrenz entstand.

Als dritter Grund für den anhaltenden Rückgang der Preise für die Wolle dürfte die Entwicklung des Verkehrs angesehen werden. Früher wurde die Wolle durch Segelschiffe nach Europa gebracht, seit Mitte der 70er Jahre begann man Dampfschiffe mit Wolle zu beladen, aber erst 1878 fing eine Dampferlinie an in grösserem Umfang Wolle auf ihren Schiffen zu verfrachten und einen regelmässigen Schiffsverkehr für Wolle einzuführen. — Seit dieser Zeit hat sich die Dampfschiffahrt für den Wolltransport allmählig entwickelt und während in der Saison 1881/82 19 % der Produktion Australiens per Steamer nach London ging, wuchs diese Ziffer 1886/87 auf 46 % und 1891/92 auf 60 %.

Neben diesem Uebergang von der Segel- zur Dampfschiffahrt haben auch gleichzeitig die Schiffe einen höheren Tonnengehalt angenommen und ist dadurch wieder die Frachtenrathe von Jahr zu Jahr billiger geworden. Während die Durchschnittsfracht für Wolle von Australien nach London 1880—83 58,9 sh per Tonne kostete, war der Preis 1888 bis 91 nur noch 35,9 sh per Tonne, ein Rückgang von ca. 40 %.

Sie sehen, meine Herren, wie hier die Entwicklung des Verkehrs und die Verbilligung des Transportes genau so wirkt, wie ein räumliches Aneinanderrücken des Produktionsgebietes und der Absatzmärkte bezw. Konsumtionsgebiete. Der moderne und verbilligte Verkehr rückt gleichsam die früher entfernt gelegenen Produktionsländer unmittelbar vor die Thore der Industriestädte, dazu vermehrt sich in den landwirthschaftlich unentwickelten Ländern die Produktion der Wolle, der Konsum von Wolle ist dagegen nicht in dem gleichen Maasse gestiegen. Das sind die Hauptursachen des seit den 50er Jahren beobachteten Preisrückganges der Wolle.

Dass es aber bei der, durch die wirthschaftlichen Verhältnisse verursachten Preisentwicklung bezw. dem Preisrückgange eine Grenze giebt, deren Ueberschreitung zumal dann eine Produktionsverminderung herbeiführen muss, wenn neben der natürlichen Verbilligung der Herstellungs- und Transportkosten noch andere Momente eintreten, welche in gleicher Richtung wirken, und dass daraus wieder eine Preiserhöhung folgen muss, hat sich bei dem Artikel „Wolle“ gerade in den letzten zwei Jahren gezeigt.

Nicht nur in Deutschland hat man s. Zt. den Preisrückgang für Wolle schwer empfunden, auch in den überseeischen Ländern deckten die Erträge nicht mehr die Produktionskosten und ging man dort wie hier dazu über, Fleischschafe zu züchten und auf die Feinheit der Wolle keine Rücksicht mehr zu nehmen. Im Anfang ging dies ganz gut. Die grobwolligen Schafe brachten das dreifache Gewicht an Wolle wie die feinwolligen Schafe, sodass der Züchter der groben Wollen ausser dem Vortheil, dass er für das Gesammtquantum seiner Wolle nicht weniger bekam, noch den Vortheil eines kräftigen Fleischschafes hatte, welches ihm einen schönen Nutzen abwarf. Der feinen Wollen wurden immer weniger und man berechnet, dass am La Plata kaum noch 25 % feiner Wollen existiren, während die restirenden 75 % aus groben Wollen bestehen, für die bei der augenblicklichen Mode wenig Verwendung ist und die deshalb von der ungeheuren Konjunktur nicht mit ergriffen worden sind.

Stellen wir nun angesichts dieser Verhältnisse die Frage: Was will und was wirkt der Wollzoll a) für die Landwirthschaft, b) für die Industrie so wird zuerst die Unterfrage beantwortet werden müssen: Wie hoch und welcher Art die Zölle sind, welche von der Landwirthschaft gefordert werden.

Ohne auf die Geschichte einzugehen, welche die Frage des Wollzolles hat, muss ich zunächst einem hartnäckigen und weit verbreiteten Irrthum entgegentreten, der darin besteht, als handle es sich um die Wiedereinführung eines Zolles auf rohe Schafwolle. Meine Herren, in Deutschland hat noch nie ein Eingangszoll auf rohe Schafwolle bestanden. Wohl war in früheren Jahrhunderten in Preussen die Ausfuhr von roher Wolle auf das strengste verboten und setzt der Zolltarif von 1818 einen Ausfuhrzoll von 10 M. auf den Zollzentner. Die Einfuhr aber war frei, ebenso ist dann auch die Einfuhr von roher Wolle in den Zollverein stets frei geblieben, von der gekämmten Wolle wurde dagegen in dem

Tarif vom 15. Juli 1879 ein Eingangszoll von 2 M. für 100 kg erhoben.

Am 5. Mai 1885 wurde von der Generalversammlung des Vereins für Produktion edler Merinokammwolle ein Antrag angenommen, der dahin lautete, dass die Höhe des Schutzzolles pro Zollzentner bei Schmutzwolle 20, bei Rückenwäsche 30 und bei Fabrikwäsche 60 M. betragen sollte.

Von der wirthschaftlichen Vereinigung des Reichstages wurde 1896 ein Antrag eingereicht, in welchem gefordert wurde:

für ungewaschene Wolle	25 M.
„ gewaschene Wolle	50 „
„ entfettete Wolle	75 „
„ gekämmte Wolle	20 „
„ Lumpen und für aus Lumpen hergestellte Wollsourogate . . .	25 „

Dieser letztere Antrag geht schon bedeutend über den ersteren Antrag hinaus.

In Deutschland verblieben nach dem statistischen Jahrbuch für das deutsche Reich im Jahre 1898 1678000 dz Schafwolle. roh und gekrempelt, Werth 201 Mill., 72490 dz gekämmte Wolle, Werth 24,5 Mill., während die einheimische Produktion sich auf ca. 225000 dz bezifferte. Die einheimische Produktion bewegt sich zu der in Deutschland verarbeiteten ausländischen Wolle in so engen Grenzen, dass nicht daran zu denken ist, dass deutsche Züchter je wieder auch nur annähernd den Bedarf der einheimischen Industrie würden decken können.

Aber ganz hiervon abgesehen, ist in keinem der oben erwähnten Anträge ein Unterschied zwischen feiner und geringer Wolle gemacht. Damit würde denjenigen Züchtern. die geringe Wolle produziren, die ihren Schafen weniger Aufmerksamkeit zu widmen brauchen als die Produzenten feiner Wollen, und die vor diesen noch den Vortheil eines erheblich grösseren Gewichtszuschusses haben, ein höherer Schutz gewährt, wie denen, die feine Wolle erzeugen. Es würde hieraus also nur der Satz zu folgern sein, dass die Wolle nach Werth, nicht nach Gewicht verzollt werden müsse, wenn anders der Zoll die interessirten Kreise gleichmässig gerecht schützen soll; oder dass die Wolle in verschiedene Klassen eingetheilt wird, welche mit verschiedenen Zollsätzen belegt werden. Es dürfte dem Zollbeamten unendlich schwer, wenn nicht unmöglich werden, den Werth der Wolle festzustellen. Es erfordert dies immerhin eine genaue Sachkenntniss und dürfte ein Zollbeamter, der nicht tagtäglich damit zu thun hat, der nicht täglich die Kurse studirt, nicht in der Lage sein, ein richtiges Urtheil zu fällen. Soll aber der Preis, der etwa für eingeführte Wolle bezahlt ist, maassgebend sein, so wird einmal derselbe schwer zu ermitteln sein, auch liegt die Versuchung für den Importeur sehr nahe, einen geringeren anzugeben, als er gezahlt hat Hierzu kommt noch der Umstand, dass bei niedrigen Preisen der Zoll znrückgehen wird, gerade in dem Falle, wenn die heimische Produktion am meisten des Schutzes bedarf, während bei günstigen Konjunkturen, wie z. B. augenblicklich, wenn der Schutzzoll weniger nothwendig ist, der Zoll in Folge der hohen Preise auch ein höherer sein wird. Man hat nun noch in Vorschlag gebracht, die gröberen Wollen frei einzuführen, dagegen von den besseren Qualitäten einen Zoll zu erheben. Aber auch dies würde eine unausführbare Maassnahme sein, denn es fällt hier wiederum dem Zollbeamten zu, die Wollen zu klassifiziren, ob sie in die zu verzollende Kategorie oder in die zollfreie fallen. So stellen sich also allein der praktischen Durchführung des Wollzolles schon mancherlei Schwierigkeiten in den Weg.

Würde denn aber die Einführung eines Wollzolles der Landwirthschaft überhaupt den gewünschten Vortheil gewähren? Zunächst wird Niemand wohl bezweifeln, dass die Einführung eines Schutzzolles auf Wolle der heimischen Landwirthschaft für den Anfang höhere Preise sichern wird. Die Mehreinfuhr betrug, wie vorher schon angegeben, 1678000 dz. im Jahre 1898 an gewaschener und ungewaschener Wolle bei einer heimischen Produktion von kaum 225000 dz. Es ist klar, dass die heimische Industrie ein so gewaltiges Quantum Rohmaterial nicht wird entbehren können, dass aber auch die Wollproduktion in Deutschland sich nicht so beträchtlich wird vermehren können, um jenes importirte Quantum zu ersetzen. Es werden also zunächst die heimischen Industriellen die um den Zoll erhöhten Preise bezahlen müssen, was die Preissteigerung im Inland herbeiführen muss.

Es fragt sich nun weiter, werden die deutschen Wollenwaaren-Fabrikanten auch im Stande sein, diese hohen Preise zu zahlen, oder werden sie der Konkurrenz des Auslandes erliegen? Die Vertheuerung des Rohmaterials der Wollindustrie in Deutschland wird derselben ihren Markt im Auslande entziehen. Deutschland exportirte an Tuch- und Zeugwaaren

1898 20 561 000 kg im Werthe von Mk. 133,6 Mill.,
1897 22 220 000 „ „ „ „ „ 144,4 „ .

Die übrigen Industrieländer werden ihre Waaren billiger auf den Markt bringen können und die Betriebseinstellung vieler Fabriken wird in Deutschland die Folge davon sein. Dies wird eine Verminderung der Nachfrage nach Wolle in Deutschland zur Folge haben, ein Umstand, der dann wieder einen Rückgang im Preise der Wolle nach sich zieht. Man hat nun, um den deutschen Industrien den Weltmarkt zu sichern, den Vorschlag gemacht, bei Ausfuhr wollener Garne und Webwaaren das in diesen Artikeln enthaltene Quantum Wolle festzustellen und den dafür gezahlten Zoll zurückzuerstatten. Es lässt sich, wie im agrarischen Handbuch selbst zugegeben wird, eine derartige Untersuchung nur sehr schwierig und unsicher herstellen, da sich wohl das Verhältniss einer Mischung von Thier- und Pflanzenfaser annähernd, eine Mischung von Wollfaser mit einer anderen thierischen Faser: Seide, Haare u. s. w., sich jedoch auch nicht annähernd genau feststellen lässt. Für den Zollbeamten würde diese Untersuchung eine sehr mühselige und zeitraubende Arbeit sein, die sich in der Praxis sehr schwer ausführen lässt und noch die Gefahr einschliesst, dass der Beamte in Folge der Schwierigkeit dieser Aufgabe die Untersuchung ungenau vornimmt und den Angaben des Exporteurs zu grosses Vertrauen schenkt, sodann wird aber auch, wenn nicht Rücksicht auf die Herkunft der verarbeiteten Wolle genommen wird, dadurch der heimischen Wollproduktion eine ungerechtfertigte Ausfuhrprämie gewährt. Ausserdem ist zu berücksichtigen, dass für die Fabrikanten, die erst den Zoll für die Wolle zahlen müssen, für dies ausgelegte Kapital ein Zinsverlust eintritt. Denn erst nach Verarbeitung der Wolle erhalten sie in dem Falle, dass sie das hergestellte Produkt exportiren, den ausgelegten Zoll zurück. So also wird dieser Vorschlag hinfällig und ich fürchte, dass mit Einführung eines Wollzolles der Verlust des auswärtigen Marktes für wollene Waaren und allmählich ein Preisrückgang für rohe Wollen eintreten wird. — Ein weiteres Moment würde aber in Folge des Wollzolles in Erscheinung treten. Ich habe vorher erwähnt, dass man in den 60er Jahren, als die Wolle noch einen sehr hohen Preisstand hatte, Baumwolle und Kunstwolle an Stelle der Wolle nahm. In viel ausgedehnterem Maasse würden heute die Fabrikanten gezwungen werden, ihre Zuflucht zu diesen Surrogaten zu nehmen und die natürliche Folge wäre ein Rückgang im Wollkonsum, ein Rückgang im Preise.

Es zeigte sich also, dass es höcht zweifelhaft ist, ob der Landwirthschaft ein dauernder Nutzen mit einem Wollzoll gewährt wird, weil es in Frage steht, ob die Preise sich für längere Zeit heben werden und was wird die Folge davon sein? Es unterliegt keinem Zweifel, dass der Wollzoll in Deutschland zur Verstärkung der Produktion anregen wird, wie bereits angeführt. Dadurch wird sich im Inland auch das Angebot vermehren und mit dazu beitragen, dass der geschilderte Preisrückgang, der mit Lahmlegung der deutschen Industrie durch einen Wollzoll verbunden ist, noch eher eintritt. Der Wollzoll hat dann einen Produktionszweig grossgezogen, der nur künstlich erhalten werden kann. Die trotz Einführung eines Wollzolls nach Verlauf von einer Reihe Jahren eintretende Unrentabilität der Wollproduktion wird dann, nachdem sie durch Zollmaassregeln grossgezogen, in der Landwirthschaft fühlbarer werden, als sie es vor Auflegung eines Wollzolles war. Denn weitere Kreise hat man durch die Aussicht auf bessere Preise zur Produktion angelockt, weitere Kreise wird dann auch der Preisrückgang treffen und stärker wird man dann nach einer Erhöhung des bestehenden Zolles verlangen. Durch Einführung eines Wollzolles in Deutschland erweckt demnach der Staat nur unberechtigte Hoffnungen, die zu erfüllen er nicht im Stande sein wird.

Wenden wir uns nun der Frage zu: Welchen Einfluss wird der Wollzoll auf die die deutsche Wollenindustrie ausüben?. Wie ich vorher schon anführte, dürfte es wahrscheinlich sein, dass schon in den ersten Jahren ein entschiedener Niedergang der Wollindustrie eintreten würde, welcher voraussichtlich für eine grosse Anzahl von Arbeitern Brodlosigkeit oder wenigstens Herabdrückung der Lebenshaltung zur Folge haben würde. Der auswärtige Handel in Wollenwaaren, als da sind: Filze, Plüsche, Posamentir- und Knopfmacherwaaren, Strumpfwaaren unbedruckt, Tuch- und Zeugwaaren bedruckt und unbedruckt, betrug im Jahre 1898

Einfuhr	2248 Tonnen	im Werthe von	24,4 Mill.
Ausfuhr	28900 „	„ „ „	198,6 „

mithin ein Ueberschuss der Ausfuhr von:

26625 Tonnen im Werthe von 174,2 Mill. Mark.

Dass der Rückgang eines solchen Exportes die Wollen-Industrie schwer schädigen muss, liegt auf der Hand und noch bedeutender wird der Schaden, wenn wir uns vergegenwärtigen, dass unter dem Ausdruck Tuch- und Zeugwaaren ein ziemlich bedeutender Prozentsatz fertig konfektionirter Waaren einbegriffen ist, so dass also nicht nur die Spinner und Weber sondern auch Schneider und Konfektionäre und viele andere direkt um einen grossen Theil ihres Verdienstes gebracht werden. Nach dem statistischen Jahrbuch für das Deutsche Reich beschäftigte die Textil-Industrie im Jahre 1895 993257 Personen beiderlei Geschlechts, von denen die Wollbereitung, Wollspinnerei und Wollweberei in 26916 Betrieben allein 223904 Personen beanspruchte. Es wird also der Wollzoll weite Volksschichten treffen, die um ihren guten

Verdienst kommen und für die es schwer halten würde, passende und lohnende Arbeit zu finden, denn sollten selbst die Shoddy- und Mungofabriken vermehrt werden, eine so ungeheuere Menge Menschen könnten diese Fabriken doch nicht beschäftigen. Ich möchte ferner an den indirekten Schaden erinnern, der den Maschinenfabriken, der Kohlenindustrie, vor Allem aber dem Staate direkt durch Verminderung der zu verfrachtenden Güter auf Eisenbahen und Kanälen zugefügt wird, nicht zu vergessen den bedeutenden Ausfall der direkten Steuern.

Der deutschen Wollenindustrie blieben nach Verlust des Exportes noch der einheimische Markt, jedoch nur dann, wenn man ihr denselben durch Prohibitivzölle auf Garn und wollene Waaren sicherte. Aber auch dann würde der Absatz von wollenen Waaren bei Einführung eines Wollzolles nicht denselben Umfang beibehalten, den er vorher gehabt. Vergegenwärtigen wir uns, dass zunächst die Auflegung eines Zolles die Wollpreise steigern wird. Mit dieser Steigerung werden zugleich die Preise für fertige Waare in die Höhe gehen und wird ein grosser Theil der Bevölkerung diese hohen Preise nicht anlegen können. Man wird also zu gemischten Stoffen seine Zuflucht nehmen und wird man für geringwerthigere Waare einen höheren Preis zahlen müssen wie heute für eine gute Waare. Das Ausland wird sich nicht dazu verstehen, diese geringwerthige Waare aufzunehmen, es wird vielmehr den von der ausserdeutschen Industrie billiger hergestellten wollenen Stoffen den Vorzug geben. Die deutsche Industrie würde also durch die Einführung des Wollzolles jedenfalls erheblich geschädigt und auch die Konsumenten in Deutschland stark beeinträchtigt werden.

Fassen wir nunmehr Schlussergebniss zusammen, so dürfte weder die Landwirthschaft von der erstrebten Maassregel einen nennenswerthen Vortheil haben, noch dürfte die Industrie in ihrer Gesammtheit fähig sein, eine so einschneidende Erschwerung ohne ernste wirthschaftliche und soziale Schädigung ertragen zu können und gestatte ich mir

Ihnen deshalb folgende Resolution zur Annahme zu unterbreiten:

Unter Zugrundelegung des in dem Referat geführten Nachweises, dass aus der Einführung eines Eingangszolles für rohe Schafwolle der deutschen Landwirthschaft weder vorübergehend noch dauernd ein Nutzen erwächst, der Wollen-Industrie aber und den betheiligten Gewerben eine tief eingreifende Schädigung droht, richtet die Versammlung an den Herrn Reichskanzler die dringende Bitte, der Wollen-Industrie einen solchen Zoll fernzuhalten, damit die gedeihliche Fortentwickelung des wichtigen Erwerbszweiges der Wollen-Industrie gesichert bleibt.

Wie ich unter ihrer Zustimmung vorhin nachgewiesen habe, ist die deutsche Landwirthschaft aus betriebstechnischen Gründen und in Folge der gegenwärtig besseren wirthschaftlichen Ausnutzung ihrer Aecker gar nicht in der Lage, eine, dem industriellen Bedarf an Wolle auch nur annähernd erreichende Wollzüchtung wieder aufzunehmen. Der erstrebte Zoll würde nur einem kleinen Theil der Landwirthschaft, und auch der nicht einmal dauernd von Nutzen sein, während derselbe, wie ich ebenfalls nachgewiesen habe, der Wollen-Industrie und den betheiligten Handels- und Gewerbetreibenden direkt und indirekt dauernd schwere Schädigungen zufügen würde. Angesichts dieser grossen Gefahr, welche von rücksichtslos betriebener Partei- und Interessenpolitik geradezu muthwillig heraufbeschworen wird, lassen sie uns, m. H., daran festhalten, mit der heutigen Resolution klärend und bestimmend auf die gesetzgebenden Faktoren einzuwirken, damit keinem zu Liebe und keinem zu Leide bei der demnächstigen Neuordnung der zollpolitischen Fragen die Entscheidung fällt."

Gutmann-Göppingen. „Meine Herren! Ich kann dem Herrn Referenten in seinen Ausführungen nur voll und ganz beistimmen. Im bin zwar selbst nicht im engeren Sinne zur Branche gehörig und will mir deshalb auch nicht anmaassen im Namen der Wollindustrie zu sprechen. Die Zustimmung dieser Branche haben Sie ja wohl aus dem lebhaften Beifall der anwesenden Herren entnommen, und thatsächlich giebt ja das Referat zu weiteren Ergänzungen in dieser Hinsicht kaum Anlass. Ich möchte aber hier gerade als Baumwollwaaren-Interessent sprechen und betonen, dass es keineswegs die Wollwaaren-Industrie allein ist, welche durch einen Zoll auf Rohwolle geschädigt werden würde. Vielmehr würden in weitem Umfang auch alle diejenigen Industriezweige in Mitleidenschaft gezogen werden, welche Wolle zum Theil mit verbrauchen, wie die Produktion von Halbwollen-, Halbleinen- und Halbseiden-Waaren. Sie wissen, meine Herren, dass gerade diese Branchen sehr stark an unserem Exportverkehr betheiligt sind, und gegenwärtig schon durch die Handels- und Zoll-Politik des Auslandes schwer zu leiden haben. Ich brauche nur an die Wirkungen des Dingley-Tarifes auf diesem Gebiete zu erinnern. Wenn diesen Fabrikationszweigen nun auch ihr Rohmaterial noch durch einen Zoll vertheuert werden sollte, so dürfte sich ihre Lage zu einer recht bedenklichen gestalten. Es ist zwar augenblicklich wieder etwas stiller geworden und in der Oeffentlichkeit nicht mehr so viel vom Wollzoll zu hören. Ich möchte jedoch entschieden davor warnen, daraus etwa einen Verzicht auf diese Bestrebungen auf gegnerischer Seite folgern zu wollen. Die Thatsache bleibt doch bestehen, dass von den verschiedensten Seiten Anträge auf Einfürung eines Zolls auf Wolle gestellt sind, und bei den Verhandlungen über den neuen Zolltarif und die Handelsverträge die entsprechende Mitberücksichtigung finden müssen. Dass die Antragsteller freiwillig ihre Anträge zurückziehen werden, weil sie fürchten, nicht genügend Gegenliebe zu finden, daran ist gar nicht zu denken. Und ihre Ansprüche sind nicht gering; die Agrarier sind noch nie bescheiden gewesen. Unter den von landwirthschaftlicher Seite eingebrachten Zollwünschen befinden sich solche bis zu 100 M. pro Zentner!“

Dr. Vosberg-Rekow. „Meine Herren! Im Anschluss an die Worte des Herrn Vorredners, die ich völlig unterschreibe, möchte ich noch ausdrücklich Verwahrung dagegen einlegen, als ob in der Centralstelle eine prinzipielle Feindseligkeit der Landwirthschaft an sich gegenüber walte. Wir wollen sehr gerne der Landwirthschaft lassen, was sie vernünftiger Weise beanspruchen kann, aber gegen diejenigen Bestrebungen, welche man unter dem spezifischen Begriff „agrarisch" zu verstehen sich gewöhnt hat, müssen wir allerdings mit aller Schärfe Front machen, um so mehr, als dies leider von anderen industriellen Vertretungen nicht in dem Maasse geschieht, wie es das wahre Interesse der deutschen Industrie erforderte. Ich habe mich deshalb gefreut, in dem Referat des Herrn Wirth gerade so scharf betont und so klar beleuchtet zu finden, dass ein Wollzoll der Landwirthschaft selber in Wirklichkeit keinen Nutzen bringen kann, und dass dies von beachtenswerthen Sachverständigen selbst zugegeben ist. Endlich möchte ich noch auf einen Punkt hinweisen. Es wird immer von einer „Wiedereinführung" des Wollzolls gesprochen, und thatsächlich ist in weiten Kreisen der Irrthum verbreitet, als ob ein solcher früher bestanden hätte. Demgegenüber ist nachdrücklich zu betonen, dass in Wahrheit ein Zoll auf Rohwolle in Deutschland bisher niemals bestanden hat."

Aenderung der Satzung.

Dr. Martius. „Meine Herren! Ehe ich dem folgenden Herrn Referenten das Wort zum Vortrag ertheile, müssen wir noch eine geschäftliche Angelegenheit erledigen. Wir haben gestern Vormittag eine Kommission gewählt, um den Entwurf der auf Grundlage des neuen Bürgerlichen Gesetzbuches abgeänderten Satzungen unseres Verbandes zu prüfen. Die Kommission ist gestern Nachmittag nach Schluss unserer hiesigen Verhandlungen im Sitzungssaal der Centralstelle zu mehrstündiger Berathung zusammengetreten. Der abgeänderte Entwurf der Satzung liegt Ihnen vor. Ich ertheile zu seiner Begründung das Wort dem Vorsitzenden der Kommission."

Generaldirektor **Kuhlow**-Halle. „Meine Herren! Wie Sie wissen, enthält das am 1. Januar d. J. in Kraft getretene neue Bürgerliche Gesetzbuch eine Anzahl von Vorschriften und Bestimmungen, welche für die meisten der bestehenden Vereine und Verbände eine Revision und formelle Abänderung ihrer Satzung erforderlich gemacht haben. Es handelte sich für uns aber ausserdem auch noch darum, die Satzung unseres Verbandes so zu gestalten, dass seine Eintragung in das Vereinsregister ermöglicht wird, und hierdurch sind noch einige weitere Modifikationen nothwendig geworden. Wir haben nun den uns von der Direktion der Centralstelle unter Hinzuziehung eines Juristen ausgearbeiteten Entwurf einer eingehenden Prüfung unterworfen und noch eine kleine Anzahl Abänderungen an demselben vorgenommen, welche uns aus verschiedenen Gründen wünschenswerth erschienen. Dieser zweite, gestern von uns unter Mitwirkung des betreffenden juristischen Beirathes, Herrn Rechtsanwalt **Gutsche**-Magdeburg fertiggestellte Entwurf befindet sich gegenwärtig in Ihren Händen. Ich bitte Sie, denselben zu prüfen, — wie Sie sehen werden, sind die getroffenen Abänderungen nur formaler Natur und berühren die Organisation und Thätigkeit der Centralstelle in keiner Weise — und demselben nach Kenntnissnahme Ihre Zustimmung zu ertheilen."

Die neue Satzung wird nach kurzer Debatte einstimmig angenommen.

Wahlen.

Dr. **Martius**. „Meine Herren! Auf Grund der neuen Satzung schreiten wir nunmehr zur Wahl des in dieser vorgeschriebenen Organe. Es sind zu wählen: 1. Der grosse Ausschuss, der bisher sogenannte „Vorstand". 2. Der geschäftsführende Ausschuss, der bisher sogenannte „Ausschuss". 3. Der Vorstand.

Wir beginnen mit der Wahl des grossen Ausschusses. Wünscht jemand der Herren zu diesem Punkt das Wort?"

Dr. Kunreuther-Gotha. „Meine Herren! Ich erlaube mir den Vorschlag, die bisherigen Mitglieder des erweiterten Vorstandes der Centralstelle durch Akklamation zu Mitgliedern des neuen „Grossen Ausschusses" zu wählen." (Geschieht).

Bankdirektor **Thorwart**-Frankfurt a. M. „Ich erlaube mir den weiteren Vorschlag, in den Ausschuss noch nachfolgende Herren zu wählen: Herrn Rechtsanwalt Dr. Kunreuther, Herrn Dr. Mettershausen, Herrn Wirth-Sorau." (Geschieht).

Dr. Vosberg-Rekow. „Meine Herren! Auch ich möchte Ihnen noch einen Herrn zur Nachwahl vorschlagen, nämlich Herrn Dr. Tschierschky, den Geschäftsführer des Vereins zur Wahrung der wirthschaftlichen Interessen der Färberei- und Druckerei-Industrie von Rheinland und Westfalen." (Geschieht).

Dr. Martius. „Meine Herren! Es hätte nunmehr der eben gewählte Ausschuss zur Wahl des „geschäftsführenden Ausschusses" aus seiner Mitte zusammen zu treten. Ehe ich jedoch zu diesem Zwecke unsere Verhandlungen unterbreche, habe ich Ihnen noch eine betrübende Mittheilung zu machen. Eins unserer Mitglieder, der um unsere Centralstelle und ihre Bestrebungen ausserordentlich verdiente Herr **Fleischhacker** ist während des Berichtsjahres, und zwar erst im Laufe des vorigen Monats, zu seinen Vätern versammelt worden. Meine Herren! Der Verstorbene ist uns allezeit ein sehr treuer und eifriger Mitarbeiter gewesen. Er war, wie Ihnen bekannt ist. auch Mitglied des bisherigen Vorstandes und hat als solcher mit seltenem Verständniss für unsere Ziele und Aufgaben wirkt. Sein Andenken wird bei uns stets in Ehren gehalten werden. Ich darf Sie wohl bitten, zum Ausdruck dieser Gesinnung sich von Ihren Plätzen zu erheben. (Geschieht).

Ich habe nunmehr noch eine zweite Angelegenheit vor die Versammlung zu bringen, der Erledigung wohl am besten auch sofort vorgenommen wird.

Meine Herren! Die mannigfachen Beziehungen, welche die Centralstelle zu hervorragenden Gelehrten, Staatsmännern und Körperschaften des In- und Auslandes hat, und welche sich in mehr als einer Hinsicht als sehr fruchtbringend für unsere Thätigkeit erwiesen haben, haben uns den Wunsch nahe gelegt, eine Form zu finden, in der wir derartige Persönlichkeiten in eine engere und stetige Verbindung mit der Centralstelle bringen können, auch wo es aus formellen oder anderen Gründen oder aus anderen Rücksichten nicht angängig ist, dass dieselben unsere Mitgliedschaft erwerben. Es werden natürlich hierfür nur Personen in Frage kommen, welche wir als besonders opferwillig und interessirt für unsere Ziele gefunden haben oder denen wir aus irgend welchen Ursachen zu Danke verpflichtet sind, oder welche in ihrer Thätigkeit und in ihrem öffentlichen Auftreten eine Richtung und Tendenz bekunden, die unseren Bestrebungen in irgend einer Weise parallel läuft und sie zu fördern geeignet erscheint. Solchen Personen liegt es nahe eine besondere Ehrung zu erweisen und sie gleichzeitig auch durch ein äusserliches Band mit der Centralstelle zu verknüpfen.

Aus diesen Gründen und Erwägungen beantrage ich deshalb, den Ausschuss der Centralstelle zu ermächtigen, derartige Persönlichkeiten zu „korrespondirenden Mitgliedern" der Centralstelle für Vorbereitung von Handelsverträgen zu ernennen und für sie ein besonderes Diplom ausfertigen zu lassen, das wir denselben bei der Ernennung überreichen."

Der Vorschlag wird einstimmig angenommen.

Dr. Martius. „Meine Herren! Als erste solche „korrespondirenden Mitglieder" beantrage ich nunmehr, die Vertreter des Commercial Museums zu Philadelphia zu ernennen, jenes Institutes, mit dem wir im Berichtsjahr in besonders enge Beziehungen getreten sind, und zwar schlage ich Ihnen dafür vor die Herren:

Mr. William P. Wilson, den I. Direktor des Museums und zugleich I. Präsidenten des internationalen Handelskongresses in Philadelphia,

Mr. Wilfred H. Schoff, den Chef der Abtheilung des Museums für auswärtige Korrespondenz,

Mr. W. Tingle, den chief assistant des Museums und ehemaligen amerikanischen Konsul in Braunschweig."

Sämmtliche Vorschläge werden einstimmig angenommen.

Dr. Martius. „Meine Herren! Ich suspendire nunmehr die Versammlung auf zehn Minuten, um dem neugewählten Grossen Ausschuss Gelegenheit zu geben, sofort die Wahl des geschäftsführenden Ausschusses vorzunehmen."

Der Grosse Ausschuss tritt hierauf zu einer besonderen Sitzung zusammen und wählt zu Mitgliedern des geschäftsführenden Ausschusses die bisherigen Mitglieder des Ausschusses wieder, nämlich die Herren: Dr. C. A. Martius, Geh. Kommerzienrath Goldberger, Generaldirektor Kuhlow-Halle, Kommerzienrath Krause, Aeltester der Kaufmannschaft von Berlin Ravené. Zum Vorsitzenden wird Herr Dr. Martius, zum ersten stellvertretenden Vorsitzenden Herr Geheimer Kommerzienrath Goldberger, zum zweiten stellvertretenden Vorsitzenden Herr Generaldirektor Kuhlow wiedergewählt. Nach Wiedereröffnung der Sitzung der Generalversammlung findet zunächst die Wahl des Vorstandes auf Grund des § 27 des B. G. B. statt. Aus Zweckmässigkeitsgründen wurde beschlossen, denselben nur aus einer Person bestehen zu lassen. Zum Vorstand mit dem Titel Direktor wurde Herr Dr. Vosberg-Rekow gewählt.

Dr. C. A. Martius: „Meine Herren! Der geschäftliche Theil wäre damit erledigt. Wir kämen nunmehr zu Punkt 3 der heutigen Tagesordnung. In Rücksicht auf einige Herren der chemischen Industrie, welche Berlin mit einem früheren Zuge verlassen wollen und ein spezielles Interesse an Punkt 4 der Tagesordnung haben, ist beantragt worden, das Referat zu diesem Gegenstand zuerst zu hören. Da sich kein Widerspruch aus der Versammlung hiergegen erhebt, ertheile ich dem Herrn Referenten das Wort zum Vortrag über

Die Wirkung des Deutsch-österreichischen Handelsvertrages auf einzelne Fabrikationszweige.

Dr. A. Etienne: „Meine Herren! Die Centralstelle für Vorbereitung von Handelsverträgen hat sich die Aufgabe gestellt, in planmässiger Weise die Wirkungen der einzelnen Handelsverträge auf die deutsche Industrie zu studiren. Diese Arbeit ist eine so umfangreiche, dass man sich nicht wundern darf, wenn wir augenblicklich noch weit vom Ziele sind. Das Ziel wird erst erreicht sein, wenn ein Gesammtbild entworfen werden kann, das alle Verträge und alle Zweige der heimischen Produktion berücksichtigt.

Es ist aber vielleicht nützlich und willkommen, schon vor Abschluss einer so weit ausgreifenden Arbeit kleinere Ausschnitte vorzuführen, bei denen sich die Betrachtung auf die Wirkung eines einzelnen Vertrages, auf einzelne Produktionszweige beschränkt. Als ganz besonders ungünstig in seinen Wirkungen auf die deutsche Industrie wird von den verschiedensten Seiten der deutsch-österreichische Vertrag hingestellt, ich möchte mir erlauben, Ihnen die Berechtigung dieser Anschauung darzuthun unter besonderer Exemplifizirung auf die chemische Industrie.

Sie wissen, dass man die chemische Industrie mit Recht als die deutsche Export-Industrie par excellence bezeichnet. Aus der imposanten Höhe, welche der Ausfuhrwerth chemischer Fabrikate erreicht hat, aus der rapiden Entwicklung nach oben schliesst man jedoch zu leicht, dass dieser Spezialzweig der deutschen Produktion sich schon überall einen vollen Platz an der Sonne erobert, dass es weniger dringlich sei, bei Erneuerung der Handelsverträge für ihn neue Konzessionen des Auslandes durchzusetzen. Eine solche Auffassung entspricht aber den thatsächlichen Verhältnissen nicht, wie ich mit besonderem Hinweis auf Oesterreich-Ungarn darlegen möchte.

Das Deutsche Reich gewährt bekanntlich den Produkten der chemischen Industrie nur einen sehr geringen Zollschutz. Sie können ganz überwiegend zollfrei in Deutschland eingehen; wo Zölle existiren, bleiben sie auf mässiger Höhe. Oesterreich dagegen hat sehr wirksame Zollschranken zu Gunsten seiner heimischen Industrie errichtet. Zollfreier Eingang wird nur einer ganz verschwindend geringen Zahl chemischer Produkte gewährt, die Zollbelastung bildet die Regel und steigt bis zu sehr beträchtlicher Höhe. Eine Zolldisparität ausgeprägter Art ist also vorhanden, welche der österreichischen Industrie im Konkurrenzkampfe eine ungleich stärkere Position verschafft als der deutschen.

Man könnte einwenden, Zolldisparitäten sind etwas sehr Natürliches, sie entsprechen dem ungleichen Kräfteverhältniss auf Seiten der einzelnen Konkurrenten. Die chemische Industrie Deutschlands ist der österreichischen so überlegen, dass sie den inneren Markt zu behaupten vermag auch ohne Schutzzölle und trotz der österreichischen Zölle die Möglichkeit besitzt, sich Absatz auch auf dem österreichischen Markte zu verschaffen. Wenn dem so ware, so liesse sich allerdings gegen den augenblicklichen Zustand der Dinge nur wenig einwenden.

Thatsächlich liegen die Verhältnisse indessen anders. In gewissen Spezialartikeln der chemischen Produktion wirft die österreichische Industrie grössere Mengen über die deutsche Grenze, als es umgekehrt die deutsche Indus trie in entgegen gesetzter Richtung zu thun vermag. Zum Beweise dienen folgende Daten, die ich als charakteristisch für die Tendenz der Entwicklung hier anführen möchte.

Im Jahre 1898 betrug in 1000 M.

	die österreichische Einfuhr nach Deutschland	die deutsche Einfuhr nach Oesterreich
an salpetersaurer Salpetersalzsäure	42	5
„ Salzsäure	60	30
„ Chlorbaryum	261	0
„ Glaubersalz	183	127

	die österreichische Einfuhr nach Deutschland	die deutsche Einfuhr nach Oesterreich
an chromsaurem Kali	121	2
„ chromsaurem Natron	111	1
„ schwefligem unterschwefligsaurem Natron	10	2.

Die Erklärung dieser Erscheinung ist nicht darin zu suchen, dass inmitten der Hochkonjunktur, in der wir uns befinden, die deutsche Produktion den heimischen Bedarf etwa nicht zu decken vermöchte. Von der in den Grenzgebieten angesiedelten deutschen Industrie, die naturgemäss unter der Zolldisparität am meisten zu leiden hat, wird uns das Gegentheil versichert.

Bei zollfreiem Eingang nach Deutschland haben bei der Einfuhr nach Oesterreich beispielsweise zu zahlen schwefligsaures Natron 4, chromsaures Kali und Natron 6, Chlorbaryum 10 fl. Gold pro 100 kg.

Dass unter solchen Verhältnissen die chemische Industrie Oesterreichs ein immer gefährlicherer Konkurrent wird, bei einer zunehmenden Zahl von Produkten die gleiche Entwicklung droht, wie vorstehend geschildert, ist selbstverständlich. In allerneuster Zeit ist dies ganz besonders bei dem Artikel „Lithopone“ hervorgetreten. Während Lithopone bisher in Oesterreich nur in geringen Quantitäten produzirt wurde, ist dort neuerdings ein sehr bedeutendes leistungsfähiges Werk in's Leben gerufen, das bei Fortdauer der heutigen Zolldisparität eine ernste Gefahr für die deutsche Lithopone-Industrie bilden wird. Lithopone geht zollfrei nach Deutschland ein, während in Oesterreich ein Zoll von 3 fl. Gold zu zahlen ist. Lithopone ist ein Surrogat für Bleiweiss und Zinkweiss, das neue österreichische Unternehmen bedroht mithin auch die deutsche Blei- und Zinkweiss-Industrie in gleicher Weise.

Die chemische Industrie Deutschlands darf verlangen, dass bei Erneuerung des Handelsvertrages mit Oesterreich-Ungarn diese Verhältnisse nicht unberücksichtigt bleiben, sie wünscht den nothwendigen Ausgleich der jetzt bestehenden Zolldisparität in erster Linie auf dem Wege der Beseitigung resp.

Ermässigung der österreichischen Zölle herbeigeführt zu sehen. Ich empfehle daher die Annahme folgender Resolution:

> Die Versammlung richtet an den Herrn Reichskanzler die Bitte bei Erneuerung des Handelsvertrages mit Oesterreich-Ungarn auf eine Ausgleichung der jetzt für zahlreiche Produkte der chemischen Industrie bestehenden Zolldisparität durch Beseitigung resp. Ermässigung der österreichischen Zölle hinzuwirken."

Dr. Richter, Generaldirektor des Vereins chemischer Fabriken „Silesia" zu Breslau: „Ich kann die Ausführungen des Herrn Referenten nur bestätigen. Ich könnte eine lange Reihe chemischer Artikel aufzählen, welche wir zollfrei aus Oesterreich nach Deutschland hineinlassen, während sie beim Eingang nach Oesterreich Zoll zahlen und zwar theilweise recht erhebliche Zölle. Dabei ist ein Schutzzoll als solcher für Oesterreich eigentlich durchaus unangebracht, denn Oesterreich hat garnicht eine im Aufblühen begriffene chemische Industrie, die es durch Zoll zu schützen und heben gälte. Vielmehr ist seine chemische Industrie, soweit eine solche besteht, ausserordentlich leistungsfähig und könnte des Schutzes wohl entbehren. Es kommt noch dazu, dass diese Etablissements zumeist eine überaus günstige geographische Lage haben; sie liegen dicht an den Grenzen und haben einmal das ganze österreichische Staatsgebiet als Hinterland, auf der anderen Seite aber auch den ganzen deutschen Osten als Vorland, in das sie ihre Produkte zollfrei oder mit geringer Zollbelastung hinein werfen können. Denn im ganzen Osten des deutschen Reiches existirt, wenn wir von der Fabrikation künstlichen Düngers absehen, (ausser der von der „Silesia" betriebenen kaum eine eigentliche chemische Grossindustrie), die den österreichischen Provenienzen Konkurrenz machen könnte. Sie werfen den Ueberschuss ihrer Produktion, wenn es ihnen im Inlande, wo sie durch hohe Zölle geschützt sind und deshalb gute Preise fordern können, an Absatz fehlt, nach Schlesien, oftmals zu Preisen, welche sich noch unter den Bruttogestehungskosten der schlesischen Industrie halten, d. h. deren baare Auslagen an Löhnen, Materialien, Reparaturen noch nicht einmal decken. Desto unglücklicher liegen die Verhältnisse für die wenigen daselbst, namentlich an der österreichischen Grenze, in Schlesien u. s. w. gelegenen Etablissements. Ihr Rohmaterial müssen sie aus dem Norden und Westen beziehen. Mit den dortselbst liegenden Fabriken in Konkurrenz treten, können sie schon mit Rücksicht auf die doppelten Frachten, welche sie in diesem Falle zu tragen haben würden, nicht; ihr Export muss sich zunächst nach den Süden und Osten richten. Hier ist aber Russland und Oesterreich, die zunächst als Absatzgebiet in Frage kämen, durch unübersteigbar hohe Zölle fast ganz verschlossen. Ich stimme deshalb der von dem Herrn Referenten eingebrachten Resolution voll und ganz zu und möchte ihnen die Annahme derselben empfehlen."

Dr. Martius: „Was der Herr Vorredner ausgeführt hat, dürfte im Ganzen dem allgemeinen Standpunkt der ganzen chemischen Industrie entsprechen. Sie hat in Deutschland keine oder fast keine Schutzzölle, bedarf deren auch kaum, empfindet es aber doppelt drückend, dass ihr der ausländische Absatz so vielfach durch enorme Zollsätze verschlossen ist. Diese gilt es bei den nächsten Handelsverträgen nach Möglichkeit herabzudrücken. Es entspricht diese Bestrebung ja auch der allgemeinen Stellungnahme der Centralstelle, welche, ohne freihändlerisch zu sein, doch für möglichste Ermässigung der Zollschranken und Hebung des internationalen Waarenverkehrs eintritt. Charakteristisch ist übrigens, dass die in Oestereich gelegenen chemischen Fabriken grösstentheils von Reichsdeutschen gegründet worden sind und vielfach heute noch von solchen geleitet werden."

Kommerzienrath **Krause**: „Es können wohl die meisten der Industrien, die überhaupt am Export betheiligt sind, über ungleiche Zollbelastung von Seiten Oesterreichs der Art, wie sie der Herr Referent für die chemische Branche festgelegt hat, Klage führen. Die Papier-Industrie leidet unter ganz analogen Verhältnissen. Oesterreich tritt gerade bei den besseren Qualitäten hier sehr stark als Konkurrent auf. Ganz ebenso liegt es bei unseren Papier verarbeitenden Branchen, die sehr exportfähig sind und ca. 57000 Arbeiter ernähren. Hier sind soga rdie Zolldifferenzen besonders schroffer Natur und sie werden noch verschärft durch eine äusserst willkürliche und rigorose Zollbehandlung. Ich möchte mich daher auch im Interesse meiner Branche der Resolution anschliessen."

M. Bendix. „Meine Herren! Als Textil-Industrieller kann ich bestätigen, dass auch unserem Zweige solche Klagen nicht fremd sind. Vor allem ist die böhmische Leinengarn-Spinnerei sehr entwickelt und macht uns lebhafte Konkurrenz auf dem Weltmarkt, ein Wettbewerb, der nicht nur heute bereits sehr fühlbar ist, sondern allem Anschein nach künftig an Stärke zunehmen wird. Die Leinengarne stellen sich bei den gegenwärtigen Verhältnissen in Belgien, Belfast u. s. w. billiger, als in Deutsch-Schlesien und es ist unerhört, dass die deutschen Leinenspinner Angesicht sdieser Sachlage noch Anträge auf beträchtliche Erhöhung der deutschen Zollsätze gestellt haben."

Rágóczy-Metz: „Ich muss mich den Ausführungen des Referenten und meiner Herren Vorredner auch für die von mir vertretene Branche, die Eisen- und Stahl-Industrie, anschliessen. Besonders, nachdem die einheimischen Kohlen- und Koks-Syndikate die Preise für diese gerade unserer Industrie so unentbehrlichen Hülfsmaterialien in die Höhe getrieben haben, während sie Kohlen und Koaks ins Ausland zu billigen Preisen abgeben, ist die Konkurrenzlage z. B. der österreichischen Eisen-Industrie eine so günstige geworden, dass sie ihre Fabrikate vielfach billiger nach Deutschland insbesondere Oberschlesien, liefern kann, als die Gestehungskosten dort am Ort selbst betragen.

Es ist unter diesen Umständen sehr bedauerlich, dass die deutsche Eisenbahnverwaltung diese Zuspitzung der Verhältnisse noch durch Gewährung besonders niedriger Tarife für die Ausfuhr unterstützt und dadurch zu solchen Machenschaften noch künstlichen Anreiz giebt. So wird die einheimische Eisen-Industrie geschädigt, während ihr gleichzeitig die des Auslands — man bedenke auch die amerikanischen Provenienzen, die neuerdings nach Europa geworfen werden — auf dem inneren Markte Konkurrenz macht.

Was die vorgeschlagene Resolution anlangt, so wäre doch, ehe man eine Erniedrigung der österreichischen Einfuhrzölle anstrebte, meines Erachtens erst einmal eine eingehende Untersuchung erforderlich, ob denn eine Steigerung der Ausfuhr deutscher Fabrikate nach Oesterreich thatsächlich dadurch in nennenswerthem Umfang erreicht werden könnte, oder ob diese nicht — abgesehen von den Zöllen — auch an anderen Verhältnissen scheitern würde."

H. Blank-Berlin. „Besonders hinderlich zeigen sich die beklagten Zollverhältnisse, wenn man Artikel nach Oesterreich ausführt, die man nachher wieder nach Deutschland zurückbringen, oder in ein drittes Land, etwa Russland oder die Balkanstaaten, einführen will, namentlich also auf dem grossen Gebiete der Veredelungs-Industrien, die in Böhmen z. B. ziemlich stark vertreten sind. Ob allerdings der zu wünschende Ausgleich nur so schematisch angestrebt werden soll, dass für die gleichen Branchen und Artikel auch die beiderseitigen Zollsätze möglichst gleich zu halten seien, ist mir fraglich, da ja die Produktions- und Exportverhältnisse für dieselbe Branche vielfach ganz verschieden in den beiden Ländern sind. Richtiger dürfte es wohl sein, möglichst geschickt das Kompensationsprinzip anzuwenden. Wir haben wie schon der Herr Vorredner andeutete, eine ganze Anzahl von Artikeln, die wir der Lage der Dinge nach doch nicht im Stande sind, nach Oesterreich auszuführen. Hier nutzen uns Zollermässigungen gar nichts. Auf der anderen Seite haben wir seiner Zeit bei Abschluss des Handelsvertrages viele Positionen zwecklos, ohne dass die Oesterreicher besonderen Wunsch darnach ausgesprochen hätten, ermässigt, bezw. gebunden, was uns später dann sehr zum Nachtheil ausgeschlagen ist. Vor solchen Versehen wird man sich bei Abschluss der neuen Handelsverträge besonders zu hüten haben."

Kuhlow-Halle: „Meine Herren! Sie sprechen hier alle von der österreichischen Industrie als einer aufsteigenden und kräftigen Konkurrenz. Ich muss sagen, ich habe früher auch diese Auffassung getheilt. Ich habe aber kürzlich die von der Handelskammer zu Prag veranstaltete Enquete über die Lage der österreichischen Industrie gelesen und zu meinem Staunen daraus ersehen, dass die letztere sich eigentlich nicht im Aufstieg, sondern im Niedergang befindet; vor allen Dingen klagen die dortigen Interessenten alle einmüthig darüber, dass sie unter ungünstigeren Verhältnissen arbeiteten, als die deutschen. Mir scheint, es geht hier zum Theil, wie es vielfach zu gehen pflegt: man fühlt beiderseits das Schlimme an der eigenen Lage und sieht beim Konkurrenten nur dessen Vortheile. So glauben denn auch bei Handelsverträgen vielfach beide Theile übervortheilt zu sein. Wenigstens behaupten die Oesterreicher vielfach dasselbe. Und ich fürchte, gerade bei den Handelsvertragsverhandlungen mit Oesterreich werden wir uns nicht allzu grosse Hoffnungen auf weitgehende Zugeständnisse machen dürfen."

Rágóczy-Metz beantragt, an Stelle der vom Referenten eingebrachten, nur die chemische Industrie berücksichtigenden Resolution eine Erklärung abzugeben, dahin lautend, dass im Waarenverkehr zwischen Deutschland und Oesterreich für verschiedene Branchen erhebliche Zolldisparitäten vorhanden seien, deren Ausgleich bei Gelegenheit der Vertragsverhandlungen erstrebt werden müsse, und gleichzeitig die Centralstelle zu beauftragen, über diesen Gegenstand Material zu sammeln und eine Denkschrift abzufassen.

V. Scheckenbach-Nürnberg beantragt, den Umständen nach von einer Resolution überhaupt abzusehen.

Die Versammlung beschliesst diesem Antrage gemäss

Dr. C. A. Martius: „Ich erteile nunmehr Herrn Dr. Etienne das Wort zu seinem Referat über

Geschäftsreisende und Mustersendungen in den Handelsverträgen.“

Dr. A. Etienne: „Meine Herren! Angesichts der steigenden Bedeutung, welche das Aufsuchen von Waarenbestellungen im Auslande hat, gewinnt naturgemäss für die Beurtheilung eines Handelsvertrages als Ganzes die Frage immer grösseres Gewicht, welche Konzessionen in dieser Beziehung er enthält. Wenn man bisher von einer auf dem Wege des Vertrages sichergestellten Oeffnung der Grenzen sprach, so dachte man dabei im Wesentlichen nur an die Vereinbarungen über die Höhe der Zollsätze. Das Entgegenkommen in dieser Beziehung kann aber mehr oder weniger wieder aufgehoben werden durch eine Erschwerung des Aufsuchens von Waarenbestellungen. Ob die Bedingungen eines Vertrages im Ganzen als günstig oder ungünstig zu bezeichnen sind, lässt sich nur beurtheilen, wenn man auch diese Seite der Sache genügend in Erwägung zieht. Der Staat, der sich in Bezug auf die Steuerpflicht der ausländischen Geschäftsreisenden und die zollamtliche Behandlung von Mustern nicht bindet, behält sich die autonome Regelung dieser Materie vor, d. h. er ist jederzeit in der Lage, beliebige Aenderungen der geltenden Bestimmungen darüber zu verfügen und so durch Erschwerung einer nothwendigen Technik des Exporthandels das wieder aufzuheben, was er an Zollermässigen vertragsrechtlich zugestanden hat.

Ueber diesen Thatbestand sind weiteren Kreisen die Augen geöffnet durch die im vergangenen Jahre eingeführte Besteuerung ausländischer Geschäftsreisender in Russland, eine Maassnahme der russischen Regierung, die in Deutschland sehr unangenehm überraschte, aber trotz des Bestehens eines deutsch-russischen Handelsvertrages nicht anzufechten war.

Die neue russische Besteuerung der ausländischen Geschäftsreisenden in Verbindung mit dem schutzzöllnerischen

Tarif ist nichts Anderes, als ein Absperrungssystem doppelter Art. Hinter der Mauer, welche die Schutzzölle darstellen, erhebt sich ein zweites Hinderniss, dessen besondere Stärke im Vergleich zum ersten darin besteht, dass es beliebig erhöht werden kann. Die jetzige Steuerhöhe wirkt erdrosselnd nur für die Unternehmungen kleineren Umfanges, sie lässt den grösseren noch die Möglichkeit, ihre Geschäfte weiterzuführen. Aber auch über den grösseren hängt das Damoklesschwert, die Steuerschraube kann jederseit bis zu einem solchen Grade angezogen werden, dass auch sie als Opfer fallen.

Das Aufsuchen von Waarenbestellungen im Auslande bildet einen integrirenden Theil der durch Handelsverträge zu regelnden Fragen, es müssen Garantien geschaffen werden, dass zolltarifarische und sonstige Zugeständnisse nicht durch Erschwerung einer nothwendigen Technik des Exporthandels illusorisch gemacht werden können.

Aus der Handelsstatistik kann man, wenn auch nicht immer detaillirt genug, ersehen, aus welchen einzelnen Artikeln sich der deutsche Gesammtexport nach einem bestimmten Lande zusammsetzt. Die Kenntnisse der in Betracht kommenden Waarengattungen giebt aber keineswegs die wünschenswerthe Orientirung bezüglich der Technik des Handels mit dem betr. Lande, insbesondere nicht über die Frage, welche Rolle spielt das Aufsuchen von Waarenbestellungen für den Export dorthin.

Die Technik des Handels ist nicht die gleiche bei allen Waarengattungen, sie bildet Besonderheiten aus je nach der Waaren-Individualität und diese Besonderheiten wechseln nach Zeit und Ort. Die Kenntniss aller wissenswerthen Einzelheiten hat bei der einzelnen Branche nur ein enger Kreis Nächstbetheiligter, ihm muss Gelegenheit geboten werden sich zu äussern.

An eine Untersuchung dieser Art reiht sich naturgemäss eine zweite, die ebenfalls nur durch Befragung der Nächstbetheiligten erledigt werden kann. Es ist festzustellen, wieweit sich die bisherigen Vereinbarungen bewährt haben, wieweit sie den Bedürfnissen der Praxis entsprechen.

Der Güteraustausch mit einem bestimmten Lande unterliegt dem Wechsel in Bezug auf die Zusammensetzung der ausgetauschten Gütermenge. Gewisse Artikel treten hinzu, andere verschwinden, die relative Bedeutung der einzelnen verschiebt sich. Da bei der einen Waare das Aufsuchen von Bestellungen eine Rolle spielt, bei der anderen nicht, so ändert sich mit der Zusammensetzung des Gesammtexports natürlich auch die Bedeutung, welche dieser Technik des Handels im Verkehr mit einem ganz bestimmten Lande zukommt. Sie wird grösser oder kleiner je nach der Eigenart des Wechsels in der Zusammensetzung. Das Gewicht, das man beim Abschluss früherer Handelsverträge auf eine Erleichterung des Aufsuchens von Waarenbestellungen legen zu müssen glaubte, kann Angesichts der neueren Entwicklung der Dinge als zu gering erscheinen, die Konzessionen des anderen Theils können hinter dem Bedürfniss der Praxis, wie es sich augenblicklich gestaltet hat, zurückbleiben.

Von einer Vorbereitung der Handelsverträge in diesem Sinne verlautet augenblicklich noch nichts, es ist auch nicht bekannt geworden, ob sie überhaupt auf dem offiziellen Programme steht. Und doch ist es höchste Zeit die Arbeit zu beginnen, die einen grossen Apparat in Bewegung setzen muss, wenn alle diejenigen zu Worte kommen sollen, deren Stimme Gehör verdient."

Referent beantragt folgende Resolution:

> Die Versammlung erkennt die Nothwendigkeit an, die steuer- und zollamtliche Behandlung der Geschäftsreisenden und ihrer Muster im Auslande in möglichst weitgehender Weise vertragsrechtlich zu regeln und richtet an die Reichsregierung die Bitte, durch geeignete Erhebungen festzustellen, wieweit die bisher getroffenen Vereinbarungen dem Bedürfniss des heimischen Handels entsprechen.

Nach kurzer Debatte wurde vorstehende Resolution einstimmig angenommen.

Zum letzten Punkt der Tagesordnung:

Anträge und Unvorhergesehenes

bringt v. **Scheckenbach**-Nürnberg im Auftrage der Handels- und Gewerbekammer für Mittelfranken in Anregung, die Centralstelle möge Material über die Erhebung von Oktrois und Accisen im Auslande sammeln, bezw. versuchen, gelegentlich der Handelsvertragsverhandlungen nach Möglichkeit für die Abschaffung dieser, dem Export äusserst lästiger Abgaben zu wirken.

Auf seinen Antrag wird ein dahingehender Beschluss gefasst.

Um 5 Uhr Nachmittags schliesst der Vorsitzende mit einem Dank an die Anwesenden für ihre rege Betheiligung und eifrige Mitarbeit die Sitzung.

Anlagen.

Abrech

der Centrdstelle für Vor

für die Zät vom 1. September

Einnahmen.

	Mk.	Pf.
An Bestand aus dem Vorjahre	2 172	28
„ Beiträgen einschl. 1900 Mk. von der Paper-vereinigung	52 432	20
„ sonstigen Einnahmen	454	41
	55 058	89

Der Direktor:

Geprüft und für

Berlin, den

Die vom Vorstand einge

Rose.

nung

Anlage 1.

bereitung von Handelsverträgen

1898 bis Ende Dezember 1899.

Ausgaben.

		Mk.	Pf.	Mk.	Pf.
	A. Ausgaben.				
Titel I	Bureau-Miethe	4 670	06		
„ II	Bureau-Unkosten: Heizung, Beleuchtung, Reinigung, Copialien, Schreibutensilien . .	2 083	57		
„ III	Portokosten, Telegramme, Telephon .	2 740	29		
„ IV	Gehälter	28 767	48		
„ V	Bibliothek	945	05		
„ VI	Zeitungen und Zeitschriften	964	48		
„ VII	Drucksachen	3 544	85		
„ VIII	Schriften der Centralstelle	2 907	80		
„ IX	Reisekosten	5 862	77		
„ X	Verschiedenes	887	57	53 373	92
	B. Bestände.				
	Jul. Rütgers, hier	50	—		
	Cassa-Conto	1 594	97		
	Cautionen	40	—	1 684	97
				55 058	89

Dr. Vosberg-Rekow.

richtig befunden.

18. Januar 1900.

setzte Prüfungs-Commission:

Bendix.

Anlage 2.

Mitglieder-Bestand

vorgelegt der Generalversammlung vom 19./20. Januar 1900.

Einzelmitglieder.

Accumulatoren-Werke, System Pollak. Frankfurt a. M.
Accumulatoren-Fabrik, Actien-Gesellschaft. Berlin NW.
Actien-Brauerei Feldschlösschen, vorm. G. H. Schulze. Halle a. S.
Actien-Brauerei-Gesellschaft Friedrichshöhe, vorm. Patzenhofer. Berlin NO.
Actien-Brauerei-Gesellschaft Moabit. Berlin NW.
Actien-Brauerei zum Löwenbräu. München.
Actien-Gesellschaft der chemischen Produkten-Fabrik. Pommerensdorf. Stettin.
Actien-Gesellschaft für chemische Industrie. Schalke i. Westf.
Actien-Gesellschaft für Leder-, Maschinenriemen und Militäreffekten-Fabrikation, vorm. Heinrich Thiele. Dresden.
Actien-Gesellschaft für Petroleum-Industrie. Leyh bei Nürnberg.
Actien-Gesellschaft für Theer- und Erdöl-Industrie. Berlin W.
Actien-Lagerbier-Brauerei zu Schloss Chemnitz. Chemnitz.
Adt, Gebrüder. Ensheim (Pfalz).
Adler-Fahrradwerke, vorm. Heinrich Kleyer. Frankfurt a. M.
Adler, Georg. Buchholz i. Sachsen.
Amann, B. Barmen.
Andernach, A. W. Beuel a. Rhein.
Arens & Co. Chemnitz.
Arnold, Oskar. Neustadt b. Coburg.
Arons & Walter. Berlin W.
Arzberger, Schöpff & Co. Eisenach.

Badische Brauerei. Mannheim.
van Baerle & Sponnagel. Berlin N.
Barthels-Feldhoff. Barmen.
Bass & Herz. Frankfurt a. M.
Bauer, C., Brauerei, Halle a. S.
Bauersachs, Emil, Puppenfabrik. Sonneberg.
Beer, Sondheimer & Co. Frankfurt a. M.
Behrens, Dr., Vorsitzender des Vereins deutscher Lederhandschuhfabrikanten. Osterwieck a. H.
Beiersdorf & Co. Hamburg-Eimbüttel.
Bemberg, J. P. Oehde b. Barmen-Rittershausen.
Bender & Gattmann. Frankfurt a. M.
Bendix & Co. Berlin C.
Bendix Söhne, Julius. Berlin C.
Bendix, Max. Berlin C.
Berger & Wirth. Leipzig-Schönefeld.
Bergischer Bankverein. Solingen.
Berliner Bank. Berlin W.
Berliner Ceresin-Fabrik, Graab & Kranich. Berlin-Rixdorf.
Berliner Holzcomptoir. Charlottenburg.
Berliner Speditions- und Lagerhaus-Actien-Gesellschaft, vorm. Bartz & Co. Berlin NO.
Berliner Velvet-Fabrik, Mengers & Söhne. Berlin SO.
Bethmann, Gebr. Frankfurt a. M.
Bierbrauerei Klein-Crostitz, F. Oberländer. Klein-Crostitz.
Binding'sche Brauerei. Frankfurt a. M.
Bing, Gebrüder, E. u. S. Berlin W.
Birresborner Mineral-Brunnen, H. Löhr & Eybert. Düsseldorf.
Blank, Hugo. Berlin W.
Blaubeurer Cement-Fabrik, E. Schwenk. Ulm a. Donau.
Bleckmann, J. E. Solingen.
Blell, Präsident der Handelskammer, Brandenburg a. H.
Bodenhein, M. B. Cassel.
Böhm, Gustav, Kommerzienrath. Offenbach a. M.
Böhmisches Brauhaus. Berlin NO.
Böhringer Sohn, C. H. Nieder-Ingelheim.
Böhringer & Söhne, C. F. Waldhof b. Mannheim.

Bönicke & Eichner. Berlin W.
Börner & Herzberg. Berlin SW.
Böttinger, Dr. Henry T. M. d. H. d. A. Elberfeld.
Bolle, Kommerzienrath. Berlin NW.
Borsig, Ernst, i. Fa. A. Borsig. Berlin NW.
Brastrup, Carl. Berlin SW.
Brauerei Paulshöhe. Ostorf b. Schwerin-Meckl.
Breslauer Chemische Fabrik, A.-G., vorm. Oscar Heymann. Breslau.
Bucherer, Heinrich. Köln.
Buz, C. A., Kommerzienrath. Augsburg.
Cassella & Co., Leopold. Frankfurt a. M.
Chemische Fabrik, E. Heuer. Cotta b. Dresden.
Chemische Fabrik. Griesheim a. M.
Chemische Fabrik, Dr. Hellringhaus & Heilmann. Güstrow i. Mecklenburg.
Chemische Fabrik. Heufeld i. Bayern.
Chemische Fabrik. Idaweiche, Ober-Schles.
Chemische Fabrik. Mügeln b. Dresden.
Chemische Fabrik. Schöningen.
Chemische Fabrik, Karl Neldert. Tangermünde.
Chemische Fabrik, vorm. Goldenberg, Geromont & Co. Winkel i. Rheingau.
Chemische Fabrik, Act.-Ges., vorm. Moritz Milch & Co. Posen.
Chemische Fabrik auf Actien, vorm. E. Schering. Berlin N.
Chemische Fabrik Heinrichshall, Act.-Ges. Heinrichshall bei Köstritz (Reuss).
Chemische Fabrik. Helfenberg b. Dresden.
Chemische Fabrik, G. Ottman & Co. Hochspeyer i. Rheinpfalz.
Chemische Fabrik Petschow, Davidsohn. Danzig.
Chemische Fabrik J. E. Devrient. Zwickau i. Sachs.
Chemische Fabrik von Heyden. Radebeul b. Dresden.
Chemische Fabrik, vorm. Hell & Sthamer. Billwärder-Hamburg.
Chemische Fabrik Gernsheim. Gernsheim a. Rh.
Chemische Werke vorm. H. & E. Albert. Biebrich a. Rh.
Chemische Werke vorm. Dr. Heinrich Byk. Berlin NW.
Collenbusch, Ad., Kommerzienrath, Präsident der Handeskammer und Vorsitzender des deutschen Tabak-Vereins. Dresden.

Cölln, Georg von, Kommerzienrath, Präsident der Handelskammer, Hannover.
Commerz- und Diskontobank. Frankfurt a. M.
Compagnie Laferme. Dresden.
Crämer, Carl. Sonneberg.
Crefelder Seiden-Färberei, vorm. F. G. Büschgens Sohn. Crefeld.
Crüwell, Gebr. Bielefeld.
Curtius, Friedrich. Duisburg.
Dalton & Co. Frankfurt a. M.
Dammüller, Gebr. Zschertnitz-Dresden.
Dampfmolkerei und Milchzucker-Fabrik „Germania". Mölln (Lauenburg).
Dessauer Wollgarn-Spinnerei. Dessau.
Deutsch-Amerikanische Petroleum-Gesellschaft. Berlin NW.
Deutsch-Amerikanische Maschinengesellschaft. Frankfurt a. M.
Deutsche Celluloid-Fabrik. Leipzig-Plagwitz.
Deutsche Continental-Gas-Gesellschaft. Dessau.
Deutsche Effecten- und Wechselbank. Frankfurt a. M.
Deutsche Gelatine-Fabriken. Höchst a. M.
Deutsche Genossenschaftsbank. Frankfurt a. M.
Deutsche Gold- und Silber-Scheideanstalt. Frankfurt a. M.
Deutsche Vereinsbank. Frankfurt a. M.
Deutsch-Französische Cognac-Brennerei und Weinsprit-Raffinerie. München.
Deutsch-Russische Naphta-Import-Gesellschaft. Berlin NW.
Dick, Friedrich. Esslingen.
Dollfus, Edmund. Chemnitz.
Dondorf, B. Frankfurt a. M.
Dortmunder Brauerei-Gesellschaft. Dortmund.
Dortmunder Unionsbrauerei. Dortmund.
Dresdener Gardinen- und Spitzen-Manufactur, Act.-Ges. Dresden.
Dresdener Chromo- und Kunstdruck-Papierfabrik, Krause & Baumann. Dresden.
Dressel, Otto, Kommerzienrath. Sonneberg.
Dressler, Eduard. Berlin S.
Dreyfus & Mayer-Dinkel. Mannheim.
Du Roi. Braunschweig.

Dühren, Max von. Danzig.
Duncan, Wm. Surr, Anglo, Bleach Works. Gross-Schweidnitz.
Düsseldorfer Eisenwerke. Düsseldorf-Grafenberg.
Dynamit-Actien-Gesellschaft vorm. Alfred Nobel & Co. Hamburg.
Eibler, Eduard. Lindau in Bayern.
Eisner & Kirchheim. Berlin C.
Eisenwerke, Actien-Gesellschaft Barbarossa.
Electricitäts-Actien-Gesellschaft vorm. Lahmeyer & Co. Frankfurt a. M.
Elektricitäts-Actien-Gesellschaft vorm. Schuckert & Co. Nürnberg.
Elkisch, Eduard. Berlin C.
Engelhardt & Biermann. Bremen.
Erhard & Söhne. Schwäb. Gmünd.
Erlanger & Söhne, von. Frankfurt a. M.
Esche, Eugen, Kommerzienrath. Chemnitz.
Escher & Co. Sonneberg.
Faber, A. W. Nürnberg.
Fabrik technischer Apparate, Heinrich Stockheim. Mannheim.
Fabrik zum Watt, W. Berliner. Berlin W.
Fahlberg, List & Co. Salbke b. Westerhusen a. Elbe.
Falkensteiner Gardinen-Weberei und -Bleicherei, vorm. G. Phorcy. Falkenstein i. V.
Farbenfabriken vor. Friedr. Bayer & Co. Elberfeld.
Farbwerk Mühlheim, vorm. A. Leonhardt & Co. Mühlheim a. M.
Farbwerke vorm. Meister, Lucius & Brüning. Höchst a. M.
Feisenberger, Gebr. Frankfurt a. M.
Feistmann & Söhne Offenbach a. M.
Feuerlein, Carl. Feuerbach bei Stuttgart.
Filter- und Bautechnische Maschinen-Fabrik, A.-G., vorm. L. A. Enzinger. Worms a. Rh.
Fikentscher, Fr. Chr., G. m. b. H. Zwickau i. S.
Fitzner, W., Kommerzienrath. Laurahütte.
Fleischmann, Gebr. Sonneberg.
Fleischhacker & Co. Dresden-Pieschen.
Flersheim & Co. Frankfurt a. M.
Flinsch, Ferdinand. Frankfurt a. M.
Flinsch, Schriftgiesserei. Frankfurt a. M.

Förster, Christoph, Gottlob. Ilmenau.
Förster, Ruttmann & Co., Nachfl. G. Woehlke. Berlin C.
Folkmar, Eugen. Berlin C.
Frankfurter Bank. Frankfurt a. M.
Frankfurter Bierbrauerei-Gesellschaft, vorm. Heinrich Henninger & Söhne. Frankfurt a. M.
Frankfurter Asbest-Werke, vorm. L. Wertheim. Frankfurt a. M.
Frankfurter Schuhfabrik Act.-Ges., vorm. Otto Herz & Co. Frankfurt a. M.
Freese, Ritter & Hillmann. Bremen.
Freyberg, Hermann. Halle a. S.
Friedländer, Gebr. Berlin W.
Friedländer, Max. Berlin C.
Gabriel & Bergenthal. Warstein i. Westf.
Gail, Gg. Phil. Giessen.
Gause, Gebr. Berlin C.
Gehe & Co. Dresden.
Geisweider Eisenwerke, Act.-Ges. Geisweid i. Westf.
Gerb- und Farbstoff-Werke H. Renner & Co., A.-G. Hamburg.
Gerhard & Hey. Berlin C.
Glafey, G. A. Nürnberg.
Goldberger, Geheimer Kommerzienrath. Berlin W.
Goldschmidt, Mor. B. Frankfurt a. M.
Goldschmidt & Co. Frankfurt a. M.
Goll & Söhne. Frankfurt a. M.
Gräff, Karl. Kreuznach.
Greiner & Söhne. Rauenstein, Sachsen-Meiningen.
Gribel, Franz. Stettin.
Grosse, Geh. Kommerzienrath. Ohlau.
Grunelius & Co. Frankfurt a. M.
Güttler, Kommerzienrath. Reichenstein i. Schles.
Gulden, Heinrich. Chemnitz.
Gutmacher, Oswald. Leipzig.
Haarmann & Reimer. Holzminden.
Haën, de, Dr. E., Geheimer Kommerzienrath. Hannover.
Hänsel, Heinrich. Pirna.
Hagelberg, W. Berlin NW.

Halle'sche Actien-Brauerei. Halle a. S.
Hammersen, F. H. Osnabrück.
Hannoversche Baumwoll-Spinnerei und -Weberei. Hannover-Linden.
Hansa-Brauerei. Lübeck.
Hartmann & Hauers. Hannover.
Hartmann & Braun. Frankfurt a. M.-Bockenheim.
Hartwig & Vogel. Dresden.
Harzer Werke zu Rübeland und Zorge. Blankenburg a. Hrz.
Hasse, M. A. Danzig.
Hatschek, Dr., Syndikus der Handelskammer zu Frankfurt a. M.
Haubold jr., C. G. Chemnitz.
Hauck & Sohn, Georg. Frankfurt a. M.
Hauff & Co. Feuerbach bei Stuttgart.
Hauptmann & Volkmar, Emil. Hamburg.
Hecht, Pfeiffer & Co. Berlin SW.
Heddernheimer Kupferwerk. Frankfurt a. M.
Heine & Co. Leipzig.
Heintze & Blankertz. Berlin NO.
Heinz & Co. Neuhaus a. Rennweg. Thür.
Henrich, Joh. Gerh. Frankfurt a. M.
Henschel, Leopold. Kattowitz.
Heräus, W. C. Hanau.
Hernania, chemische Fabrik. Schönebeck a. Elbe.
Hermsdorf, Louis. Chemnitz.
Heubach, Ernst. Köppelsdorf bei Sonneberg.
Heye, Geh. Kommerzienrath. Hamburg.
Hilger, Richard. Düsseldorf.
Hirsch, Elias. Cassel.
Hochstein & Weinberg. Berlin S.
Hoddick & Co. Langenberg i. Rhlnd.
Höllein & Reinhardt. Neuhaus a. Rennweg. Thür.
Hof-Bierbrauerei Hanau, Act.-Ges. Hanau.
Hoffmann, Friedrich. Sebnitz i. S.
Hoffmann, Hefter & Co. Leipzig-Gohlis.
Hoffmann's Stärkefabriken. Salzuflen i. Lippe.
Hoffmann, G. Frankfurt a. M.

Holtz, Dr., J. F., Kommerzienrath. Berlin.
Hülsemann, Kommerzienrath. Altenburg.
Hüssy & Künzli. Säckingen.
Hüstener Gewerkschaft. Bruchhausen b. Hüsten i. Westf.
Hutstoffwerke vorm. C. F. Donner. Frankfurt a. M.
Jacob, Emil, Kommerzienrath, Berlin O.
Jacob & Richter. Berlin W.
Jaffé & Darmstädter. Charlottenburg.
Ilgen-Lindner, Kommerzienrath. Präsident der Handelskammer. Sonneberg.
Joëlsohn & Brünn. Berlin W.
Jordan & Berger. Berlin NO.
Jordan, Hugo, Kommerzienrath. Berlin SW.
Jung Erben. Frankfurt a. M.-Sachsenhausen.
Junghans, Gebrüder, Schramberg i. Württemberg.
Kahlbaum, C. A. F. Berlin C.
Kahn & Co. Frankfurt a. M.
Kaps, Ernst. Dresden.
Kaufmann & Söhne. Mannheim.
Kaufmann, Otto. Niedersedlitz b. Dresden.
Keibel, Heinrich. Berlin W.
Kienzle, J. Schwenningen a. Neckar.
Klapp, Direktor der Actien-Lagerbier-Brauerei Schloss Chemnitz. Chemnitz.
Klimsch's Druckerei, J. Maubach & Co. Frankfurt a. M.
Klippgen, Konsul. Dresden.
Knoll & Co. Ludwigshafen a. Rh.
Knorr & Hirth. München.
Knorsch, W. Berlin W.
Koepp & Co. Oestrich i. Rheingau.
Kopp Söhne. Frankfurt a. M.
Kolbe, August & Co. Zanow i. Pomm.
Kolbe, Dr. Radebeul b. Dresden.
König, Andreas. Sonneberg.
Kramer & Grätz. Dresden.
Krause, Max, Kommerzienrath. Berlin SW.
Kreller & Co. Leipzig.

Küchler & Buff, G. m. b. H. Leipzig.
Kuhlow, Julius, Generaldirektor, Präsident der Handelskammer. Halle a. S.
Kuhnheim & Co. Berlin NW.
Ladenburg, E. Frankfurt a. M.
Landfried, P. J., Kommerzienrath. Heidelberg.
Landsberger, Jacob. Berlin W.
Laubner, Louis. Frankfurt a. M.
Leh, H. Coburg.
Lehmann, Anton und Alfred, Act.-Ges. Berlin W.
Lehmann, J. M. Dresden-Löbtau.
Leichner, Kommerzienrath. Berlin W.
Leinhaas, E. Freiberg i. S.
Leipziger Farbwerke, A.-G., vorm. Paul Gulden & Co. Leipzig-Lindenau.
Leistner, J. G. Chemnitz.
Leyendecker, W., & Co. Cöln-Ehrenfeld.
Leverkus & Söhne, Dr. C. Leverkusen b. Cöln.
Lindgens & Söhne. Mühlheim a. Rh.
Lindheimer, Leop. Frankfurt a. M.
Löflund & Co. Stuttgart.
Loeser, B., Kommerzienrath. Berlin W.
Lucas, Sam. Elberfeld.
Lüneburger Wachsbleiche, J. Borsthing. Lüneburg.
Maas & Co., Adolf. Berlin S.
Magdeburger Molkerei und Milchzucker-Fabrik. Magdeburg.
Mahn & Ohlerich, Bierbrauerei-Act.-Ges. Rostock.
Manheimer, V. Berlin W.
Mannheimer Actien-Brauerei. Mannheim.
Manskopf & Sarasin. Frankfurt a. M.
Marquart & Schulz. Cassel.
Martius, Dr., C. A. Berlin W.
Marwitz, Georg, Direktor der Dresdener Spitzen- und Gardinen-Manufactur. Dresden.
Maschinen-Fabrik vorm. Gebrüder Guttmann. Breslau.
May, Dr., Roman. Posen.
May Söhne, E. G. Frankfurt a. M.

Mayer, Gebr. Mannheim.
Mechanische Baumwoll-Weberei, Act.-Ges. Bocholt.
Meilicke, A. Berlin C.
Merck, E. Darmstadt.
Metall-Gesellschaft. Frankfurt a. M.
Metzler & Co. Frankfurt a. M.
Mey & Edlich. Leipzig Plagwitz.
Meyer, H. A. Hannover.
Meyer, Paul, Dr. Berlin-Rummelsburg.
Mineralöl-Werke, Albrecht & Co. Hamburg.
Mitteldeutsche Creditbank. Frankfurt a. M.
Mohr & Co. Mannheim.
Mouson & Co. Frankfurt a. M.
Mosgau, Franz. Berlin O.
Müller, Gebr. Benrath.
Müller & Feder. Grosssachsen i. Ba
Müller & Heilmann. Berlin N.
Müller & Rode, H. F. Mannheim.
Nahnsen & Co. Hamburg.
Naxos-Union, Julius Pfungst. Frankfurt a. M.
Nathan & Meyer. Frankfurt a. M.
Netter, Wolf & Co. Berlin SW.
Neufville, D. & J. de. Frankfurt a. M.
Neustadt, Gebr. Frankfurt a. M.
Niethammer, Albert, Geheimer Kommerzienrath. Kriebstein. bei Waldheim i. Sachs.
Nöther & Co., Joseph. Mannheim.
Norddeutsche chemische Fabrik. Harburg.
Oberschlesische Coakswerke, Act.-Ges. Berlin W.
Oehler, K. Offenbach.
Oesinger & Co. Strassburg.
Oettler, F. Weissenfels.
Oettler, F. Stadtbrauerei. Zeitz.
Offermann, L., Geheimer Kommerzienrath. Leipzig.
Ohlauer Zinkweiss-Fabrik „Marthahütte". Ohlau i. Schl.
Ohlert, Anton. Berlin SW.
Otto, J. F. Frankfurt a. O.

Papst & Lambrecht. Nürnberg
Passavant, Gebr. Frankfurt a. M.
Pataky, A. u. W. Berlin NW.
Penseler & Sohn, Nachfolger. Lüneburg.
Peters, Theodor. Chemnitz.
Peters & Co., Hugo. Hamburg.
Petroleum-Raffinerie, vorm. Aug. Korff. Bremen.
Pfälzische Bank. Frankfurt a. M.
Phosphor- und Sicherheits-Zündholz-Pabrik Union. Habelschwerdt i. Schlesien.
Pintsch, Julius. Berlin O.
Pitsch, Adolf. Berlin W.
Pohlmann & Gathmann. Schüttorf.
Poppe & Wirth. Berlin C.
Portland Cementfabrik Stern. Stettin.
Posen & Co., Ed. Offenbach a. M.
Preibisch, C. A. Reichenau bei Zittau.
Preussische Hypothekenbank. Berlin NW.
Priester, Hermann. Lauenburg i. P.
Prinz, Heinrich. Gensungen.
Querinjeau, Gebr. Aachen.
Raschig, Dr. Ludwigshafen.
Ravené, Louis, Aeltester der Kaufmannschaft. Berlin C.
Rechberg, A. Hersfeld.
Recknagel. Alexandrinenthal b. Coburg.
Rehling & Blank. Bünde i. Westf.
Rehn & Co. Hersfeld.
Reiner, J. L. Heilbronn.
Reichenbach & Co. Oederau i. S.
Reichenbach, Oscar. Dresden,
Reichardt, Clem. Aug. Kaiserslautern.
Reissmann, Carl. Leipzig-Plagwitz.
Rheinische Creditbank. Mannheim.
Rheinische Nährmittelwerke. Köln.
Richter, Ossian. Dessau.
Rickmers, Andreas. Bremen.
Rieger, Wilhelm. Frankfurt a. M.

Risler & Co. Freiburg i. B.
Röchling'sche Eisen- u. Stahlwerke. Völklingen.
Roeckl, J. München.
Roeder, S. Berlin S.
Roemer, Albert. Opladen b. Köln.
Rönisch, Carl. Dresden.
Rösicke, Richard, Kommerzienrath, M. d. R. Berlin W.
Rohrmann, Ludwig. Krauschwitz b. Muskau.
Rolffs & Co. Siegfeld b. Siegburg.
Rothschild Söhne. Stadtoldendorf i. Braunschweig.
Rosenow, Moritz, Berlin S.
Rosenthal & Co. Berlin C.
Rosenthal & Tobias. Berlin C.
Rückert & Co. Steinach, Sach.-Mein.
Rütgers, Julius. Berlin W.
Sachsse & Co. Leipzig.
Sächsische Gusssthalfabrik. Döhlen b. Deuben, Bez. Dresden.
Sächsische Kaolinwerke. Wurzen.
Sächsisch-Thüringische Act.-Ges. für Braunkohlenverwerthung. Halle a. S.
Sachtleben & Co. Homberg a. Rh.
Salinenverwaltung Neusulza.
Salzwerk Heilbronn.
Schäfer, Gebr. Heidenheim a. d. Brenz.
Schäffer, Dr. Charlottenburg.
Schepeler, Georg. Frankfurt a. M.
Schippan, A. Freiberg in S.
Schieck, Arthur. Frankenberg, Hessen-Nassau.
Schindler, Arnold. Herbolzheim i. Breisgau.
Schlieben & Co. Berlin W.
Schlieper, Carl. Remscheid.
Schmey Nachf., G. Sonneberg.
Schmidt, Gustav. Altenburg.
Schmidt & Sohn. Nauen.
Schneiders Erben, Carl. Gräfenthal i. Thür.
Schramm, F. W. Berlin N.
Schoeller & Schmitz. Bonn.

Schröder & Stadelmann. Oberlahnstein.
Schuster & Wilhelmy. Görlitz.
Schwab & Schwarzschild. Frankfurt a. M.
Schwabingerbrauerei, A.-G. München.
Sedlmayr, Gabriel. Brauerei zum Spaten. München.
Seelig, Jacob. Hersfeld.
Seiffert, H. W. Halle a. S.
Selig Auerbach Söhne. Berlin.
Seligmann & Stettheimer. Frankfurt a. M.
Siegle, Gustav, Geheimer Kommerzienrath. Stuttgart.
Siemens, Friedr. Dresden.
Silesia, Verein chemischer Fabriken. Breslau.
Simon, Gebr. Berlin C.
Sonneberger Puppenfabrik, Heinrich Horn. Sonneberg, S./M.
Soennecken's Verlag. Bonn.
Speck von Sternburg, Freiherr, Lützschena b. Leipzig.
Speyer-Elissen, L. Frankfurt a. M.
Spielhagen, Franz. Berlin W.
Spindler, Georg. Sonneberg.
Spix, Peter. München, Gladbach.
Sprengstoff, A. G. „Carbonit“, Hamburg.
Stamme & Co. Hannover.
Stassfurter chemische Fabrik, Act-Ges. Stassfurt.
Stern, Jacob S. H. Frankfurt a. M.
Stobwasser & Co., Act.-Ges. Berlin SW.
Strauss jr., Siegmund. Frankfurt a. M.
Strauss & Co. Untertürkheim, Württemberg.
Strauss, Alex, & Co. Berlin SW.
Studnitz, Dr. Arthur von, Reg.-Rath a. D. Berlin SW.
Stucklé, Baron de. Dieuze.
Stuttgarter Telegraphen-Draht- und Kabelfabrik. Stuttgart.
Sulzbach, Gebr. Frankfurt a. M.
Talchau, J. G. Schöneberg-Berlin.
Tiedemann, Carl. Dresden.
Thode'sche Papierfabrik, Act.-Ges., Hainsberg b. Dresden.
Thonindustrie-Zeitung. Berlin NW.
Thonwaarenwerk Bettenhausen b. Cassel.

Thorbecke, A. H. Mannheim.
Thorwart, Bankdirektor. Frankfurt a. M.
Tietz, Gebr. Berlin C.
Treu & Nuglisch. Berlin NW.
Trockenplattenfabrik auf Aktien. Frankfurt a. M.
Tümmler, Robert. Döbeln.
Ullmann & Unna. Frankfurt a. M.
Underberg-Albrecht. Rheinberg i. Rhld.
Verein für chemische Industrie. Frankfurt a. M.
Vereinigte Bautzener Papierfabriken. Bautzen.
Vereinigte Brauereien. Frankfurt a. M,
Vereinigte chemische Fabriken, A.-G. Leopoldshall.
Vereinigte Chinin-Fabriken. Frankfurt a. M.
Vereinigte Fabriken photographischer Papiere. Dresden.
Vereinigte Köln-Rottweiler Pulverfabriken Köln.
Vereinigte Ultramarinfabriken. Köln.
Villeroy & Bloch. Dresden.
Vogtenberger & Föhr. Feuerbach b. Stuttgart.
Vollmöller, Robert. Stuttgart.
Vosberg-Rekow, Dr. Max. Berlin W.
Warmuth, Heinrich Wilhelm. Dresden-Löbtau.
Weber, Julius. Duisburg.
Weese, Gustav. Thorn.
Wegelin & Hübner. Halle a. S.
Weichsel & Co. Magdeburg.
Weigang, Gebr. Bautzen.
Weil & Reinhardt. Mannheim.
Weismüller, Gebr. Frankfurt a. M.-Bockenheim.
Wertheim, Joseph. Bornheim b. Frankfurt a. M.
Wertheimber, L. u. E. Frankfurt a. M.
Wieler, D. Elbing.
Wilkens Nachfolger. Burgdamm b. Lesum.
Winkler, Friedr. Edm. Sonneberg.
Wirth, Edmund. Frauenmühle b. Sorau.
Wolff, Dr. jur. Robert von. Berlin W.
Wolle, S. Aue i. S.
Wünsche, Emil. Reick-Dresden.

Wünsche's Erben. Ebersbach i. S.
Wunderlich, Carl. Eisenharz b. Isny (Württemberg).
Wurmbach, Jul. Frankfurt a. M.
Zeltner-Dietz, Kommerzienrath. Nürnberg.
Zeuch & Lausmann. Sonneberg.
Zimmermann, Carl. Charlottenburg.
Zürich, Allgemeine Unfall- und Haftpflicht-Versicherungs-Gesellschaft. Berlin W.
Zündhütchen- u. Patronenfabrik vorm. Sellier & Bellot. Schönebeck a. d. Elbe.
Zuntz sel. Ww. Berlin W.

Während der Drucklegung zugekommen:

Aktiengesellschaft für Cartonagenindustrie, Heinrich Wollheim. Dresden-N.
Aktiengesellschaft für Handel und Schiffahrt, H. A. Disch. Mainz.
Bronzefarbenwerke, Act.-Ges., vorm. Carl Schlenk. Roth b. Nürnberg.
Deutsche Levante-Linie. Hamburg.
Deutsch-Australische Dampfschiffahrts-Gesellschaft. Hamburg.
Doctor, A. Liegnitz.
Düsseldorfer Chamotte- und Ziegelwerke, vorm. P. J. Schorn & Bourdois. Düsseldorf.
Eisengiesserei A.-G., vorm. Keyling & Thomas. Berlin.
Eisenwerk Barbarossa A.-G. Sangerhausen.
Fabrik photographischer Papiere, vorm. Carl Christensen. Berlin.
Grossenhainer Webstuhl- und Maschinen-Fabrik, A.-G. Grossenhain i. S.
Hamburg-Südamerikanische Dampfschiffahrts-Gesellsch. Hamburg.
Hamburger, Albert. Berlin.
Hunter, Paul. Hamburg.
Kober, Joseph. Breslau.
Knöhr & Burckard Nachfl. Hamburg.
Kühn, G. H. Liegnitz.
Lubowski Nachf. Liegnitz.
Nachod & Maebler Berlin.
Neue photographische Gesellschaft, A.-G. Steglitz b. Berlin.

Oldenburgische Glashütte. Oldenburg i. G.
Rheinische Emulsions Papier-Fabrik, Heinrich Stolle. Cöln-Ehrenfeld.
Rheinische Gummi- u. Celluloid-Fabrik. Mannheim.
Roscher C. A., Oberlausitzer Webstuhlfabrik. Neugersdorf i. S.
Stechow, J. Carl von. Berlin W.
Stettin-Stolper Dampfschiffarts-Gesellschaft, Komm - Ges. a. A. Stettin.
Vereinigte Schmirgel- und Maschinen Fabriken, A.-G. Hannover-Hainholz.

Vereinigung für die Zollfragen des Papierfaches.

Abel, Friedrich Wilh. Magdeburg.
Blanke, Carl. U.-Barmen.
Dahlem, Franz & Co. Aschaffenburg.
Dondorf, B. Frankfurt a. M.
Fiedeler & Bayer. Hannover.
Freiberger Papierfabrik. Weissenborn i. S. Act.-Ges.
Friedheim & Sohn. Berlin.
Hennessen & Jansen. M.-Gladbach.
Hochstein & Weinberg. Berlin.
Hofmann, Carl, Herausgeber der Papierzeitung. Berlin W.
Kaufmann, Ernst. Lahr i. Baden.
Klingenberg, Gebr. Detmold.
Klippgen, Richard & Co. Dresden.
König, J. C., & Ebhardt, Hannover.
Krause, Max. Berlin SW.
Laiblin, Gebr. Pfullingen.
Leinhaas, A. Berlin.
Leipziger Buchbinderei, Act.-Ges., vorm. Gustav Fritzsche. Leipzig.
Lithographisch-artistische Anst., vorm. Gebr. Obpacher, Act.-Ges. München.
Lucas, Sam. Elberfeld.
Merseburger Buntpapierfabrik. Merseburg.

Möller, Gottfried, Söhne. Neumünster i. Holstein.
Müller, Friedr., Söhne. Elberfeld.
Nees, A., & Co. Aschaffenburg.
Nister, E. Nürnberg.
Poensgen & Heyer. Köln.
Schleicher, Carl, & Schütt. Düren.
Schrödersche Papierfabriken. Golzern i. Sa.
Sieler & Vogel. Leipzig.
Steffen, Hermann. Duisburg.
Vereinigte Stralsunder Spielkartenfabr., Act.-Ges. Stralsund.
Wezel & Naumann. Leipzig-R.
Wilisch, Rob. Plaue b. Flöha i. Sa.
Wiskott, C. T. Breslau.
Zanders, J. W. Berg.-Gladbach.

Während der Drucklegung zugekommen:

Bestehorn, H. C. Aschersleben.
Siegismund, Berthold. Leipzig.

Körperschaftliche Mitglieder.

Börsenverein der deutschen Buchhändler. Leipzig.
Deutscher Brauerbund. Frankfurt a. M.
Deutscher Papierverein. Berlin.
Gesellschaft Berliner Wäsche-Fabrikanten. Berlin.
Deutsche Handelskammer zu Brüssel.
Handelskammer zu Breslau.
Handelskammer zu Kassel.
Handelskammer für das Herzogthum Coburg. Coburg.
Handelskammer für das Herzogthum Anhalt. Dessau.
Handelskammer zu Frankfurt a. M.

Handelskammer für das Herzogthum Gotha. Gotha.
Handels- und Gewerbekammer zu Leipzig.
Handels- und Gewerbekammer für Mittelfranken zu Nürnberg.
Handelskammer für den Amtsbezirk Pforzheim zu Pforzheim.
Handelskammer zu Trier.
Handelsverein Hersfeld.
Verband der Brauereien von Bremen und Umgegend. Bremen.
Verband der Seifenfabrikanten. Rostock.
Verband deutscher Baumwollgarn-Konsumenten. Dresden.
Verband deutscher Ceresin-Fabriken. Verkaufsstelle: H. Compes. Düsseldorf.
Verband deutscher Stahlflaschen-Fabriken. Verkaufsstelle: Otto Textor Düsseldorf.
Verband süddeutscher Baumwollgarn-Konsumenten. Stuttgart.
Verband deutscher Parfümerie-Fabrikanten. Offenbach a. M.
Verein zur Wahrung der Interessen der chemischen Industrie Deutschlands. Berlin.
Verein Berliner Getreide- und Produkten-Händler. Berlin.
Verein Berliner Kaufleute und Industrieller. Berlin.
Verein der Brauereien von Berlin und Umgegend. Berlin.
Verein der Brauereien von Hannover und Umgegend.
Verein der Fabrikanten und Kaufleute. Fulda.
Verein der Knochen verarbeitenden Industriellen Deutschlands. Berlin.
Verein deutscher Dünger-Fabrikanten. Hamburg.
Verein deutscher Lederhandschuh-Fabrikanten. Osterwieck a. H.
Verein sächsischer Ströhhutfabrikanten zur Wahrung gemeinsamer Interesssen. Dresden.
Verein zur Wahrung der Interessen der Färberei- und Druckerei-Industrie von Rheinland und Westfalen. Langenberg i. Rhld.
Verein zur Wahrung der wirthschaftlichen Interessen der Eisen- und Stahlindustrie von Elsass-Lothringen und Luxemburg. Metz.
Verein süddeutscher Tricot-Fabrikanten. Stuttgart.
Vereinigte Berliner Spediteure. Berlin.
Vereinigung deutscher Flaschenfabriken. Hamburg.
Verkaufssyndikat der Kaliwerke. Leopoldshall, Stassfurt.

Während der Drucklegung zugekommen:

Deutscher Gipsverein. Berlin.

Verband der Deutschen Celluloid-Industriellen. Berlin.

Vereinigung der deutschen Metall- und Blechwaaren-Fabrikanten zur Wahrung ihrer wirthschaftlichen Interessen. Nürnberg.

Vereinigung der Kalkinteressenten. Berlin.

Grosser Ausschuss.

(§ 8 der Satzung.)

Bahn, Rudolf, Kommerzienrath, Präsident der Handelskammer für die östliche Niederlausitz. Sorau.

Bellinger, Franz Carl, Fabrikbesitzer, Präsident der Gesellschaft der Fabrikanten und Kaufleute. Fulda.

Bendix, Max, i. F.: Julius Bendix Söhne, Fabrikbesitzer. Berlin.

Berliner, Theodor, Vorsitzender des Vereins der Knochen verarbeitenden Industriellen Deutschlands. Ohlau i. Schl.

Blank, Hugo, Fabrikbesitzer. Berlin.

Cölln, Georg von, Kommerzienrath, Präsident der Handelskammer. Hannover.

Compes, H., i. F.: Compes & Co., Vorsitzender des Verbandes der deutschen Ceresin-Fabrikanten. Düsseldorf.

Craemer, Carl, Fabrikbesitzer, Vicepräsident der Handelskammer. Sonneberg, Sa.-Mein.

Fitzner, W., Kommerzienrath, Laurahütte.

Görz, Geheimer Kommerzienrath, Vorsitzender des Verkaufs-Syndikats der Kaliwerke. Leopoldshall-Stassfurt.

Goldberger, Geheimer Kommerzienrath, Vorsitzender des Vereins Berliner Kaufleute und Industrieller. Berlin.

Gutmann, Bernhard, Fabrikbesitzer, Vorsitzender des Vereins Süddeutscher Baumwollgarn-Consumenten. Göppingen.

Hatschek, Dr. jur., Syndikus der Handelskammer. Frankfurt a.M.

Hoddick, Raymond, Fabrikbesitzer, Vorsitzender des Vereins zur Wahrung der Interessen der Färberei- und Druckerei-Industrie von Rheinland und Westfalen. Langenberg i. Rhld.

Holtz, Dr. J. F., Kommerzienrath, Vorsitzender des Vereins zur Wahrung der Interessen der chemischen Industrie Deutschlands. Eisenach.

Koch, Senator, Vorsitzender des Verbandes der Seifenfabrikanten. Rostock i. Mecklbg.

Krause, Max, Kommerzienrath, Vorsitzender des Vereins der Buntpapier-Fabrikanten. Berlin.

Kuhlow, Julius, General-Direktor der Sächsich - Thüringischen Actien-Gesellschaft für Braunkohlenverwerthung, Präsident der Handelskammer. Halle a. S.

Kunreuther, Dr., Rechtsanwalt, Syndikus der Handelskammer zu Gotha.

Lippmann, G., General-Direktor der Sächsischen Gussstahl-Fabrik. Döhlen b. Dresden.

Loeflund, Ed., in Fa.: Eduard Loeflund & Co., Fabrikbesitzer, Stuttgart.

Martius, Dr. C. A., Mitglied des Wirthschaftlichen Ausschusses, Aeltester der Kaufmannschaft von Berlin.

Marwitz, Georg, Direktor der Dresdener Spitzen- und Gardinen-Manufactur und Vorsitzender des Verbandes Deutscher Baumwollgarn-Consumenten. Dresden.

Merck, Dr. Louis, Fabrikbesitzer. Darmstadt.

Mettershausen, Dr., Syndikus der Handelskammer zu Kassel.

Müller, Th., General-Direktor, Vorstandsmitglied des Vereins zur Wahrung der wirthschaftlichen Interessen der Eisen- und Stahlindustrie von Elsass-Lothringen und Luxemburg. Metz.

Offermann, L., Geheimer Kommerzienrath. Leipzig.

Pitsch, Adolf, Fabrikbesitzer. Berlin.

Rágóczy, General-Sekretär des Vereins zur Wahrung der wirthschaftlichen Interessen der Eisen- und Stahlindustrie von Elsass-Lothringen und Luxemburg. Metz.

Ravené, Louis, i. F.: Jacob Ravené Söhne, Aeltester der Kaufmannschaft von Berlin.

Rechberg, Fritz, Fabrikbesitzer, Vorsitzender des Handelsvereins zu Hersfeld. Hersfeld.

Röchling, L., i. F.: Röchling'sche Eisen- und Stahlwerke, G. m. b. H. Völklingen a. Saar.

Rose, Albert, Finanzrath, Präsident der Handelskammer für das Herzogthum Coburg. Coburg.

Rumpf, Dr. Gustav, Direktor des Vereins für chemische Industrie. Frankfurt a. M.

Scheckenbach, Valentin, Kaufmann und Marksadjunkt, Mitglied der Handels- und Gewerbekammer für Mittelfranken. Nürnberg.

Schmid, Henry, Fabrikbesitzer, Vorsitzender des Vereins Deutscher Düngerfabrikanten. Hamburg.

Sponnagel, F., i. F.: van Baerle & Sponnagel, Fabrikbesitzer. Berlin.

Thorwart, Direktor der Genossenschaftsbank, Mitglied der Handelskammer. Frankfurt a. M.

Tschierschky, Dr., Geschäftsführer des Vereins zur Wahrung der Interessen der Färberei- und Druckerei-Industrie von Rheinland und Westfalen. Langenberg i. Rhld.

Wacker, Alexander, Kommerzienrath, General-Direktor der Electricitäts-Actien-Gesellschaft vorm. Schuckert & Co. Nürnberg.

Wirth, E., Fabrikbesitzer, Mitglied der Handelskammer für die östliche Niederlausitz. Sorau.

Wunder, K., Justizrath, Sekretär der Handels- und Gewerbekammer für Mittelfranken. Nürnberg.

Geschäftsführender Ausschuss.

(§ 9 der Satzung.)

Dr. C. A. **Martius,** Berlin, I. Vorsitzender.

Geheimer Kommerzienrath **Goldberger,** Berlin, I. Stellvertreter des Vorsitzenden.

Generaldirektor Julius **Kuhlow**, Halle a. S., II. Stellvertreter des Vorsitzenden.

Kommerzienrath Max **Krause**. Berlin.

Louis **Ravené**, Aeltester der Kaufmannschaft. Berlin.

Vorstand.

(§ 10 der Satzung.)

Vosberg-Rekow, Doktor der Staatswissenschaften. Direktor.

Verwaltung.

Direktor.

Vosberg-Rekow, **Max**, Doktor der Staatswissenschaften.

Dezernenten.

Borgius, Walther, Dr. phil.
Etienne, August, Dr. phil.
Hager, Eugen, Referendar a. D.

Hilfsarbeiter.

Schacht, Hjalmar, Dr. phil.
Scotti, Joseph, Dr.

Druck von A. W. Hayn's Erben, Berlin und Potsdam.

Schriften
der
Centralstelle für Vorbereitung
von
Handelsverträgen.

---

12. Heft.

Das Interesse der Landwirthschaft an den Handelsverträgen

von

Dr. E. Heitz,
ord. Prof. der Staatswissenschaften an der landwirthschaftl Akademie Hohenheim.

Berlin 1900.
J. Guttentag, Verlagsbuchhandlung,
G. m. b. H.

Das
Interesse der Landwirthschaft an den Handelsverträgen.

Ein Rückblick

auf die deutsche Handelspolitik seit dem Jahre 1879

von

Dr. E. Heitz,

ord. Prof. der Staatswissenschaften an der landwirthschaftl. Akademie Hohenheim.

Berlin 1900.

J. Guttentag, Verlagsbuchhandlung,

G. m b. H.

Vorwort.

Die nachfolgende Untersuchung hat die Bedeutung einer Studie. Im gewöhnlichen Leben mag der Satz, dass die Zahlen beweisen, seine Richtigkeit behaupten. Wer jedoch in wichtigen politischen und volkswirthschaftlichen Fragen die letzte Entscheidung von Zahlen erwartet, müsste deren zum Mindesten sehr viel mehr beibringen, als gewöhnlich vorhanden sind. So fehlen hier genaue Angaben über Art und Güte der Waaren, über die wirklich erzielten Preise, über das Ergebniss der letzten geschäftlichen Abwickelung, es fehlt die Vergleichbarkeit zwischen Produktion, Konsumtion und Waarenaustausch, welch letztere am ehesten die Stellung der einzelnen Berufsgruppen entscheiden werden.

Der Verfasser war von einer wesentlich anderen Vorstellung getragen. Es galt den Versuch, in einer der wichtigsten handelspolitischen Aufgaben, soweit möglich, Grundlage und Grenzen einer sachlich erspriesslichen Diskussion zu bestimmen. Gewissenhaft benutzt und planmässig verarbeitet, sollten die Mittheilungen der amtlichen Statistik über den auswärtigen Waarenverkehr eine brauchbare Vorarbeit in Aussicht stellen. Und da ist es vielleicht nicht unerwünscht, dass der Verfasser wie bei früheren Arbeiten der Regierung nicht hinreichend beachtete Folge, dass an den Tarifermässigungen nicht nur die Vertragsstaaten, sondern auch alle anderen Länder Antheil nehmen würden — von dem offenen Bruch mit dem von Vielen hochgehaltenen Schutzzollsystem Bismarck's und dem Glück bei der Wahl der einzelnen Tarifsätze ganz abgesehen — dazu angethan, eine Kluft zu reissen, welche nicht so bald überbrückt werden wird.

Dem allem gegenüber ist eine den letzten Monaten angehörende Erscheinung doppelt erfreulich. Regierung und Vereine bemühen sich, über die Wirkungen der Handelspolitik von 1892 in's Klare zu kommen. Untersuchungen und Erhebungen, von denen man sich ein genaueres Verständniss des bestehenden Zustandes versprechen darf, sind im Gange. Aber freilich: bei solchen Arbeiten treten naturgemäss einzelne Betriebe und Berufsgruppen, wenn der Ausdruck erlaubt ist, unverhältnissmässig in den Vordergrund. Man hat sich ja auch längst daran gewöhnt, von förmlichen Exportindustrieen zu reden. Und so ist gewiss die Frage zulässig, ob nicht mit Hülfe des vorhandenen statistischen Materials wenigstens eine allgemeine Charakteristik der heutigen Sachlage und eine Vergleichung mit der jüngsten Vergangenheit gewonnen werden könne? Wenn aus der Entwicklung des auswärtigen Waarenverkehrs Schlüsse auf die wirkliche ökonomische Situation der grossen Berufsgruppen gezogen werden dürfen, wenn wir also berechtigt sind, von den Vorgängen an der Grenze auf die Dinge im Innern des Landes zu schliessen, so muss bei entsprechender Behandlung die Statistik des auswärtigen Waarenverkehrs gerade in Deutschland brauchbare Anhaltspunkte geben, weil bei uns in verhältnissmässig rascher Folge mehrere Formen der Handelspolitik in ziemlich prägnanter Gestalt zur Verwendung gekommen sind.

I.

Bevor indessen der Versuch gemacht werden soll, auf dem angegebenen Wege einigen Aufschluss zu erlangen, empfiehlt es sich, in aller Kürze drei Behauptungen einer Kritik zu unterziehen. Ich meine dabei

1. den Satz, dass Deutschland nunmehr ein Industriestaat geworden sei,
2. den Satz, dass auch heute noch Deutschland in der Lage sei, sich selber mit dem erforderlichen Brotgetreide, wenn nicht gar mit den sämmtlichen landwirthschaftlichen Rohprodukten zu versorgen und
3. die Behauptung, dass für die deutsche Landwirthschaft vor dem Handelsvertrage der autonome Zolltarif grundsätzlich den Vorzug verdiene.

Dass diese Thesen für den in der Frage einzunehmenden Standpunkt von massgebender Bedeutung sind, rechtfertigt ihre Behandlung an dieser Stelle ausreichend. Dem Verf. liegt jedoch zugleich daran, als Statistiker die in jedem Falle gewählten Unterlagen zu prüfen und ausserdem darzuthun, dass bei der letzten Würdigung nicht einzelne absolute Zahlen, sondern die im Fluss der Ereignisse gebildeten Zahlenreihen entscheidend sind.

Der Verf. steht vielleicht etwas isolirt mit der Behauptung, dass die öffentliche Meinung von jenem Ausspruch über die Umgestaltung Deutschlands zum Industriestaat übermässig beunruhigt worden sei. Sieht es doch so aus, als wolle er nicht sehen noch gelten lassen, was sonst alle Welt beobachtet. Für den Verf. sind freilich die sog. grossen Durchschnittszahlen nicht entscheidend. Man kann und muss zugeben, dass — relativ genommen — die industriell beschäftigte Bevölkerung zugenommen, die vom landwirthschaftlichen Betrieb abhängige abgenommen hat. Auch wird Niemand die Thatsache bestreiten, dass die für Leben und Betrieb nothwendigen etwas mehr Zuverlässigkeit zu geben. Die letzten Zahlen scheinen uns höher zu sein, als die ersten; sie sind höchstens etwas richtiger und keinenfalls völlig zutreffend.

Was nun den ersten Fall betrifft, so ist klar, dass auch unter den heutigen Verhältnissen Mancher suchen wird, den Ertrag seiner Getreidefelder zu heben. Lässt sich daraus auf das Verhalten der grossen Massen schliessen? Seit reichlich 15 Jahren wird allgemein über den Arbeitermangel geklagt. Kann nun demselben gelegentlich durch die Anwendung von Maschinen begegnet werden, so ist doch wieder klar, dass erkleckliche Fortschritte in der Intensivirung nur bei lohnenden Preisen bezw. bei relativ hohen Preisen erzielt werden können — die Wahrscheinlichkeit eines allgemeinen Fortschrittes sinkt damit allein auf ein bescheidenes Maass hinab. Möglich wäre freilich noch die bessere Düngung der Felder. Hier aber darf nicht vergessen werden, dass der Vortheil nicht absolut sicher ist; er wird also bei dem rechnenden Landwirth nur mässige Verwendung finden und für die verschuldeten Landwirthe, welch' letztere bedenklich zugenommen haben, gar nicht in Betracht kommen.

Aber selbst, wenn trotz alledem jenes Ziel ins Auge gefasst und von Vielen erreicht worden wäre — was ergiebt sich daraus? Dr. Ballod, einer der eifrigsten Vertreter jener Behauptung, macht das doppelte Zugeständniss, dass gegen früher die Volksernährung jetzt eine viel reichlichere sei und in der Zukunft weiter gesteigert werden könne.*) — Damit scheint mir die ganze Beweisführung in Frage gestellt. Jenes Zugeständniss gestattet Jedem, die Behauptung von der Zunahme der eigenen Produktion ohne Prüfung auf ihre Richtigkeit anzunehmen; denn es geht daraus unmittelbar hervor, dass der gewünschte Zweck im Grunde niemals erreicht werden wird. Liegt es doch in der Natur der Dinge, dass jede Mehr-Produktion, sofern sie den Durchschnittssatz der Herstellungskosten nicht erheblich verschiebt, sofort die Mehr-Konsumtion im Gefolge hat.

*) Ballod: Die Bedeutung der Landwirthschaft und der Industrie in Deutschland (Schmoller's Jahrb. f. Gesetzgeb. etc. XXII. 3. H. S. 179ff.)

Noch weiter geht freilich Dade, welcher das wichtige Gegenargument einer stetig steigenden Zufuhr von aussen zu entkräften sucht und ausserdem den Satz vertritt, dass die deutsche Landwirthschaft nicht nur den Brotbedarf liefern, sondern auch die Nachfrage nach sämmtlichen thierischen Produkten zu decken vermöge.*) Nach seinen Berechnungen bleibt ein Quantum von $1^1/_4$ Milllonen Tonnen Brotkorn ohne Verwendung und nimmt er an, dass dasselbe zur thierischen Nahrung verwendet werde. Bezüglich kleinerer Mengen von nicht marktfähiger Waare und für manche bäuerliche Wirthschaft mit chronischem Geldmangel kann das richtig sein; in dem angegebenen Umfange ist Dade's Annahme ganz gewiss falsch, weil alsdann von vornherein mit ihrem Getreidebau die deutsche Landwirthschaft jährlich eine Einbusse von 60—80 Millionen Mark auf sich nimmt.**)

---

*) Vergl. den Abschnitt „Materialien für die deutsche Handelspolitik" in den Nachrichten vom Deutschen Landwirthschaftsrath. Spec.-No. 9, S. 1. 1898.

**) Nach einer Mittheilung der landw.-chem. Versuchsstation Hohenheim verhält sich Korn zu den eigentlichen künstlichen Futtermitteln:

	Protein	Fett	Stickstoffe und andere freie Futterwerth-		Marktpreis pro	
			Stoffe	Einheiten	100 kg	in Prozenten
Rapskuchen	32,0	9,2	28,4	152	11,8	7,8
Leinkuchen	30,0	10,0	32,9	153	15,4	10,1
Mohnkuchen	35,5	8,6	20,2	153	8,7	5,7
Palmkernkuchen	16,5	8,1	36,4	110	12,8	11,7
Sesamkuchen	37,6	13,0	22,4	174	12,0	6,9
Weizenkleie	13,7	3,4	57,2	109	8,5	7,8
Roggen	11,4	1,7	67,8	107	18,0	16,8
Gerste	11,0	2,1	65,5	105	18,0	17,1
Hafer	12,0	5,0	57,6	109	17,0	15,6
Mais	9,5	4,3	69,2	111	14,0	12,2
Dinkel	10,0	1,5	52,3	87	17,0	19,5

Im Gegensatz zu 8,1 Mk. als Durchschnittspreis der Kraftfuttermittel stellt sich die Futterwertheinheit bei Dinkel, Gerste, Roggen,

Dem Allen gegenüber ist die Frage nach der Zuverlässigkeit jener amtlichen Schätzungen keinenfalls unberechtigt. Die Antwort wird am einfachsten durch die Gegenüberstellung jener Ziffern und der Ergebnisse einer Einzelwirthschaft gefunden werden. Es folgen demnach einmal — nach Ballod — die Gesammtzahlen für Deutschland und die Erträge der Hohenheimer Wirthschaft*):

a) Gesammtproduktion (ohne Aussaat, in kg pro ha).

	Roggen	Weizen und Spely	Gerste	Hafer
1878–81	4884	2414	1915	3727
1882–85	4926	2582	1970	3612
1886–89	4847	2546	1926	3886
1890–93	5257	2881	2037	3905
1894–97	5936	2947	2070	4381

b) Hohenheimer Gutswirthschaft (in kg pro ha).

	Winter-Weizen	Sommer-Weizen	Dinkel	Hafer	Zusammen
1882–86	1998	1592	1582	1716	1722
1887–91	2526	2074	2388	2345	2341
1892–97	2460	1669	2238	2275	2158

Welche Unterlagen zu solchen Kontrollen gewählt werden — die Kontrollen sind bei der Bedeutung der Materie unerlässlich —, ist nebensächlich. Nun wird aber die Vergleichung der beiden Zahlen für Jeden das gleiche Resultat geben: es kann kein Zweifel darüber bestehen,

---

Hafer und Mais (Herbst 1898) auf 16,2 Mk. Auf Grund der ersten Zahl ergiebt sich ein Sollpreis für Mais 8—9,9 Mk., Dinkel 7,05 Mk., Roggen 8,67 Mk., Gerste 8,57 Mk., Hafer 8,83 Mk. pro 100 kg, also im Durchschnitt 50 % des geltenden Preises. — Der Düngerwerth der Kornerfrüchte, der, mit den anderen Futtermitteln verglichen, sich noch niedriger stellte, ist bei der obigen Tabelle nicht berücksichtigt.

*) Die Entwicklung Hohenheims (Progr. der Akademie H.) 1893.

woher jene so auffällige Verschiebung der Grundzahlen stammt. — Bei diesem Ergebniss ist es auch nicht nöthig, auf die Statistik über die Konsumtion einzugehen. Zeigt sich doch die tröstliche Aussicht, dass die Statistik bei zahlreichen anderen Aufgaben nicht in die Gefahr kommen wird, an dieser Sorte von Arbeiten ihre Kraft zu vergeuden.*)

Und nun noch der dritte Punkt, bei dessen Behandlung freilich weiter ausgeholt werden muss. In der Handelspolitik lassen sich drei Systeme unterscheiden: 1. der autonome Zolltarif, 2. der Handelsvertrag und 3. die Klausel der Meistbegünstigung. Dass der Handelsvertrag ausser der künftigen Zollsätze noch andere nicht weniger wichtige Punkte zu regeln hat, kommt hier nicht in Betracht. Dagegen könnte angefochten werden, dass ich die Meistbegünstigungsklausel als eine selbständige Form der Tarif- und Handelspolitik behandle. — Ihr inneres Wesen würde das niemals rechtfertigen, ist doch die Klausel weit mehr dazu bestimmt, den zwei anderen Formen die letzte Schärfe zu nehmen. Sie ist eine der wenigen Früchte der Freihandelslehre, die in praxi mit den Verhältnissen rechnen muss. Sie war ja auch das letzte Mittel, der Neigung der Staaten nach Abschluss und insbesondere nach einseitiger Begünstigung entgegenzutreten, sie ist der specifische Ausdruck des kaufmännischen Standpunktes im Weltverkehr, da kein Kaufmann auf das Recht des beliebigen Bezugs und Absatzes der Waare freiwillig verzichten wird. Die Klausel repräsentirt somit den die Tarifpolitik der Einzelstaaten und die Anwandlungen des Protektionismus weit überragenden Grundsatz des modernen Verkehrs — letzteren vorwiegend nur im Sinne eines specifisch industriellen Wettbewerbes verstanden.

Mit dem Gesagten ist das Bild allerdings noch nicht

*) Nach neuerlichen Mittheilungen scheint das Reichsamt des Innern entschlossen, noch einen Versuch zu wagen, um die durch die Kritik arg bedrohte Produktionsstatistik doch noch zu erhalten. Die im Texte vertretene Auffassung ist demnach noch nicht allgemein anerkannt, allein die Durchsicht der neuen Vorschläge scheint nicht zu ergeben, dass das Räthsel nunmehr als gelöst betrachtet werden dürfe.

vollständig; die letzte Klarstellung wird erst nach einer Charakteristik der Haupt-Systeme versucht werden können.

Der autonome Zolltarif, wie er z. B. in dem Tarifgesetz von 1879 verwirklicht ist, verlegt den Schwerpunkt auf die Landesinteressen. Er scheint somit den Grundsatz einer selbstständigen Führung der wirthschaftlichen Interessen präzis wiederzugeben. Und da wir seit alter Zeit gewohnt sind, in dieser Frage die letzte Entscheidung dem Staate anheimzugeben, so stellt sich uns diese Modalität als eines der wirksamsten Mittel nationaler Politik dar.

Wenn nur nicht auch hier zwischen dem Grundsatz und der Ausführung unterschieden werden müsste. Unter besonderen Verhältnissen und zu bestimmten Zeiten gut, ja vielleicht unentbehrlich, ist der autonome Zolltarif nicht dazu angethan, jemals auf die Dauer oder auch nur in vollster Energie angewendet zu werden, weil er der Produktion wie der Konsumtion die schlimmsten Gefahren bringt. Er schädigt diese durch die willkürliche Steigerung der Preise und durch die Herabdrückung der Qualitäten auf dasjenige Niveau, welches die Industrie festzuhalten für gut findet. Die Produktion bedroht er durch die Sicherstellung der örtlich und zeitlich gegebenen Technik; man wiegt sich in Sicherheit und vergisst, dass nur zu bald die Zeit kommen wird, wo es sich darum handelt, unter dem vollen Drucke veränderter Technik und Oekonomik zu arbeiten.

Nicht minder bedenklich ist die Versuchung, in welche Regierung und Parlament gerathen. Da ihnen das System die Zollschraube in die Hand giebt, so liegt es nahe, Geschenke zu machen. In vielen Fällen mag das unfreiwillig geschehen. Aber Beide sind nicht im Stande, auf die Dauer zu widerstehen, und die öffentliche Meinung aufzuregen mit Klagen und Angriffen auf die „einsichtslose“ Regierung, ist nicht gerade schwer. (Die Machinationen der Eisen-Industriellen aus der Mitte der 70er Jahre bilden einen trefflichen Beleg.)

Dass diese Gefahren durch eine starke und gut unterrichtete Regierung erheblich vermindert werden, darf man ohne Weiteres zugestehen. Ich lege denn auch nicht das

Hauptgewicht auf die genannten Schwierigkeiten; mich leitet vielmehr die ganz allgemeine Erwägung, dass sich autonomer Zolltarif und Handel nie und nimmer mit einander vertragen. Hierbei bitte ich allerdings jenes System ganz in dem angedeuteten Sinne als Mittel des Protektionismus zu verstehen. Wo die Zölle, wie in England, fast nur die Aufgabe haben, dem Staat gewisse Einnahmen zu sichern und demgemäss auf Nahrungsmittel und Luxusartikel beschränkt sind, da wird der Handel keine Noth leiden. Hier fehlt auch das bei extremer Anwendung sich ausbildende Merkmal der Beweglichkeit. Sobald aber das Caveant consules! gerufen wird und danach der Regierung Erfolg und Misserfolg vorgerechnet werden, da verliert der Handel die wesentliche Voraussetzung internationaler Transaktionen, die Garantien bezüglich einer dauernd gleichmässigen Behandlung des Waarenverkehrs im Allgemeinen und einzelner Waarengruppen im Besonderen.

Man könnte mir entgegenhalten wollen, dass über kleinen Faktoren die grossen für den Waarenaustausch entscheidenden Momente zurückgestellt sind. Für den Kaufmann sind denn auch die Veränderungen in den Produktionsbedingungen, die Ernteresultate, die voraussichtliche Gestaltung der Konsumtion, die Verkehrsmittel von souveräner Bedeutung, und sie würden Alles entscheiden, wenn dem Kaufmann nicht die freie Wahl bei Bezug und Absatz der Waaren offen bliebe. Für ihn sollte es geschlossene Thüren überhaupt nicht geben. Aber ganz schlimm ist die Zweideutigkeit des autonomen Zolltarifs, der die auswärtigen Zufuhren durch wechselnde Tarife zu regeln sucht. Für den Kaufmann im Gegensatz zum Spekulanten kommt nur die dauernde Verbindung in Betracht, weil mit der Aufsuchung der Bezugsquelle und mit der Erschliessung der Absatzwege regelmässig Kosten verknüpft und weil ausserdem die voraussichtlichen Gewinne so bescheiden sind, so dass die kleinste Verschiebung der Zollsätze die weitere Verfolgung der Pläne vereitelt. —

Mit dem Gesagten soll keine erschöpfende Schilderung von Wesen und Wirkung des autonomen Zolltarifs gegeben sein. Allein darauf muss doch hingewiesen werden, wie es kam, dass fast in allen, jedenfalls in den wichtigsten Berufskreisen Deutschlands die Zollgesetzgebung des Jahres 1879 eine so beifällige Aufnahme gefunden hat, so dass dieselbe sogar heute noch Vielen als das einzig Richtige erscheint.

Soweit hier die deutsche Landwirthschaft in Betracht kommt, ist die Erklärung gewiss leicht. Das Gesetz von 1879 inaugurirte den eigentlichen Agrar-Schutzzoll. Zunächst handelte es sich nur um einen billigen Aufschlag auf das von aussen hereinströmende Getreide, aber die Regierung hat mit dem „Ordnungszoll" Ernst gemacht und ist binnen wenigen Jahren von 10 auf 50 Mk. pro Tonne Weizen u. s. f. gestiegen. Wer die Dinge äusserlich nimmt, versteht die Klage der Landwirthe über das wichtigste Ergebniss des Systemwechsels, die Herabsetzung der Getreidezölle ohne Weiteres. Mir scheint, man hätte das „respice finem" besser beachten und somit auch in den landwirthschaftlichen Kreisen nach den letzten Erfolgen der Bismarck'schen Epoche fragen, aber auch möglichst genau abscheiden sollen, was nicht dorthin gehört, sondern mit der Gunst anderer Umstände zusammenhängt. Jedenfalls trifft hier der Satz, dass das politische Leben keine Dankbarkeit kenne, nicht zu.

Schwieriger lagen die Dinge jedenfalls bei der Industrie, insofern als die damaligen unerquicklichen Zustände auf andere Umstände hinwiesen. Wohl brachten die Industriellen immer wieder die Beschwerde vor, dass ausländische Manufakte zu leicht über die Grenze kämen und dass sie schon dadurch gehindert seien, sowohl die besseren Artikel zu pflegen als ihren Betrieb auf die Höhe voller technischer Leistungsfähigkeit zu bringen. Andere aber erhoben ernsthaft die Finger und wiesen auf die Verheerungen der Gründerzeit und dann auf die bedenklichen Geschäftsgrundsätze. War doch offiziell anerkannt, dass mit ihrem Prinzip „billig und schlecht" die deutsche Industrie den Ruf ihrer Erzeugnisse und deren lohnenden Absatz im Auslande selber in Frage stelle. — Unter anderen Umständen wäre der Regierung nur übrig geblieben, die weitere Entwicklung abzuwarten.

Fürst Bismarck, der Begründer der politischen Einheit, musste anders handeln, erkannte er doch bald, dass auch die Handelspolitik ein wichtiges Werkzeug im Dienst der nationalen Idee werden könne.*)

Der 1879 eingeschlagene Weg war mithin nach des Verf. Ueberzeugung der richtige; war er aber auch derjenige, der Deutschland zu einem dauernden System der Handelspolitik führen konnte? Von den damaligen Sätzen weiss man, dass manche dem Zufall und dem Kompromiss ihre Entstehung verdanken; noch schlimmer war es, dass sich die Regierung immer mehr in das System des Hoch-Schutzzolles und der künstlichen Emporbringung einzelner Industrien hineintreiben liess, als käme es darauf an, selbst dem Unbefangenen zu zeigen, dass man einen festen Rückhalt bei derartigen Versuchen nur schwer finde. Dazu kam aber noch zweierlei: dem Ausland gelang es allmählich, den Einfluss des Zollaufschlages zu überwinden und trotz aller Hindernisse mit Nahrungsmitteln und Manufakten in's Land einzudringen. Und das Zweite war, dass zahlreiche Staaten ebenfalls suchten, sich die fremde Konkurrenz vom Leibe zu halten. Sie benutzten den Vorgang Deutschlands, um sich ihrerseits gegen das „neue“ Reich abzuschliessen. Deutschlands Gesetzgebung hat auf die damalige „depression of trade“ kaum einen direkten Einfluss gehabt; man muss aber sagen, dass bei schwierigen Absatzverhältnissen und sinkenden Preisen das System eines Schutzzolles kaum von Erfolg begleitet sein wird. Zuletzt stand man vor der Möglichkeit, sogar den Nachbarschaftsverkehr zu verlieren; ob dann noch die Kartellbildung der grossen Industrien, resp. die differenzielle Behandlung des In- und Auslandes etwas gebracht hätte, da doch der natürliche Bundesgenosse, der Handel, abgeschnitten war, lässt sich wohl bezweifeln. —

Von derartigen „interessanten“ Vorgängen wird die Ge-

*) Man behandelt vielfach die Koalition zwischen den Eisenindustriellen und den Agrariern als das ausschlaggebende Moment. Nach des Verf. Anschauung haben wir darin nur das Mittel zu erblicken, womit man im Reichstag die Reform zu bewerkstelligen suchte

schichte des Handelsvertrages kaum zu berichten haben. Auf das Geschick und die Sachkenntniss der führenden Personen mag hier noch mehr ankommen, weil der Vertrag auf lange Jahre die entscheidenden Sätze festzulegen hat. Aber es fehlen die pathologischen Zustände wie die Gelüste nach Alleinherrschaft, es fehlen die politischen Spannungen, bei denen man wenigstens den ökonomischen Druck fühlen lassen will. Der Handelsvertrag ist innerhalb der Handelspolitik der Ausdruck des normalen Zustandes und doch wieder im Einzelnen beweglich genug, so dass er besonderen Wünschen und Bedürfnissen zu ihrem Recht verhelfen kann.

Gerade dieses letztere wird bestritten unter Berufung darauf, dass die Anpassung der Zollsätze an die Fluktuationen der wirthschaftlichen Waarenmassen unmöglich gemacht ist. Und in der That, wenn sich im internationalen Verkehr die Waarenlieferung direkt aus der Hand des Produzenten vollzöge, so wäre die Berufung auf jenes Gebrechen vielleicht ausreichend. Stellt man dagegen den Kaufmann dazwischen, dessen besondere Aufgabe es ist, die Gewalt der primären Faktoren zu brechen, nimmt man ferner den Umstand hinzu, dass, verglichen mit elementaren Ereignissen, der Zolltarif nur ein schwaches Werkzeug darstellt, und bedenkt ausserdem, dass in sämmtlichen Betrieben ohne Ausnahme erst eine längere Zahl von Jahren die wahrhaft zutreffenden Grössen liefert, so dürfte der Schluss gerechtfertigt sein, dass der Handelsvertrag zur Verwirklichung des grossen in der Wirthschaft die Herrschaft anstrebenden Prinzips der Kontinuität das Beste beitragen kann — vorausgesetzt, dass die Vereinbarungen von dem sicheren Boden der Thatsachen ausgehen und nicht etwa als blosser Spielball diplomatischer Künste missbraucht werden. Von dem besonderen politischen Vortheil, dass den Regierungen die lästige Verpflichtung, „Geschenke" zu machen, abgenommen wird, brauche ich wohl nicht eingehender zu sprechen. —

Ich resümire die letzten Betrachtungen dahin, dass der

autonome Zolltarif, welcher mehr als blosse Finanzzölle anstrebt, unter besonderen Verhältnissen nicht nur gute Dienste leisten, sondern nahezu unumgänglich nothwendig sein wird. Aber für normale Verhältnisse oder in Zeiten des Friedens bedroht er die ruhige, ich darf wohl sagen, natürliche Entwicklung der Dinge. Er ist dem „deus ex machina" vergleichbar, also auch nur dann wirksam, wo das Schicksal verhängnissvolle Knoten schürzt. Das Wesen des Handelsvertrages sichert dem Staat, oder sagen wir, dem nationalen Gedanken allerwege einen nennenswerthen Einfluss auf das wirthschaftliche Leben der Völker, er stellt sich jedoch durch das gegenseitige Zugeständniss von Rechten und Pflichteu zugleich die rühmliche Aufgabe, der kommenden Entwicklung die nothwendige sichere und freie Bahn zu schaffen und behütet die Regierung vor den Gefahren, die mit der autoritativen Führung der Volkswirthschaft allerwege verbunden sein werden.

Sind diese Merkmale zutreffend, so lassen sie zugleich die Stellung, welche der Klausel der Meistbegünstigung zukommt, genauer präzisiren. Dem autonomen Zolltarif gegenüber wird sie sich stets als eine Art von Regulator wohlthätig erweisen jedenfalls in allen Fällen, wo ein Land nicht nur mit dem Import, sondern auch mit dem Export zu rechnen hat. Ganz anders gegenüber dem Handelsvertrage! Das entscheidende Merkmal jener Klausel, weniger Rechte zu gewähren als Verpflichtungen aufzuerlegen, kann dazu führen, dass die eigentlichen Intentionen aller internationalen Vereinbarungen, die gegenseitige Behandlung auf gleichem Fuss, schliesslich doch in Frage gestellt erscheint. Oder mit anderen Worten: Ein Staat, der mit dem System des Handelsvertrags operirt, muss darauf achten, in dasselbe alle Staaten, vornehmlich aber diejenigen hereinzuziehen, denen gegenüber das eigene Land sowohl Empfänger als Geber ist.

Damit ist die Vorstellung angedeutet, welche den Verf. bei seinen weiteren Studien geleitet hat: er hofft denn auch Nachweisungen beizubringen, wonach die Regierung kaum eine andere Wahl hat, als ihre Bestrebungen auf Vermehrung der Handelsverträge zu richten.

II.

Der zweite Theil dieser Untersuchung zerfällt in zwei Stücke. Zunächst soll erforscht werden, ob der auswärtige Waarenverkehr solche Veränderungen erfahren hat, welche eigentlich nur mit der wechselnden Behandlung der Handelspolitik in Zusammenhang gebracht werden können. Dem zweiten Abschnitte fällt die Aufgabe zu, diese Frage beim Verkehr mit den Vertragsstaaten, d. h. denjenigen Ländern näher zu verfolgen, welche 1892 und kurz darauf mit uns in nähere vertragliche Verbindung getreten sind.

Grundlegend für beide Theile ist die Benutzung des vorhandenen statistischen Materials. Für diese Studien kommen nur diejenigen Waaren in Betracht, bei welchen noch heute ein förmlicher Wettbewerb zwischen In- und Ausland stattfindet, oder anders ausgedrückt, welche unter etwas veränderten Verhältnissen ausschliesslich von der eigenen Landwirthschaft geliefert werden müssten. Innerhalb der Nahrungs- und Genussmittel fallen demnach aus die tropischen Gewächse, die Südfrüchte und der Taback. Unberücksichtigt bleiben die Gespinnst- und die Oelpflanzen, deren Anbau nur einen bescheidenen Antheil zum thatsächlichen Verbrauche liefert.

Dagegen schien es richtig, nicht nur die Derivate von Vieh, Milch und Getreide, sondern auch Bier, Branntwein und Zucker heranzuziehen. Es ist ja längst nachgewiesen, dass das Netto-Ergebniss des auswärtigen Verkehrs sich ganz anders stellt, je nachdem man z. B. beim Getreide nur die direkte Ein- und Ausfuhr oder aber zugleich den Bezug und Absatz seiner Mühlenfabrikate etc. betrachtet, und ebenso ist bekannt, dass die Zuckerrüben nicht nur vielerorts als willkommener Ersatz für schwer absatzbare Handelspflanzen benutzt worden, sondern auch die der gestiegenen Bevölkerung entsprechende Vermehrung des Areals für Kartoffeln, Futterpflanzen etc. gehindert haben.

Damit ergeben sich sechs Gruppen mit im Ganzen 36 Specialartikeln, nämlich: 1. Lebende Thiere (Pferde, Kühe und Stiere, Ochsen, Jungvieh, Schweine, Spanferkel, Schafvieh); 2. thierische Produkte (Fleisch, einfach zubereitet, Butter, Käse, Schmalz, Eier); 3. Getreide (Weizen, Roggen, Buchweizen, Hafer, Gerste, Mais); 4. andere Ackergewächse und Getreide-Derivate (Hülsenfrüchte, später auch noch sog. Küchengewächse, Kartoffeln, Hopfen, Malz, Mehl); 5. Futtermittel und Sämereien (Kleie aus Getreide, Oelkuchen, Grassaat, Kleesaat in der zweiten Abtheilung „Sämereien aller Art"); 6. Genussmittel (Obst [frisch und gedörrt], Wein [in der zweiten Abtheilung auch Weinbeeren], Bier, Branntwein, Zucker [mit Einschluss von Syrup, Melasse und Stärkezucker]). Diese Anordnung wird nicht Jeden befriedigen und vor Allem nicht vollständig genug erscheinen. Zur Entschuldigung möge neben inneren Gründen, die hier nicht weiter ausgeführt werden sollen, darauf hingewiesen sein, dass das verfügbare statistische Material jede einschlägige Arbeit in der Hauptsache auf das beschränken wird, was die Statistischen Jahrbücher des Deutschen Reiches bieten, und dass dort nur Artikel von grösserer Bedeutung berücksichtigt sind.

Allein noch wichtiger für das Wesen der hier vorgelegten Arbeit ist die Art der Verwendung der statistischen Mittheilungen. Bei gewöhnlichen Arbeiten ist es zweckmässig, etwas längere, aber nicht zu sehr verschiedene Perioden zu bilden, bei deren Feststellung allerdings auf besondere Vorgänge Rücksicht genommen werden muss. Hier, wo die Wirkungsweise der verschiedenen Formen der Handelspolitik in Frage stehen, kam es darauf an, die richtigen Zeiträume zu bestimmen. Dabei konnte wegen der früheren wenig detaillirten Statistik nicht hinter das Jahr 1880 zurückgegriffen werden. Materiell hat das nicht viel zu sagen, weil erst nach 1871 wichtige Einrichtungen, das Geld-, das Bank- und Zahlungswesen einheitlich geregelt worden sind, weil aber auch die planmässige Handelspolitik des Deutschen Reiches erst mit dem Zolltarifgesetz vom 17. Juli 1879 beginnt.

Innerhalb der 18jährigen Periode (bis 1897 inkl.) ergiebt sich nun als natürlich geschiedene Gruppe die Zeit von 1892 ab, weil mit diesem Jahre die grossen Handelsverträge in Geltung gekommen sind. Etwas schwieriger ist der andere Zeitraum bezüglich einer zutreffenden Behandlung. Deutschland ist zwischen 1879 und 1891 von dem System eines mässigen Schutzzolles zu demjenigen eines ausgesprochenen Protektionismus übergegangen. Will man genau den Zeitpunkt erfassen, wo letzteres besiegelt wurde, so wäre es nothwendig, auf das Jahr 1888 zu greifen, weil die Novelle von 1887 in der Hauptsache erst mit dem neuen Kalenderjahre in Kraft gesetzt wurde. Dann bekäme man drei Perioden von sehr ungleicher Länge, nämlich mit 8, 4 und 6 Jahren. Um dieser Ungleichheit zu entgehen, die auch nicht vermieden worden wäre, wenn man auf die erste Novelle von 1882 Rücksicht genommen hätte, zog es der Verf. vor, das Jahr 1887 selbst in die zweite Epoche hineinzunehmen. Wohl gehört damit die erste namhafte Erhöhung der wichtigeren Agrarzölle der ersten Zeit noch an;. allein die Voranstellung eines specifisch industriellen Protektionismus ist das Werk der (zweiten) Novelle von 1885, und so bezeichnet eben diese letztere den Zeitpunkt, wo die beiden Elemente des landwirthschaftlichen und des industriellen Hochschutzzolles gliedlich verbunden werden. Man kann also sowohl bei 1886 als bei 1887 abschneiden. Wer jedoch deren Zahlen mit einander im Detail vergleicht, findet die Anschauung des Verfassers, dass richtigerweise auf das zweite Jahr abgestellt würde, gewiss gerechtfertigt.

Was endlich das benutzte statistische Material anlangt, so wurden in der ersten Abtheilung ausschliesslich die Angaben des „Statistischen Jahrbuches für das Deutsche Reich" und zwar speziell die Hefte von 1887, 1892, 1897 und 1898 benutzt. Eine absolut zuverlässige Grundlage bilden nun freilich diese Veröffentlichungen nicht. Was die Berücksichtigung des gegenseitigen Verkehrs betrifft, so ist allerdings verständlich, dass die Reichsstatistik in jenen Reproduktionen der grösseren Werke über den auswärtigen

Waarenverkehr nicht allen Wünschen gerecht werden konnte. Man musste Artikel fallen lassen, die im Laufe der Zeit an Bedeutung namhaft eingebüsst hatten und konnte doch nicht wohl bei denjenigen Waaren nachholen, die erst allmählich ihren Einfluss vermehrt haben. Schwieriger ist der Fall, wo plötzliche Ausmerzungen stattfinden oder Sammelgruppen eine unkontrollirbare Veränderung in ihrem Bestande erfahren. Der Versuch, diesen Verschiebungen durch Zuhilfenahme der grossen Publikationen zu begegnen, erwies sich als erfolglos. Die Zahlen dieser Arbeit machen daher auf erschöpfende Vollständigkeit keinen Anspruch. Unter anderen Umständen wäre damit von vornherein ein nicht eben günstiges Urtheil über den Werth solcher Zusammenstellungen gegeben. Der Verf. glaubt sich jedoch auf zwei Erwägungen berufen zu dürfen. Einmal ist nach seiner Wahrnehmung der Einfluss jener Unregelmässigkeiten für das Ganze von keinem entscheidenden Einfluss — bei den enormen Beträgen kommt es auf eine hunderttausend Tonnen oder Million Mark mehr oder weniger nicht an —; dann aber beschäftigt uns hier eigentlich nur der Prozess in seinen einzelnen Stadien. Es genügt somit, wenn auch bei weniger erschöpfenden Aufzählungen bestimmte Verschiebungen wahrscheinlich gemacht und durch andere parallele resp. divergirende Bewegungen in ihrem Gewicht verstärkt werden können. Man wird auch annehmen dürfen, dass die relativen Zahlen aus längeren Perioden von jenen Fehlern weniger stark beeinflusst werden.

Für die dem zweiten Abschnitt geltenden Untersuchungen boten sich dem Verf. in der Gestalt der sogen. grünen Hefte, d. h. der Veröffentlichungen des Reichsamtes des Innern über „den auswärtigen Handel des deutschen Zollgebietes nach Herkunfts- und Bestimmungsländern in den Jahren 1880 und 1896“ scheinbar das natürlich gegebene Material dar. Ohne die erdrückende Masse von Details gaben diese Hefte gerade mit Rücksicht auf den Verkehr mit landwirthschaftlichen Produkten die Hauptzahlen wieder und waren eben deshalb auch der älteren Arbeit über „den Waarenverkehr des deutschen Zollgebietes in den Jahren

1880—89" (Stat. D. R. N. F. Band 59) unbedenklich vorzuziehen. —

Um so unerfreulicher war es, die Bedenken des Herrn Vosberg-Rekow*) gegen jene Hefte bestätigt zu finden. Es ändert nichts, dass die Fehler nicht das ganze Werk treffen. Der Verf. musste also wohl oder übel zu den jährlichen Publikationen des statist. Reichsamtes zurückgreifen, fand aber auch hier wieder eine Behandlung, welche sich mit der in jenen Heften gewählten nicht völlig vereinbaren lässt, ohne dass es möglich gewesen wäre, sich von diesem völlig loszumachen.

Der aufgewendeten Mühe entspricht das Ergebniss mithin nicht ganz: der Verf. tröstet sich damit, dass er keine Schuld trägt, dass aber auch die kleinen Abweichungen, welche auch hier wieder bei den Sammelgruppen erscheinen, die Herstellung eines den thatsächlichen Vorgängen entsprechenden Gesammtbildes nicht unmöglich gemacht haben sollten. —

A.

Wenden wir uns zur Sache selbst! In der nebenstehenden Tabelle Ia sind für die einzelnen Thiergattungen in den Perioden 1880/6, 1887—91 und 1892/7 sowohl der Stückzahl als den geschätzten Werthen nach Ein- und Ausfuhr nebst dem Endergebniss als Mehreinfuhr oder Mehrausfuhr zusammengestellt.**) — Schon der flüchtige Blick lässt die tiefgreifenden

*) Vosberg-Rekow: Die amtliche Statistik (Mittheil. d. Centralstelle f. Vorb. v Handelsvtr. 1898).

**) Um den Schwierigkeiten der Bemessung des Tonnengewichts für jede Thiergattung zu entgehen, sind in der Tabelle die Angaben benutzt, welche die Reichsstatistik über den Verkehr mit Vieh und anderen lebenden Thieren bringt. Die Zahlen stellen sich, namentlich was die Einfuhr betrifft, nicht unwesentlich höher, dennoch gewähren sie, bei ziemlich gleichbleibenden Abweichungen, immerhin ein deutliches Bild der Bewegung.

Tabelle Ia.

Jährliche Ein- und Ausfuhr an Vieh in den Perioden 1880/86, 1887/91 und 1892/97.

		Es betrug durchschnittlich jährlich					
		in 1000 Stück			in Millionen Mark		
		1880/86	1887/91	1892/97	1880/86	1887/91	1892/97
Pferde	Einfuhr	67,5	88,7	98,4	60,2	74,2	67,8
	Ausfuhr	17,6	10,1	8,9	21,1	10,8	9,8
	+ od. —	— 49,9	— 78,6	— 84,5	— 39,1	— 63,4	— 58,5
Kühe u. Stiere	Einfuhr	64,1	99,8	116,6	23,3	35,0	38,0
	Ausfuhr	54,9	12,4	4,0	17,9	3,7	1,7
	+ od. —	— 9,2	— 86,9	— 112,6	— 5,4	— 31,3	— 36,3
Ochsen	Einfuhr	18,3	19,7	59,1	6,8	6,9	20,6
	Ausfuhr	59,0	17,5	4,5	24,3	6,8	2,1
	+ od. —	+ 40,7	— 2,2	— 54,6	+ 17,5	— 0,1	— 18,5
Jungvieh	Einfuhr	66,5	67,2	79,3	6,7	12,8	18,3
	Ausfuhr	197,2	39,6	4,8	10,6	5,0	1,5
	+ od. —	+ 130,7	— 27,6	— 74,5	+ 3,9	— 7,8	— 16,8
Schweine	Einfuhr	873,1	467,6	185,9	76,5	53,0	52,8
	Ausfuhr	387,7	134,4	11,1	28,5	9,0	1,2
	+ od. —	— 485,4	— 333,2	— 474,8	— 48,0	— 44,0	— 51,6
Spanferkel	Einfuhr	184,2	142,0	12,2	1,5	1,3	0,2
	Ausfuhr	24,7	15,1	0,0	0,2	0,1	0,0
	+ od. —	— 156,5	— 126,9	— 12,2	— 1,3	— 1,2	— 0,2
Schafvieh	Einfuhr	68,7	5,0	3,5	1,4	0,3	0,3
	Ausfuhr	1329,6	746,4	812,0	82,6	17,2	7,4
	+ od. —	+ 1220,9	+ 741,4	+ 808,5	+ 81,2	+ 16,9	+ 7,1
Total	Einfuhr	221,9	208,1	268,2	175,4	183,9	197,8
	Ausfuhr	205,6	80,3	26,9	133,2	52,6	23,0
	+ od. —	— 16,3	— 127,8	— 236,8	— 40,2	— 131,3	— 174,8

Verschiebungen erkennen, welche sich in der relativ kurzen Zeit vollzogen haben. — Das Wesentliche dürfte im Nachfolgenden wiedergegeben sein:

1. Die erste Periode zeigt noch ein lebhaftes Widerspiel zwischen Ein- und Ausfuhr. Erstere hat allerdings in Summa bereits die Oberhand gewonnen — nach der Reichsstatistik welche sämmtliche lebende Thiere einbezieht, handelt es sich hier um ein jährliches Minus von 50,8 Mill. — Allein es gehen doch noch zwei Bewegungen ungestört neben einander her: Wohl bezieht das Land, um den laufenden Bedarf zu decken resp. den eigenen Viehstand auf voller Leistungsfähigkeit zu erhalten, lebende Waare von auswärts, aber in zahlreichen Kategorien hält es den Wettbewerb mit dem Auslande aus und bringt sogar eine erhebliche Mehrausfuhr zuwege, muss sich aber bereits mit relativ niedrigen Preisen resp. mit der Lieferung minderwerthiger Waare begnügen.*) Der Unterschied tritt bei Rindviehzucht und Schafhaltung am meisten hervor. Hier handelt es sich um das Abstossen von Thieren einer Gattung, die in Folge der Umgestaltung im Welthandel und in der Wollen-Industrie auf dem früheren Stand nicht mehr erhalten werden kann; hier ist auch die Aussicht auf lohnenden Absatz kaum vorhanden. Die Rinderzucht dagegen gestattet immer noch eine ansehnliche Abfuhr ins Ausland und so ergiebt sich durchschnittlich genommen immer noch ein Plus zu Gunsten der heimischen Landwirthschaft im Betrage von 16 Millionen p. a. Dass bei Pferden, Schweinen und Spanferkeln das Ausland den Vorsprung hat, ist kein ungünstiges Zeichen.

2. Demgegenüber zeigt die zweite Periode ein völlig verändertes Bild. Es ist nur noch die Schafzucht, welche

*) Es ist vielleicht gewagt, auf diesen Umstand zu viel Gewicht zu legen, nicht nur, weil hier Schätzungszahlen unterlaufen können, sondern weil auch innerhalb der Thiergattungen die Altersstufen wechseln. So ist z. B. allmählich die Ausfuhr an älteren Schafen zurückgegangen, wogegen diejenige der Lämmer zugenommen hat.

mit einem Aktivsaldo von ca. 16,9 Millionen abschliesst, in allen anderen Gattungen hat die Einfuhr die Oberhand gewonnen. Dabei kommt die kleine Abnahme der Zufuhr um so weniger in Betracht, als ihr ein stark verminderter Export gegenübersteht — nach der Reichsstatistik 8,6, für die hier behandelten Gruppen 6,3 Mill. p. a. Vorab bei der Rindviehzucht ist die Sachlage eine gründlich andere geworden. Stehen doch hier einer nicht unerheblich vermehrten Einfuhr — 54,1 gegen 36,3 Mill. jährlich — eine Einbusse von sage 37,2 Mill. der Ausfuhr gegenüber. Die ganze Periode ergiebt ein Minus von 125,3 Mill. t jährlich resp. 82,7 Mill. (nach der Reichsstatistik.)

Die Gründe des jähen Umschwunges zu erörtern, wäre hier nicht am Platze. Nur darf man jetzt wohl sagen, dass die Politik des extremen Schutzzolles gar zu einseitig die Interessen des Körnerbaues verfolgt hat. So wie die Dinge beim Viehhandel standen, konnte freilich von mehr als von mässigen Restriktionen nicht die Rede sein. Der Satz der letzteren war jedoch augenscheinlich zu niedrig gegriffen, d. h. das billiger produzirende Ausland konnte seine Waare immer noch bei uns gut anbringen, während doch unseren Landwirthen das Gegengewicht eines, wenn auch mässig rentablen Exportes nicht gewährt werden konnte.

3. Welche Deutung lassen nun aber die Mittheilungen aus der dritten Periode zu? Berücksichtigt man nur die Angaben über die Mengen resp. die Stückzahlen nach dem Durchschnitt der sechs Jahre, so wird für jeden Unbefangenen die Klage über die ungünstige Wirkung der Handelsverträge bezw. ihrer Tarifsätze zum mindesten verständlich. Die Kluft zwischen Ein- und Ausfuhr hat sich ja noch erweitert, so sehr, dass von einer ernsthaft in Betracht kommenden Ausfuhr kaum mehr gesprochen werden kann; sie deckt der Menge nach nur noch 10,9, dem Werthe nach 11,2 Proz. der Einfuhr!

Damit ist jedoch das letzte Urtheil noch nicht gefällt. Die Dinge stellen sich wesentlich anders, wenn wir die Zeit von 1892 ab in zwei Abschnitte zerlegen und für diese —

nach dem statistischen Jahrb. 1898, p. 77 zunächst die ganzen Ziffern bringen:

	Einfuhr		Ausfuhr	
	1000 t	Mill. Mk.	1000 t	Mill. Mk.
1892/94	311,2	254,5	29,1	24,8
1895/97	215,1	181,2	24,7	24,8

Daraus ergiebt sich für die letzten drei Jahre eine recht fühlbare absolute Verminderung der Einfuhr und dennoch, wenn gleich nur dem geschätzten Betrage noch, die Aufrechterhaltung einer allerdings recht bescheidenen Ausfuhr. Verfolgt man die Vorgänge im Einzelnen, so erhält man die nachstehenden Ziffern:

	Einfuhr in 1000 Stück		Einfuhr in Mill. Mk.	
	1892/94	1895/97	1892/94	1895/97
Pferde	77,6	109,2	58,0	77,6
Kühe u. Stiere	133,9	98,5	46,3	29,7
Ochsen	56,7	55,1	21,0	20,0
Jungvieh	83,3	75,3	20,2	16,4
Schweine	790,6	181,2	91,2	14,2
Schafvieh	1,7	1,9	0,4	0,2

Auf eine charakteristische Wendung der Dinge weisen diese Zahlen gewiss nicht hin. Ist es doch fraglich, ob die Abnahme bei der Zufuhr von Schweinen mit der Zunahme der eigenen Schweinehaltung oder nicht richtiger mit seuchenpolizeilichen Maassregeln in Verbindung gesetzt werden muss. Die Abnahme der Pferdezucht im Gegensatz zur Pferdehaltung tritt deutlich hervor; wer aber auf tiefere Veränderungen im Gebiete der eigentlichen Rinderzucht schliessen möchte, thut wohl gut, sich die einzelnen Jahre und ihr oft wunderliches Verhalten näher zu veranschaulichen.

Unter solchen Umständen erscheint es doch gewagt, an eine charakteristische Wendung im Sinne erhöhter Selbstständigkeit der heimischen Viehzucht zu denken; es ist aber zugleich fraglich, ob mit erhöhten Zöllen das erreicht werden kann, was man im Interesse der eigenen Landwirthe und der nationalen Unabhängigkeit wünschen möchte. Derartige Zweifel werden jedenfalls wachgerufen durch die sinkende Tendenz im rechnerischen Erfolg der letzten Jahre. Die nicht unerhebliche Verminderung des Durchschnittsbetrages für die Tonne eingeführter lebender Waare mag mit veränderten Qualitäten und Provenienzen zusammenhängen — es giebt sich später Gelegenheit, auf diesen Punkt zurückzukommen — auch der billigere Transport kann sich fühlbar gemacht haben; aber dass die Zölle auf landwirthschaftlichen Produkten den sehnlich erwarteten Effekt, die Einfuhr zu vermindern und die Preise zu steigern, nicht immer haben, dürfte auch hier sichtbar werden. Nun liegt aber wohl in der ganzen Viehzucht die Sache so, dass die Intensivirung nur bei lohnenden Preisen durchführbar ist. Also gilt es zwischen zwei Möglichkeiten zu wählen: sind die bei dem Import nach Deutschland betheiligten Länder so gestellt, dass sie bei höheren Zöllen nicht mehr liefern können, ohne dass der geregelte Absatz des einheimischen Produktes ernstlich in Frage gestellt wäre, oder ist unter den heutigen Verhältnissen für die Landwirthschaft die Viehzucht als einer der wenigen halbwegs lohnenden Betriebe so bedeutungsvoll, dass sie noch weitere Preissenkungen in den Kauf nehmen muss?

Wenn, wie wir eben gesehen, bei dem Handel mit lebender Waare Deutschland immer mehr an aktiver Bedeutung verliert und mit netto 150 Millionen Mark an die Zufuhren von aussen her gewiesen ist, so werden die Zahlen der umstehenden Tabelle Ib Niemanden überraschen, da, von allem Anderen abgesehen, die Transportabilität der thierischen Produkte eine noch höhere ist. Angenommen nämlich, dass die deutsche Landwirthschaft für sämmtliche Produkte aufzukommen hätte, wie sie die Viehzucht liefert, so müsste nicht nur mit der lebenden Waare, sondern auch mit ihren Derivaten gerechnet werden. Nun zeigt aber unsere Tabelle unwiderleglich, dass jene Annahme jeder Wahrscheinlichkeit entbehrt. Zeigen

Tabelle Ib.
Jährliche Ein- und Ausfuhr an thierischen Produkten.

	Fleisch		Schmalz		Butter		Käse		Eier	
	1000 Tonnen	Mill. Mk.	1000 Tonnen	Mill. Mk.	1000 Tonnen	Mill. Mk.	1000 Tonnen	Mill. Mk.	1000 Tonnen	Mill. Mk.
					1. Einfuhr:					
1880/86	11,6	13,8	35,9	81,4	4,7	6,7	4,3	6,4	19,6	18,2
1887/91	16,0	17,1	68,6	48,0	7,8	10,8	7,8	10,2	47,0	44,4
1892/97	80,0	25,2	88,9	60,4	7,9	11,6	9,5	12,7	80,1	69,0
					2. Ausfuhr:					
1880/86	8,4	11,2	0,0	0,0	12,6	20,2	4,0	4,8	0,4	0,4
1887/91	18,8	17,2	0,0	0,0	9,9	16,8	2,8	2,6	0,2	0,2
1892/97	8,7	4,8	0,1	0,8	6,9	13,8	1,8	1,8	0,7	0,7
					3. Mehr-Ein- oder Ausfuhr:					
1880/86	− 8,2	− 2,1	− 35,9	− 81,4	+ 7,9	+ 13,5	− 0,3	− 1,6	− 19,2	−17,8
1887/91	− 2,7	+ 0,1	− 68,6	− 48,1	+ 2,6	+ 6,0	− 5,0	− 7,6	− 46,9	−44,2
1892/97	− 26,8	− 20,8	− 88,8	− 60,1	− 1,0	− 1,7	− 7,8	− 8,4	− 79,4	−68,4

doch allein Schmalz und Eier eine Netto-Einfuhr von so erheblichen Beträgen — die Mengen steigen von 55,5 auf 168,1 t, die geschätzten Summen von 49,6 auf 128,4 Mill. Mk. jährlich — dass an deren Ersatz durch die inländische Produktion kaum jemals zu denken sein wird.

Nun liesse sich vielleicht sagen, dass jene beiden Artikel heutzutage in der Frage der Beziehungen zum Ausland nicht mehr in Betracht kommen, wie denn schon in der ersten Periode, also bereits von 1880 an, eigene Produkte dieser Gruppen nicht mehr nach aussen abgegeben werden konnten. Ist aber die Bewegung bei den anderen Waaren derart, dass sie die Zufuhren von draussen her als die spezifische Folge der Zollgesetzgebung behandeln lassen? Auch hier begegnet man der Erscheinung, die schon früher erwähnt wurde; neben der steigenden Einfuhr geht die sinkende Ausfuhr ziemlich genau in denselben Proportionen einher, so dass jedenfalls ein von der eigenen Produktion nicht völlig zu deckender Bedarf des Inlandes und erschwerter Absatz im Auslande angenommen werden muss, Beides kommt im Effekte auf dasselbe hinaus und so sahen wir denn als letztes Resultat eine Verschiebung, welche mit der beim Verkehr mit lebender Waare eine ganz auffallende Uebereinstimmung zeigt: Dies Netto-Ergebniss im Umschlag von Fleisch, Butter und Käse ist:

	in 1000 t	in Mill. Mk.
1880/86 . . .	+ 5,0	+ 9,8
1887/91 . . .	— 4,5	— 1,4
1892/97 . . .	— 35,0	— 29,6

Ueberblickt man die Entwickelung der ganzen Viehzucht, so wird fast unwillkürlich die Vorstellung wachgerufen, dass es sich um einen förmlichen Angelpunkt in dem Mechanismus unserer Landwirthschaft schwerlich handeln wird. Die steigende Benutzung des Auslandes erscheint nur als Symptom der inneren Lebensprinzipien. Für das Gros der Bevölkerung hat wenigstens vorläufig die Ernährung mit thierischen Produkten noch nicht die Bedeutung, die ihr andererwärts, z. B. in England, zukommt, und für unsere Landwirthe ist die Viehzucht — man nehme nur den starken Einfluss der Witterung — mit Gefahren verbunden, die vielleicht zu wenig gewürdigt werden. Die Handelspolitik und die Zollsätze werden somit einen wahrhaft entscheidenden Einfluss kaum zu beanspruchen haben. Das mag Vielen gewagt erscheinen; der Verf. beruft sich darauf, dass ihm kein Fall bekannt ist, wo eine ähnliche Umwälzung, eine so totale Umgestaltung der Verhältnisse, der Klagen unserer Landwirthe ungeachtet, von der Gesammtheit nahezu schweigend hingenommen wurde, während man sich über andere Betriebsfragen der Landwirthschaft übermässig erhitzte. Die Absicht dieser Betrachtung ist freilich nur, zur Vorsicht zu mahnen. Alle Welt anerkennt die Vortheile einer reichlichen Fleischnahrung — soll daraus nur abgeleitet werden, dass man dem Ausland das Befahren unserer Märkte möglichst erleichtere? Wir halten diesen Schluss nicht für richtig, so wohl uns bekannt ist, dass wir bei ansehnlichen

Zollsätzen auf billiges Fleisch nicht rechnen dürfen. Aber so sicher die Zeiten vorüber sind, wo der Landwirth billiges Fleisch liefern konnte, weil er schöne Kornpreise erzielte, so sicher kommt es darauf an, einen Betriebszweig am Leben zu erhalten, der zwar nicht viel erträgt, aber doch in Verbindung mit anderen, die aufgewendeten Kosten durchschnittlich deckt, der wie kaum ein anderer, den innern Zusammenhang zwischen Einzelbetrieb und Volkswirthschaft verbürgt und ausserdem für die Unabhängigkeit vom Ausland nahezu charakteristisch ist. Wäre so manches, was mit der Viehzucht und deren Betrieb zusammenhängt, besser geordnet, die Seuchengefahr vermindert, die Fütterung gleichmässiger und rationeller, der Viehhandel selbst besser organisirt — so würde wohl Manches sich günstiger stellen gegen den jetzigen Zustand, wo nur von getäuschten Hoffnungen berichtet wird. Und schliesslich ist es doch ein Beweis, wenn auch nicht der letzthin entscheidende — für die ungefähre Richtigkeit der bestehenden handelspolitischen Grundsätze und Normen, nicht nur, dass die gesammte Viehhaltung den heutigen Verhältnissen angepasst ist, sondern auch qualitativ und quantitativ in immerhin nennenswerthem Betrage zugenommen hat.*)

---

*) Nach dem Stat. Jahrb. für 1898, S. 26, wurden in den verschiedenen Aufnahmen gezählt (in 1000 Stück):

	Pferde		Rindvieh		Schweine	Schafe
	über 4 Jahren	unter 4 Jahren	über ½ Jahren	unter ½ Jahren		
1883	3522,5		14140,9	1645,9	9206,2	19198,7
1892	3104,7	732,6	15690,4	1865,3	12174,3	13589,6
1897	3287,5	751,0	16147,5	1973,3	14274,6	13174,3

Leider fehlt diesmal die Reduktion auf Lebendgewicht, und so erscheint die im Texte ausgesprochene Behauptung schon gewagt. Nach der allgemeinen Ansicht hat jedoch das Gesammtgewicht entschieden zugenommen, sodass der Ausfall in der Stückzahl ausgeglichen wäre.

Mit der dritten Gruppe von Artikeln, dem „Getreide“, betreten wir ein überaus wichtiges Feld, das eine eingehendere

Tabelle Ic.
Jährliche Ein- und Ausfuhr an Getreide.

	Weizen		Roggen		Buchweiz.		Hafer		Gerste		Mais	
	1000 Tonnen	Mill. Mk.	1000 Tonnen	Mill. Mk.	1000 Tonnen	Mill. Mk.	1000 Tonnen	Mill. Mk.	1000 Tonnen	Mill. Mk.	1000 Tonnen	Mill. Mk.
						1. Einfuhr:						
1880,86	502,7	86,9	718,7	94,4	14,7	1,6	282,1	27,7	842,2	50,2	229,0	26,6
1887/91	596,4	98,9	814,6	92,8	28,4	8,1	182,9	19,1	618,7	80,4	807,7	82,8
1892/97	1220,5	158,7	720,2	68,8	25,2	2,9	885,8	88,1	926,8	98,8	745,5	61,8
						2. Ausfuhr:						
1880/86	61,9	18,1	11,4	1,9	0,0	0,0	27,2	4,0	79,5	15,6	0,2	0,0
1887/91	1,1	0,2	1,2	0,2	0,0	0,0	2,8	0,8	15,4	2,8	0,0	0,0
1892/97	66,0	8,7	88,9	8,8	0,1	0,0	21,1	2,1	20,9	8,4	0,1	0,0
						3. Netto-Mehr-Ein- (und Aus-)fuhr:						
1880/86	440,8	78,8	702,8	92,5	19,7	1,6	204,9	28,7	262,7	44,6	228,8	26,6
1887/91	595,8	98,7	818,4	92,1	28,4	8,1	180,6	18,8	598,4	86,8	807,7	82,8
1892/97	1154,5	145,7	681,8	65,0	25,1	2,9	814,7	81,0	915,4	95,4	745,5	61,8

Betrachtung wohl verdiente; die Beschränkung ist jedoch durch die Fassung des Themas gegeben.

Der erste Eindruck gilt dem starken Gegensatz im Verhalten der drei Perioden. Dass der 1879 eingeführte „Ordnungszoll“ die Einfuhr nicht wesentlich beeinflusst hat, ist längst zugestanden und ebenso weiss man, dass der explicite Schutzzoll der zweiten Periode nur regulirend gewirkt hat. Immerhin ist die durchschnittliche Einfuhr in dieser Zeit um ein volles Viertel gestiegen. Was will aber diese Zunahme besagen gegenüber der Steigerung der letzten Periode, welche in Summa der ersten gegenüber ein Plus von 106,3 und gegen die zweite ein solches von 52,0 Proz. aufweist! Man berufe sich nicht darauf, dass der Roggen, die Hauptbrotfrucht des Landes, von auswärts her in absolut und relativ geringeren Mengen geliefert wird. Das könnte ja damit zusammenhängen, dass das Weizenbrot stärkere Verbreitung gewinnt, und solches wäre für die heimische Landwirthschaft nicht weniger bedenklich. Auch mit der Zunahme der Bevölkerung, die von 1880 bis 1897 um höchstens 20 Proz. gestiegen ist, oder mit dem durch vermehrten Wohlstand gesteigerten Verbrauch an Brotfrucht etc. sollte nicht gerechnet werden. Denn wenn die landwirthschaftliche, ihre Produkte direkt konsumirende Bevölkerung abgenommen hat, muss mehr inländisches Getreide auf den Markt kommen; die Zufuhren von aussen her wären folglich erst recht entbehrlich.

Bedeutsamer erscheint dem Verf. ein anderer Umstand, der obendrein mit der hier zu erörternden Frage im engsten Zusammenhange steht. Offenbar hat man sich, irre geführt durch die Klagen über die wachsende Konkurrenz des Auslandes der Vorstellung hingegeben, als bringe der internationale Handel der Landwirthschaft eitel Nachtheil und Schaden. In dieser Allgemeinheit ist das nicht richtig: es trifft zu für diejenigen Produkte, wo In- und Ausland auf denselben Absatz rechnen, es stimmt nicht, wenigstens nicht nothwendigerweise zu denjenigen Körnerfrüchten, deren der Landwirth im Interesse seiner eigenen Wirthschaft bedarf, die er aber in gleicher Güte und Menge weder selbst herstellen noch im Inlande beziehen kann.

Wir möchten also unterscheiden zwischen den eigentlichen Brotfrüchten und den Früchten, die den Charakter von Roh- und Hilfsstoffen besitzen. Diese Scheidung völlig durchzuführen, ist unmöglich. Da es sich hier jedoch nur um eine Demonstration handelt, so wird es erlaubt sein, dorthin Roggen, Weizen und Buchweizen, hierher Hafer,

Gerste und Mais zu nehmen, in der Voraussetzung, dass die beiderseits erfolgenden Auswechslungen sich in der Hauptsache ausgleichen.

Die beabsichtigte Scheidung wäre unvollständig ohne die Berücksichtigung der sog. Mühlenfabrikate einer- und des Malzes andererseits. Beide repräsentiren in etwas veränderter Form Körnerfrucht, auch bei ihnen kommen die zwei Bezugsquellen in Betracht, und, was unsere Mühlenindustrie im Besonderen anlangt, so wissen wir, dass sie an der Einfuhr fremden und höher qualifizirten Getreides, welche sie alsdann wieder in erhebliehen Mengen über die Grenze schieben, einen starken Antheil nehmen. Um auch die Mengen hin- und herüber ungefähr auf den gleichen Nenner zu bringen, ist die Mehlausbeute auf 70 Proz. angenommen worden, was wahrscheinlich im Durchschnitt zu günstig gerechnet ist. Es folgen demnach die absoluten Zahlen in Menge und Werth für die drei Perioden und dann, ebenfalls nach Gruppen getrennt, die relativen Zahlen zur Periode 1880/86:

Die Netto-Mehreinfuhr beträgt:

	in 1000 Tonnen			in Mill. Mk.		
	1880/86	1887/91	1892/97	1880/86	1887/91	1892/97
a) In absoluten Zahlen:						
1. beim Brotgetreide ..	1019,5	1253,3	1624,0	157,3	169,0	197,8
2. bei den anderen Körnerfrüchten	744,0	1159,4	2040,1	82,5	128,2	185,7
b) In relativen Zahlen (zu 1880/86):						
1. beim Brotgetreide ..	100,0	122,93	159,29	100,0	107,44	125,75
2. bei den anderen Körnerfrüchten	100,0	155,93	274,21	100,0	155,5	228,65

Nach des Verf. Auffassung ist die doppelte Wahrnehmung, dass im Verhalten der beiden Gruppen schon bis zur ersten Periode die Differenzirung beginnt, dass sie sich aber bis zur dritten immer schärfer ausprägt, durchaus verständlich. Für den einsichtigen Landwirth, der mit den gegebenen Verhältnissen zu rechnen entschlossen ist, war die Aufgabe klar. Sie bestand darin, sich nach der einen Richtung zu entlasten, um nach der anderen hin doch noch ein gewisses Resultat zu erreichen. Mit dem gegebenen Areal gleichzeitig den Anbau von Brotkorn dem steigenden Bedarf entsprechend zu vermehren und daneben doch noch den Viehstand nicht nur zu halten, sondern ebenfalls zu heben, war unmöglich. Daher musste für die Lieferung von Futtermitteln das Ausland herangezogen werden. In diesem Sinne hat später noch die modifizirte Gesetzgebung über die Besteuerung von Branntwein mit dem doppelten Grundsatz der Begünstigung landwirthschaftlicher Nebenbetriebe und der periodischen Kontingentirung gewirkt. — Nur eine Schwierigkeit kann hier lähmend wirken, und das sind wechselnde Einfuhrzölle, weil sie die sichere Kalkulation ungemein erschweren. Was sich also, unter dem Druck der bestehenden Verhältnisse, schon während der Dauer des autonomen Zolltarifs anbahnt, muss unter dem System der Handelsverträge zu voller Entwicklung gebracht werden können. Die mitgetheilten Zahlen beweisen, dass unsere Landwirthe die dargebotene Gelegenheit nicht unbenutzt gelassen haben, dass aber auch die Zollsätze der Handelsverträge nicht ganz so falsch gegriffen waren, wie vielfach behauptet wird. Wohl haben sich in beiden Gruppen die Preise gesenkt, allein damit entsteht auch für unsere Landwirthe die Frage, ob eine Revision dieser Tarife nicht eine stärkere Sonderbehandlung der beiden Gruppen anzustreben habe. Ob das konsumirende Publikum und die spezifischen Exportinteressen geneigt wären, sich darauf einzulassen, das wird sich wohl ziemlich bald herausstellen. Was aber auch die Zukunft bringen möge, wir halten es für sehr beachtenswerth, dass nunmehr die deutsche Landwirthschaft dem Import gewisser Körnerfrüchte ein aktives Interesse entgegenbringt. Ob die Formulirung so gewählt wird, wie es hier geschieht, oder ob man erklärt, Deutschland könne noch heute mit dem im Inland erzeugten Brotkorn ausreichend versorgt werden, ist wohl gleichgültig.

Steht diese Behandlung auf dem Boden der thatsächlichen Vorgänge, so erklärt sie uns die allmähliche Gestaltung der Dinge in der vierten Gruppe, wo die wichtigsten anderen Ackergewächse und Körnerderivate zusammengefasst sind. —

Tabelle Id.

Jährliche Ein- und Ausfuhr in sonstigen Ackergewächsen und Körnerderivaten.

	Hülsenfrüchte, Küchengewächse		Kartoffeln		Mühlenfabrikate		Malz		Hopfen	
	1000 t	Mill. Mark	1000 t	Mill. Mark	1000 t	Mill. Mark	1000 t	Mill. Mark	1000 t	Mill. Mark
a) Einfuhr:										
1880/86	62,0	9,7	88,4	1,4	58,7	15,2	55,1	18,8	1,4	6,2
1887/91	96,8	18,5	97,8	5,2	17,5	4,6	71,8	16,8	1,5	5,6
1892 97	144,8	18,8	157,7	6,2	88,2	7,8	82,8	19,1	2,7	9,1
b) Ausfuhr:										
1880/86	148,8	20,6	267,6	16,4	111,9	25,2	8,1	2,4	11,6	86,8
1887/91	108,9	6,1	182,2	6,9	184,8	24,5	1,7	0,5	11,9	81,9
1892/97	21,6	8,5	78,8	8,9	178,7	22,9	6,8	1,7	9,4	25,9
c) Mehr-Ein- oder Ausfuhr:										
1880/86	+ 86,8	+11,4	+284,2	+15,2	+ 57,8	+10,6	— 47,0	—10,9	+10,2	+29,9
1887/91	+ 17,1	— 7,1	+ 84,4	+ 1,7	+116,8	+19,9	— 69,6	—16,8	+10,4	+26,8
1892/97	—122,7	—14,8	— 88,9	— 2,8	+185,5	+15,1	— 75,5	—17,4	+ 6,7	+16,8

Von Hause aus sind nämlich deren Mehrzahl — eine Ausnahmestellung kommt nur den Hülsenfrüchten und dem Malz zu — befähigt, dem Ausland die Waage zu halten. Mögen auch bei einigen im Laufe der Zeit kleine Verschiebungen, d. h. Verminderungen der Ausfuhr und Begünstigung der Einfuhr, sich geltend machen, das Gesammtresultat sollte immer noch zu Gunsten der Ausfuhr ausfallen.

Nun machen sich aber im Laufe der Zeit jene beiden Ansprüche geltend, von denen vorhin die Rede war: die eigene Urproduktion mitsammt der an sie angelehnten Industrie vermag nicht mehr der numerisch wie qualitativ gesteigerten Nachfrage zu genügen, d. h. sie beschränkt ihre Lieferungen auf den Bedarf des eigenen Hauses und der nächsten Umgebung, lässt also dem Konsum im Uebrigen freie Hand. Oder sie benutzt die auswärtigen Zufuhren für den eigenen Betrieb, dessen gesteigerten Ansprüchen sie nicht mehr entsprechen kann. Natürlich stets unter Festhaltung des Vortheils, der dabei erwartet werden kann. — Bei den Hülsenfrüchten (mit Ausnahme der Wicken) findet denn auch eine Verminderung der Anbaufläche statt — sie gelten nicht als besonders sicher; der Anbau von Kartoffeln lässt sich dagegen ausdehnen, wenngleich vom Ausland starke Massen von Brennkartoffeln eingeführt werden. — —

Trotzdem wird man zugeben müssen, dass die Verschiebung — der Export sinkt von der ersten bis zur dritten Periode auf die Hälfte, während der Import um mehr als das 3fache steigt — was auffallend stark ist. Eine völlig befriedigende Erklärung hätte also noch andere Gründe heranzuziehen. Nimmt man noch hinzu, dass die Abgabe von Mehl an das Ausland, einer nicht unerheblichen Zunahme ungeachtet, in den Geldbeträgen langsam, aber stetig abnimmt, so ist es ein wahrer Zufall zu nennen, dass die ganze Gruppe nur mit einem kleinen Saldo zu Gunsten des Auslandes abschliesst. Die pièce de résistance, der Hopfen, scheint freilich den Wandel der Zeiten auch nicht aufhalten zu können.

Bis jetzt hatten uns lauter Artikel beschäftigt, die in ihrem Verhalten bei Ein- und Ausfuhr ziemlich übereinstimmend die gleiche Bewegung erkennen liessen: die Einfuhr steigt, die Ausfuhr fällt, obendrein in so starken Sätzen, dass von ihr bald kaum mehr gesprochen werden kann; ebenso war in der Hauptsache das letzte Resultat überall ein erhebliches Plus an Einfuhr oder die empfindliche Störung innerhalb der Zahlungsbilanz, des äusseren Verkehrs mit landwirthschaftlichen Erzeugnissen. Die nachstehende Tabelle Ie,

Tabelle Ie.

Jährliche Ein- und Ausfuhr an Sämereien und Futtermitteln.

	Sämereien		Kleie		Oelkuchen	
	1000 t	Mill. Mk.	1000 t	Mill. Mk.	1000 t	Mill. Mk.
			a) Einfuhr:			
1880/86 . . .	22,4	17,4	124,7	10,7	96,0	12,6
1887/91 . . .	29,8	25,4	331,0	24,0	203,8	25,0
1892/97 . . .	31,9	28,3	491,7	35,2	339,7	35,6
			b) Ausfuhr:			
1880/86 . . .	8,6	8,6	38,9	3,8	32,9	4,7
1887/91 . . .	16,5	13,8	49,4	4,2	45,8	5,4
1892/97 . . .	21,7	20,2	26,1	2,0	91,1	9,8
			c) Netto-Ein- oder Ausfuhr:			
1880/86 . . .	— 13,8	— 8,8	— 85,8	— 6,9	— 63,1	— 7,9
1887/91 . . .	— 13,3	— 11,6	— 281,6	— 20,6	— 158,1	— 19,6
1892/97 . . .	— 10,2	— 8,1	— 465,6	— 33,2	— 248,6	— 25,8

in welcher 4 bis 5 Positionen zu drei Unterabtheilungen „Sämereien und Futtermittel“ zusammengefasst sind, zeigt nun eine nicht unerhebliche Modifikation. Freilich nicht in dem Sinne, dass die Ausfuhr die Einfuhr überholt oder überhaupt jemals erreicht hätte. Bei den in Frage stehenden Produkten, die das Ausland durchschnittlich besser, jedenfalls billiger und regelmässiger liefern kann, die auch ohne Ausnahme reine Betriebsmittel der Landwirthschaft darstellen, wäre derartiges kaum verständlich. Da nun insbesondere die Zufuhr von Futtermitteln für die verstärkte und rascher umsetzende Viehzucht ganz unentbehrlich ist, muss von Periode zu Periode das vom Ausland bezogene Quantum steigen, wie denn auch andererseits gute Saatwaare an Bedeutung gewinnen wird. — Das Eigenthümliche dieser ganzen Gruppe besteht vielmehr in einem unter den gegenwärtigen Umständen sicherlich beachtenswerthen Steigen der Ausfuhr, und so ist es denn auch ein ehrenvolles Zeichen für das ernste Streben innerhalb der deutschen Landwirthe, dass der Absatz von Saatgut zwar langsam, aber stetig in die Höhe geht, so dass auch die Netto-Einfuhr eine Abnahme zu erkennen giebt.*)

Die letzte Gruppe mit den „Genussmitteln", soweit solche mit der heimischen Landwirthschaft in unmittelbarer Beziehung stehen (s. Tab. If auf S. 37) zerfällt, wie der erste Blick lehrt, in zwei scharf abgegrenzte Theile. Bei Obst und Wein der Abhängigkeit vom Ausland zu entgehen, wird nicht leicht gelingen und ist bei dem nach „höherem Lebensgenuss" haschendem Publikum auch für die Folgezeit erschwert, da hier sehr steigerungsfähige Konsumtionen die Vorhand bekommen. Anders stehen die Dinge bei Bier, Branntwein, Zucker und dessen Nebenprodukten. Die bezüglichen Betriebe sind nicht nur sichergestellt durch die spezifische Gestaltung der Bodenbenutzung, sie stehen nicht nur im engen Zusammenhang mit einer von langer Hand her gepflegten Konsumtion, die auch auswärts allmählich zahlreiche Anhänger gefunden hat; unsere Regierungen waren auch

*) Die Angaben über die „Sämereien" sind nicht ganz zuverlässig, weil erst in den letzten Heften der Jahrbücher Ein- und Ausfuhr gleichmässig für Klee- und Grassaat dargestellt sind und der Verkehr in „sonstigen Sämereien" nnr bei den Handelsvertragsstaaten berücksichtigt werden konnte.

Tabelle If.

Jährliche Ein- und Ausfuhr an Genussmitteln.

	Obst		Wein		Bier		Branntwein		Zucker etc.	
	1000 t	Mill. Mark	1000 t	Mill. Mark	1000 t	Mill. Mark	1000 t	Mill. Mark	1000 t	Mill. Mark
a) Einfuhr:										
1880/86	71,1	17,5	54,8	86,9	18,7	2,7	5,8	5,9	9,0	8,0
1887/91	121,8	28,2	69,8	41,8	28,9	5,0	4,6	7,5	7,8	2,8
1892/97	164,6	40,5	78,8	42,1	58,8	7,8	10,1	9,4	2,9	1,2
b) Ausfuhr:										
1880/86	27,1	5,4	18,9	17,0	182,0	21,8	76,8	88,9	500,9	166,0
1887/91	22,4	7,5	17,9	18,2	99,8	17,1	87,9	14,0	708,0	191,5
1892/97	15,4	5,9	20,7	20,6	77,4	15,0	21,7	5,9	898,6	218,6
c) Netto-Ein- oder Ausfuhr:										
1880/86	− 48,9	−12,1	− 85,9	−19,9	+118,8	+18,6	+ 70,5	+28,5	+491,9	+168,0
1887/91	− 98,9	−20,7	− 51,4	−28,1	+ 75,9	+12,1	+ 88,8	+ 6,5	+695,7	+189,2
1892 97	−151,0	−84,7	− 58,1	−21,5	+ 18,6	+ 6,8	+ 11,6	− 8,5	+890,6	+217,4

eifrig bemüht in der schwierigen Aufgabe, diese Betriebe zu kräftigen und um so erfolgreicher für steuerliche Zwecke auszubeuten.

Den genannten Industrien verdankt nun zwar die ganze Gruppe einen vortheilhaften rechnerischen Abschluss, den keine andere aufzuweisen hat. Und dennoch ist es nicht dazu angethan, das letzte Urtheil über die Erfolge unserer Handelspolitik günstig zu beeinflussen. Die Schwierigkeiten sind allerdings nicht gering. Die bezüglichen Produktionen können in der gemässigten Zone so ziemlich überall festen Fuss fassen und bieten stets den Regierungen die Aussicht auf eine erkleckliche Finanzquelle. Dadurch geräth jedes Land, welches nicht nur die Einfuhr regeln, sondern auch die Ausfuhr fördern möchte, in eine gewisse Verlegenheit. Selber nicht in der Lage, Konzessionen zu machen, wird man solche von Anderen kaum zu erlangen wissen. Bei alledem wird die Bemerkung nicht unterbleiben dürfen, dass die Klagen über ungenügende Wahrung der Landesinteressen hier eine feste Stütze haben. Weshalb ist nicht wenigstens der beim Zucker eingeschlagene Weg durchaus festgehalten worden? Es mag schwierig sein, dem Absatz bestimmte Wege offen zu halten; um so leichter ist es, den Zufluss von aussen her einzudämmen. Beim Bier könnte höchstens geltend gemacht werden, dass kein Grund vorlag, die gross kapitalistische Brauerei in ihren Koalitionsbestrebungen zu unterstützen. Bei Obst, Wein*) und Branntwein liegt kein solches Motiv vor, denn den berechtigten Interessen der feineren Konsumtion stehen die noch wichtigeren Forderungen der heimischen Ur-Produktion gegenüber. In dieser Gruppe gipfelt zudem der mit der Landwirthschaft enger verbundene Export; hier musste also mit dem Ausland viel genauer gerechnet werden, als geschehen zu sein scheint. Zwei Beispiele genügen. Serbien bezieht nicht einen einzigen Artikel landwirthschaftlichen Ursprungs und scheint nicht in der Lage zu sein, sich an der Einfuhr von Körnern und Viehwaare stark zu betheiligen. Dagegen kommt der Absatz von Obst und Wein in Betracht, und in beiden Zollsätzen hat man ihm dieselben Sätze zugestanden, wie sie bei den anderen Staaten gelten. In Rumänien hat bis jetzt nur unser Zucker Eingang gefunden, trotzdem lässt man sich bei den Verhandlungen von 1892 auch diesen einen Posten wegnehmen. — Wir rühmen uns so gerne mit den Produkten und Fabrikaten dieser Gruppe; wäre es wirklich nicht möglich gewesen, bei der Inauguration des Vertragsprinzips ihnen ganz oder theilweise einen gewissen Markt zu sichern oder doch gegen

---

*) Nach dem Stat. Jahrb. von 1898 betrug in den 9 Jahren 1889 bis 1897 die jährliche Einfuhr von Schaumwein 4,6, die Ausfuhr nur 1,9 Mill. Mk., während sich die Mengen auf 9 und 14,9 Mill. t jährlich belaufen. Die Relationen im Champagnerzoll können danach nicht diejenigen sein, welche unserer Industrie die gebührende Stellung sichern. Der hier vielleicht unvermeidliche Ausweg des Werthzolles ist nicht benutzt worden.

die ausländische Konkurrenz besser zu vertheidigen? Dass die Situation in relativ kurzer Zeit eine ungünstigere geworden, zeigen die mitgetheilten Zahlen noch deutlicher, wenn wir ihnen eine einfachere Gestalt geben:

Die jährliche Netto-Mehr-Ein- resp. Ausfuhr betrug bei

	Obst und Wein		Bier und Branntwein		Zucker		Zusammen	
	Mengen	geschätzt. Werth	Mengen	geschätzt. Werth	Mengen	geschätzt. Werth	Mengen	geschätzt. Werth
1880/86	— 82,9	— 82,0	+ 190,8	+ 86,6	+ 401,9	+ 168,9	+ 601,8	+ 177,6
1887/91	— 150,8	— 88,8	+ 99,2	+ 18,4	+ 695,7	+ 189,2	+ 654,6	+ 164,4
1892/97	— 212,8	— 56,5	+ 80,8	+ 8,7	+ 840,9	+ 216,4	+ 718,5	+ 165,0

Danach hätte sich die Sachlage ziemlich gleichmässig überall verschlechtert, was bei den hier in Frage kommenden grossen Summen doppelt beachtet werden sollte. Ist doch auch der Absatz von Zucker nachgerade an Bedingungen geknüpft — der Durchschnittswerth ging hier, die zwei äussersten Perioden mit einander verglichen, von 331,5 auf 244,5 Mk. p. t zurück —, dass eine mässige Veränderung auf dem Weltmarkte genügt, Verluste herbeizuführen, wofür der heimischen Produktion kein Ersatz geboten werden kann.

Noch Eins: Dass sich die Situation der Landwirthe nicht verbessert habe, dürfte kaum mehr behauptet werden, wenn erst die von Regierungen und Landwirthschaftsrath eingeleiteten Erhebungen abgeschlossen vorliegen. Geht der Preis des Zuckers noch weiter zurück, so steht diejenige Kulturpflanze in Frage, welche in den letzten Dezennien den Landwirthen allein noch direkte und indirekte Vortheile brachte. Bleibt es ferner bei der ungünstigen Entwickelung, wie sie Bier und Branntwein zu nehmen drohen, so sind ausserdem zahlreiche Betriebe von gemischtem landwirthschaftlichem und gewerblichem Charakter in Frage gestellt. Die Anordnungen an der Grenze sind nicht nur in rein wirthschaftlichem Sinne, sondern auch sozial und politisch von grösstem Einfluss.

B.

So unentbehrlich die Erörterung von Einzelerscheinungen war, so dürfte es doch wünschenswerth sein, sich durch Vergleichung der Vorgänge unter einander und mit dem Ganzen einen wirklichen Gesammteindruck zu verschaffen. Auch bei der Landwirthschaft muss mit dem Moment der Beweglichkeit und Anpassung gerechnet werden, das bei dem industriellen Wettbewerb typisch geworden ist und uns daran mahnt, dass die Form der Lieferung nicht alles entscheidet. Hier kommt freilich noch die Frage nach der Wirkung der handelspolitischen Systeme hinzu, die wir unter keinen Umständen lediglich auf Grund vereinzelter That-

Tabelle

Jährliche Ein- und Ausfuhr an landwirthschaftlichen Erzeug

Waaren-Gruppen	Es betrug durchschnittlich die Einfuhr in 1000 t			in Mill. Mk.			Es betrug durch Aus in 1000 t		
	1880/86	1887/91	1892/97	1880/86	1887/91	1892/97	1880/86	1887/91	1892/97
I. Lebende Waare*) . .	221,9	208,1	263,2	205,4	188,9	197,8	205,6	80,3	26,9
II. Thierische Produkte . .	76,0	141,2	216,4	76,0	125,0	178,9	25,4	25,9	18,2
III. Getreide . .	2084,3	2548,7	3978,5	287,4	321,1	418,6	180,0	20,0	147,0
IV. Andre Feldgewächse u. Körnerderivate	205,6	284,0	480,2	44,8	45,7	60,5	548,0	332,0	285,3
V. Sämereien u. Futtermittel	248,1	564,6	868,3	40,7	74,4	99,1	80,4	111,7	188,9
VI. Genussmittel	158,9	226,4	310,2	66,0	84,8	101,0	755,7	881,0	1028,7
Summa	2984,9	3968,0	6045,8	728,3	884,4	1055,9	1795,1	1500,9	1640,0

*) Um auch bei den Mengen volle Vergleichbarkeit zu erreichen, lebende Thiere benutzt. Immerhin sind die Geldbeträge dieselben

sachen oder nach den Verhältnissen eines einzelnen Berufszweiges entscheiden möchten. — Es folgen demnach die Zahlen der sechs Gruppen mit Ein- und Ausfuhr nebst Netto-Ergebniss nach Mengen*) und geschätztem Werth im Jahres durchschnitt der drei Epochen (s. untenstehende Tab. IIa).

*) Die Zahlen sind, soweit hier die lebende Waare in Betracht kommt, der Reichsstatistik entnommen, daher höher, weil dort zu dem eigentlichen Vieh der früheren Tabellen noch andere Thiere kommen.

Bei diesem Anlass sei bemerkt, dass im Interesse einer vollständigen Wiedergabe des Verkehrs mit den Handelsvertragsstaaten die Angaben der Statist. Jahrbücher bei einzelnen Positionen entweder, wie z. B. bei der Grassaat, nach späteren Mittheilungen ergänzt oder nach den grünen Heften um die entsprechenden Positionen vermehrt werden mussten. Hierher gehören ganz die „sonst. Sämereien", theilweise „Mais", „Küchengewächse" und (für die erste Periode) die Zahlen für „Grassaat".

II a.

nissen in den Perioden 1880/86, 1887/91 und 1892/97.

schnittlich die fuhr in Mill. Mk.			Die Netto-Einfuhr (—) und -Ausfuhr (+) betrug in 1000 t			in Mill. Mk.		
1880/86	1887/91	1892/97	1880/86	1887/92	1892/97	1880/86	1887/91	1892/97
188,2	52,6	28,2	— 16,8	— 127,8	— 286,8	- - 40,2	— 181,8	— 174,6
86,6	86,8	20,9	— 50,7	— 115,8	— 208,2	— 89,4	— 88,7	— 158,0
84,6	8,5	18,8	— 1854,8	— 2588,7	— 8825,9	— 252,8	— 817,6	— 400,8
100,9	69,9	57,8	+ 842,4	+ 197,1	— 144,9	+ 86,1	+ 24,2	— 2,7
17,1	28,4	82,0	— 162,7	— 452,8	— 724,4	— 24,6	— 51,0	— 58,1
248,6	248,8	266,0	+ 608,0	+ 654,6	+ 718,5	+ 177,6	+ 164,4	+ 165,0
566,0	484,0	418,2	— 1189,7	— 2467,1	— 4416,8	— 154,8	— 400,4	— 687,2

sind hier die im Jahrbuch enthaltenen Gruppenzahlen für Vieh und als in Tabelle Ia.

Die Schlusszahlen der Tabelle IIa bestätigen unsere allgemeinen Erwägungen über Wesen und Wirkung des autonomen Zolltarifs, geben aber auch zu erkennen, dass man — im Grossen und Ganzen genommen — dem Grundsatz des Handelsvertrages keine tiefer greifende Wirkung zuschreiben darf. Das autonome System hat bei uns weder die Zunahme der ausländischen Konkurrenz aufzuhalten noch die Schwierigkeiten des Absatzes nach aussen fernzuhalten vermocht. Dass dem Export auch der Systemwechsel wenig bringen werde, war vorauszusehen. Ist doch auch anzunehmen, dass unsere Landwirthe im Inland allmählich einen ungefähr gleichwerthigen Ersatz gefunden haben. Aber der Import sollte doch auf ein bestimmtes Maass zurückgebracht werden. Eben diese, der dritten Periode gestellte Aufgabe ist gleichfalls nicht gelöst worden. Es müssen also mit der Zeit die Gegensätze immer grösser, die Konflikte immer schärfer werden.

Mit dem summarischen Ergebniss der Tabelle IIa wird sich freilich Keiner zufrieden geben dürfen. Nicht nur deshalb, weil das schliessliche Resultat überall ein negatives wäre, sondern auch deshalb, weil das in der reinen Zahl enthaltene qualitative Moment erst durch die Gegenüberstellung weiterer Zahlenreihen wird ermittelt werden können.*) Wir fragen also erstens:

Wie stellt sich die in der Tabelle nachgewiesene Mehr-Einfuhr der drei Perioden zur mittleren Volkszahl? Legt man 1. das Mittel der Volkszählungen von 1880 und 1885, 2. die Ziffer von 1890 und 3. die von 1895 zu Grunde, so ergiebt sich für den Kopf der Bevölkerung durchschnittlich jährlich ein Bezug von 248,410 und 122,2 kg und eine an das Aus-

---

*) Dass es nicht unbedenklich ist, ausschliesslich mit den Geldbeträgen zu operiren ohne Rücksicht auf die veränderte Waarenlieferung, zeigt die Gestaltung der Durchschnittswerthe für die ausgeführte Tonne, je nachdem die lebende Waare mitgezählt wird oder nicht. Dasselbe beläuft sich auf:

	1880/86	1887/91	1892/97
Gruppe I—VI	Mk 300	Mk. 232	Mk. 265
„ II—VI	„ 264	„ 251	„ 246

land zu zahlende Schuld von Mk. 2,35, Mk. 8,10 und Mk. 12,22 für rein landwirthschaftliche Erzeugnisse, woraus immerhin abzuleiten wäre, dass die Bewegung an Energie und damit an Schreckhaftigkeit verliert. Absolut genommen, ist zwar die Steigerung von der zweiten zur dritten Epoche namhaft genug; der Unterschied gegenüber dem ersten Zeitraum liegt jedoch in der relativen Progression; hier handelt es sich bei den Werthen um ein Plus von 50, dort um ein solches von nicht ganz 228 Prozent.

Das ist an sich nicht werthlos, allein die Verschärfung des Gegensatzes wird nicht beseitigt. Das zeigt sich sehr deutlich, wenn man einmal jede Periode mit der unmittelbar vorhergehenden vergleicht. Damit ergeben sich:

	bei der Einfuhr		bei der Ausfuhr	
	nach Mengen	nach Werth	nach Mengen	nach Werth
für 1887/91	135,2	115,7	83,6	76,7
für 1892/97	152,5	128,5	109,3	94,0

Der Eindruck dieser Zusammenstellung ist gewiss nicht günstig, aber auch nicht klar noch einheitlich. Bei der Einfuhr steht der Steigerung der Tonnenzahl die Senkung des Durchschnittserlöses gegenüber; das Resultat wäre somit ein zweifelhaftes, sofern gleichzeitig die Absatzbedingungen für heimische Waare ungünstigere geworden sind. Diese Folge nachzuweisen, ist mit den hier verfügbaren Mitteln nicht möglich, da doch der Grund der Verbilligung in den Transportkosten liegen könnte. — Andererseits könnte man sich darauf berufen, dass in der letzten Periode eine Steigerung in der Abfuhr von Agrarprodukten erzielt worden ist, wenn nicht dabei ebenfalls eine Minderung der Geldbeträge nachgewiesen würde. Die Erwartung derer, welche eine Besserung der Verhältnisse nur im Fall eines Erfolges auf beiden Punkten anerkennen wollen, ist somit nicht erfüllt. Die Gegenüberstellung der Durchschnittserlöse bei Ein- und Ausfuhr scheinen immerhin zu Gunsten der letzteren zu sprechen;*) wir legen jedoch nicht zu viel Gewicht darauf, weil im einen Falle mehr als im anderen Qualitätsveränderungen eingewirkt haben können.

Sehr viel bedeutsamer ist scheinbar eine andere Vergleichung, zu welcher die Tabelle IIa Anlass giebt. Danach kommen der Ausfuhr folgende Prozente der Einfuhr zu, nämlich:

	bei den Mengen	bei den Werthen
1880/86	61,2 %,	73,6 %,
1887/91	37,8 "	52,0 "
1892/97	27,1 "	39,6 "

Die wenigen Zahlen kennzeichnen in der That die heutige Sachlage in voller Schärfe. Es könnte wohl geltend gemacht werden, dass der Umschlag bereits in der zweiten Periode beginnt, wenn nicht zugleich anerkannt werden müsste, dass der vorhin erwähnte Erfolg bei der Ausfuhr der dritten Periode sich nachträglich als ein ganz nebensächlicher herausstellte. Der ungünstige Eindruck verstärkt sich übrigens, wenn wir die Einfuhr- und Ausfuhrzahlen in landwirthschaftlichen Erzeugnissen mit den Mittelzahlen des Gesammtverkehrs der drei Perioden ins Verhältniss setzen**) (s. nächste Seite). Danach nehmen die Agrarprodukte in Anspruch:

	bei der Einfuhr		bei der Ausfuhr	
	Mengen	Werth	Mengen	Werth
1880/86	18,04 %	23,41 %,	9,44 %	17,86 %,
1887/91	15,75 "	21,46 "	7,67 "	12,75 "
1892/97	18,02 "	24,05 "	6,95 "	12,30 "

Wohl zeigt sich, dass die Einfuhr in Agrarprodukten nur vorübergehend fühlbar vermindert werden konnte und zuletzt die Sätze der ersten Epoche nicht zu überschreiten vermochte; unsere Aufmerksamkeit lenkt sich aber naturgemäss auf die im stetem Niedergang begriffenen Ausfuhrziffern.

*) Die Tonne stellt sich im Mittel:

	bei der Einfuhr	bei der Ausfuhr
1880/86	245,4 Mk.	305,4 Mk.
1887/91	210,3 "	282,6 "
1892/97	162,7 "	255,0 "

Der Schluss ist damit für Jeden gegeben, der aus den Zahlen Belehrung holen will!

Verf. bezeichnete vorhin das Ergebniss der beiden Vergleichungen als ein nur scheinbar ungünstiges. Es käme also darauf an, dieses Urtheil zu rechtfertigen. So wenig nun hier Gelegenheit geboten ist, alle Punkte zu erörtern, so ist es doch wohl zulässig, die Grundfrage zu streifen, ob wirklich, wie Viele meinen, für die landwirthschaftlichen Produkte Einfuhr und Ausfuhr als die unerlässlichen Komponenten eines und desselben Mechanismus behandelt werden dürfen? Bei der Industrie liegen die Dinge anders, weil hier, je nach den Verhältnissen, nicht nur Roh- und Hülfsstoffe in beiderlei Richtung über die Grenze zu gehen haben, sondern auch ein gewisser Wettbewerb in fertigen Fabrikaten stattfinden darf und soll. Bei einem dicht bevölkerten, durch die industrielle Arbeit beschäftigten Lande dagegen ist sogar der Zustand denkbar, wo an Agrarprodukten nur wenig oder gar nichts an das Ausland abgegeben werden kann. Eine Ausnahme wird freilich da vorkommen, wo ein Land, wie

---

**) Im Antheil der einzelnen Gruppen ergeben sich folgende Sätze:

Antheil der landwirthschaftlichen Produkte am Gesammtverkehr nach dem Durchschnitt von 1880/86, 1887/91 und 1892/97.

Gruppen von Artikeln	Mengen			Geschätzte Werthe		
	1880/86	1887/91	1892/97	1880/86	1887/91	1892/97
a) bei der Einfuhr:						
1. Lebende Waare	1,87	0,88	0,79	6,68	4,74	4,52
2. Thierische Produkte	0,47	0,52	0,65	2,47	8,25	4,08
3. Feldgewächse zur Nahrung	8,48	6,52	6,80	6,72	5,48	5,84
4. Vegetab. Roh- u. Hilfsstoffe	6,82	6,96	8,85	5,21	5,72	7,10
5. Genussmittel mit Hopfen ..	0,95	0,92	0,98	2,88	2,82	2,51
b) bei der Ausfuhr:						
1. Lebende Waare	1,14	0,41	0,11	4,28	1,54	0,68
2. Thierische Produkte	0,14	0,18	0,06	1,18	1,07	0,61
3. Feldgewächse zur Nahrung	3,88	1,90	1,58	2,16	1,11	1,26
4. Vegetab. Roh- u. Hilfsstoffe	1,14	0,68	0,81	1,28	0,74	1,16
5. Genussmittel	4,19	4,55	4,89	8,96	8,24	8,59

Deutschland, gewisse Artikel in einer den Inlandkonsum weit übersteigenden Summe produzirt; aber vielleicht eben deshalb wird dasselbe an anderen Waaren um so weniger abgeben können. Diese Auffassung ermöglicht nicht nur ein richtigeres Verständniss der letzten Entwickelung, sie gestattet immer noch die Frage, ob überall der thatsächlich beobachtete Rückgang ein innerlich nothwendiger oder ein durch äussere Umstände erzwungener gewesen sei.

Wir müssen uns mit dieser Andeutung begnügen; sie war aber unerlässlich, wenn anders die mitgetheilten Zahlen in das richtige Licht gestellt werden sollten. Keinenfalls glaubt der Verf. irre zu gehen, wenn er sagt, dass die bisherigen Vergleichungen als für die Frage des landwirthschaftlichen Wettbewerbs zwischen In- und Ausland abschliessend gelten dürfen, und so ist es wohl erlaubt, sich einer zweiten Wahrnehmung zuzuwenden, die sich beim Durchgehen der Tabelle IIa Jedem aufdrängen wird. Sie betrifft das Verhalten der einzelnen Artikel und Gruppen zum Ganzen, weil wir es offenbar mit mehreren Bewegungen, Zunahme, Abnahme und Behaupten des alten Satzes zu thun haben. Man wird vielleicht grundsätzlich einwenden, dass das Gesammtergebniss als solches entscheiden müsse. Das wäre jedoch nur dann richtig, wenn es gleichgiltig ist, was ein- oder ausgeführt wird. Der Verf. glaubt denn auch gerade an den inneren, am Detail sich vollziehenden Vorgängen um so weniger vorübergehen zu dürfen, als eine gewisse Aussicht besteht, über die Tendenz der Gesammtbewegung näheren Aufschluss zu erlangen. Demgemäss sind in Tabelle IIb (erste Abtheilung) für die sechs grossen Gruppen die relativen Antheile bestimmt worden, welche sie an dem durchschnittlichen Verkehr der einzelnen Perioden nehmen. (Vgl. nachstehende Tab. IIb.)

Wir berühren damit allerdings einen Punkt, der uns schon in der ersten Abtheilung beschäftigt hatte; eine nochmalige Erörterung erscheint uns indessen um so unentbehrlicher, als die Tabelle nicht geeignet ist, unsere Erwartungen zu erfüllen. Bei der lebenden Waare wird allerdings eine nicht unerhebliche Senkung erzielt, aber bei den Derivaten der

Tabelle IIb.

Von der jährlichen Ein- und Ausfuhr landwirthschaftlicher Erzeugnisse entfallen in Prozenten der Hauptsummen auf:

Gruppen	bei der Einfuhr						bei der Ausfuhr					
	100 · Tonnen			Millionen Mark			1000 Tonnen			Millionen Mark		
	1880/56	1887/91	1892/97	1880/86	1887/91	1892/97	1880/86	1887/91	1892/97	1880/86	1887/91	1892/97
						A.						
I	7,56	5,24	4,85	28,51	22,04	18,78	11,45	5,85	1,64	28,58	12,12	5,54
II	2,59	8,56	8,57	10,55	14,98	14,94	1,41	1,78	0,80	6,47	8,86	5,00
III	69,81	64,10	65,50	89,90	88,48	89,65	10,08	1,88	8,96	6,11	0,81	4,87
IV	7,01	7,16	7,11	6,72	5,48	5,78	80,58	25,45	17,44	17,88	16,10	18,86
V	8,29	14,24	14,25	5,66	8,92	9,88	4,49	7,44	8,46	8,02	5,70	7,65
VI	5,24	5,70	5,12	6,17	10,10	9,57	42,09	58,70	62,70	48,04	57,21	68,58
						B.						
—	10,15	8,70	7,92	89,06	87,02	85,65	12,86	7,06	2,44	80,84	20,49	10,54
—	47,01	41,72	88,16	28,85	25,44	24,88	28,58	24,80	22,80	12,09	8,69	10,25
—	87,55	48,96	48,75	22,09	26,78	29,52	10,87	9,74	11,50	7,02	6,22	9,44
—	5,29	5,72	5,17	10,00	10,81	10,45	42,74	59,40	68,26	50,85	64,60	69,77

Viehzucht sehen wir eine Steigerung, welche jene Abnahme wesentlich vermindert. Ebenso erfährt das Getreide der relativen Menge und Werthsumme nach eine Reduktion, der Unterschied ist aber nicht erheblich, und noch immer nehmen die Körnerfrüchte ²/₃ des Gesammtgewichts und nahezu ²/₅ des geschätzten Werthes in Anspruch. Bei Sämereien und Futtermitteln wird die Proportion der zweiten Periode festgehalten und bei den Genussmitteln nicht viel mehr als ein Prozent erspart. Und wie liegen die Dinge erst bei der Ausfuhr, wo beim Vieh noch ¹/₉, und bei den „sonstigen Ackergewächsen und Derivaten des Körnerbaues" ¹/₂ der Sätze aus der ersten Periode übrig bleiben und der Schwerpunkt sich völlig auf die „Genussmittel" verlegt, so dass auf diese 42,0, 58,6 und 62,7 (auf den Zucker allein 27,6, 46,9 und 54,5) Prozent des Totals entfallen!

Der Beweis müsste also in der Hauptsache als misslungen gelten, wenn uns nicht ein schon früher versuchtes Verfahren bessere Erfolge in Aussicht stellte. Es war bereits davon die Rede, dass richtiger Weise zwischen den eigentlichen Nahrungs- resp. Genussmitteln und den technischen Rohstoffen und Betriebsmitteln unterschieden werden sollte; der frühere Versuch (auf S. 30ff) hatte auch ergeben, dass mit ziemlicher Wahrscheinlichkeit auf deren wesentlich verschiedenes Verhalten geschlossen werden dürfe. Wie wichtig wäre es daher, jene Scheidung grundsätzlich durchzuführen, also insbesondere beim Vieh, wo es so schwer hält, die Vorgänge richtig zu kennzeichnen. Die Verkehrsstatistik in ihrem gegenwärtigen Zustand macht jedoch einen solchen Versuch unmöglich; man wird aber auch sagen können, dass es weniger darauf ankommt, gerade diese Ziffern vollständig beizubringen, als den Unterschied zu skizziren, wie er sich da, wo die Angaben zu Gebote stehen, ungefähr feststellen lässt.

So ist die Abtheilung B der Tabelle IIb entstanden. Zunächst sind der Einfachheit wegen und mit Rücksicht auf die Identität im Erfolge „lebende Waare“ und „thierische Produkte“ zusammengefasst. Dann sind Brotgetreide, Hülsenfrüchte, Kartoffeln und Mehl zu einer Gruppe vereinigt, wogegen Hafer, Gerste, Mais, Malz im Verein mit „Sämereien und Futtermitteln“ eine besondere Gruppe zu bilden haben. Die Gruppe der „Genussmittel“ wurde durch den Hopfen verstärkt. (Vgl. Tab. IIb B auf S. 47.)

Schon der erste Eindruck ist ein günstiger, insofern als hier die Unterschiede an Deutlichkeit erheblich gewinnen. Ausserdem wird die weitere materielle Aufklärung nicht unterschätzt werden dürfen. Die wesentlichen Punkte möchten sein:

1. Die Zufuhren an Vieh und Viehwaaren sind der relativen Menge nach nicht unwesentlich vermindert: also dürfte der Vorwurf, dass unter dem Regime der Handelsverträge direkte Schädigungen eingetreten seien, nicht als begründet anzuerkennen sein, unter der Annahme, dass Bevölkerungszunahme und Wohlstandssteigerung diesem

Einfuhrposten selbst dann einen breiten Raum sichern, wenn die heimische Viehzucht mit ihrem Absatz fast ganz auf das Inland angewiesen ist.

2. Die Zufuhren von vegetabilischer Nahrung (Brotgetreide u. s. w.) haben relativ erheblich abgenommen — den Mengen nach von 47,0 auf 38,2, den geschätzten Werthen nach von 28,9 auf 24,4 % der Gesammteinfuhr, was einer relativen Abnahme von 18,8 bezw. 15,8 % entspricht.

3. Umgekehrt ist bei den Hülfsstoffen und Betriebsmitteln eine sehr nennenswerthe Steigerung von 37,6 auf 48,8 bezw. 22,1 auf 29,5 eingetreten, was zugleich ein starkes relatives Wachsthum anzeigt. Dort nehmen sie in der letzten Periode nahezu die Hälfte, hier (bei den geschätzten Werthen) nahezu 30 % für sich in Anspruch.

4. Bei der Ausfuhr beobachten wir in den ersten drei Gruppen eine Abnahme, am stärksten — wie schon angedeutet — soweit Vieh und Viehwaare in Frage kommen. Innerhalb der zweiten Gruppe hat die Aufhebung des Identitätsnachweises für Getreide im Einzelnen geholfen, den Gang im Ganzen aber nicht berührt; die Zahlen der dritten Gruppe mit ihrer stetigen Abnahme erhärten die Bemerkungen unter 3; sie scheinen darauf hinzudeuten, dass man sich die im Inland gewonnenen Produkte nur ungern entgehen lässt. —

5. Die vierte Gruppe wird immer wichtiger; bei ihr scheint die Frage des Auslandabsatzes die letzte Entscheidung finden zu müssen. —

Es ist vielleicht nicht viel, was mit Hülfe dieses Verfahrens festgestellt werden konnte, aber das dürfte doch bewiesen sein, dass eine gewisse Anpassung an die Modalitäten der handelspolitischen Gesetzgebung stattgefunden hat. Was übrigens die Ausführungen unter 2 und 3 anlangt, so ist es wohl am Platze, daran zu erinnern, dass die Ackerprodukte in Summa wohl den Löwenantheil des Gesammtverkehrs (in der dritten Epoche mit 73,3 %) beanspruchen, dass aber der Gegensatz der beiden Kategorien noch grösser wird, wenn man für beide den reinen Mehr-Import feststellt. Hier lässt sich freilich die letzte Eingliederung wiederum nicht vornehmen, weil bei den „Genussmitteln“ der Export den Import weit übertrifft. Allein schon die absoluten Nettozahlen scheinen geeignet, die geschilderte Art ihres Verhaltens noch schärfer zu beleuchten. Die Netto-Einfuhr beträgt in beiden Fällen:

Feldfrüchte und deren Derivate	Bei den Mengen (1000 t)			Bei den Werthen (Mill. Mk.)		
	1880/86	1887/91	1892/97	1880/86	1887/91	1892/97
a) zur menschlichen Nahrung	762,7	1257,8	1695,8	189,5	164,0	218,7
b) landwirthschaftliche – technische Hülfsstoffe und Betriebsmittel . .	906,8	1609,0	2715,4	120,4	195,5	288,5

wonach, um nur eines namhaft zu machen, in Gruppe a) die Netto-Einfuhr von der ersten bis zur dritten Periode auf 222,4 resp. 153,2, in Gruppe b) auf 299,6 resp. 265,4 %, hier also fast zwei Drittel stärker gestiegen wäre.

Die Anhänger des Absperrungssystems werden die Antwort auf die hiermit angeregte Frage nicht schuldig bleiben und vor Allem den Umstand benutzen, dass auch bei den Feldfrüchten der zweiten Kategorie zwischen Inland- und Auslandproduktion der gleiche Konkurrenzkampf weiter gehe, ja vielleicht noch verschärft sei. Die Thatsache des Preisdruckes bei den hier betheiligten Artikeln soll nicht geläugnet, es soll nicht einmal behauptet werden, dass damit die eigentliche Basis des alten Streites erschüttert sei, wie wir denn auch nicht beabsichtigen, die unzweifelhaft düstere Sachlage zu verschleiern. Dagegen schien es werthvoll, darauf hinzuweisen, dass sich die Verhältnisse kaum mehr so einfach darstellen, als das früher der Fall gewesen. Es sind neue Motive zur Geltung gekommen, und deren Sinn ist etwa folgender: Angenommen, aber nicht zugestanden, das Ausland würde bei der Lieferung von Brotgetreide nicht mehr in Frage kommen, es würde also auch nicht mehr der Mühlen-Industrie werthvolle Materialien für die Rück-Ausfuhr liefern, so hätten doch ihrerseits die Landwirthe im Interesse ihres

Betriebes bestimmte Bezüge von auswärts erst recht nöthig. Sie stehen also, und zwar in ganz anderem Sinne, als gewöhnlich angenommen wird, der Frage des internationalen Waarenverkehrs gegenüber. Nach des Verf. Ansicht dürfen derartige Beobachtungen nicht unberücksichtigt bleiben, jedenfalls nicht bei Denen, welche die Stellungnahme der Gesammtheit weniger nach den Parteischlagworten, als nach der nachgewiesenen Sachlage der einzelnen Berufsgruppen zu bestimmen für richtig halten. Scheint sich doch daraus zu ergeben, dass hier ein Mittel vorliegt, das es möglich macht, die Aufrechterhaltung unserer landwirthschaftlichen Betriebe zu erleichtern, ohne dass den internationalen Wettbewerb innerhalb der Agrarprodukte, den so oft angeschuldigten, völlig zu beseitigen.

Bis jetzt hatten uns nur die Vorgänge mit Bezug auf die Landwirthschaft beschäftigt. Es ist aber nicht gleichgültig, zu wissen, was in der gleichen Zeit für das Ganze herausgekommen. Alle Ansichten werden in dem Punkte übereinstimmen, dass, des scheinbaren Widerspiels ungeachtet, Gewinn wie Verlust, die sich bei einer grossen Berufsgruppe zeigen, im Gang des Ganzen zum Vorschein kommen sollten. Dabei brauchen sich die Erscheinungen nicht völlig zu decken. Dem steht der seit den letzten Jahren überaus rasch wachsende Einfluss der Industrie nicht etwa entgegen. Denn bei dem numerischen und, ich möchte sagen, moralischen Gewicht, welches der Landwirthschaft zukömmt und den zahlreichen wechselseitigen Geschäftsbeziehungen müssen mindestens spezifische Relationen nachzuweisen sein, sollten sich auch die früher bereits ermittelten Argumente verstärken lassen. Es folgen demnach — unter Benutzung der Reichsstatistik — die wichtigsten Zahlen, wiederum nach den drei handelspolitischen Perioden geordnet.

Der Gesammtverkehr des Deutschen Reiches betrug durchschnittlich jährlich:

	Bei der Einfuhr		Bei der Ausfuhr	
	1000 t	Mill. Mk.	1000 t	Mill. Mk.
1880/86	16 173,9	3075,1	18 058,9	3114,5
1887/91	25 004,5	3877,6	19 606,6	3309,7
1892/97	33 409,6	4344,9	23 617,7	3401,7

Mit diesen Zahlen soll nicht etwa die Erörterung über die neuesten Phasen der deutschen Handelsbilanz eingeleitet werden. Allein im Zusammenhang mit dem Gesagten darf doch nicht unerwähnt bleiben, dass sich wesentliche Umgestaltungen vollzogen haben. Das kleine Aktivum zu Gunsten der Ausfuhr, wie es der Durchschnitt der ersten Periode noch aufweist, darf uns allerdings nicht täuschen, es ist so unbedeutend, dass es kaum der Erwähnung verdient.*) Seine Bedeutung wird erhöht durch die doppelte Wahrnehmung, dass von da ab im Aussenhandel ein Ueberschuss nicht wieder erzielt wird und dass auch die dritte Periode ausser Stande ist, die in der zweiten eingeschlagenen Wege zu verlassen.**)

Wichtiger für uns ist das Detail. Die Zusammenstellung bestätigt in manchen Punkten unsere früheren Beobachtungen. Insbesondere ist bei der Einfuhr das Verhalten der einzelnen

*) Vom Standpunkte der Handelsbilanz aus müsste vielleicht die erste Periode in zwei Theile zerlegt werden, um die Jahre mit Aktiv- und Passiv-Saldo von einander zu trennen. Aber das Jahr 1886 schliesst noch mit einem erklecklichen Ueberschuss und deshalb veranschaulichen die Mittelzahlen nur die Richtung der Gesammtbewegung. Die Mittelzahlen sind:

	bei der Einfuhr	bei der Ausfuhr
1880/83	3076,9 Mill. Mk.	3150,9 Mill. Mk.
1884/86	3073,3 „ „	3078,1 „ „

**) Mit Rücksicht auf die ältere Lehre von der Handelsbilanz ist der Umstand bemerkenswerth, dass nur die erste Periode eine effektive

Perioden den Vorgängen im Verkehr mit landwirthschaftlichen Erzeugnissen sehr verwandt. Auch bei der Ausfuhr wäre in der schwachen Zunahme der zweiten Epoche etwas der Abnahme bei den Agrarprodukten Aehnliches zu erkennen; überraschend indessen ist die allerdings mit nur wesentlich mässiger Mehreinnahme verbundene Steigerung, welche der Export innerhalb der dritten Epoche erfährt. Ob dabei, genau besehen, Gewinn oder Verlust herausgekommen, thut nichts zur Sache; es genügt die Thatsache, dass zu gleicher Zeit in einer Berufsgruppe ein Nachlassen, in einer anderen ein Fortschreiten beobachtet wird, und so erhebt sich die Frage, ob nicht gerade hier *in nuce* die alte Streitfrage vom Gegensatz der Interessen der Landwirthschaft auf der einen und von Industrie und Handel auf der anderen Seite enthalten sei. Es liesse sich nun vielleicht sagen, dass eben damit die dem Ganzen gestellte Aufgabe der Versöhnung klar bewiesen wäre, dass aller Verschiedenheiten ungeachtet diese beiden Gruppen auf einander angewiesen seien, dass sie bestimmt seien, sich die Waage zu halten u. s. f. Sicherer und verständlicher aber wäre jedenfalls das Ergebniss, wenn nachgewiesen werden könnte, dass die Abweichungen sich als bloss äusserliche herausstellen.

Es sind dabei allerdings zwei Momente zu beachten. Die Möglichkeit der Steigerung der Einfuhr ist *ceteris paribus*

Mehr-Ausfuhr von Edelmetallen erkennen lässt, wogegen in den zwei anderen die Einfuhr ziemlich überwiegt. Die Durchschnittszahlen sind (in Mill. Mk.):

	Einfuhr	Ausfuhr	+ od. —
1880/86	39,9	61,3	— 21,4
1887/91	144,0	108,8	+ 35,2
1892/97	214,7	154,1	+ 60,6

Ohne die stärkere Geldausfuhr käme somit auch für die erste Periode eine Passiv-Bilanz heraus. Zieht man vom Gesammtverkehr die Edelmetalle ab, so bleiben für die geschätzten Werthe folgende Progressionen übrig:

	bei der Einfuhr	bei der Ausfuhr
von Periode I zu II:	+ 22,56	+ 4,77
von Periode II zu III:	+ 11,74	+ 1,49.

bei den landwirthschaftlichen Artikeln ziemlich so gross, als bei den industriellen; die Verschiedenheit wird erst dann fühlbar, wenn es wirklich Hunger und erzwungene Enthaltung nirgends mehr giebt. Auf diesem Sättigungspunkt sind wir noch nicht angelangt; immerhin wäre es begreiflich, wenn vorübergehend im Bezug von Nahrungsmitteln eine Art von Verlangsamung einträte, nachdem die Zufuhren zeitweilig fast im Uebermaass gesteigert waren. Anderntheils versteht es sich von selbst, dass eine namhafte Vermehrung der Ausfuhr nur bei den Industrieprodukten erfolgen kann. Wenn einmal kein überschüssiges Getreide mehr vorhanden und der auswärtige Wettbewerb der Viehwaare eingeschränkt ist, wenn obendrein bei den Genussmitteln die Gesetzgebung der fremden Länder hemmend eingreift, so wird es sogar Mühe kosten, die alten Maasse einzuhalten, — an eine wesentliche Erweiterung des Absatzes oder an Festhalten der früheren Verkaufsbedingungen ist nicht zu denken. Bei der Industrie Deutschlands, die durch zahlreiche Bodenschätze begünstigt ist, bedarf es nur eines tüchtigen Anstosses und zweckmässiger Anpassung an die Marktströmung, um eine starke Vermehrung der Ausfuhr herbeizuführen.

Es soll nun der Versuch gemacht werden, die Entwickelung der beiden grossen Gruppen auf ihre innere Verwandtschaft hin zu prüfen, und da dürfte von den verschiedenen Möglichkeiten, um gleichzeitig die handelspolitische Frage zu treffen, die Vergleichung jener einzelnen Perioden unter sich die wichtigsten Normen abgeben. — Schwieriger ist die Frage, wo wir die Grenze der beiden Gruppen zu ziehen haben, weil wir an das offizielle statistische Material gebunden sind, das jedoch nicht unsern Zwecken entsprechend gegliedert ist. Die hier gewählte Anordnung hat ihre Gebrechen, das ist dem Verf. durchaus klar. Das wichtigste ist das, dass nicht die Zahlen des gesammten Verkehrs in Rechnung gezogen werden konnten. Vom Boden der deutschen Landwirthschaft aus betrachtet, kommen als Agrarprodukte nur die früher genannten Artikel mit den Zahlen der Tabelle IIa in Betracht. Um die eigentlichen Industrie-Artikel aus der Reichsstatistik loszuschälen, wurde folgendermaassen verfahren: Abgesetzt wurden von den dort gebildeten 18 Gruppen Gr. I (Vieh), II (Sämereien und Gewächse), III (Abfälle und Düngemittel), V (Nahrungsmittel) ganz; von Gr. X (Holz- und Schnitzstoffe), die Rohstoffe und von Gr. IV (Brennstoffe) das Brennholz. Dabei erhalten allerdings die sogenannten Industrie-Artikel einen kleinen Zuwachs, der ihnen nicht gebührt; der Fehler dürfte jedoch nicht erheblich sein.*) — Die so gewonnenen Unterlagen ergeben Folgendes:

Verglichen mit der unmittelbar vorhergehenden Periode zeigt sich Zu- und Abnahme:

	Gesammt-Verkehr	Landwirthschaftl. Produkte	Industrielle Produkte	Gesammt-Verkehr	Landwirthschaftl. Produkte	Industrielle Produkte
	Bei den Mengen.			Bei den Werthen.		
			Einfuhr.			
I auf II ...	154,60	135,22	161,61	126,10	115,59	124,74
II auf III ..	135,62	157,68	130,43	113,08	126,72	106,94
I auf III ...	206,61	203,27	218,38	142,56	147,86	133,41
			Ausfuhr.			
I auf III ...	106,35	84,28	112,55	106,27	78,02	112,51
II auf III ...	120,46	109,17	121,06	102,78	96,45	103,71
I auf III ...	130,78	91,40	135,52	109,22	75,25	117,27

*) Die auf dem angegebenen Wege für die industriellen Artikel — ebenfalls auf den Jahresdurchschnitt der drei Perioden gebracht, lauten:

	Einfuhr		Ausfuhr	
	1000 t	Mill. Mark	1000 t	Mill. Mark
1880,6	10 812,8	1 967,6	15 378,2	2 452,1
1887/91...........	18 080,8	2 453,8	17 232,1	2 769,8
1892/7	24 613,5	2 624,2	20 873,6	2 875,6

Zieht man, um auch den Umschlag an reiner Waare festzustellen, die ein- von ausgeführten Edelmetallen ab, so ergiebt sich:

1880/86	10 812,6	1 917,1	15 377,9	2 390,8
1887/91	18 080,2	2 309,8	17 231,7	2 681,0
1892/7	24 612,6	2 407,8	20 873,2	2 721,5

Nach diesen Zeilen wäre es nicht unmöglich, zu sagen, dass nur vorübergehende oder scheinbare Unterschiede bestehen, dass aber im Allgemeinen Uebereinstimmung besteht. Das gilt in erster Linie von der Ausfuhr. Nimmt man den Umstand in Rechnung, dass der Industrie die Welt offen steht, während der landwirthschaftliche Export durch manche Faktoren eingeengt ist, so erklärt sich der Unterschied im Verhältniss der zweiten Epoche der ersten gegenüber überaus einfach; sind doch auch die erzielten Erfolge sehr bescheiden im Vergleiche zu dem, was das Ausland bei uns erreicht hat. In der dritten Periode finden wir vollends eine völlige Gleichheit der Tendenz; es gelingt in beiden Gruppen, den Absatz im Ausland zu steigern. Dass in dem einen Fall nicht zugleich eine Steigerung der Einnahme eintrat, verliert an Bedeutung, wenn man bedenkt, dass auf der anderen Seite ein höchst mässiges Resultat nachgewiesen werden kann. Es bleibt also nur der Unterschied, dass die Industrieartikel, relativ genommen, etwas bessere Preise erzielt haben. Dieser Erscheinung nachzuforschen, liegt hier kein Grund vor, es genügt, festzustellen, dass hierbei für die Gesammtheit blutwenig herausgekommen ist. Denn der Umstand, dass relativ billig abgegeben werden musste, deutet an, dass eine dauernde Besserung der Exportverhältnisse schwerlich errungen worden ist.

Noch einfacher scheinen die Dinge bei der Einfuhr zu liegen, es wäre denn, dass man fordert, dass bis ins Einzelne hinein die Gleichartigkeit noch weiter sein müsse. Nun sind aber, wie wir wissen, nur im bescheidenen Maasse die agrarischen Importe Vorbedingung für die Wiederausfuhr, während die Industrie nach dem Stand der Inland- und Auslandwünsche zugleich ihre Bezüge bemisst. — Wie stellen sich aber die Dinge, wenn wir die dritte Periode mit der ersten ins Verhältniss setzen und damit ein Urtheil über das schliessliche Ergebniss der ganzen Zeit ohne Beachtung der Wirkung der wechselnden Handelspolitik auf beide Gruppen festzustellen suchen?

Bezüglich der Einfuhr könnte man sich wiederum darauf berufen, dass die landwirthschaftlichen Erzeugnisse sich dem Gesammtverkehr parallel verhalten; beseitigt wird aber nicht der grössere Import sog. industrieller Artikel. Bei den letzteren dürfen wir wohl an den Aufschwung denken, welchen in der ganzen Zeit die Industrie genommen hat, sodass jedenfalls gewisse Rohstoffe und Halbfabrikate von Aussen bezogen werden mussten, wäre es auch nur, um sie in veränderter Form wieder abzugeben. Darauf deutet wenigstens der Umstand, dass die durchschnittlichen Geldbeträge sich erheblich tiefer stellen, während der relativ kleineren Zufuhr an landwirthschaftlichen Erzeugnissen bessere Mittelpreise zugebilligt werden. Auf einen tiefgreifenden Gegensatz im letzten Ergebniss wird man danach kaum schliessen dürfen.

Wesentlich anders stellen sich die Schlusszahlen bei der Ausfuhr dar. Die Landwirthschaft weist ein Minus von 91,4 bezw. 75,3% auf, wogegen bei der Industrie im Endresultat ein Plus von 35,5 und 17,3% sich herausstellt. Das Gewicht dieser Thatsache wird nicht vermindert durch die Beobachtung, dass auch die Industrie mit steigender Konkurrenz zu kämpfen hat, dass sie, in absoluten Zahlen gesprochen, in der ersten Periode 483,1, in der dritten dagegen nur 241,4 Millionen netto einbringt. Denn der Umstand wird nicht beseitigt, dass die Industrie ihr Absatzgebiet und ihr Geschäft verbessert, die Landwirthschaft dagegen trotz des Aufschwunges der letzten Periode ihre Situation immer schlechter werden sieht. Wohl aber sind zwei Umstände beachtenswerth; die früheren Mittheilungen über die Entwickelung der agrarischen Ausfuhrverhältnisse führten zu der Annahme, dass eigenartige Schwierigkeiten obgewaltet haben dürften. Man wird dann auch zugeben können, dass die Dinge nicht überall gleich liegen, wie denn überhaupt die Landwirthschaft nicht dieselbe Expansionskraft besitzt. Dann aber werden allerdings Zweifel darüber laut, ob den beiden Gruppen die letzte Wandlung der Handelsverträge dieselben Vortheile gebracht habe. Wenn überhaupt im letzten Erfolg des Wettbewerbes der beiden Gruppen Unterschiede hervortreten, so muss daraus nicht unbedingt auf ein grundsätzlich verschiedenes Verhalten geschlossen werden. — Es bietet sich uns alsbald Gelegenheit, auf diese Frage noch einmal zurückzukommen; was bis jetzt als wahrscheinlich bezeichnet werden kann, ist das Zugeständniss, dass jeweilen dritte Umstände jene Gleichartigkeit und Gleichgewichtslage zu Ungunsten des einen oder anderen Theils ändern können.

Derartige Erwägungen werden wohl theilweise unterstützt durch eine weitere Vergleichung, wozu die mitgetheilten absoluten Zahlen die Unterlage gewähren. Stellt man nämlich für beide Gruppen die periodischen Durchschnittserlöse pro Tonne umgesetzter Waare fest, so ergeben sich folgende Sätze. Es wurden pro Tonne bezahlt:

	Landwirthschaftl. Erzeugnisse		Industrielle Produkte	
	Einfuhr	Ausfuhr	Einfuhr	Ausfuhr
1880/86	246,3	299,7	181,8	159,5
1887/91	210,7	288,6	135,4	160,7
1892/97	175,1	260,7	111,3	137,8

Dass wir uns auf die Erscheinung des allgemeinen Rückgangs der Preise hier nicht einlassen, wird schwerlich auffallen. Der gestellten Aufgabe liegt die Besprechung eines andern Vorkommnisses viel näher. Die Verschiebung ist nämlich keine gleichartige, sie deckt sich nahezu bei der Ausfuhr — denn die kleine Differenz können wir ohne Bedenken auf den Ausfall in der Abfuhr der regelmässig hoch bewertheten Viehwaare zurückführen. Woher kommt es aber, dass bei den eingeführten landwirthschaftlichen Artikeln die Senkung mit 28,9% abschneidet, während sie bei den industriellen Artikeln 38,8% ausmacht? Der Verfasser glaubt annehmen zu dürfen, dass besondere Momente eingewirkt haben. Man darf vielleicht sagen, dass die Ziffer ungefähr den Betrag veranschaulicht, um welchen trotz der hohen Schutzzölle angesichts der verminderten Transportkosten und der starken Zufuhren auf dem Weltmarkte die Preise der Agrarprodukte verringert werden mussten. Die zweite Ziffer würde uns ihrerseits daran erinnern, dass die viel berufene „Depression of trade“ vornehmlich auf den Industrieartikeln gelastet und weitere Reduktionen notwendig gemacht hat. Diese Auffassung wird durch zwei Beobachtungen unterstützt. Bei den landwirthschaftlichen Artikeln ist die Differenz im Erlös von Epoche zu Epoche nahezu gleich 114,5 und 16,1 %. Bei den Industriewaaren fällt der Schwerpunkt auf den ersten Zeitraum mit 25,1 %, während der Abstand zwischen 1887/91 und 1892/97 sich nur auf 17,8 % beziffert. Nun war es vielleicht nicht die Aufgabe der Handelsverträge, jenen grossen Einflüssen entgegenzuarbeiten, allein die Vorgänge bei der Ausfuhr, im Detail betrachtet, sind augenscheinlich nicht dazu angehalten, das Urtheil über die Schwenkung vom Jahre 1892 in günstigem Sinne zu beeinflussen. Es mag Zufall sein, dass die Zahlen der zweiten Periode bei den Industrieartikeln sogar eine kleine Zunahme des Durchnittserlöses nachweisen; sicher ist jedenfalls der starke Sprung von der zweiten zur dritten Periode mit 14,2 %, während der landwirthschaftliche Export nur ein Minus von 9,7 % auf sich nehmen musste.

Verfasser fürchtet, schon zu lange bei Fragen stehen geblieben zu sein, welche für Manche weniger wichtig erscheinen. Es kann sich also nicht darum handeln, noch mehr auf das Einzelne einzugehen.*) Ueberblickt man aber

---

*) Es liegt kein Grund vor, festzustellen, welcher Industriezweig vorzugsweise die vermehrte Ausfuhr durch billigere Preise erzwungen habe. Zur Steuer der Wahrheit kann indessen der Umstand nicht verschwiegen werden, dass die Gruppe der Brennstoffe trotz der Syndikate, welche das Inland auf Kosten des Auslandes ausbeuten sollen, nicht in Frage kommt. — Sie weisen folgende Jahresdurchschnittszahlen auf:

die letzten Erörterungen, so ist zunächst die Vorstellung angebahnt, die in beiden Lagern verbreitete Ansicht von der grundsätzlichen Verschiedenheit der Landwirthschaft und der Industrie in dem besondern Gebiet des internationalen Waarenverkehrs möchte, gelinde ausgedrückt, durch einzelne Vorkommnisse allzusehr beeinflusst worden sein. Konnten hior auch nur dürftige Umrisse gegeben werden, so traten doch schon Anzeichen genug hervor, aus denen geschlossen werden darf, dass jene Abweichungen durch besondere Faktoren hervorgerufen werden können, deren Einwirkung allerdings nicht völlig fern zu halten ist.

Unsicher und unbefriedigender ist das Resultat in Bezug auf die Frage nach den Erfolgen des Handelsvertragsprinzips. Alles zusammen genommen, hätte danach die letzte Periode mit ihren vielfach angegriffenen Grundsätzen kein günstiges Resultat aufzuweisen; die Situation wäre sowohl für die Landwirthschaft als für die Industrie zwar nicht direkt schlimmer, aber doch auch nicht greifbar besser geworden!

Müssen wir uns damit zufrieden geben? Nach des Verf. Ueberzeugung hätte selbst ein negatives Ergebniss mehr mittelbaren Werth, als Manche gerne zugestehen. Nach seiner Auffassung musste mit dem Protektionismus gebrochen werden, gleichviel was für die ersten Jahre herauskäme; ebenso ist daran festzuhalten, dass für keine Erwerbsgruppe der auswärtige Verkehr Alles bedeutet. Es wäre also immerhin etwas gewonnen, wenn es wahr ist, dass sowohl an der Grenze etwas mehr Gleichwerthigkeit, als im Inlande selbst ein neuer gesunder und von Niemandem

	Mengen	Werth	Mittlerer Preis
1880/86	9 105,1 m t	76,1 Mill.	8,34 M.
1887/91	10 482,1 „	126,0 „	11,96 „
1892/97	12 909,0 „	151,7 „	11,75 „

Die Rohprodukte der Eisen-Industrie — Eisenerze und Roheisen — verhalten sich allerdings etwas anders. Während aber bei jenem die Ausfuhr zunimmt, geht sie bei diesem zurück; es werden also vorwiegend Veränderungen auf dem eigentlichen Eisenmarkte mitgewirkt haben.

bestrittener Aufschwung erreicht ist. — Man könnte sich folglich zufrieden geben, wenn nicht diese letztere Wahrnehmung ihrerseits neue Zweifel hervorriefe. Wie vertragen sich Fortschritt und Stillstand mit einander, inwieweit können beide als das natürliche, wenn nicht gar nothwendige Produkt eines und desselben Faktors betrachtet werden?

Der Widerspruch erklärt sich ziemlich einfach. Er beruht darauf, dass bezüglich ihres Geltungsgebietes die beiden grossen handelspolitischen Systeme grundsätzlich verschieden sind. Das autonome Zollsystem ist seiner inneren Struktur nach universell. Einzig und allein gestützt auf das spezifische Interesse des eigenen Landes, ausschliesslich beherrscht von einem Gedanken, bestimmen sich Wege und Wirkungen von einem einzigen Punkte aus und beherrschen ohne Einschränkung das Ganze. Der Handelsvertrag dagegen wirkt bloss partiell oder, wenn der Ausdruck erlaubt ist, individuell. Dort entlehnt man die Maasse bezüglich der Sicherstellung gegen beliebige Angriffe, einer gewissen inneren Zweckmässigkeit; hier entscheidet die Verständigung mit Anderen, der Kompromiss mit dem Konkurrenten. Das Ideal des Handelsvertrages ist mithin nicht das, die Widerstandskraft sowie die Expansionsfähigkeit des eigenen Landes richtig zu bemessen, es besteht in der Gewinnung desjenigen Punktes, wo sich die wohlverstandenen Interessen zweier oder mehrerer Länder berühren. Der autonome Zolltarif behandelt das Ausland als eine indistinkte Masse und sucht nur deren Ueberdruck zu verhindern; der Handelsvertrag wählt bestimmte Länder, und er will sie für sich gewinnen. Er weiss, dass damit das Ganze nicht getroffen ist, aber er rechnet darauf, dass ihm aktiv und passiv der für längere Zeit gesicherte Verkehr doch den grösseren Vortheil bringen wird.

Die hieraus abzuleitende praktische Folgerung ist die, dass wir nicht Alles, was sich in der dritten Periode zugetragen hat, dem System des Handelsvertrages anrechnen dürfen. Das wäre nur dann zulässig, wenn dasselbe entweder allgemein, bezw. den wichtigsten Ländern gegenüber zur Herrschaft gelangte, oder wenn der autonome Zolltarif als Normaltarif in allen Fällen eingriffe, wo besondere tarifmässige Vereinbarungen nicht bestehen. Wir wissen aber, dass Jenem als unerwünschter Genosse, das Schosskind der früheren Zeit, die Klausel der Meistbegünstigung mit auf den Weg gegeben worden ist, ja, es scheint, dass die Vertragssätze ohne Weiteres sogar denjenigen Ländern zu Gute kommen, welche nicht einmal nach dieser Seite hin durch eine entsprechende Uebereinkunft gebunden sind*). Es ist daher unerlässlich, zwischen den Handelsvertragsstaaten und den übrigen Ländern zu unterscheiden und diese Sonderbehandlung muss noch grössere Klarheit gewähren, wenn auch hier die verschiedenen Perioden der deutschen Handelspolitik auseinandergehalten werden. Ein besseres Mittel, den gesuchten Unterschieden nachzuspüren, dürfte es nicht geben. Indem wir also die getrennten Zahlenreihen mittheilen**), sei nur noch daran erinnert, dass hier unter den Handelsvertragsstaaten Oesterreich-Ungarn, Russland, Belgien, Italien, Schweiz, Rumänien und Serbien verstanden sind.

Er betrug in periodischen Durchschnittszahlen jährlich:

	Einfuhr		Ausfuhr	
	1000 t	Mill. Mk.	1000 t	Mill. Mk.
a) bei den Handelsvertragsstaaten:				
1880/86	9 109,4	1 286,6	7 421,6	956,4
1887/91	14 565,6	1 626,8	8 406,3	1 003,1
1892/97	18 256,0	1 643,3	11 251,4	1 184,8
b) bei den übrigen Ländern:				
1880/86	7 064,5	1 788,3	10 637,3	1 158,1
1887/91	10 438,9	2 271,3	11 200,3	2 306,6
1892/97	15 113,4	2 741,6	12 366,3	2 217,4

*) Der eklatanteste Fall tritt im Verkehr Deutschlands mit den Vereinigten Staaten von Nordamerika zu Tage. Die Waaren der

Die vorliegenden Zahlen könnten wohl für sich allein sprechen. Sind sie doch dazu angethan, ernstliche Gedanken über den Werth der grossen zollpolitischen Maximen des Jahres 1892 wachzurufen und Denen ein Halt! zu bieten, welche die neuerlichen Anstrengungen von Handel und Industrie als auf sichere Kalkulation gestützt erklären und für die späteren Zeiten sicher gestellt bezeichnen möchten. Der Werth der obigen Zusammenstellung für unsere Aufgabe liegt in der deutlichen Zeichnung des Gegensatzes, welchen sie bei Ein- und Ausfuhr im Verhalten Deutschlands den zwei grossen Ländergruppen gegenüber zum Ausdruck bringt. Derselbe ist so markant, dass sich der Versuch lohnen dürfte, ihn durch einige relative Zahlen noch schärfer auszuprägen. Wir lassen demgemäss zuerst eine Zusammenstellung folgen, welche die Zu- und Abnahme von Periode zu Periode in relativen Zahlen wiedergiebt. Dabei ergiebt sich eine Zu- oder Abnahme:

	Einfuhr		Ausfuhr	
	Mengen	Geschätzter Werth	Mengen	Geschätzter Werth
a) bei den Handelsvertragsstaaten:				
von Per. I zu Per. II	+ 59,59	+ 24,86	+ 13,27	+ 4,78
von Per. II zu Per. III	+ 12,55	+ 23,0	+ 33,85	+ 18,06
von Per. I zu Per. III	+ 100,91	+ 27,73	+ 51,60	+ 23,83
b) bei den übrigen Ländern:				
von Per. I zu Per. II	+ 47,77	+ 26,99	+ 5,09	+ 6,09
von Per. II zu Per. III	+ 44,68	+ 20,72	+ 10,41	− 3,87
von Per. I zu Per. III	+ 113,93	+ 53,28	+ 16,04	+ 2,73

Union geniessen hieraus die Vortheile der Meistbegünstigung auf Grund eines älteren von Preussen abgeschlossenen Vertrags. Bei den Verhandlungen wegen des Dingley-Tarifs stellte sich umgekehrt heraus, dass sich die amerikanischen Behörden dem Deutschen Reiche gegenüber durch jenen Vertrag nicht gebunden erachten. Vgl. Borgius, Deutschland und die Vereingten Staaten (1899) p. 45. Am auffälligsten dürfte übrigens sein, dass kein Theil diesen Widerspruch durch selbständige Massregeln zu heben versucht.

**) Die Angaben über den Verkehr mit den Vertragsstaaten sind den mehrfach genannten grünen Heften No. XXIV entnommen.

Dass besondere Verhältnisse ihren Einfluss geltend gemacht haben werden, soll ohne Weiteres zugestanden sein. Und dennoch sagen die Zahlen genug. Vor Allem zeigen sie deutlich, wo der Schwerpunkt für den künftigen deutschen Aussenhandel liegt, oder noch allgemeiner, an welchem Punkte sich die Unterschiede handelspolitischer Maximen nachweisen lassen. Beides wird dadurch augedrückt, dass wir den Antheil zu bestimmen suchen, welchen — den Mengen wie den Werthen nach — die beiden Gruppen in älterer nnd neuer Zeit zu beanspruchen haben. Es wird genügen, wenn wir nur die Quote der Handelsvertragsstaaten bestimmen.

Vom Gesammtverkehr entfällt auf die Letzteren:

	Einfuhr		Ausfuhr	
	Mengen	Geschätzter Werth	Mengen	Geschätzter Werth
1880/86	56,3	41,3	41,1	30,7
1887/91	58,3	41,4	42,9	30,3
1892/97	56,3	37,5	47,6	33,8

Wir fassen den Inhalt der beiden Vergleichungen zusammen: Bei der Einfuhr beobachten wir eine Bewegung, welcher ein leitender Gedanke zu fehlen scheint*), sofern nicht angenommen werden muss, dass die Lieferungen der Nicht-Vertragsstaaten steigende Bedeutung haben, d. h. für die direkte und indirekte Konsumtion vergleichsweise wichtiger werden, oder dass von den Tarifermässigungen der letzten Periode entweder die Nicht-Vertragsstaaten schliesslich den grösseren Vortheil hatten oder endlich, dass aus anderen Gründen die Vertragsstaaten den vollen Nutzen nicht ziehen konnten. Es sieht höchst sonderbar aus, dass bei den Zufuhren aus den Vertragsgebieten die doppelte Er-

*) Bei der wichtigen Erscheinung fortgehender Preissenkung zu verweilen hat hier wohl keinen Werth, da sie bei den verschiedenen Artikeln in ihrer Bedeutung wechselt.

scheinung einer um 58 % verminderten Zunahme der Mengen eine ansehnliche Senkung der Durchschnittserlöse gegenüber steht, während bei den übrigen das Plus in der Tonnenzahl nur durch eine kleine Senkung in den Werthen aufgewogen wird. Auf die damit zusammenhängenden Fragen giebt uns die allgemeine Statistik keine Auskunft. Sofern jedoch nicht alle Zeichen trügen, so bleibt hinsichtlich der Einfuhr die positive Gewissheit, dass durch die Meistbegünstigungklausel der Hauptzweck der Handelsverträge, den Verkehr aus den Vertragsstaaten möglichst zu steigern, vereitelt worden ist.

Nach mehreren Punkten hin ist unsere Ermittlung über die Ausfuhrverhältnisse noch lehrreicher. Wir meinen dabei einmal die Thatsache, dass, was in Bezug auf die Einfuhr nicht erreicht werden konnte, hier gelungen zu sein scheint: Die Handelsvertragsstaaten sind für unseren Export allmählich sehr viel wichtiger geworden, ja, er scheint sich auch mit Rücksicht auf die Preise etwas lohnender zu gestalten. Das macht sich auch in anderem Sinne bemerklich: So bescheiden im Vergleich mit den Vorgängen bei der Einfuhr die Zunahme der Ausfuhr nach den Vertragsländern mit 33,85 % (Mengen) und 13,83 % (Werth) sein mag, er bedeutet sehr viel, wenn man ihm den Verkehr mit den übrigen Ländern gegenüberstellt, wo in der Tonnenzahl zwar immer noch eine Steigerung um 10,41 % nachgewiesen wird, während der Erlös absolut um Mk. 89,2 Mill. und relativ zur zweiten Epoche um 3,87 % abnimmt, so dass zwischen der ersten und dritten bei einem Plus von 16,04 % in der Tonnenzahl ein Fortschritt des geschätzten Werthes von sage 2,75 % herauskommt.

Giebt es ein beweiskräftigeres Argument für die durch die Meistbegünstigungsklausel geschaffene Sachlage? Die Nichtvertragsländer haben dieselben Rechte erlangt, ohne durch Pflichten gebunden zu sein: ihr Einfluss auf den Import steigt, ihr Antheil am Export fällt. Ist es ihnen doch unbenommen, durch direkte wie durch indirekte Maassregeln die deutsche Waare fern zu halten, wogegen sie es nicht verschmähen, mit ihren Produkten unsere Märkte zu befahren und hier die aus andern Gründen vielleicht ungünstiger gestellten Konkurrenten zu befehden.

Das gewonnene Resultat ist zu werthvoll, als dass wir Veranlassung hätten, den Eindruck abzuschwächen. Aber bei der Vorliebe Vieler für summarische Zahlen darf nicht verschwiegen werden, dass das ganze Ergebniss in Frage gestellt wird, sobald der gesammte Spezialhandel in Ein- und Ausfuhr nach den drei Perioden gegliedert wird. Denn alsdann verschwinden alle Unterschiede. Wie einfach ist somit das Mittel für den, der seinen Satz von der Bedeutungslosigkeit der handelspolitischen Systeme ebenfalls mit Zahlen belegen will! Die bezüglichen Ziffern lauten:

Perioden	Bei den Handelsvertragsstaaten		Bei den übrigen Ländern	
	Mengen	Werthe	Mengen	Werthe
1880/86	48,29	36,24	51,71	63,76
1887/91	52,68	36,31	47,32	63,69
1892/97	51,84	36,31	48,19	63,69

Also im letzten Gesammtverkehr keine direkte noch wirklich werthvolle Verschiebung zu Gunsten des vertragsmässig geregelten Verkehrs, auch jetzt noch und trotz aller Versuche in der Handelspolitik keine durchschlagenden Erfolge! Der Skeptiker wird diese Auffassung für unangreifbar erklären. Für den Verfasser aber, der auch die gegnerischen Argumente respektirt, liegt die Sache anders. Angenommen, und sogar zugegeben, dass zuletzt der Gesammtverkehr entscheide, so verstärken diese Zahlen immer noch in mehrfacher Beziehung den hier gewählten Standpunkt. Denn erstens: Was wäre ohne den Verzicht auf die isolirte Stellung aus dem Verkehr Deutschlands mit dem Auslande geworden! Ist es da nicht gewagt, einen neuen Systemwechsel zu probiren? Und zweitens: Wenn im Detail des Aussenhandels durch die Handelsverträge für uns etwas erreicht ist, empfiehlt es sich nicht, den Nexus spezieller Tarifkonventionen auszudehnen, um so den kommenden Komplikationen des Weltmarktes entgegenzuarbeiten? In jedem Falle wird dem Verfasser zugestanden werden müssen, dass die Behandlung im Detail mehr Aussicht gewährt, brauchbare Ergebnisse zu erlangen. Als drastisches Mittel wird die grosse Zahl ihre Freunde immer behalten, aber dem nach Erfassung der Thatsachen Strebenden doch nur in dem Fall genügen, wo sie innerlich gleichartige Vorgänge wiedergibt, nicht aber aus Ungleichartigem zusammengesetzt ist.

III.

Dem mit den Ausführungen des letzten Abschnittes geschaffenen Gedankenkreis entrinnen wir nur mit Hilfe etwa folgender Argumente: im Vergleich mit der gesammten Steigerung der Produktion habe die Gestaltung der Waarenausfuhr nur wenig zu bedeuten und die unbedeutende Zunahme des Gewinnes sei nur scheinbar, weil man billiger liefern konnte. So werthvoll es wäre, über diese Punkte Genaueres zu erfahren und zugleich die Vorgänge bei der Einfuhr befriedigend zu erklären — eine solche Arbeit, welche zudem eine zuverlässige Preisstatistik zur Voraussetzung hat, steht mit dem Thema unserer Arbeit nur in losem Zusammenhang. Wichtiger ist jedenfalls die Frage, wie sich im Laufe der Zeit bei den wechselnden Zollgrundsätzen sowohl den Handelsvertragsstaaten als den andern Ländern gegenüber der Verkehr in landwirthschaftlichen Produkten gestaltet habe?

Es wäre auch hier unrichtig, einzelne Vorkommnisse mit Stillschweigen zu übergehen. Nehmen doch bestimmte

Waaren den Mengen wie dem Werthe nach ein besonderes Interesse in Anspruch, so dass es sich schon lohnt, ihre Wege näher zu betrachten. In der Hauptsache soll freilich der Schwerpunkt auf den allgemeinen Vorgängen belassen werden und sind danach auch die Tabellen unter Ziffer III und IV angelegt worden. Jene sind bestimmt, den Verkehr, soweit einzelne Artikel in Frage kommen, nur für die zwei Gruppen darzustellen, diese schildern umgekehrt den Umschlag mit den einzelnen Vertragsländern nach dem Ergebniss der sechs grossen Waarengruppen. Auf diese Weise lässt sich immer noch ein erschöpfendes Gesammtbild gewinnen. Dass im Text die Ergebnisse der zwei Tabellenreihen nebeneinander benutzt werden, ist schon der Kürze halber zweckmässig.

Eine besondere Behandlung musste nur bei der Gruppe „Vieh“ angewendet werden. Es ging offenbar nicht, wie im zweiten Abschnitte zu verfahren und die Stückzahlen auf Lebendgewicht zu reduziren, weil in den gebräuchlichen Umrechnungssätzen die Verschiedenheit in Alter und Qualität keine Berücksichtigung findet. Es musste also hier für jede Thiergattung und jedes Land die Angabe besonders gebracht werden, trotz der Folge, dass dadurch die Behandlung von lebender und todter Waare eine verschiedene wird resp. die Statistik über den Verkehr in den Mengen eine unvollständige bleibt.

Die Tabellen IIIa und IVa (siehe nachstehende Tab. IIIa auf S 69 und Tabelle IVa auf S. 70 und 71) belehren uns sofort darüber, dass die deutsche Landwirthschaft an den Verkehr mit den Handelsvertragsstaaten sehr ungleiche Anforderungen stellen wird. Von den sieben Staaten sind zwei nur vorübergehend mit einer kleinen Einfuhr betheiligt gewesen: Russland und Italien ihrerseits haben wenig Waarenaustausch, ausser starker Zufuhren an Schweinen; mit Belgien geht aktiv und passiv der Verkehr mehr und mehr zurück; nur Oesterreich und die Schweiz lassen einen ununterbrochenen, regen, wechselseitigen Verkehr erkennen, sie sind es, welche mit den Vorgängen innerhalb unserer Rindviehzucht in näherer Fühlung stehen.

Tabelle IIIa.

Verkehr mit den Handelsvertragsstaaten und den übrigen Ländern in Vieh im Durchschnitt von 1880/86, 1887/91 u. 1892/97.

		Pferde		Kühe und Stiere		Ochsen		Jung-vieh		Schwei-ne		Span-ferkel		Schaf-vieh	
		1000 Stück	Mill. Mark	1000 Stück	Mill. Mark	1000 Stück	Mill. Mark	1000 Stück	Mill. Mark	1000 Stück	Mill. Mark	1000 Stück	Mill. Mark	1000 Stück	Mill. Mark
a) Einfuhr:															
Handels-vertrags-Staaten	1880/86	40,3	35,4	33,2	12,7	17,2	6,3	33,3	3,8	733,2	63,6	101,4	0,8	52,6	1,1
	1887/91	52,0	43,1	36,5	14,8	15,7	5,6	29,8	5,6	216,7	31,6	43,9	0,4	0,1	0,0
	1892/97	59,9	38,8	50,7	19,3	38,0	12,5	42,8	8,1	308,3	35,6	1,2	0,2	0,2	0,0
Uebrige Länder	1880/86	27,2	24,8	30,9	10,6	1,1	0,5	33,2	2,9	139,9	12,3	79,8	0,7	16,1	0,3
	1887/91	31,7	31,1	62,8	20,6	4,0	1,3	37,0	6,7	250,9	21,4	98,1	0,9	4,9	0,3
	1892/97	33,5	29,0	65,9	18,7	21,1	8,3	36,5	10,2	177,6	17,2	0,0	0,0	3,3	0,3
b) Ausfuhr:															
Handels-vertrags-Staaten	1880/86	6,3	7,6	24,2	7,4	14,6	6,0	23,2	2,1	27,3	2,1	0,0	0,0	214,5	5,3
	1887/91	4,9	4,6	5,0	1,6	5,2	2,2	9,9	1,2	12,7	1,0	0,0	0,0	206,0	5,7
	1892/97	6,4	6,0	3,6	1,5	3,8	2,0	4,9	1,5	10,8	1,2	0,0	0,0	111,4	2,6
Uebrige Länder	1880/86	11,3	13,5	30,7	10,5	44,4	18,3	84,0	7,8	359,8	26,4	24,7	0,2	1115,1	27,3
	1887/91	5,2	6,2	7,4	2,1	12,3	4,6	29,7	3,8	121,7	8,0	15,1	0,1	540,4	11,5
	1892/97	3,0	3,4	0,4	0,2	0,7	0,1	0,0	0,0	0,2	0,0	0,0	0,0	200,6	4,8

Liegt in diesen Verhältnissen und dem dadurch beeinflussten Gesammtergebniss nichts Auffälliges oder Beunruhigendes, so ist das Verhalten der Nichtvertragsstaaten um so wichtiger, als hier zwischen Einfuhr und Ausfuhr die Unterschiede immer bedeutender zu werden scheinen. Den geschätzten Werthen nach stellt sich die Nettoeinfuhr bei beiden Gruppen im Durchschnitt der drei Perioden auf Mill. Mk.:

	1880/86	1887/91	1892/97
Vertragsstaaten	— 92,6	— 85,1	— 106,1
Uebrige Länder	+ 51,1	— 43,2	— 74,4

Also dort eine vorübergehende Verminderung und zuletzt eine Steigerung, welche, verglichen mit der ersten Epoche, den Betrag von 13,5 Mill. ausmacht; hier aber eine fortgesetzte Verschlechterung aus dem Aktiv- in den Passivhandel hinüber, wobei zwischen der ersten und der dritten Periode ein Unterschied von 125,5 Mill. p. a. herauskommt.

Tabelle

Mittlerer jährlicher Verkehr mit

Länder	Pferde			Kühe u. Stiere			Ochsen		
	1880/86	1887/91	1892/97	1880/86	1887/91	1892/97	1880/86	1887/91	1892/97
							a) Einfuhr in		
Belgien	12,8	20,0	19,2	—	—	—	—	—	—
Italien	—	—	—	—	—	—	0,9	1,0	1,3
Oesterreich	10,2	8,2	11,8	17,3	21,1	36,2	15,7	14,3	36,6
Rumänien	—	—	—	—	—	—	—	—	—
Russland	16,2	28,1	28,1	—	—	—	—	—	—
Schweiz	1,1	0,7	0,8	15,9	15,4	14,5	0,6	0,4	0,1
Serbien	—	—	—	—	—	—	—	—	—
							Einfuhr in		
Belgien	11,4	21,6	17,8	—	—	—	—	—	—
Italien	—	—	—	—	—	—	0,3	0,4	0,5
Oesterreich	9,0	6,1	8,0	6,4	7,8	11,7	5,8	5,0	12,0
Rumänien	—	—	—	—	—	—	—	—	—
Russland	14,1	14,9	12,6	—	—	—	—	—	—
Schweiz	0,9	0,5	0,4	6,3	7,5	7,6	0,2	0,2	0,0
Serbien	—	—	—	—	—	—	—	—	—
							b) Ausfuhr in		
Belgien	1,4	0,8	1,5	10,1	0,4	0,1	3,7	0,2	—
Italien	0,2	0,8	0,1	—	—	—	—	—	—
Oesterreich	1,8	1,0	1,0	3,7	1,3	0,7	—	—	—
Russland	0,8	0,8	0,2	—	—	—	-	—	—
Schweiz	2,6	2,5	3,1	10,4	3,3	2,8	10,9	5,0	3,8
							Ausfuhr in		
Belgien	1,8	1,0	0,7	2,8	0,1	0,0	1,5	0,1	-
talien	0,8	0,3	0,1	—	—	—	—	—	—
Oesterreich	2,1	1,0	0,9	1,2	0,4	0,3	—	—	—
Russland	0,3	0,1	0,4	—	—	—	—	—	--
Schweiz	3,1	2,2	2,9	3,4	1,1	1,2	4,5	2,1	2,1

IVa.

den Handelsvertragsstaaten in Vieh.

Jungvieh			Schweine			Spanferkel			Schafvieh		
1880/86	1887/91	1892/97	1880/86	1887/91	1892/97	1880/86	1887/91	1892/97	1880/86	1887/91	1892/97
1000 Stück:											
—	—	—	1,8	14,0	6,2	19,2	30,0	0,1	—	—	—
—	—	—	—	14,5	8,0	—	—	—	—	—	—
12,0	12,8	29,6	814,5	180,8	218,5	52,5	18,8	1,1	29,0	—	0,1
—	—	—	16,9	—	—	—	—	—	—	—	—
—	—	—	888,6	56,6	84,6	29,7	0,1	—	28,6	0,1	0,1
21,3	17,0	18,2	1,2	1,8	1,0	—	—	—	—	—	—
—	—	—	15,2	—	—	—	—	—	—	—	—
Millionen Mark:											
—	—	—	0,2	2,4	0,6	0,2	0,3	—	—	—	—
—	—	—	0,0	1,4	0,4	—	—	—	—	—	—
1,9	2,8	5,8	27,9	22,1	28,5	0,4	0,1	0,2	0,7	0,0	0,0
—	—	—	1,5	—	—	—	—	—	—	—	—
—	—	—	82,5	5,6	6,0	0,2	0,0	—	0,4	0,0	0,0
1,9	2,8	3,1	0,1	0,1	0,1	—	—	—	—	—	—
—	—	—	1,4	—	—	—	—	—	—	—	—
1000 Stück:											
0,8	0,1	0,0	7,3	1,9	—	—	—	—	209,4	182,2	98,9
—	—	—	—	—	—	—	—	—	—	—	—
10,9	5,4	1,1	1,1	1,0	4,9	—	—	—	—	—	—
—	—	—	—	—	—	—	—	—	—	—	—
11,5	4,4	8,8	19,5	9,8	5,9	—	—	—	4,9	28,8	17,5
Millionen Mark:											
0,2	0,0	0,0	0,6	0,1	0,0	—	—	—	5,2	5,1	2,2
—	—	—	—	—	—	—	—	—	—	—	—
0,7	0,8	0,1	0,1	0,1	0,5	—	—	—	—	—	—
—	—	—	—	—	—	—	—	—	—	—	—
1,9	0,9	1,4	1,4	0,8	0,5	—	—	—	0,1	0,6	0,4

Dass der letzte Grund bei denjenigen Nachbarstaaten zu suchen sei, mit welchen bindende Verträge mit gegenseitig festgelegten Tarifsätzen nicht bestehen, ist durch die Natur der Dinge angezeigt. Es ist denn auch längst bekannt, dass insbesondere die Weststaaten den Zufuhren aus dem Deutschen Reiche die altgewohnten Wege verlegt haben, und so lässt sich die in bestimmten Gruppen hervortretende rasche Abnahme der Ausfuhr leicht erklären. Das ist aber nicht das Einzige; eine Art von Trost läge wenigstens darin, dass diese Länder mit ihren Produkten auf unseren Märkten weit seltener erscheinen; dafür aber sind augenscheinlich die Nordländer berufen, uns diejenige Kategorie von Ländern zu veranschaulichen, welche immer mehr lebende Waare zu uns schicken, ohne unserer Viehzucht nennenswerthe Vergünstigungen oder auch nur greifbare Rücksichten zu gewähren. Das sollte aus der kleinen Zusammenstellung hervorgehen, wobei Frankreich, Holland und England auf der einen, Schweden und Dänemark — Norwegen kommt nicht in Betracht — auf der anderen Seite in besonderen Gruppen vereinigt sind, wobei wir, des genaueren Ueberblickes wegen, die in Frage kommenden Stückzahlen wiedergeben:

Thiergattungen	Westl. Nachbarstaaten						Nördl. Nachbarstaaten					
	Einfuhr in 1000 Stück			Ausfuhr in 1000 Stück			Einfuhr in 1000 Stück			Ausfuhr in 1000 Stück		
	1880/86	1887/91	1892/97	1880/86	1887/91	1892/97	1880/86	1887/91	1892/97	1880/86	1887/91	1892/97
Pferde	11,7	16,3	16,3	2,9	3,1	13,7	7,5	17,4	13,7	0,7	0,5	0,7
Kühe	15,5	31,1	23,8	14,8	1,8	—	6,5	28,7	48,7	0,6	0,2	0,1
Ochsen ...	0,5	0,6	1,8	13,5	3,1	—	0,1	0,6	18,0	—	—	—
Jungvieh ..	16,9	13,6	6,3	2,8	0,2	—	7,0	16,9	35,4	1,1	0,2	0,1
Schweine ..	26,5	146,7	15,4	3,7	66,0	11,7	11,7	0,8	—	—	—	—
Spanferkel .	53,1	86,3	60,4	—	—	—	—	—	—	—	—	—
Schafvieh ..	—	—	—	960,8	390,6	68,2	0,2	1,0	1,7	—	—	—

Danach kommen wohl bei einzelnen Lieferungen der Weststaaten kleine Zunahmen vor, bei den Nordstaaten (vgl. die Schweine) kann umgekehrt eine Abnahme konstatirt werden: im Ganzen aber sind beide Behauptungen zahlenmässig belegt. — Eben diese Wahrnehmung divergenter Bewegungen dürfte jeden Versuch einer Zurückführung auf die deutsche Handelspolitik vereiteln. Darüber ist jedoch die andere Frage nach dem heutigen Stand der Dinge und die damit verbundenen Erwägungen nicht entbehrlich. Man wird annehmen dürfen, dass die Hoffnung bestanden hat, es würde allmählich gelingen, auch im Gebiet der Landwirthschaft und hier wieder vornehmlich auf demjenigen der Viehzucht mit Hilfe der Verträge die Beziehungen aktiv und passiv zu verstärken, ja womöglich so zu gestalten, dass sie die tonangebenden werden könnten. Selbst im ungünstigsten Falle sollte es doch gelingen, den Wettbewerb der fremden Staaten allmählich so einzudämmen, dass man ihrer nicht mehr unbedingt bedürfte. Hatten nun schon die Zahlen über den Verkehr der Nordstaaten über den heutigen Stand unserer Ein- und Ausfuhr einige Zweifel wachgerufen, so erhalten wir den strikten Beweis des eben präzisirten Postulates aus folgender Vergleichung, wobei wir uns freilich auf die eigentliche Rindviehzucht beschränken. Von dem Werthumsatz, der hier wieder als Basis gewählt werden muss, entfallen:

	Einfuhr		Ausfuhr	
	Vertrags-Staaten.	Nichtvertrags-Staaten.	Vertrags-Staaten	Nichtvertrags-Staaten
1880/86	61,96	38,04	30,74	69,26
1887/91	47,41	52,59	40,00	60,00
1892/97	42,06	57,94	92,73	7,27

Im Verlauf der Erörterung sind wir wiederholt auf den Gedanken aufmerksam geworden, dass die Handelspolitik von 1892 eine zu beschränkte Anwendung gefunden haben möchte. Dieses dürfte hier einen weiteren Beleg finden, denn man wird gewiss sagen, dass ein System, welches die Landwirthschaft resp. den internationalen Verkehr mit landwirthschaftlichen Produkten vor Willkürlichkeiten schützen will, speziell auf dem Felde der Viehzucht, etwas mehr als so zweifelhafte Erfolge sollte aufweisen können. Bei dem mittleren Grad von Intensität, den die deutsche Landwirthschaft heute einnimmt, wird man zwar an ausreichende Versorgung mit Pferden, Schweinen und Schafen kaum mehr denken; um so sicherer sollte aber die Rinderzucht, sofern sie Zuchtmaterial und Arbeitsthiere in den erforderlichen Mengen vom Ausland bezieht, entweder an dasselbe höher qualifizirte Waare abgeben oder den eigenen Markt nahezu völlig befriedigen können. Verf. zögert denn auch nicht mit der Behauptung, dass auf dem Gebiete der Viehzucht Befriedigendes nicht erreicht worden ist. Er kann das um so ruhiger thun, als aus diesen und den vorhergehenden Betrachtungen deutlich hervorgeht, dass der Grundsatz des extremen Schutzzolles nach dieser Seite hin sich ebenfalls als unzureichend erwiesen hat. Das mildert nicht, sondern verschärft den Vorwurf. Die Bismarck'sche Politik war entweder, worauf wir schon früher hingedeutet, eine Politik des Getreidebaues, für welchen die Viehzucht nur Ergänzung bedeutet, oder sie konnte ihrer Natur nach d. h. vermöge ihres defensiven Charakters nicht zugleich den doppelseitigen Wünschen der deutschen Viehzucht gerecht werden. Bei den Verträgen kommt es darauf an, aktiv und passiv grössere Gleichwerthigkeit mit dem Auslande zu gewinnen. Das wird nun nicht lediglich damit erreichen zu sein, dass überhaupt mit diesem oder jenem Staate eine zollpolitische Vereinbarung getroffen wird: das Augenmerk muss vielmehr auf diejenigen Länder gerichtet sein, welche als Geber und Nehmer unsere Sphäre am Meisten beeinflussen. Von diesem Gedanken und der daraus folgenden Erwägung, dass der Erfolg von Verträgen weit weniger von dem Verhalten des betreffenden Staates, als vielmehr von demjenigen der nicht betheiligten Länder abhänge, sind die Verhandungen des Jahres 1891 nicht geleitet gewesen. Es ist von allem Anfang an gegen die Vorlagen der Reichsregierung der Einwand erhoben worden, dass nur politische Gedanken die Schritte der Regierung gelenkt, d. h. nach Wien und Petersburg geführt hätten. Die hier vom Standpunkte der Landwirthschaft bezw. der Viehzucht entnommene Kritik bestätigt die Richtigkeit jenes Vorwurfes und so wäre es denn nicht auffallend, wenn eine Prüfung vom industriellen Standpunkte aus analoge Ergebnisse lieferte; die Gesammtresultate des auswärtigen Waarenverkehrs, welche im zweiten Abschnitte kurz erörtert worden sind, sind allein schon geeignet, derartigen Vermuthungen Raum zu geben. Ueber die Folgen bei der Industrie enthalten wir uns eines Urtheils; bezüglich der Landwirthschaft, jedenfalls für zahlreiche und wichtige landwirthschaftliche Artikel wird eine Erkenntniss als unbestreitbar gelten müssen: Die Arbeiten im Sinne von Vertragsabschlüssen fanden in jenen Gesetzen von 1892 einen frühzeitigen und unvollständigen Abschluss.*)

---

*) Unseren Ausführungen könnte entgegengehalten werden, einmal, dass wir früher die Sachlage bei der Viehzucht als nicht letzthin entscheidend behandelt haben und ferner, dass an den Abschluss von eigentlichen Tarifverträgen bei den wichtigeren Weststaaten nicht zu denken gewesen sei. Jener Einwand dürfte indessen dadurch entkräftet werden, dass die Regierungen sämmtlichen Artikeln des internationalen Verkehrs die gleiche sachliche Aufmerksamkeit zu schenken haben; es ist ausserdem bekannt, dass die Industrieartikel die Unterhändler von 1892 vorwiegend beschäftigt haben. Bezüglich des zweiten Punktes dürfte aber darauf zu achten sein, ob es gerathen ist, auf halbem Wege stehen zu bleiben, weil keine Aussicht besteht, Alles zu erreichen. Dass derartige Versuche weder in London noch in Paris Erfolg gehabt hätten, darf wohl bezweifelt werden; es ist aber nicht erwiesen, dass man solche Schritte auch im Haag, in Kopenhagen und Stockholm gethan. Es steht ja auch hinter dem Gedanken des Handelsvertrages derjenige eines zollpolitischen Zusammenschlusses für einen möglichst ansehnlichen Theil Europas.

Dass die Gestaltung des Verkehrs in „thierischen Produkten“ das vorhin Gefundene nicht durchweg bestätigen würde, liess sich schon aus materiellen Gründen erwarten und geht auch aus der Tabelle selber (vgl. nachstehende Tab. IIIb)

Tabelle III b.

Verkehr in thierischen Produkten.

		Fleisch		Schmalz		Butter		Käse		Eier	
		1000 t	Mill. Mk.	1000 t	Mill. Mk.	1000 t	Mill. Mk	1000 t	Mill. Mk.	1000 t	Mill. Mk.
I. Einfuhr:											
Handels-vertrags-Staaten	1880/86	2,8	2,2	8,4	2,9	8,7	5,2	2,6	8,9	18,7	17,8
	1887/91	6,4	6,4	4,5	8,8	5,2	7,8	8,8	5,8	45,8	48,0
	1892/97	4,8	8,9	4,2	8,7	5,8	8,4	4,4	6,1	78,0	67,8
Uebrige Länder	1880/86	9,8	11,1	82,5	28,5	1,0	1,5	1,7	2,5	0,9	0,9
	1887/91	9,6	10,7	59,1	89,7	2,1	2,9	8,5	4,9	1,2	1,4
	1892/97	25,7	21,8	84,7	56,7	2,1	8,2	5,1	6,6	2,1	1,7
II. Ausfuhr:											
Handels-vertrags-Staaten	1880/86	1,2	1,8	—	—	0,7	1,2	1,6	1,7	0,4	0,4
	1887/91	1,0	1,4	—	—	0,4	0,6	0,9	1,0	0,2	0,2
	1892/97	[illegible]	1,4	—	—	0,8	0,4	0,7	0,7	0,1	0,1
Uebrige Länder	1880,86	7,8	9,9	—	—	11,9	19,0	2,4	8,1	—	—
	1887/91	12,5	15,8	—	—	9,5	15,7	1,4	1,6	—	—
	1892/97	2,8	3,4	0,1	0,3	6,6	12,9	0,9	1,1	0,6	0,6

deutlich hervor. Auf die Art der Gruppirung kommt freilich viel an. Mit den zwei Artikeln „Schmalz“ und „Eier“ nehmen Oesterreich, Russland und Italien den geschätzten Werthen nach von der Roh-Einfuhr sämmtlicher Artikel in der ganzen Zeit 38,6, von der Netto- oder Mehr-Einfuhr 45,2 % vorweg: das ist indess nur dadurch bedingt, dass jene Waaren hier ihre Stelle finden müssen, obwohl die Ausfuhr vollkommen fehlt und dass bis jetzt vorwiegend die Produkte dieser Länder Absatz suchen und finden. Diese Artikel machen es nun der Gruppe der Vertragsstaaten möglich, den anderen Ländern in der ganzen Waarengruppe die Waage zu halten; man sieht aber auch, dass ihnen das immer schwerer fällt. Reduzirt man auf effektive Mehr-Einfuhr, so entfallen (in Mill. Mk. p. a.) auf

	1880/86	1887/91	1892/97
Handelsvertragsstaaten	37,6	62,2	86,9
Uebrige Länder	18,1	26,6	71,4

oder: die ganze Gruppe scheint dazu angethan, dem Einfluss des Vertragsgebietes entzogen zu werden und dem Weltmarkt zu verfallen.

Sehr viel bedeutsamer ist freilich eine zweite Beobachtung, welche die Tabelle nahe legt. Geht man nämlich den Artikeln Fleisch, Butter und Käse nach, so findet man zunächst, soweit die Ausfuhr in Frage kommt, eine erhebliche Verminderung im Ganzen, und demgegenüber die Vermehrung der Zufuhren von aussen her. Das Ergebniss ist hier folgendes im Durchschnitt der drei Perioden:

	1880/86	1887/91	1892/97
Handelsvertragsstaaten	— 4,2	— 13,1	— 12,5
Uebrige Länder	+ 1,6	+ 7,9	— 22,7

Das ist nicht nur lehrreich wegen der Bestätigung früherer Beobachtungen über die steigende Abhängigkeit des deutschen Konsums vom Ausland einer- und der sinkenden Abfuhr nach aussen andererseits; hier tritt auch zum ersten Male und deutlich ausgesprochen ein Gegensatz zwischen den Resultaten der zweiten und dritten Periode hervor. Man kann vielleicht so sagen: während in der zweiten Epoche das Rechnungsverhältniss zu den Handelsvertragsstaaten ungünstiger wird, erweitert sich im Uebrigen das Absatzgebiet Deutschlands nicht unerheblich, so dass hier ein Plus von 7,9 Mill. Mk. resultirt: in der dritten Periode tritt drüben ein kleiner Rückgang ein, wogegen hier jenes Aktivum einem Passivum von 22,7 Mill. Mk. Platz macht, und dieser Umschlag verstärkt sich noch durch die um fast 17 Mill. Mk. gesteigerte Schmalzeinfuhr.

Es liegt nach den bei der lebenden Waare angestellten Betrachtungen der Gedanke nahe, dass wiederum die ausser Nexus stehenden Nachbarstaaten den Ausschlag gegeben hätten. Wirklich scheint hier eine positive Verschlechterung der Situation eingetreten zu sein. Die geschätzten Werthe ergeben hier (Norwegen ist auch hier nicht betheiligt) im Mittel der drei Perioden:

	1880/86	1887/91	1892/97
Einfuhr	4,2	9,0	13,7
Ausfuhr	5,5	20,2	5,8
+ od. —	+ 1,3	+ 10,8	— 7,9

Danach würde sich in der Hauptsache der früher geschilderte Vorgang wiederholen: bei diesen Staaten kommt es weniger auf eine sehr erhebliche Steigerung der Einfuhr, als auf die verweigerte Annahme deutscher Artikel hinaus. Die Frage müsste so gestellt werden: hängt das alles mit bewusster Hintanhaltung von deutschen Artikeln oder mit überlegener Konkurrenz anderer Länder zusammen? Die Antwort wird voraussichtlich beide Momente nachweisen, also keine Einzelwirkungen darthun lassen. Für die deutsche Handelspolitik dürfte sich jedoch immer ergeben, wie gross bei dem doppelten System der Verträge und der Meistbegünstigungsklausel die Gefahr ist, dass man zuletzt doch zwischen die zwei Stühle zu sitzen komme.

Beim Getreide (s. nachstehende Tab. IIIc) tritt uns vor Allem die Wahrnehmung entgegen, dass die jährlichen Zufuhren aus den verschiedenen Gruppen mit der Zeit eine

Tabelle III c.

Verkehr etc. in Getreide.

		Weizen		Roggen		Buchweizen		Hafer		Gerste		Mais	
		1000 t	Mill. Mk.	1000 t	Mill Mk	1000 t	Mill. Mk.	1000 t	Mill. Mk.	1000 t	Mill. Mk.	1000 t	Mill. Mk.
		I. Einfuhr:											
Handels-vertrags-Staaten	1880/86	871,5	74,2	482,8	72,2	7,8	0,8	206,1	28,4	267,2	89,4	65,6	7,9
	1887/91	461,8	78,7	690,4	78,2	18,7	2,0	166,9	17,6	547,8	71,0	181,7	14,1
	1892/97	682,5	88,6	586,9	58,2	15,2	1,6	281,9	28,8	868,7	92,0	210,1	18,4
Uebrige Länder	1880/86	181,2	12,7	281,4	22,1	6,9	0,8	26,0	4,8	75,0	10,8	168,8	18,7
	1887/91	185,1	20,2	124,2	14,1	9,7	1,1	16,0	1,5	65,9	9,4	176,0	18,2
	1892/97	588,0	90,1	188,8	10,6	10,0	1,8	58,9	4,8	62,6	6,8	585,4	42,9
		II. Ausfuhr:											
Handels-vertrags-Staaten	1880/86	18,4	8,0	8,1	0,6	—	—	15,8	2,8	7,7	1,6	0,2	0,0
	1887/91	0,2	0,1	0,1	0,0	—	—	0,9	0,1	0,6	0,1	0,0	0,0
	1892/97	18,8	2,1	9,7	1,1	0,1	0,0	9,9	0,9	4,8	0,6	0,1	0,0
Uebrige Länder	1880/86	48,5	10,1	8,8	1,8	—	—	11,9	1,4	71,8	19,0	0,0	0,0
	1887/91	0,8	0,1	1,1	0,2	—	—	1,4	0,2	14,8	2,7	0,1	0,0
	1892/97	52,7	6,6	29,2	2,7	—	—	11,2	1,2	61,6	2,8	0,0	0,0

nicht unbeträchtliche Veränderung erfahren haben; sie bestätigen zugleich frühere Ermittlungen über die Wirkung der verschiedenen Zollmaximen. Der extreme Schutzzoll der zweiten Periode, unterstützt durch den Kampfzoll gegen Russland, hätte allerdings viel direkter und zwar weniger auf die Preise, als auf die zugeführten Mengen wirken sollen. Das wurde jedoch durch die Valuta-Differenzen auf der einen und Mehr-Verbrauch auf der anderen Seite wieder ausgeglichen; dagegen erscheint allerdings der Wettbewerb des übrigen Auslandes hintangehalten. Oder anders ausgedrückt: während in den zwei ersten Zeiträumen die Vertragsstaaten die unbestrittene Oberhand behalten, rücken ihnen in der dritten die anderen Länder bedenklich auf den Leib. Es wird eine fast völlige Parität erreicht, und wie sehr dieser Vorgang den Getreidemarkt beeinflusst, ergiebt sich aus dem Umstande, dass jetzt unverhältnissmässig billig geliefert wird. Wir geben der Einfachheit halber die Netto-Einfuhrzahlen für beide Gruppen nach Mengen und Werthen. Dieselbe bemisst sich beim Brotgetreide und bei den zur weiteren Verarbeitung bestimmten Körnerfrüchten, absolut und relativ zum Ganzen betrachtet, wie folgt:

	1000 Tonnen		Mill. Mk.		Antheil der Handelsvertrags-Staaten	
	Handels-vertrags-Staaten	Uebrige Länder	Handels-vertrags-Staaten	Uebrige Länder	Mengen	Werth
			Brotgetreide:			
1880/86 . .	848,1	516,2	143,6	24,3	62,26	85,53
1887/91 . .	1170,1	845,3	152,0	35,1	58,06	81,48
1892/97 . .	1271,6	1341,5	120,1	92,8	47,67	56,41
			Hilfsstoffe:			
1880/86 . .	232,7	121,6	66,9	18,1	63,68	78,71
1887/91 . .	267,1	242,8	102,5	27,2	52,40	79,02
1892/97 . .	599,4	579,1	140,9	44,6	50,86	75,95

Das wesentliche Ergebniss dieser Vergleichung liegt nicht darin, dass noch heute bezüglich der Versorgung Deutschlands der Schwerpunkt auf den Vertragsstaaten liegt. Das dürfte nämlich nur Folge der erheblich verstärkten Zufuhren aus den beiden Balkanstaaten sein, denn die anderen — Belgien an der Spitze — scheinen eher nachzulassen. Sehr viel wichtiger ist der Umstand, dass im Einzelnen wesentliche Unterschiede hervortreten: Beim Brotgetreide sind die Vertragsstaaten sicher überholt, wogegen sie bei der zweiten Gruppe nicht nur die erste Stelle behaupten, sondern auch ihre Lieferungen namhaft vermehren. Das kann mit andern Verhältnissen, d. h. der durch wechselnde Menge, Güte und Preislage bedingten Wahl des Bezugsortes zusammenhängen, aber auch ein anderer Gedanke wird nicht abgelehnt werden können. Darf man nämlich annehmen, dass das erforderliche Quantum an Brotgetreide durch eigenartige Gründe — der wichtigste ist wohl der Ausfall der Inlands-Ernte — geregelt wird, so wird allerdings der Händler auf die dem Weltmarkte bestimmten Vorräthe zählen müssen; auf bestimmte Provenienzen kommt es hier nicht an. Bei den anderen Körnerfrüchten, die besondere technische Prozesse durchzumachen haben und ziemlich gleichmässig gebraucht werden, wird die Transaktion leicht eine andere Form annehmen, d. h., es wird sich ein vertragsähnliches Verhältniss herausbilden, und in diesem Falle wird unter sonst gleichen Bedingungen der Vertragsstaat leicht den Vorzug erhalten.

Dürfte man somit annehmen, dass in dieser Richtung die Handelsverträge günstig eingewirkt haben, so wird doch der Eindruck der Tabelle im Allgemeinen kein sehr befriedigender sein. Der eigentliche Zweck der Handelsverträge ist auch beim Getreide nicht erreicht worden, es ist nicht gelungen, die Beziehungen innerhalb der Vertragsstaaten zu steigern. Das gilt freilich nur dann, wenn die Lieferungen der früheren Perioden als normal bezeichnet werden können, wenn also z. B. in den 80er Jahren das russische Getreide nicht lediglich um der damit verbundenen Kursspekulation bevorzugt worden ist. Sicher aber war 1892 das Absehen auf diesen Punkt gerichtet und wissen wir jetzt, dass von den reduzirten Sätzen der Verträge die Nicht-Vertragsstaaten den ausgiebigeren Gebrauch gemacht haben.

Wie wenig richtig es ist, grosse Fragen an einzelnen Erscheinungen zu messen, zeigt die Vergleichung der Tab. IIIc mit Tab. IIId (vergl. nachstehende Tab. IIId). Hatten wir früher zu konstatiren gehabt, dass in der Versorgung mit Eiern kein Wechsel eingetreten ist, so sehen wir jetzt beim Malz ein natürliches Vorrecht Oesterreich-Ungarns zu voller Ausbildung gebracht. Weiterhin darf als günstiges Moment

Tabelle IIId.

Verkehr etc. in sonstigen Ackergewächsen und Körnerderivaten.

		Hülsenfrüchte, Küchengewächse		Kartoffeln		Mühlenfabrikate		Malz		Hopfen	
		1000 t	Mill. Mk.	1000 t	Mill. Mk.	1000 t	Mill. Mk.	1000 t	Mill. Mk.	1000 t	Mill. Mk.
I. Einfuhr:											
Handels-vertrags-Staaten	1880/86	87,4	6,0	21,1	1,0	37,2	10,4	52,4	12,6	1,2	5,5
	1887/91	71,8	10,2	64,9	3,8	15,4	4,1	71,0	16,6	1,5	5,5
	1892/97	118,8	16,1	97,7	8,6	29,1	6,5	81,8	19,0	2,5	8,5
Uebrige Länder	1880/86	7,9	1,2	12,3	0,4	16,5	4,8	2,7	0,7	0,2	0,7
	1887/91	4,7	1,0	82,8	1,9	2,1	0,5	0,3	0,2	0,0	0,1
	1892/97	4,4	0,5	60,0	2,6	9,1	1,3	0,5	0,1	0,2	0,6
II. Ausfuhr:											
Handels-vertrags-Staaten	1880/86	56,7	4,5	61,2	3,6	18,4	4,8	2,3	0,6	8,8	11,4
	1887/91	15,5	1,8	50,2	2,6	9,9	2,1	0,8	0,1	2,9	8,9
	1892/97	16,4	2,4	88,8	1,8	49,2	6,2	2,5	0,6	4,4	7,2
Uebrige Länder	1880/86	92,2	5,5	206,4	12,8	93,5	21,0	5,8	1,8	7,8	24,9
	1887/91	88,1	3,1	82,0	4,8	124,4	24,4	1,4	0,4	9,0	22,0
	1892/97	6,9	1,2	40,5	2,1	124,5	16,7	4,3	1,1	5,0	18,7

behandelt werden die Verbesserung der Ausfuhr nach den Vertragsländern bei Mehl und Hopfen, welche nach den anderen Staaten entweder gleich geblieben ist oder abgenommen hat. Demgegenüber hat mit Ausnahme von Hülsenfrüchten und Kartoffeln auch die Einfuhr aus den übrigen Ländern eine kleine Verminderung erfahren, und so scheint sich eine gewisse Abschnürung anzubahnen, wie sie bis jetzt noch nicht beobachtet werden konnte.

Der Prozess hat freilich seine doppelte Seite. Wohl gewinnt Deutschland ziemlich genau am Export nach den Handelsvertragsstaaten wieder, was es den übrigen Ländern gegenüber eingebüsst hat; um so empfindlicher wirkt aber doch die steigende Abhängigkeit vom Auslande und die vermehrte Schwierigkeit des auswärtigen Absatzes seiner Produkte. Oder anders ausgedrückt: was die Vertragsstaaten an deutschen Artikeln aufnehmen, holen sie sich an eigenen Produkten, die zu uns kommen, reichlich wieder; sie gewähren also keinen wirklichen Ersatz für das, was uns im übrigen auswärtigen Verkehr verloren gegangen ist. Das zeigt sich deutlich, wenn wir die Entwicklung des Verkehrs mit den zwei grossen Gruppen (nach den Werthbeträgen) in den drei Perioden zusammenstellen. Die Netto-Ein- und Ausfuhr betrug:

	1880/86	1887/91	1892/97
Bei den Vertragsstaaten:	— 10,0	— 25,3	— 34,8
Bei den übrigen Ländern:	+ 57,1	+ 59,8	+ 35,3

Diese Zahlen wirken um so stärker, als auch hier ersichtlich wird, dass die letzte Periode in nahezu entgegengesetztem Sinne der zweiten gegenübertritt. Die Vertragsstaaten und die übrigen Länder weisen folgende Relation zur ersten Periode auf: diese zu 100 gesetzt, ergiebt sich:

	1887/91	1892/97
Bei den Vertragsstaaten:	153,0	234,8
Bei den übrigen Ländern:	104,7	62,0

Wenn irgendwo, so wird gerade hier das Unzulängliche der deutschen Verkehrsstatistik empfunden werden. Wie wichtig wäre es, zu konstatiren, welchen Einfluss diese jähen Umschläge auf die Preisbildung der betroffenen Artikel gehabt haben. Die regelmässige Ausfuhr wird immer als eine Art Rückhalt bei der Preisbildung im Inland wirken.*) Das

*) Um nur eins zu nennen, so gelten die Preise, welche für den nach England bestimmten Hopfen bezahlt werden, als Maassstab der Inlandpreise.

Tabelle III f.
Verkehr in Genussmitteln.

		Obst und Weinbeeren		Wein		Bier		Branntwein		Zucker	
		1000 Tonnen	Mill. Mk.	1000 Tonnen	Mill. Mk.	1000 Tonnen	Mill. Mk.	1000 Tonnen	Mill. Mk.	1000 Tonnen	Mill. Mk.
a) Einfuhr.											
Handels-vertrags-Staaten	1880/86	65,8	15,1	11,8	7,4	12,0	2,5	—	—	—	—
	1887/91	111,9	25,2	22,4	17,4	21,7	4,5	—	—	—	—
	1892/97	125,6	27,8	28,8	19,2	55,8	7,8	—	—	—	—
Uebrige Länder	1880/86	5,8	2,4	48,5	9,5	1,7	0,2	5,8	5,9	9,0	8,0
	1887/91	9,4	8,0	40,9	24,4	2,2	0,5	4,6	7,5	7,8	2,8
	1892/97	89,0	12,7	50,5	22,9	8,0	0,5	10,1	9,4	2,9	1,2
b) Ausfuhr.											
Handels-vertrags-Staaten	1880/86	2,6	0,5	5,5	4,4	28,8	8,8	10,3	4,9	26,9	10,4
	1887/91	2,5	0,7	4,4	8,6	24,4	4,2	5,8	2,0	28,6	8,2
	1892 97	2,7	0,7	6,1	4,4	25,2	3,6	2,8	0,7	22,8	6,5
Uebrige Länder	1880,86	26,5	5,9	18,4	12,6	108,2	8,0	66,5	19,0	474,0	155,6
	1887/91	19,9	6,8	18,5	14,6	75,4	12,9	82,1	12,0	679,4	188,8
	1892/97	12,7	5,2	14,6	16,2	52,2	11,4	18,9	5,2	871,8	212,1

werden, welche die auswärtigen Zufuhren überhaupt höher belasteten; bei Obst, Wein, Bier sind aber bekanntlich die Sätze ermässigt, ja es ist die niedrige Position der Weinbeeren eingestellt worden. Die thatsächliche Begünstigung des übrigen Auslandes ist somit eher als Zufall zu bezeichnen. — Sehr lehrreich in dieser Beziehung ist es, dass an der Einfuhr von Branntwein und Zucker nur das übrige Ausland sich betheiligt, während doch Belgien und Oesterreich beachtenswerthe Industrieen ausgebildet haben.

Dies alles will jedoch nichts bedeuten im Vergleich mit den Vorgängen bei der Ausfuhr. Wir produziren in ungeheuren Massen Bier, Branntwein und Zucker, die schon wegen ihres Zusammenhangs mit der Landwirthschaft allgemeinste Aufmerksamkeit verdienen, und da sollte es unmöglich gewesen sein, bei den Verträgen etwas rechtes zu erobern? Nach den vorliegenden Zahlen entfallen — wiederum den Mengen nach — auf die Handelsvertragsstaaten 9,1, 6,8 und 5,7 pCt. Zieht man vollends Wein und Obst ab, was bei einer mässig sinkenden Tendenz der Ausfuhr weiter nicht auffallen wird, so ergeben sich für Bier, Branntwein und Zucker innerhalb des Vertragsgebietes 8,6, 6,5 und 5,1 pCt. Das sind die Gegenleistungen der Staaten, die uns in der letzten Periode allein mit 2,6 Mill. t Getreide jährlich versorgt haben!

Es wird hier Jedem ergehen wie dem Verfasser: er findet sich einem unlösbaren Räthsel gegenübergestellt. Denn hier sind Interessen im Spiele, denen auch der materiell nicht Betheiligte als unparteiischer Beobachter seine Aufmerksamkeit unmöglich versagen dürfte. Wie wollen sich erst Diejenigen verantworten, denen die offizielle Wahrung so wichtiger Betriebe anvertraut ist. Sie werden sich doch nicht darauf berufen, dass ja immer noch der Weltmarkt offen gehalten, also speziell die Meistbegünstigungsklausel nicht beseitigt worden sei. Das kann schon aus dem Grunde nicht gelten, weil damit weder bei Bier und Branntwein die Abnahme der Ausfuhr aufgehalten worden ist, noch auch beim Zucker und dessen wichtigstem Absatzgebiet ein bezüglicher Rechtszustand von der Regierung herbeigeführt worden ist.

Auch der zweite Ausweg dürfte nicht weit führen. Wohl kann gesagt werden, dass die schutzzöllnerische Tendenz der Nachbarländer aus dem Vorgehen Deutschlands Nahrung gezogen hat, resp. dass schon früher der Absatz in der Nähe ziemlich beschränkt war. Beides hätte in ganz anderer Weise benutzt werden sollen, sofern man daran denkt, bei vertragsmässigen Vereinbarungen die landwirthschaftlichen Artikel nicht lediglich als Objekte von Konzessionen zu benutzen. Gelingt es nicht, hier den Export zu sichern, — wogegen sich manche Länder durch gesetzgeberische Maassregeln zu wahren gesucht —, so blieb immer noch die Möglichkeit, diese für unsern Gesammtabsatz so wichtigsten Artikel bei der Tarifkonvention zu übergehen und jedem Kontrahenten freie Hand zu lassen. Deutschland gewinnt nichts, verliert aber auch nichts; sein Absatz an die Vertragsstaaten erfährt vielleicht eine Verminderung, aber es bindet sich auf keinen Fall Ländern gegenüber, die ihm nichts bieten, ja es kann, wenn nöthig, die Zollschraube fester anziehen und gewährt bei höheren Preisen dem Inland-Absatz mehr Spielraum.

Ein Beispiel wird genügen. In dieser Gruppe betheiligt sich Oesterreich bei der Einfuhr von Obst, Wein und Bier mit zusammen durchschnittlich 68,7, 112,4 und 126,0 Mill. t; die Ausfuhr dorthin beträgt in den gleichen Zeiträumen 2,7, 6,2 und 6,8 Mill. t. Mit anderen Worten: Hier war die verwundbare Seite des „guten Nachbarn", der auch sonst unsere Agrarprodukte ängstlich von sich abzuwehren sucht. Es war also gar nichts riskirt, wenn Oesterreich Schwierigkeiten machte, weil sein jährlicher Absatz von 30—40 Mill. Mk. bei uns sicher getroffen werden konnte. — Der Einwand liegt nahe genug, dass es gefährlich sei, mit einzelnen Artikeln zu exemplifiziren. Wollte man aber diesen Einwand auch auf eine grössere Gruppe von Waaren ausdehnen, so bliebe immer noch zu erwidern, dass augenscheinlich bei den Unterhandlungen ein Gebiet vernachlässigt worden ist, wo bis jetzt mit den verschiedensten Mitteln versucht worden war, Anbau und Fabrikation zu forciren, wo in der That auch Deutschland eine höchst beachtenswerthe Intensität erreicht hat. Die Regierung hätte mithin die Bemühungen ihrer eigenen Gesetzgebung und Verwaltung nicht respektirt.

Was endlich den durch den extremen Schutzzoll in der zweiten Periode geschaffenen Zustand anlangt, so dürfte dieser Gruppe am wenigsten Material zur Vertheidigung des bei den Verträgen von 1892 eingenommenen Standpunktes zu entnehmen sein. Giebt man zu, dass es sich auch damals nicht um völlige Absperrung handelte, so kann man die steigende Einfuhr um so weniger verwerthen, als in der gleichen Zeit die Ausfuhr eine jedenfalls beachtenswerthe Zunahme erfährt; wir wissen ausserdem, dass die damaligen Zollsätze, oder vielleicht genauer die im ganzen System liegende Unsicherheit der Zollsätze, die übrigen Länder im

Schach gehalten hat, ohne dass doch überall die deutsche Waare zurückgedrängt worden wäre. — Damit werden aber alle Argumente hinfällig, mit denen man die Vorgänge der letzten Zeit von dem Vorwurf einer grundsätzlich falschen Anlage reinigen möchte.*) —

Wir kehren nach dieser Abschweifung zum Verhalten der ganzen Gruppen zurück, weil es uns doch wichtig erscheint, festzustellen, wie sich, netto gerechnet, die Resultate des Verkehrs zwischen Deutschland und den zwei grossen Länderkomplexen gestaltet haben. Die Zahlen sind folgende — der Kürze halber werden nur die umgesetzten Mengen berücksichtigt:

	1880/86	1887/91	1892/97
Handelsvertragsstaaten . .	— 20,9	— 95,3	— 145,6
Uebrige Länder	+ 622,7	+ 739,9	+ 864,1

An diesen Zahlen dürfte der letzte Versuch der Rechtfertigung für die Stipulationen vom Jahre 1891 scheitern. Man wird sich doch nicht einreden wollen, dass für den Be-

*) Der leitende Gedanke des Textes ist folgender: So lange Handelsvertrag und Meistbegünstigung nebeneinander hergehen, dürfen, um sich gegen Zollerhöhungen dritter Staaten sicher zu stellen, nur solche Waaren in die Tarifkonvention hinüber genommen werden, an deren Einfuhr andere Länder neben dem Vertragsstaat sich nur schwach betheiligen können. Vermag man hierdurch die eigene Einfuhr nicht sicher zu stellen, so kann man sich wenigstens der Einfuhr da erwehren, wo unserem Export Schwierigkeiten gemacht werden. Das Zweite ist die beiderseitige Behandlung auf gleichem Fuss in dem Sinne, dass bei Verfehlungen die höheren Sätze des Generaltarifs zur Anwendung kommen. Der Fehler der Gesetzgebung von 1892 bestand darin, dass nicht das Tarifgesetz von 1879 mit seinen Novellen ausdrücklich als Normaltarif erklärt worden ist. Wenn also z. B. die Vereinigten Staaten von Amerika mit einigem Recht behaupten können, dass sie Deutschland gegenüber durch den Meistbegünstigungsvertrag mit Preussen nicht gebunden sei, so lag deutscherseits kein Grund vor, auch der Publikation des Dingley-Tarifes die Vertragssätze auch der amerikanischen Waare gegenüber gelten zu lassen. Hier steht der Zucker auf dem Spiel, wovon in den letzten 7 Jahren (1892—98) nicht weniger als 180 Mill. t jährlich dorthin abgesetzt werden konnten, während freilich in den 80er Jahren im Durchschnitt nur 8,5 Mill. t abgesetzt wurden.

zug gewisser Artikel, und zwar obendrein in den nachgewiesenen Beträgen, Deutschland gar keine Wahl hat, als eben jene Länder anzusprechen, oder aber, dass dort unsere Waaren niemals Absatz finden könnten. Die Sache ist vielmehr unwiderleglich die: obschon man wusste, dass hier wenig oder nichts zu erreichen sei, hat man sich vielleicht unter dem Druck von Beschwerden aus Konsumentenkreisen verleiten lassen, namhafte Zugeständnisse zu machen. Das Facit wäre freilich vorauszusehen gewesen; die Vertragsstaaten haben eitel Profit gemacht; unsere Industrieen aber, von deren Fortbestand die intensive Bewirthschaftung weiter Länderstrecken abhängt, müssen einen durch die Eifersucht der Nationen verschärften Wettkampf auf dem Weltmarkte bestehen und daneben durch eine Gesetzgebung gestützt werden, deren Fundamente durch jede auf dritter Seite vorgenommene Maassregel ins Wanken gebracht wurden.

Um jegliches Missverständniss zu beseitigen, wäre es wohl nöthig, sofort zu zeigen, dass die hier festgestellten Urtheile mit den Ergebnissen, welche die Untersuchung der gesammten Sachlage geliefert haben, nicht in Widerspruch stehen. Allein es ist wohl richtiger, zunächst die Betrachtung der Länder, welche dem Handelsvertragsbund beigetreten sind, zu Ende zu führen. Von einzelnen auffallenden Erscheinungen war freilich schon die Rede; allein es fehlt noch die genauere Bestimmung des den einzelnen Staaten zukommenden Einflusses.

Diesem Zwecke dienen ausser Tabelle IV a, welche die einschlägigen Verhältnisse bei der Viehzucht resp. dem Verkehr mit Vieh geschildert hatte, die Tabelle IV b und Tabelle V. Jene umfasst die übrigen fünf Gruppen landwirthschaftlicher Erzeugnisse, je nach den Sätzen, welche den einzelnen Ländern im Durchschnitt der drei Perioden in Einfuhr und Ausfuhr nach Mengen und geschätzten Werthen zukommt. Tabelle V stellt die Zusammenfassung sämmtlicher Waarengruppen dar, bedarf aber einer kurzen Rechtfertigung, da sie einige rechnungsmässig entstandene Zahlen enthält. Sollte nämlich der Umsatz in allen sechs Waarengruppen zum Ausdruck gebracht werden, so war es richtig, beim Vieh die Stückzahl wiederzugeben; die Reduktion auf Gewicht hätte dem Bilde höchstens von seiner Anschaulichkeit genommen. Anders steht es, wo nur eine ungefähre Vorstellung von Ausdehnung und Intensität des Verkehrs gegeben werden soll, denn wir rechnen in die Betrachtung der Zahlen die Vorstellung mit, dass hinter den aufgeführten Mengen und Geldbeträgen Waaren sehr verschiedenen Charakters und Werthes stehen. Der Verfasser glaubte denn auch statt einer Reduktion von Stückzahl auf Gewicht in diesem Falle ein einfacheres Verfahren wählen zu dürfen und so sind in Tabelle V die aus der Reichsstatistik gewonnenen periodischen Gewichtssätze pro Geldeinheit zur Verwendung gekommen. An und für sich genommen, ist dieses Verfahren gewiss nicht zulässig, weil nie und nimmer die einzelnen Thiergattungen oder vollends die verschiedenen Provenienzen jenen Einheitssatz zu erkennen geben oder auch nur anstreben dürften. Hier entschuldigt nicht nur der Umstand, dass der Fehler überall derselbe ist, sondern auch die Annahme, dass überhaupt nicht die Tonnenzahlen, sondern die wirklichen oder Schätzungs-Erlöse die eigentliche Basis der Beurtheilung zu bilden haben (vergl. Tab. IVb auf S. 92/93 und Tab. V auf S. 94).

Wenn es erlaubt ist, die wenigen Zahlen in dem Sinne zu prüfen, ob sich nicht bestimmte Typen der handelspolitischen Entwickelung herauslesen lassen, so hätte Belgien den Stillstand, wenn nicht gar den Rückgang zu vertreten. Bei der Ausfuhr landwirthschaftlicher Produkte hat seit dem Aufhören des Verkehrs in Vieh dieses Land für uns eine nur wenig bedeutende Rolle; es handelt sich nur noch um 13,1 Mill. bezw. ein schwaches Zwölftel des Gesammtverkehrs; dem entspricht insoweit dieser letztere selbst, als

Tabelle

General-Uebersicht des landwirthschaftlichen Waarenverkehrs
Durchschnitt der Perioden

	Thierische Produkte			Getreide		
	1880/86	1887/91	1892/97	1880/86	1887/91	1892/97
						A. **Einfuhr** in
Belgien	4,8	8,4	1,8	121,1	66,7	34,2
Italien	1,0	1,8	5,1	—	—	—
Oesterreich-Ungarn	17,4	83,0	46,8	432,2	435,0	399,0
Rumänien	—	0,2	6,7	38,4	107,4	507,4
Russland	4,6	22,7	38,8	805,1	1805,2	1679,8
Schweiz	2,9	4,2	2,7	8,0	2,8	0,2
Serbien	—	—	0,1	0,7	9,7	20,2
						Einfuhr in
Belgien	4,1	2,5	1,2	17,7	8,1	2,9
Italien	0,9	1,6	4,7	—	—	—
Oesterreich-Ungarn	17,6	88,9	48,7	64,8	62,0	57,2
Rumänien	—	0,2	5,9	5,2	13,9	51,8
Russland	4,4	21,6	33,4	129,6	170,6	171,5
Schweiz	4,2	5,7	6,4	0,5	0,4	—
Serbien	—	—	0,1	0,1	1,6	2,2
						B. **Ausfuhr** in
Belgien	1,2	0,7	0,8	8,5	0,2	9,4
Italien	0,7	0,4	0,1	—	—	—
Oesterreich-Ungarn	0,5	0,3	0,8	11,4	0,8	18,1
Rumänien	—	—	—	—	—	—
Russland	—	—	—	2,5	0,4	1,9
Schweiz	1,4	1,1	1,3	17,3	0,9	12,8
						Ausfuhr in
Belgien	1,6	1,1	0,5	1,7	—	1,3
Italien	0,7	0,4	0,1	—	—	—
Oesterreich-Ungarn	0,7	0,8	0,8	2,4	0,1	1,7
Rumänien	—	—	—	—	—	—
Russland	—	—	—	0,5	0,1	0,2
Schweiz	1,6	1,4	1,6	2,9	0,1	1,5

IV b.

mit den einzelnen Vertragsstaaten nach Waarengruppen im 1880/86, 1887/91 und 1892/97.

Sonstige Ackergewächse und Körnerderivate			Sämereien und Futtermittel			Genussmittel		
1880/86	1887/91	1892/97	1880/86	1887/91	1892/97	1880/86	1887/91	1892/97
1000 Tonnen.								
7,2	10,4	29,7	4,8	16,4	46,2	2,0	8,9	15,8
4,7	7,8	14,6	1,6	6,8	7,5	6,0	15,6	82,2
120,0	152,5	185,0	61,4	118,6	187,4	68,7	112,4	126,0
0,4	8,8	7,6	0,1	1,8	1,7	—	—	—
82,8	78,5	118,8	50,6	187,0	224,4	0,4	0,5	0,8
0,6	0,1	0,8	1,9	8,2	4,0	11,8	18,5	17,4
—	—	0,7	—	—	—	1,0	5,1	18,0
Mill. Mark.								
0,8	0,6	1,4	0,8	1,9	4,5	0,7	1,2	8,7
0,6	1,8	1,7	0,9	1,6	2,1	2,2	5,4	7,8
80,1	88,8	89,4	11,1	16,8	21,4	19,4	29,2	27,8
0,1	0,8	0,7	—	0,1	0,1	—	—	—
4,4	7,1	12,3	6,0	18,1	29,5	—	0,1	0,2
0,2	—	0,1	0,8	0,8	0,4	2,8	2,6	1,6
—	—	0,1	—	—	—	0,4	1,8	2,7
1000 Tonnen.								
86,0	25,9	6,1	4,0	5,0	4,0	27,9	15,1	11,6
5,8	2,8	2,2	—	—	—	5,0	4,4	9,0
108,7	18,5	17,9	2,1	6,2	9,4	2,7	6,2	6,8
—	—	—	—	—	—	0,8	4,0	—
2,1	1,8	24,9	0,2	1,8	2,7	6,4	6,9	8,5
80,4	81,9	40,4	1,8	0,9	0,8	26,8	24,1	28,2
Mill. Mark.								
6,1	5,8	2,5	1,5	1,8	1,1	7,1	4,8	2,9
1,5	0,9	0,6	—	—	—	1,9	1,0	2,5
11,6	8,4	4,0	0,6	8,9	7,2	1,0	1,7	1,7
—	—	—	—	—	—	0,1	1,4	—
8,8	2,2	5,4	0,1	1,4	2,4	8,8	2,7	8,5
4,8	8,7	5,4	0,5	0,8	0,2	10,6	7,4	5,8

Tabelle V.

Gesammtverkehr in landwirthschaftlichen Erzeugnissen mit den einzelnen Handelsvertragsstaaten.

	1000 Tonnen			Millionen Mark		
	1880/86	1887/91	1892/97	1880/86	1887 91	1892/97
	a) Einfuhr:					
Belgien	152,6	183,2	155,1	35,9	25,6	32,1
Italien	13,6	32,4	60,6	4,9	10,7	17,2
Oesterreich-Ungarn	756,0	857,7	981,4	195,1	218,9	254,5
Rumänien	40,5	112,2	528,4	6,8	14,5	58,5
Russland	942,4	1612,8	2081,9	191,6	238,0	265,5
Schweiz	28,7	41,9	89,6	16,9	20,2	19,8
Serbien	8,5	14,8	43,0	1,9	3,4	5,1
	b) Ausfuhr:					
Belgien	96,4	56,7	35,9	30,1	18,9	18,1
Italien	11,5	8,1	11,4	4,4	2,6	3,3
Oesterreich-Ungarn	126,7	84,0	49,7	20,4	11,2	16,8
Rumänien	0,8	4,0	—	0,1	1,4	—
Russland	11,9	11,1	[illegible]8,5	8,9	6,5	11,9
Schweiz	100,0	70,6	88,4	34,9	20,6	23,5

die drei Perioden so ziemlich dieselben Ziffern ergeben (164,4, 155,0 und 159,1 Mill. Mk.). — Um so bemerkenswerther ist freilich der Umstand, dass bei dem agrarischen Import dieselbe Stabilität wiederkehrt, während im Ganzen ein beträchtlicher Rückgang beobachtet wird. Hier stehen sich 270,6, 291,4 und 186,2 Mill. Mk. gegenüber. Den Grundsätzen und Tarifpositionen der Handelsverträge diese Abnahme von 40 pCt. zuzuschreiben, wäre wohl gewagt. Näher liegt die Vermuthung, dass die Fortschritte der Industrie, insbesondere der Eisen- und der Textil-Industrie, den Bezug belgischer Waaren entbehrlich machen. Vielleicht haben auch die vielen dortigen Strikes zur Lockerung des Verkehrs mit belgischen Firmen beigetragen. Allein es schiene gewagt, hier schon eine Erklärung zu geben, und so zeigt uns die Vergleichung nur, dass der Vorwurf, als hätten die Handelsverträge nur dem Ausland Vortheile gebracht, in voller Allgemeinheit gewiss unbegründet ist.

Wir finden denn auch bei Italien so ziemlich das Gegenstück Belgiens. Wie der landwirthschaftliche Import ansehnlich steigt (von 5 auf 17 Mill. Mk.), so hebt sich der Gesammtbetrag der Zufuhren auf das Doppelte (71,1 und 143,5 Mill. Mk.). Der auf andere Artikel fallende Absatz wäre danach immer noch erheblich genug und fast in denselben Proportionen mehr begehrt, wie hier verschiedene Artikel richtiger Weise in Abzug gebracht werden müssen. Werden also Rohseide, Südfrüchte und Oele abgesetzt, so erweist sich die agrarische Konkurrenz Italiens als wesentlich gefahrloser.*) Damit ist freilich das Gewicht einer zweiten Thatsache nicht vermindert. Mit agrarischen Produkten Italien zu versehen, ausser etwa mit Bier, Branntwein und Zucker, ist wenig Aussicht. Warum ist jedoch unsere Gesammtausfuhr dorthin, welche in der ersten Periode 81,8 und in der zweiten Periode durchnittlich 96,0 betragen hatte, in der letzten Zeit auf jährlich 86,71 Mill. zurückgegangen? Die Positionen des Handelsvertrages und die nachträglich durchgeführte Bestimmung, dass die Zölle in Gold zu zahlen seien, mögen einen gewissen Einfluss ausgeübt haben. Daneben darf jedoch nicht vergessen werden, dass die schwere Finanzkrisis und die Lähmung des Geschäftslebens nur zu leicht gerade im Bezug auswärtiger Waare sich geltend machen werden. Aller Unterstützungen ungeachtet, welche der italienischen Volkswirthschaft deutscherseits gewährt wurden, ist eine gewisse Konsolidation, eine zuverlässige Behandlung des Kreditwesens, ja selbst die unerlässliche Zuverlässigkeit im Handwechsel noch nicht erreicht. Dass die Handelsverträge ausreichende Garantieen nicht darzubieten vermögen, liegt auf der Hand.

---

*) Die so verstandene Einfuhr an landwirthschaftlichen Artikeln stellt sich im Mittel auf 39,0, 85,9 und 102,0 Mill. M.; es bleiben für andere Artikel 41,0 und 39,9 Mill. Italien hätte somit nur theilweise durch die Handelsverträge gewonnen, da auch der Hauptartikel, nämlich die Seide, nicht erheblich zunimmt.

So entspricht denn auch erst die Schweiz den Erwartungen bezüglich einer normalen und für beide Theile annähernd gleichwerthigen Entwickelung des Verkehrs. Allerdings wiederholt sich hier bezüglich der Einfuhr die schon bei Belgien ermittelte Thatsache einer Abnahme; sie trägt jedoch nicht den Charakter eines Systemwechsels, dürfte vielmehr immerhin mit ähnlichen Verschiebungen im Verhalten bestimmter Industriezweige zusammenhängen. Der landwirthschaftliche Waareneingang erhält sich knapp auf der Höhe der zweiten Epoche. Bei der Ausfuhr dagegen gewinnt Deutschland an Terrain: 177,5 und 211,1 Mill. Mk. stehen einander gegenüber; der Handelsvertrag hat es möglich gemacht, die während der zweiten Periode eingetretene Abnahme von 4,8 Mill. Mk. zu überwinden. Der Vortheil kam nicht ausschliesslich den Agrarprodukten zu Gute; auf sie entfallen nur 2,9 Mill. mehr gegen die zweite Epoche; aber in Summa, d. h. im Vergleich zur ersten Periode, bleibt es doch wie in Belgien und Italien, vollzieht sich dieselbe Rückwärtsbewegung. Das Minus beträgt in den drei Staaten je 57,2, 75,0 und 32,7 pCt.

Oesterreich-Ungarn nimmt ebenfalls eine mittlere Stellung ein. Vor der Schweiz hat es den Vorzug des grossen Ländergebietes und des milderen Klimas; bei dem vorwiegend agrikolen Charakter seiner Bevölkerung und der ausgedehnten Berührung mit Deutschland an seiner Nord- und Westgrenze muss sich unter halbwegs günstigen zollpolitischen Verhältnissen der landwirthschaftliche Export um so vortheilhafter gestalten, als ihm für gewisse Artikel, wie Gerste, Malz, Eier, Obst und Wein, Beerenwein und Bier eine Art von Monopol zukommt. Und trotzdem nimmt die Abhängigkeit Deutschlands immer mehr ab und ist Oesterreich bereits durch andere Länder theilweise ersetzt. Schon das Mengenverhältniss der importirten landwirthschaftlichen Produkte bleibt hinter den Ziffern der gesammten Zufuhren zurück; bezüglich der erlösten Preise ist der Unterschied noch grösser: Statt 30 pCt. beobachten wir hier nur eine Zunahme seit der ersten Periode von 22,96 pCt.; der Vorsprung, der durch den Handelsvertrag gewonnen werden sollte, ist im Ganzen wie bei den Agrarprodukten nicht sehr fühlbar.

Im Export dagegen unterscheidet sich der Gesammtverkehr nicht unvortheilhaft. Von der ersten zur zweiten Periode bei 325,9 und 333,1 Mill. jährl. kaum verändert, bringt die letzte Periode mit 424,5 absolut ein Mehr von 91,4 Mill. M. relativ eines von 27,4 pCt. Hier ist freilich das Verhalten der Agrarprodukte viel weniger günstig. Die letzte Periode bessert die Verhältnisse etwas durch eine Zunahme von 5,6 Mill., was an sich wegen einer relativen Steigerung von genau 50 pCt. wohl Erwähnung verdient. Die Vergleichung mit der ersten Periode belehrt jedoch darüber, dass die „guten Zeiten" vorüber sind! Die schliessliche Abnahme beziffert sich auf 3,6 Mill. oder 17,6 pCt. Das wäre, verglichen mit den anderen Staaten, erträglich, wenn nicht der relative Antheil am Totalansatz so überaus bescheiden wäre. Das zeigt die Gegenüberstellung der vier bis jetzt behandelten Staaten. Von der Gesammtausfuhr nahmen die landwirthschaftlichen Artikel zuletzt in Anspruch:

Belgien	8,23 pCt.
Italien	2,65 „
Schweiz . . .	11,13 „
Oesterreich . .	3,94 „

Im Verlauf dieser Studie war wiederholt Gelegenheit geboten, darauf hinzuweisen, dass der Abschluss von Handelsverträgen mit den **Balkanstaaten** mehr als ein Freundschaftsakt oder etwa als politischer Schachzug aufgefasst werden müsse; ebenso ist bereits erwähnt, dass augenblicklich, d. h. in der dritten Periode, landwirthschaftliche Produkte dorthin gar nicht gehen. Wir könnten also diesen Staaten den Rücken wenden, wenn nicht auch hier wieder der vom Verfasser eingenommene Standpunkt eine erwähnenswerthe Unterstützung fände. Man mag auch wirklich geglaubt haben, dass wenigstens die Industrie einigen Vorschub erhalte; dass überhaupt der gute Absatz in Deutschland allmählich dort den Wunsch nach förmlicher Gegenseitigkeit wachrufe. Die

Gesammtzahlen zeigen nun folgendes Bild. Es betrug in Millionen Mark:

	Einfuhr:			Ausfuhr:		
	1880/86	1887/91	1892/97	1880/86	1887/91	1892/97
Rumänien .	7,2	16,2	57,1	18,5	44,8	86,6
Serbien . .	1,9	3,5	6,4	2,6	2,4	2,5

und wäre somit dargethan, dass wir nicht die mindeste Veranlassung haben, diesen Staaten besondere Zugeständnisse zu machen oder auch nur auf gleichem Fuss mit anderen Ländern zu behandeln. Sind doch die Vorgänge innerhalb des Verkehrs mit landwirthschaftlichen Produkten gewissermaassen vorbildlich für das Ganze. Rumänien haben wir bei Zufuhr und Preisbildung von Weizen, Gerste und Mais, Serbien beim Obst einen starken Einfluss zugestanden, ohne uns etwas Aehnliches zu sichern. Sollte aber auf der einen Seite der direkte Nachbar Oesterreich, auf der anderen durch Kanal- und Eisenbahnbauten nach dem schwarzen Meere England, Frankreich und Italien unserm Absatz zu gefährlich sein, — wir haben jetzt erst recht die Frage zu erwägen, ob nicht besondere Unterhandlungen eine Art von Wandlung herbeiführen könnten. Erfolg werden dieselben allerdings nur dann haben, wenn mit dem Handelsvertrage zugleich die Klausel der Meistbegünstigung fallen würde.

Wie stehen endlich die Dinge mit Russland? Die Verständigung wird jedenfalls erleichtert durch das Zugeständniss, 1. dass weder die Entwickelung von Ein- und Ausfuhr eine gleichartige zu sein brauche, und 2. dass sich Russland lange genug der fremden Waare gegenüber ablehnend verhalten habe, ohne deshalb seinerseits auf die fremden Märkte verzichten zu wollen. Der Einfluss der Handelspolitik wird ausserdem bei einem Lande, das erhebliche Körnermengen stellt, niemals allein entscheidend sein. Eben darauf deuten die Einfuhrzahlen der zwei ersten Perioden; die Zunahme beträgt im Allgemeinen etwas über 40 pCt., wogegen sich Deutschland mit 7,3 pCt. begnügen muss. Die agrarische Einfuhr hatte ihrerseits allerdings nur um 13,7 pCt. zugenommen, was diejenigen befremden wird, welche gerade den furchtbaren Ueberdruck Russlands als eine der schlimmsten Erscheinungen jener Zeit zu behandeln gewohnt sind; denn selbst beim Getreide wiesen die geschätzten Werthe nur eine Steigerung von 31,7 pCt. auf. — Damit ist aber auch Alles erreicht, was bis jetzt Russland zu leisten im Stande war. Von der zweiten zur dritten Periode beträgt der Fortschritt bei der Einfuhr im Ganzen gerechnet nur noch 5,7 pCt., bei den landwirthschaftlichen Erzeugnissen 11,6, beim Getreide sogar nur 0,5 pCt.; die Ausfuhr Deutschlands umgekehrt hebt sich um 36,8 pCt.; dieselbe erreicht mit 262,7 Mill. nicht ganz die Hälfte des Importes, stellt aber doch wieder den Zustand her, welcher im Mittel der ersten Periode bestanden hatte. Dieses Ergebniss muss wohl als ein befriedigendes bezeichnet werden, wenn es auch vorläufig noch nicht gelungen ist, dem landwirthschaftlichen Export breitere Bahn zu schaffen. Dass wir derartige Hoffnungen an die Ereignisse der Zukunft knüpfen, rechtfertigen die Mehrerfolge in einzelnen Artikeln, vorab Zucker und Mehl; bei anderen mögen vorläufig Zollsätze und andere Massregeln der russischen Regierung die denkbare Entwickelung hindern.*) Dass für uns die Regelung der Valuta-Verhältnisse so gut wie der allgemeine wirthschaftliche Fortschritt in handelspolitischer Beziehung noch manches Erfreuliche bringen kann, darf um so sicherer angenommen werden, als wir Russlands Leistungen jetzt augenscheinlich unabhängiger gegenüberstehen als früher. —

IV.

Diese wenigen Striche sollen nicht zu dem Zweck einer eingehenden Beurtheilung der einzelnen Verträge verwendet werden. Sie könnten jedoch einen unrichtigen Eindruck auch hervorrufen ohne Gegenüberstellung dessen, was uns beim Verkehr in landwirthschaftlichen Produkten die Verträge

*) Die Zahlen pro 1898 lassen leider vermuthen, dass der Absatz nach Russland noch nicht gesichert ist. Insbesondere ist Import von Mehl und Zucker fast ganz verschwunden.

überhaupt gebracht haben. Ein klares Bild erhalten wir durch die Vergleichung der beiden Gruppen. Die bezüglichen Zahlen sind, in knappeste Form gebracht, folgende:

	1000 t			Mill. Mk.		
	1880/86	1887/91	1892/97	1880/86	1887/91	1892/97
a) Deutsche Einfuhr aus den:						
Handelsvertragsstaaten .	1937,8	2704,5	3885,0	453,1	531,3	633,7
Uebrigen Ländern . . .	987,5	1263,5	2171,9	267,2	303,1	403,2
b) Deutsche Ausfuhr nach den:						
Handelsvertragsstaaten .	246,8	184,5	218,9	97,3	61,2	68,6
Uebrigen Ländern . . .	1548,3	1316,4	1426,1	468,7	372,8	349,6

Damit werden wir auf die Wege zurückgeführt, die wir vorübergehend bereits aus Anlass des Verkehrs mit Genussmitteln benutzt hatten. Liegt doch das Gewicht dieser Zahlen nicht bei der Einfuhr, sondern bei der Ausfuhr. Wohl ist dort der Antheil gesunken, welchen die Vertragsstaaten an der Versorgung Deutschlands nehmen; der Unterschied der dritten Periode im Vergleich mit den anderen tritt jedoch nicht so stark hervor, dass wir uns dabei aufhalten müssten. Anders bei der Ausfuhr, oder vielleicht noch genauer, bei dem Verhältniss, welches dieser gegenüber dem Import zukommt. Die relativen Zahlen sind folgende:

Die deutsche Ausfuhr beträgt Prozente der Einfuhr:

Im Verkehr mit den	Mengen			Werthe		
	1880/86	1887/91	1892/97	1880/86	1887/91	1892/97
Handelsvertragsstaaten .	12,74	6,82	5,48	21,47	11,52	10,87
Uebrige Länder	156,79	104,98	65,66	175,48	128,00	86,71

Es wäre wunderbar, wenn diese Ziffern, welche auch für diese Studie die Bedeutung förmlicher Schlusszahlen haben, nicht von Vielen lediglich im Sinne einer abfälligen Kritik über die verschiedenen Bestrebungen der deutschen

Handelspolitik verstanden würden. Man wird also fragen, ob denn eigentlich die bezüglichen Anstrengungen ernst zu nehmen seien? Den überaus empfindlichen Rückgang der Ausfuhr, die vielleicht noch bedenklichere Senkung der Preise — beides hat das Bismarck'sche Schutzzollsystem wenn nicht verursacht, so doch thatsächlich gefördert, und durch die Handelsverträge ist ihr ein Zehntel von dem gesichert, was eben die Vertragsstaaten jährlich bei uns einführen!

Und doch erweist sich diese ganze Vorstellungsreihe als eine durchaus einseitige. Sie ist wohl dazu angethan, Zweifel darüber zu erwecken, ob wir Aussicht haben, den Absatz landwirthschaftlicher Erzeugnisse in einem unseren Wünschen und Bedürfnissen entsprechenden Betrage zu steigern, aber nicht getroffen wird damit die zweite Wahrnehmung eines in gewaltigen Sprüngen erfolgenden Absturzes unserer Ausfuhr nach den übrigen Ländern. In einer erstaunlich kurzen Zeit sind wir hier von 469 auf 350 Mill. zurückgedrängt worden und hat sich ein Aktivsaldo von 201,5 Mill. in ein Passivum von 53,6 Mill. verwandelt. Zudem wird kaum Jemand die Hoffnung hegen, dass die Aussichten für die Zukunft auch nur annähernd tröstliche seien, während doch die energischen Bestrebungen unserer Regierungen darauf gerichtet waren, die Viehzucht, die Bierbrauerei, die Brennerei und die Zuckersiederei auf die Höhe wahrhaft leistungsfähiger Export-Industrieen zu bringen. Verfasser drückt die ihn leitende Vorstellung vielleicht deutlicher so aus: wer Gegner des Handelsvertragsprinzips ist und sich, weil ihm die Einfuhrverhältnisse keine Handhabe gewähren, auf die Ausfuhrzahlen stützen will, muss beweisen, dass hier die sog. Klausel der Meistbegünstigung einen ausreichenden Absatz auf den übrigen Märkten gesichert hat. Oder: Da wir nun mit Denjenigen nicht ernsthaft zu rechnen haben, welche jegliche handelspolitische Vereinbarung beseitigen möchten, so dürfte die hier vertretene Auffassung vor sachlich begründeten Einwendungen so ziemlich sichergestellt sein.

Im Uebrigen soll ein weiterer Umstand nicht unerwähnt bleiben. Die Zunahme, welche unsere Ausfuhr nach den

Handelsvertragsstaaten in der letzten Periode erzielte, beziffert sich auf 16 %, diejenige nach den übrigen Ländern auf nur 8,3 % der Mittelzahl der zweiten Epoche. Das ist das Eine. Der Mehrerlös beziffert sich dort auf 26,4 pCt., während der um 110000 t gesteigerte Verkehr mit dem übrigen Ausland mit einem Mindererlös von 8,8 pCt. abgeschlossen hat. Also dort eine gewisse, wenn auch bescheidene Verfestigung, und hier ein Loch, das, so wie die Dinge stehen, immer weiter zu reissen droht.

Wer den einzelnen Ausführungen mit einiger Aufmerksamkeit gefolgt ist, wird dem Verfasser kaum vorwerfen, dass er die heutige Sachlage schönfärberisch darzustellen versucht oder dem Detail der Handelsverträge gegenüber sich blind gestellt habe. Nur eine Vorstellung — das sei offen zugestanden — hat auf ihn einen gewissen Einfluss ausgeübt: er ist der unbedingten Ueberzeugung, dass der frische Zug, welcher in den internationalen Wettbewerb Deutschlands gekommen ist, durch die Handelsverträge zwar nicht direkt erzeugt, wohl aber lebhafter und kräftiger geworden ist, sodass Hoffnung auf eine länger andauernde Belebung des friedlichen Wettkampfes gefasst werden kann, sofern nicht durch eine entgegenwirkende Handelspolitik künstliche Hindernisse geschaffen werden. Es kommt also weit weniger darauf an, was direkt und unmittelbar innerhalb des engeren Kreises erzielt worden ist: der moralische Erfolg ist so gross, dass Alle, welche nach unparteiischer Beurtheilung streben, die Richtigkeit des 1892 gethanen Schrittes ohne Zögern anerkennen werden. So ist es denn auch kein Zufall, dass sich der Nachweis erbringen liess, wie nahe sich in dieser wichtigen Frage die Erfahrungen wie die Wünsche der beiden grossen Berufsgruppen, der Landwirthschaft und der Industrie, berühren.

Des Verfassers Hinneigung zum Handelsvertragssystem ist freilich an zwei Bedingungen geknüpft; es dürfte auch jetzt wieder durch eine vieljährige Erfahrung die eine Behauptung bestätigt sein, dass mit der Aufrechterhaltung von Handelsverträgen im bisherigen Umfange der deutschen Landwirthschaft nicht gedient wäre. Auch Derjenige, welcher an der Möglichkeit und Zweckmässigkeit eines europäischen oder doch westeuropäischen Zollbundes zweifelt, wird mit dem Verfasser aus den vorstehenden Untersuchungen die Ueberzeugung gewonnen haben, Deutschland habe Alles daran zu setzen, die Zahl der Vertragsstaaten zu mehren und die Zahl derjenigen Länder zu mindern, mit denen es bestenfalls auf dem Fusse des Meistbegünstigungsrechtes verkehrt. Ist doch der wunde Punkt jenes Planes darin gelegen, dass, soweit möglich, Bezug und Absatz zugleich in befriedigender Weise geregelt werden sollten. Nun sind aber die westeuropäischen Staaten entweder bereits sogenannte Industriestaaten geworden oder diesem Punkte stark angenähert; sie haben sich daher mit Industrieprodukten wenig auszuhelfen, und werden von aussen her, wie jetzt schon, agrarische Produkte und technische Rohstoffe beziehen müssen. Der Handelsvertrag, gleichviel ob es sich um nur zwei Länder oder um eine Mehrzahl von Staaten handelt, setzt gewisse wirthschaftliche Gegensätze oder doch so erhebliche Abweichungen in der Entwickelung voraus; ist dieses gegeben, so wird auch der Handelsvertrag für beide Theile Befriedigendes erreichen, sobald ihm nicht der Wechselbalg der sogenannten Meistbegünstigung untergeschoben wird.

Die zweite Voraussetzung aber ist die Revision der vereinbarten Tarifsätze. Aus mancherlei Mittheilungen lässt sich mit ziemlicher Sicherheit erwarten, dass auch die anderen Staaten mit allerhand Forderungen hervortreten werden. Auch die deutsche Landwirthschaft wird gut daran thun, ihre Erfahrungen nach Möglichkeit zu benutzen, auf dass endlich auch ihr zugestanden werde, was sie mit nicht minderem Recht als die Industrie in Anspruch nehmen darf.

Das ist freilich nicht so zu verstehen, als ob hier nur Erhöhungen der eigenen Einfuhrzölle in Frage kommen könnten. Der bekannte Mechanismus des Kompromisses würde derartige Bestrebungen überhaupt vereiteln. In einzelnen Punkten, etwa bei dem von aussen kommenden Rindvieh, bei Kartoffeln, Malz, Obst, Wein und Bier liegen freilich die Dinge so, dass nur Erhöhungen denkbar sind; andere Artikel — darauf ist bereits hingewiesen worden — ertragen eine andere Behandlung. Damit könnte freilich gegen den Verfasser die Beschuldigung gerichtet werden, dass es ihm mit der Fürsorge für das künftige Gedeihen der deutschen Landwirthschaft doch nicht wirklich Ernst sei. Ist das richtig?

Es ist in landwirthschaftlichen Kreisen die Vorstellung fest eingewurzelt, dass die Landwirthschaft von der Industrie übervortheilt und von der Regierung im Stiche gelassen worden sei. Hat man denn niemals darüber nachgedacht, ob man nicht ein gutes Theil der Niederlage und ungenügenden Unterstützung durch taktische Fehler verschuldet haben könnte?*) Hätte es sich um Wohl und Wehe der ganzen deutschen Landwirthschaft gehandelt, als in den 70er Jahren die Getreidepreise fielen und die Getreidezufuhren stiegen, da wäre es allerdings ein Fehler gewesen, den von der Regierung angebotenen Ordnungszoll zurückzuweisen. Allein noch damals, obwohl bereits die guten Zeiten für die Rübenbauer, die Branntweinbrenner und die Vieh-

*) Der Verfasser macht kein Hehl daraus, die 1878er Verhandlungen, wobei sich die Agrarier von den „grossen" Eisenindustriellen ins Schlepptau nehmen liessen, als einen solchen Fehler zu erklären; besteht doch jetzt wiederum die Gefahr, dass sich die Landwirthe zum Prügeljungen hergeben, d. h. ein Odium auf sich nehmen, welches sie bei der bekannten Stimmung der breiten Konsumentenschicht ängstlich von sich fern halten sollten. Ihre Sache ist zu gut, als dass es nothwendig wäre, zweifelhafte Allianzen abzuschliessen.

züchter vorüber waren, noch damals, also in unserer ersten Periode, belief sich die Ausfuhr auf 78,7 pCt. der Einfuhr. Man stösst sich an diesen 21,3 pCt. Minus, man reisst ab und zerstört auf der einen Seite, um nach der anderen Seite hinauszulegen, gleichviel, ob man feste Fundamente gewinne. Und man erreicht? Die an das Ausland zu zahlende Schuld steigt allerdings nur um 114,1 Mill., dafür sinkt das Guthaben Deutschlands von der ersten bis zur zweiten Periode um 131,6 Mill. Lässt man den Zucker, der nicht so leicht, wie die Viehwaare und Anderes, zu verdrängen ist, ausser Rechnung, so steigt das Defizit sogar auf 157,1 Mill.

Es ist von dem Verfasser auf die geradezu trostlose Lage des landwirthschaftlichen Exports viel zu oft hingewiesen worden, als dass diese Parallele missdeutet werden könnte. Sie musste jedoch herangezogen werden, auf dass endlich einmal in einer wichtigen Frage Klarheit erreicht würde: Deutschland wird bei den agrarischen schutzzöllerischen Bestrebungen immer daran denken müssen, dass die gedeihliche Fortentwickelung seiner Landwirthschaft von den Garantieen für die Ausfuhr seiner agrarischen Produkte vielleicht noch mehr abhängt, als von der Absperrung der fremden Zufuhren. Die Viehzucht, der Obst- und Weinbau des Südens, der Kartoffelbau des Ostens, der Rübenbau des Mittellandes, diese Kulturen sind in steigende Bedrängniss versetzt worden. Wäre es möglich, auf diesen Punkten etwas zu erreichen, so würde in dem grossen Gebiete kaum Einer leer ausgehen; neue Lust und Liebe zu dem schweren und doch so schönen Berufe würden wiederkehren und der unheimliche Druck dürfte allmählich verschwinden, der jetzt noch auf allen Gemüthern lastet.

Der Verfasser dieser Zeilen giebt sich nun freilich keinen Illusionen hin, aus zwei Gründen: wie grosse Berechtigung man unserer Forderung einer Belebung der Ausfuhr durch Erweiterung und Verbesserung der Handelsverträge zugestehen mag — der Eindruck einer überwiegenden Bedeutung der

Einfuhr ist gerade in landwirthschaftlichen Kreisen so vorherrschend, dass man weder unseren Nachweis der Vortheile einer veränderten Stellungnahme, der Landwirthschaft fundamentale Bedeutung beimessen, noch auch anerkennen wird, dass es sich bei der Ausfuhr um gemeinsame und grosse Interessen im eigentlichen Sinne des Wortes handeln könne. — Die zweite Frage ist die, ob es nicht zu spät sei, d. h. ob überhaupt Deutschland mit Hilfe handelspolitischer Vereinbarungen noch heute etwas Erspriessliches für seine Landwirthschaft zu erlangen hoffen dürfe?

Das Gewicht eben dieser Erwägung soll nicht geleugnet werden. Ist aber deshalb der Versuch werthlos, eine gewisse Umstimmung anzubahnen? Die Zeit wird kommen, wo die Regierung die äussersten Anstrengungen machen muss, falls sie gewisse Betriebe, vor Allem die so hoch entwickelte Zucker-Industrie und damit den intensiven Ackerbau, vor dem Untergange retten will. So schwierig es mithin sein mag, heute in dem vom Verfasser vertretenen Sinne die Interessen der Landwirthschaft zu fördern, — das Eine wird ihm wohl Jeder zugestehen: Je länger gewisse Parteien darauf beharren, dass es einzig und allein auf die Einfuhr ankomme, und je länger die von betheiligter Seite nicht unterstützte Regierung zögert, jene Aufgabe zu lösen, um so schwieriger wird dieselbe. Es kann wirklich einmal zu spät sein!

Druck von A. W. Hayn's Erben, Berlin und Potsdam.

Schriften

der

Centralstelle für Vorbereitung

von

Handelsverträgen.

13. Heft.

Zollpolitische Interessenkämpfe

von

Dr. Georg Tischert (Berlin).

Berlin 1900.
J. Guttentag, Verlagsbuchhandlung,
G. m. b. H

Zollpolitische

Interessenkämpfe

von

Dr. Georg Tischert (Berlin).

Berlin 1900.
J. Guttentag, Verlagsbuchhandlung,
G. m. b. H.

Inhaltsverzeichniss.

Der Wollzoll.

Mit dem politischen und wirthschaftlichen Zusammenbruche des Jahres 1806 kam in Preussen das prohibitive Schutzsystem auch in der Wollindustrie zu Falle und bei der endgültigen neuen Regelung des preussischen Zollwesens durch den Tarif vom 20. Mai 1818 wurde die zollfreie Einfuhr der rohen Wolle ausgesprochen. Die Einfuhr roher Wolle ist dann auch im Zollverein zollfrei geblieben.*) Das ging gut, so lange die Wollproduktion und die Wollpreise ihren alten Stand behaupteten. Nun setzte aber 1851 ein Rückgang der Wollpreise ein, der bis zur Gegenwart fortgedauert hat und bis auf 40 pCt. des ursprünglichen Preises gewachsen ist. Die Gründe für diesen Preisfall sind verschiedener Natur. Vor Allem hat seit 1851 die Wollproduktion (besonders in Südamerika, Australien und im Kapland) so rapid zugenommen, dass sie die Ausdehnung des Konsums weit überflügelte. Gleichzeitig wurde der Wollverbrauch selber immer mehr durch Baumwolle und die feine Wolle durch Schoddy und Mungo verdrängt. Dazu kam schliesslich noch die durch die grossartige Entwickelung des Verkehrswesens hervorgerufene Verbilligung der Fracht.

*) Der preussische Minister v. Schuckmann schlug im Jahre 1820 und 1822 einen Zoll auf polnische Wolle vor; das sollte eine Antwort sein auf die vexatorische Zollpolitik Russlands. (cf. Zimmermann, „Die russisch-preussischen Handelsbeziehungen 1814—1833“ in Schmollers Jahrbuch 1892 p. 361).

Alles dies trug zum Rückgang der Wollpreise bei. Und dieser Umstand wiederum drückte stark auf die Rentabilität der Schafhaltung und dadurch wieder auf die Reinerträge der landwirthschaftlichen Güter. Von 28 Mill. Schafen in den 60er Jahren ging die Schafzucht auf 25 Mill. (1873), 19 Mill. (1883), 13,6 Mill. (1892) und 10,9 Mill. (1897) zurück. Ein Theil der Landwirthe ging zu verstärkter Rindviehzucht, ein anderer zur Fleischschafhaltung über; andere Gegenden aber mussten der Beschaffenheit des Bodens wegen bei der Wollschafzucht bleiben. Schon Ende der 60er Jahre forderten viele landwirthschaftliche Centralvereine die Einführung eines Wollzolls, um die einheimische Produktion zu schützen. Seitdem haben die Anträge, einen Zoll auf Wolle zu legen, nicht aufgehört. Kein Wunder also, dass, als im Jahre 1879 ganz Deutschland widerhallte von den Agrarzöllen (Matlekovits, „Deutsch-österr. Zollpolitik“ p. 172), auch die Forderung nach einem Wollzolle laut wurde, freilich, wie Matlekovits sagt, nur bei einzelnen Exaltados: Getreide-, Vieh- und Holzzölle waren ja der wichtigste und umstrittenste Theil der neuen agrarischen Zölle. Einen Wollzoll hielt man allgemein für so wenig denkbar, dass z. B. Oechelhäuser in seiner Schrift „Die Tarifreform von 1879“ gar nicht davon spricht. In dem bekannten Schreiben des Reichskanzlers vom 15. Dezember 1878, worin die Tarifkommission des Bundesraths ihre Instruktion erhielt, heisst es, von dem Prinzip der allgemeinen Zollpflicht sollen „diejenigen für die Industrie unentbehrlichen Rohstoffe auszunehmen sein, welche in Deutschland garnicht (wie z. B. Baumwolle) und nach Befinden auch die, welche nur in einer ungenügenden Quantität oder Qualität erzeugt werden können.“ (Poschinger, „Fürst Bismarck und der Bundesrath“ Bd. IV. p. 50.) „Die wichtigste Konsequenz dieses Prinzips“, sagt Lotz („Die Ideen der deutschen Handelspolitik“ p. 159) „war ausser der Freilassung von Baumwolle die Zollfreiheit von Steinkohle und Wolle. Am 12. April 1879 richtete jedoch Frhr. von Thüngen an Graf Wilhelm von Bismarck ein Schreiben, worin er bedauerte, dass der neue Zolltarif die Landwirthschaft nicht genügend und nicht im Verhältnisse zu Handel und Gewerbe schütze; so gehe neben vielen anderen landwirthschaftlichen Produkten auch Wolle nach wie vor zollfrei ein.

Der Entwurf des Zolltarifs freilich enthielt (Drucksachen des D. Reichst. Bd. 41 p. 29) die Zollfreiheit für rohe Wolle, ebenso wie die Tarife von 1865—73 (cf. Matlekowits p. 376); die Motive gingen auf das Thema „Wollzoll" garnicht ein. (p. 123).

Bei der ersten Lesung des Zolltarifgesetzes von 1879 kam die Rede nur einmal auf den Wollzoll. Abg. Frhr. von Maltzahn-Gültz war es, der in der Sitzung vom 6. Mai 1879 (Sten. Ber. Bd. 51 p. 1013 f.) bedauerte, dass die Wolle freigeblieben sei, „obwohl, wenn Sie die Landwirthschaft schützen wollen, für die Landwirthschaft der östlichen Provinzen es keinen wirksameren Schutzzoll giebt, als einen festen Zoll auf Wolle."

Ein wenig mehr enthält schon die zweite Lesung. In der Sitzung vom 4. Juli 1879 (Sten. Ber. Bd. 52 p. 2003 f.) führte der Berichterstatter Abg. Dr. v. Schauss aus, bei den Berathungen der Kommission über das wichtige Kapitel der Wolle habe es sich gezeigt, dass es sehr wünschenswerth gewesen wäre, wenn auch über die Wolle eine Enquete vorgenommen worden wäre, wie es bei der Baumwolle und dem Leinen geschehen sei.*) Die Menge der Petitionen, die eingegangen seien unter Nachweisung der grossen Interessen, die in Frage ständen, böten für die Richtigkeit dieser Meinung genügenden Beleg. Trotz des Mangels einer

*) Auch Lotz („Ideen d. d. H.", p. 155) sagt: „Leider wurde die Enquete nicht auf den von jeher exportfähigsten Theil der deutschen Textilindustrie, das Wollgewerbe, ausgedehnt. Man sagt, dass Bayern einen diesbezüglichen Vorschlag gemacht habe, ohne durchzudringen." Was Lotz hier im Jahre 1891 als Vermuthung hinstellte, wird im Jahre 1898 von Poschinger („Fürst Bismark und der Bundesrath" Bd. III 453 f) bestätigt. Es heisst da: „Ein Antrag des bayerischen Bevollmächtigten, die Untersuchung auch auf die übrigen nicht berücksichtigten Zweige der Textilindustrie oder doch eventl. auf die Wollindustrie auszudehnen, fand nicht die Zustimmung der Majorität der Versammlung."

solchen Enquete habe sich die Kommission indessen bemüht, aus den vorliegenden Eingaben das Material zusammenzulesen und ihre Vorschläge auszuarbeiten. „Zunächst war Gegenstand der Berathung die Frage, ob dem wichtigen landwirthschaftlichen Produkt, der Wolle, nicht ein Schutz zu Theil werden soll, wie er früher in der Form eines Ausfuhrverbotes stattgefunden hat. Es fehlt nicht an Eingaben von Landwirthen, hauptsächlich aus Hannover, Schleswig-Holstein u. s. w.. in denen ein solcher Schutz begehrt ist, indessen hat die Kommission geglaubt, davon absehen zu sollen, einen solchen Schutz zu gewähren, weil der Züchtung von Schafen und der Verwerthung der Wolle auch dadurch Vorschub geleistet werden kann, dass man jene Industriezweige schützt, welche auf den Verbrauch von Wolle hauptsächlich angewiesen sind.“ Der Berichterstatter fügte später noch hinzu, dass nach den allerdings sehr mangelhaften statistischen Anhaltspunkten die deutsche Schafzucht, die sich früher auf einer blühenden Höhe befunden habe, von 22 auf 18 Mill. Stück herunter gegangen sei.

In der Debatte betonte der Abg. Frhr. von Ow, nirgends im ganzen Deutschen Reiche verstehe man es in landwirthschaftlichen Kreisen, dass die Wolle zollfrei eingehen solle. „Man versteht es um so weniger, als andere landwirthschaftliche Produkte, die nothwendige Lebensbedürfnisse sind, mit Zöllen bedacht sind, während hier ein landwirthschaftliches Produkt vorliegt, welches kein nothwendiges Lebensbedürfniss ist. In zweiter Linie ist die Wolle ein solches landwirthschaftliches Produkt, für die Industrie ein solches Rohprodukt, welches in sehr grosser Quantität bei uns in Deutschland produzirt wird.“ Redner berechnet die Wolleinfuhr auf 1260721 Ctr., die Ausfuhr auf 431435, die deutsche Produktion auf 620000 Ctr.

Die Produktion an Wolle könne in Deutschland sehr wohl noch vermehrt werden, wenn nur die Wollpreise lohnender seien. Die ganze Richtung in der Landwirthschaft weise darauf hin, dass man die Landwirtschaft wenigstens z. Th. extensiver betreiben und die Schafzucht wieder ausdehnen müsse. Nun sei aber gerade das Gegentheil eingetreten. In den letzten zehn Jahren sei die Zahl der Schafe um $1^1/_2$ Million Stück zurückgegangen. Ein ganz flüchtiger Blick auf den Zustand der Wollindustrie zeige, dass man in der Rücksicht auf sie zu weit gegangen sei. Trotz des nicht ungünstigen Standes der deutschen Wollindustrie sei in dem vorliegenden Zolltarifentwurfe der Eingangszoll auf Halb- und Ganzfabrikate sehr bedeutend erhöht worden; bei den Wollengarnen durchschnittlich um das Dreifache, bei den Wollwaaren ungefähr um das Zweifache. Angesichts dessen erscheine es den Landwirthen nicht verständlich, dass man das Rohprodukt, die Wolle, freilasse. Einen Antrag will Redner nicht stellen, da er nicht an eine Majorität dafür glaube. In den Motiven finde sich kein Wort für die Begründung der Zollfreiheit der Wolle. Redner bittet den Vertreter der Verbündeten Regierungen, die Gründe anzugeben, weshalb die Wolle zollfrei eingehen solle.

In einer kuzen Erwiderung verweist ein sächsischer Bundesrathskommissar, Böttcher, auf die Ausführungen des Berichterstatters; diese Gründe seien auch die der Verbündeten Regierungen. Darauf wurde die Position angenommen, desgl. am 12. Juli 1879 in dritter Lesung ohne Debatte.

Die Agitation für den Wollzoll hörte aber damit nicht auf. So wurde am 5. Mai 1885 von der Generalversammlung des Vereins für Produktion edler Merinokammwolle ein Antrag angenommen, der dahin lautete, dass die Höhe des Schutzzolls pro Zollzentner bei Schmutzwolle 20, bei Rückenwäsche 30 und bei Fabrikwäsche 60 Mk. betragen sollte. (Conrad-Lexis, Handwörterbuch der Staatswissenschaften, I. Supplementband p. 879 f.). Es liefen auch Petitionen wegen eines Wollzolls beim Reichstage ein. Sie wurden aber in der Sitzung vom 17. Mai 1885 „von der Tagesordnung abgesetzt“ und blieben unerledigt. (Generalregister zu den Stenogr. Ber. des Deutsch. Reichstags p. 451 No. 53).

Bei den Handelsverträgen 1891—94 war nicht die Rede von Wollzöllen. Wieder standen die Getreidezölle im Mittelpunkte des Kampfes.*) Und wo die Landwirthschaft diese Positionen zu vertheidigen hatte, konnte sie nicht an weitergehende Forderungen denken. Als die agrarische Bewegung dann wieder an Macht und Einfluss gewann, tauchte auch der Wollzoll von neuem auf. In der Reichstagssession 1893/4 brachte der Abg. v. Ploetz einen dahingehenden Antrag ein, der aber unerledigt blieb. (Generalregister p. 454 No. 107).

Zum ersten Male kam der Wollzoll dann wieder im Reichstage bei der neuen Postdampfervorlage (Febr. 1898) zur Sprache. Man erinnert sich, dass die Agrarier gegen diese Vorlage einwandten, die deutsche Landwirthschaft werde geschädigt werden durch die vermehrte Einfuhr landwirthschaftlicher Produkte, die von den subventionirten Schiffen als Ballast auf der Rückfahrt mitgebracht würden. Staatssekretär Posadowsky bemühte sich, auf Grund der Vorlage diese Befürchtungen zu zerstreuen und fuhr dann fort: „Die Wolle können Sie (vom Ballast) nicht ausschliessen. Ich gestehe ganz offen zu: bei den eingehenden Studien, welche ich angestellt habe über die Frage eines Wollzolls für Deutschland, habe ich die Empfindung gehabt, dass es vielleicht wirthschaftlich richtig gewesen wäre, seiner Zeit den Wollzoll nicht abzuschaffen (Hört! Hört!). Wir haben in Deutschland so grosse Flächen leichten Bodens, die z. Th. nur mit der Schafzucht wirthschaftlich ausgenutzt werden können, dass hierfür schwer ein Ersatz zu finden ist. Aber nachdem man den Wollzoll hat fallen lassen und sich in Deutschland auf Grund der zollfrei eingeführten Wolle eine so enorme Wolltextilindustrie gebildet hat, glaube ich, dass es ein handelspolitisch unmögliches Unternehmen wäre, jetzt die fremde Wolle aus Deutschland auszuschliessen . . . .“ Das war eine freundliche, aber deutliche Ablehnung der

*) Sombart fragt: . . . „oder wollen die Herren Agrarier den Bedarf an Schafen . . . . . auch ganz allein decken?“ (Schmollers Jahrb. 1892 p. 561). Dies ist die einzige mir bekannte Stelle, wo der Wollzoll in den Erörterungen über die neuen Handelsverträge erwähnt wurde. Auch das Petitionsverzeichniss enthält nichts darüber.

Wollzollbestrebungen. Indessen erklärte gleich darauf Graf Limburg-Stirum: „Wir haben mit grosser Befriedigung die Aeusserung des Herrn Staatssekretärs des Innern acceptirt, dass es vielleicht besser gewesen wäre, wir hätten den Wollzoll nicht so erniedrigt resp. abgeschafft. Darin liegt der Kern der Sache."

Wegen seiner Aeusserung über das Fallenlassen des Wollzolls wurde Graf Posadowsky von der freihändlerischen Presse scharf angegriffen. Die „Voss. Ztg." machte auch darauf aufmerksam, dass weder in Preussen, als die Gründung des Zollvereins vorbereitet wurde, noch im Zollverein oder im Deutschen Reiche ein Wollzoll jemals existirt habe.

In der Delegirtenversammlung des Centralverbandes Deutscher Industrieller am 29. April 1898 in Berlin kam Generalsekretär Bueck auch auf die Rede des Grafen Posadowsky. „Ich will nur bemerken," sagte er, „dass ein Wollzoll seit 1818 weder in den damaligen preussischen Tarifen, noch 1833 in den Tarifen des Zollvereins, noch in irgend einem deutschen Tarif existirt hat. Es hat seit 1818 eine allgemeine Eingangsabgabe von 15 Silbergroschen bestanden; die konnte aber auf die Wolle nicht angewandt werden, weil die Wolle mit einem Ausfuhrzoll belegt war, dieser Ausfuhrzoll betrug nach unserm jetzigen Gelde 20 Mk. pro dz; er wurde in verschiedenen Absätzen ermässigt bis zum Jahre 1860 auf $^1/_3$ Thaler und 1865 mit allen Ausfuhrzöllen, abgesehen von den Lumpenzöllen, aufgehoben. Es ist also eine Thatsache, dass seit 80 Jahren die Wolle zollfrei in Deutschland eingeführt (worden ist). . . . Wenn aber nun der Herr Staatssekretär sagt, dass sich die grosse Wollindustrie nur" — (dieses „nur" findet sich in der Rede des Staatssekretärs nicht) — „in Folge der kolossalen Einfuhr der zollfrei eingehenden Wolle entwickelt hat, so glaube ich, stimmt das mit den Thatsachen nicht ganz überein." Der Redner erinnert kurz daran, wie durch die Fortschritte der Industrie und durch die Kultur des Schafes eine Umwälzung geschaffen wurde, die nothwendig andere Wolle erforderte als die, die damals überwiegend in Deutschland gezüchtet wurde. Den Wollindustriellen empfiehlt er, sich nicht zu beunruhigen. „Den bestimmten Erklärungen des Herrn Staatssekretärs gegenüber können wir doch annehmen, dass, wenigstens solange er das Ruder in Händen hat, an die Einführung eines Wollzolles, mag er von anderer Seite auch noch so lebhaft gefordert werden, nicht zu denken ist.“ (Berichte des Centralverb. Deutsch. Industrieller. No. 79 p. 36 f.).

Die Agitation für den Wollzoll ging aber draussen im Lande weiter. An ihrer Spitze stand der „Bund der Landwirthe“. Wie er sich die Durchführung des Wollzolles denkt, ersehen wir aus seinem grossen „Agrarischen Handbuch“ p. 845 ff. Ebenso eingehend, theilweise in wörtlicher Uebereinstimmung damit ist der Wollzoll in einer Denkschrift des „Bundes der Landwirthe“ behandelt, die in der „Deutschen Agrarzeitung“ Ed. Klappers (1898, 14. Heft vom 3. April) wiedergegeben ist. Der Kern dieser Ausführungen ist folgender:

Nach der Einfuhrstatistik des Deutschen Reichs wurden im Durchschnitt der letzten Jahre importirt:

an roher Wolle für	250 Mill. Mk.
in Form von Gespinsten und Geweben, abzüglich der Verarbeitungsmethode, ein Wollfaser-Rohwerth von weiteren . . .	130 Mill. Mk
zus. also	380 Mill. Mk.

roher Wollwerth.

Das zeigt, welch ausserordentlich hohe Bedeutung ein wirksamer Wollzoll sowohl für die Volkswirthschaft im Allgemeinen besitzt, als auch, welches hohe Maass der Entlastung hierdurch für die andern Viehhaltungszweige möglich sein würde. Die bisherigen Bestrebungen der verschiedenen landwirthschaftlichen Korporationen richteten sich durchweg nur auf eine Zollbelastung für unverarbeitetes Rohmaterial. Auch der Antrag der Wirthschaftlichen Vereinigung des Reichstags im Jahre 1896 ging von derselben Voraussetzung aus. Der Grundsatz, dass nur das Rohmaterial verzollt werden sollte, ist aber unhaltbar und undurchführbar. Deutschland importirt im Jahresdurchschnitt

an roher Wolle für	250	Mill.	Mk.
dagegen an Kammzug	30	„	„
und an wollenen Garnen	120	„	„

Auf Kammzug liegt bereits ein Zoll von 1 Mk. per Zentner, auf Garn ein solcher von 1½—12 Mk. per Zentner (je nach Feinheit der Garne). Dass dieser Zoll den damit erstrebten Schutz der inländischen Spinnerei und Kämmerei nur sehr unvollkommen erreicht, geht wohl mit Sicherheit aus den angegebenen enormen Einfuhrwerthen hervor.

Der erstrebte Zollschutz auf Wolle würde, wenn er den beabsichtigten Zweck, die inländische Schafzucht zu heben, überhaupt erreichen soll, nicht unter 100 Mk. für 100 Pfd. reine entfettete Wollfaser (entsprechend also ca. 30 Mk. per Zentner Schmutzwolle) betragen dürfen. Nun sind in 100 Pfd. Kammzug bezw. Garn 100 Pfd. reine Wollfasern enthalten und es würden sich sonach durch Auflegung dieses Zolls

Kammzug	um	60	pCt.
Kammgarn	„	35	„
Streichgarn	„	50—60	„

ihres heutigen Handelswerthes erhöhen.

Es kann daher wohl keinem Zweifel unterliegen, dass der volkswirthschaftliche Effekt einer Zollauflage blos auf rohe Wolle nur der sein könnte, dass der Wollimport zwar sofort aufhören würde, dasselbe Materialquantum künftig aber als unverzolltes Garn hereinkäme. Es würde also die deutsche Wollkämmerei und -spinnerei einfach geopfert, ohne dass der Landwirthschaft die geringste Hülfe erwüchse, Hand in Hand mit Einführung des Zolls auf rohe Wolle muss also eine dem Wollfasergehalte der Gespinnste und Gewebe entsprechende Erhöhung der Textilzollsätze eintreten.

Unhaltbar wäre es auch, nur den Fabriken, deren Rohmaterial thatsächlich eingeführt worden war, eine dem Zoll entsprechende Exportbonifikation zu gewähren. Denn diese Bestimmung wäre praktisch nicht durchzuführen. Sie würde verlangen, dass die eingeführte Rohwolle durch alle Stadien der Kämmerei, Spinnerei, Weberei, des Zwischenhandels und des Konfektionsgewerbes der zollamtlichen Kontrolle unterworfen würde. Das ist aber ein Ding der Unmöglichkeit.

Die Gewährung einer Rückvergütung nur für eingeführtes Rohmaterial würde aber auch prinzipiell ungerecht und volkswirthschaftlich nachtheilig sein. Der Zweck eines Wollzolls ist doch ohne Zweifel, eine (der Zollhöhe entsprechende) Preisdifferenz für Wolle auf dem inländischen Markte herzustellen. Es begründet hier nach für den deutschen Wollwaarenfabrikanten in der Höhe seiner Rohmaterialkosten absolut keinen Unterschied, ob er verzollte Auslandswaare oder an sich zwar unverzollt gebliebene, aber durch das Zollsystem doch ebenmässig im Preise gesteigerte Inlandswolle verarbeitet hat.

Wenn man also die Fabrikanten, die inländische Wolle zu Exportwaaren verarbeiten, um den Betrag der Exportprämie ungünstiger stellen wollte als die Verarbeiter ausländischer Wolle, so würde offenbar Niemand, der seine Fabrikate ganz oder auch nur theilweise zu exportiren beababsichtigt, inländische Wolle verarbeiten. Es liegt auf der Hand, wie störend eine solche differenzielle Behandlung auf den Export von 400 Mill. Mk. Wollfabrikaten wirken würde. Man wird also die Rücksicht auf diesen ausserordentlich bedeutungsvollen Zweig der nationalen Arbeit nicht ausser Acht lassen dürfen.

Die Vertheuerung der Wollfabrikate auf dem Weltmarkte durch einen Zoll von 100 Mk. für 100 Pfd. reine Wollfaser beträgt je nach dem Herstellungswerthe des einzelnen Artikels zwischen 7 und 63 pCt. des Werthes der fertigen Fabrikate, die durchschnittliche Vertheuerung beläuft sich auf rund 30 pCt. Bei dieser Mehrbelastung würde die deutsche Textilindustrie der ausländischen Industrie gegenüber nicht mehr konkurrenzfähig bleiben. Es müssen also den Bestrebungen auf Einführung eines Wollzolls die folgenden Sätze zu Grunde gelegt werden:

1. Die Zollbelastung hat sich sowohl auf Rohwolle, wie auf Wollgespinste und Wollfabrikate aller Art zu erstrecken.
2. Die Ausfuhrvergütung muss den eingeführten Zoll-

sätzen entsprechend für alle Wollfabrikate gewährt werden, gleichgültig, ob das verarbeitete Rohmaterial inländischer oder ausländischer Provenienz ist.

Hieraus erwächst die Nothwendigkeit, ein Verfahren zu ermitteln, das in praktisch durchführbarer Weise sowohl eine richtige Verzollung als insbesondere auch eine sachlich zutreffende Exportbonifikation ermöglicht.

Es sind hierbei sechs Gruppen von Gespinsten und Fabrikaten in Betrachtung zu ziehen. Nach dem bisherigen Stande der wissenschaftlich-technischen Untersuchung ist ein im zahlenmässigen Resultat hinreichend genaues, dabei für gewöhnliche Zollbeamte handliches Verfahren für die Bestimmung des Wollfasergehalts bei diesen sechs Gruppen noch nicht bekannt. Wir besitzen drei leicht ausführbare und hinreichend genaue analytische Verfahren, um den Wollgehalt in den Rohmaterialien, Gespinsten und Geweben zu ermitteln, die entweder nur aus reiner Wolle bestehen oder die nur aus Wollfaser und Pflanzenfaser gemischt sind. Das eine ist die Behandlung mit stark konzentrirter Sodalauge, das andere die Karbonisation und das dritte die Stickstoffbestimmung. Diese drei Verfahren sind bei allen fertig konfektionirten Fabrikaten nicht anwendbar. Beim Import würde das nicht sehr ins Gewicht fallen. Denn unsre ganze Einfuhr an konfektionirten Fabrikaten beträgt nur ca. 6000 Ctr. (= 9 Mill. Mk., 1500 Mk. pro Ctr.). Würde man hier also zolltechnisch von dem Grundsatze ausgehen: „100 Pfd. konfekt. Fabrikate = 100 Pfd. Wollfaser = 100 Mk. Zoll pro Ctr., so würde bei einem auf diesen Fabrikaten schon heute liegenden Zoll von 100 bis 450 Mk. pro Ctr. der Gesammtwerth der Waare nur eine Vertheuerung von ca. 6 pCt. erleiden. Angenommen selbst, dass bei manchen dieser Konfektionswaaren vielleicht $^1/_4$—$^1/_2$ anderer Gespinste als reine Wolle verwendet ist, so ist doch die quasi „ungerechte“ Vertheuerung durch jenes summarische Verfahren jedenfalls so minimal und bei der ausserordentlich geringen Einführung absolut genommen so bedeutungslos, dass sie gegenüber der überaus hohen volkswirthschaftlichen Bedeutung des Wollzolls gar nicht in Betracht kommen könnte.

Wesentlich anders liegt es jedoch bei der Ermittlung der Exportbonifikation für konfektionirte Fabrikate. Diese Ausfuhr beläuft sich heute bereits auf 80 Mill. Mk., (500 Mk. pro Ctr.). Je nach dem Wollgehalt der exportirten Konfektionsartikel hat die Ausfuhrvergütung 0—100 Mk. pro Ctr. = 0—20 pCt. des Ausfuhrwerthes zu betragen. Das ist ein so erheblicher Prozentsatz, dass zunächst gar nicht zu übersehen ist, welche finanziellen Wirkungen für den Staatssäckel und welche fundamentalen Verschiebungen in den Exportverhältnissen der Textilindustrie überhaupt eintreten würden, wenn die Ermittlung der Exportbonifikation nicht auf ein sachlich genau zutreffendes Verfahren gegründet würde.

Nun giebt es für die Berechnung einer gerechten Ausfuhrvergütung zwei Wege. Entweder man ordnet an, dass den Exportfabrikanten entsprechende Proben der zur Anfertigung verwendeten Stoffe zur Benutzung für analytische Zwecke beigelegt werden oder man stellt die für den Export arbeitende Konfektion unter Klausur. Beide Verfahren sind praktisch durchführbar. Die Konfektionsindustrie kennt schon heute die vollständige Trennung der Exportarbeit von der Inlandsarbeit; und bei der Beilegung von Stoffproben ergiebt die mikroskopische Prüfung durchaus zuverlässige Resultate.

Grössere Schwierigkeiten als bei den konfektionirten Fabrikaten ergeben sich bei allen Gespinsten und Geweben in den Fällen, wo Gemische von Wollfaser mit andrer thierischer Faser (Seide, Haare) vorhanden sind. Hier ist für die Bestimmung des Wollgehalts keines der drei erwähnten Verfahren brauchbar. Hier ist zu der exakten chemischen Analyse zu greifen. Ein solches Verfahren ist in neuester Zeit von Dr. J. Herzfeld gefunden worden. Seine Anwendung setzt aber voraus, dass eine Zentraluntersuchungsanstalt geschaffen, bezw. eine bestehende chemische Kontrollstation mit der Aufgabe betraut werde, nach den, von den Zollbeamten entnommenen Proben der

Mischstoffe deren Wollgehalt exakt zu analysiren. Die Aufgabe der Zollbeamten bestünde also neben der Probenahme im Wesentlichen nur in der quantitativen Feststellung der ein- oder ausgeführten Stoffe; die Ermittlung der Zoll- und Exportbonifikationsbeträge bliebe dann dem weiteren Verfahren vorbehalten. Die ganze Maassregel der Durchführung eines Wollzolls ist sonach zwar etwas komplizirt, aber in technischer Hinsicht an keinem Punkte mehr von einer wirklichen sachlichen Unmöglichkeit bedroht.

Einfach ist die Frage des Wollzolls von der handelspolitischen Seite aus. Nach der amtlichen Statistik entfallen 420 Mill. Mk. d. h. 95 pCt. unsrer Einfuhr an Wolle und wollenen Fabrikaten auf Australien, Amerika, England und Frankreich, also auf Länder, mit denen wir keine Handels-, sondern nur Meistbegünstigungsverträge geschlossen haben. Der Rest von 5 pCt. = 26 Mill. Mk. vertheilt sich auf die Handelsvertragsländer Oesterreich, Russland und Belgien. Sollte es in der That nicht möglich sein, diese drei Länder, die zusammen einen Handelsverkehr von $1^1/_4$ Milliarden Mk. mit uns unterhalten, zu bewegen, dass sie uns eine Erhöhung bezw. Neueinführung von Zöllen auf Waaren gestatten, an deren Einfuhr nach Deutschland sie nur ein so überaus geringes Interesse haben? Ein Interesse von nur 2 pCt. ihres gesammten Absatzes nach Deutschland.

Bez. der finanziellen Wirkung des Wollzollsystem rechnet Herr Klapper für das Reich einen Ueberschuss von 190 Mill. Mk. heraus, während sich das Agrarische Handbuch schon mit 120 Mill. Mk. begnügt. Denkschrift wie Handbuch verlangen dann noch gewissermaassen als Correlat zum Wollzoll einen entsprechenden Zoll auf Seide und Haare, um einige zolltechnische Umständlichkeiten des Wollzolls aufzuheben! —

Es leuchtet ein, dass solche Vorschläge lebhaften Protest hervorriefen, in der Presse wie bei den Interessenten der Industrie. Die „Köln. Vztg." nannte die Forderungen der Wollzöllner „nichts weniger als bescheiden". Sie sagt: Ueber die dadurch bewirkte Vertheuerung der Wollwaaren aller Art, deren die grosse Masse des Volkes dringend bedarf, wird man sich keineswegs so ohne Weiteres hinwegsetzen dürfen. Auch die Zukunft der im Wollwaaren-Grossgewerbe thätigen Arbeiter muss in Betracht gezogen werden. Schon heute ist die Lage der Wollweber keineswegs rosig; die Einführung eines Wollzolls würde aber ohne Zweifel zur Folge haben, dass nicht wenige Fabriken geschlossen, deren Arbeiter also brodlos würden. Die Festsetzung einer Ausfuhrvergütung würde nämlich nahezu unmöglich sein, da es noch kein sicheres Verfahren giebt, um die Bestandtheile fertiger Stoffe bei der Ausfuhr genau festzustellen. Aber auch wenn sich eine solche Ausfuhrvergütung in billiger Weise berechnen liesse, so würde die Einrichtung eines deutschen Wollzolls unsre Ausfuhr an Wollerzeugnissen dennoch nahezu vernichten, weil die Staaten, mit denen wir Meistbegünstigungsverträge abgeschlossen haben, die Erhebung eines Wollzolls von 100 Mk. auf 100 Pfd. reiner Wollfaser nicht so ohne Weiteres ruhig von uns hinnehmen würden . . . Es ist nicht klug vom „Bunde der Landwirthe“, sich so in die Karten schauen zu lassen; denn er ruft damit auch die andern, keine Wolle verarbeitenden Webstoff-Grossgewerbetreibenden mit auf den Plan zum Kampfe gegen den Wollzoll.“

In der Ausschusssitzung des Centralverbandes Deutscher Industrieller am 1. Okt. 1898 in Berlin erinnerte der Generalsekretär Bueck, er habe sich bemüht, die Ueberzeugung zu verbreiten, dass nach den Aeusserungen des Grafen Posadowsky die Gefahr der Einführung eines Wollzolls unter dessen Amtsführung nicht vorliege. Die Beunruhigung habe aber neue Nahrung erhalten, seitdem der „Bund der Landwirthe“ in seinem „Handbuche“ sein Wollzollsystem verlange. Redner entwickelt dieses System in etwas ironischer Weise, aber ohne sich auf eine Widerlegung aller Einzelheiten einzulassen. Er fragt nur, wie z. B. die mikroskopische Prüfung der Stoffproben durchgeführt werden solle etwa bei einem modernen Damenmantel, der aus vielen, verschiedene Wolle enthaltenden Stoffen und Besatzartikeln angefertigt sei, der Vorschlag des B. d. L., dass die Konfektionsindustrie etwa wie die Zuckerindustrie „unter Klausur“ arbeiten solle, rief in der Versammlung Bewegung hervor. Redner erinnert den Bund daran, dass es sich beim Zucker um etwa 406 Rohzuckerfabriken und einige 40 Raffinerien handle, ob aber die Klausur bei den Tausenden von Konfektionswerkstätten (NB. obendrein Hausindustrie! Der Verf.) durchzuführen sei, scheine ihm doch einigermaassen zweifelhaft. Ihm sei keine Konfektionsfirma bekannt, die ausschliesslich für den Export arbeite. Der Generalsekretär schloss mit den Worten: „Die Wollindustrie hatte eine Versammlung anberaumt, um gegen die Einführung des Wollzolles Protest zu erheben. Die Versammlung musste aufgehoben werden, weil ein Referent erkrankt war. Daraus haben die Freihändler geschlossen, dass die Industriellen aus der Wollbranche es nicht mehr wagten, gegen die Landwirthschaft aufzutreten. Ich glaube, die Wollindustrie wird gegen diesen Wollzoll immer mit Entschiedenheit Protest erheben und in diesem Punkte auch der vollen Unterstützung des Centralverbandes sicher sein. (cf. Berichte des Centralverb. Deutsch. Industr. No. 80 p. 22—24 und Köln. Ztg.)

Dass sich die Textilfachpresse gegen den Wollzoll aussprach, versteht sich von selbst. Viel citirt wurde insbesondere ein Aufsatz der „Zeitschrift für die gesammte Textilindustrie“, der mit folgenden Worten schloss: „Jeder Versuch, die Herbeischaffung des ausländischen Rohstoffes zu erschweren und die Industrie auf die einheimische Wolle zu verweisen, steht nicht nur im Widerspruch zur gegenwärtigen Lage, sondern bedeutet auch, vom geschichtlichen Standpunkte aus gesehen, eine durchaus unzeitgemässe, reaktionäre Handlung, die vielleicht vor 100 Jahren zu erörtern gewesen wäre. Unsere Zollgesetzgebung wird mit dem Problem des Ausgleichs zwischen Spinnerei und Weberei genug zu thun haben; man verwirre sie nicht durch solche Anachronismen, wie die Forderung von Eingangszöllen auf unentbehrliche Rohstoffe. Den Wollkonsumenten auch nur die leiseste Vorschrift zu machen, wo und wie sie ihren Bedarf zu decken haben, wäre ein schwerer Fehler, der sich am Wohlstande der ganzen Nation bitter rächen würde.“

Sehr energisch äusserte sich der 1898er Jahresbericht der Handelskammer zu Lennep: „Vergleicht man die statistischen Nachweise über die Einfuhr ausländischer Wolle und Ausfuhr von in Deutschland angefertigten Wollwaaren, so ergiebt sich auf den ersten Blick, dass die deutsche Wollproduktion den Anforderungen der Textilindustrie nach Rohstoffen nicht einmal der Quantität nach genügen kann. Die Vorstellung, dass unter dem Einflusse eines hohen Einfuhrzolles die deutsche Schafhaltung und Wollerzeugung sich heben würde, ist eitel Selbstbetrug; denn nur wenige Gegenden unseres Vaterlandes eignen sich znr Schafhaltung; und auch hier gewinnt der lohnendere intensive Wirthschaftsbetrieb, mit welchem Schäfereien in grösserem Maassstabe unvereinbar sind, immer mehr die Oberhand.“ Aber auch hinsichtlich ihrer Beschaffenheit könne die deutsche Wolle den in dieser Hinsicht so vielseitigen Anforderungen der Textilindustrie in keiner Weise genügen. „Auch der fleissigste und intelligenteste Schafzüchter (in Deutschland) ist nicht im Stande, die auf Klima und Ernährungsbedingungen beruhenden Eigenschaften der australischen und südamerikanischen Wollenarten auf seine Erzeugnisse zu übertragen. Zwar wird die deutsche Wolle wegen ihrer für bestimmte Zwecke sehr schätzenswerthen Eigenschaften heute noch gebraucht und gekauft: dass sie aber das ausländische Produkt verdrängen kann, selbst wenn sie in genügender Menge vorhanden wäre, ist ein Ding der Unmöglichkeit. Die überseeischen Wollsorten sind für unsere Industrie unentbehrlich, weil nur mit ihrer Verwendung diejenigen Garne und Stoffe hergestellt werden können, welche die neue Moderichtung von der Fabrikation verlangt. So ist letztere denn zum weit überwiegenden Theile mit dem Bezuge ihrer Rohstoffe auf das Ausland angewiesen.“ Die absolute Unverständlichkeit des Verlangens nach einem Wollzolle habe denn auch Anlass zu der Beschuldigung gegeben, dass die industriefeindliche Agrarpartei nur darauf ausgehe, das deutsche Spinnerei-

und Webstoffgewerbe durch Vertheuerung ihres Rohstoffes empfindlich zu schädigen. Dagegen erscheine die Möglichkeit, dass eine Zollbelastung der Rohwolle regierungsseitig überhaupt ernstlich ins Auge gefasst werden könne, nach Lage der Verhältnisse ausgeschlossen.

In seiner Generalversammlung vom 15. November 1898 in Berlin beschloss ferner der Verein der deutschen Hutindustrie laut Bericht der Berliner „Post", „gegen jede von irgend einer Seite hervortretende Absicht der Wiedereinführung eines Wollzolles von Vereinswegen energischen Widerspruch zu erheben."

Die Protestversammlung der Wollindustriellen, wovon der Generalsekretär oben (p. 24) sprach, war schon im Juli 1898 angesagt worden. Bis in den Monat August wurde sie in den Blättern noch mehrmals angekündigt, aber sie wurde nicht abgehalten. In der Sitzung vom 1. Okt. 1898 gab Generalsekretär Bueck den Wollzöllnern eine förmliche und nicht misszuverstehende Absage. Trotzdem deuteten diese das Unterbleiben der Versammlung zu ihren Gunsten, als ob die Wollindustriellen zu einer Verständigung mit dem Bunde der Landwirthe geneigt seien.

So schrieb die „Dtsch. Tagesztg." im Nov. 98: „Jetzt wird mitgetheilt, dass die Absicht der Veranstaltung einer solchen Protestversammlung (der Wollindustrie gegen den Wollzoll) aufgegeben worden ist. Die Gründe dieses Entschlusses sind nicht angegeben worden. Es lässt sich vermuthen, dass die überzeugenden Darlegungen hierfür mitgewirkt haben, die der „Bund der Landwirthe" auf Grund eingehender Ermittelungen zur Wollzollfrage ausgearbeitet und in einer Denkschrift einer grossen Anzahl von hervorragenden Industriellen der Textilbranche zugängig gemacht hat. Die Denkschrift lässt keinen Zweifel darüber, dass der Bund der Landwirthe die Bedenken in vollem Maasse als zutreffend anerkannt hat, die seitens der Textilindustrie gegen die von anderer Seite früher geforderte bedingungslose Einführung eines Wollzolles erhoben worden sind. Solche bedingungslose Zollauflage auf ausländische Wolle würde in der That die überaus hoch entwickelte Textilexportindustrie einfach ruiniren, ohne der Landwirthschaft entsprechenden Nutzen zu schaffen. Von allseitigem Nutzen für die Textilindustrie wie für die Landwirthschaft und damit von Vortheil für die gesammte Volkswirthschaft kann nur ein Wollzollsystem sein, das im Wege der Exportrückvergütung die gegenwärtige Stellung der Wollindustrie im Weltmarkte völlig sichert und zugleich den Inlandschutz erhöht. Die diesbezüglich vom „Bunde der Landwirthe" entwickelten Vorschläge haben im industriellen Kreise volle Beachtung gefunden und werden voraussichtlich seiner Zeit die Grundlage einer vollen Verständigung bilden, wenn die Neugestaltung des deutschen Generalzolltarifs zur Debatte stehen wird."

Bezeichnend ist der Umschwung, der sich in der Wollzollfrage bei dem maassgebenden Centrumsorgan, der „Köln. Vztg.," in wenigen Monaten vollzog. Im September 1898 hatte dieses Blatt, wie wir oben sahen, noch entschieden Stellung gegen den Wollzoll genommen. In einem Artikel vom 22. Dezember 1898 giebt es obige Aeusserung der „Deutsch. Tagesztg." wieder und fährt dann fort: „Eine solche Verständigung (zwischen agrarischen Wollzöllnern und Textilindustrie) wäre um so mehr zu wünschen, als die Ausfuhr des Wollen-Grossgewerbes keineswegs auf Rosen gebettet ist. Wir erwähnen zur Begründung dieser Behauptung an dieser Stelle nur kurz die Thatsache, dass die Vereinigten Staaten, einst Hauptabnehmer deutscher Wollwaaren, sich auch auf diesem Gebiete schon so weit unabhängig vom Auslande gemacht haben, dass sie z. B. in den ersten drei Vierteln des Jahres 1898 nur noch 3 538 929 Pfd. Herrentuche und 28 501 870 Yards wollene Damenkleiderstoffe eingeführt haben gegen 21 753 149 Pfd. beziehungsweise 60 146 458 Yards im entsprechenden Zeitraume des Jahres 1897. Diese Ziffern zeigen deutlich, in wie einschneidender Weise der Dingleyzolltarif ausländische Wollstoffe vom Markte der Vereinigten Staaten fernhält. Ein Wollzoll ohne Ausfuhrrückvergütung würde also unsere Ausfuhr von Wollwaaren völlig lahm legen. Die Berechnung der Rückvergütung des Wollzolles auf ausgeführte Wollwaaren wird freilich sehr grosse Schwierigkeiten bieten, und es bleibt abzuwarten, ob und wie dieselbe gelingen wird. Ist letzteres aber in einer die unbehinderte Ausfuhr sichernden Weise der Fall, so ist nicht einzusehen, warum man nicht den Versuch machen sollte, durch Einführung eines Wollzolles auch die heimische Schafzucht zu heben. Diese Empfindung scheinen denn auch die am Wollwaaren-Grossgewerbe Betheiligten zu haben, da sie gegen einen solchen Wollzoll bei Weitem nicht mehr die frühere Rührigkeit entfalten." Das Blatt nimmt den Centralverband dann in Schutz gegen die Angriffe der Manchesterpresse und ermahnt die Wollwaaren-Grossgewerbetreibenden, nicht das Betreten eines zum Ausgleiche der widerstreitenden Interessen führenden Weges abzuweisen.

Die grosse Protestversammlung der Wollindustriellen unterblieb also. Dahingegen fasste der Ausschuss des Centralvereins der deutschen Wollwaarenfabrikanten am 3. Januar 99 in Leipzig in Sachen einer Protestversammlung gegen einen Wollzoll folgenden Beschluss: „Der Ausschuss des Centralvereins ist nach wie vor überzeugt, dass die Einführung eines Zolles auf Wolle die deutsche Wollenindustrie schwer schädigen, wenn nicht zum Erliegen bringen würde, und erhebt gegen einen solchen Zoll den entschiedensten Protest. Der Ausschuss erachtet es aber für zweckmässig, die Berufung einer allgemeinen Protestversammlung der deutschen Wollenindustriellen gegen den Wollzoll vorläufig auszusetzen. Der Ausschuss beauftragt den Vorsitzenden, die Gründe für diesen Beschluss den dem Centralvereine angehörenden Vereinen und Einzelmitgliedern durch ein Rundschreiben darzulegen, ermächtigt ihn aber, die Frage, welche Schritte seitens des Centralvereins den auf die Einführung eines Wollzolles gerichteten Bestrebungen gegenüber zu ergreifen sind, nach seinem Ermessen jeder Zeit wieder dem Vorstande bezw. dem Ausschusse zu unterbreiten."

Auch dieser Beschluss schreckt die Anhänger des Wollzolls nicht ab. Denn in einem Artikel vom 2. Febr. 1899 schrieb die „Köln. Volksztg.“, diesmal deutlicher werdend: „Selbst Börsenblätter müssen nunmehr einräumen, dass die Aktion des Centralvereins der deutschen Wollenwaarenfabrikanten gegen die Einführung eines Wollzolls ohne Ergebniss verlaufen ist.“ Mit dem Leipziger Ausschussbeschlusse sei die Börsen- und Manchesterpresse gar nicht zufrieden; sie meine, nur eine ganz energische, unzweideutige Stellungnahme der deutschen Wollenwaarenfabrikanten sei dazu angethan, dem Plane der agrarischen Partei auf Einführung eines Wollzolls ein für alle Mal ein Ziel zu setzen. Es scheine aber, dass der Vorstand des Centralvereins der deutschen Wollenwaarenfabrikanten, welcher als solcher mit dem Centralverbande deutscher Industrieller im innigsten Zusammenhang stehe, die Sympathien, welche einzelne industrielle Mitglieder des Börsenausschusses durch den jüngsten Beschluss über das Kammzugzeitgeschäft sich erworben hätten, nicht wieder verscherzen wolle. „Man nimmt in jenen Kreisen offenbar — und wohl mit Recht — an, nicht ohne Einfluss auf den Beschluss des Ausschusses des Centralvereins der deutschen Wollenwaarenfabrikanten dürfte die Stellung gewesen sein, die der Verband der deutschen Kammgarnspinner zu der Wollzollfrage einnimmt. Dieser Verband habe sich früher dahin ausgesprochen, dass er zwar Gegner des Wollzolles sei, aber eine öffentliche Stellungnahme der deutschen Wollenwaarenfabrikanten gegen den Wollzoll nicht empfehlen könne. In einsichtigen grossgewerblichen Kreisen ist man eben offenbar zu der Ueberzeugung gelangt, dass man mit einer immer nur verneinenden Haltung gegenüber den Forderungen der deutschen Landwirthschaft, welche von mächtigen Personen und Parteien unterstützt werden, nicht weiterkommt; das dürften denn doch die Erfahrungen der letzten Jahre zur Genüge gelehrt haben. Das Blatt ermahnt dann die zusammengeschlossene Landwirthschaft, auf dem betretenen Wege der Einigkeit und Entschiedenheit rüstig und unentwegt vorwärts zu schreiten.

Wie Regierung, Reichstag und Wissenschaft über den Wollzoll denken, dafür sind auch Beweise vorhanden.

So hatte sich die Petitionskommission des Reichstags mit der Angelegenheit zu beschäftigen. In No. 160 der Drucksachen des Reichstags (1898/9) wird darüber Bericht erstattet. Eingelaufen war die betr. Petition aus mehreren Orten Württembergs; sie wünschte Einführung eines Eingangszolls auf ausländische Schafwolle. Die Petenten führten aus, dass die zollfreie Einfuhr ausländischer Schafwolle, welche es der Wollwaarenindustrie ermöglichte, statt der einheimischen meist nur ausländische Wolle zu verarbeiten, wie auf früheren, so auch auf letztjährigen Wollmärkten ein abermaliges Sinken der Preise für inländische Schafwolle herbeigeführt habe. Unter dem dadurch bewirkten Rückgang der Schafzucht litten nicht nur die Schafzüchter hart, sondern auch die Gemeinden sowie die Gesamtlandwirthschaft. Die Petenten wünschten einen Zoll von 50 Mk. für gewaschene und von 25 Mk. für ungewaschene Wolle pro 100 kg.

In der Kommission wurde von einem Mitgliede gegen die Petition ausgeführt, dass für die nächsten Jahre die mit Oesterreich-Ungarn, Italien, Rumänien und Russland abgeschlossenen Handelsverträge der Einführung eines Wollzolls entgegenständen, da in allen diesen Konventionen die zollfreie Einfuhr von Wolle nach Deutschland gewährleistet worden sei. Abgesehen aber davon bedeute die Einführung eines Wollzolls, namentlich in der vorgeschlagenen Höhe, geradezu die Vernichtung der deutschen Wollenindustrie, welche sich unter der seit jeher vorhandenen Zollfreiheit (ihres Rohmaterials) zu ihrer jetzigen grossen Bedeutung im einheimischen Erwerbsleben entwickelt habe. Deutschland verarbeite pro Jahr über 170000 t Wolle, wovon die einheimische Produktion nur 22500 t, also noch nicht ein Siebentel liefere. Die deutsche Wollenindusrie sei in sehr bedeutendem Maasse auf den Export in das Ausland angewiesen. Wolle man ihr etwa eine Zollrückvergütung für verarbeitete Wolle bei der Ausfuhr gewähren, so scheitere diese Absicht an der technischen Unmöglichkeit, zu berechnen, wieviel Rohwolle das Fabrikat enthalte. Die Einführung eines Wollzolls vertheuere ferner insbesondere den Konfektions- und verwandten Industrien ihr Material und ziehe so weitere Kreise des einheimischen Erwerbslebens mit Tausenden von Arbeitskräften in Mitleidenschaft.

Das betr. Mitglied beantragte demgemäss, dem Reichstage den Uebergang zur Tagesordnung über die Petition zu empfehlen. Die Mehrheit der Kommission beschloss am 25. Jan. 1899 also, und der Reichstag schloss sich diesem Votum an.

Am 31. August 1899 gab die „Köln. Ztg." eine Aeusserung der „Berl. Pol. Nach." über den Quebrachozoll wieder. Darin hiess es, der Beweis sei erbracht, dass ebenso wie bei der für die Textilindustrie nöthigen Wolle, auch vom schutzzöllnerischen Standpunkte aus, ein Zoll für dieses heimische Erzeugniss nicht gerechtfertigt sei.

Sehr eingehend behandelt Dr. W. Schultze die Bedeutung des Wollzolls für Landwirthschaft und Industrie im I. Supplementband zu Conrad-Lexis Handwörterbuch der Staatswissenschaften p. 900 ff. Schon der praktischen Durchführung des Wollzolles, sagt Dr. Schultze, stellen sich mancherlei Schwierigkeiten entgegen. Bei einem Gewichtszolle würde, da z. B. nach dem Antrage von 1885 die feinen Wollen ebenso hoch verzollt werden sollten wie die geringeren, den Züchtern minderwerthiger Produkte ein höherer Zoll gewährt werden als denen, die feine Wolle erzeugen. Das würde um so ungerechter wirken, als die Preise der feinen Wollen stärker zurückgegangen seien, wie die der ordinären. Nehme man Werthzölle an, dann werde es für den Zollbeamten unendlich schwer sein, den Werth der Wolle festzustellen. Solle aber der Preis der eingeführten Wolle maassgebend sein, so werde dieser schwer zu ermitteln sein; auch werde der Importeur in Versuchung kommen, einen niedrigeren anzugeben. Ausserdem werde der Zoll bei niedrigen Preisen, wo die einheimische Produktion des Schutzes am meisten bedürfe, zurückgehen. Wolle man nur die besseren Wollsorten mit einem Zolle belegen, die gröberen aber frei lassen, dann erwachse wieder den Zollbeamten die unüberwindliche Schwierigkeit, die Wollsorten zu klassifiziren.

Dr. Schultze wendet sich sodann der Frage zu, ob denn die Einführung eines Wollzolles der Landwirthschaft auch den gewünschten Vortheil gewähren werde. Ohne Zweifel, so sagt der Verfasser, wird der Wollzoll der Landwirthschaft im Anfang höhere Preise sichern. Wir haben heute in Wolle jährlich ca. 117 Mill. kg Mehreinfuhr, ca. 16 Mill. kg Ausfuhr und 20 Mill. kg eigene Produktion. Weder wird die deutsche Industrie eine so kolossale Zufuhr entbehren, noch die deutsche Produktion sogleich so viel liefern können. Die deutschen Industriellen werden den Importeuren also die erhöhten Preise zahlen müssen, und die einheimische Wolle wird entsprechend im Preise steigen. Die Vertheuerung des Rohmaterials wird aber der deutschen Wollindustrie die Konkurrenz auf dem ausländischen Markte unmöglich machen. Die übrigen Industrieländer werden ihre Waare wohlfeiler anbieten können. Betriebseinstellung vieler Fabriken, Verminderung der Nachfrage nach Wolle und Rückgang in ihrem Preise werden in Deutschland die unvermeidlichen Folgen sein.

Auch das Prinzip der Zollrückvergütung wird von dem Verfasser abgelehnt. Die Untersuchung der Exportwaaren werde für den Zollbeamten eine sehr mühsame und zeitraubende Arbeit sein. Der Zollbeamte werde sie entweder ungenau ausführen oder den Angaben des Exporteurs zu sehr vertrauen. Auf jeden Fall werde der Fabrikant für den ausgelegten Zoll Zinsverlust erleiden. Je mehr die Wollpreise stiegen, um so mehr würde Kunstwolle und Baumwolle verwendet werden. So sei es höchst zweifelhaft, ob der Landwirthschaft wirklich ein dauernder Nutzen mit einem Wollzolle gewährt würde.

Zum Beweise für seine Behauptungen zieht der Verfasser die Vorgänge in Amerika aus den 60er und 70er Jahren heran. Dort wurden die Rohwollzölle 1861 wieder eingeführt und später mehrmals erhöht. Nach Prof. Tellkampf hat Amerika mit diesen Zöllen nicht nur seinen Fabrikanten, sondern auch den eigenen und fremden Produzenten grossen Schaden zugefügt: Denn nach Einführung des Zolles wurde die fremde Wolle aus Amerika so gut wie ausgeschlossen: sie überfüllte die europäischen Märkte, bewirkte dort einen plötzlichen Preissturz und schädigte die deutschen Produzenten sehr. Die europäischen Fabrikanten kamen dadurch allerdings in den Besitz billigen Rohmaterials, die amerikanischen Fabrikanten mussten sich auf die Herstellung ordinärer Waaren aus der gröberen amerikanischen Wolle beschränken, theils auch ihren Betrieb gänzlich aufgeben. Dadurch wieder sank die Nachfrage nach amerikanischer Wolle und ihr Preis. So haben die Zölle den amerikanischen Produzenten und Industriellen statt Nutzen nur Nachtheile gebracht. Der Verfasser zitirt eine Reihe von amerikanischen Notirungen über die Wollpreise. Daraus ergiebt sich, dass trotz der hohen Zölle in der Periode 1861—65 nur die mittleren (2,2 pCt.) und die ordinären Wollsorten (15,8 pCt.) eine Preiserhöhung zeigten, dass aber in der folgenden Periode 1866—70 sämmtliche Marken im Preise zurückgingen. Der Wollzoll hat aber auch keinen grösseren Preisrückgang verhütet; denn eine Vergleichung zeigt, dass der Weltmarktpreis nicht stärker gesunken ist als der amerikanische. Es wäre also auch bei freier Einfuhr nach Amerika kein stärkerer Rückgang der Preise eingetreten. Der Wollzoll war demgemäss auch überflüssig.

Die anfängliche Wirkung des Wollzolles, die Preissteigerung, würde natürlich zur Ausdehnung der Produktion anregen. Das vermehrte Angebot wird aber mit dazu beitragen, dass der Preisrückgang, der mit der Lahmlegung der Wollindustrie einsetzt, noch beschleunigt wird. Die trotz Wollzoll nach einer Reihe von Jahren anhebende Unrentabilität der Wollproduktion wird dann, nachdem sie durch

Zollmaassregeln gross gezogen worden ist, in der Landwirthschaft, fühlbarer werden als vor dem Zolle.

Was die Wollindustrie betrifft, so würde, wie schon gesagt wurde, der Wollzoll viele Fabriken zur Einstellung des Betriebes zwingen, weil sie der Konkurrenz des Auslandes nicht mehr begegnen könnten. Ein Blick auf die Ausfuhrtabellen in Garnen, Zeugen, Strumpf- und Posamentierwaaren, die seit 1880 theilweise kolossal gestiegen ist und sich nach Millionen dz bemisst, zeigt den ungeheuren Verlust, den Deutschland mit dem Sinken dieses Exportes erleiden würde. Nicht bloss Spinner und Weber, nicht bloss die 170 000 Personen, die in der Schafwollindustrie beschäftigt sind, sondern auch die Schneider, Strumpfstricker und die Personen, die für Konfektionsgeschäfte und ähnliche Unternehmungen arbeiten, würden um einen guten Theil ihres Verdienstes gebracht werden.

So bliebe der deutschen Wollindustrie als Absatzgebiet nur der einheimische Markt, jedoch auch nur dann, wenn man ihn ihr durch Prohibitivzölle auf Garn und wollene Webwaaren sichert. Aber auch dann würde der Absatz von Wollwaaren nicht den vorigen Umfang behaupten. Der Wollzoll wird nämlich zunächst die Wollpreise steigern. Mit ihnen werden die Preise für die fertigen Waaren in die Höhe gehen. Der grössere Theil der Bevölkerung wird diese höheren Preise nicht zahlen können, sondern zu gemischten Stoffen übergehen. Dann geht die gute Wollindustrie zurück, die Shoddyfabrikation wird gross gezogen. Die deutschen Konsumenten werden höhere Preise für geringere Waaren zahlen müssen; denn die Geschichte der Preise lehrt, dass Wollpreise und Shoddypreise stets miteinander gestiegen und gesunken sind. Einen Vortheil haben die Konsumenten also aus der Entwicklung der Kunstwollindustrie sicherlich nicht. Die Arbeiterschaft gar, die in der Wollindustrie beschäftigungslos wurde, könnte keine Unterkunft in der Kunstwollindustrie finden, denn deren Absatz bliebe doch stets beschränkt, zumal da sich das Ausland von der dann minderwerthigen deutschen Waare der billigen, echten, ausserdeutschen Industrie zuwenden würde.

Es ist also sehr ungewiss, ob der Wollzoll der deutschen Landwirthschaft Nutzen bringen würde; sicher ist dagegen, dass er die deutsche Wollindustrie zum grossen Theil ruiniren und die Konsumenten schädigen wird. Also als Ganzes eine durchaus schädliche Maassregel!

Schreibfedern.

Schreibfedern aus Stahl und anderen unedlen Metallen sind in Pos. 6e 3γ des Zolltarifs (feine Eisenwaaren) zusammen mit Nähnadeln, Uhrwerken, Gewehren untergebracht und geniessen schon in dem Tarife von 1865 einen Zollschutz von 60 Mk. pro 100 kg. Der Tarif von 1879 hat daran nichts geändert. In den Debatten passirte die Position ohne Widerspruch. Auch in den Handelsverträgen von 1891 wurde daran nichts geändert. Dagegen wird es in No. VI der Denkschrift zu den Handelsverträgen (Sten. Ber. d. Deutsch. Reichtags Bd. 126 p. 3356) als „von nicht zu unterschätzender Bedeutung“ bezeichnet, dass Oesterreich seinen Zoll auf deutsche Schreibfedern um 30 pCt., von 50 auf 35 Gulden pro 100 kg, ermässigt habe (ibid. p. 3404). Die Einfuhr in diesem Artikel aus Deutschland wird ebendort auf 273000 Mk. angegeben für das Jahr 1889. U. a. auf diese Konzession Oesterreichs beriet sich dann auch der Bundesrathskommissar v. Huber (Sten. Ber. Bd. 119 p. 3455f), als der Abg. Möller der Regierung vorwarf (ibid. p. 3417), sie habe von Oesterreich nur kleine Konzessionen erlangt.

Bei der Erneuerung der Handelsverträge werden „Schreibfedern“ eine wichtige Rolle spielen.

In Sachsen ist in den letzten Jahren eine Bewegung für höhere Zölle auf ausländische Schreibfedern entstanden. Am ausführlichsten spricht sich darüber der 1897er Jahresbericht der Leipziger Handelskammer aus (p. 114f). Dort wird geklagt, dass der deutsche Markt der Aufnahme deutscher Federn immer noch mehr oder weniger verschlossen bleibe. Das Ausland, England und Frankreich, könne zu leicht seine Fabrikate in Deutschland absetzen, während es nahezu unmöglich sei, in diesen beiden Ländern deutsche Federn zu verkaufen. Weitere Hemmnisse für den Absatz deutscher Federn in Deutschland seien die derzeitige Handhabung des Musterschutzgesetzes, sowie der Umstand, dass die Grossisten der Branche lieber ausländische Federn bezögen, als dass sie Federn deutscher Firmen verkauften. Viele deutsche Grossisten liessen sich Federn mit deutscher Aufschrift und mit ihrer Firma in England herstellen. Abhülfe hoffe man in einem höheren Eingangszoll auf ausländische Fabrikate zu finden. Auch könne und solle nach französischem Muster von den Regierungen angeordnet werden, dass beispielsweise in den Schulen nur deutsche Federn verwendet würden. Auch von anderer Seite wurde insbesondere über die englische Konkurrenz in der Stahlfederbranche geklagt. Die deutsche Produktion sei zwar gestiegen, auch seien in der Fabrikation ziemliche Verbesserungen vorgenommen worden, aber die Summe des Umsatzes habe sich nicht erhöht, da englischerseits die Preise ausserordentlich herabgesetzt worden seien; namentlich die billigen Sorten, in denen der Hauptverbrauch stattfinde, seien von England zu Schleuderpreisen verkauft worden.

In dem Bericht von 1898 widerholt sich in lebhafter Weise die Klage, dass sich die Grossisten der Branche gegenüber dem Vertriebe der besseren einheimischen Erzeugnisse ablehnend verhielten und die englischen und französischen Federn bevorzugten. Es wird dabei ausdrücklich hervorgehoben, dass die deutschen Fabriken ihre maschinellen Vorrichtungen heute derart vervollkommnet und den Fabrikationsprozess so rationell eingerichtet hätten, dass sie Federn der gleichen Güte wie die bekanntesten englischen Fabriken herstellten. Nur die leidige Gewohnheit der deutschen Grosshändler, die bessere Waare vom Auslande zu beziehen und dafür gute Preise anzulegen, von den deutschen Fabriken dagegen nur die geringeren Sorten zu den billigsten Preisen zu kaufen, trage die Schuld, dass das deutsche Erzeugniss im eigenen Lande vielfach unbekannt und der deutsche Markt für die deutschen Federn weniger aufnahmefähig sei als das Ausland. Wandel hierin könne allein höherer Eingangszoll schaffen; seine Einführung wird demgemäss von den Betrieben des Bezirks warm befürwortet und namentlich dem englischen Wettbewerbe gegenüber bestimmt erwartet.

Die Abfassung des Berichts lässt deutlich erkennen, dass sich die Leipziger Handelskammer nur als das Echo der Schreibfederfabriken betrachtet, dass sie sich aber nicht mit deren Wünschen identifizirt. Die Handelskammer hat ferner dem „Wirthschaftlichen Ausschuss" den Wunsch der Schreibfederfabrikanten zur Kenntniss gebracht, „ihm überlassend, denselben bei der Revision des deutschen Zolltarifs und Abschluss des neuen Handelsvertrages mit England in geeigneter Weise geltend zu machen." In dem Antrage der Stahlfederfabrikanten heisst es:

„Seitens der Stahlfederfabrikanten des Bezirks (Leipzig) wird eine Erhöhung des Eingangszolles auf Schreibfedern aus Stahl oder andern unedlen Metallen (No. 6e 3γ des Zolltarifs), namentlich in Rücksicht auf die dominirende Stellung und die grosse Einfuhr Englands, erbeten. Der jetzige Zoll von 60 Mk. für 1 dz sei, so wird von der einen Firma ausgeführt, derart niedrig, dass er, auf das Gross berechnet, überhaupt nicht in die Wagschale falle. Bei besseren Sorten nämlich stelle er sich, da hier etwa 1800 Gross auf 1 dz gehen, auf 3½ Pfg das Gross; bei billigeren dagegen, von denen etwa 2500 Gross auf 1 dz gehen, sogar nur auf 2¼ Pfg. das Gross. Gerade in billigen Sorten aber finde der Hauptverbrauch statt, und gerade hierin sei die englische Einfuhr, welche überdies durch äusserst billige Fabrikatpreise begünstigt werde, derart stark (ca. 70 pCt der ganzen Einfuhr), dass der deutschen Stahlfeder-Industrie der Absatz im Mutterlande äusserst erschwert und sie mit ihren Erzeugnissen im Wesentlichen auf das Ausland angewiesen sei. Wegen der Gründe hierfür und der Vorschläge verweist der Antrag auf den Jahresbericht der Leipziger Handelskammer von 1897 (s. v. p. 14 f.) Sodann wird in statistischer Hinsicht noch Folgendes bemerkt:

Nach den amtlichen Nachweisen betrug die gesammte Einfuhr an Stahlfedern im Jahre 1896: 1365 dz im Werthe von 1 297 000 Mk. Hiervon entfallen allein 1320 dz (1 254 000 Mk.) auf Grossbritannien, während von dem Reste 30 dz (28 000 Mk.) auf Frankreich und die übrigen 15 dz aus Schweden, den Niederlanden, Belgien, Oesterreich-Ungarn und den Ver. Staaten von Nordamerika eingeführt werden. Dieser bedeutenden Einfuhr steht eine Ausfuhr Deutschlands von nur 381 dz (267 000 Mk.) gegenüber, welche sich in Posten von 1—150 dz auf 28 Länder vertheilt.

Andere Firmen der Stahlfeder-Branche nehmen einen abweichenden Standpunkt ein. So hält eine der bekanntesten Stahlfederfirmen die Zeit für eine Erhöhung des Zolls auf ausländische Stahlfedern noch nicht für gekommen; denn noch seien wir in Deutschland auf das durchweg vortreffliche englische Fabrikat geradezu angewiesen, da unsere Industrie bis jetzt noch keine Federn hervorgebracht habe, die als ein in jeder Beziehung gutes Fabrikat bezeichnet werden könnten. Das gehe so weit, dass neue Erfindungen einzelner deutscher Firmen in England ausgeführt werden mussten, weil nur so ein vollkommenes Fabrikat und damit eine ausreichende Verwerthung der neuen Erfindung möglich wurde. Diese Ueberlegenheit der englischen Stahlfeder-Industrie über die deutsche liege weder an den Maschinen noch an dem Material, die beide in Deutschland gleichwerthig seien oder doch aus einer und derselben Quelle angeschafft werden könnten, sondern an dem Mangel an geschulten Arbeitskräften.

Im Laufe der Zeit habe sich die deutsche Stahlfederfabrikation zwar gegen früher vervollkommnet, aber die englische sei gleichfalls fortgeschritten. Wenn sich die deutschen Fabrikanten heute andauernd um die Verbesserung ihres Fabrikats bemühten, so thäten sie das, weil sie die englische Konkurrenz zu fürchten hätten. Werde durch hohe Zölle dieselbe künftig ferngehalten, so würden auch ihre Bemühungen, immer Besseres zu liefern, aufhören. Die allgemeine Benutzung eines schlechten Schreibmaterials bedeute einen kulturellen Rückgang. Solange wir also noch nicht im Stande seien, eine Feder von derselben guten Qualität herzustellen, wie sie in Birmingham angefertigt werde (und diese Zeit sei noch nicht gekommen), so lange müssten wir unbedingt von einer Erhöhung des Eingangszolls auf Stahlfedern absehen.

Eine Erhöhung des Zolls würde der ganzen schreibenden Welt einen unentbehrlichen Verbrauchsgegenstand vertheuern. Sie würde vielen Personen, die sich mit der Einfuhr und Verbreitung englischer Federn beschäftigen, die Existenz erschweren und England zu Repressalien gegen unsere Einfuhr dort reizen.

Wesentlich anders lautet das Gutachten einer andern Firma. Es heisst darin u. A..

Ein Zoll, der für das Gross Schreibfedern durchschnittlich 50 Pfg. betrage, lasse sich hören. Ein geringerer Zoll werde der einheimischen Industrie wenig oder gar nicht nützen. Der jetzige Zoll von 60 Mk. pro dz mache auf das Gross guter Federn nur 5—6 Pfg. aus. Eine Erhöhung desselben auf etwa 20 Pfg. würde den ausländischen Fabriken nicht viel ausmachen. Sie würden dann einfach ihre Preise um 10 Pfg. für ein Gross ermässigen und dem deutschen Import einen Aufschlag von 10 Pfg. überlassen. Die besser situirten Kreise würden sich, soweit sie für ausländische Federn schwärmten, durch eine kleine Preissteigerung von dieser Liebhaberei nicht abbringen lassen. Anders dürfte es vielleicht bei den wenig bemittelten Kreisen liegen, die die ganz billigen Federn verbrauchten. Aber auch für sie dürfte der Zoll nicht besonders fühlbar werden, so lange er als Gewichtszoll erhoben werde. Solche ganz billige Waare sei ja stets viel leichter als die theuere; sie wiege noch nicht den dritten Theil der theueren. Bestehe die sächsische Industrie auf der Erhöhung des Zolls für ganz billige Waare, so möge man ihn ihr geben; nur müsse dann der Zoll für alle Stahlfedern erhöht werden. Ein Vortheil sei jedoch davon nicht zu erwarten. Denn sie, die hier redende Firma, sei bis jetzt mit dem niedrigen Zoll, der übrigens gar keinen Schutz, sondern nur für den Staat eine Finanzquelle bilde, ausgekommen und sie suche der ausländischen Konkurrenz vor allen Dingen durch Herstellung guter Federn zu begegnen.

Diese Bemühungen hätten denn auch den Erfolg gehabt, dass die preussische Regierung nach wiederholten eingehen den Prüfungen in sämmtlichen Ministerien den Ankauf deutscher Stahlfedern än Stelle der ausländischen empfohlen habe. Die Firma sei damals noch die einzige in Deutschland gewesen. Enorme Kosten und eine hohe Summe von Geschicklichkeit Seitens der Arbeiter hätten aufgewendet werden müssen, bis man so weit gelangte. Noch höhere Anforderungen, so heisst es in dem Gutachten weiter, stellte die Ausführung des erwähnten Regierungserlasses; denn bisher hatten die Behörden Federn aus zehn englischen Fabriken benutzt. Jetzt musste die einzige deutsche Firma all die verschiedenen Arten und Formen von Federn herstellen. Aber die Firma hatte sich bei Zeiten mit den nöthigen maschinellen Einrichtungen und Arbeitskräften versehen; so wurde die Aufgabe schnell und zur vollen Zufriedenheit der Regierung gelöst. Vorher und während dieser Zeit hatten sich eine grosse Zahl von Stadtverwaltungen, öffentlichen Instituten, Kunstanstalten, Industrieetablissements u. s. w. entschlossen, nur noch deutsche Stahlfedern zu benutzen. Dasselbe thaten ausländische und überseeische Verwaltungen. Auch war es der Firma gelungen, Stahlfedern anzufertigen, womit fremde Völker ihre eigenartigen Schriftzeichen, die mit den sonst gebräuchlichen Stahlfedern nicht angefertigt werden konnten, zu schreiben vermochten.

Diese Anstrengungen hätten zur Entwicklung unserer gesammten Stahlfederindustrie mächtig beigetragen. Die deutsche Stahlfederindustrie geniesse heute einen so guten Ruf, dass es ein nicht unbedeutender Theil der schreibenden Welt für vortheilhafter halte, deutsche statt ausländischer Federn zu gebrauchen.

Gerade deshalb sei es aber besonders wichtig, dass Jedermann beim Einkaufe leicht erkennen könne, ob ihm ein heimisches oder ausländisches Fabrikat vorgelegt werde. Wenn man die Mittel, die zu Gunsten der einheimischen Schreibfedern angewandt werden könnten, erwäge, seien Maassregeln nach dieser Richtung wirksamer als Zollerhöhungen. So lange englische Stahlfedern mit deutschen Stempeln, Firmen und Ortsbezeichnungen versehen werden dürften, würden die Käufer, die deutsche Federn wünschten, häufig genug statt deren ausländische bekommen. Und es gebe eine ganze Reihe deutschgestempelter Federn, die in Wirklichkeit englisches Fabrikat seien. Es sei aber im Interesse der deutschen Industrie nicht zu viel verlangt, wenn man den Ausländern die Verpflichtung auferlege, ihre Federn ganz genau und in auffallender Weise als im Auslande hergestellt zu kennzeichnen.

Verschiedene Handelsfirmen behaupteten allerdings dass ein Aufhören der ausländischen Konkurrenz einen Stillstand in der Entwicklung der deutschen Stahlfederindustrie bewirken werde. Das sei falsch. Wie vielmehr bei anderen Industrieen, so würde auch bei der Stahlfederindustrie der Wettbewerb der deutschen Fabriken untereinander vollständig ausreichen, um eine jede von ihnen zu immer grösserer Vervollkommnung ihrer Fabrikate anzuspornen. Jene Händlerfirmen seien dieselben, die den deutschen Federn Unbeliebtheit nachsagten, es aber trotzdem ängstlich vermieden, ihre Federn als englisches Fabrikat zu kennzeichnen, und bemühten sich ihre englische Federn dem Publikum als deutsche anzupreisen.

Derselbe Gedanke wird in der „Allgem. Ztg.“ (München) unterm 31. März 1898 ausgeführt. Es wird dort gesagt, trotz den Bemühungen der deutschen Behörden, sich von fremdländischen Stahlfedern frei zu machen, habe das Jahr 1897 wieder ein Steigen der fremden Einfuhr gezeigt. Man habe nach den Ursachen dieser eigenthümlichen Erscheinung gesucht und gefunden, dass englische Stahlfedern in Birmingham mit dem Stempel deutscher Firmen versehen wurden und nach Einführung und Verzollung in Deutschland ganz ruhig unter der Flagge deutscher Federn Absatz fanden; denn nur wenige Eingeweihte seien im Stande, solche Geschäftspraktiken, die vor unserm Gesetze ja nicht strafbar seien, zu durchschauen. Man habe es hier mit einem falschen Made in Germany zu thun. Die höheren Zufuhren aus England erklärten sich nun ganz von selbst. Es frage sich nur, wie diesem Treiben zu steuern sei; „denn wenn deutsche Behörden die feste Absicht haben, deutsche Stahlfedern zu begünstigen, so sind sie auch willens, sich nicht mit englischen, aber deutsch gestempelten Federn hintergehen zu lassen.“

Doch hören wir, was das Gutachten der erwähnten Firma weiter sagt.

Den deutschen Federn könnten noch mehr Freunde verschafft werden, wenn sich auch die andern deutschen Regierungen für die Benutzung deutscher Stahlfedern entschlössen, wenn auch sonst den Beamten und den Schulen der Gebrauch deutscher Stahlfedern empfohlen würde

Der Absatz der deutschen Feder im Auslande könnte wesentlich gefördert werden, wenn der Zoll in einzelnen Ländern herabgesetzt würde. Beispielsweise sei der Zoll in den Vereinigten Staaten von Nordamerika für deutsche Federn so hoch, dass es unmöglich sei, dort solche einzuführen. Bei anderen Ländern, wie Russland, lasse der Zoll nur die Einführung ganz billiger, leichter Federn aus Deutschland zu, weil die besseren Qualitäten durch den Zollaufschlag unverkäuflich würden. Der Zoll betrage in

Nordamerika	für	100	kg	ca.	705	Mk.
Russland	„	100	„	„	325	„
Belgien	„	100	„	„	105	„
Dänemark	„	100	„	„	75	„
Frankreich	„	100	„	„	100	„
Griechenland	„	100	„	„	280	„
Italien	„	100	„	„	80	„
Finnland	„	100	„	„	190	„
Schweden	„	100	„	„	170	„
Spanien	„	100	„	„	240	„

Aus diesen Zahlen gehe deutlich hervor, wie wichtig für die deutsche Stahlfederindustrie die Herabsetzung der Zölle im Auslande sei. Besondere Schwierigkeiten würden sich hierbei gegenüber den Ländern bieten, die selbst eine Stahlfederindustrie besässen. Das seien England (10 bis 12 Fabriken), Frankreich (3), Schweden und Finland (je eine Fabrik im Entstehen), Nord-Amerika (1—2). Für die Verhandlungen sei es wichtig, die Industrie dieser Länder zu kennen.

Ausser einer Herabsetzung der Zölle empfehle es sich, in den nächsten Handelsverträgen eine entgegenkommendere zollamtliche Behandlung auszubedingen. Man sollte verhindern, dass verzinnte oder vernickelte Federn vom Auslande bei der Zollbemessung als versilberte, und vermessingte oder mit Goldlack überzogene als vergoldete behandelt würden. Das Gewicht der Verpackung müsste bei der Zollberechnung abgezogen werden dürfen. Auf den Zollämtern müsse die Waare mit Sorgfalt und Vorsicht behandelt werden, damit sie nicht Schaden leide. Auch möchten die deutschen Konsulate ihren Einfluss dahin geltend machen, dass die betr. Staaten bei Vergebung ihrer Lieferungen die deutschen Erzeugnisse bevorzugten.

Wenn sich alle diese Wünsche erfüllten, werde es der deutschen Industrie möglich sein, durch die Güte ihrer Fabrikate im Auslande den deutschen Federn eine immer weitere Verbreitung zu geben und die ausländische Konkurrenz aus Deutschland zu verdrängen. Eine derartige Tendenz ist heute schon zu konstatiren, da die Einfuhr englischer Schreibfedern andauernd im Rückgang begriffen ist, nämlich von 1,437 dz in 1897 auf 1,339 und 1,229 in den letzten beiden Jahren.

Der Kampf zwischen der Soda- und Seifenindustrie.

Bis in die 20er Jahre unseres Jahrhunderts hinein wurde (so schreibt Dr. Goldstein in seiner Arbeit „Deutschlands Sodaindustrie in Vergangenheit und Gegenwart“, der wir uns im Folgenden anschliessen,) der grösste Theil der in Europa konsumirten Soda durch Verbrennen gewisser Pflanzen gewonnen. Ende des vorigen Jahrhunderts entdeckte Leblanc die nach ihm benannte Methode, Soda herzustellen. Sie zerfällt in zwei Operationen: Zunächst wird Salz mit Schwefelsäure in schwefelsaures Natron (Sulfat) übergeführt; das letztere wird dann mit Kohle und Kreide in Rohsoda verwandelt. Als Nebenproduct entsteht bei der Herstellung des Sulfats Salzsäure, die später eine hohe Bedeutung für die verschiedensten Industrien gewann. Das Leblancverfahren übte nicht nur auf die Sodaproduktion, sondern auch auf viele andere Industrien einen gewaltigen Einfluss aus. Vom Ende der 60er Jahre ab gewann eine neue Darstellungsmethode, das sog. Ammoniaksodaverfahren, immer mehr an Bedeutung. Die weitere Entwicklung des Ammoniakverfahrens knüpft an den Namen E. Solvays an, der erst, vor allem durch die Vervollkommnung der Apparate, den Gewinnungsprozess auf die Dauer rentabel machte. Das neue Verfahren war von so umwälzender Wirkung, dass in einem halben Menschenalter ein Kapital von 100 Mill. Mk., das in Leblancfabriken angelegt war, entwerthet wurde und dass sich nach dem übereinstimmenden Urtheile aller Fachleute die Leblanc-Sodaindustrie in den letzten Jahren nur noch mit Hülfe des Nebenprodukts Salzsäure hielt. Die Solvay gehörenden Sodafabriken in England (dort auch die grösste der Welt), Deutschland, Oesterreich, Frankreich, Russland und Amerika produziren über die Hälfte des Weltkonsums an Soda.

Bis zum J. 1862 genoss die deutsche Sodaindustrie einen hohen Schutzzoll. Begünstigt durch diesen Zollschutz, durch die rasche Ausdehnung der Glas-, Seife-, Papier- und Textil-Industrie, durch die Zunahme der Bevölkerung, Ausbreitung und Verdichtung des Verkehrsnetzes, Ermässigung der Verkehrsabgaben und Verbilligung der wichtigsten Rohstoffe hatte sich die deutsche Sodaindustrie zu einer Massenproduktion entwickelt. Deshalb glaubte die preussische Regierung, namentlich aus Rücksicht auf die Sodakonsumenten, in dem Handelsvertrage mit Frankreich 1862 eine Herabsetzung der Zölle auf die Produkte der Sodaindustrie eintreten lassen zu dürfen. Die Sodaindustriellen des Zollvereins, namentlich die in Südwestdeutschland, erklärten, dass eine derartige Herabsetzung der Zölle eine ernste Gefährdung, ja vielleicht den gänzlichen Ruin ihrer Industrie herbeiführen müsse. Die Hauptgefahr erblickten sie darin, dass die gegenüber Frankreich ermässigten Zölle bald auch England zugestanden werden würden.*) Der Kampf innerhalb des Zollvereins zog sich, auch unter Einwirkung politischer Motive, mehrere Jahre hin. Im J. 1865 endlich wurde der Handelsvertrag mit England, wovor der Sodafabrikation so bange war, abgeschlossen. Die gefürchteten schlimmen Folgen der Zollermässigungen traten aber nicht ein; ja das

*) Nach Lotz, Ideen der deutschen Handelspolitik, p. 59 f, klagten die Sodaindustriellen auch darüber, dass ihnen die Ausfuhr auch durch die Verwaltung des preussischen Salzmonopols erschwert werde; diese gebe Salz zu gewerblichen Zwecken nur unter erschwerenden Bedingungen und nicht wohlfeil genug ab. Diesem Uebelstande wurde 1862 durch Ermässigung des Preises für gewerbliches Salz und 1868 durch Umwandlung des Salzmonopols in die Salzsteuer abgeholfen.

direkte Gegentheil war der Fall. Die Sodaindustrie in Deutschland dehnte sich weiter aus, zumal da das Salzmonopol des Zollvereins aufgehoben wurde und da die englische Konkurrenz in Amerika, wo nach Beendigung des Bürgerkrieges ein mächtiger Aufschwung einsetzte, ein reiches Absatzgebiet fand. So schritten im J. 1870 die Verbündeten Regierungen zur Ermässigung der Zölle auch für andere Produkte der Sodaindustrie.

Die Milliardenära war auch für die Sodaindustrie die Zeit eines ungeahnten Aufschwungs. Um der riesig gestiegenen Nachfrage der Papier-, Glas-, Farben- und Seifen-Fabriken u. s. w. zu genügen, wurde die Produktion gewaltig ausgedehnt. Trotz der beträchtlichen Steigerung der Preise für Rohmaterialien warfen die Sodafabriken nicht selten 30 bis 40 pCt. Dividende ab und trotz angestrengter Thätigkeit konnten die Fabriken den Bedarf nicht immer decken. Auf den Ausstellungen zu Paris und Wien feierte die Sodaindustrie grosse Triumphe. Bis 1873 hatten sich also die düsteren Prophezeihungen der Gegner der Zollherabsetzungen von 1862 nicht erfüllt.

Im Jahre 1873 beschloss die Reichsregierung, den Ausfuhrzoll auf Lumpen aufzuheben und die davon betroffene Papierindustrie durch Ermässigung des Zolles auf kalzinirte Soda von 4 auf 1½ Mk. und auch für Natriumbikarbonat zu entschädigen. Bei den hohen Dividenden (10—40 pCt.), die die meisten Sodafabriken damals abwarfen, setzten die Interessenten diesen Vorschlägen keinen wesentlichen Widerstand entgegen.

Kaum war diese Zollermässigung in Kraft getreten, als die Periode wirthschaftlichen Gedeihens von einer Zeit zunehmender wirthschaftlicher Depression abgelöst wurde. Eine fiskalische Eisenbahntarifpolitik trug zur Verschärfung der Krisis bei. Unter dem Drucke der anhaltenden Krisis begannen die Industriellen im Bunde mit den Argrariern eine lebhafte Agitation gegen die bisherige Richtung der deutschen Handelspolitik. Die Sodafabrikanten betheiligten sich daran um so mehr, als ihnen ein neuer Schlag drohte.*) Denn gerade damals wurde, unter dem Einflusse der Soda konsumirenden Industrien, die völlige Aufhebung der Sodazölle erörtert und verlangt. Das preussische Handelsministerium neigte zu einer beträchtlichen Ermässigung der Zölle.

Die Sodafabrikanten verständigten sich mit den Glas- und Papierindustriellen über eine Erhöhung des Zolles auf kalzinirte Soda und Natriumbikarbonat und über eine Herabsetzung des Zolles auf kaustische Soda. Als Gründe für ihre Zollwünsche führten sie an: 1. Den raschen Rückgang der Sodapreise. Dieser Preisfall wurde aber in Wirklichkeit wettgemacht durch die Verbilligung der Rohprodukte und das wohlfeilere Ammoniakverfahren. Auch wurde das Sinken der Sodapreise vielfach durch den günstigen Stand der Preise für Salzsäure, Chlorkalk u. s. w. ausgeglichen. 2. Den Rückgang der Sodaproduktion und die Zunahme der fremden Einfuhr, beides angeblich Folgen der Zollreduktion von 1873. In Wirklichkeit befand sich die Einfuhr von kalzinirter Soda und Natriumbikarbonat seit 1875 im beständigen Rückgange. Dasselbe galt von dem Chlorkalk; dagegen wies die Ausfuhr von Salzsäure eine beständige Zunahme auf. Ebenso beweisen die Berichte der Fabriken und Handelskammern, dass die meisten Etablissements, weit entfernt ihren Betrieb einzuschränken, Produktion, Absatz und Anlagen zum Theil in namhafter Weise ausdehnten. 3. Die Produktionsbedingungen seien in Deutschland der Einführung des billigen Ammoniakverfahrens nicht sehr günstig. In Wirklichkeit wurden schon im Jahre 1877 in Deutschland 20 pCt. der gesammten Soda mit Hülfe des Ammoniakverfahrens hergestellt. Ja, um die Mitte der 80er Jahre war von grösseren Ländern Deutschland in der Verwendung des Ammoniakverfahrens am Weitesten vor-

*) Der übrige Theil der chemischen Industrie, die sich dem Auslande gegenüber ebenbürtig, ja überlegen fühlten, strebte dagegen im Exportinteresse Freihandel an. (cf. Lotz, Ideen p. 127.)

geschritten (75 pCt.). Auch die Durchschnittsdividende von 7—8 pCt. sprach nicht für das Vorhandensein eines Nothstandes der deutschen Sodaindustrie. Einen Nothstand konnte man gelten lassen, wenn man die 30 und 40 pCt. Dividenden der Milliardenära als Norm hinstellte. Aber in England mussten 1874—82 ca. 20 Sodafabriken ihren Betrieb einstellen.

Unterbrechen wir die Entwickelung des Inhaltes des Goldsteinschen Buches einen Augenblick. Werfen wir einen Blick auf die Motive zu dem Zolltarife 1879 s. v. Drogerien u.s.w., (Stenogr. Ber. d. Deutsch. Reichst. Bd. 41 p. 29 ff.). Da finden wir die merkwürdige Thatsache, dass die Motive, die doch eigentlich die Erhöhung der Sodazölle begründen sollten, in Wirklichkeit gegen diese Erhöhung plädiren. Klagten die Sodaindustriellen über Rückgang der Produktion, so sagen die Motive, „dass die Produktion der Sodaindustrie im Jahre 1878 mindestens nicht nennenswerth gegen das Jahr 1875 gesunken ist. Was die Ausfuhrverhältnisse der deutschen Sodafabriken anlangt, so weisen die Uebersichten eine steigende Ausfuhr für krystallisirte und kalzinirte Soda nach.“ Klagen die Sodafabrikanten über raschen Rückgang der Preise, so bringen die Motive Preisermittelungen der offiziellen Hamburger Statistik und des statistischen Amtes und fahren dann fort, „die Hamburger Zahlen ergeben insbesondere, dass auch die früheren Jahre lange vor 1872 einen dem jetzigen ungefähr gleichen Preisstand hatten und dass nur in den Jahren 1872 und 1873 ein ganz ungewöhnlicher Aufschwung stattfand. Die Sodafabrikanten begründeten ihr Verlangen nach erhöhtem Schutze mit der Hinweisung auf die Salzsäure, die nur durch die Sodafabrikation in ausreichendem Maasse gewonnen werden könne und eine enorme Preissteigerung erfahren würde, wenn die Sodaproduktion zurückginge. Die Motive räumen die Bedeutung der Salzsäure für viele Industriewzeige ein, betonen aber, dass die technische Chemie in kürzester Frist Salzsäure nach neuen Prinzipien herstellen würde, namentlich durch Benutzung des Stassfurter Chlormagnesiums.

In Wirklichkeit eignen sich die Motive keinen der Gründe an, die von der Sodaindustrie für den höheren Zollschutz vorgebracht werden. Die Motive registriren, dass die Sodafabrikation ihre Produktionsverhältnisse in allen darüber vorliegenden Eingaben als eine besonders gedrückte und leidende darstelle, die einer Aufhülfe im höchsten Grade bedürftig sei. Diese Gründe werden in den Motiven zwar aufgezählt, aber mit dem Worte „soll", d. h. als Ansicht der Sodafabrikanten, nicht der Vorlage.

Bei der zweiten Berathung des Zolltarifs von 1879 in der Sitzung des Reichstages vom 27. Juni 1879 entspann sich eine längere Diskussion über die Sodazölle. Im Namen der Kommission empfahl der Abg. Hammacher die Annahme der Regierungsvorschläge, also 2½ Mk. für kalzinirte Soda (also eine Erhöhung des geltenden Zolls um 1 Mk.) und 4 Mk. für kaustische Soda (Ermässigung um 2 Mk.). Im Namen der Sodafabrikanten befürwortete der Abg. Kopfer die Sätze 3 und 5 Mk.; im Interesse der Soda verbrauchenden chemischen Exportindustrie, speziell der Anilinfarbenfabrikation, sprach der Abg. Brüning gegen den Antrag Kopfer. Das Haus entschied sich für die Vorschläge der Regierung. (Stenog. Ber. Bd. 51 p. 1876 ff.). In der dritten Lesung (Bd. 51 p. 2278 f.) stellte der Abg. Buchner den Antrag, es bei dem geltenden Zollsatze von 1½ Mk. für calc. Soda zu lassen, und zwar im Interesse der Soda verbrauchenden Industrie. Vom Regierungstische sprach der Bundesrathskommissar Burchard kurz gegen den Antrag Büchner. Das Haus hielt denn auch an den Beschlüssen zweiter Lesung fest.

„Dank einer geschickten Vertretung ihrer Interessen in der Kommission wie im Reichstage, dank der schutzzöllnerischen Mehrheit des Reichstags, den finanziellen Bedürfnissen der Regierung und der do ut des-Solidarität der Industriellen setzten die Sodafabrikanten ihre Zollwünsche durch," so charakterisirt Goldstein den Ausgang des Kampfes um die Sodazölle, dann sagt er: „Der Verlust in Folge Herabsetzung des Zolls auf kaustische Soda war kaum nennenswerth, weil damals nur unbedeutende Mengen kaustischer Soda in Deutschland produzirt wurden. Dagegen bezifferte sich der Gewinn aus der Zollerhöhung auf kalzinirte Soda schon in den ersten Jahren auf 3/4—1 Million Mk. jährlich, woran ca. 20—25 Fabriken Theil hatten.“ Ueber die Wirkung der Zollerhöhung giebt auch Matlekovits in seinem Buche „Die Zollpolitik Oesterreich-Ungarns und Deutschlands“ Auskunft. Dort finden wir auf p. 722 f. eine Uebersicht über die Einfuhr in kalzinirte Soda vor und nach der Zollerhöhung von 1879. Daraus ersieht man, dass die Einfuhr in diesem Artikel von 161000 Ctr. im Jahre 1879 auf 77939 Ctr. im Jahre 1880 und auf 4022 Ctr. im Jahre 1889 gesunken ist.

Von hier ab folgen wir wieder Goldstein.

Unmittelbar nachdem die neuen Zölle in Kraft getreten waren (1. 1. 1880), berichtete Dr. Hasenclever, der noch im Jahre vorher die Lage der deutschen Sodaindustrie in den düstersten Farben geschildert hatte, „dass zu Ende 1879 die Nachfrage nach Soda allenthalben zu wachsen begann. Der Sodakonsum übersteigt in Deutschland gegenwärtig noch die Produktion, weshalb viele Fabriken damit beschäftigt sind, diese zu erweitern oder Neubauten einzurichten.“ Die grossen Gewinne, die die Sodafabrikation in Folge des hohen Schutzzolles abwarf, bewirkten mit Nothwendigkeit einen raschen Zufluss von Kapitalien in diesen Industriezweig, die jährliche Sodaproduktion Deutschlands stieg nach Angabe der Interessenten von ca. 45—50000 t am Ende der 70er Jahre auf ca. 115000 im Jahre 1883, d. h. um ca. 150 pCt. Die Preise sanken von durchschnittlich ca. 23 Mk. pro 100 kg kalzinirter Soda im Jahre 1877 auf ca. 12—14 Mk. im Jahre 1883.

Die Hauptursache dieses plötzlichen Preissturzes war die Einbürgerung des Ammoniakverfahrens in allen grösseren Ländern der Welt. Die Firma Solvay & Cie. produzirte in ihren Werken an Ammoniaksoda

im Jahre	1866/67	179 t
„ „	1878/79	25000 t
„ „	1881/82	53000 t
„ „	1882/83	75000 t

Das bedeutete für Solvay in vier Jahren eine Vergrösserung der Produktion um 200 pCt. Diese gewaltige Ausdehnung des Ammoniakverfahrens übte einen sehr starken Druck auf die Leblancsodafabrikation aller Länder aus. In Belgien wurde das Leblancverfahren, überhaupt aufgegeben. In England gingen viele, namentlich kleinere Fabriken ein. Dieselbe Erscheinung zeigte sich in Deutschland, denn die kleinen Fabriken wurden durch die Zollerhöhung zwar gegen die Konkurrenz des Auslandes, nicht aber gegen die der grossen inländischen Betriebe geschützt. Nach einem vorübergehenden Aufblühen gingen die kleinen Fabriken bald ein.

Die Erhöhung des Zolles hat demnach die Centralisation der Betriebe gefördert und die Anregung zur Ueberproduktion gegeben. Schon ein Bericht von 1886 redet von einer schweren Krisis in der deutschen Sodaindustrie. Sie sei hervorgerufen worden durch die Ueberproduktion und maasslose Konkurrenz und diese wiederum durch die hohen Unternehmergewinne. Die weitere Folge war eine überraschende Abnahme der Einfuhr und Zunahme der Ausfuhr, was durch folgende Zahlen illustrirt wird:

	Einfuhr 100 kg	Ausfuhr 100 kg
1. kaustische Soda		
1880	80 000	2 400
1894	3 200	65 000
2. Natriumbikarbonat		
1880	3 660	1 380
1894	2 600	2 900
3. Chlorkalk		
1880	72 200	5 900
1894	13 800	35 600
4. kalzinirte Soda		
1880	83 800	23 200
1894	7 500	335 600

5. rohe und kryst. Soda

1880	132 600	32 100
1894	3 200	16 600

6. Sulfat

1880	12 000	81 000
1894	6 600	365 200

Diese Ziffern beweisen, dass die Einfuhr an kryst. Soda und kaust. Soda trotz des alten resp. trotz der Ermässigung des Zolles rasch abgenommen hat, wärend die Ausfuhr rapid in die Höhe ging. Dagegen wurde bis zum Jahre 1894 mehr Natriumbikarbonat eingeführt oder exportirt, obwohl der Zoll darauf im Jahre 1879 um ca. 67 pCt. erhöht worden war. Bedenkt man, dass in Folge des Sinkens der Sodapreise der Zoll von 1 1/2 Mk. pro 100 kg kalz. Soda statt 5 pCt. des Werthes im Jahre 1873 ca. 15—20 pCt. des Werthes in den Jahren 1885/86 betragen haben würde, so darf man, angesichts der Einfuhr an Natriumsulfat, kryst. und kaust. Soda wohl annehmen, dass die deutsche Sodaindustrie auch beim Fortbestehen des alten Zolles von 1 1/2 Mk. pro 100 kg kalz. Soda nicht zu Grunde gegangen wäre.

Im Gegentheil. Denn der hohe Zollschutz hat eine furchtbare Ueberproduktion nach sich gezogen, während die Zollermässigungen von 1862 und 1870 zu Verbesserungen in den Methoden geführt hatten. Im Uebrigen trug die Zollerhöhung dazu bei, dass von den grösseren Staaten Europas Deutschland die Ammoniaksodaindustrie relativ am stärksten entwickelte. Dadurch wurde aber im Gegensatz zu den Absichten der Leblancfabrikanten, welche geglaubt hatten, sich durch den Zollschutz retten zu können, der Untergang der Leblancsodaindustrie nur beschleunigt.

Gegen die Mitte der 80er Jahre hatte die deutsche Sodaindustrie den inländischen Markt erobert; sie trat in die Reihe der bedeutenden deutschen Exportindustrien ein. Die Ueberproduktion, die Schleuderkonkurrenz und das Sinken der Preise sowie die Zentralisation der Betriebe reizten die Produzenten zur Bildung eines allgemeinen Kartells. Es ist denn auch nach verschiedenen Anläufen gelungen, das „Syndikat deutscher Sodafabriken" zu schaffen, das einen vernichtenden Kampf gegen die kleineren Fabriken führt, obwohl die Zollerhöhung auch mit Rücksicht auf diese begründet worden war. Preiserhöhungen konnten aber nur vorübergehend gehalten werden. Von der Gesammtproduktion werden gegenwärtig in Deutschland 85 pCt. mit Hülfe des Ammoniakverfahrens, 15 pCt. mittelst des Leblancprozesses hergestellt. In England hat das sehr rationell arbeitende allgemeine Kartell das Leblancverfahren noch gehalten, aber auch dort gewinnt das Ammoniakverfahren immer mehr Boden. Deutschland hat einen starken Export nach Belgien, Dänemark, Italien, Russland, Schweden, Holland, nach der Schweiz und nach Nordamerika. Dass die deutsche Sodaindustrie hinter der englischen zurücksteht,*) trifft nicht zu; denn ausser der Soda- muss auch die Sulfatproduktion und der Zusammenhang der Sodaindustrie mit der deutschen Farben- und Präparatenindustrie beachtet werden. Die Gründung neuer und die Ausdehnung alter Fabriken sowie die bedeutenden Dividenden lassen die Behauptungen, die deutsche Sodaindustrie befinde sich in einer Nothlage, unrichtig erscheinen. Auch wird Deutschland nicht mit englischer Soda überschwemmt. Thatsächlich übersteigt seit Jahren die Ausfuhr deutscher kalzinirter Soda nach Grossbritannien bei Weitem den Import englischer nach Deutschland:

	Einfuhr		Ausfuhr	
	überhaupt	aus England	überhaupt	nach England
1886	13200 dz	10800 dz	114800 dz	1200 dz
1894	.7500	7000	335600	23200.

Die Ursache dieser Erscheinung ist neben der mächtigen Entwicklung der deutschen Sodaindustrie der hohe Schutzzoll, der im Juni 1895 bei einem Preise von 8,75 Mk. per 100 kg 98 prozentiger kalz. Soda c. 30 pCt. des Werthes betrug, während im J. 1879 c. 10—12 pCt. des Werthes beabsichtigt waren.

*) Wie Matlekovits p. 724 behauptet.

Bei den letzten Handelsverträgen (1891—94) blieben die deutschen Sodazölle unverändert; nur wurde der deutsche Zoll auf kalz. und kryst. Soda im Vertrage mit Oesterreich-Ungarn gebunden.

Der gegenwärtige Zoll gewährt den deutschen Sodafabrikanten die Möglichkeit, bei hohen Preisen im Inlande dem Auslande ihre Sodapreise zu Schleuderpreisen zu liefern. Dadurch wird aber die Konkurrenzfähigkeit der Industrien, die, wie Seifen-, Papier- und Farbstofffabrikation Soda konsumiren und auf den Weltmarkt angewiesen sind, erheblich beeinträchtigt. Sie werden also ganz von selbst zu einer Agitation gegen die Sodazölle gedrängt.

So schliesst Goldstein seine Schrift. Mit den letzten Worten gab er die Ansichten und Wünsche der Soda konsumirenden Industrien wieder. Das ersehen wir auch aus einer Eingabe, die der Vorstand des „Verbandes der Seifenfabrikanten“ an den Bundesrath richtete, womit der alte Kampf im Hinblick auf die Erneuerung der Handelsverträge von Neuem ausbrach. Es heisst in der genannten Eingabe:

Die deutsche Seifenfabrikation und die übrigen Sodaverbrauchenden Industrieen empfänden es schon seit längerer Zeit schwer, dass die Sodazölle seit ihrer letzten Feststellung (im Jahre 1879) genau dieselben geblieben seien, obwohl sich die Verhältnisse, unter denen sie einst normirt worden, inzwischen wesentlich verschoben hätten. So seien dank den Fortschritten der chemischen Technik (Ammoniakverfahren statt Leblanc-Soda-Prozesses) die Herstellungskosten auf etwa den vierten Theil heruntergegangen. Die deutsche Soda Industrie könne bei ihrer heutigen Vollkommenheit den Wettbewerb des Auslandes ohne einen Zollschutz aushalten. So trage der jetzige Sodazoll einen direkt prohibitiven Charakter; er schraube die Sodapreise künstlich in die Höhe, erschwere den Soda verbrauchenden Industrien den Export und sichere nur den Fabriken des Sodasyndikats ungemessene Dividenden, die obendrein fast ausschliesslich Ausländern zu Gute kämen, da die massgebenden Sodafabriken von Ausländern betrieben würden resp. von solchen finanziell in Besitz genommen worden seien.

Kalzinirte Pottasche habe einen ebenso grossen Gehalt an Alkali wie Soda und einen viermal so hohen Verkaufswerth. Trotzdem bezahle man für 100 kg Potasche nur 1,50 Mk., für 100 kg Soda aber 2,50 Mk. Zoll. Eine derartig ungleiche Zolltarifirung entspreche billigen Rücksichten auf berechtigte Interessen grosser und zahlreicher Soda-Konsumenten nicht. Die Potasche-Industrie habe trotz niedriger Zölle auch einen schönen Aufschwung genommen und sehe wegen Einführung neuer elektrolytischer Verfahren noch weiterer Entwickelung entgegen.

Der Vorstand des Verbandes der Seifenfabrikanten bittet also entweder um Aufhebung oder doch um Herabsetzung der Sodazölle. Im letzteren Falle empfiehlt der Verband „als etwa entsprechende, wenn auch im Verhältnisse zum Werthe der Soda noch sehr hohe und im Hinblick darauf den heutigen Zollsätzen immer noch völlig analoge Tarifpositionen“:

0,50	Mk.	per	100 kg	roher, künstlicher, natürlicher und krystallisirter Soda,
1,00	„	„	„	kalzinirter Soda und Sodalauge,
1,50	„	„	„	kaustischer Soda oder Aetznatron.

Aus Kreisen der Sodaindustriellen wurde hingegen Folgendes ausgeführt:

Es sei zu bezweifeln, dass eine Herabsetzung der Sodazölle den Wunsch der Seifenfabrikanten, sich ein nothwendiges Hülfsmaterial zu möglichst niedrigen Preise zu beschaffen, erfüllen werde. Den Hauptbestandtheil der Seife machten Oele und Fette aus. Die Seifenpreise hingen also in erster Linie von den Werthverhältnissen der Oele und Fette ab. Gegenüber diesen im Preise oft von einem zum andern Tage schwankenden Rohmaterialien hätten die stabileren Sodapreise eine viel geringere Bedeutung.

Es wird dann Bezug genommen auf Ausführungen der Duisburger Handelskammer gegen die Petition der Seifen fabrikanten und Folgendes dazu bemerkt:

Durch eine Aufhebung der Sodazölle würden die Herstellungskosten der Seife nur um ein ganz Geringes, nach den heutigen Werthverhältnissen etwa um 2 pCt., vermindert werden. Diesem gewisslich sehr unbedeutendem Vortheile ständen grosse Nachtheile gegenüber, von welchen die ganze deutsche Sodaproduktion und viele mit ihr verwachsene Industriezweige betroffen werden würden.

Ihre schärfste oder eigentlich einzige Konkurrenz besitze die deutsche Soda-Industrie in England, das vermöge seiner ausserordentlich günstigen Vorbedingungen wesentlich billiger arbeite als unsre Fabriken. Kohlen und Arbeitslöhne, zwei Hauptausgaben bei der Sodabearbeitung, seien dort wohlfeiler als bei uns. Die Lasten der sozialen Gesetzgebung existirten nicht. Sodann könne die englische Waare zu Wasser, also zu sehr niedrigen Frachtsätzen, weit in das Innere Deutschlands gebracht werden. Kurz, England besitze durch all das einen solchen Vorsprung, dass unser Zoll ein absolut nothwendiges Bollwerk gegen die englische Konkurrenz sei. Den Ausfall, den die deutsche Soda-Industrie durch eine Einengung des einheimischen Absatzgebietes mit dem Aufhören des Zollschutzes erleiden würde, könne sie durch Erhöhung des Exports nicht wettmachen. Denn derselbe sei und bleibe unbedeutend, so lange den Engländern die Priorität auf dem Weltmarkte nicht streitig zu machen sei. Um neue aufstrebende überseeische Konkurrenten zu erdrücken, habe England auch z. B. Soda nach den bedrohten Absatzgebieten zu so niedrigen Preisen geworfen, dass es dritten Personen möglich gewesen sei, englische Soda dort aufzukaufen und noch mit Nutzen in England wieder abzusetzen. Frankreich besitze gewiss auch eine mächtige Seifenindustrie, aber es halte an dem Zollsatze von 4,10 frcs. für kalzin. Soda zum Schutze seiner Sodaindustrie fest. Auch sei in einem Augenblicke, wo England durch Neuregelung des Handelsvertrages offenbar Deutschlands Absatz erschweren wolle, die Frage wohl berechtigt, ob wir auf einem unserer vornehmsten Industriegebiete selber die Thüre öffnen sollten. Schliesslich könne die deutsche Soda-Industrie dazu gedrängt werden, einen möglichst grossen Theil ihrer Produkte selbst zu verarbeiten. Das würde aber wieder viele Sodakonsumirende Industrien schädigen oder gar vernichten. Bei der geringen Bedeutung, die die Herabsetzung der Sodazölle für die Herstellungspreise der Seifenfabrikate habe, würde weder der deutsche Markt für Seife aufnahmefähiger noch die deutsche Seifenindustrie auf dem Weltmarkte konkurrenzfähiger, denn dieser werde von Ländern mit grösseren natürlichen Vortheilen beherrscht. Es wird schliesslich die Hoffnung ausgesprochen, dass eine grosse Anzahl verständiger Fabrikanten selbst vor einem Schritte warnen werde, dessen folgenschwere Wirkungen die deutsche Seifen-Industrie schädigen würde.

In einer Eingabe vom 27. Oktober 1897 an den Bundesrath wendete sich darauf wieder der Verband deutscher Seifenfabrikanten gegen die Duisburger Petition. Darin heisst es:

Es sei falsch, die Entwickelung der deutschen Soda-Industrie allein auf den Zollschutz zurückzuführen. Als der Zolltarif von 1879 zur Debatte stand, sei in Deutschland Soda fast nur nach dem Leblancverfahren hergestellt worden, das Ammoniak-Sodaverfahren aber sei nur ungenügend ausgebildet gewesen. Die klugen Vertreter des letzteren hätten es aber, bes. unter Vorschiebung der kleineren Fabrikanten, so darzustellen gewusst, dass die angeblich in Deutschland allein nach dem Leblancverfahren mögliche Soda-Industrie geschützt werden müsse. Es sei denn auch zum Schutze des Leblancverfahrens der Zoll geschaffen worden. Aber das Leblancverfahren würde immer mehr durch das Solvay-(Ammoniak-)Verfahren verdrängt, so dass im Jahre 1896 schon 85 pCt. der Gesammtproduktion nach diesem Verfahren hergestellt wurden. Der Zollschutz kam also dem Ammoniakverfahren zu Gute, das ihn garnicht nöthig hatte. Andere Gründe technischer und geschäftlicher Art seien hinzugekommen, um die deutsche Sodaindustrie zu glänzender Entwickelung zu bringen. Mit der zunehmenden Verdrängung der kleinen Fabriken sei der Vortheil des Hochschutzzolls einem kleinen, aber mächtigen Kreise von Grossfabrikanten zugeflossen, der auf die sehr berechtigten

Interessen des Konsums und Exports keine Rücksicht genommen habe.

Nach den Aeusserungen der Sodafabrikanten in den Handelskammerberichten sollte man annehmen, Deutschland werde mit englischer Soda überschwemmt, und die deutsche Soda-Industrie befinde sich in einem schweren Kampfe mit der englischen Konkurrenz. Das sei aber keineswegs der Fall. Die Einfuhr englischer Soda sei verschwindend gering, während der Export deutscher Soda bedeutend zugenommen und den Import überflügelt habe. Ja im Hinblick auf den langsamen Rückgang der englischen Soda-Industrie befinde sich die deutsche in einer sehr günstigen Lage. Bei Schaffung des Zolltarifs von 1879 betrug der Zoll für Soda 10—20 pCt. vom Werthe, heute ca. 30 pCt.; bei kaustischer Soda betrugen dieselben Zahlen 12 und 20—25 pCt. Der heutige Sodazoll widerspreche also den Absichten, mit welchen die Regierung ihn geschaffen habe. Bei 10—12 bis 16—25 pCt. Dividende brauchten die Sodafabriken überhaupt keinen Zollschutz mehr. Wohl aber bewirke der heutige Zoll, dass deutsche Soda dem Auslande zu sehr billigen Preisen geliefert werden könne und die Engländer in ihrem rücksichtslosen Konkurrenzkampfe gegen uns gestärkt würden.

Den Schaden hätten die deutschen Steuerzahler und Sodakonsumenten. Vermittelst des Zolles fliessen dem Sodasyndikate jährlich 6 Mill. Mk. als reines Staatsgeschenk zu, davon die Hälfte einem Ausländer. Unter den Konsumenten beklagten sich die grossen Farbenfabriken deshalb nicht, weil ihnen sofort bei der Gründung des Syndikats die denkbar niedrigsten Sodapreise zugestanden worden sein, um sie von der Etablirung eigener Sodafabriken abzuhalten. Geschädigt aber würden ganz besonders die an Zahl überwiegenden und somit auch wirthschaftspolitisch viel wichtigeren mittleren und kleineren Sodaverbraucher. Ihnen, die an Arbeiterzahl, Lohnsumme, Gehältern, Betriebseinrichtungen und sonstigen industriellen Lasten bei Weitem der Soda-Industrie den Rang abliefen, sei der heutige, thatsächlich ungerechtfertigte Soda-Zollschutz ein schwerer Hinderungsgrund, auf dem Weltmarkte konkurriren zu können. Wegen der zollfreien Einfuhr seiner Rohstoffe könne z. B. England nach allen Ländern der Welt Hausseifen exportiren. Der deutschen Seifenindustrie dagegen seien auf fast alle ihre Rohmaterialien Zölle gelegt. Wegen der deutschen Zölle auf Soda, Pottasche, Fette, Oele u. s. w. sei der deutsche Seifenfabrikant fast ganz allein auf das Inland angewiesen, obwohl er technisch mindestens auf demselben Niveau der Leistungsfähigkeit stehe wie sein Kollege in England. Der deutsche Seifenfabrikant müsse mit einem kleinen Nutzen rechnen. Deshalb sei der Einwurf der Duisburger Handelskammer, dass der Einfluss der Sodapreise auf die Seifenindustrie unwesentlich sei, als falsch zurückzuweisen. Ausserdem seien der Duisburger Handelskammer bei der Berechnung Irrthümer mit untergelaufen. Zur Herstellung von 100 kg Natronseife der besten Sorte seien nämlich nicht 2—12 kg kalz. Soda, sondern 11½ kg kaustischer Soda erforderlich, die etwa 15—17 kg kalz. Soda entsprächen. Zu geringeren Sorten Natronseifen seien noch grössere Mengen kalz. Soda erforderlich. In den meisten Seifenfabriken werde zudem nur kaustische Soda verarbeitet. Da diese per 1 kg 4 Mk. Zoll zahlen müsse, koste der Sodazoll auf 100 kg. Seife schon 46 Pf. d. h. also schon 1½ pCt. des Werthes der Seife. Ein Betrag von 46 Pf. bei 100 kg Seifen sei aber für deutsche Verhältnisse nicht als ganz unbedeutend anzusehen.

Nach allen diesen Ausführungen glaube der Vorstand des „Verbandes der Seifenfabrikanten", sein Gesuch um Aufhebung oder wenigstens Herabsetzung der Sodazölle erneuern zu müssen. Im übrigen dürfe nicht übersehen werden, dass Seitens der Seifenfabrikanten die Aufhebung oder wenigstens Ermässigung der Fettzölle ebenso lebhaft erstrebt werde, wie die der Sodazölle. Wenn die Anträge der Seifenfabrikanten sich bislang auf den Kampf gegen die Sodazölle beschränkt haben, so bedeute dies keinen Verzicht auf die Herabsetzung der Fettzölle, sondern lediglich eine vorläufige Beschränkung auf das zur Zeit Erreichbare.

Holzzellstoff.

Holz, Holzzellstoff und Papier stehen in einem engen Zusammenhange zu einander. Aus dem Holz wird auf mechanischem oder chemischem Wege der Holzzellstoff (Cellulose) gewonnen und die Cellulose dient zur Herstellung des Papiers.

Um aus dem Holz die Cellulose zu gewinnen, können zwei Methoden befolgt werden, das Natron- und das Sulfitverfahren. Natronzellstoff wird in Deutschland nur sehr wenig erzeugt und verbraucht. Bei uns überwiegt die Sulfitzellstofffabrikation. Dazu können aber nur Fichtenhölzer und (freilich als weniger geeignet) Tannen verwendet werden. Eine Reihe von Umständen technischer und wirthschaftsgeographischer Natur bewirken, dass die Cellulosefabrikation in Deutschland das nothwendige Fichtenholz nicht in ausreichender Menge finden, zumal Bergbau, Baugewerbe, Böttcherei, Fassfabrikation, Tischlerei u. s. w. ebenfalls eine starke Nachfrage nach diesem Holze entwickeln. Eine Einfuhr von Fichtenholz aus dem Auslande ist also nothwendig. Eine sehr erhebliche Anzahl von Zellstofffabriken und Holzschleifereien liegt geographisch auch so, dass der Kreis, innerhalb dessen sie ihren Holzbedarf zu decken haben, zum allergrössten Theile ins Ausland fällt und fallen muss. Würde diesen an den Grenzen gelegenen Fabriken der Bezug des Rohmaterials erschwert, so würde ihre Existenz theils in Frage gestellt, theils geradezu vernichtet werden. Zahlreiche andere Gründe sprechen noch gegen einen Versuch, den deutschen Zellstofffabriken ihren Rohstoff, das Holz, zu vertheuern. Wir haben in Europa und Amerika waldreiche Gebiete, die von der Natur ausserordentlich begünstigt sind. Sie können unter vortheilhaften Umständen Holzzellstoff und Holzstoff herstellen und sie bei unsern niedrigen Zöllen bequem einführen. Deshalb müssen wir unsern Zellstofffabriken den Bezug ihres Rohmaterials so billig wie möglich erhalten resp. gestalten. Ausserdem ist die deutsche Zellstoff- und besonders die deutsche Papier- und Papierverarbeitungsindustrie in erheblichem Maasse auf den Export angewiesen. Dabei stossen diese Industrien aber auf den Wettbewerb von Ländern, die, wie Oesterreich, Skandinavien, Russland, Finnland, Nordamerika und Canada, Ueberfluss an geeigneten und überaus billigen Cellulosehölzern aufzuweisen haben. Wenn die genannten Industrien in diesem Kampfe bestehen sollen, wenn ihre, ihrer Nebenindustrien, ihrer Beamten und Arbeiter Existenz nicht gefährdet werden soll, darf ihnen die Holzeinfuhr nicht erschwert werden.

Es wurde denn auch selbst bei der Erhöhung der Holzzölle im Jahre 1885 vom Bundesrathe wie von der schutzzöllnerischen Mehrheit des Reichstags anerkannt, dass die zollfreie Einfuhr des Holzes für die Papierindustrie nothwendig und sogar vom Standpunkte der Forstverwaltung aus unbedenklich sei. Ja, um Irrthümern vorzubeugen und weil man sich des Mangels an geeigneten deutschen Hölzern für die Papier- und Zellstoffindustrie schon damals bewusst war, wurde auf Antrag der Kommission ausdrücklich in den Tarif „Schleifholz, Holz zur Cellulosefabrikation nicht über 1 m lang und nicht über 18 cm am schwächeren Ende stark“ als zollfrei aufgenommen. Und am Bundesrathstische selbst wurde zum Ausdrucke gebracht, dass die Regierung für Zollfreiheit der Rohstoffe sei.

Gegenwärtig geht also Holz für die Papierindustrie zollfrei ein, wenn es nicht länger als 1 m und nicht stärker als 18 cm ist. Die betheiligten Industrien wünschen nun, dass bei der Erneuerung der Handelsverträge sämmtliches Holz für die Papierindustrie für zollfrei erklärt werde. Die Dickebeschränkung soll demnach als unnöthig wegfallen oder wenigstens auf 28 oder 30 cm erhöht werden. Die Festsetzung auf 18 cm s. Zt. sei willkürlich gewesen. Damals habe sich die Cellulosefabrikation noch in der Entwickelung befunden. Die verfügbaren Holzmengen schienen dem Bedarfe zu genügen. Cellulose wurde vorzugsweise erst zu geringeren Papieren benutzt. Inzwischen sei aber Holzzellstoff der ausschliessliche Bestandtheil oder doch Zusatz bei fast allen, also auch bei feineren Papieren geworden, so dass sich der Verbrauch an Holz für Holzzellstoff in der Zeit 1884—1896 von 172000 fm auf 850000, also auf das fünffache erhöht habe. Dabei seien die Ansprüche an die Beschaffenheit des Faserstoffes und seines Rohmaterials bedeutend gestiegen, während andrerseits der Preis des Zellstoffs gegen 1885 in Folge vermehrten Wettbewerbs des In- und Auslandes auf etwa die Hälfte gesunken sei. Die Heraufsetzung der Dickegrenze auf 30 cm sei keineswegs bedenklich, denn meterlange Stücke Fichtenholz in dieser Stärke seien zu anderer Verwendung doch kaum geeignet, während andrerseits beim Kaufe das Stärkemaass stets einige Centimeter unter der erlaubten Grenze ausbedungen werden müsse, um Schwierigkeiten bei der Zollbehörde zu vermeiden. In der That hätten einige Jahre lang Knüppel über 18 cm zollfrei eingeführt werden können, wenn sie schwach angespalten waren. Aber diese Praxis sei durch Verfügung des Finanzministers beseitigt worden, weil sie allerdings dem Wortlaute des Tarifs widersprach. Ueberdies sei mit dem Anspalten stärkerer Hölzer zu zollfreier Einfuhr eine Verschlechterung des Materials verbunden; denn dabei drängen in das Holz allerlei Unreinheiten ein, die bei der Fabrikation schwer oder gar nicht mehr beseitigt werden könnten.

Was das Längenmaass betrifft, so könne bei der enormen Zahl von Hölzern, die Tag für Tag in den Zellstofffabriken eingeht, nicht jedes Holz mathematisch abgemessen werden. Die Zollbehörde jedoch gehe sehr streng vor. So sei es vorgekommen, dass eine Wagenladung ausländischen Holzes von dem amtirenden Zollbeamten trotz richtiger Stärkenmaasse angehalten wurde, weil vereinzelte Knüppel das erlaubte Längenmaass von 1 m um einige Centimeter überschritten. Es sei von der ganzen Sendung der Zoll erhoben und ausserdem das Strafverfahren eingeleitet worden. Davon habe der deutsche Verbraucher erheblichen Schaden, der ausländische Erzeuger aber Vortheil. Denn um Zollschwierigkeiten der geschilderten Art zu vermeiden, werde in Zukunft das Holz mit recht knappem Maasse abgeliefert werden. Es empfehle sich deshalb, die obere Längengrenze für das zollfreie Holz von 100 auf 110 cm zu erhöhen. Der deutsche Verbraucher würde dann, des leichteren Aufmaasses und der Berechnung wegen, auch wie bisher nur meterlange Knüppel ausbedingen, dann aber auch das richtige Maass mit Nachdruck fordern können und sicher sein, es zu erhalten.

Was den Holzzellstoff betrifft, so kann, nach Ansicht von Cellulosefabrikanten, unsere Papierindustrie eine schrankenlose Invasion fremden Zellstoffs um so weniger wünschen, als eine solche unter Umständen das Papiergeschäft im Inlande geradezu ruiniren könnte. Gegenüber anderen, unter günstigeren Bedingungen arbeitenden Ländern sei 1 Mk. pro 100 kg das Minimum von Zoll, das die deutsche Cellulose-Industrie beanspruchen müsse. Hiergegen habe die Papierindustrie früher nichts einzuwenden gehabt; sie könne auch jetzt nichts dagegen haben. Denn die deutsche Zellstoffproduktion habe schon im Jahre 1896 den einheimischen Bedarf von 150000 t um 50000 t überstiegen; sie würde in Folge vieler Neuanlagen noch mehr steigen. Andrerseits werde schon jetzt bei 1 Mk. Zoll viel fremder Zellstoff eingeführt; und diese Einfuhr werde ebenfalls wachsen, da z. B. in Russland, Skandinavien und Canada nicht nur neue Etablissements begründet, sondern auch alte stark vergrössert worden seien.

Als oberer Satz für Zellstoff wäre derjenige höchste Zoll festzusetzen, den ein andres Vertragsland von deutschem Zellstoff erhebt. Es müssten nach Ansicht von Cellulosefabrikanten Seitens Deutschlands dieselben Zölle angewandt werden, welche von andern Vertragsländern Deutschland gegenüber erhoben würden. Gegenwärtig ist der russische

Zoll von 6,90 Mk. pro 100 kg der höchste. Wenn also Russland an diesem Zoll festhält und dadurch die deutsche Ausfuhr zu sich erschwert, so müsste auch Deutschland denselben Zoll gegen Russland aufrichten, um eine Invasion russischen Zellstoffs zu verhüten, die doch unsre Industrie schädigen würde. Ermässigt aber Russland den Zoll auf 1 Mk., so könne es nöthigenfalls bei dem gleichen deutschen Eingangszolle bleiben; Deutschland könne dann wenigstens noch nach denjenigen Distrikten Russlands, die keine eigene Zellstofferzeugung haben, Cellulose exportiren.

Bei mechanischem Holzstoff lägen die Verhältnisse genau so wie bei chemischem Holzstoft (Holzzellstoff).

Mit Rücksicht auf die Agitation österreichischer Fabrikanten sei schliesslich die Möglichkeit vorzusehen, auf Holzzellstoff, Holzstoff und Papier entsprechende Zuschlagszölle zu erheben, wenn ein Land durch Zölle, Frachttarife oder andere Maassregeln die Ausfuhr von Holz zu erschweren suche.

Wie nicht anders zu erwarten, stossen alle diese Bestrebungen auf heftigen Widerstand Seitens der Papierindustrie, welche sich ihren Rohstoff nicht vertheuern lassen will. Man weist darauf hin, dass der fühlbar abnehmende Holzreichthum der Cellulose produzirenden Länder sowie der stark steigende Cellulosebedarf der deutschen Papierindustrie die Einfuhrgefahr als sehr gering erscheinen liessen, dass die sich immer mehr ausbreitende Vereinigung von Cellulose- und Papier-Fabrikation in denselben Händen auch nicht auf Unrentabilität der ersteren schliessen lasse, endlich dass die Cellulose-Fabriken in Wirklichkeit sehr gute Geschäfte machten, wie u. A. vielfache Neugründungen in den letzten Jahren und die steigende Ausfuhr bewiesen. Der geringen Cellulose-einfuhr von 18000 t im letzten Jahr stände eine Ausfuhr von 58000 t gegenüber, welche seit 1896 um 8500 t oder 1,5 Mill. M. gestiegen sei, während die Einfuhr im gleichen Zeitraum nur um 2500 t oder 0,4 Mill. M. zugenommen habe. Die Papierindustrie aber sei in bedeutendem Umfang auf den Export angewiesen und müsse angesichts der scharfen Konkurrenz auf dem Weltmarke jede Erschwerung ihrer Produktionsbedingungen ablehnen.

Gartenbauprodukte.

„Es war“, schreibt Dr. A. Pflug,*) „im Frühjahr 1877, als in Berlin plötzlich zum ersten Male Pariser Veilchen zu Spottpreisen verkauft wurden. Die an sich überraschende Thatsache gewann an Bedeutung, als sich im November desselben Jahres neben Veilchen auch abgeschnittene Rosen und Blüthen, und zwar nicht nur aus Frankreich, sondern auch aus Italien auf dem Berliner Blumenmarkte sehen liessen. Seitdem und namentlich seitdem durch die Gotthardbahn die Verbindung mit Italien kürzer und schneller geworden ist, hat die Einfuhr von abgeschnittenen Blumen und von Bindegrün eine immer grössere Ausdehnung angenommen. Am lebhaftesten gestaltet sich diese Versendung in den Monaten November bis Februar. Ganz ähnlich wie bei den Blumen ist's auch bei Gemüse, Gartenfrüchten und Obst. Auch diese Artikel werden in stetig wachsenden Mengen vom Auslande eingeführt. Frühzeitiger, als die deutschen Gärten es können, liefern die südlich gelegenen Länder das sog. Fruhjahrsgemüse, Salat, Kohlrabi, Gurken, ferner Erdbeeren, Kirschen, Pflaumen, Weintrauben u. s. w. auf den deutschen Markt.

In der allgemeinen schutzzöllnerischen Bewegung, die 1875—79 immer weitere Kreise in Deutschland ergriff, machten sich noch keine beachtenswerthen Stimmen für Einführung

*) „Der deutsche Gartenbau und der Kampf um Zollschutz für denselben“ in der Tübinger Zeitschrift 1892 p. 569 ff. Pflug hält einen mässigen Zoll für gerechtfertigt und zeitgemäss.

von Zöllen auf frische Erzeugnisse des Gartenbaues geltend. Pflug führt zwei Gründe für diese Erscheinungen an. Erstens waren, als die Arbeiten für den neuen Zolltarif begannen, die deutschen Gärtner noch nicht zu allgemeinen Interessenverbänden zusammengetreten. Zweitens wurde zu jener Zeit den frischen Erzeugnissen des Gartenbaues noch keine besondere Konkurrenz bereitet. Aus den Jahren 1878 und 1879 sind Pflug nur sechs Eingaben und Petitionen zu Gunsten eines Zollschutzes für gärtnerische Produkte bekannt geworden, und auch sie hatten nur lokale Bedeutung. Hierzu ist eine Bemerkung des Berichterstatters Abg. Dr. Stephani aus der Reichstagssitzung vom 20. Mai 1879 von Interesse. (Sten. Ber. d. Deutsch. Reichstags Bd. 51 p. 1338). Stephani führte aus: „41 Firmen in Erfurt bitten, mit Rücksicht auf die massenhafte Einfuhr von Frühgemüsen: Blumenkohl, Spargel, Salat u. s. w. aus Algier, Frankreich und Italien, wodurch die Gemüsetreibereien in Erfurt und Umgegend, in denen sehr hohe Kapitalien stecken, gefährdet würden, es möge auf sämmtliche, aus dem Auslande nach dem Reichsgebiet eingehende Gemüse ein entsprechender Eingangszoll gelegt werden."

Am 11. Juli 1879 bei der dritten Lesung des neuen Zolltarifs beantragten die Abgg. Dr. Moufang und Bernards, eine neue Position (zu No. 9) „Gemüse, frische: pro 100 kg 4 Mark" einzuschieben. Abg. Bernards führte zur Begründung aus: Der Antrag bezwecke einen mässigen Schutz der deutschen Gemüsezucht. Er sei veranlasst worden durch eine Reihe von Petitionen aus Württemberg, Rheinhessen, vom Niederrhein und aus den sächsischen Landestheilen. Gegenüber der massenhaften, von Jahr zu Jahr rapid gestiegenen Einfuhr von Frühgemüse, namentlich Salat, Blumenkohl, Spargel, Erbsen u. dgl. aus Algier, Frankreich, Italien, Belgien und Holland stellten diese Petitionen die dringende Bitte, dass auch auf diesem Gebiete berechtigte Interessen der Landwirthschaft wenigstens einigermaassen berücksichtigt würden. Der Redner verliest darauf folgende Stelle einer Petition aus der Umgebung von Düsseldorf: „Der Frühbetrieb, der besonders in unserem Distrikte und in den übrigen Niederungen des Rheins die Hauptexistenz des Gemüsebauers begründet, ist bei den Erleichterungen der so sehr gehobenen Verkehrsverhältnisse in den letzten Jahren total lahm gelegt, indem wir hier trotz unseres sprüchwörtlich gewordenen Fleisses und Anwendung des Uebermaasses kostspieligsten Düngers es nicht mehr verhindern können, dass die südlichen Klimate, Holland, Belgien, Frankreich, Italien, sogar Algerien unsere Absatzmärkte Düsseldorf, Elberfeld, Barmen, Solingen, Bochum, Dortmund, Witten u. s. w. mit den Erstlingen der Gemüsezucht Monate lang vor uns so überschwemmen, dass bei unserer nachherigen Ankunft die Preise so gedrückt und für das ganze Jahr so niedrig normal geworden sind, dass sie unsere Betriebskosten unmöglich decken und unsern Ruin von Jahr zu Jahr beschleunigen.“ Ein dahin gehender Antrag, so fuhr Redner fort, sei in der Tarifkommission abgelehnt worden, weil es sich beim Frühgemüse um einen Luxusartikel handele, der nur für eine kurze Zeit im Jahre von der ausländischen Konkurrenz berührt sei. Aber gerade die Luxusnatur dieses Gegenstandes rechtfertige eine Besteuerung. Die Konsumenten, die durch diesen Zoll getroffen werden würden, seien wohl in der Lage, ihn zu tragen. Wenn man dem deutschen Gemüsebau gerade dann, wo einzig ein lohnender Ertrag vorhanden sei, für seine arbeitsreiche, intensive und kostspielige Kultur keinen Schutz gewähre, würde die Frühgemüsezucht kaum noch aufrecht zu erhalten sein. Damit schädige man berechtigte Existenzen, konservative Elemente. Das Prinzip der jetzigen (1879er) Tarifreform sei Hebung der nationalen Produktion. Hier sei eine Gelegenheit, dieses Prinzip durchzuführen. Er bitte um Annahme des Antrages.

Der Vertreter der Verbündeten Regierungen Geh. Regierungs-Rath Tiedemann beschränkte sich darauf, „das hohe Haus zu bitten, den Antrag hochgeneigtest ablehnen zu wollen.“ Also geschah es. Damit war die Sache im Jahre 1879 abgethan. In der folgenden Zeit wurde die Forderung nach

Gartenbauzöllen immer dringender. Als sich, so sagt Pflug in seiner bemerkenswerthen, grundlegenden Arbeit, die Zufuhr von Gemüse, abgeschnittenen Blumen und Bindegrün namentlich aus Italien geltend machte, nahm die schutzzöllnerische Bewegung so zu, dass auch das Reich ihr seine Aufmerksamkeit zuwandte. Es erging an die Einzelstaaten eine Umfrage über die Zollschutzbedürftigkeit des deutschen Gartenbaues. Die einzelnen Regierungen müssen einen Gartenbauzoll nicht für nöthig erachtet haben. Denn in der Zolltarifnovelle vom Jahre 1885 war noch von keinem Zollschutze für Gartenbauprodukte die Rede; ja der damalige Kommissar des Bundesraths Schraut erklärte in der Reichstagssitzung vom 17. März 1885, dass im Schoosse der Verbündeten Regierungen keine Anregung auf Einführung eines Gemüsezolls ergangen sei. Dafür wurde der Gegenstand von Mitgliedern des Reichstages aufgenommen. Die Abgg. Frhr. v. Schorlemer-Alst und Genossen stellten bei der Berathung der Zolltarifnovelle den Antrag, auf Gemüse mit Ausnahme von Kraut einen Zoll von 5 Mk. zu legen. Von den übrigen Erzeugnissen des Gartenbaues war jedoch nicht die Rede. Der Antrag wurde nebst drei Unteranträgen abgelehnt. Mehr als drei Jahre vergingen, bis sich der Reichstag wiederum mit der Einführung eines Zolles auf Erzeugnisse des Gartenbaues beschäftigte. Auf eine Beschwerde des Abg. Lucius in der Sitzung vom 11. Dez. 1888 erwiderte Staatssekretär v. Bötticher, es sei richtig, dass sich in Deutschland schon seit langer Zeit unter den Gemüsegärtnern und Obstbauern eine gewisse Agitation für Einführung von Zoll auf Obst und Gemüse bemerkbar gemacht habe. Die Regierung sei auch der Frage näher getreten. Die Enquete darüber habe aber das Ergebniss geliefert, dass man die Einführung eines Gemüsezolls nicht für angezeigt habe erachten können. Der Staatssekretär verwies aut eine Aeusserung der preussischen Regierung. Sie habe die Behörden und Vereine der Distrikte, wo hauptsächlich Obst- und Gemüsebau betrieben werde, mit grosser Sorgfalt gehört. Das Ergebniss sei: „Behörden Vereine und einzelne Interessenten, die zur Sache gehört worden seien, hätten sich in überwiegender Mehrheit dahin geäussert, dass kein Rückgang des gärtnerischen Gewerbes wahrzunehmen sei, dass vielmehr ein erheblicher Aufschwung desselben anerkannt werden müsse.“ Es werde zugegeben, dass der Rückgang einzelner gärtnerischer Unternehmungen seinen Grund im Wesentlichen in andern Verhältnissen als in der Konkurrenz des Auslandes habe. Grosse Güter und Grossbetriebe gingen dazu über Gemüsebau zu betreiben. Der Gemüsebau werde nicht rationell betrieben.

In den Interessentenkreisen hat die Idee des Zollschutzes seitdem weitere Eroberungen gemacht; so bekehrten sich die Hamburger und Berliner Gärtner allmälig zum Schutzzoll. Aber noch im Jahre 1887 musste eine Denkschrift des „Vereins zur Beförderung des Gartenbaues in dem königlich preussischen Staate“ eingestehen, dass auf 1500 Fragebogen nur 113 Antworten eingelaufen seien.

Auch die Verträge von 1891 gestanden für frische Blumen, frische Gemüse und Gartengewächse bei der Einfuhr nach Deutschland Zollfreiheit zu. (Stenog. Ber. d. deutsch. Reichstages Bd. 126 p. 3221 und 3268.) Der mündliche Bericht der Kommissionspetition (ibid. p. 3511) zählt eine Reihe Petitionen für und gegen Gartenbauzölle auf. Graf Caprivi äusserte sich hierzu in der Reichstagssitzung vom 12. Dez. 1891 folgendermaassen: „Man hat gesagt: warum ist denn bei diesen Verträgen die Landwirthschaft der leidende Theil? Ja, wenn wir einmal Verträge abschliessen mit zwei Staaten, die im Vergleiche mit uns durch ihre landwirthschaftlichen Produkte exzelliren, während wir solche Produkte einführen müssen, so liegt es in der Natur der Sache, dass von den beiden andern Staaten zu uns landwirthschaftliche Produkte herüber kommen. Wir haben da Oesterreich-Ungarn mit ausgedehnten Tiefebenen, in denen viel Korn gebaut wird, in denen das Vieh gut aufwächst, auf der andern Seite Italien, das uns von den Blumen, über den Wein und feine Oele bis zum Reis Artikel giebt, die wir zu produziren nicht im Stande sind. Ich möchte glauben, dass noch kein Mensch das Mittel gefunden hat, mit Italien und Oesterreich-Ungarn einen Handelsvertrag abzuschliessen, wo beide Staaten sich in dem, was sie geben und annehmen, ergänzen müssen, anders, als indem jene Staaten landwirthschaftliche Produkte geben und dafür industrielle empfangen."

Die Handelsverträge wurden, wie man weiss, nach den Vorschlägen der Regierung angenommen. Von Gartenbauzöllen war in den Debatten überhaupt nicht die Rede; Getreide und Wein absorbirten unter den landwirthschaftlichen Produkten die ganze Aufmerksamkeit. Die Petitionen wurden kurzer Hand als erledigt erklärt.

Das Wachsthum der agrarischen Bewegung und der Beginn der Aktion zur Vorbereitung der zukünftigen Handelsverträge rückten auch die Gartenbauzölle wieder in den Vordergrund. Die Gartenbauzollfrage bildet nicht nur jetzt einen wichtigen Theil der Vorarbeiten zu den neuen Verträgen, sondern wird auch einer der umstrittensten Objekte des noch bevorstehenden Kampfes bilden, darauf lassen wenigstens die beiden letzten Jahre schliessen,

Besonders seit August 1898 ist die zollpolitische Bewegung in Fluss gekommen. Der XV. Verbandstag des Verbandes deutscher Handelsgärtner, der in Halle a. S. abgehalten wurde, beschäftigte sich in eingehender Weise mit der zukünftigen zollpolitischen Behandlung der Gartenbauerzeugnisse. Nach einem Berichte der „Deutschen Tageszt g." vom 9. August führte der Redakteur des Vereinsorgans, Beckmann etwa Folgendes aus: Deutschland besitze keinen Zollschutz für den einheimischen Gartenbau. In Folge dessen beschicke die ausländische Konkurrenz den deutschen Markt immer stärker mit ihren Gartenbauprodukten. Andrerseits hätten alle Länder, die für den deutschen Gartenbau als Absatzmärkte in Frage kämen, Schutzzölle für ihre Gartenbauprodukte. Dadurch habe sich die Lage der deutschen Handelsgärtner fast durchweg verschlechtert. Das Geschäft werde durch den Rückgang der Preise bei allen Kulturen immer mehr geschädigt. Nur ganz vereinzelt drücke inländische Ueberproduktion auf die Preise.

Unter diesen Umständen müssten die neuen Handelsverträge durch Einführung geeigneter Schutzzölle die gerechtfertigten Wünsche der deutschen Handelsgärtner berücksichtigen. Es solle keineswegs der Import ausländischer Gartenprodukte verhindert werden; man wolle nur die verderbliche Konkurrenz der billigen Artikel fernhalten. Die inländische Produktion sei durch steigende Löhne, Pachten und Zinsen, durch Vertheuerung der Lebensmittel und Gebrauchsartikel sowie durch die sozialpolitische Gesetzgebung schwer belastet. Manche Existenz sei bedroht. Darum sei es dringend geboten, dass Deutschland, dem Beispiele des Auslandes folgend, zweckentsprechende Schutzzölle für Gartenbauprodukte einführe, die den deutschen Handelsgärtnern eine gebührende Produktion und gesicherte Existenz ermöglichten.

An diese Ausführungen schloss sich eine ausgiebige Debatte, in der sich die Mehrzahl der Redner für Schutzzölle auf Gartenbauprodukte aussprach. In seinem Schlussworte mahnte Beckmann von voreiligen Erörterungen, besonders über die Höhe der Schutzzölle, ab. Die Sache liege beim wirthschaftlichen Ausschuss in guten Händen. Dort werde eine Unterkommission der Landwirthschaft gebildet, in welche der Verband der deutschen Handelsgärtner fünf Herren entsende. Auch werde ein besonderer Fragebogen über die Produktions-Verhältnisse des Gartenbaues, über den Einfluss der ausländischen Konkurrenz u. s. w. entworfen. Die Versammlung sprach darauf einstimmig ihre Billigung der Darlegungen des Referenten aus.

Am 2. Oktober 1898 wurde in Köln eine Versammlung von Gartenbauinteressenten aus dem Rheinlande und den benachbarten Gebieten abgehalten; auch verschiedene Abgeordnete waren dazu erschienen. Nach einem Berichte der „Köln. Volksztg." entwickelte der Vorsitzende des Vereins selbständiger Gärtner der Rheinlande, P. Fettweis (Uerdingen) die Gründe für Schutzzölle auf Gartenbauprodukte. Viele Millionen Mark gingen jährlich für gärtnerische Erzeugnisse in das Ausland. Die Nothwendigkeit eines solchen Schutzes ergebe sich nicht allein aus der Thatsache, dass die deutschen Gärtner schon eine ganze Reihe von Kulturen hätten aufgeben müssen, sondern auch aus der grossen Zunahme der Gärtnereien. Ziehe man die Steigerung der fremden Einfuhr in Betracht, dann könne man sich ein Bild davon machen, wie sich diese Betriebe gegenseitig das Leben sauer machten. Das Publikum habe keinen Nutzen von dieser ausgedehnten Einfuhr gärtnerischer Erzeugnisse. Während fast alle sonstigen Verbrauchsgegenstände zum Theil mit hohen Zöllen belastet seien, solle hier ein Luxusartikel aus dem Auslande zollfrei eingehen? Die Behauptung, dass die inländische Produktion den Bedarf nicht decken könne, sei nicht stichhaltig. Die technische Möglichkeit, dem Bedarf durch die Inlandsproduktion zu genügen, sei längst vorhanden. Dass alle im Winter eingehenden gärtnerischen Waaren ein Bedürfniss seien, werde auch der schärfste Schutzzollgegner nicht behaupten können. Gerade in Folge unserer Schutzzollgesetzgebung sei eine ganze Reihe von Industrieen lebensfähig geworden und aufgeblüht. „Diesen Schutz fordern wir auch für die Gärtner im Interesse unsrer einheimischen Industrie und als einen Akt ausgleichender Gerechtigkeit."

In der Diskussion behandelte Reuter-Jüngsfeld die Frage vom Standtpunkte des Obstbaumzüchters. Die hohen Arbeitslöhne und die stellenweise geradezu unerschwinglichen Kommunalsteuern auf dem Lande hätten in Verbindung mit den günstigeren Kulturverhältnissen des Auslandes zur Folge, dass die deutschen Gärtner um mindestens 56 pCt. ungünstiger arbeiteten als die ausländischen. Vergessen dürfe man auch nicht, dass uns das Ausland eine ganze Anzahl Schädlinge gebracht habe. Sicherlich werde bei einem Zollschutze die deutsche Gärtnerei den ganzen Bedarf liefern können.

Korfmacher - Volmerswerth rechnete aus, dass der Regierungsbezirk Düsseldorf allein jährlich 200 Millionen kg Gemüse konsumire. Die Verkehrsverhältnisse seien in den letzten Jahren für den inländischen Züchter ungünstiger, dagegen für das Ausland günstiger geworden.

Auch die Gegner des Schutzzolls kamen zum Worte. Der Vorsitzende des (freihändlerischen) „Verbandes deutscher Handelsgärtner und Blumenhändler", Herr Riemer aus Köln betonte, Deutschland habe, was selbst von Franzosen anerkannt werde, mit seiner gemässigten Zollpolitik alle anderen Staaten überflügelt. So sei denn auch in unserem Exportgeschäfte nach Italien ein ungeahnter Aufschwung eingetreten. Ganze Fabriken und Engrosgeschäfte mit vielen Tausend Arbeitern arbeiteten nur für Italien. Zahllose Artikel, die früher aus Frankreich gekommen seien, beziehe Italien jetzt aus Deutschland. Und jetzt wolle man den Gotthardtunnel wieder mit Zöllen vermauern? Niemals werde die deutsche Regierung unserem blühenden italienischen Handel, blühenden deutschen Industrien den Todesstoss versetzen, nur um eines Gartenbauzolles willen, den wir gar nicht brauchten. Denn die italienische Regierung werde deutsche Gartenbauzölle sofort mit Gegenzöllen beantworten; die aber würden deutsche Industrieprodukte treffen. Dieselbe Repressalienpolitik würde natürlich gegen unsere Industrie auch von den andern Staaten, Belgien, Holland und Frankreich eingeschlagen werden, von denen wir Gartenbauprodukte beziehen.

Redner geht nunmehr mit den Wortführern der schutzzöllnerischen Bewegung, dem „Verbande der Handelsgärtner Deutschlands", ins Gericht. Im Jahre 1895 habe es in Deutschland 25000 Gärtner gegeben; der Verband der Handelsgärtner aber zähle nur 3000 Mitglieder. Berechne man die Zunahme der Zahl der Gärtner seit 1895 und der nichtschutzzöllnerisch gesinnten Mitglieder des Verbandes, so ergebe sich, dass die schutzzöllnerischen Elemente des Verbandes vielleicht nur $^1/_{10}$ sämmtlicher deutscher Gärtner ausmachten. Trotzdem gebärde sich der Verband, als vertrete er den gesammten deutschen Gärtnerstand. Ebenso scharf kritisirt Redner die von diesem Verbande herausgegebene Denkschrift. Wenn nach dieser Denkschrift die Einfuhr von

Gartenbauprodukten nach Deutschland in den Jahren 1892 bis 1897 um 30 Millionen Mk. gestiegen sei, so sei das ein erfreuliches Zeichen der steigenden Kaufkraft des deutschen Volkes. In derselben Zeit habe aber auch die Ausfuhr aus Deutschland um 10 Millionen Mk. zugenommen und das sei wieder ein Triumph unserer Handelspolitik. Dass Frankreich von Obst, Gemüse und Pflanzen Zoll erhebe, sei begreiflich, denn dort werde in einzelnen Provinzen davon ausserordentlich viel produzirt. Besässe Deutschland eine nur entfernt ähnliche Produktion, dann wäre auch hier vielleicht ein mässiger Zoll angebracht. Auch die Denkschrift (der Schutzzöllner) gebe einen Aufschwung der deutschen Handelsgärtnerei zu. Wenn sie aber weiter sage, dass in den Bezirken, wohin der ausländische Import von Gartenbauprodukten gegangen sei, die einheimische Gärtnerei einen starken Aufschwung genommen habe, so schlage sie sich ja selbst. Man behaupte ferner, bei den meisten gärtnerischen Erzeugnissen sei ein Preisrückgang eingetreten. Wenn aber fast alle Produkte der Industrie billiger geworden seien, warum sollten da die Preise der gärtnerischen Erzeugnisse im Preise steigen? Stark spiele jedoch hier auch die Mode mit. So sei es z. B. ganz natürlich, dass Camelien um 50 pCt. wohlfeiler seien, als vor 10 Jahren; denn sie seien aus der Mode gekommen. Dafür seien andere Artikel in Mode gekommen, also theurer geworden. Redner schätzt den importirten Theil der Zunahme des Konsums an gärtnerischen Produkten auf 20 pCt., den im eigenen Lande erzeugten Theil dieses Mehrverbrauchs auf 80 pCt. Der deutsche Züchter habe also keine gerechte Veranlassung, für denjenigen Bedarf der Bevölkerung, den er nicht selbst zu decken vermöge, einen Schutzzoll zu verlangen.

Zoll sei das allerletzte Mittel, einem Geschäftszweige aufzuhelfen, nachdem sich alle anderen Mittel und Anstrengungen als erfolglos erwiesen hätten. Noch aber seien in der Gärtnerei nicht alle Mittel der Selbsthülfe versucht worden. Redner fordert die Gegner auf, einmal nach den Gründen zu forschen, wo es Gärtnern nicht so gehe, wie diese es selbst gern möchten. Sie würden dann finden, dass in zahlreichen Fällen Trägheit, ungenügende fachmännische, kaufmännische oder elementare Bildung, Luxus, Unordnung u. s. w. Schuld seien an dem schlechten Geschäftsgange. Da könne aber kein Zoll helfen, da müsse der Hebel ganz wo anders angesetzt werden. Alle diese unzufriedenen Elemente aber seien natürlich für die Versprechungen der Schutzzöllner sehr empfänglich, weil sie sich einbildeten, dass nach der Einführung des Zolls ihr Geschäft sich auch ohne ihr Zuthun sicherlich heben werde. Es gebe jedoch in Deutschland eine grosse Anzahl Handelsgärtner und Blumenhändler, die so vernünftig seien, den Zoll für schädlich zu halten. Redners Partei werde dafür sorgen, dass deren Meinung an geeigneter Stelle gehört würde.

Trotz dieser Einwendungen nahm die Kölner Versammlung mit 574 gegen 26 Stimmen folgende Resolution an: „Die Einführung eines Schutzzolls für Gartenbauerzeugnisse jeder Art ist zur Erhaltung und Erhöhung der Leistungsfähigkeit und einer angemessenen Rentabilität des einheimischen Gartenbaues dringend geboten, auch im Interesse der Allgemeinheit durchaus gerechtfertigt, zumal der deutsche Gartenbau bei seinem heutigen Stande der freien Einfuhr des Auslandes nicht mehr bedarf. Wir ersuchen daher, das Geeignete zu veranlassen, damit bei der Vorbereitung neuer Handelsverträge dem schwer um seine Existenz ringenden deutschen Gartenbau der ihm so dringend nothwendige Zollschutz gegen den Wettbewerb des klimatisch begünstigten Auslandes gesichert werde."

Zu einer grossen schutzzöllnerisch-agrarischen Demonstration gestaltete sich eine Versammlung, die am 12. Januar 1899 in Berlin abgehalten wurde. Diese Versammlung stand völlig unter dem Protektorate des „Bundes der Landwirthe", der sich ja gleich der neuen schutzzöllnerischen Bewegung im Gartenbau angenommen hatte. Erklärte doch der Direktor der „Bündler", Abg. Dr. Diederich Hahn, in der Versammlung: „Der Bund der Landwirthe erblickt eine hohe Ehre darin, die Interessen des Gartenbaues als seine ureigensten wahrzunehmen!" Bemerkt zu werden verdient noch, dass das Reichsschatzamt und die landwirthschaftliche Hochschule Vertreter entsandt hatten. Vier Referenten ergriffen nacheinander das Wort zur Begründung des Schutzzolls. Nach dem sehr ausführlichen Berichte der „Deutschen Tageszt g." reihen wir die wesentlichen Argumente übersichtlich aneinander, lassen aber weg, was schon bei den obigen Versammlungen gesagt worden ist: In den bis jetzt abgelaufenen Jahren der Handelsverträge sei die Einfuhr von Gartenbauprodukten enorm gestiegen, z. B. bei lebenden Pflanzen von ca. 5 Mill. Mk. auf $9^1/_3$ Mill. Mk. Grosse Massen kämen unbestellt ins Land und würden da zu jedem Preise losgeschlagen. Das Ausland schicke oft auch an fingirte Adressen. Da diese natürlich nicht zu ermitteln seien, die Waare aber schnell dem Verderben ausgesetzt sei, werde sie von der Post versteigert; der Absender bekomme den Erlös nach Abzug der Kosten. Das Ausland könne sich das Alles leisten, weil seine Produktion spottbillig sei. In Folge der letzten Handelsverträge seien die Blumenkulturen in den südlichen Ländern ganz ungemein vermehrt worden und kolossale Massen von Blumen würden zollfrei ins Reich geworfen. Unter dieser starken ausländischen Konkurrenz seien z. B. die früher so berühmten Rosen- und Veilchentreibereien, die Camelienzüchtereien in Deutschland theilweise gänzlich verschwunden, theilweise sehr zurückgegangen. Und dabei seien die ausländischen Blumen oft nur Augenblickswaare. Auch Holland sei als Blumenkonkurrent nicht zu übersehen. Andrerseits sei der deutsche Absatz z. B. nach den nördlichen Ländern durch die Zollverhältnisse theils erschwert, theils unmöglich gemacht. Von lebenden Pflanzen erhebe das Ausland pro 100 kg Zölle bis $11^1/_4$ Mk., Deutschland aber gar keinen Zoll. Im Obstbau lägen die Verhältnisse ähnlich. Der deutsche Gemüsebau könne selbst mit verbesserten technischen Einrichtungen die ausländische Konkurrenz nicht ertragen. Deshalb erwarte der deutsche Gärtnerstand dringend Berücksichtigung und Hülfe von der Gesetzgebung beim Abschlusse neuer Handelsverträge. Er wünsche nicht Absperrung der Grenzen, nicht einmal hohe Zölle, sondern einen mässigen Schutzzoll, der ihn wenigstens in die Lage versetze, mit dem Auslande in Konkurrenz zu treten. Jetzt sei er dazu nicht im Stande. Was billig sei, solle auch dem Handel werden, aber die Interessen der Produktion stünden über denen des Handels.

In dem Berichte der „Köln. Volksztg." heisst es: „Die Versammlung endete mit der Annahme einer allgemein gehaltenen Resolution, welche dem Bundesrathe und dem Reichstage den Schutz der Gartenerzeugnisse dringend ans Herz legt. Ueber die Ausgestaltung des Schutzes herrschten indessen noch Unklarheiten; ein Redner empfahl die Beschränkung der zollfreien ausländischen Einfuhr von Blumen auf die Monate Januar bis März; ein anderer wünschte einen mässigen Zoll auf Dauer. Auch die anwesenden Blumenhändler, die zum Wort kamen, zeigten sich im Prinzip einem mässigen Zoll nicht abgeneigt, wenn sie dafür aus dem Auslande stets erste Waare bekämen. Deutschland könne seinen Obstbedarf selbst decken, während heute mangels jeglichen Zolls die Obsteinfuhr mit jedem Jahre zunehme. Der Zollschutz würde natürlich insbesondere dem deutschen Frühjahrsgemüse zu Gute kommen. Mit Rücksicht auf diese letzte Notiz sei dem Berichte der „Berl. N. N." noch Folgendes entlehnt: „Die Treiberei feinerer Gemüse ist durch die holländische Konkurrenz völlig zu Grunde gegangen. Hier kann ein Zoll um so weniger bedenklich sein, als die eingeführten Frühgemüse ein Luxusartikel ausschliesslich für die bessersituirten Klassen sind."

Unter den Handelsgärtnern Sachsens macht sich, so schrieb das „Leipz. Tagebl." Anfang Juni 1898, seit etwa Jahresfrist eine starke Bewegung geltend zur Erlangung eines Schutzzolls auf gärtnerische, in eigener Kultur mühsam gezogener Artikel gegenüber gleichartigen Erzeugnissen, die im Auslande durch ein günstiges Klima rasch und reichlich entwickelt, der einheimischen Produktion einen schweren Stand bereiten. Die Gartenbaugesellschaft „Feronia" in Dresden hatte sich bisher mit den vorbereitenden Schritten zur Erlangung eines Schutzzolls auf sämmtliche gärtnerische Artikel beschäftigt und ist gegenwärtig dabei, eine Stimmenzählung im Königreiche Sachsen vorzunehmen, um festzustellen, dass alle sächsischen Handelsgärtner und bessern Blumenhändler mit Ausnahme einiger Grenzbewohner für Schutzzoll zu stimmen bereit sind. — Auch der „Gartenbauverband für das Königreich Sachsen" hat sich in seiner diesjährigen Generalversammlung mit dem Schutzzoll beschäftigt, war aber hierbei zu dem Beschlusse gelangt, das königlich sächsische Ministerium zu bitten, sich bei der Reichsregierung für einen Zoll nur auf Schnittblumen und Bindegrün zu verwenden. Man war hierbei von dem Gedanken geleitet, dass ein Zoll auf Blumen und Bindegrün auch Einfluss auf die Preise für Blumen und Schnittgrün liefernde Pflanzen ausüben werde. Dieser Beschluss war aber in Dresdener und Leipziger Gärtnerkreisen auf grossen Widerspruch gestossen, so dass sich der Vorstand des sächsischen Gartenbauverbandes veranlasst sah, eine nochmalige Aussprache über den Schutzzoll herbeizuführen. Diese hat nunmehr vor kürzerer Zeit stattgefunden. Ihr wohnten zahlreiche Handelsgärtner und als Vertreter des Ministeriums Geheimer Regierungs-Rath Roscher bei. Eine Bemerkung, die Geheimrat Roscher hierbei machte, wurde in Gärtnerkreisen mit hoher Freude begrüsst; er sagte, die Regierung habe erkannt, dass der Gartenbau in Bezug auf seine Vertretung bei der Regierung nicht mehr als Nebenbetrieb der Landwirthschaft zu behandeln sei, sondern künftig eine eigene Position erhalten müsse. Wenn auch die Handelsverträge bis 1903 Geltung hätten, so müsse man doch schon jetzt arbeiten, wolle man in den neuen Zollverträgen eine Aenderung herbeiführen. Die Regierung müsse auch klar sehen, wenn sie zur Erneuerung der Verträge schreite.

Als sehr beachtenswerth bezeichneten es die Schutzzöllner dass bei dieser Bewegung die Gärtnergehülfen auf Seiten der Unternehmer ständen. Auch darüber besitzen wir mehrere Aeusserungen.

Am 5. August 1898 hielt der Deutsche Gärtnertag in

Leipzig seine (zweite) Jahresversammlung ab, wobei 2891 Mitglieder vertreten waren. Die „Leipz. Volksztg.“ berichtet über die Verhandlungen: . . . . „Herr Handelsgärtner Kaiser-Lindenau sprach über die Schutzzollfrage. Der Verdienst des Gärtners, so führte er aus, beruhe nicht auf den Sommer-, sondern auf den Winterkulturen. Der werde aber durch Einführung südländischer Blumen, Gemüse und Früchte beeinträchtigt. Deutschland werde mit den südlichen Erzeugnissen geradezu überschwemmt. Dadurch sei die Existenz des deutschen Gärtners gefährdet und darum verlange er Schutz der deutschen Arbeit durch Einführung eines Schutzzolls auf ausländische gärtnerische Produkte. Die Gehilfen hätten von dem Schutzzoll den Vortheil, dass sie dauernde und besser lohnende Arbeit erhielten als jetzt.

In der Debatte wurde der schutzzöllnerische Vorschlag in freundlichster Weise aufgenommen und dahin erweitert, dass nicht nur Blumen, sondern auch Bäume, Pflanzen, Samen u. s. w. dem Schutzzolle unterworfen werden sollten.

Mehrere Diskussionsredner begründeten ihre Abneigung gegen den qu. Schutzzoll folgendermaassen: Die andern Staaten würden auf unsere Zölle mit Repressivmaassregeln antworten. Ob diese nicht grössere Nachtheile bringen würden als der Schutzzoll Nutzen schaffe? Ein deutscher Schutzzoll werde durch planmässige Organisation der Produzenten im Auslande wieder wettgemacht. Sollte der Schutzzoll wirksam sein, müsse er einem Einfuhrverbote gleichkommen. Dann würde aber auch die Ausfuhr deutscher gärtnerischer Produkte aufhören. Im Uebrigen jedoch hätte die Gehilfenorganisation gar kein Interesse an einem Schutzzoll.

Schliesslich wurde eine Resolution zu Gunsten eines Grenzzolls auf ausländische Gärtnereiprodukte mit 2244 gegen 199 Stimmen bei 247 Stimmenenthaltungen angenommen.

Einige Monate später wurde in Berlin eine Versammlung von Gärtnergehilfen abgehalten, die sich vom Arbeiterstandpunkte aus ebenfalls für Schutzzölle auf die Erzeugnisse des Gartenbaues aussprach. Die „N. Preuss. Ztg.“ berichtete über das Referat des Gärtners Behrens: „Die Gemüse- und Blumengärtnereien des Auslandes (Italien, Frankreich, Belgien usw.) arbeiten unter günstigeren Verhältnissen, bei wärmerem Klima und geringeren Löhnen, und können deshalb mittelst des Schnellverkehrs der Eisenbahnen ihre Erzeugnisse billiger auf unseren Markt werfen als die einheimischen Gärtnereien. Dadurch sind diese gezwungen, die Löhne niedrig zu halten und manche Erzeugnisse ganz fallen zu lassen, weil die Zucht nicht lohnt. Würde aber durch einen ausreichenden Schutzzoll die Einfuhr vermindert, so würden die einheimischen Gärtnereien ihren Betrieb erweitern und neue Gärtnereien würden entstehen. Es würden mehr Gehülfen verlangt werden und die Löhne würden steigen. Zugleich wäre auch eine Hebung des Standes und der Kunstfertigkeit gegeben; denn jetzt leide das Gewerbe unter der Thatsache, dass die höheren Kulturaufgaben, wie Wintergemüse, garnicht von ihm verlangt werden. Der Schutzzoll würde die Gemüsetreiberei im Winter rentabel machen, und zahlreiche jetzt arbeitslose Gärtner würden dann auch im Winter Arbeit haben. Da die Gehülfen später meist Guts- oder Privatgärtner werden, haben sie auch an der Hebung des Standes ein grosses Interesse. In Folge der frei und billig eingeführten Blumen und Gemüse des Auslandes werden den Privat- und Gutsgärtnern von ihren Herren keine höheren Aufgaben gestellt; sie verlernen daher auch mehr und mehr die Kunst der Treiberei im Winter, und viele von ihnen sind schon zu einem Mittelding zwischen Gärtner und Hausknecht herabgesunken. Auch hier würde ein Schutzzoll Abhülfe schaffen. Um das Geschrei der Freihändler brauche man sich nicht zu kümmern. Das seien Händler, Importeure, die nur ihr eigenes Interesse zur Geltung bringen. In der Debatte und in dem darauf folgenden Beschlusse stimmte die Versammlung dem Referenten zu."

Auch in der oben erwähnten Berliner Kundgebung sprach ein Gärtnergehülfe. Er erklärte im Namen der Gärtnergehülfen, dass sie ganz auf dem Standpunkte des

Schutzzolls ständen. Der Gärtnerstand dürfe nicht weiter zurückgehen, sonst müssten auch die Arbeitnehmer hungern. „Aber wenn wir einmal Schutzzölle haben, so mögen sie nicht vergessen, dass unsere Löhne aufbesserungsbedürftig sind und dass unsere Arbeitszeit gekürzt werden muss.“

Aber auch die Gegner des Schutzzolls legten die Hände nicht in den Schooss. Die Blumenhändler waren darin das führende Element. Besonders rührig zeigte sich der „Verband der Blumenhändler Westdeutschlands“. Auf seiner Verbandsversammlung in Mainz (Anfang August 1898) lehnte er die Einführung eines Blumenzolls ab. Es wurde (lt. Leipz. Volksztg.) bei den Verhandlungen betont, es sei Unsinn, zu behaupten, dass die deutsche Gärtnerei durch die freie Einfuhr von Blumen aus dem Auslande geschädigt würde. Zur Herbeiführung einer lebhaften Agitation gegen die Zollgelüste sollen in allen Orten Lokalkomitees gebildet werden. Es wurden in der Folge denn auch an mehreren Orten Versammlungen abgehalten, so in Barmen und Münster, ausserdem in Schwerin. Es wurden hier Beschlüsse gegen Gartenbauzölle gefasst. Die konservativ - agrarische Presse machte freilich darauf aufmerksam, dass diese Protestversammlungen nur von etwa einem halben Dutzend Theilnehmern besucht gewesen seien. Die Kreuzzeitung erklärte auch, „gewichtiger als das Interesse der Blumenhändler ist aber das Interesse der Blumenzüchter, weil diese Gruppe die weitaus grössere ist und so wird man an maassgebender Stelle unzweifelhaft den Wünschen der deutschen Blumenzüchter entsprechen, wenn diese auf mässige Zölle zum Schutze der deutschen Arbeit gegen die durch ein günstiges Klima überlegene Konkurrenz des Auslandes hinauslaufen. In einem Artikel vom 17. Januar 1899 versichert die Kreuzzeitung: „dass wir diese das Allgemeinwohl ernstlich angehende Bewegung mit allen Kräften zu unterstützen bereit sind“.

Jedoch auch in Süddeutschland regte sich der Widerstand gegen die Gartenbauschutzzollbewegung.

Der „Süddeutsche Gärtner-Verband“, Bezirk Baden, veröffentliche (cf. Möllers Deutsche Gärtner-Zeitung 1899 p. 182) einen Aufruf, worin es hiess: „Durch die Bestrebungen der norddeutschen Grossgärtnerei in der Zollfrage ist es klar geworden, dass die Interessen der süddeutschen Handelsgärtner in den wichtigsten Punkten übersehen und nicht berücksichtigt worden sind, wenn nicht, wie öfters bemerkbar ist, bekämpft werden. Aus diesem Grunde hat es sich der Süddeutsche Gärtner-Verband, besonders die Leitung des Bezirksvereins Baden-Baden, Gernsbach, Rastatt, Bühl und Achern, zur Aufgabe gemacht, die Vertretung der süddeutschen gärtnerischen Interessen in jeder Hinsicht zu fördern, und die bestehenden Wünsche an maassgebender Stelle mit Erfolg vorbringen zu können. Vor Allem handelt es sich darum, bei der schwebenden Zollfrage eine volle, von der Regierung anerkannte Stimme zu erlangen, denn die norddeutschen Grosszüchter wollen unbedingt einen Zoll auf gärtnerische Einfuhrartikel. Dieser Zoll aber würde für die grosse Mehrheit der süddeutschen Gärtner mehr Nachtheile als Vortheile haben, wenn dabei nicht die Wünsche der Letzteren berücksichtigt werden."

Ein angesehener badischer Gärtner fasste in einem Schreiben an mich seine Ansicht über die Zollfrage kurz also zusammen: Ein Zoll auf ausländische Pflanzen, speziell auf Schnittblumen sei nicht zu empfehlen; denn wir könnten in den Wintermonaten den südländischen Blumenimport nicht entbehren. Nach der Behauptung der Schutzzöllner sollen zwar durch den Zollschutz nur die Auswüchse getroffen werden, wie sie der planlose Import der grösseren Städte, insbesondere Berlin gezeitigt habe.

Diesem Unwesen könne jedoch auf andere Weise gesteuert werden als durch einen Zoll. Der Zoll mache den Besitzern kleinerer Geschäfte an Orten, wo kein Zollamt sei, den Bezug ausländischer Blumen unmöglich, denn die Zollbehandlung verzögere die Ankunft der Sendungen meist um einen Tag; bei so rasch vergehenden Dingen wie bei Blumen mache ein Tag aber viel aus. Die süddeutschen Gärtner hätten meist selbst Blumengeschäfte und seien froh, wenn sie in den (bei uns) blumenarmen Monaten aus dem Süden

Blumen und Grün beziehen könnten. Sobald die ersten Treibrosen in unsern Gewächshäusern erblüht seien, wolle kein Mensch mehr Rosen aus dem Süden; auch kämen sie dann bei der höheren Wärme nicht mehr gut an. Dagegen in den Monaten Dezember, Januar und oft auch noch Februar könnten wir den Import aus dem Süden nicht entbehren, und die Gärtner würden sich ins eigene Fleisch schneiden, wenn sie einen Zoll auf Blumen erstrebten. Bei dem geläuterten Geschmack des Publikums könne der Gärtner ihm jetzt selbst im Winter nicht mehr bloss mit gefüllten Camelien und sonstigen Blumen, die früher gang und gäbe gewesen, kommen. Solange wir nicht im Stande seien, in den Wintermonaten Massen von Nelken, Rosen, Reseden, Levkoyen usw. zu ziehen, sollten wir froh sein, wenn uns der Süden aushelfe.

Diese Auffassung kam auch in der Hauptversammlung, die am 3. und 4. Sept. 1899 in Karlsruhe vom Süddeutschen Gärtner-Verbande abgehalten wurde, zur Geltung. In der Sitzung vom 4. September wurde die Zollfrage besprochen. Die „Frankf. Ztg." meldete darüber: „Die allgemeine Meinung ging dahin, dass die Einführung eines Zolles auf gärtnerische Erzeugnisse für den kleinen Gärtner, der die Mehrheit bilde, ohne jeden Nutzen sei. Lediglich die Grosszüchter, die Agrarier, würden einen Nutzen davon haben. Bei dem geringen Zollerträgniss, dass sich höchstens auf ¼ Mill. M. belaufen dürfte, würde es sich die Regierung wohl überlegen, einen solchen Zoll einzuführen."

Natürlich wurde der Kampf um die Schutzzölle für den Gartenbau in sehr ausgedehntem Maasse und mit grosser Heftigkeit auch in der Presse geführt. Für „das bedrohte Gärtnereigewerbe" ergriff mit Energie die agrarisch-konservative Presse Partei. Die „Deutsche Tagesztg." druckte am 11. Aug. 1899 eine Zuschrift aus gärtnerischen Kreisen ab, in der es hiess: Die weit überwiegende Mehrheit der deutschen Gärtner, soweit sie Produzenten seien, ständen auf schutzzöllnerischem Standpunkte; nur in den Kreisen der Pflanzen- und Blumenhändler seien hauptsächlich die Gegner des Schutzzolls anzutreffen. Aber selbst unter den Letzteren sei bereits ein bedeutender

Prozentsatz zu der Ueberzeugung gekommen, dass bei der heutigen schrankenlosen Einfuhr aller Gartenerzeugnisse, bei gleichzeitiger Abschliessung des Auslandes gegen uns, auch der reelle Handel zu Grunde gehen müsse. Das Ausland habe Schutzzölle eingeführt, ohne erst ängstlich zu fragen, ob Deutschland Gegenmaassregeln ergreifen werde. An der Hand von Zahlen wird dann gezeigt, dass die einzelnen Länder in den letzten 10 Jahren eine beständig steigende Ausfuhr von Gartenbauprodukten zu uns gehabt hätten, während die deutsche Ausfuhr dorthin entweder zurückgegangen oder stabil geblieben sei. Es sei unwahr, dass sich eine Reihe von Handelsgärtner-Verbänden aus technischen Gründen gegen die Verzollung fremder Gartenerzeugnisse wende. Nicht nur während einzelner Monate, sondern das ganze Jahr hindurch dauere die ausländische Einfuhr fort. Die Eröffnung der Gotthardbahn habe den Import aus dem Süden befördert, aber die lohnende Frühgemüsekultur unter Glas im Umkreise der grösseren deutschen Städte bis auf kümmerliche Reste vernichtet. Diese Kultur würde sofort wieder aufleben, wenn man ihr durch einen angemessenen Schutzzoll die Existenzmöglichkeit zurückgäbe.

Ein Leitartikel der „Dtsch. Tagesztg.“ vom 9. Sept. 1898 erinnerte daran, dass die Bewegung für den Schutzzoll in gärtnerischen Kreisen schon ziemlich alt sei.

Auch die „Köln. Volksztg.“ trat in einem Artikel am 15. Sept. 1898 für den Zollschutz der Gartenbauprodukte ein. An der Hand der Denkschrift, die dem Hallenser Verbandstage (1898) unterbreitet worden war, entwickelte das Blatt die Gründe, die die wirthschaftliche Lage der deutschen Handelsgärtnerei allmählich verschlechtert hätten. Alle Rohstoffe, Lebensmittel, Arbeitskräfte, Grund und Boden usw. seien im Preise gestiegen, die Preise für Gartenbauartikel aber z. Th. bedeutend gefallen. Wenn trotzdem in manchen Zweigen der Gärtnerei ein Aufschwung zu verzeichnen sei, so sei der zurückzuführen auf die Anspannung aller Kräfte gegen die ausländische Konkurrenz, auf sehr vervollkommnete technische Einrichtungen, auf die Zunahme von Bildung und

Kapital innerhalb der deutschen Handelsgärtnerei. Dieser Aufschwung sei aber die Ausnahme, er sei örtlich begrenzt und lebensfähig nur dort, wo grosse Mittelpunkte bestehen und in diesen eine kaufkräftige Bevölkerung vorhanden ist.

In einem Artikel „Was bringt der Obstbau ein"? vom 4. Februar 1899 zitirt dasselbe Blatt die Ansicht des Landesökonomieraths Direktors R. Göthe in Geisenheim. Göthe meinte, der deutsche Obstbau müsse, wenn er der fremden Einfuhr Stand halten wolle, billiges Obst in Masse erzeugen, damit sich auch der Grosshandel dem deutschen Obste wieder zuwende. Dann fährt das Blatt fort: „Wir unsererseits möchten von einer Förderung des Obstbaues durch den Grosshandel nicht sonderlich viel erwarten; der Handel bevorzugt erfahrungsgemäss stets das ausländische Erzeugniss, weil er an demselben mehr verdienen kann. Viel mehr ist für den deutschen Obstbau von den Wirkungen eines deutschen Schutzzolls für Garten- und Obstbauerzeugnisse zu erwarten, auf welcher die betheiligten Kreise gegenwärtig erfreulicherweise mit Kraft und grosser Regsamkeit hinarbeiten." Das Blatt will diesen Bestrebungen auch weiterhin seine Unterstützung leihen.

Im September 1899 ging durch die Blätter eine Mittheilung, dass eine Mailänder Gesellschaft, um die Vergünstigungen der bestehenden Handelsverträge besser auszunutzen, beabsichtige, eine grosse Verkaufsstelle italienischer Gemüse und Früchte in Berlin und später auch in anderen grösseren Städten Deutschlands zu errichten. Die „Deutsche Tagesztg." griff diese Mittheilung sofort auf. „Nicht nur vom Standpunkte der Gärtnerei, so rief sie aus, sondern auch von dem der Volksgesundheit sollte man die Einfuhr fremder Gemüse und Früchte in keiner Weise fördern, wie es jetzt thatsächlich geschieht. Deutschland ist recht wohl in der Lage, seinen Bedarf an Gemüse vollkommen zu decken. Diese Erwägungen müssen bei dem Abschlusse neuer Handelsverträge bestimmend sein." Diese Auslassung ist auch von den „Hambg. Nachr." (8. Sept.) übernommen worden.

Unter den Gegnern des Zollschutzes finden wir die demokratischen, freisinnigen und sozialdemokratischen Organe. Die „Frankf. Ztg.“ (25. Aug. 1898) meint spöttisch, schon weil es heutzutage Mode sei, müssten die Gärtner den Zoll verlangen und, um ihn durchzusetzen, die eigene Lage so düster als möglich geschildert werden. Aber „denselben Text zu derselben Melodie“ habe man schon vor 15 Jahren gehört.

Weiter sagt die „Frankf. Ztg.“: „Der Zoll wurde verweigert und welche Entwicklung trat nun ein? Wie die Gärtner es richtig vorausgesagt hatten, schnellte die Einfuhr von Gartenbauerzeugnissen rapid in die Höhe. Die Ausfuhr hielt damit durchaus nicht Schritt. Sie hat bei Obst und Gemüse kaum eine Zunahme erfahren, während die Ausfuhr von Blumen gestiegen ist, aber auch nicht im Verhältniss zur Einfuhr.“ Könnte man die Lage eines Gewerbes allein aus den Ein- und Ausfuhrziffern ablesen, dann müsste die deutsche Gärtnerei in der That auf dem letzten Loch pfeifen. Ein Spaziergang vor die Thore einer jeden grösseren Stadt zeigt indessen ein ganz anderes Bild. Wo früher Getreide- und Kartoffeläcker waren, befinden sich jetzt die Riesen-Etablissements der modernen Handelsgärtnereien. Im Allgemeinen wird man keinen Rückgang, sondern einen glänzenden Aufschwung finden, sowohl im Umfange wie in den Leistungen. Die Erklärung hierzu liegt nahe genug. Der steigende Wohlstand hat den Konsum an Blumen, Obst und feineren Gemüsen ganz ausserordentlich gesteigert, so dass die zunehmende Einfuhr die Ausbreitung der einheimischen Gärtnereien durchaus nicht beeinträchtigen konnte. Was speziell die Blumen betrifft, so ermöglicht ihre Einfuhr zahlreiche Existenzen. Die eingeführten Blumen sind billiger als die einheimischen; sie finden auch ein anderes Publikum — warum soll man diesen die Freude an den Kindern Floras nicht gönnen —? Obst erzeugen wir noch lange nicht in den Massen, wie es konsumirt oder verarbeitet wird, weil unsere Gärtner und Landwirthe sich zu wenig um die Bedürfnisse des Marktes kümmern, und die frühen Gemüse, die wir in Folge des schnelleren Transports heute zu erschwingbaren Preisen haben können, werden die Konsumenten in der Zeit, in der unsere Gärtner noch nichts liefern, auf sie verzichten wollen? Ein Schutzzoll würde hier höchstens als Finanzzoll wirken; er würde dem Minderbemittelten (aber der ist doch nicht in der Lage, das theure Früh-Gemüse zu kaufen!!) das versagen, was sich der Reiche anstandslos nach wie vor gestatten könnte. Solche Politik kann man in einem sozialgerichteten Zeitalter vernünftigerweise nicht treiben. Dabei soll auch nach der „Frankf. Ztg." keineswegs übersehen werden, dass sich die kleineren Gärtnereien (22000 von 24000) in einer viel misslicheren Lage als die grossen befinden. Ein positives Mittel freilich, der Bedrängniss der kleineren Gärtnerei abzuhelfen, schlägt das Blatt nicht vor.

Die sozialdemokratische Presse stellt sich ebenfalls auf die Seite des Konsumenten, speziell des deutschen Arbeiters. So schreibt die „Leipz. Volksztg." u. A.: „Die deutsche Gärtnerei hat unleugbar in den letzten Jahren einen mächtigen Aufschwung zu verzeichnen, aber sie ist trotzdem nicht im Stande, den gegenwärtigen Bedarf selbst zu decken. Im Winter findet gute einheimische Waare auch stets guten Absatz. Die im Winter gezogenen einheimischen Produkte werden durchweg von der bessersituirten Bevölkerung verbraucht und diese kann sehr wohl gute Preise zahlen. Die Importwaare findet dagegen vornehmlich in der arbeitenden Bevölkerung Absatz." Bei der Einführung eines Schutzzolls, wobei nur ein sehr hoher Zoll in Frage komme, „müsste der Arbeiter unbedingt im Winter auf Obst, frische Gemüse und Blumen verzichten, da er die dann sehr erhöhten Preise nicht zahlen kann". Deshalb müsse die deutsche Arbeiterschaft energisch gegen diese Vertheuerung von Gemüse, Obst und Blumen protestiren.

Ganz ebenso schrieben unter den übrigen sozialdemokratischen Zeitungen vorher und nachher in demselben Monate der „Vorwärts" und die „Tribüne" in Erfurt.

Alle diese Ausführungen wurden in der schutzzöllnerischen Presse natürlich wieder bekämpft.

Selbstverständlich griff auch die Fachpresse der Gärtner in diesen Kampf ein. „Möllers Deutsche Gärtner-Ztg." giebt (1899 p. 136) aus einem Artikel, den der Geschäftsführer des Vereins deutscher Rosenfreunde, Peter Lambert-Trier, in der „Rosen-Ztg." veröffentlichte, u. A. Folgendes wieder: „Die Zollbewegung in Deutschland ist noch immer stark im Gange. Man ist sich noch nicht klar, wie man sich am meisten durch die Errichtung von Zollschranken selbst schädigen kann Wir haben schon zu verschiedenen Malen unseren persönlichen Standpunkt dargelegt, wonach wir von den vielen Zöllen auf junge Pflanzen und Blumen nur Scherereien, Unannehmlichkeiten und Selbstvertheuerung der Rohmaterialien erwarten dürfen. Man darf ja nicht vergessen, dass wir auch immer mehr exportiren wollen, und dass das Ausland uns auch Gleiches mit Gleichem vergelten wird. Gewiss könnten einige Artikel, wie Koniferen, fertige Obstbäume, Gemüse, vielleicht einen Zoll vertragen; ob er aber etwas einbringt und uns nützt, wird eine andere Frage sein."

„Möllers Deutsche Gärtner-Zeitung" selbst trat den schutzzöllnerischen Bestrebungen mit einer Schärfe entgegen, die an Schroffheit streifte und sich selbst auf das persönliche Gebiet verirrte. Sie sprach dem „Verbande deutscher Handelsgärtner" und dessen Organ, dem „Handelsblatte" direkt das Recht ab, als Vertreter der deutschen Handelsgärtnerei zu sprechen.

Noch einige Angaben über den weiteren Verlauf der Bewegung seien gemacht. So brachte die „Tägl. Rundschau" eine Korrespondenz aus dem kurischen Haff (vom 19. Aug. 1898). Es wird darin berichtet, dass die Bauern dieser Gegend schon seit Jahren unter dem Wettbewerbe der in gewaltigen Massen auf den Weltmarkt gebrachten ägyptischen und polnischen Zwiebel leiden. Daher werde dort das schon lange vorhandene Verlangen nach einem Schutzzoll für unsere einheimische Zwiebel immer reger, eine Forderung, die auch bei den Vorbereitungen zu den Reichstagswahlen dort eine grosse Rolle gespielt und eine mit unendlich vielen Unterschriften bedeckte Petition gezeitigt habe.

Der Verein deutscher Gartenkünstler nahm (lt. Dtsch. Tagesztg.) in seiner Oktobersitzung (1898) nach kurzer Debatte eine Resolution an, dass auch für den Landschaftsgärtner ein Zoll auf ausländische Baumschulerzeugnisse mit Rücksicht auf die Schleuderauktionen importirter lebender Pflanzen als unbedingt nothwendig anzusehen sei.

Besonders lebhaft war die Bewegung im Januar 1899. Es wurden Versammlungen noch abgehalten in Werder a. d. H., in Dresden, Magdeburg, Bonn und Breslau. Die Versammlung in Werder beschäftigte sich mit dem Schutzzoll für den Obstbau und fasste folgende Resolution (29. 1. 99): „Die Obstzüchter von Werder und Umgegend können den Grund für den rapiden Rückgang der Obstpreise einzig und allein darin finden, dass die Absatzgebiete in Folge der zollfreien Einfuhr aller Obstsorten mit ausländischem Obst überhäuft sind. Die unter grossem Kapitalaufwande in hiesiger Gegend entstandenen Obstanlagen (die Obstkammer Berlins genannt), deren Erträge hauptsächlich im Frühobst bestehen, haben durch die geradezu erdrückende Konkurrenz des Auslandes in den letzten Jahren derartig an Werth und Einkommen verloren, dass die Existenz der nach Tausenden zählenden Obstzüchter heute fraglich geworden ist . . . Die Versammlung richtet an die hohe Reichsregierung sowie an die gesetzgebenden Körperschaften die dringende Bitte, die Gefahren, welche für den Obstbau in hiesiger Gegend durch die Konkurrenz des Auslandes entstanden sind und noch entstehen können, durch einen entsprechenden Schutzzoll zu beseitigen und zu verhüten."

In Dresden (25. 1. 99) sprach sich eine Delegirten-Versammlung sächsischer Gärtner und Gartenbauvereine unter Widerspruch der Zittauer Delegirten und des Vertreters der Löbauer Gärtnerschaft für den Schutzzoll aus. Für die schutzzöllnerische Stimmung in dieser Versammlung gab die „Zittauer Morgenztg." folgendes Beispiel: „Für Palmwedel schlug jemand einen Zoll von 50 Mk. (pro 100 kg) vor. Da ertönte aus der Versammlung der Ruf: 300 Mk.! Aber ein andrer forderte 500 Mk., und das Resultat war, dass man einen

Schutzzoll von 1000 Mk. für nothwendig erklärte." „Angesichts dieser ökonomischen Weisheit," schrieb die „Leipz. Volksztg.", „konnte sich selbst der anwesende Regierungs-Vertreter eines Lächelns nicht erwehren."

Schutzzölle wurden auch in Bonn, Magdeburg, Leipzig und Güstrow beschlossen.

Ueber die Bewegung in Schlesien, wo wegen des Exports die Handelsinteressen überwiegen, wurde der „Frankf. Ztg." unterm 29. Januar 1899 aus Breslau geschrieben: „Der „Verein schlesischer Handelsgärtner" in Breslau hatte für Ende Januar oder Anfang Februar einen Delegirtentag aller schlesischen Vereine geplant, hat aber von den meisten Seiten Absagen erhalten. Besonders bedeutungsvoll ist die Haltung der Interessenten in der Liegnitzer Gegend, wo der Anbau von Gemüse und Gartenprodukten aller Art in umfangreichstem Maasse erfolgt. Von den drei dortigen Vereinen hat sich nur einer, der erst kurze Zeit bestehende und wenig bedeutende „Gärtnerverein", mit dem Breslauer Vorgehen einverstanden erklärt. Der Liegnitzer „Garten-bau-Verein" dagegen, einer der grössten der Provinz, ist einstimmig über die Breslauer Anregung zur Tagesordnung übergegangen. Dieselbe Haltung hat die Liegnitzer „Kräuter-Innung" eingenommen, deren Mitglieder mit Recht fürchten, dass ihr Export durch Repressivzölle lahm gelegt würde, falls Deutschland mit einem Schutzzolle anfange. Zudem könnten auch die deutschen Gärtner selbst gewisse ausländische Gartenprodukte garnicht entbehren: es sei thöricht, sich diese künstlich zu vertheuern. Aber nicht nur die Liegnitzer Gegend, in der ganze Dörfer vom Gemüsebau leben, und das übrige Niederschlesien, sondern auch Oberschlesien scheint der Breslauer Anregung kühl bis ans Herz hinan gegenüber zu stehen. Denn auch der „Oberschlesische Kunst- und Handelsgärtner-Verein" hat den Breslauer Antrag abgelehnt."

Am 17. Juni 1899 hielt der preussische Landeseisenbahnrath in Berlin eine Sitzung ab. Der wichtigste Gegenstand der Berathung war die „Frachtermässigung für Obst in Wagenladungen". Auch ein Vertreter des Landwirthschaftsministers griff in die Debatte ein. Er erklärte den Wunsch nach Ermässigung der Obstfrachten für durchaus berechtigt. Es könne jede Tarifermässigung empfohlen werden, die geeignet sei, den einheimischen Obstbau zu fördern, sofern sie nicht auch der Einfuhr ausländischen Obstes Vorschub leiste. Durch den hier vorgeschlagenen Ausnahmetarif werde nicht viel erreicht. Andererseits frage es sich, ob eine allgemeine Detarifirung nicht auch dem ausländischen Erzeugnisse wesentlich zu Gute komme und dadurch vielleicht den inländischen Obstbau schädigen werde. Da nun zur Zeit frisches Obst keinem Einfuhrzolle unterworfen sei, empfehle es sich vielleicht, die Angelegenheit bis zum Abschlusse der Verhandlungen über die Erneuerung der Handelsverträge zu vertagen. (B. N. N. v. 18. Juni 1899).

Diese Erklärung klingt ganz so, als ob im preussischen Landwirthschaftsministerium die Neigung für Obstzölle bestehe.

In der ersten Sitzung des Reichstages (1899/1900) am 14. November 1899 standen auch Petitionen aus ostpreussischen Fischerdörfern und bayerischen Städten und Marktplätzen um Einführung eines Eingangszolles auf ausländische Feld- und Gartenfrüchte, Heu u. s. w., insbesondere um Festsetzung des Zolls für Weisskohl aus Holland auf 50 pCt. des Werthes auf der Tagesordnung. Die Petitionen wurden dem Reichskanzler als Material zur Abänderung der Gesetzgebung überwiesen. (Köln. Ztg. v. 15. Nov. 1899).

Das Reichsamt des Innern verfolgte diese zollpolitische Bewegung im Gärtnergewerbe mit Aufmerksamkeit. Um eine direkte Verbindung zwischen Regierung und den Interessenten des Gartenbaues herzustellen und um die beste Methode, eine zuverlässige Auskunft über die gegenwärtige Lage des deutschen Gartenbaues zu erlangen, wurden am 21. Januar 1899 im Reichsamte des Innern zu Berlin Besprechungen gepflogen, an denen unter dem Vorsitze und im Beisein von Regierungsvertretern eine Anzahl Autoritäten des Gartenbaues theilnahmen. Wie „Möllers Deutsche Gärtnerzeitung" mittheilte, legten die Anwesenden in einer längeren

Besprechung ihre persönliche Auffassung der jetzigen Lage des Gartenbaues dar und gaben die ihnen als zweckdienlich erscheinenden Mittel zur Besserung derselben an. Der Inhalt dieser Ausführungen wurde als vertraulich bezeichnet. Das Ergebniss der mehrstündigen Verhandlungen war, dass nach Anträgen der Erfurter Sachverständigen Benary und Möller, beschlossen wurde, die geplanten Erhebungen in 8 Abtheilungen zu gliedern und zwar solche für 1. Obstbau und Obstverwerthung, 2. Samenbau und -handel, 3. Gemüsebau und -verwerthung, 4. Frische Blumen und Blätter, 5. Getrocknete Blumen und Blätter, 6. Baumschulartikel, 7. Topfpflanzen, 8. Blumenzwiebel. Sodann wurde beschlossen, für jede dieser Abtheilungen aus den Anwesenden ein Mitglied mit dem Auftrage zu wählen, die vom Wirthschaftlichen Ausschusse gewünschten sachlichen Unterlagen für die Durchführung einer Ermittlung der gegenwärtigen Lage des deutschen Gartenbaues zu beschaffen. Diese acht Herren wurden sofort gewählt; sie bilden auch die Unterkommission für Garten- und Obstbau des Wirthschaftlichen Ausschusses. Mit der Einsetzung dieser Unterkommission ist ein dringender Wunsch der deutschen Gärtner erfüllt worden. Ihr steht es zu, eine unbeschränkte Anzahl von Sachverständigen mit hinzuzuziehen, die freilich dadurch nicht Mitglieder der Unterkommission werden.

Der weitere Verlauf der Untersuchung wird jedenfalls sehr gründlich werden. Das Reichsamt des Innern wird nämlich dem Unterausschusse in allgemeiner Fassung die Punkte bezeichnen, über die es eine Auskunft zwecks Ausarbeitung einer Art Fragestellung wünscht, die die Unterlage für die Einholung sachverständiger Gutachten von einzelnen Fachmännern oder Vereinigungen bilden soll. Die Aufgabe der einzelnen Mitglieder des Unterausschusses ist es, diese allgemein gehaltenen Angaben des Reichsamtes für ihr Fach zu spezialisiren und zwar durch Heranziehung beliebig vieler Sachverständiger ihres Faches. Darauf tritt der gesammte Unterausschuss zusammen, um zu entscheiden, ob die Fragespezialisirung, wie die einzelnen Mitglieder sie ausgearbeitet haben, den Erhebungen zu Grunde gelegt werden solle. Die Beschlüsse, die der Unterausschuss in dieser Sache fasst, gehen an das Reichsamt des Innern. Dort werden sie in einer Form, wie die Regierung sie für zweckmässig erachtet, zur Schaffung einer Grundlage für die Einholung von gutachtlichen Aeusserungen über die jetzige Lage des deutschen Gartenbaues und über die Wünsche bez. dessen, was zum Nutzen desselben geschehen könne, verarbeitet. Auf Grund dieser Unterlagen sollen Interessenten und Interessentenvereinigungen befragt werden. Nach Ansicht der „Deutschen Gärtner-Zeitung" wird der Kreis der anzuhörenden Interessenten schwerlich nach der einen oder anderen Richtung beschränkt werden; es dürfte den Anhängern der abweichendsten Ansichten Gelegenheit gegeben werden, ihre Auffassungen geltend zu machen.

Das so eingeforderte Material giebt der Regierung die Unterlage für die Entscheidung, ob regierungsseitig ein Zoll auf Gartenbauerzeugnisse im Allgemeinen, im Einzelnen oder gar nicht resp. in welcher Höhe in Aussicht zu nehmen sei. Die Entschliessungen des Reichsamtes des Innern gehen an den Bundesrath, von wo die Sache dann den üblichen Weg zu durchlaufen hat.

In ihrer Nr. 6 (1899 p. 82 ff) ergreift die „Deutsche Gärtnerztg." noch einmal das Wort, um gewisse Auswüchse und Unrichtigkeiten der Agitation für Schutzzölle zu rügen. Dann fährt sie fort:

Resolutionen zu fassen, worin Zölle auf alle Gartenbauprodukte gefordert würden, das sei die Praxis der „Prinzipienfexe", die glaubten, ihre „Grundsätze" zu verletzen, wenn sie zugeständen, dass einzelne ausländische Erzeugnisse, mit denen wir niemals in Wettbewerb treten können, die uns als Rohmaterial dienten und unsern gärtnerischen Betrieb sogar wesentlich förderten, zollfrei eingehen dürfen.

Die „Dtsch. Gärtnerztg." giebt einzelne Beispiele dafür. So wäre z. B. die Verzollung von Blumenzwiebeln doch eine einsichtslose Vertheuerung eines Rohmaterials, das wir noch auf unübersehbare Zeit vom Auslande beziehen müssten und das bei uns theils gar nicht, theils in so verschwindend geringen Mengen gezogen werde, dass es für den vorhandenen Bedarf überhaupt nicht in Betrachtung komme. „Andererseits kann ein grundsätzlicher Freihändler es als sehr erstrebenswerth gelten lassen, dass etwa die Einfuhr von Obstbäumen, Nadelhölzern, Rosen und anderen Baumschulerzeugnissen mit einem angemessenen Zoll belegt wird. Was aber hat derzeit die Verzollung z. B. von Lorbeerbäumen, von Orchideen, Kakteen, Cykasstämmen u. dgl. für einen andern Sinn als den, den deutschen Handelsgärtnern in der unnützesten Weise den Bezug ihres Rohmaterials oder ihrer Handelsartikel zu vertheuern, die ihnen Deutschland überhaupt nicht liefern kann.

Es kann auch vorkommen, dass Schutzzöllner und Freihändler einen Zoll z. B. auf getrocknete Palmenwedel beantragen und die Reichsregierung ihn dennoch ablehnt, weil von dem Gesammtimport nur ein verschwindend geringer Theil als Ersatz für frisches Material, der Haupttheil aber in der Luxuskorbwaarenfabrikation verwendet wird und dort nicht entbehrt werden kann, weil sonst eine grosse und blühende deutsche Exportindustrie, die auch für die Handelsgärtnerei wesentliche Hülfsmittel liefert, erdrückt werden würde.

Solcher Einzelheiten giebt es für eine ohne Voreingenommenheit rein sachlich und sachverständig vorzunehmende Prüfung eine grosse Anzahl. Man braucht nur das Gebiet der blühenden deutschen Samenkulturen und des Samenhandels in Betrachtung zu ziehen. Oder hat man Lust, im starren Festhalten an seinem Prinzip, auch etwa die Palmensamen oder andere tropische oder subtropische Sämereien zum „Schutze der nationalen Arbeit" zu verzollen oder etwa den Bezug des Grassamens zu vertheuern und dadurch nicht allein den Samenhandel, der mehr als ein anderer Zweig der gärtnerischen Berufsthätigkeit des freiesten internationalen Austausches bedarf, sondern auch die gesammte Gärtnerei „aus Prinzip" schwer zu schädigen?"

Die „Dtsch. Gärtnerztg." fasst ihr Urtheil in die Worte zusammen: „Der Erörterung der Vorbereitung der Handelsverträge muss in der Form, die man bisher beliebt hat, ein Ende gemacht werden." Das Blatt empfiehlt dann den Vereinen, die ein grösseres Gebiet umfassten, sich mit dem Staatssekretär des Reichsamtes des Innern in Verbindung zu setzen und ihn zu bitten, s. Zt. ihre Sachverständigen über die Zollbehandlung der Gartenbauerzeugnisse zu hören. Die Sachverständigen müssten nach den acht Gruppen gewählt werden; es müsse angegeben werden, durch welche Erfahrungen oder sonstige Eigenschaften die vorgeschlagenen Personen befähigt seien, Auskunft zu ertheilen. Da das Material nur in die Hände der Reichsregierung gelange und dort vertraulich behandelt werde, könnten sich die Sachverständigen in der freiesten Weise äussern.

Eine spätere Nummer von „Möllers Deutscher Gartenztg." machte (p. 310, J. 1899) weitere Mittheilungen über die Vorbereitung des Zolltarifs: Nach der Januarkonferenz, so heisst es darin, wurden im Reichsamte des Innern Fragebogen für Garten- und Obstbau ausgearbeitet und am 6. Mai einer Konferenz zur Begutachtung vorgelegt. In dieser Konferenz wurde angeregt, die Ermittlung der Lage des Obstbaues von der des Gartenbaues zu trennen. Bald darauf tagte im Reichsamte des Innern eine neue Konferenz, die den Fragebogen für den Gemüsebau einer eingehenden Nachprüfung unterzog, aber beschloss, die Ermittlung nach Bezirken statt nach Betrieben vorzunehmen. Bez. Obstbau- und Obstverwerthung wurde auf den Antrag des Gartenbauingenieurs Möller beschlossen, die Ermittlungen nach 4 Gruppen zu gliedern: 1. Obstbau; 2. Obsthandel; 3. Obst- und Beerenweine; 4. Konserven, Sausieren, Marmeladen, Obstkraut u. s. w. Für diese vier Gruppen wurden sogleich die Sachverständigenkommissionen gewählt. Nach der Sitzung traten die Kommissionsmitglieder zusammen, um den Entwurf zu einem Fragebogen für jede Abtheilung festzustellen; sie unterzogen diese Vorschläge einer gemeinsamen Durchberathung und überreichten deren Ergebniss sogleich dem Vertreter des Reichsamtes des Innern. Die Fragebogen sollten, sobald sie fertig seien, an die Interessenten verschickt werden.

Das Blatt empfiehlt nun den Vereinen für alle Zweige des Gartenbaues, so schnell wie möglich zusammenzutreten, für jede der acht Abtheilungen urtheilsfähige Sachverständige zu wählen und diese dem Reichsamte des Innern bekannt zu geben. Auch einzelne Fachmänner könnten sich dort als Sachverständige melden: „Vereine und Personen, die sich jetzt nicht freiwillig an den Erhebungen über die Lage des deutschen Gartenbaues betheiligen, haben das Recht verwirkt, sich in Zukunft über Nichtgehörtsein zu beklagen."

Eine Erfurter Korrespondenz der Halleschen Zeitung weiss dann Genaueres über die Erhebungen aus dem Samenbau zu berichten: „Es handelt sich u. A. darum, für die landwirthschaftlich wichtigsten Sämereien, wie z. B. Klee-, Luzerne-, Esparsette-, Gras- und dergl. Saaten möglichst genau festzustellen, wie gross für die alljährlich im deutschen Reiche zur Gewinnung von Viehfutter, für Weideflächen und dergl. zu bebauenden Ländereien der Bedarf an Saatgut ist und eine wie grosse inländische Produktion zur Verfügung steht, bezw. welche Einfuhr nöthig ist, um diesen Bedarf zu decken." Daneben soll auch der Umfang des Veredelungsverkehrs, die Einfuhr mangelhaft gereinigten und die Ausfuhr tadellos hergerichteten Saatgutes möglichst genau ermittelt, wie auch jene Spezialitäten festgestellt werden, von denen Deutschland aus eigener Ernte an das Ausland abzugeben in der Lage ist und auch thatsächlich abgiebt, wobei dann ferner noch die Empfangsländer genannt werden sollen, um erkennen zu können, mit welchen Ländern wir als Absatzgebiet für deutsche Produktion zu rechnen haben. Für die Erörterung der besseren Durchführungsweise dieser Ermittelung fand im Reichsamte des Innern eine Sachverständigenkonferenz statt, an der aus Erfurt Gartenbauingenieur Möller theilnahm. Die von dieser Konferenz festgesetzte Fragestellung wird binnen Kurzem an eine grössere Zahl über Deutschland vertheilt wohnender Fachkundiger versandt werden. Allen Fragebogen ist die Frage eigen: „Welche Wünsche hegen Sie in wirthschafts- und zollpolitischer Hinsicht bez. Ihres Gewerbezweiges?"

Hierzu bemerkte die „Kreuzztg.“: „Eine weitere Konferenz fand in Quedlinburg in Anwesenheit von Vertretern des Reichsamtes des Innern statt. Ueber Erhebungen anderer Art handelte es sich vorzugsweise um die Vereinbarung zur Herbeiführung einer Produktions- und Handelsstatistik des deutschen Zuckerrübensamenbaues.“

Wie man sieht, lassen die Untersuchungen an Genauigkeit nichts zu wünschen übrig.

Die erste Mittheilung über die Absichten der Regierung brachte am 2. Oktober 1899 die „Frankf. Ztg.“; danach sei die Regierung geneigt, „den agrarischen Wünschen in Bezug auf die Einführung eines Eingangszolles für frisches Obst entgegenzukommen“. In einem Artikel vom 27. Nov. v. J. tritt das Blatt dann an die nähere Betrachtung des Obstzolles. Der Landeskulturrath für das Königreich Sachsen schlage u. A. folgende Sätze vor: „Für frisches Tafelobst, verpackt in Kisten, Körben oder Fässern, 20 Mk.; für Wirthschaftsobst, lose, in Säcken oder Fässern von mehr als 100 kg 10 Mk.; für getrocknetes Obst 16 Mk.; für frische Nüsse und Kastanien 8 Mk.; für Weintrauben in Postpacketen (5 kg und darunter) 20 Mk.; für Weintrauben zur Weinbereitung u. s. w. 10 Mk.“ Diese Sätze stiegen bis zu 100 pCt. des Waarenwerthes; sie sollten also die Einfuhr von Obst einfach abschneiden. Gegen diese Absichten protestirt das Blatt im Namen des konsumirenden Publikums und aus Rücksicht auf die Obstverwerthungs-Industrien und die Obstausfuhr. Das Blatt erhebt scharfe Vorwürfe gegen die irrationelle Art des deutschen Obstbaues und meint, dass Abhülfe nur zu erwarten sei von energischen Anstrengungen aller Betheiligten, also von besserer Zucht und Absatzorganisation. Die Einführung eines Zolles werde aber wie eine Prämie auf den alten Schlendrian wirken.

Gerade entgegengesetzter Ansicht war die „Köln. Ztg.“ In einem Artikel vom 30. Nov. (Nr. 940) spricht sie die Erwartung aus, „dass den Bestrebungen auf Einführung eines Obstzolles bei der Erneuerung der Handelsverträge in der einen oder der anderen Weise Rechnung getragen werde. Wenn man den Getreidebau durch hohe Zölle schütze, könne man um so weniger Veranlassung haben, dem Obstbau, der doch dem Getreidebau gegenüber einen wirthschaftlichen Fortschritt darstelle, diesen Schutz zu versagen. Gerade in den Rheinthälern sei der Ertrag aus dem Obstbau sehr zurückgegangen, namentlich das frühreife Obst habe in den letzten Jahren mehrfach geradezu verschleudert werden müssen. Es sei allerdings nicht zu leugnen, dass die Obstverwerthung bei uns noch sehr im Argen liege. Auch sei zur Genüge bekannt, dass das Genossenschaftswesen hier noch ein weites Gebiet zum Eingreifen vor sich habe. Wenn hier aber grössere Erfolge erzielt werden sollten, bedürfe es eines Zollschutzes gegen das „Einströmen des ausländischen Obstes, durch das alle eingreifenderen Versuche zur Verbesserung des Absatzes empfindlich beeinträchtigt werden."

In einer längeren Zuschrift an die „Köln. Ztg." vom 13. Dezember 1899 spricht sich der Vorsitzende der Sektion Rheinland des Deutschen Pomologenvereins, Frhr. A. v. Solemacher, ebenfalls für Obstzölle aus. Der deutsche Obstbau, so heisst es darin, werde in seiner Entwicklung durch eine Reihe zusammenwirkender Faktoren gehemmt, so durch höhere Löhne, Arbeitermangel, zu starkes Hervortreten des Zwischenhandels, schlecht organisirte Obstverwerthung und vor Allem durch Ueberfluthung mit ausländischem Obst. In den Interessentenkreisen herrsche die Lust vor, Obst in vermehrtem Maasse anzubauen. Aber es fehle hierzu ein wirklich antreibendes, grosses Moment, und dies könne am besten durch einen wohldurchdachten Zoll auf Obst und Obsterzeugnisse, der möglichst allen Verhältnissen Rechnung trage, bewirkt werden. In den Jahren 1880—1898 sei die Mehreinfuhr in frischem Obst von 3,7 auf 38 Mill. Mk. und in getrocknetem Obst von 6¼ auf 25 Mill. Mk. gestiegen. Diese Zahlen zeigten der Gesetzgebung den Weg, den sie zu beschreiten habe. Die Gefahr, dass der Konsum durch die Zölle vertheuert werde, liege nicht vor, besonders wenn der Handel in die richtigen Wege geleitet werde. Wohl aber würden wir stabile Obstpreise erhalten; der Handel werde seinen Bedarf vorzugsweise im Inlande decken; und schliesslich werde beim Obstimport das Ausland einen Theil des Zolls zahlen. Die vorgeschlagenen Zölle seien aber nicht so hoch, dass dadurch jede Einfuhr unmöglich gemacht würde. Diese Zölle würden daher auch als Finanzzölle wirken und Einnahmen ergeben. Den Bedenken der süddeutschen Mostindustrie gegen die Zölle könne man dadurch entgegenkommen, dass man Mostobst gänzlich frei einliesse, unter der Bedingung, dass der Import unter zollamtliche Kontrolle gestellt werde und nur in der Zeit, wo Obst vermostet werde, erlaubt sei. Im Uebrigen solle auf die Einfuhr von frischem Tafelobst per 100 kg brutto ein Zoll von 20 Mk. (40 pCt.) und auf Wirthschaftsobst von 10 Mk. (40 pCt.) gelegt werden. So werde man dahin gelangen, den deutschen Obstbedarf im Inlande zu decken, und zwar, ohne die bisherigen Bodenerträge zu schmälern. Unerlässliche Bedingung sei dann aber die richtige Handhabung der Obstverwerthung und des Obsthandels; speziell müsse der Einfluss des Zwischenhandels verringert und der des Produzenten auf die Preisbestimmung vergrössert werden.

Gegen diese Ausführungen wandte sich in einer Zuschrift vom 19. Dez. 1899 an dasselbe Blatt ein Vertreter des Obsthandels. Die vorgeschlagenen Zölle würden die Obsteinfuhr überhaupt unmöglich machen. Auf diese Weise den Obstbau bis zur Deckung des ganzen einheimischen Bedarfs schützen zu wollen, würde für das Publikum, das ein Interesse an mässigen Obstpreisen habe, ein gewagtes Experiment sein, das ausserdem vielen Existenzen im Handel die Erwerbsquelle abschneiden würde. Es sei eine unhaltbare Behauptung, dass der Konsum durch so hohe Zölle nicht vertheuert werde. Unter Tafelobst fielen auch die gangbaren Sorten wie Aepfel und Birnen, bei ihnen würde ein Zoll von 20 Mk. nicht 40 pCt., sondern 100 pCt. vom Werthe darstellen; der Preis würde sich also verdoppeln. Was an den Wünschen der Obstzüchter Wahres sei, werde sicherlich ebenso berücksichtigt werden, wie die Ansprüche der Händler, aber ausschlaggebend könne schliesslich nur die Rücksicht auf die breiten Volksmassen sein, und in deren Interesse liege es sicherlich nicht, dass ein gesundes und wesentliches Nahrungsmittel durch Zölle um 100 pCt. vertheuert werde.

In ihrer Nummer vom 16. Nov. 1899 zählt die „Korrespondenz des Bundes der Landwirthe" Aeusserungen der Aeltesten der Kaufmannschaft in Berlin, sowie der Handelskammern von Frankfurt a. M., Magdeburg und Leipzig auf. Darin wird geklagt, dass bei der riesigen Einfuhr aus dem Süden, die Frühgemüsekultur nicht mehr lohne: Berlin sage ausdrücklich, dass ohne einen Zollschutz für den Berliner Gärtner die Gemüsezucht wie die Gemüsetreiberei aufhören müsse.

Nach einer Mittheilung der „Berl. N. N." vom 29. Nov. 1899 plante der Rheinische Bauernverein eine Petition an das Abgeordnetenhaus um Zölle auf ausländisches Gemüse, Obst und Kartoffeln, namentlich wegen der Konkurrenz Hollands und Belgiens. Nach einer Notiz der „Köln. Ztg." vom 8. Jan. 1900 aus Aachen haben die Erhebungen in der Obst-, Kartoffel- und Gemüsezucht besonders in den Grenzgemeinden eine allgemeine Befriedigung hervorgerufen Nach dem Ausfalle dieser Erhebungen erwarte man bestimmt die Einführung eines Schutzzolles, der es den Landwirthen ermögliche, ihren Erzeugnissen mit einem, wenn auch nur mässigen Gewinne Absatz zu verschaffen. Man habe ermittelt, dass die Einfuhr aus Holland so bedeutend sei, dass sie die Märkte der Grenzgemeinde vollständig überschwemme und die Preise zum grössten Nachtheile der Landwirthe drücke. Es gehe so eine Menge Geld hinaus, das sonst im Lande bliebe: denn die Gemüsezucht könne so erweitert werden, dass die Einfuhr beinahe vollständig entbehrt werden könne.

Es fehlte aber auch in neuester Zeit nicht an Stimmen gegen die Obstzölle. So theilte die „Frankf. Ztg." unterm 20. Dez. 1899 aus Berlin mit, dass sich in der Vereinigung deutscher Fruchtsaftpresser nur wenige für einen Obstzoll ausgesprochen hatten. Laut „Frankf. Ztg." vom 7. Jan. 1900 aus Hanau hat die dortige Handelskammer beschlossen, dem deutschen Handelstage ein Ersuchen zu unterbreiten, beim Wirthschaftlichen Ausschusse gegen Obstzölle zu wirken. Auch der württembergische Landesobstbauverein fasste am 2. Februar 1900 eine Resolution gegen jeden Obstzoll. —

Ich habe mich absichtlich darauf beschränkt, die Zollbewegung im Gartenbaugewerbe lediglich chronologisch darzustellen. Die Frage, ob und welche Zölle den Petenten zu bewilligen sind, kann meines Erachtens für das weite Gebiet des Gartenbaues einziglich mit Hülfe einer eingehenden Produktionsstatistik gelöst werden, wie sie das Reichsamt des Innern auf Grund seiner Erhebungen besitzt. In Erkenntniss der beschränkten Hülfsmittel, die dem privaten Schriftsteller zur Verfügung stehen, habe ich deshalb geglaubt, lediglich die Entwicklung und Ausdehnung der Zollbewegung, sowie den Kampf der Meinungen bis in die letzten Tage schildern zu sollen. Daraus habe ich die Ueberzeugung allerdings gewonnen, dass die schutzzöllnerische Strömung immer stärker und allgemeiner geworden ist und dass sie sich auch bei der Erneuerung der Handelsverträge bis zu einem gewissen Grade durchsetzen wird. Welche Objekte geschützt werden sollen und in welcher Höhe, wird sehr sorgfältiger Erwägung bedürfen. Hier wird man vorzugsweise den Fachleuten das Wort lassen müssen. Aber die schutzzöllnerische Strömung muss durch zwei Erwägungen eingedämmt werden, erstens durch die Rücksicht auf den Konsum, zweitens durch die Rücksicht auf die allgemeine Richtung unserer Handelspolitik: Da wir doch nun einmal immer mehr in den Industriestaat hineinwachsen, müssen wir unsere Industrieproduktion vor Vertheuerung der Nahrungsmittel, also eines Theiles den Produktionsstoffen möglichst schützen. Da wir als Industriestaat ferner auf Vergrösserung des Exports Bedacht nehmen müssen, müssen wir bei der Aufrichtung neuer Zollschranken mit grosser Vorsicht operiren. Wenn wir an alle Welt verkaufen wollen, müssen wir auch von den Andern kaufen. Geben wir einzelnen Zweigen des Gartenbaues einen Zollschutz, dann muss auch wirklich alle

Energie für ihre weitere Entwicklung aufgeboten werden. Als die deutschen Spinner im Jahre 1879 die hohen Feingarnzölle erbaten und erhielten, betheuerten sie, dass ihnen nur der Zollschutz gefehlt habe, um den Bedarf der deutschen Weber zu befriedigen. Trotz des Zolles aber stand 1891 die Feingarnspinnerei noch auf dem alten Fleck. Von den schutzzöllnerischen Elementen im Gartenbau hören wir jetzt dieselben Versicherungen. Mögen sie, wenn ihnen Zölle bewilligt werden sollten, dieses Zugeständniss als mächtigen Ansporn zu kräftiger Entwicklung bei sich wirken lassen!

Gerbstoffzölle und Lederindustrie.

Noch vor etwa 20 Jahren war die Lohe das einzige in Deutschland bekannte und benutzte Gerbmaterial. „Holzborke und Gerberlohe“ wurden in den deutschen Zolltarifen von 1865, 1868, 1870 und 1873 als zollfrei aufgeführt. Ja, unter dem Einflusse der freiheitlichen Strömung, von der die deutsche Zollpolitik seit dem Handelsvertrage mit Frankreich von 1862 ergriffen war, und um die gewerbliche Entwicklung zu fördern, wurde auch den Gerbholzextrakten Zollfreiheit zugestanden. Die allgemeine schutzzöllnerische Bewegung, die sich Ende der 70er Jahre durchrang, erstreckte sich auch auf Holzborke und Gerberlohe. Der Zolltarif, der am 4. April 1879 dem Reichstage vorgelegt wurde, verlangte für „Holzborke und Gerberlohe“ einen Zoll von 0,50 Mk. pro 100 kg. In seinem Buche „Die Zollpolitik der österreichisch ungarischen Monarchie und des Deutschen Reiches seit 1868“ sagte von Matlekovits (p. 1987): „Bei der Gerberlohe (d. h. bei der Forderung nach einem Zolle darauf) walteten nach den Motiven (zu dem neuen Zolltarif) entschieden wirthschaftliche Gründe vor und stand das finanzielle Interesse der einzuführenden Zölle im Hintergrunde. Es fehlte in Deutschland nicht an Gegenden, welche nach Beschaffenheit und Klima zur Erzeugung vorzüglicher Loherinde geeignet seien, sofern nur angemessene Preisverhältnisse diesen forstlichen Betriebszweig als wirthschaftlich möglich erscheinen liessen. Ebenso gewiss sei, dass die möglichste Erweiterung der intensiven Forstwirthschaft. wie solche im Eichenschälwaldbetriebe zur Erscheinung komme, im allgemeinen Interesse der deutschen Forstwirthschaft liege. Mit Rücksicht auf diesen Sachverhalt fordere es die Erfahrung dringend, dass diese Waare wieder mit Zoll belegt werde. Die Einfuhr von Gerberlohe sei von 84000 Doppelzentnern im Jahre 1864 auf 1029000 im Jahre 1877, die Einfuhr allein aus Oesterreich-Ungarn von 47000 im Jahre 1864 auf 567000 im Jahre 1877 gestiegen. In Folge dieses Masseneingangs sei der deutsche Eichenschälwaldbetrieb in eine sehr missliche Lage versetzt (worden). Die Lohepreise seien in Deutschland von Jahr zu Jahr erheblich zurückgegangen. Im Sommer 1878 hätte sich die Ueberschwemmung des deutschen Lohemarktes mit fremdem, namentlich mit ungarischem Material in solchem Maasse geltend gemacht, dass wegen Mangels an Absatz in der Rheinprovinz viele Loheschläge, welche dort an verschiedenen Orten einen wesentlichen Theil des bäuerlichen Gemeindevermögens ausmachen, gar nicht hätten gehauen werden können. Der Uebergang vom Eichenschälwaldbetrieb zu andrer lohnender Kultur sei theils überhaupt nicht, theils nur unter grossen Opfern möglich. Theilweise beruhe diese ungünstige Lage der deutschen Produktion von Loherinde neuerdings auf der Begünstigung, welche bisher den ausländischen Produkten durch die Differential- und Ausnahmetarife der Eisenbahnen sowie durch die Refaktien zu Theil wurde. Theilweise sei aber auch in der Zollfreiheit der fremden, unter andern Produktionsbedingungen und insbesondere unter viel geringerer Belastung des Betriebes mit Grundsteuern, Zuschlägen erzeugten Gerberlohe die Ursache der angegebenen Missstände zu suchen.

Es wurde im Jahre 1879 von verschiedenen (sachverständigen) Leuten festgestellt (cf. Staatssekretär Graf v. Posadowsky in der Reichstagssitzung vom 22. Januar 1895), dass die Produktion an einheimischer Gerberrinde 920 bis 950000 dz betrug, während sich der Bedarf an Gerbmaterial auf $3^3/_4$—$4^1/_4$ Millionen dz belief. Trotz dieses Missverhältnisses bewilligte der Reichstag den geforderten Zoll von 0,50 Mk. für 100 kg ausländischer Lohe. Man ging dabei von der Annahme aus, dass die deutschen Schälwaldbesitzer unter dem Schutze des Zolles den Bedarf der deutschen

Gerberei decken würden lernen. Diese Hoffnung ist, wie wir später sehen werden, nicht in Erfüllung gegangen. Der Reichskasse hat der Zoll nur einen verhältnissmässig kleinen Betrag eingebracht. Die Einfuhr von fremder Lohe ging nur in den ersten Jahren nach 1879 zurück, stieg aber von 1885 bis 1889 wieder rapid (von 678000 auf 991000) (s. Matlekowits l. c. p. 752 und 913, Graf Posadowsky im Reichstag 22. Januar 1895).

Ungefähr im Jahre 1885 begann der Import von Quebracho; seit 1888 hat er sich bedeutend vermehrt. Der Abg. Müller führte diese Erscheinung auf die eigenartige Thatsache zurück, dass sich die deutsche Gerberei, im Gegensatze zu vielen anderen Industrien, namentlich der chemischen Industrie, sehr lange in alterthümlichen Bahnen gehalten, die Wissenschaft nicht in dem Maasse zu Hülfe gezogen habe, wie es bei andern Nationen der Fall gewesen sei. (Reichstag vom 22. Januar 1895.) Die stark wachsende Einfuhr hatte zwei bemerkenswerthe Wirkungen. Erstens verursachte sie einen fühlbaren Preisrückgang der einheimischen Lohe; denn Quebracho war halb so theuer. Die steigende Einfuhr des wohlfeileren, dabei aber gerbstoffreicheren Quebracho führte ferner, besonders in Norddeutschland, zur Entstehung grossartiger Gerbereien, die, mit allen Einrichtungen des modernen Betriebs und der modernen Technik arbeitend, eine kolossale Produktion entfalteten, einen enormen Export betrieben, den älteren Gerbereien aber auch eine lebhafte Konkurrenz bereiteten. Eine einzige dieser neuen Fabriken z. B. in der Nähe von Hamburg verarbeitete jährlich mehr Häute als sämmtliche Gerbereien in einem der grossen alten Bezirke. Die Betriebe in Holstein, die nur mit Quebracho gerbten, dehnten sich so rasch aus, dass sich ihre Arbeiterzahl in zwei Jahren fast verdoppelte (s. Reichstag v. 22. Januar 1895, Abg. Wurm).

Diese überaus rasche Entwicklung der Quebracho-Einfuhr und der damit arbeitenden Gerbereien rief aber schon bald die Interessenten des Schälwaldes und der Lohgerbereien ins Feld. Schon in der Session 1893/94 des Reichstags brachten die Abg. Hirschel und Gen. einen Antrag auf Einführung eines Quebrachozolls ein. Der Antrag blieb unerledigt, kehrte aber in der nächsten Session wieder, ebenfalls ohne erledigt zu werden. Im Mai 1894 berieth das preussische Abgeordnetenhaus über eine Quebrachozollpetition. Endlich, am 22. Januar 1895, bei der ersten Lesung der Zolltarifnovelle zog im Reichstage der Abg. Freiherr v. Stumm die Frage in die Debatte. Aus materiellen und sozialen Gründen, im Interesse der deutschen nationalen Arbeit, der Erhaltung des Mittelstandes und der kleinen Leute plädirte er in lebhaften Worten für einen Zoll auf Quebracho und sonstige exotische Gerbstoffe; aber auch ihm schien schon die Frage, wie die Sache auf Grund der bestehenden Handelsverträge geregelt werden könne, schwierig. Ihm sekundirte der Abg. Graf Kanitz, der die Qualität des Quebracholeders angriff, den deutschen Eichenschälwaldbesitzern, sowie den zahlreichen kleinen Lohgerbereien helfen wollte. Auch der Abg. Broekmann will die Kleinen gegen die Grossen schützen; er bedauert, dass die deutsche Regierung es bis 1892 unterlassen habe, die inländische Kleingerberei und Schälwaldkultur durch einen bedeutenden Zoll auf Quebracho zu schützen. Bis zum Jahre 1892 hätten die verbündeten Regierungen das gekonnt; durch den Handelsvertrag mit Oesterreich seien ihnen freilich die Hände gebunden worden. Erhaltung des solideren Gewerbebetriebes, Schutz der Konsumenten (gegen schlechtere Lederwaaren) und Schutz des Landwirthschaftsbetriebes waren die Gründe, womit der Abg. Hitze den Quebrachozoll verfocht. Der Abg. Dresler hofft, durch den Quebrachozoll den Niedergang der Sohlledergerberei und dadurch die Entwerthung der Schälwaldwirthschaft zu verhüten.

Unter den Gegnern des Zolls hob der Abg. Buddeberg hervor, dass die Entscheidung nicht schwer sein könne, wo sich so wichtige Interessen wie die der deutschen Lederindustrie und so minimale wie die der deutschen Schälwaldbesitzer gegenüberständen. Der Abg. Möller-Dortmund vertheidigte die Qualität des Quebracholeders. Es sei erst seit der Quebrachogerbung möglich gewesen, die starke Einfuhr des fremden Sohlleders zu verdrängen. Weite Kreise des Volkes hätten sich immer mehr daran gewöhnt, auch in Schuhwaaren billige Sachen zu verlangen; ohne billiges Leder gebe es aber auch keine billigen Schuh- und Lederwaaren. „Die moderne Art der Gerberei, wie wir sie in Deutschland in den letzten $1^{1}/_{2}$ Jahrzehnten erlebt haben und die zu grossen Fortschritten geführt hat, können wir unmöglich aufhalten, wollen wir nicht die ganze deutsche Lederindustrie und vor allen Dingen die lederverarbeitende Industrie schwer schädigen." Der Abg. Wurm macht die Interessen der Tausende von Arbeitern in der neuen Quebracholeder-Industrie geltend. Allein die 64 holsteinischen Betriehe würden durch einen Zoll um 3 Millionen Mark belastet werden. Dass sie darunter zusammenbrechen würden, sei sehr wohl glaublich. Die rasche Ausdehnung der Quebracholederfabrikation beweise, dass das Ausland die Quebrachowaaren, die in Deutschland hergestellt werden, brauchen könne. Wenn es aber bei den Eichenschälwaldbesitzern nicht klappe, wenn es ihnen schlecht gehe, so sei die Ursache dieselbe wie bei gar vielen Landwirthen, nämlich die, dass sie zu wenig Kenntnisse für ihren Betrieb mitbrächten. Auch der Abg. Langerhans findet, auf Grund von Gutachten königlicher Oberförster, dass die Kultur in den deutschen Eichenschälwaldungen mangelhaft sei, auch der Geschäftsbetrieb der Schälwaldbesitzer mit den Gerbern lasse viel zu wünschen übrig. Man beginne in dem Quebrachozoll Rohprodukte mit Zoll zu belegen, die für unsere Industrie zu ihrer Lebensfähigkeit als Hilfsstoffe nothwendig seien. „Hemmt man dadurch nicht jeden Fortschritt, wenn man eine Erfindung oder Entdeckung, deren Anwendung in unserer Industrie natürlich den Industriellen, die sie anwenden, Vortheil bringen, strafen und mit einem Zoll belegen will, damit die, die nach altmodischer Weise ihren Betrieb fortsetzen, nur ja nicht geschädigt werden?" Der Abg. Barth wirft ebenfalls dem heutigen Protektionismus vor, dass er wirthschaftlich zweckmässiges Arbeiten aufhalten wolle zu

Gunsten der wirthschaftlich Schwachen. Das Richtige aber sei, nicht die wirthschaftlich Starken wieder zu dem Entwicklungspunkte zurückzuführen, auf dem sich die wirthschaftlich Schwachen heute noch befänden, sondern die letzteren zu jenem fortgeschrittenen Standpunkte hinzuführen, auf dem sich ihre erfolgreichen Konkurrenten heute schon befänden. Redner hofft, dass die verbündeten Regierungen so viel wirthschaftliche Einsicht besitzen würden, um den Quebrachozoll abzulehnen.

Im Namen der verbündeten Regierungen entwickelte Staatssekretär Graf Posadowsky die zolltarifarischen und wirthschaftspolitischen Schwierigkeiten, die der Einführung eines Quebrachozolls entgegenständen. Unter den Wünschen der Landwirthschaft sei der nach einem Schutze des Schälwaldes an sich sachlich berechtigt. Ehe die Verbündeten Regierungen aber an eine genaue Prüfung der ausserordentlich verwickelten Materie gingen, wollten sie den Beschluss des Reichstags abwarten.

Am 24. Jan. 1895 beschloss der Reichstag, die Zolltarifnovelle mit den 2 Anträgen auf Einführung von Gerbmaterialienzöllen einer Kommission zu überweisen.

Angesichts der Gefahr, die in diesen Debatten enthalten war, machten auch die Lederindustriellen mobil. Der „Centralverein der Deutschen Lederindustrie“ rief schleunigst eine ausserordentliche Generalversammlung auf den 4. Febr. 1895 nach Berlin zusammen. Dort wurde die Frage gründlich diskutirt, wie der stenographische Bericht darüber beweist. Die Verhandlungen wurden eröffnet durch ein gehaltvolles Referat des Generalsekretärs Herrn Krause (Berlin). In seiner historischen Einleitung erinnerte er daran, dass die Zollbewegung bisher zwei Phasen durchgemacht habe. Zuerst seien die Bestrebungen nur auf einen Zoll für Quebracho gerichtet gewesen; bald aber sei man dazu übergegangen, einen Zoll auch auf alle überseeischen Gerbstoffe zu verlangen, so wie es der Antrag Stumm thue. Darauf entwickelte er in übersichtlicher und überzeugender Weise die Gründe, die gegen die Gerbmaterialienzölle sprechen. Die Debatte, die sich daran anschloss, war sehr gründlich und liess die Vertreter der verschiedensten Richtungen und Branchen zu Worte kommen, aber nur eine verschwindende Minderheit sprach für den Zoll. Andererseits betonten die Gegner des Zolls, dass die deutsche Lederindustrie einstimmig für Erhaltung des deutschen Schälwaldes sei, und, wenn der Schälwald entsprechend bearbeitet und der Verkauf richtig gehandhabt werde, werde der Besitzer nicht auf seiner Rinde sitzen bleiben. Mit 163 gegen 5 Stimmen (bei im Ganzen 321) nahm die Versammlung folgende Resolution an: „Die . . . Generalversammlung . . . kommt nach eingehender Erörterung in ihrer grossen Mehrheit zu der Ueberzeugung, dass ein Zoll auf überseeische Gerbstoffe

den deutschen Eichenschälwaldbesitzern vielleicht einen kleinen vorübergehenden Vortheil, aber sicherlich keinen dauernden bringen würde;

dass aus demselben den nach alter Methode arbeitenden Gerbereien, welche sich gegenwärtig für den Zoll erwärmen, nicht der mindeste Vortheil erwachsen würde, weil, selbst wenn die mit ihnen konkurrirenden Gerbereien nach neuem Verfahren völlig aus Deutschland verdrängt würden, das Ausland, ohne durch die Lederzölle daran verhindert zu sein, den deutschen Markt mit Waare überschwemmen würde;

dass die deutsche Lederindustrie dagegen im Allgemeinen schwer, die mit überseeischen Gerbstoffen arbeitende durch den Zoll geradezu tödtlich getroffen werden würde;

und dass schliesslich den einzigen dauernden Vortheil die ausländischen Schälwaldbesitzer und die ausländische Lederindustrie haben würden.

Die ausserordentliche Generalversammlung beschliesst daher, den Vorstand zu beauftragen, mit allen nur möglichen Mitteln den auf die Einführung eines Zolles auf überseeische Gerbstoffe gerichteten Bestrebungen entgegenzuwirken."

Die Zolltarifnovelle wurde in den Sitzungen vom 23. bis 25. April in zweiter Lesung angenommen. Am 25. April trat das Haus auch in die Debatte über die Quebracho- und

Gerbmaterialien-Zollresolution, die die Kommission gefasst hatte. Mit 12 gegen 7 Stimmen hatte die Kommission nämlich folgende Resolution angenommen: „An den Herrn Reichskanzler das Ersuchen zu richten, die Einführung eines wirksamen Schutzzolles auf Quebrachoholz und die daraus hergestellten Extrakte und Präparate, sowie auf andere überseeische Gerbstoffe baldthunlichst herbeiführen zu wollen." Dazu lag noch ein Antrag Bachem-Kehler vor, hinter „überseeische Gerbstoffe" einzuschieben: „soweit sie zur Gerberei von Leder Verwendung finden, mit Ausnahme derjenigen, welche für die Färberei erheblich in Betracht kommen." Ein Antrag v. Salisch wollte bei dem Antrage Bachem-Kehler hinter „Färberei" einschalten: „und für die chemische Industrie". Ueber die Höhe der Zollsätze wollte die Kommission keine Vorschläge machen; sie glaubte, dies der Regierung überlassen zu sollen.

Zwei Tage nahm die Debatte über die Resolution nebst Anträgen in Anspruch. Um Wiederholungen zu vermeiden, wollen wir aus den Verhandlungen nur die Theile excerpiren, die sich auf die Anträge Bachem-Kehler und Salisch bezogen und wirklich neue Argumente enthielten.

So führte der Abg. Koepp aus, dass einige Zweige der chemischen Industrie durch einen Zoll auf überseeische Gerbstoffe schwer geschädigt, wenn nicht gänzlich vernichtet werden würden. Dann fuhr der Redner folgendermaassen fort, seine Behauptung im Einzelnen beweisend:

„Tannin, Pyrogallussäure und Gallussäure bilden sehr wichtige Exportartikel der deutschen chemischen Industrie; in Deutschland beschäftigen sich mit der Herstellung von Tannin 24 Fabriken, von Pyrogallussäure 15 Fabriken und von Gallussäure 14 Fabriken. Alle diese Betriebe sind darauf angewiesen, die Rohprodukte, die Galläpfel, aus dem Auslande zu beziehen, weil die im Inlande gewonnenen Galläpfel wegen ihres geringen Gerbsäuregehalts für die Fabrikation genannter Produkte nicht verwendbar sind. Hauptsächlich werden zur Herstellung der Gerbsäure japanische und chinesische Galläpfel eingeführt."

Redner wendet sich sodann der Texilindustrie zu:

„Die ausländischen Gerbstoffe sind für die Seiden- und Baumwollenfärberei und -Druckerei von der grössten Wichtigkeit und kommen zur Verwendung: Katechu und Gambir aus Britisch-Ostindien, wovon im Jahre 1893 ca. 4½ Millionen kg zur Färberei verbraucht wurden; kleinere, aber immer noch nicht unbedeutende Quantitäten finden bei der Oberledergerbung Verwendung zur Verstärkung der letzten Gerbung, also nicht als Konkurrenz für die Eichenrinde Dividivi aus Venezuela und Niederländisch-Westindien wird in der Färberei in einem jährlichen Quantum von 3½ Millionen kg verbraucht. Galläpfel, hauptsächlich aus China eingeführt, sind durch das daraus hergestellte Tannin für die Färberei von grösster Wichtigkeit. Myrobalanen aus Britisch-Ostindien finden in der Seidenfärberei Anwendung, ca. 1 Million kg. Von genannten und noch andern Gerbstoffen werden die Extrakte in der Färberei in grossen Quantitäten verbraucht. Der Gesammtverbrauch der Gerbstoffe und Extrakte wird geschätzt auf 22 Millionen kg im Betrage von 7½ Millionen Mk. Daraus ist zu ersehen, von welch grosser Wichtigkeit die überseeischen Gerbstoffe für die deutsche Textilindustrie sind, und welch enormen Schaden ein Zoll diesem hervorragenden Industriezweige zufügen würde."

Zwar wolle der Antrag Bachem-Kehler die überseeischen Gerbstoffe, welche erheblich für die Färberei in Betracht kämen, von dem Zolle ausnehmen. Nun seien aber alle überseeischen Gerbstoffe, die überhaupt in der Gerberei verbraucht werden könnten, auch für die Färberei und chemische Industrie höchst wichtig. Redner bittet also im Interesse der vaterländischen Industrie, die Resolution abzulehnen. Auch der Abg. Möller-Dortmund betont den starken Bedarf an exotischen Gerbstoffen in der Färberei. Der Abg. Bachem begründete seinen Antrag. Derselbe sei nicht im Interesse der Leute, die seidene Kleider tragen, gestellt worden, sondern im Interesse der Arbeiter in der Seidenindustrie, denen es in den letzten Jahren so schlecht gegangen sei wie wohl keiner anderen Kategorie von Arbeitern im ganzen Deutschen Reiche. Die berechtigten Interessen der Lohschälwaldungen würden in keiner Weise berührt, wenn man die für die Färberei und Druckerei von Geweben, namentlich für die Seidenfärberei und -Druckerei nothwendigen ausländischen Gerbstoffe vom Zolle frei lasse. Denn die ausländischen Gerbstoffe, die hier in Betracht kämen, seien nach keiner Richtung hin geeignet, einen Ersatz für Gerberlohe zu geben, schon wegen ihres hohen Preises; nur das Quebrachoholz trete in erdrückende Konkurrenz mit der Gerberlohe. Ein Zoll auf diese Gerbstoffe würde eine Fabrikation, die nicht auf Rosen gebettet sei, schwer drücken, als Finanzzoll aber dem ganzen System unserer Zollgesetzgebung widersprechen. Nach einer ausserordentlich exakten Aufstellung der Handelskammer in Krefeld würden in der Färberei und Druckerei jährlich 21,9 Mill. kg (7680000 M.) ausländischer Gerbstoffe verwendet, und zwar seien das Katechu, Sumach, Dividivi, Galläpfel, Myrobalanen sowie die Extrakte daraus. Eine Besteuerung dieser Stoffe könne dem einheimischen Schälwalde nichts nützen, dagegen die Interessen der Färberei und Druckerei und ihrer Arbeiten schädigen. Redner empfiehlt einen Zoll auf Quebracho und auf Extrakte daraus; die von ihm genannten Gerbstoffe und ihre Extrakte dagegen müssten von dem Zolle frei bleiben. Nach den ihm zugekommenen ganz verlässlichen Berichten sei es nicht nur möglich, sondern sogar ganz leicht, die beiden Kategorien von Gerbstoffen bei der Verzollung zu unterscheiden. Allerdings würden die letztgenannten Farb-Stoffe auch in der Gerberei verwendet, aber nur in kleinem Maasse und als geringe Zusätze zum Quebracho. Es habe aber keinen Sinn, sie mit Zoll zu belegen, um unsern Schälwald zu schützen.

In der Sitzung vom 26. April 1895 nahm der Reichstag die Resolution und die beiden Anträge dazu an. Welche Bewegung die Sache in den Kreisen der Interessenten hervorgerufen hatte, bewies die Thatsache, dass zu der Resolution nicht weniger als 372 Petitionen eingegangen waren. In der Sitzung vom 2. Mai 1895 erklärte Staatssekretär Graf

Posadowsky, welches Schicksal die Resolution haben werde, könne er noch nicht sagen, da der Bundesrath noch keine Stellung dazu genommen habe.

Die Annahme der Resolution und der Anträge durch den Reichstag rief in den Kreisen der Schälwaldbesitzer grosse Freude hervor. Man wähnte sich schon am Ziele, und die Lohepreise stiegen (cf. Freiherr v. Stumm im Reichstage 20. 1. 1897). Diese Stimmung hielt aber nicht lange an, denn die Zeitungen vertraten immer bestimmter die Ansicht, dass die Resolution wenig Aussichten im Bundesrathe habe. Im März 1896 kam die Sache im Reichstage abermals zur Sprache, da schon ein Beschluss des Ausschusses des Bundesrathes gefasst worden war. In der Reichstagssitzung vom 21. Januar 1897 griff Frhr. v. Stumm die Frage abermals auf, anknüpfend an die Antwort der preussischen Regierung auf eine Petition aus Luxemburg. Nun erhob sich Staatssekretär Graf Posadowsky und theilte mit, dass der Bundesrath am 25. Okt. 1896 beschlossen habe, der Resolution auf Einführung eines Zolls auf ausländische Gerbstoffe keine Folge zu geben. In längerer gründlicher Rede entwickelte der Staatssekretär auch die Motive, welche den Bundesrath zu diesem ablehnenden Votum geführt hatten.

Der Staatssekretär präzisirt zunächst die Gerbstoffe, welche nach der Resolution mit einem Zolle belegt werden sollten; sodann untersucht er die Resolution vom zolltechnischen Standpunkte. Unter Pos. 13, „Holz und andere vegetabilische Schnitzstoffe" könne Quebracho nicht untergebracht werden; dieser Zoll sei ja auch vertragsmässig gebunden. Vielmehr seien Quebracho nebst Extrakten und Präparaten daraus als gerbstoffhaltige Drogen unter Pos. 5 m zu tarifiren. Dort würde event. auch zerkleinertes Quebrachoholz mit einem etwas höheren Satze als Blockholz zu verzollen sein. Verschiedener Zollsätze für die Quebrachopräparate, je nachdem sie sich in fester, teigiger oder flüssiger Form befänden, würde es nicht bedürfen, weil diese Präparate und Extrakte, schon der Transportersparniss halber, immer in fester Form eingeführt werden würden. Canaigre und dessen Extrakte würden wie Quebracho zu behandeln sein. Für die überseeische Gerbrinde würden unter 13 b Holzborke und Gerberlohe besondere zollpflichtige Positionen einzustellen sein. Wollte man also der Resolution nachgeben, dann würde man aus einer Gruppe technisch zusammengehöriger und deshalb tarifarisch gleichmässig behandelter Artikel einzelne herausreissen und hohen Zollsätzen unterwerfen müssen.

Wie stehe es aber mit der Zollsicherheit dieser Maassregel? Dieselbe wäre nur verbürgt, wenn die eingehenden Gerbstoffe sowohl von einander wie von andern Droguen und namentlich von Farbstoffen unzweifelhaft zu unterscheiden wären. Dabei sei nicht zu vergessen, dass jeder Gerbstoff auch ein Farbstoff sei. Charakteristische Merkmale für die Gerbstoffe, auf welche sich die Resolution beziehe, seien bisher nicht bekannt. Sehr eingehende Gutachten erster Autoritäten besagten, dass es schwierig sei, Quebracho von Blau- und Rothholz, Mimosenrinde von Eichenrinde zu unterscheiden, wenn sie in gemahlenem Zustande eingingen. Selbst für die chemische und mikroskopische Untersuchung sei es schwer, bei Mischungen verschiedener Extrakte und bei Extrakten, die aus der Mischung verschiedener Gerbmaterialien hergestellt seien, die Ursprungspflanze eines Gerbmaterials zu ermitteln: so bei Mischungen von Quebracho- und Eichenextrakt u. a. Ausserdem würden immer neue Gerbstoffe entdeckt und eingeführt.

„Diese zolltechnischen Schwierigkeiten würden aber,“ so betont der Minister, „selbstverständlich allein nie genügen können, um sich einer Resolution gegenüber ablehnend zu verhalten, wenn ihr Zweck volkswirthschaftlich berechtigt wäre, und wenn man durch eine Zollmaassregel diesen volkswirthschaftlich berechtigten Zweck überhaupt erreichen könnte.“

Wie stehe es aber damit in zollpolitischer Hinsicht?

Vom Standpunkte des autonomen Tarifs wäre es selbstverständlich vorzuziehen, alle ausländischen Gerbstoffe mit einem einheitlichen Satze zu belegen, dagegen für Färbereien und die chemische Industrie diese Stoffe auf Erlaubnissschein und gegen Verwendungskontrolle zollfrei zu lassen. Es liege aber auf der Hand, dass es durch Vertragsverhandlungen nicht zu erreichen sein würde, alle Gerbstoffe mit einem Zolle zu belegen angesichts der vertragsmässig gebundenen Zollfreiheit. Die zollfreie Verwendung an sich zollpflichtiger überseeischer Gerbstoffe gegen Erlaubnissschein und Verwendungskontrolle wäre zolltechnisch unausführbar. Schon im Jahre 1882 habe es 17216 solcher Betriebsstätten gegeben. Ueber 17216 Betriebsstätten eine Kontrolle der Art zu üben, dass die zollfrei eingeführten Gerbstoffe nur für diese Industrie in ihrem inneren Betriebe verwendet würden, das könne man für unausführbar erklären.

Auch vom Standpunkte unsrer Handelsverträge stünden der Verzollung überseeischer Gerbstoffe unüberwindliche Hindernisse entgegen. Die Zollfreiheit der Pos. 13 b „Holzborke und Gerberlohe" sei Oesterreich-Ungarn, Italien, Belgien, Rumänien und Russland gegenüber gebunden; die Zollfreiheit der Pos. 5 m „rohe Erzeugnisse und chemische Erzeugnisse zum Gewerbe- und Medizinalgebrauche" sei gebunden gegenüber Oesterreich-Ungarn und Italien, für Sumach auch in gemahlenem Zustande, sowie für andere rohe Erzeugnisse und chemische Fabrikate zum Gewerbe- und Medizinalgebrauche, insbesondere für Droguen-, Apotheker- und Farbwaaren, soweit sie nicht unter besondere Nummern fallen. Die Zollfreiheit sei ferner ausdrücklich gebunden gegenüber Griechenland für Valonea, Galläpfel und Sumach. Dieselbe Bindung liege natürlich allen meistbegünstigten Staaten gegenüber vor. Freilich wenn man die Bindung mit den Vertragsstaaten beseitigen könnte, dann würde für die andern Staaten das Recht der Meistbegünstigung von selbst fortfallen.

Da Sumach, Valonea und Galläpfel, als für Färberei und chemische Industrie erforderlich, auch nach der Resolution in Zukunft autonom zollfrei bleiben sollten, brauchten Verhandlungen über die Aufhebung ihrer Zollfreiheit gar nicht angeknüpft zu werden. Aber unzweifelhaft umfasse die allgemeine Bindung auch das Quebrachoholz in Blöcken, zerkleinert und in Extraktform. Selbst wenn man auf Grund anderweitiger vertragsmässiger Abmachungen das Quebrachoholz in Blöcken einschliesslich des aus dem freien Verkehr Oesterreich-Ungarns stammenden dem Zoll unterwerfen könnte, so würde doch noch für die aus Quebracho hergestellten Extrakte und Präparate die Zollfreiheit angesprochen werden können, wenn die Extraktion oder die Zerkleinerung im freien Verkehr eines Vertragsstaates vorgenommen worden wäre. Durch die Bearbeitung hätte dies Quebrachoholz eben den Charakter eines nationalen Gewerbeerzeugnisses angenommen. Wie Quebracho und seine Extrakte und Präparate fielen aber auch alle anderen Gerbmaterialien unter die vertragsmässigen Zugeständnisse. Es würde also wegen des Quebrachoholzes mit Oesterreich, Italien, Belgien, Rumänien und Russland verhandelt werden müssen. Der Gedanke, Verhandlungen mit den Tarifvertragsstaaten dadurch aus dem Wege zu gehen, dass man das zerkleinerte Quebrachoholz, das ja nicht Rinde sei, aus der Tarifpos. 13 b „Gerberlohe" unter Pos. 5 m „rohe Erzeugnisse zum Gewerbegebrauche" versetze, sei unausführbar geworden; denn die Resolution wolle ja auch die überseeischen Gerbrinden dem Zolle unterwerfen. Es würden also doch Verhandlungen mit den genannten Staaten nothwendig sein. Aber selbst die erfolgreiche Durchführung dieser Verhandlungen würde an der zollfreien Einfuhr der Extrakte und Präparate, die im freien Verkehr der Vertragsstaaten aus den zu verzollenden Gerbstoffen hergestellt seien, nichts ändern; denn die Vertragsstaaten würden niemals zugeben, dass nationale Gewerbserzeugnisse ihres Landes entgegen den vertragsmässigen Abmachungen mit Zoll belegt würden.

Der Staatssekretär folgert aus dieser Darstellung, dass eine wirksame Einführung von Schutzzöllen auf Gerbstoffe im Sinne der Resolution während der Dauer der Handelsverträge ausgeschlossen sei.

Um die Frage aber nach allen Seiten hin zu untersuchen, prüft der Minister auch die wirthschaftlichen Wirkungen der beantragten Zollmassregeln.

Selbst wenn der deutsche Schälwald zunehmen sollte, so würde er, führt der Staatssekretär aus, doch nicht in der Lage sein, den einheimischen Bedarf an Gerbstoffen zu decken. Die Industrie schreite in ihrem Bedarfe an Gerbstoffen viel schneller vor als das Wachsthum des Schälwaldes. Die einheimische Produktion könne höchstens 920 000—950 000 dz Lohe liefern. Aber schon im Jahre 1879 habe unsere Gerberei viermal so viel Gerbmaterialien nöthig gehabt. Mit dem Anwachsen der Lederindustrie sei dieser Bedarf seitdem natürlich noch ganz ausserordentlich gestiegen. Allein bei Pos. 13 b „Holzborke und Gerberlohe" habe im Jahre 1895 der Ueberschuss der Einfuhr über die Ausfuhr mehr als 1 Mill. dz (10 Mill. M.) betragen. Hierunter hätten sich aber höchstens 2000 dz zerkleinertes Quebrachoholz befunden; die übrige Einfuhr sei Rinde aus Oesterreich-Ungarn, Frankreich, Belgien und Holland gewesen. Diese Einfuhr sei zollfrei und könne für die Dauer der Handelsverträge selbstverständlich durch keine Verhandlungen einem Zolle unterworfen werden. Im Jahre 1895 sei aus spekulativen Gründen die Quebrachoeinfuhr enorm gewesen, 86 700 dz in Blöcken; aber auch da sei nur der fünfte bis sechste Theil des Gesammtwerthes der Einfuhr von Gerbmaterialien auf Quebracho gefallen. Im Jahre 1896 sei die Einfuhr von Quebracho sogar um 200 000 dz niedriger gewesen als im Jahre 1895.

Danach erscheine es zweifelhaft, ob überhaupt die Quebrachoeinfuhr die Hauptursache des Preisfalles der einheimischen Rinde sei, Quebracho sei in nennenswerthen Mengen erst im Jahre 1885 eingeführt worden, und doch habe man trotz geringeren Angebots in manchen Jahren vorher besonders niedrige Lohepreise notirt. Es scheine auch, dass weniger die niedrigen Preise als die ausserordentliche Steigerung der Gestehungskosten in den letzten 30 Jahren (von 1,80 auf 3,10 M. für den Zentner) Anlass zu Klagen über die bedrängte Lage der Schälwaldbesitzer gegeben hätten. Auf den Rückgang unserer Rindenpreise dürften aber auch die Rindenpreise Oesterreich-Ungarns Einfluss ausüben, und die seien dort in den letzten 10 Jahren fortgesetzt gefallen. Eine

Zurückdrängung des Quebrachos durch einen Zoll würde vermuthlich eine stärkere Zufuhr österreichischer und französischer Rinden bewirken. Eine Steigerung der deutschen Rindenpreise würde dadurch verhindert werden.

Die Verbündeten Regierungen seien überzeugt, dass ein Quebrachozoll den Schälwaldbesitzern nicht die erwünschte Hülfe bringen könne, da die nach dem neuen Verfahren arbeitenden Schnellgerberei in keinem Falle zur Anwendung der Eichenlohe in der Grubengerberei zurückkehren könnte.. Der Staatssekretär setzte darauf die Vortheile auseinander, die die Schnellgerberei vor der alten Methode voraus habe. Diese Vortheile seien so gross, dass an ein Aufgeben der neuen Methode gar nicht zu denken sei. Würde selbst durch einen Zoll die Anwendung von Quebracho unmöglich gemacht, dann würde an dessen Stelle nicht Eichenlohe treten, sondern andere ausländische Gerbstoffe. Aber auch dann würde die Preisdifferenz zwischen dem norddeutschen Sohlleder und den Fabrikaten der Trierer und Siegener Gegend ein wesentlicher bleiben. Von einer Minderwerthigkeit des Quebracholeders könne man nur bei Rinds- und Kalbleder sprechen, das unter ausschliesslicher Anwendung von Quebrachoextrakten in Brühen hergestellt sei. Aber auch da sei die schlechte Qualität nicht an dem Gerbstoffe, sondern an den anfänglichen Mängeln des Verfahrens. Gutachten maassgebender Sachverständiger erklärten, dass die norddeutschen Leder nach dem kombinirten Verfahren eine sehr brauchbare Mittelwaare seien und den Ansprüchen des Marktes genügten. Für Ross- und Schafleder sei Quebracho sogar das bei weitem geeignetste Material.

Ein Zoll von 10 Mark würde bei dem kombinirten Verfahren die Herstellungskosten um 27,50 Mark für 100 kg Sohlleder erhöhen, das sei fast so hoch wie der deutsche Schutzzoll auf Sohlleder, der 30 Mark betrage. Bei den Gerbereien, die Quebracholohschnitt in Grubengerbung verwendeten, würde ein 10 Mark-Zoll die Herstellungskosten um 31,50 Mark, also über den deutschen Lederzoll hinaus steigern. Auch für die Oberlederfabrikation würde ein solcher

Zoll die Produktionskosten um mehr als den jetzigen Zoll (18 Mark) erhöhen. Die deutsche Lederindustrie könne aber den ihr gewährten Schutzzoll nicht entbehren, wenn sie in ihrer Entwicklung nicht zurückgehen solle. Es wäre nicht unbedenklich, sie wesentlich zu belasten. Denn ein erheblicher oder gar prohibitiver Zoll würde die deutsche Lederindustrie nicht nur vom Auslandsmarkte, sondern zum Theil auch von der Deckung des deutschen Bedarfs ausschliessen, da die ausländischen Industrien, die für Quebracho und andere Gerbstoffe oder Extrakte solcher gar keine oder nur ganz minimale Zölle erheben, unsere Industrie unterbieten würden.

Der Staatssekretär fasste schliesslich seine Ausführungen folgendermaassen zusammen: „Die Einführung eines Zolls auf überseeische Gerbstoffe würde

in seiner zolltechnischen Ausführung kaum zu überwindende Schwierigkeiten bieten;

zollpolitisch in wirksamem Umfange, namentlich auch durch die Zollbelastung der Extrakte und Präparate von Gerbstoffen, nicht durchzusetzen sein und

deshalb, sowie wegen der zollfreien Einfuhr von europäischen Gerbstoffen und namentlich von Rinden, die Nachfrage nach deutschen Rinden und ihre Preise nicht erhöhen,

der deutschen Lederindustrie aber unzweifelhaft schweren Schaden zufügen.

Die Verbündeten Regierungen haben deshalb geglaubt, aus zolltechnischen, zollpolitischen und wirthschaftlichen Gründen der Resolution eine Folge nicht geben zu sollen."

An diese Erklärung des Staatssekretärs schloss sich in der folgenden Sitzung, vom 21. Januar, eine längere Debatte. Die Gegner der Gerbmaterialienzölle, wie der Abg. Barth, bedauerten die Erklärung des Ministers als zu grosse Höflichkeit gegenüber den Agrariern. Diese sähen darin ein Zugeständniss und einen Impuls für ihre Agitation. Die Gerberei-Interessenten thäten deshalb gut daran, ihre Organisation perfekt zu halten, um gegen alle Angriffe gewappnet zu sein. Die entschiedensten Vorkämpfer des Zolls hingegen, die Abgg. v. Salisch, v. Stumm und Hitze, bedauerten zwar die jetzt ablehnende Haltung der Verbündeten Regierungen, schlossen aber aus den Worten des Staatssekretärs, dass sich der Bundesrath nicht mehr ohne Weiteres den Wünschen der deutschen Schälwaldbesitzer widersetzen werde, wenn die Handelsverträge erst abgelaufen seien. Noch zweimal ergriff der Staatssekretär das Wort, um zu versichern, dass die Regierung nach Ablauf der Handelsverträge die Frage der Verzollung der überseeischen Gerbstoffe einer sehr ernsten und eingehenden Erwägung unterziehen werde. Bei dieser Gelegenheit war es auch, wo Graf Posadowsky den Aufsehen erregenden Ausspruch that, dass die neuen Handelsverträge, die wir im Jahre 1904 abschliessen würden, nicht einfach die Abschrift der bisherigen Handelsverträge sein würden und könnten. Auch betonte er hier die Nothwendigkeit, einen neuen, viel mehr spezialisirten Generaltarif auszuarbeiten. Mit dieser ausserordentlich schwierigen Arbeit sei das Reichsschatzamt zur Zeit beschäftigt.

Auf die Erneuerung der Handelsverträge haben die Anhänger des Zolls denn auch ihre Hoffnung gesetzt. Mit Aufgebot aller Kraft agitiren sie, um diese zukünftigen Verträge in ihrem Sinne zu beeinflussen. In Versammlungen, Zeitungen, Broschüren und Petitionen vertreten sie ihre Ideen. Zu einer besonderen Demonstration für den Zoll gestaltete sich die 26. Versammlung Deutscher Forstmänner in Breslau (24. 8. 98), worüber die Dtsch. Tagesztg. und die Schles. Ztg. berichteten (25. 8. 98). Die Versammlung beschäftigte sich auch mit den gegenwärtigen Verhältnissen und der Zukunft des Eichenschälwaldes. Landforstmeister Dr. Danckelmann stellte dabei folgenden Antrag: „Der deutsche Eichenschälwald bedarf wegen seiner vielseitigen Bedeutung sowohl für unser nationales Wirthschaftsleben, als für eine gesunde soziale Gliederung, insbesondere zur Erhaltung der inländischen Gerbstofferzeugung im Kleinwaldbesitze und der darauf beruhenden klein- und mittelgewerblichen Eichenlohe-Industrie der dauernden Pflege und Förderung durch die Waldbesitzer wie durch die Regierungen der einzelnen Bundesstaaten. Eine wirksame Zollbelastung derjenigen ausländischen Gerbmaterialien, insbesondere des Quebrachoholzes, nebst ihren Präparaten und Extrakten, deren Massepeinfuhr die Erhaltung der inländischen Gerbstoffproduktion und Eichenlohleder-Industrie in Frage stellt, ist von der Reichsregierung als unentbehrlich und unbedenklich für die Zeit nach Ablauf der bestehenden Handelsverträge in Aussicht zu nehmen."

Begründend bemerkte der Landforstmeister hierzu: Es sei anzuerkennen, dass die Militärverwaltung mit Eichenrinde gegerbtes Leder verwende. Die Informationsversuche der Militärverwaltung mit Quebrachoholz allein und in Verbindung mit einheimischen Gerbstoffen hätten festgestellt, dass das mit Quebrachoholz gegerbte Leder ein durchaus minderwerthiges, in Folge seiner geringeren Haltbarkeit auf die Dauer auch nicht wohlfeileres Material sei. Deutschland sei in der Lage, nicht nur seinen Gerbstoffbedarf vollkommen selbst zu erzeugen, sondern auch hierin Ueberschüsse zu produziren.

Aus der Debatte, an der sich auch Gerbereibesitzer Alff betheiligte, ist noch hervorzuheben, dass Regierungs- und Forstrath von Spiegel-Arnsberg, mit Beziehung auf einen Schälwald- und Haubergbetrieb von 50000 ha des Bezirks Arnsberg-Siegen, dem Landforstmeister zustimmte. Nur empfahl er, den Antrag durch einige Zusatzbestimmungen für die Uebergangszeit bis zum Ablaufe der Handelsverträge zu ergänzen. Es sollten nämlich schon jetzt die mit Quebrachoholz hergestellten Leder und Lederfabrikate durch Stempelung kenntlich gemacht werden; es sollte ferner die Militärverwaltung ausschliesslich mit Eichenlohe gegerbtes Leder verwenden. Der Antrag Danckelmann wurde schliesslich einstimmig angenommen.

Schon am anderen Tage beschäftigten sich die „Hambg. Nachr." mit der Sache. Sie billigen den Theil der Resolution, wo es sich um die dauernde Pflege und Förderung des

Schälwaldes durch Waldbesitzer und Regierungen handle. In ihrem zweiten Theile aber, wo die Zollbelastung des ausländischen Gerbmaterials in Frage komme, sei sie nichts weiter als eine Wiederholung der bekannten Resolution des Reichstags, die vom Bundesrathe mit geradezu schlagenden Gründen abgelehnt worden sei und bis zum Ablaufe der Handelsverträge, also bis Ende 1903, überhaupt nicht aktuell werden könne. „Die Agitation für die Gerbstoffzölle, die hiermit betrieben wird, setzt somit etwas früh ein, vielleicht zu früh. Irgend welche neuen Gründe für den Zoll, der einer unserer grössten Industrien das Rohmaterial vertheuern soll, sind nicht beigebracht worden. Das wäre aber doch wohl nöthig gewesen, wenn man einen wohlerwogenen Bundesrathsbeschluss abgeändert haben und einer Industrie zu Leibe gehen will, die gerade in Folge der ausgedehnten Möglichkeit der Benutzung ausländischer Gerbmaterialien es dahin gebracht hat, dass, während Mitte der 70er Jahre die Einfuhr an Leder noch die Ausfuhr überwog, jetzt die Ausfuhr an Leder und Lederwaaren über 100 Millionen Mk. mehr ausmacht als die Einfuhr. Die ganze Produktion an Eichenrinde in Deutschland hat noch nicht einen Werth von 10 Millionen. Die Interessen, die sich auf beiden Seiten gegenüberstehen, werden an diesen beiden Zahlen am besten klar. Die Schutzzollpolitik ist eine Interessenpolitik im besten Sinne des Wortes; sie darf nicht dahin führen, dass weite Kreise des Volkes geschädigt werden, um ganz winziger Vortheile willen, die hier übrigens nach dem Urtheile von Sachkennern nur vorübergehender Natur sein würden. Ja, wenn es noch möglich wäre, in Deutschland das ganze Quantum der von der Lederindustrie benöthigten Gerbstoffe zu erzeugen! Das ist in Breslau zwar behauptet, aber nicht bewiesen worden. Die Lederindustriellen Deutschlands sind es allein gewesen, die seit dem Beginn der 70er Jahre immer von Neuem auf die Ausdehnung des Eichenschälwaldes gedrungen haben und sich sogar, weil sie eine grössere Produktion an einheimischer Rinde erwarteten, mit dem Zolle von 0,50 Mk.

auf 100 kg Gerberlohe im Jahre 1879 einverstanden erklärten. Was ist die Folge gewesen? Deutschland produzirt heute nicht einmal so viel Eichenrinde, wie vom Auslande importirt werden muss, ganz abgesehen von den enormen Mengen anderer ausländischer und namentlich überseeischer Gerbstoffe, welche die deutsche Lederindustrie, wenn sie gegen das Ausland wettbewerbsfähig bleiben will, für die Gerbung durchaus nöthig hat. Herr Landforstmeister D., der in Breslau den Ausspruch that, dass Deutschland sogar Ueberschüsse über den Gerbstoffbedarf im Lande produziren könne, scheint diese historische Entwicklung nicht gekannt zu haben. Ueberdies ist der Gerbprozess noch solcher Umwandlungen fähig, dass man, namentlich in Rücksicht auf die Mineralgerbung, garnicht weiss, wie es in der Lederindustrie nach fünf Jahren aussehen wird. Auch deshalb ist es nicht gut, die Frage schon jetzt aufzurollen."

In einem Artikel vom 2. Oktober 1898 kommen die „Hambg. Nachr." abermals auf das Thema zu sprechen. Allerdings sei in den ersten acht Monaten des Jahres die Quebrachoeinfuhr um ca. 150 000 dz gestiegen. Wenn aber die Gegner behaupteten, diese Steigerung des Imports schädige die deutschen Eichenschälwaldbesitzer noch mehr als früher, so sei zu bemerken, dass die Preisermässigung für Eichenlohe weit früher eingesetzt habe, als Quebracho nach Deutschland kam. In demselben Zeitraume habe jedoch auch die Einfuhr von Gerberlohe zugenommen, und zwar um 200 000 dz. „Wäre die deutsche Eichenschälwaldkultur rationell betrieben, was leider gegenwärtig vielfach nicht der Fall ist, so würde die Steigerung des Bedarfs an Lohe den deutschen Eichenschälwaldbesitzern zu Gute gekommen sein. So haben die ausländischen Besitzer den Vortheil davon. Das würde auch bei einem Zoll, der nicht einen prohibitiven Charakter hätte, nicht anders sein. Wäre Deutschland im Stande, die Gerbmaterialien für die deutsche Lederindustrie zum grössten Theile selbst hervorzubringen, so hätte die Frage ein anderes Aussehen. So aber, wie die Verhältnisse jetzt und in Zukunft liegen werden, würde ein Gerbzoll der deutschen aufblühenden Lederindustrie schwere Wunden schlagen, den deutschen Eichenschälwaldbesitzern aber nichts nützen."

In der Generalversammlung der „Freien Vereinigung von Lederfabrikanten Mitteldeutschlands" zu Magdeburg am 6. November 1898 hielt Generalsekretär R. Krause über den Gerbmaterialienzoll einen Vortrag, der auch im Druck erschienen ist. Der Vortrag scheint uns so lehrreich, dass wir seinen Gedankengang im Folgenden skizziren wollen.

Was die Stellung der deutschen Lederindustrie gegenüber dem deutschen Eichenschälwalde betreffe, so hätten sich die Herren von der Gerberei seit Jahrzehnten die grösste Mühe gegeben, die Eichenschälwaldkultur in Deutschland zu fördern. Bei der grossen Zolltarifreform Ende der 70er Jahre sei der richtige Grundsatz aufgestellt worden, dass die Rohprodukte, deren die Industrie bedarf und die nicht in hinreichendem Maasse im Inlande erzeugt würden, von einem Zolle frei gelassen werden sollten. Trotzdem habe sich damals die deutsche Lederindustrie mit einem Zoll auf Gerberlohe bis 0,50 Mk. per 100 kg einverstanden erklärt, weil sie von dem Zoll eine Förderung der deutschen Eichenschälwaldkultur erhoffte. Die Gerber hätten ferner direkt Geldmittel aufgebracht und einen Katechismus über die deutsche Eichenschälwaldkultur abfassen lassen; Alles das, um diesen Zweig unseres Wirthschaftslebens zu heben. Herr Kommerzienrath Keller habe die fasslichsten und handlichsten Broschüren über das Thema geschrieben. Der Verband der Lederfabrikanten und Häutehändler für Minden, Ravensberg usw. habe sich an den preussischen Landwirthschaftsminister gewandt wegen Hebung der Gewinnung von Fichtenrinde. Und auf der a.-o. Generalversammlung des „Zentralvereins der deutschen Lederindustrie" am 4. Februar 1895 habe das Vorstandsmitglied Herr Reichart aus Worms ausdrücklich dagegen protestirt, dass die deutsche Gerberei dem Eichenschälwalde und seinen Besitzern feindlich gesinnt sei; im Gegentheil, die deutsche Gerberei wünsche nichts sehnlicher, als dass Deutschland recht viel Eichenrinde produzire.

Was sei aber der Erfolg aller dieser Bemühungen der deutschen Lederindustrie gewesen? Soweit bis jetzt Zahlen vorlägen, sehe man, dass der Bestand an Eichenschälwald in Deutschland von 432999 ha im Jahre 1883 nur auf 445156 ha im Jahre 1893 gestiegen sei. Das sei eine Zunahme um 3 pCt., die gegenüber dem gestiegenen Bedarf an Gerbmaterialien nicht im Geringsten in Betrachtung kommen könne.

Nun habe zwar der Bundesrath die Resolution des Reichstags auf Einführung eines Zolls auf überseeische Gerbmaterialien abgelehnt, u. a. weil die Handelsverträge dem entgegenständen. Die deutsche Lederindustrie sei also bis 1903 gegen eine Aenderung der Verzollung von Gerbmaterialien gesichert. Aber angesichts der starken Agitation im schutzzöllnerischen Lager (s. den Breslauer Forstmännertag) sei es Pflicht der deutschen Gerber, sich beizeiten gegen diese Bestrebungen zu wehren.

Auch hätten sich die Ziele der Schutzzöllner wesentlich verschoben. Zuerst habe es sich nur um einen Zoll auf Quebrachoholz gehandelt. Aber der Appetit sei beim Essen gekommen; denn bald hätten die Herren Eichenschälwaldbesitzer ihre Agitation auf einen Zoll für sämmtliche überseeische Gerbmaterialien ausgedehnt. Als derselbe, wie schon erwähnt wurde, abgelehnt worden war, verlangten sie sogar einen Zoll auf sämmtliche Gerbmaterialien, also auch auf ausländische Lohe; wie das in der Breslauer Resolution zum Ausdruck gekommen sei. Ja, es sei in Breslau behauptet worden, dass Deutschland das gesammte Gerbmaterial, dessen seine Lederindustrie benöthige, produziren könne.

Die letzte Behauptung werde am besten durch einige Zahlen illustrirt. Von maassgebender Seite im gegnerischen Lager werde Deutschlands Produktion an Eichenlohe auf 750000 dz, die an Fichtenlohe auf 250000 dz angeschlagen. Demgegenüber habe im Jahre 1897 die Einfuhr ausländischer Gerbmaterialien ca. 2½ Millionen dz betragen, Deutschland würde also, wenn man nur das Gewicht ins Auge fasse, schon 2½ Mal mehr als jetzt produziren müssen, wenn es den ganzen Bedarf der deutschen Lederindustrie decken wollte. Nun komme es aber nicht auf das Gewicht der Gerbmaterialien, sondern auf das Gewicht des in ihnen enthaltenen Gerbstoffes an; denn es bestehe ein markanter Unterschied zwischen Gerbstoff und Gerbmaterial. Da ergebe sich denn, dass die gesammten einheimischen Gerbmaterialien 110000 dz, die ausländische Einfuhr aber $^1/_2$ Million dz Gerbstoff enthalte. Deutschland müsste also sechs Mal so viel an Gerbstoffen produziren als gegenwärtig, um die Bedürfnisse der Lederindustrie zu decken. Dass Deutschland dazu fähig' sei, könnten doch die Eichenschälwaldbesitzer nicht behaupten wollen, zumal nachdem sich trotz des Zolls das Areal des Eichenschälwaldes so wenig ausgedehnt habe.

Angenommen nun aber auch, es wäre wirklich möglich, in Deutschland sechs Mal so viel Gerbstoff zu gewinnen, so würde lange Zeit vergehen, bis man dahin käme; denn wenn jetzt Eichenniederwald gepflanzt würde, so wäre doch ein Ertrag davon erst nach 15—20 Jahren zu erwarten. In dieser Zeit aber könnte die gesammte deutsche Lederindustrie von der ausländischen Konkurrenz über den Haufen geworfen sein. Die Sache habe jedoch auch eine prinzipielle Bedeutung. Denn wenn erst die Berechtigung der Verzollung sämmtlicher Gerbmaterialien zugegeben worden sei, stehe dem Verlangen nach einem Zolle auf Häute und Felle nichts mehr im Wege. Was das für die Lederindustrie bedeuten würde, liege auf der Hand.

Ein Zoll von 100—200 pCt. ad val., wie er s. Zt. für Quebracho verlangt wurde, würde den Eichenschälwaldbesitzern Deutschlands allerdings gestatten, ihre Produkte zu beträchtlich höheren Preisen abzusetzen. Ein solcher Zoll wäre aber der Ruin eines blühenden Gewerbszweiges, der viele Millionen an Werth umsetzt und Tausende von Leuten beschäftigt. Da Deutschland jedoch für seine wachsende Bevölkerung der Industrie und diese des Exports bedürfe, sei ein so hoher Zoll eine Utopie. Denkbar sei demnach höchstens ein mässiger Zoll. Dann würden sich die Lederindustriellen aber erst recht den überseeischen Gerbmaterialien zuwenden, weil diese mit ihrem hohen Gerbstoffgehalt prozentualiter am wenigsten belastet sein würden. Der Zoll würde also das Gegentheil bewirken von dem, was die deutschen Eichenschälwaldbesitzer erstrebten.

Eine differenzirte Verzollung, wobei die Gerbmaterialien nach ihrem Gerbstoffgehalt behandelt würden, sei technisch unausführbar; denn es sei noch nicht möglich, bei allen Gerbstoff-Extrakten zu bestimmen, aus welchem Material der Gerbstoff gewonnen ist. Ein mässiger Zoll würde die Gerberei aber auch zwingen, die Mineralgerbung noch weiter auszudehnen. Das würde die Verwendung vegetabilischer Gerbmaterialien natürlich einschränken.

Von einem Zoll auf Gerbmaterialien würden die Eichenschälwaldbesitzer also keine Vortheile haben. Dagegen würde die deutsche Lederindustrie davon eine ganz bedeutende Schädigung erfahren, selbst wenn Deutschland die Zölle auf ausländisches Leder und Lederwaaren erhöhen sollte. Unsere Ausfuhr an Leder und Lederwaaren betrage ca. 150 Mill. Mk., die Einfuhr 50 Mill. Mk. Selbst wenn die ausländische Einfuhr durch eine ev. Zollerhöhung ausgeschlossen würde, blieb immer noch eine Schädigung der deutschen Lederindustrie um 100 Mill. Mk. Wenn man bedenke, dass die ganze Eichenschälwaldproduktion nur 10 Mill. Mk. ausmache, werde man ermessen können, welche Interessen wichtiger seien.

Ein Ausschluss der deutschen Lederindustrie vom Weltmarkte werde seine Wirkung auf den inländischen Markt äussern. Schon jetzt drohe das Gespenst der Ueberproduktion. Wenn den Gerbereien der Abfluss ihrer Produktion auf den Weltmarkt verschlossen würde, würden sie nicht ihre Einarbeitung reduziren, sondern ihre Produktion auch noch auf den inneren Markt werfen. So würde der Gerbmaterialienzoll einen verschärften Kampf der einzelnen Gerbereien untereinander auf dem Inlandsmarkte zur unbedingten Folge haben.

Der Zoll würde aber auch die technische Entwicklung hemmen. Gegenwärtig könne die deutsche Lederindustrie wie die des Auslandes die ihr zusagenden Gerbmaterialien frei auswählen. Durch Begründung der „Deutschen Versuchsanstalt für Lederindustrie" habe sie ein ausgezeichnetes Institut zur Förderung der technischen Entwicklung, das vom Reiche wie von der Heeresverwaltung unterstützt werde. Sobald der Zoll eingeführt worden sei, werde die freie Verwendung der Gerbmaterialien gehindert sein; denn die Gerber würden versuchen müssen, nur noch solche Gerbmethoden anzuwenden, die ihnen die Zollbelastung noch frei lasse. Die freie Entfaltung der Technik, die Ausgestaltung des Gerbprozesses, auf den doch so ausserordentlich viel ankomme, würde aufgehalten werden und hinter dem Auslande zurückbleiben. Das wäre auch für die Heeresverwaltung verhängnissvoll.

Wenn durch die Hemmung der Technik die deutsche Lederindustrie nicht mehr das jeweils beste Produkt erzielen könne, würde ihr das Ausland bald den Rang ablaufen. Diese Eventualität würde, trotz etwaiger höherer Zölle, auch den Absatz der deutschen Lederindustrie im Inlande schädigen. Gegen eine so gesteigerte fremde Einfuhr werde sich dann aber nichts machen lassen, weil die Zölle vielfach durch Handelsverträge gebunden sein würden.

Die Zollfreunde hätten behauptet, dass die deutsche Sohlleder-Ausfuhr stark zurückgegangen sei, nachdem (von 1888 ab) Quebracho in grösseren Mengen angewandt worden sei. In Wirklichkeit habe sich die Sohlleder-Ausfuhr gegen das Jahr 1888 verdoppelt.

Weiter werde von den Freunden des Zolls immer darauf hingewiesen, dass es sich beim Eichenschälwalde um recht viele kleine Existenzen handle. Demgegenüber sei zu betonen, dass die Zahl der Existenzen, welche von der Leder- und Leder verarbeitenden Industrie abhingen, jene Zahl weit übertreffe, dass also durch den Zoll auch viel mehr Existenzen geschädigt werden würden, als angeblich nach der Meinung der Eichenschälwaldbesitzer durch denselben Vortheil haben würden. Weiter sei zu beachten, dass sich die Interessen des Eichenschälwaldes auf einen verhältnissmässig kleinen Bezirk unseres Vaterlandes beschränkten, während die Leder-

und die Leder verarbeitende Industrie auf das ganze Reich gleichmässig vertheilt sei, und demnach auch das ganze Reich an der Verhinderung des Zolls interessirt sei.

Bei jeder volkswirthschaftlichen Maassregel müsse das Gewicht der Interessen, die dabei in Betrachtung kämen, beachtet werden. Der preussische Handelsminister habe die Produktion der deutschen Lederindustrie auf 5—700 Mill. Mk. geschätzt. Was wollten nun diesen 700 Mill. Mk. gegenüber die 10—15 Mill. besagen? Man dürfe doch nicht einem grossen Theile der Bevölkerung das Brot entziehen, um es einem kleinen geben zu wollen, ganz abgesehen davon, dass der Nutzen, der den Eichenschälwaldbesitzern aus dem Zoll erwachsen würde, höchst zweifelhaft wäre.

Es gebe aber andere Mittel als den Zoll, den Eichenschälwaldbesitzern zu helfen. Es sei da vor Allem zu verweisen auf die Rathschläge, die Herr Kommerzienrath Keller in Beurig bei Trier in zwei Broschüren niedergelegt habe. Ausserdem müssten die Eichenschälwaldbesitzer ihren kommerziellen Verkehr mit den Gerbern den neuzeitlichen Anforderungen anpassen; so sei z. B. ein Verkauf von Rinde auf dem Stocke in der jetzigen Zeit nicht mehr angebracht. Schliesslich sei noch zu erwägen, ob nicht, etwa mit Hilfe des Staates, die Besitzverhältnisse, wie sie gegenwärtig in Deutschland bei dem Eichenschälwalde anzutreffen seien, einer Abänderung bedürften.

Die Versammlung nahm darauf eine von dem Referenten eingebrachte Resolution an, den „Centralverein der deutschen Lederindustrie" aufzufordern, mit allen nur zulässigen Mitteln gegen die Einführung allgemeiner wie besonderer Gerbmaterialienzölle zu arbeiten.

Die beiden oben erwähnten Broschüren von J. B. Keller führen den Titel: „Eichenlohgerbung und Schälwaldbetrieb" und „Der Eichenschälwald und seine Rentabilität". Der Herr Verfasser warnt darin, obwohl er selbst auch Eichenschälwald betreibt, ernstlich vor einer Verzollung der ausländischen Gerbstoffe; er warnt aber auch, den Eichenschälwald in andere Kulturen umzuwandeln. Abgesehen von den allgemein bekannten klimatologischen Gründen, die für die Erhaltung des Waldes sprächen, sei zu beachten, dass der Eichenschälwald für seinen Besitzer ein äusserst werthvoller Besitz und dass seine Rentabilität durch entsprechende Pflege wesentlich gesteigert werden könne. Die Erträgnisse der Schälwälder seien ja nach der Behandlung natürlich verschieden. Heute werde ein Ertrag von 15 Zentnern Lohe auf den Morgen als befriedigend und von 20 Zentnern als gut, theilweise als ausnahmsweise hoch betrachtet. Bei tadelloser, rationeller Kultur sei aber ein Ertrag von 30—35 Zentnern nichts Ungewöhnliches, ja der Verfasser hat schon ausnahmsweise über 40 Zentner erzielt. Durch ein höheres Erntequantum allein würde reichlich das ersetzt werden, was in Folge des Preisabschlages in den letzten Jahren verloren gegangen sei. „Hier sollte der Hebel angesetzt werden in den Bemühungen um die Hebung der Lage der Eichenschälwaldbesitzer, und hier ist auch eine sichere Abhilfe in Aussicht. Man hat sie leider bisher zu wenig beachtet.“ Man sollte der Kultur des Schälwaldes, der auch wegen seiner verschiedenartigen Nebennutzungen sichere und ganz regelmässige Erträge liefere und vielfach der örtlichen Verhältnisse wegen durch keine andere Kulturart ersetzt werden könne, eine weit grössere Aufmerksamkeit zuwenden, als dies bisher der Fall gewesen sei; trotz des Umsichgreifens der Schnellgerberei mit Hilfe der überseeischen Gerbstoffe hält der Verfasser an der Ansicht fest, dass unsere einheimische Lohe in guter Qualität der edelste Gerbstoff sei, der der Gerberei zur Verfügung stehe. Um gute Lohe in grösseren Mengen als bisher zu gewinnen, giebt er eine Reihe fachmännischer Rathschläge, die wir hier nur skizziren können. Jeder Interessent kann sich in den Broschüren genauer informiren; sie werden ihm von dem Herrn Verfasser gern zugestellt.

Die Hauptsache sei, dass dem Schälwalde seine natürliche Düngung, das Laub, erhalten bleibe; dagegen werde noch vielfach gesündigt. Eine der Hauptnutzungen, die Roggensaat, dürfe nur auf gutem Boden und während der Abtriebszeit nur einmal und zwar im ersten Jahre nach dem Abtriebe ausgeübt werden. Das Eintreiben von Rindvieh sollte möglichst ganz, das von Ziegen, Schafen und Schweinen unter allen Umständen unterbleiben. Besonders wichtig und vortheilhaft sei eine zweimalige Durchforstung, während man sich jetzt meistens auf eine beschränke und selbst diese oft nur mangelhaft ausführe, ja auch gänzlich unterlasse. Von grösster Bedeutung sei, die Lohe möglichst vor Regenschaden zu schützen. Schliesslich sei sehr zu empfehlen die Anpflanzung der Lärche, entweder an Stelle geringwerthiger Eichenbestände, oder als Misch- und Treibholzbestände in Schälwäldern. Der Verfasser empfiehlt den Interessenten, in seinen eigenen Anlagen den Unterschied zwischen vernachlässigten und (mit geringen Kosten) gut behandelten Distrikten anzusehen; auch räth er eine Besichtigung der grossartigen Anlagen des Geh. Rath v. Boch in Mettlach an. Man möge in der jetzigen Krisis den Muth nicht verlieren, sondern durch beste Bewirthschaftung den Schaden auszugleichen suchen.

Gegen den Gerbmaterialienzoll wendet sich auch der 1898er Jahresbericht des Centralvereins der deutschen Leder-Industrie mit folgenden Ausführungen:

„In der (oben erwähnten) Breslauer Forstmänner-Versammlung ist zum ersten Male der Versuch gemacht worden, statistisches Material in grösserem Umfange für den Gerbmaterialzoll ins Feld zu führen. Bis dahin bildeten die Zahlen über die Sohlleder-Ausfuhr die einzige statistische Unterlage, auf welche die Zollfreunde ihre Anschauung stützen zu können glaubten. Man argumentirte so: Die Sohlleder-Ausfuhr sei Ende der 80er und Anfang der 90er Jahre gefallen; folglich sei erwiesen, dass die Benutzung von Quebracho schädigend auf den Export wirke, und demnach sei ein Zoll auf dieses, die deutsche Lederindustrie angeblich schädigende Material ganz gerechtfertigt. Schon in unserer ausserordentlichen Generalversammlung vom 4. Febr. 1895 konnte dieses Argument zahlenmässig widerlegt werden; denn die Sohlleder-Ausfuhr für das Jahr 1894 hatte sich auf 6000 Doppelzentner erhöht, war also wieder höher als die Ausfuhr im Jahre 1888, von welchem ab Quebracho in grösseren Mengen eingeführt wurde. Nun hat sich aber in den seit 1895 wieder verflossenen vier Jahren die Sohlleder-Ausfuhr so gehoben, dass sie 1898 auf 16754 Doppelzentner gestiegen ist. Die Ausfuhr hat damit fast den doppelten Stand der 80er Jahre erreicht. Dass mit diesen Zahlen demnach von den Zollfreunden nicht mehr operirt werden kann, ist klar."

„Nun hat Herr Gerbereibesitzer Alff in Taben a. d. Saar den Versuch gemacht, in Breslau einiges neues statistisches Material für den Gerbmaterialienzoll beizubringen. Es wird sich später Gelegenheit bieten, eingehend auf dieses Material zurückzukommen. Der Hauptpunkt, um den sich die ganze Zollfrage dreht und der auch von Herrn Alff sehr wohl herausgefühlt worden ist, ist der, ob Deutschland im Stande ist, das von der Lederindustrie benöthigte Gerbmaterial selbst zu erzeugen oder nicht. Ist Deutschland dazu fähig, so kann der Grundsatz unserer bisherigen Zollpolitik, wonach ein Zoll nicht auf Rohstoffe der Industrie gelegt werden darf, welche Deutschland nicht oder in nicht ausreichendem Maasse herstellt, gegen die Zollagitation nicht ins Feld geführt werden. Ist das Gegentheil der Fall, so fällt allerdings die Agitation platt zu Boden. Denn es wäre eine baare Ungerechtigkeit, einen Schutzzoll für ein Rohmaterial einzuführen, das in Deutschland nur in ganz verschwindendem Maasse erzeugt werden kann. Herr Alff hat herausgerechnet, dass Deutschland im Stande wäre, seinen Gerbmaterialienbedarf zu decken. Auch hierauf wird noch später eingehend eingegangen werden müssen.

Für jetzt nur Folgendes:

Zu dem Gerbstoffe, den heute der Eichenschälwald Deutschlands hervorbringt, rechnet Herr Alff noch 56 pCt.

hinzu, weil nach Prof. v. Schröder mit der Rinde nur 44 pCt. der zuwachsenden gerbenden Stoffe ausgenutzt werden. Herr Alff nimmt Bezug auf den im Reisig und Schälholz noch enthaltenen Gerbstoff, vergisst aber dabei nur, dass die Ausnutzung dieses Gerbstoffes nicht nur wirthschaftlich unvortheilhaft ist, sondern auch auf technische Schwierigkeiten stösst. Es ist nämlich zu berücksichtigen, dass nach der v. Schröderschen Untersuchung für das Schälholz ein durchschnittlicher Gerbstoffgehalt von 1 pCt. und für das Abfallreisig ein solcher von 5 pCt. zu Grunde gelegt wird. Diese Gehalte sind auf Grund von Tharandter Analysenergebnissen aufgestellt worden. Sie dürften, da bez. des Gerbstoffgehalts das dem Tharandter Schälwalde entnommene Material sich sehr günstig stellte, noch eher zu hoch als zu niedrig angenommen sein. Ein Material wird aber nur dann technisch auf Gerbstoff benutzt werden können, wenn es mindestens 6 bis 7 pCt. Gerbstoff enthält. Bei einer rationellen technischen Extraktion kann man nicht weiter als bis auf 2 bis 3 pCt. rückständigen Gerbstoffes auslaugen. Man würde also nur 2, höchstens 3 pCt. Gerbstoff überhaupt aus dem Abfallreisig gewinnen können. Es ist daher einleuchtend, dass der Gedanke, das Abfallreisig auf Gerbstoff technisch auszunutzen, sich nicht in die Praxis übertragen lässt.

Des Weiteren rechnet Herr Alff ungeheuere Quantitäten gerbender Stoffe aus dem Fichen- und Lärchenwalde heraus. Gewiss liesse sich noch mehr Fichtenrinde für Gerbereizwecke benutzen, leider aber verzichtet man nur zu häufig Seitens der Forstwirthschaft auf die Gewinnung von Fichtenrinde. Im Fichtenwalde ist eben die Gewinnung des Holzes die Hauptnutzung und mit Bezug auf sie werden die Fällungszeiten festgesetzt. Häufig ist dann eine Schälung der Rinde überhaupt unmöglich. Fast der ganze Posten, der hierfür in die Alff'sche Rechnung gesetzt ist, muss auch gestrichen werden. Den Gerbstoff, welcher aus dem Reisig der Fichte und Lärche gewonnen werden kann, setzt Herr Alff auf 1,1 Mill. dz an. Es ist dies die Hälfte des Quantums, welches seiner Meinung nach überhaupt vom deutschen Walde an Gerbstoffen produzirt werden kann. Da aber, wie schon vorhin ausgeführt, das Reisig sich überhaupt nicht für die Gewinnung von Gerbstoffen eignet, so muss dieser Posten vollständig gestrichen werden. Von den 2,2 Mill. dz Gerbstoff, welche nach Alff der deutsche Wald hervorzubringen geeignet wäre, bleibt also nicht viel übrig. Man ersieht an diesem, allerdings dem wichtigsten Beispiele, wie ausserordentlich leicht, um nicht zu sagen leichtfertig, Seitens der Zollfreunde mit Zahlen umgegangen wird. Da die Zollfreunde keine zutreffenden Zahlen für ihre Anschauungen anführen können, so konstruiren sie sich statistisches Material, — müssen dann allerdings auch erleben, dass ihnen nachgewiesen wird, dass ihre Zahlen auf den schwächsten Füssen stehen.

Der Geschäftsführer der Freien Vereinigung von Lederfabrikanten Mitteldeutschlands hat in einer Versammlung zu Magdeburg am 6. Nov. v. J. (1898) in einem Vortrage, der gedruckt und an die Regierungsstellen, Forstmänner, Gerbereibesitzer u. s. w gesandt wurde, eine Berechnung dargelegt, nach welcher Deutschland nur im Stande ist, $^1/_6$ der von der Lederindustrie benöthigten Gerbstoffe zu erzeugen. Diese Berechnung war für 1897 aufgestellt. Nachdem die nach Deutschland im Jahre 1898 importirten Mengen von Gerbmaterialien bekannt geworden sind, stellt sich das Verhältniss so, dass jetzt Deutschland zur Hervorbringung von etwa nur noch $^1/_7$ fähig ist.“

Die Verbündeten Regierungen behielten denn auch nach wie vor ihre ablehnende Haltung bei. Ende Januar 1899 wusste der „Hamb. Corresp.“ mitzutheilen, dass die Reichsregierung Erhebungen über die Stempelung des Leders, das mit Quebracho gegerbt worden sei, angestellt habe. Diese Untersuchungen hätten ergeben, dass die Stempelung nicht auszuführen sei. Auch die beim Reichstage eingelaufenen Petitionen wegen Einführung eines Zolls auf Quebracho resp. überhaupt auf überseeische Gerbmaterialien hätten keine Aussicht auf Zustimmung des Bundesrathes. Bis zum Ablaufe der Handelsverträge werde jedenfalls eine Aenderung der bestehenden gebundenen Zölle Seitens der Verbündeten Regierungen auch nicht einmal in Erwägung gezogen: „Wenn übrigens die Ausfuhr in Sohlleder, für das hauptsächlich die kombinirte Gerbung mit Quebracho angewandt wird, aus Deutschland so weiter steigt, wie in den letzten Jahren, so wird man der Behauptung von einer Minderwerthigkeit des Quebracholeders immer weniger Glauben entgegenbringen können.“ Auch die „Hamb. Nachr.“ führen in einem Berliner Telegramm vom 15. Febr. 1899 aus, dass der Bundesrath auch aus Rücksicht auf die laufenden Handelsverträge bei seiner Ablehnung eines Zolls auf überseeische Gerbmaterialien verharren müsse. Sie betonen hierbei noch Folgendes. Die Statistik über die Einfuhr von Gerbmaterialien lasse erkennen, dass die deutsche Lederindustrie immer gewaltigere Quantitäten von Gerbstoff brauche. Der Hauptgrund liege in der stärkeren Konsumtion von Leder und Lederwaaren, die ihrerseits wieder eine Folge des zunehmenden Nationalwohlstandes sei. (Und der wachsende Export! Der Verf.) Jedenfalls hätten gegen 1897 im Jahre 1898 soviel Doppelzentner Gerbmaterialien mehr nach Deutschland eingeführt werden müssen, als der deutsche Eichen- und Fichtenwald bisher jährlich überhaupt zu produziren vermochte: „Schon früher lag das Verhältniss so, dass Deutschland gerade nur $^1/_6$ des von der deutschen Lederindustrie benöthigten Gerbstoffes erzeugte. Schreitet der Bedarf der letzteren in der erwähnten Rohwaare weiter fort, wie die Zahlen der Einfuhr für 1898 beweisen, so wird sich dieses Verhältniss immer weiter verschieben und immer mehr wird klar werden, dass der deutsche Wald gar nicht in der Lage ist, der Lederindustrie die Rohwaare zu liefern, auch wenn ein Prohibitivzoll eingeführt würde. Voraussetzung für jeden Schutzzoll ist aber doch der Nachweis, dass der zu schützende Erwerbszweig im Stande ist, die im Inlande benöthigte, von ihm erzeugte Waare ganz oder fast ganz herzustellen. Sonst wäre der Zoll kein Schutzzoll, sondern eine auf Kosten anderer Erwerbszweige vom Staate erzwungene Subvention. „Die Industriezweige, welche sich eines Schutzzolls erfreuen, haben alle den Nachweis erbringen müssen, dass sie den Bedarf des Inlandes zu decken in der Lage sind. Die Schälwaldbesitzer können dies nicht und werden, wie die Zahlen beweisen, von Jahr zu Jahr immer weniger dazu im Stande sein; deshalb muss schon an dieser Klippe die Zollagitation scheitern.“ Zu bemerken wäre noch, dass die meisten Anhänger des Gerbmaterialienzolles gar nicht einmal versucht haben, zu beweisen, dass der deutsche Schälwald den Gerbstoffbedarf der unaufhaltsam wachsenden Lederindustrie Deutschlands decken könne. Sie beschränken sich meist auf Klagen über die steigende Quebrachoeinfuhr, den Rückgang unserer Schälwaldkultur, die angebliche Geringwerthigkeit des Quebracholeders, den Rückgang der kleinen und mittleren Gerbereien, vor Allem aber wird nach Staatshilfe gerufen. Das ist nämlich wohlfeiler als Selbsthilfe.

Der „Centralverein der deutschen Lederindustrie“ hielt am 4. April (1899) seine Hauptversammlung in Frankfurt a. M. ab. Nach einem Berichte der „Hambg. Nachr.“ vom 6. April sprach sich der Centralverein gegen eine umfangreichere Gestaltung des Veredlungsverkehrs in Leder aus und protestirte gegen die Bestrebungen der Riemenfabrikanten, bei diesem Verkehr den Identitätsnachweis abzuschaffen. „Einen grossen Theil der Sitzung nahm die Verhandlung über Zoll- und handelspolitische Maassregeln in Anspruch. In dieser Beziehung wurden verschiedene Beschlüsse gefasst. Nach dem einen spricht sich die deutsche Lederindustrie für die Schaffung eines Maximal- und eines Minimaltarifs aus. Die Sätze des Ersteren sollen im Verhältniss zur Höhe der Tarifpositionen der unsere Leder- und Lederwaaren-Ausfuhr etwa hemmenden anderen Länder stehen, die des Letzteren (des Minimaltarifs) sich in Höhe des jetzigen autonomen Tarifs bewegen. Die Herstellung guter Handelsbeziehungen zum Auslande wurde als nothwendig bezeichnet. Des Weiteren hält es der Centralverein für erwünscht, dass das Zolltarifschema für Leder möglichst spezialisirt und dass der

Spezialisirung der im Reichsamt des Innern aufgestellte produktionsstatistische Fragebogen, unter Zusammenziehung einzelner darin enthaltener Rubriken zu Grunde gelegt werde. Er erklärt ausserdem eine einheitliche Zolltarifirung von Sohlleder und Treibriemenleder als durchaus nothwendig, um den jetzigen Zollumgehungen bei Sohlleder ein Ende zu machen, und wünscht schliesslich, dass er auch bez. der Verzollung der Lederwaaren gutachtlich gehört werde, sowie dass durch die Behandlung der Lederwaaren im Zolltarif nicht etwa die Verzollung von Leder abgeschwächt oder gar illusorisch gemacht werde." (H. N. v. 6. 4. 99.)

Die „Berl. N. N." feiern (8. 4. 99) die Frankfurter Beschlüsse als einen Triumph des Gedankens des Schutzes der nationalen Arbeit über die Freihandelstheorie. Auf der Frankfurter Versammlung habe sich herausgestellt, dass die grossen Lederfabrikanten in Worms, Mainz usw., die früher im vermeintlichen Interesse des Absatzes ihres Fabrikats durchaus freihändlerisch gesinnt gewesen seien, gegenwärtig auf dem gerade entgegengesetzten Standpunkte ständen. „Die betreffenden Fabrikanten waren offen genug, diese Meinungsänderung einzugestehen. Sie erklärten sie durch die völlige Aenderung der wirthschaftlichen Lage, wie sie durch die Zollgesetzgebung anderer Länder und namentlich Amerikas geschaffen ist. Amerika ist jetzt ein Konkurrent in feinerem Oberleder auf dem deutschen Markte geworden, während früher die Wormser, Mainzer, Barmer u. s. w. Firmen ein Hauptabsatzgebiet in Amerika hatten. So sind sie aus Freihändlern Anhänger einer rationellen Wirthschaftspolitik geworden, und wie in der Lederindustrie hat sich in vielen anderen Berufszweigen eine Umwandlung der Anschauungen vollzogen. Der Freihandel hat abgewirthschaftet . . . und es ist Aussicht vorhanden, dass der bei weitem grösste Theil der deutschen Industrie von vornherein fest zusammenstehen wird, um den deutschen Markt möglichst den einheimischen Erzeugnissen zu sichern!"

Wenn nun aber das Ausland dasselbe thut, wo sollen wir dann mit unserm Milliardenexport hin und wie wollen wir dann der beständig wachsenden Arbeiterschaar Arbeit schaffen?

Die „Hamb. Nachr.“ sagen in einem Berliner Telegramm vom 6. April 1899 zu dem Beschluss über die Spezialisirung des Zolltarifschemas für Leder: Dass die Tendenz möglichster Spezialisirung bei dem neuen Zolltarifschema obwalten werde, habe der Staatssekretär des Reichsamtes des Innern schon im Reichstage erklärt. Es sei nun von Bedeutung, dass einer der grössten Industriezweige, der in dem bisherigen Zolltarife mit zwei Positionen ausgekommen sei, sich zu demselben Prinzip bekenne und eine grössere Anzahl von Unterabtheilungen wünsche. „Wahrscheinlich wird damit eine grössere Mannigfaltigkeit der Zollsätze erstrebt. Aber auch wenn damit nur verhindert werden würde, dass bei etwaigen Konzessionen in den Handelsvertragsverhandlungen zu viel auf einmal an das Ausland bewilligt werden müsste, weil sich mehrere Waarengattungen in einer Tarifposition befinden, würde dem Wunsche stattgegeben werden müssen.“ Auch der Gedanke, dem Zolltarifschema den produktionsstatistischen Fragebogen zu Grunde zu legen, sei glücklich.

In einem Artikel vom 11. April 1899 kommen die „Berl. N. N.“ auf den Gerbmaterialienzoll zu sprechen. Gegen diesen Zoll müsse die gesammte Industrie Stellung nehmen. Denn durch etwaige Einführung eines solchen Zolls würde einer der wichtigsten Grundsätze der bisherigen Zollpolitik, (dass auf Naturprodukte, welche von der Industrie gebraucht, in Deutschland aber nicht oder nicht in genügendem Maasse erzeugt werden, kein Zoll gelegt werden dürfe, durchbrochen werden. Würde der Gerbmaterialienzoll eingeführt, so stände einem Zoll auf Wolle, auf Eisenerze u. s. w. kein prinzipielles Hinderniss im Wege. Nach dem vorjährigen Forstmännertage in Breslau (s. o.) hätte man annehmen müssen, dass die gesammte deutsche Forstwirthschaft das Hauptheilmittel für den einheimischen Eichenschälwald in dem Zolle erblicke. Das sei aber durchaus nicht der Fall, wie aus dem Buche „Der deutsche Eichenschälwald und seine Zukunft“ von dem Forstmeister Dr. Fr. Jentsch hervorgehe.

Jentsch spreche darin deutlich aus, dass der Zoll nicht geeignet sei, dem Eichenschälwalde auf die Dauer zu helfen. Mit den Ausführungen Jentschs sei den Gegnern des Gerbmaterialienzolls eine um so wirksamere Hilfe geschaffen worden, als sie durchaus objektiv und wissenschaftlich gehalten seien.

Das Buch von Jentsch wird auch von der „Leipz. Volksztg." (13. Mai 1899) und den „Hamburger Nachrichten" (19. Mai 1899) in gleichem Sinne besprochen. Letztere bemerken: „Noch jüngst hat einer der besten Kenner des deutschen Eichenschälwaldes, der Forstmeister Dr. Fr. Jentsch, die Vernachlässigung als die eigentliche Ursache des Rückganges der Rentabilität des Eichenschälwaldes bezeichnet. Die Agitatoren thäten deshalb gut, die Interessentenkreise hierauf aufmerksam zu machen, statt sie zu neuen Zollpetitionen aufzumuntern. Rückständige Wirthschaften sind auch durch die höchsten Zölle nicht zu halten." —

In neuester Zeit ist die Frage wieder in der Petitionskommission des Reichstags zur Verhandlung gekommen. No. 295 der Drucksachen des Reichstags (10. Legislatur-Periode I Session 1898/99) (Berichterstatter Abg. Wattendorf, 23. Bericht der Kommission) besagt darüber:

„Dem Reichstage sind vier Petitionen zugegangen betr. Einfuhrzoll auf ausländische Gerbstoffe, insbes. auf Quebrachoholz, und zwar Seitens des Rheinischen Bauernvereins, der Landwirthschaftskammer für Schleswig-Holstein, des Kreistags in Trier und des Badischen Bauernvereins.

In allen diesen Petitionen wird dargelegt, dass durch die zunehmende Verwendung des Quebrachoholzes die Lohepreise in den letzten Jahren auf einen sehr niedrigen Stand herabgedrückt worden seien, so dass die Lohschälwaldungen fast ganz unrentabel geworden seien. Diese bildeten aber die Haupteinnahmequelle vieler Gemeinden und privaten Besitzer. Die ohnehin bestehende Nothlage der Landwirthschaft würde dadurch noch verschlimmert. Ausserdem würde durch das Eingehen der Schälwaldungen einer grossen Anzahl kleinerer Leute, die dabei ihren lohnenden Verdienst gefunden hätten, der nothwendige Lebensunterhalt vollends entzogen. Endlich würden die vielerorts noch bestehenden kleineren Gerbereien bei fortgesetzter zollfreier Einfuhr des Quebrachoholzes in kurzer Zeit zu Grunde gehen, da die grossen Lederfabriken, namentlich in den Seestädten, im Quebrachoholze einen so billigen Gerbstoff hätten, dass sie ihre Produkte zu einem viel niedrigeren Preise abgeben könnten, als die kleineren und mittleren Gerbereien. Die möglichste Fernhaltung des Quebrachoholzes liege auch im Interesse der gesammten Bevölkerung, da das damit gegerbte Leder an Dauerhaftigkeit dem mit Lohe gegerbten bedeutend nachstehe. Es müsse möglichst bald Abhilfe gebracht werden, da die Nothlage der Schälwaldbesitzer in erschreckender Weise wachse. Allein in einer Bürgermeisterei des Reg.-Bez. Trier habe die frühere Einnahme aus den Schälwaldungen 73 500 Mk. betragen, die jetzige betrage nur 31 500 Mk. Aehnlich stehe es auch in anderen Gemeinden. In einzelnen Wirthschaften der Provinz Schleswig-Holstein betrage der Ausfall bis über 500 Mk. Für den Kreis Trier wird bei einem Preissturz von 100 Mk. für den Morgen der Kapitalverlust auf annähernd $4\frac{1}{2}$ Millionen Mk. berechnet. Sämmtliche Petenten bitten um die Einführung eines hohen Zolles auf ausländische Gerbstoffe; die Petition des Badischen Bauernvereins befürwortet noch ausserdem, es möge gesetzlich bestimmt werden, dass als „Leder“ speziell als „Sohlleder“ nur mit Eichenlohe gegerbte Häute bezeichnet werden dürften und dass dieses Leder mit einer Schutzmarke versehen werde.

Diese Petitionen kamen in der Sitzung der Petitionskommission vom 26. April 1899 zur Berathung und Verhandlung. Der als Regierungskommissar anwesende Geh. Reg.-Rath Meuschel gab folgende Erklärung ab:

In der Stellungnahme der Verbündeten Regierungen zu den Anregungen einer Zollbelastung ausländischer Gerbstoffe ist seit dem Beschlusse des Bundesrathes vom 14. Okt. 1896 keine Aenderung eingetreten. Die ablehnende Haltung des Bundesraths beruht auf den Erwägungen, welche dem Reichstage in seiner Sitzung vom 20. Jan. 1897 von dem damaligen Herrn Staatssekretär des Reichsschatzamtes ausführlich mitgetheilt worden sind. Hierauf und auf die Erklärung, welche ich am 19. Mai 1897 an dieser Stelle abzugeben die Ehre hatte, gestatte ich mir Bezug zu nehmen, da die damals angeführten Bedenken auch heute unvermindert fortbestehen und das in den vorliegenden Petitionen erbetene Vorgehen während der Geltungsdauer der Handelsverträge unmöglich machen. Für die Neugestaltung des Zolltarifs nach dem Ablaufe dieser Verträge ist die wiederholte Prüfung der Frage schon früher zugesichert worden. Inzwischen wird die Angelegenheit Seitens der Reichsverwaltung nicht aus dem Auge verloren. Um die Unterlagen für die Beurtheilung zu vervollständigen, hat der Bundesrath in neuerer Zeit auch für zerkleinertes Quebrachoholz und für Quebrachoholzextrakt die besondere statistische Nachweisung der Einfuhr und Ausfuhr vorgeschrieben. Ferner sind von den mit Hilfe des Wirthschaftlichen Ausschusses eingeleiteten Erhebungen verwerthbare Aufschlüsse namentlich über den Umfang der inländischen Ledererzeugung zu erwarten. Diese Maassnahmen werden die Prüfung der Frage erleichtern, ob nach dem Wegfalle der gegenwärtigen vertragsrechtlichen Hindernisse den Wünschen der Schälwaldbesitzer auf zollpolitischem Gebiete ohne Schädigung der einheimischen Lederindustrie entsprochen werden kann. Bei der derzeitigen Sachlage möchte sich empfehlen, über die Petitionen zur Tagesordnung überzugehen. Die von dem Herrn Referenten berührte Anregung, für das durch reine Eichenlohegerbung hergestellte Leder eine Kennzeichnung vorzuschreiben, fällt in den Geschäftsbereich des Reichsamtes des Innern. Aehnliche, zumeist auf eine Stempelung des Quebracholeders gerichtete Vorschläge haben dort, inhaltlich einer dem Reichsschatzamte zugegangenen Mittheilung, zu Erörterungen Anlass gegeben, sind aber von den hauptsächlich betheiligten Bundesregierungen weder für durchführbar noch für zweckdienlich erachtet worden."

Die Erklärung desselben Herrn Regierungskommissars vom 19. Mai 1897, worauf Bezug genommen wird, lautet folgendermaassen:

„Mit der Anregung eines Zolles auf Quebrachoholz sind die Petenten auf eine Angelegenheit zurückgekommen, die den Gegenstand zahlreicher Eingaben der Besitzer von Eichenschälwaldungen einerseits und der Lederindustriellen andrerseits gebildet und im Reichstage wie im Bundesrathe schon wiederholt zu eingehenden Verhandlungen geführt hat. Im Reichstage gelangte am 2. Mai 1895 eine Resolution zur Annahme, in welcher befürwortet war, Quebrachoholz und die daraus hergestellten Extrakte und Präparate mit einem wirksamen Zolle zu belegen, ebenso andere überseeische Gerbstoffe, soweit sie zur Gerberei von Leder Verwendung finden, mit Ausnahme derjenigen, welche für die Färberei und für die chemische Industrie erheblich in Betracht kommen. Die Verbündeten Regierungen haben sich indessen von der Durchführbarkeit und Zweckmässigkeit einer solchen Maassregel nicht zu überzeugen vermocht, vielmehr hat der Bundesrath in seiner Sitzung vom 14. Okt. v. J. (1896) beschlossen, der Resolution eine Folge nicht zu geben und die auf den Gegenstand bezüglichen Eingaben damit für erledigt zu erklären. Diese Stellungnahme des Bundesraths beruht auf zolltechnischen Bedenken, auf der Unvereinbarkeit der Maassregel mit den Handelsverträgen und auf wirthschaftlichen Erwägungen. Im Einzelnen gestatte ich mir, auf die Erklärung Bezug zu nehmen, welche der Herr Staatssekretär des Reichsschatzamtes hierüber in der Sitzung des hohen Hauses vom 20. Jan. d. J. (1897) abgegeben hat. In derselben ist ausführlich dargelegt, aus welchen Gründen nach der Ueberzeugung der Verbündeten Regierungen die Einführung eines Zolles auf überseeische Gerbstoffe

in ihrer zolltechnischen Ausführung kaum zu überwindende Schwierigkeiten bieten,

in wirksamem Umfange, namentlich auch durch die Zollbelastung der Extrakte und Präparate von Gerbstoffen, nicht durchzusetzen sein, und

deshalb sowie wegen der zollfreien Einfuhr von europäischen Gerbstoffen und namentlich von Rinden die Nachfrage nach deutschen Rinden und ihre Preise nicht erhöhen, der deutschen Lederindustrie aber unzweifelhaft schweren Schaden zufügen würde.

Unter solchen Umständen möchte sich auch bez. dieses Theiles der Petition der Uebergang zur Tagesordnung empfehlen."

Bei der sich daran anschliessenden Besprechung der Petitionen wurde namentlich betont, dass leider vor Ablauf der Handelsverträge die von den Petenten gewünschte Aenderung nicht herbeigeführt werden könne; indes würde sich empfehlen, den am 24. Juni 1897 gefassten und von dem Herrn Regierungskommissar auch jetzt wieder befürwortetem Beschluss, „über die Petitionen zur Tagesordnung überzugehen", nicht wieder zu erneuern. Es könne das den Anschein erwecken, als wenn der Reichstag den berechtigten Wünschen der Petenten gleichgültig gegenüberstehe. Denselben müsse im Gegentheil unzweideutig klar werden, dass der Reichstag bereit sei, die erste Gelegenheit zu ergreifen, ihnen Hilfe zu bringen, und darum müssen die Petitionen dem Herrn Reichskanzler „zur Erwägung" überwiesen werden.

Dieser Antrag wurde durch die grosse Mehrheit der Kommission zum Beschlusse erhoben.

Im Plenum wurde dieser Beschluss der Petitionskommission nicht mehr berathen; man wollte, wie die „Köln. Volksztg." vom 6. Juli 1899 sagte, warten, bis der Bericht der Kommission über eine Eingabe des Vereins deutscher Gerber vorliege. Um so eifriger wurde der Beschluss der Petitionskommission von der Presse erörtert.

In ihrem oben (p. 53) erwähnten Berliner Telegramm vom 19. Mai sagen die „Hambg. Nachr.": „Glücklicherweise hat in der Angelegenheit nicht der Reichstag allein zu entscheiden, sondern die Verbündeten Regierungen dürfen sich zu der Frage auch noch ein Wort erlauben, und die Vertreter der letzeren haben in der betreffenden Kommissionssitzung erklärt, dass die Regierungen in Erwägung gezogen hätten, inwieweit den Wünschen der Petenten ohne Schädigung der deutschen Lederindustrie stattgegeben werden könnte. Das ist der richtige Standpunkt. Da die Lederindustrie

Deutschlands unter allen Umständen durch einen Gerbmaterialienzoll schwer geschädigt werden würde, woran ja auch die Zollfreunde niemals gezweifelt haben, so ist natürlich die schliessliche Ablehnung dieser Zollbestrebungen die einzig richtige Konsequenz."

Die agrarische „Dtsch. Tagesztg." bedauert, dass der Reichstag vor seiner Vertagung keinen Beschluss mehr über die Quebrachozollfrage gefasst habe. „Diese wichtige Angelegenheit wird," so fährt das Blatt fort, „also im Herbste ihre Erledigung finden, und zwar, wie mit Sicherheit zu erwarten ist, für einen solchen Zoll." „Es soll," so heisst es dann mit Gönnermiene, „ein Buch aus der Feder eines Forstmannes erschienen sein, in welchem behauptet werde, dass der Quebrachozoll gar keinen Werth für die Hebung der Lage der Eichenschälwaldbesitzer haben würde." (Gemeint ist das Buch von Jentsch.) „Uns ist es nicht zu Gesicht gekommen," schreibt das Blatt ganz naiv, um im Folgenden weiter gegen die Gegner des Zolls zu wettern und das Eingehen des kleinen Heilbronner Rindenmarktes (4805 Z. im Jahre 1899) als Beweis für die trostlose Lage der Eichenschälwaldbesitzer anzuführen.

Die „Köln. Volksztg." beschränkte sich auf ein Referat, das mit einigen Wendungen für den Gerbmaterialienzoll Partei ergreifen zu wollen schien.

Bald darauf, im Juli 1899, liess der Zentralverein der Deutschen Lederindustrie eine Denkschrift, „Der Gerbmaterialienzoll", erscheinen, die die Antwort auf die Beschlüsse des Breslauer Forstmännertages und gewissermaassen auch auf die der Petitionskommission enthielt. Der Geschäftsführer des Zentralvereins, Herr R. Krause, untersucht die Sache noch einmal historisch, volkswirthschaftlich, sozialpolitisch und technisch; er unterzieht die Breslauer Resolution einer ernsthaften sachlichen Kritik und gelangt zu dem Ergebnisse, dass der Gerbmaterialienzoll technisch unmöglich, wirthschaftlich schädlich und zollpolitisch fehlerhaft, also abzulehnen sei, dass dagegen, soweit die Selbst- sowie die Staatshilfe in Betracht komme, die hierüber vorgeschlagenen Maassregeln in Erwägung gezogen werden müssten.

Die Denkschrift fand in der Presse grosse Beachtung. Die „Berl. N. N.“ hoben aus der Fülle interessanten Stoffs die Thatsache hervor, dass sich in letzter Zeit die deutsche Sohllederausfuhr so bedeutend gehoben habe, dass sie jetzt zum ersten Male seit langer Zeit die Sohlledereinfuhr übertreffe. „Gerade Sohlleder ist die Ledersorte, für welche Quebracho vornehmlich in Anwendung kommt. Während früher die Zollfreunde stets behaupteten, dass die Quebrachoanwendung die Sohllederausfuhr herabmindern werde, tritt jetzt in Wirklichkeit das gerade Gegentheil ein.“ Das genannte Blatt greift aus der Schrift auch die Stelle über die Mineralgerbung heraus: Die Chromgerbung ziehe in Deutschland immer weitere Kreise, und jedenfalls sei es als ganz sicher zu bezeichnen, dass sich die Lederindustrie immer mehr von der vegetabilischen zur mineralischen Gerbung abwenden werde, wenn der vegetabilische Gerbstoff noch mehr vertheuert würde als er es heute schon sei. Die „Köln. Volksztg.“ analysirt die Denkschrift in drei grossen Artikeln (erste Hälfte des Juli 1899). Sie theilt nach beiden Seiten Lob und Tadel aus, kommt aber doch zu dem Schlusse, „dass Lohrinde ein Artikel ist, der ohne Schutzzoll nicht mehr auf einen grünen Zweig zu kommen vermag.“

Die 57. Generalversammlung des Schlesischen Forstvereins, die am 10. Juli 1899 in Grünberg abgehalten wurde, beschäftigte sich nicht mit der Frage (s. Berliner Post No. 189). Auf der 27. Versammlung deutscher Forstmänner in Schwerin am 24. August erstattete Forstmeister Dr. Jentsch aus München einen Bericht über das Thema: „Welche Vorarbeiten sind im Hinblick auf die Erneuerung der Handelsverträge bezüglich der Forstwirthschaft vorzunehmen?“ Nach dem Berichte der „Köln. Ztg.“ legte der Referent seinem Vortrage eine Reihe von Leitsätzen zu Grunde, die sorgfältige Aufnahmen über Produktion und Verkehr von Waldprodukten, Prüfung der zollpolitischen Maassregeln und die Berufung eines Forstmannes in den „Wirthschaftlichen Ausschuss“ verlangte.

Am 31. Aug. schreibt die „Köln. Ztg.“, an maassgebender Stelle scheine jetzt über die Frage des Quebrachozolls ein endgiltiger und zwar ablehnender Beschluss gefasst worden zu sein. Das Blatt giebt dann folgende Auslassung der „Berl. Polit. Nachr.“ wieder: „Man nahm früher an, dass der deutsche Eichenschälwald in die Lage gebracht werden könnte, den Bedarf der deutschen Lederindustrie an Gerbstoffen zu decken. Deshalb wurde 1879 der Zoll von 0,50 M. für 100 kg Rinde eingeführt, der sich im autonomen Zolltarif noch heute befindet (aber durch die Handelsverträge seine Bedeutung verloren hat). Der Eichenschälwald aber hat die auf ihn gesetzten Hoffnungen getäuscht; er lieferte immer geringere Theile des von der aufstrebenden Lederindustrie benöthigten Gerbstoffquantums. Ende der 70er Jahre stimmte die Lederindustrie dem Zolle auf Rinde in gewissem Sinne zu; nach den inzwischen gemachten Erfahrungen muss sie einen andern Standpunkt einnehmen. Es ist von vornherein der Grundsatz maassgebend gewesen, dass von der Industrie benöthigte Naturprodukte, die vom Inlande nicht oder nicht in genügender Menge erzeugt werden, mit einem Zolle nicht belegt werden dürfen. Wenn der deutsche Eichenschälwald jetzt nur noch $^1/_6$ bis $^1/_7$ des von der Lederindustrie benöthigten Quantums an vegetabilischen Gerbstoffen liefert, ganz abgesehen von den mineralischen, dann ist doch ebenso, wie bei der für die Textilindustrie nöthigen Wolle, der Beweis erbracht, dass sich auch vom schutzzöllnerischen Standpunkte aus ein Zoll für dieses heimische Erzeugniss nicht rechtfertigt.“

Dass mit dieser deutlichen Absage die Bewegung noch nicht beendigt war, geht aus folgender Mittheilung der „Berl. N. N.“ vom 28. Oktober 1899 hervor:

„Ueber Konferenzen in der Eichenschälwaldfrage ist in den letzten Tagen mehrfach berichtet worden. Wie wir hören, haben solche in Siegen und in Trier, den beiden Zentralen für den preussischen Eichenschälwald, und zwar unter Betheiligung von Kommissaren des Reichsamtes des Innern, von Forstleuten und Gerbern stattgefunden. Den Gegenstand ihrer Erörterungen hat die Frage der Verwendung von Eichenlohe gebildet. Man wird wohl nicht in der Annahme fehl gehen, wenn man diese Konferenzen, von denen versichert wird, dass sie für die Regierung einen informatorischen Zweck gehabt haben, in Verbindung mit den Ergebnissen bringt, welche die vom Reichsamte des Innern vorgenommenen statistischen Erhebungen über die Verwendung von Eichenlohe in den Gerbereien gehabt hatten. Diese Erhebungen sind gleichzeitig mit denjenigen über die Produktion der Lederfabriken veranstaltet und ihre Vornahme von den Lederindustriellen selbst dringend gewünscht worden. Es wird sich nunmehr wohl darum gehandelt haben, einige nähere Aufschlüsse über verschiedene Ergebnisse jener Erhebung zu erhalten. Mit der Gerbmaterialienzollfrage würden die Konferenzen demnach nur in einem mittelbaren Zusammenhange stehen. Als seinerzeit Graf Posadowsky im Reichstage den Beschluss des Bundesraths auf Ablehnung der vom Reichstage angenommenen Resolution betr. Einführung eines Zolls auf überseeische Gerbmaterialien vertheidigte, betonte er gleichzeitig, dass es sich die Verbündeten Regierungen angelegen sein lassen würden, die Zeit bis zum Ablaufe der Handelsverträge dazu auszunutzen, um alles, zur Beurtheilung der Zollfrage nöthige Material zu beschaffen. Dieses Versprechen wird von der Reichsverwaltung getreulich erfüllt. Es geschieht Alles, um Klarheit in die Frage zu bringen. Im amtlichen Waarenverzeichnisse sind Aenderungen vorgenommen worden, um die Einfuhr von Quebracho und Quebrachoextrakten in ihrer Gesammtheit überschauen zu können. In der Produktionsstatistik ist Vorsorge getroffen, dass über die Verwendung von Gerbmateralien in Deutschland Klarheit geschaffen wird. Jetzt sind noch besondere Konferenzen über einzelne Punkte abgehalten worden. Im Wirthschaftlichen Ausschusse wird die Angelegenheit bei der Besprechung des Zolltarifschemas sicherlich von Neuem berührt werden. Kurz, es ist und wird Alles geschehen, um diese Zollfrage, die nun schon so lange die Regierungen und Parlamente beschäftigt, von allen Seiten zu beleuchten. Bei der später folgenden Entscheidung wird sich wenigstens keine Partei darüber beklagen dürfen, dass ihre Kundgebungen zu der

Frage nicht genügend geprüft worden seien. So wie die Gerbmaterialienzollfrage ist wohl bisher keine Einzelzollfrage geprüft worden. Es ist nur zu wünschen, dass das Ergebniss der Prüfung keine Schädigung der nationalen Arbeit im Gefolge hat.“

Von den hier erwähnten Änderungen im Amtlichen Waarenverzeichnisse handelt folgende Notiz, die die „Frankf. Ztg.“ am 3. Nov. 1899 brachte:

„Auf Betreiben der Freunde eines Zolles für Gerbmaterialien hatte sich der Bundesrath ungefähr vor Jahresfrist damit einverstanden erklärt, dass einige Aenderungen im Amtlichen Waarenverzeichniss zum Zolltarif vorgenommen würden. Die Aenderungen bezogen sich auf die Position „Gerbstoffextrakte“ und sodann auf die der „Holzborke und Gerberlohe“. Man trennte jede dieser beiden Positionen, und zwar so, dass einmal die Menge der ein- und ausgeführten Quebrachoholzextrakte und sodann die Mengen des ein- und ausgeführten zerkleinerten Quebrachoholzes erkenntlich würden. Mit dem 1. Januar 1899 sind diese Aenderungen in Kraft getreten. Auf der Seite der Zollfreunde glaubte man, dadurch Zahlen für den Zoll erhalten zu können. Die Trennung der beiden Positionen ist nunmehr $^3/_4$ Jahre lang durchgeführt, und es stellt sich nach dem „Hbg. Corr.“ heraus, dass die Menge des ausgeführten zerkleinerten Quebrachoholzes bedeutend grösser ist als die des eingeführten. Vom 1. Jan. bis Ende September wurden 50087 dz zerkleinertes Quebrachoholz eingeführt und 97362 dz ausgeführt. Die Ausfuhr beträgt demnach rund doppelt so viel wie die Einfuhr. Es ist das eine Thatsache, die die Zollfreunde wahrlich nicht erwartet hatten. Einmal wird dadurch bewiesen, dass ein bestimmter Theil des nach Deutschland eingeführten Quebrachoholzes hier garnicht verbraucht wird, und sodann, was bedeutend wichtiger ist, dass die Einfuhr des Quebrachoholzes eine besondere Industrie in Deutschland geschaffen hat, und zwar die der Quebrachozerkleinerung. Das in Deutschland zerkleinerte Quebrachoholz geht hauptsächlich nach Oesterreich-Ungarn und Russland. Für diese Länder arbeitet also die

Quebrachozerkleinerungsindustrie Deutschlands mit, und es lässt sich nunmehr auf Grund der gewonnenen Zahlen feststellen, dass die Einfuhr des so sehr geschmähten Quebrachoholzes nicht bloss der technischen Entwicklung der deutschen Lederindustrie genutzt, sondern auch die Arbeitsgelegenheit in Deutschland erweitert hat. Es ist ein Verdienst der Gerbmaterialzollfreunde, dass sie durch ihr Drängen auf Trennung der Position des Amtlichen Waarenverzeichnisses für Holzborke und Gerberlohe die zahlenmässige Feststellung dieser Thatsache bewirkt haben." —

Ein neues Argument bringen die „Berl. N. N." gegen den Gerbmaterialienzoll in einem Artikel vom 20. Nov. 1899 vor. Die Existenz der deutschen Lederindustrie, so heisst es dort, sei durch die Gerbmaterialienzollbewegung bedroht. „Bei dieser Sachlage sucht sie sich auch für den Fall vorzubereiten, dass der Zoll auf vegetabilische Gerbmaterialien wirklich zur Durchführung kommt, und diese Aushülfe findet sie in der mineralischen Gerbung. Es lässt sich feststellen, dass die mineralische Gerbung in Deutschland während der letzten Jahre starke Fortschritte gemacht hat. Während sie früher in der Hauptsache nur für Leder zu technischen Zwecken zur Anwendung gelangte, hat sie neuerdings immer mehr Eingang in die Oberleder- und vielfach auch in die Unterledergerberei gefunden. Man sucht überall nach Vervollkommnung der neuen Gerbmethode, an welchem Bestreben sich die chemischen Fabriken Deutschlands betheiligen. Dass sich die Lederindustrie jetzt schon dahinter macht, ist nicht weiter wunderbar. Selbstverständlich erfordern solche neuen Herstellungsprozesse geraume Zeit, um mit andern erfolgreich konkurriren zu können. Die Folgen der Neuerung bestehen aber darin, dass sich die Lederindustrie immer unabhängiger von den vegetabilischen Gerbmaterialien macht und demnach weniger davon zu kaufen gezwungen wird. Den ganzen Effekt nach dieser Richtung würden die Eichenschälwaldbesitzer erst spüren, wenn wirklich ein Zoll auf vegetabilische Gerbmaterialien eingeführt würde." Aber das hätten sie dann selbst durch ihre Zollagitation mit verschuldet. Die

Industrie müsse die äussersten Folgen des eventuellen Zolls von sich abzuwenden suchen.

In der Sitzung des preussischen Abgeordnetenhauses vom 31. Januar 1900 wurde die Frage von Neuem erörtert. Ein konservativer Abgeordneter bedauerte die „Misshandlung unserer Eichenschälwaldungen durch das fast uneingeschränkte Hereinlassen des Quebrachoholzes"; er bat den Minister der Landwirthschaft, „diese Frage besonders zur Zeit des Abschlusses der künftigen Handelsverträge nicht vergessen zu wollen." Ausführlicher und energischer behandelte der Abg. Dr. Hahn die Frage. Im Interesse des Mittelstandes verlangte er eine Stempelung des Quebracholeders und beim Abschlusse der neuen Handelsverträge Zollschutz für die Eichenschälwaldungen und die kleineren Gerbereien. Ihm erwiderte der Abg. Gothein, indem er ausführte, wie die Stempelung praktisch unmöglich sei und wie ein Zollschutz den Grossbetrieb lahm legen, dem Kleinbetrieb aber nichts nutzen werde. Der Abg. Hahn hatte aber auch den Landwirthschaftsminister gebeten, ob die preussische Regierung im Bundesrathe den Schutz des kleinen Gerbers und der Eichenlohe vertreten habe. Unter „Heiterkeit links" erwiderte der Minister, es handle sich da um Interna des preussischen Staatsministeriums und des Bundesrathes, über welche Auskunft zu ertheilen unzulässig sei. Weiter hatte der Abg. Hahn seine Forderung nach der Stempelung mit der „Hebung der Solidität" begründet. Dieses Argument, das auch sonst in der Agitation der Schutzzöllner wiederkehrt, ist u. a. mit Nachdruck zurückgewiesen worden von Generalsekretär Krause in seinem schon erwähnten Berliner Vortrage vom 4. Februar 1895. „Solide", sagte er, „ist der Gerbereibetrieb, der mit einheimischem Material arbeitet, solide aber auch der, der mit ausländischem Material arbeitet."

Eine Korrespondenz (v. 1. Febr.) in den „Hambg. Nachr." ist der Ansicht, dass dieser Vorstoss der Schutzzöllner mit veranlasst worden sei durch die Neuordnung, die das Reichsschatzamt dem Text der Gerbmaterialien in dem neuen Zolltarife gegeben habe. Nimmt man das Schema des neuen

Zolltarifs vor, so findet man, dass den Gerbrinden 4 Nummern gewidmet sind, nämlich 124 bis 127:

„124/5. Gerbrinden, auch gemahlen."

124. Eichenrinde . . . . (zahlt jetzt: 0,50 M.)
125. andere . . . . („ „ „ „)
126. Algarobilla, Bablah, Dividivi, Eckerdoppern, Galläpfel, Knoppern, Myrobalanen, Valonea, Sumach, auch gemahlen; Katechu, braunes und gelbes (Gambir), roh oder gereinigt, Kino . . . . (jetzt frei).
127. Quebrachoholz und anderes Gerbholz in Blöcken, auch gemahlen, geraspelt oder in anderer Weise zerkleinert (jetzt: Quebracho, gemahlen, geraspelt oder sonst zerkleinert 0,50 M., sonst: frei).

Die „Hambg. Nachr." meinen (l. c.), an und für sich sei durch diese neue Gruppirung für die Absichten der Verbündeten Regierungen, die ja vor ein paar Jahren eine Reichstagsresolution auf Einführung eines Zolles abgelehnt hätten, nichts bewiesen. „Denn es ist ohne Weiteres klar, im Uebrigen auch offiziöserseits hervorgehoben, dass das Reichsschatzamt bei der Neuordnung des Zolltarifschemas von der Tendenz beherrscht war, möglichst allen Wünschen auf Spezialisirung gerecht zu werden, und dementsprechend auch die Gruppirung in Eichenrinde, andere Rinde, Quebrachoholz und andere überseeische Gerbmaterialien vorgenommen hat. Damit ist der Eventualität, dass hinter jeder dieser Rubriken Zollfreiheit, wie sie jetzt thatsächlich existirt, eingefügt wird, kein Hinderniss bereitet; aber schon der Erfolg, der mit dieser Spezialisirung erreicht worden ist, lässt diese entschieden auftreten." Das Blatt spricht sich noch einmal gegen einen Gerbmaterialienzoll aus, ist aber bereit, sonstige staatliche Aktionen zum Schutze der Eichenschälwaldbauern zu unterstützen.

Wir haben so die Geschichte des Kampfes um die Gerbmaterialienzölle bis auf die jüngsten Tage fortgesetzt. Wir haben uns dabei der grössten Objektivität befleissigt, indem wir den Widerstreit der Ansichten ohne Voreingenommenheit entwickelten. Aber auch diese unparteiisch historische Darstellung enthält eine solche Fülle schlagender Argumente gegen den Zoll, dass man die Bestrebungen der Zollfreunde für aussichtslos halten müsste. In Abweichung jedoch von den „Hambg. Nachr.“ möchten wir vor einer Unterschätzung des unbestreitbaren Erfolges, der für die Zollfreunde in der Differenzirung der Positionen für die Gerbmaterialien liegt, warnen. Da diese Differenzirung nun einmal da ist, kann sich nur zu leicht auch der Zoll einschleichen. Die Gegner des Zolls haben deshalb alle Ursache, auf ihrer Hut zu sein und die Waffen nicht aus der Hand zu legen.

Geflügel- und Eierzoll.

Die Zolltarife bis zum Jahre 1879 kennen keinen Eierzoll (vgl. Anlage I zu der Zolltarifvorlage von 1879 (Drucksachen des Deutschen Reichstags 1879) p. 48, sowie Matlekovits, „Die Zollpolitik der österr.-ung. Monarchie und des Deutschen Reiches" p. 85, 374 und 636f.) Der Zolltarifentwurf von 1879 schlug sub 37b auf Eier von Geflügel einen Zoll von 3 Mk. für 100 kg. vor. Die Motive p. 118 bemerken zu dieser Neuerung: „Mit Rücksicht auf die Zollsätze, welche für die übrigen landwirthschaftlichen Produkte angenommen sind, empfiehlt es sich, auch die Eier von Geflügel in ähnlicher, dem Werthverhältnisse entsprechender Weise zu tarifiren. Der Gesammteingang derselben bezifferte sich 1877 auf 741 000 Ztr. zu einem geschätzten Werthe von 29600000 Mk., die Gesammtausfuhr auf 482 000 Ztr."

Aus p. 308f. der Anlage ersehen wir dann noch, dass die deutsche Eiereinfuhr im freien Verkehr folgendermaassen gestiegen war:

1874:	355 161 Ztr.
1875:	471 373 „
1876:	717 668 „
1877:	765 122 „

Hierzu waren aus verschiedenen Theilen des Reiches Petitionen eingelaufen, die um Ablehnung des Eierzolls baten (Drucksachen des Deutsch. Reichstags, II. Sess. 1879, Bd. 42, No. 211). So bittet die Handelskammer in Mannheim um Ablehnung des Eierzolls im Interesse der Papier- und Kautschukindustrie; desgl. eine Fabrik photographischer Papiere in Friedeberg; Formstecher in Offenbach wünscht, dass man wenigstens die nachweislich für technische Zwecke eingeführten Eier zollfrei lasse. Fünf Firmen in Ratibor heben hervor, dass dort im Jahre 1878 ca. 20 Millionen Eier verladen worden seien. Sehr zahlreichen Hausierern, Dorfhändlern, Fuhrleuten, Kistenmachern, Arbeitern u. s. w. werde hierdurch lohnende Arbeit verschafft. Nur bei sehr starkem Export sei dies Geschäft möglich. Würde ein Eingangszoll auf Eier beschlossen, so müsste damit zugleich ein Durchgangszoll auf sämmtliche durch Deutschland transitirende Eier verbunden werden, damit der deutsche Eierhandel mit dem ausländischen konkurrenzfähig bleibe. Eine Firma in Flensburg begründet ihre Bitte mit der Rücksicht auf das Eierexportgeschäft, das auch der Landwirthschaft und den Konsumenten nütze; entweder müsse der Eierzoll abgelehnt werden oder beim Export Rückvergütung eintreten.

Schon in der ersten Berathung des Zolltarifgesetzes von 1879 griff in der Sitzung des Reichstags vom 2. Mai 1879 der Abg. Dr. Delbrück den Eierzoll heraus. So lange Deutschland bestehe, so führte er aus, sei noch nie ein Zoll für Eier erhoben worden. Die neue Vorlage schlage ihn vor aus Rücksicht auf die bedeutende Einfuhr und die auf Zölle für die übrigen landwirthschaftlichen Produkte. Die Motive schienen von der Annahme auszugehen, dass der Eierimport gänzlich dem Konsum diene. Das sei aber nicht der Fall. Die Eier seien ein ungemein wichtiges Fabrikmaterial. Der ganz überwiegende Theil der Eier, die in Deutschland eingingen, werde niemals zum Frühstück verwendet. Die Eier seien Material zur Herstellung von Albumin (getrocknetem Eiweiss) und von Eigelb. Das Albumin sei ein ganz ausserordentlich wichtiger Artikel für die Weissgerberei, für die Zeugdruckerei und für die Fabrikation von Albuminpapier für die Photographen. Deutschland versorge den Weltmarkt mit Albuminpapier. Aus Frankreich komme das rohe Papier, aus Italien die Eier für das Albumin. In Deutschland werde daraus das Albuminpapier fabrizirt. Diese Albuminpapierindustrie werde schon dadurch nicht unerheblich geschädigt, dass der Zoll für das Papier von 6 auf 10 Mk. erhöht werde.

Werde jetzt auch das andere Material noch vertheuert, dann sei diese Industrie ruinirt und könne das Geschäft andern überlassen.

Gegen diese Ausführungen wandte sich in der Sitzung vom 6. Mai der Abg. Frhr. von Varnbüler: Deutschland importire 765 000 Ztr. Eier. Von den Eiern werde der Eiweissstoff technisch zur Präparation des photographischen Papiers verwendet; das Albumin für die andern technischen Zwecke werde in den Schlachthäusern gewonnen, die andern Gewerbe würden also davon nicht berührt. Nun würden in Deutschland nach sehr sicheren Erhebungen 20 000 Riess photographischen Papiers hergestellt. Man brauche zu einem Riess 360 Eier. 1000 Eier wiegen einen Ztr. So ergebe sich zur Fabrikation des albuminirten photographischen Papiers ein Bedarf von 7200 Ztr., also noch nicht 1 pCt. des ganzen Imports. Weiter sei ein Riess photographischen Papiers durchschnittlich 150 Mk. werth. 360 Eier zahlten 50 Pf. Zoll, also noch nicht $^1/_3$ pCt. Also werde gewisslich durch den Eierzoll auch das photographische Papier nicht vertheuert. Andererseits würde der Eierzoll eine Einnahme von etwa 1 Million ergeben. So reich seien wir denn doch in Deutschland nicht, dass wir eine Million als gar nichts zu betrachten hätten.

Bei der zweiten Berathung der Vorlage kam der Abg. Dr. Delbrück nochmals auf die Frage zurück. Er beantragte da, die Pos. „Eier von Geflügel 100 kg 3 Mk." zu streichen. Er begründete diesen Antrag mit der Vertheuerung, die der Zoll für das Material verschiedener Industrien mit sich bringe, und der Geringfügigkeit des Zollertrags.

Für den Zoll sprach der Kommissar des Bundesraths Geh. Reg.-R. v. Tiedemann: „Aus volkswirthschaftlichen Gründen sei es ausserordentlich wünschenswerth, die Geflügelzucht möglichst zu heben. Sie habe für den kleinen Mann eine fast ebenso grosse Bedeutung wie die Schweinezucht. Es werde daher die Aufgabe einer gesunden Zollpolitik sein müssen, auch den Schutz der Geflügelzucht ins Auge zu fassen und dahin zu wirken, dass so werthvolle Nahrungsmittel wie Eier im eigenen Lande möglichst viel produzirt würden. Der vorgeschlagene Zoll betrage für das Schock etwa 9 Pf., ein Verhältniss, das als ausserordentlich geringfügig zu bezeichnen sei. Im Uebrigen beziehe sich Redner auf die Darlegung des Abg. Frhr. von Varnbüler „conferatur stenographischer Bericht Seite 1017."

Das Haus nahm darauf den Vorschlag der Verbündeten Regierungen an; der Antrag Delbrück blieb in der Minderheit.

In der dritten Lesung hatte der Präsident die einfache Annahme der Position zu konstatiren.

In den Verträgen von 1891 gewährte Deutschland an Oesterreich-Ungarn und Italien eine Herabsetzung des Eierzolls von 3 auf 2 Mk. für 100 kg. Die Denkschrift (Stenogr. Ber. des deutschen Reichstags 1890/92 Anl. Bd. V. p. 3353 sub 37b) sagt hierzu:

„Der Zoll für Geflügeleier dürfte mehr als Finanzzoll denn als landwirthschaftlicher Schutzzoll in Betracht kommen. Auf die Gestaltung des Preises der frischen inländischen Hühnereier, welche bedeutend besser bezahlt werden als die importirten Eier, hat die zur Zeit auf über ½ Million dz angewachsene Einfuhr ausländischer Eier kaum einen erheblichen Einfluss. Die inländische Produktion folgt dem heimischen, von Jahr zu Jahr steigenden Konsum bisher nicht genügend." *)

Anlage III (p. 3382 f.) zu der Denkschrift giebt als durchschnittliche Einfuhr von Eiern in den Jahren 1880—1890 an für Oesterreich-Ungarn 289 626 dz, für Italien 13 835 dz, überhaupt für meistbegünstigte Länder 319 886 dz. Dieselbe Anlage berechnet den Zollertrag nach dem geltenden (3 Mk.) Zollsatze für die Einfuhr aus Oesterreich-Ungarn und Italien auf 1 071 030 Mk., nach dem neuen (2 Mk.) Zollsatze auf 714 020 Mk.

---

*) Prof. Sombart, der diese Stelle der Denkschrift abdruckt, sagt auch, der Eierzoll sei wohl mehr als Finanzzoll aufzufassen. („Die neuen Handelsverträge, insbesondere Deutschlands" in Schmollers Jahrb. 1892, p. 587.)

Die Eier- und Geflügelzölle spielten natürlich eine Rolle auch in den Debatten über die drei grossen Handelsverträge im Dezember 1891. In der Sitzung des Reichstags vom 10. und 11. Dezember 1891 bei der ersten Berathung der Handelsverträge mit Oesterreich-Ungarn, Italien und Belgien, klagten die Abg. v. Kanitz und v. Kardorff, dass in diesen Verträgen Interessen, die den kleinen Besitzer auf dem Lande angingen, gar keine Vertretung gefunden hätten. Die Geflügelzucht sei garnicht berücksichtigt worden. Und doch wäre es leicht gewesen, gegenüber Oesterreich z. B. einen Gänsezoll einzuführen; denn von dort bezögen wir keine Gänse. Sie kämen alle aus Russland. In Wirklichkeit aber habe Deutschland bei den Federn und Eiern sogar noch Zollherabsetzungen zugestanden. Es wäre richtiger gewesen, die kleinen Besitzer in diesen Dingen, woran sie ihr Hauptgeld verdienten, zu berücksichtigen.

In der Sitzung vom 14. Dezember 1891 ergreift Staatssekretär v. Bötticher das Wort auch gegen Herrn v. Kardorff. Er macht darauf aufmerksam, dass man doch nicht Handelsverträge abschliesse, um neue Zölle einzuführen, sondern um bestehende Zölle herabzusetzen. Man habe rücksichtlich des Geflügelzolles nach seiner, des Redners, Erinnerung keine Verabredung getroffen, und damit würde es also möglich sein, wenn das Bedürfniss bestehe, einen Gänsezoll in Deutschland einzuführen. „Was dann den Eierzoll anlangt,“ führte der Staatssekretär in einem späteren Theile seiner Rede aus, „so ist hier zu bemerken, dass die einheimische Eierproduktion bei Weitem nicht genügt, um den einheimischen Bedarf zu decken. Nun kann man ja den Satz aufstellen: wenn man hohe Schutzzölle hat, dann wird auch die Eierproduktion zunehmen. Allein, nach den bisherigen Erfahrungen ist anzunehmen, dass ein Schutzzoll wahrscheinlich nicht die Wirkung haben würde, welche man sich von ihm verspricht. Wir führen nämlich jährlich noch 1/2 Millionen dz Eier aus dem Auslande ein, und davon kommen 300000 dz (s. 148 p.) aus Oesterreich und Itatien. Die Forderung der Herabsetzung des Eierzolls war übrigens nicht bloss eine österreichische

Forderung, sondern auch eine italienische. Italien legte sehr grossen Werth darauf, und wir glaubten, ohne die einheimische Hühnerzucht und das einheimische Eierlegen zu beeinträchtigen, diese Konzession machen zu dürfen, um so mehr, als ja auch bei uns Industrien bestehen, welche ein lebhaftes Interesse daran haben, in den möglichst billigen Besitz des Eiweisses zu kommen — ich erinnere an die Albuminfabriken." Was die Bettfedern betreffe, so sei die zollpolitische Behandlung gereinigter und ungereinigter Federn deshalb ausgeglichen, sei der bisherige Zoll auf gereinigte Federn deshalb aufgehoben worden, weil die zollamtliche Unterscheidung der beiden Federarten ganz ausserordentlich schwierig sei und weil wir wegen unsrer ungenügenden Federproduktion auf den Bezug vom Auslande angewiesen seien.

In weiteren Verlauf der Sitzung stellt Redner noch einen Irrthum in seiner Rede richtig. Er habe sich inzwischen davon überzeugt, dass der Geflügelzoll in dem Vertrage mit Oesterreich gebunden sei, „und da Gänse ja zum Geflügel gehören, so werden wir ihnen mit einem Zoll den Vertragsstaaten gegenüber nicht zu Hilfe kommen können . . ."

Hierauf antwortete Herr v. Kardorff mit einer Wiederholung seines Bedauerns und Vorwurfes, dass die Interessen der kleinen Leute, deren Hauptertrag auf die Geflügel- und Schweinezucht gerechnet werden müsse, in dem Vertrage mit Oesterreich-Ungarn nicht gewahrt worden seien. Derselbe Redner streifte die Sache noch einmal inder dritten Lesung am 18. Dezember 1891. Damit war die Sache damals erledigt.

Auch beim deutsch-russischen Handelsvertrage wurde der Gänsezoll berührt. In der Sitzung vom 13. März 1894 beklagte der Abg. v. Salisch im Interesse der kleinsten Landwirthe, dass der Vertrag für die Einfuhr der Gänse die Zollfreiheit festlege. Die Einfuhr der Gänse bringe auch die Gefahr mit sich, dass durch die über Land getriebenen Gänseheerden Viehseuchen eingeschleppt würden. Diese Heerden sollte man, meinte der Redner, gänzlich fern halten, jedenfalls ihre Einführung nicht durch Zollherabsetzung und Festlegung der Zollfreiheit erleichtern.

Bei der Position „Eier von Geflügel“ spricht der Abg. Frhr. v. Hammerstein, aber ohne speziell auf die Eier einzugehen.

Damals, vor der endgültigen Annahme des russischen Handelsvertrages that Herr v. Miquel den berühmt gewordenen Ausspruch, dass in den vergangenen 30 Jahren alle Gesetze wesentlich zu Gunsten und in Rücksicht auf Handel und Industrie gegeben worden seien. Nach des Kaisers Willen sollten jetzt 30 Jahre kommen, wo die Interessen der Landwirthschaft für die Rechtsentwicklung und Gesetzgebung maassgebend sein sollten. Nach diesem Prinzip hat die Regierung von da ab denn auch gehandelt. Es begann eine Agrarpolitik, die der Landwirthschaft viel Förderung angedeihen liess.

In Verfolgung dieser Agrarpolitik war die preussische Regierung schliesslich bei der Förderung der Geflügelzucht angelangt. Da brachte die „Berliner Korrespondenz“ etwa Mitte August 1898 über dieses Thema einen Artikel, der die an maassgebender Stelle herrschenden Ansichten wiedergab. Der Artikel erinnert an die vorjährige Zählung des Geflügels in Preussen. „Als durchschlagendes Ergebniss (derselben) ist bedauerlicherweise festzustellen, dass der Geflügelhaltung in vielen Theilen der Monarchie nicht die Beachtung geschenkt wird, welche sie verdient. Sowohl im Hinblick auf den Geflügelbestand anderer Länder, wie insbesondere im Hinblick auf die grosse Bedeutung der stetig wachsenden Einfuhr von Geflügel und Geflügelerzeugnissen erscheint der Bestand an Wirthschaftsgeflügel in Preussen überraschend niedrig. Ohne Zweifel wird es Gegenden und wirthschaftliche Verhältnisse geben, wo sich die Geflügelhaltung als unrentabel erweist. Dass dies aber allgemein oder auch nur vorwiegend für Preussen zuträfe, wird man nicht behaupten können.“ Vielmehr liege die Annahme nahe, dass Mangel an Kenntniss der rationellen Geflügelwirthschaft und die alteingewurzelte Anschauung, dass Geflügelhaltung mehr ein nothwendiges Uebel als Gegenstand eines lohnenden Wirthschaftsbetriebes sei, die Ursache des geringen Interesses bilde, das der Geflügelhaltung in der Landwirthschaft vielfach noch zugewendet werde. „Erst die in den letzten Jahren festgestellte Thatsache, dass Deutschland immer .mehr in der Deckung seines Bedarfs an Geflügel und Geflügelerzeugnissen vom Auslande abhängig zu werden droht“ und dass dafür bereits über 100 Mill. M. jährlich dem Auslande zufliessen, „während sie der inländischen Landwirthschaft erhalten bleiben könnten, hat die Aufmerksamkeit der landwirthschaftlichen Kreise mehr auf diesen Betriebszweig gelenkt.“ Man habe versäumt, die Geflügelzucht so nachdrücklich und rationell zu betreiben, wie es doch mit andern Theilen der Viehzucht geschehen sei. Es wird dann im Weiteren auseinandergesetzt, wie der in den letzten preussischen Etat eingestellte besondere Fonds zur Unterstützung und Förderung der Geflügelzucht verwendet werden würde.

Die extrem agrarische „Dtsch. Tagesztg.“ glaubte, die deutschen Landwirthe gegen die Vorwürfe der „Berl. Korr.“ in Schutz nehmen zu müssen. „Was bisher die meisten Landwirthe abgehalten hat, Geflügelzucht in grösserem Maassstabe zu treiben, das ist die unbestreitbare Thatsache, dass unter den gegenwärtigen Verhältnissen die Geflügelzucht etwas sehr Kostspieliges ist und in der Regel weniger als nichts einbringt . . . Dass die 100 Mill. M. ins Ausland gehen, bedauern wir mehr als jeder andere. Man kann die deutsche Geflügelzucht noch so bessern, die Geflügelhaltung noch so heben, man wird nichts erreichen, sondern nur Geld zum Fenster hinauswerfen (!), wenn nicht die Erzeugnisse der Geflügelhaltung durch einen g e n ü g e n d e n Z o l l gegen den unter ganz anderen Verhältnissen arbeitenden Wettbewerb des Auslandes geschützt werden. In unseren südöstlichen Nachbarländern kostet die Geflügelhaltung fast nichts. Die Eier können zu einem Spottpreise geliefert werden, mit dem bei dem ganz geringen Zolle der deutsche Geflügelhalter niemals konkurriren kann. Das sind Thatsachen, die sowohl dem Herrn Landwirthschaftsminister als auch der „Berl. Korr.“ bekannt sind. Wir dürfen daher die Hoffnung hegen, dass bei den nächsten Handelsverträgen auch die deutsche Geflügelzucht denjenigen Zoll erhält, dessen sie bedarf, wenn sie lohnend sein soll."

Das Blatt schreckt seine Leser von jedem Versuche zur Aufraffung mit den Worten ab: „Wie die Dinge jetzt liegen, hat die Unterstützung der Geflügelzucht nicht einmal den Werth eines „ganz kleinen Mittels."

Auch die „Kreuz-Ztg." beschäftigte sich mit dem Artikel der „Berl. Korr.", ohne jedoch für einen Geflügel- und Eierzoll einzutreten. Die Zunahme des Imports an Geflügel, Eiern u. dgl. beruht nach ihren Ausführungen nicht auf Vernachlässigung der deutschen Geflügelzucht, sondern auf den schnelleren und billigeren Verkehrsmitteln. Auch die intensive Geflügelzucht könne nicht ohne Anlagekapital und Arbeitskräfte betrieben werden. Namentlich an den letzteren fehle es bei uns auf dem Lande. Man solle nicht glauben, wir könnten die 100 Millionen, die für ausländische Eier, Vögel und Federn aus Deutschland gingen, fein im Lande behalten, wenn nur der deutsche Bauer nicht so dumm wäre. „Auch bei uns versteht der Bauer zu rechnen, und er würde gewiss nicht auf eine Aufforderung vom grünen Tische warten, um sich 200 statt der 20 Hühner zuzulegen, wenn ihm die 20 einen angemessenen Nutzen gebracht hätten."

Den gegensätzlichen Standpunkt vertrat die „Köln. Vlksztg.", die bereits am 24. Dez. 1896, also lange vor der „Berl. Korr.", der deutschen Landwirthschaft ans Herz gelegt hatte, den landwirthschaftlichen Nebenbetrieben mehr Aufmerksamkeit und Sorgfalt zuzuwenden. In den Jahren 1880 bis 1895 seien aus Deutschland nicht weniger als 650 Millionen M. für Eier in die Taschen des Auslandes gewandert, während wir in derselben Zeit nur für 24 1/2 Mill. M. ausgeführt hätten. Ohne durch einen Einfuhrzoll geschützt zu sein, besitze Belgien eine gewaltige Geflügelzucht; sein Eierhandel umfasse fast 1 Milliarde Stück jährlich.

Dasselbe Blatt brachte jetzt am 8. Sept. 1898 einen Artikel, der mit den Worten begann: „Es kann keinem Zweifel unterliegen, dass die schnell wachsende Ausfuhr von Geflügel und Eiern aus Russland nach Deutschland in naher Zukunft eine ernste Gefahr für die Rentabilität der einheimischen Geflügelzucht bilden wird, wenn nicht früh genug wirksame Maassregeln gegen diesen Wettbewerb ergriffen werden." Es ruft nun aber nicht etwa nach einem Zollschutze, sondern geht beim Gegner in die Lehre. Es giebt zur Beachtung seiner landwirthschaftlichen Leser einen Bericht wieder, den der landwirthschaftliche Sachverständige bei der deutschen Botschaft in Petersburg über Geflügelzucht und Eierhandel in Russland erstattet hat. Daran knüpft das Blatt die Mahnung, dass der deutschen Landwirthschaft die Pflicht erwachse, sich bei Zeiten gegen die drohende Konkurrenz Russlands und der übrigen Eier exportirenden Länder zu rüsten, und macht eine Reihe praktischer Vorschläge hierfür.

Erwähnen wollen wir noch, dass die Delegirtenversammlung der Geflügelzuchtvereine der Provinz Posen am 24. 7. 98 eine Resolution auf Erhöhung des Eingangszolles für Eier und Geflügel bei der Revision der Handelsverträge annahm.

Am 1. Mai 1899 wusste die „Deutsche Tageszeitung" zu berichten, dass die Landwirthschaftskammer in einem Gutachten an den preussischen Landwirthschaftsminister eine Erhöhung des Einfuhrzolls auf ausländische Eier befürwortet habe.

Die „Berl. N. N." machten im Juni 1899 einige Mittheilungen aus einem vom russischen Finanzministerium herausgegebenen Werke des Prof. Gulischambarow über den internationalen Handel mit Geflügel und Produkten der Geflügelzucht; darnach habe der Ueberschuss der russischen Geflügelzucht über den eigenen Bedarf im Jahre 1895 etwa 59 Mill. Rubel betragen. Die Geflügelzucht sei bis in die entlegensten Orte des Reiches verbreitet, trage aber landwirthschaftlichen Charakter. Dasselbe sei in Oesterreich der Fall, wo die Geflügelzucht als eine sehr nennenswerthe Quelle des bäuerlichen Einkommens betrachtet werden dürfe. Deutschland und England seien sehr gute Absatzmärkte für Geflügelwaaren. In Belgien habe die Geflügelzucht einen ganz industriellen Charakter. Sie habe dort in der letzten Zeit grosse

Fortschritte gemacht, dank den zahlreichen Organisationen, die es sich zur Aufgabe stellten, die belgische Bauernbevölkerung mit allen Vortheilen der Geflügelzucht bekannt zu machen. Der Jahresumlauf des belgischen Geflügelzuchtproduktenhandels betrage 60 Millionen frcs.

Hierzu sei bemerkt, dass Oesterreich-Ungarn weder Geflügel- noch Eierzoll hat.

In ihrer Nummer vom 14. Oktober geben die im Reichsamt des Innern neuerdings zusammengestellten „Nachrichten für Handel und Industrie“ folgende Notiz:

„Der russische Eierexport hat sich in verhältnissmässig kurzer Zeit aus ganz unscheinbaren Anfängen zu einem der allerwichtigsten Zweige der russischen Ausfuhr entwickelt. Noch im Jahre 1875 erreichte derselbe kaum 3 Mill. Stück mit einem Werthe von nur 37400 Rubel. Bereits im Jahre 1886 hatte sich die Ausfuhr auf 383 Mill. Stück mit einem Werthe von 5,4 Mill. Rubel gesteigert, sie wuchs aber 1897 auf 1714 Millionen Stück mit einem Werthe von 26 Millionen Rubel, so dass die Eier in der Reihe der russischen Hauptexportartikel z. Zt. den siebenten Platz einnehmen. In der Hauptsache richtete sich die Eierausfuhr Russlands nach Deutschland (36 pCt. der gesammten Ausfuhr), sowie nach Oesterreich-Ungarn (29 pCt.) und nach Grossbritannien (22 pCt.).“

Die Fahrradindustrie.

Seit dem Herbst des Jahres 1898 macht sich in der deutschen Fahrradindustrie eine starke schutzzöllnerische Strömung bemerkbar, und zwar handelte es sich zunächst um die Konkurrenz Nordamerikas, allenfalls auch Englands.

Die Beschwerden und Wünsche der schutzzöllnerisch gesinnten Industriellen sind etwa die folgenden:

In der deutschen Fahrradindustrie sind ca. 150 Mill. Mk. Kapital angelegt, mehr als 25000 Arbeiter darin beschäftigt. Ebenfalls nach Tausenden zählen die Arbeiter, nach Millionen die Kapitalien, die in den Neben- und Hilfsgewerben sowie im Handel mit Rädern und Nebenartikeln thätig sind. Während nun fast alle anderen Länder Fahrräder als „Fahrzeuge" mit einem Zoll von mindestens 5 pCt. vom Werthe belegen, rechnet Deutschland sie unter „Eisenwaaren" und erhebt einen Zoll von nur 1 pCt. ad valorem. Amerika hingegen hat auf deutsche Fahrräder einen Zoll von 45 pCt. d. h. von 120 Mk. bei einem Fahrrad von 300 M. Der grosse amerikanische Fahrradtrust mit seinen 60 Millionen Dollars Kapital produzirte im Jahre 1896 rund eine Million Räder. Diese Ueberproduktion führte zu einer Preisreduktion und schliesslich zu einem Krach. Die amerikanischen Fabrikanten suchten sich dadurch zu retten, dass sie ihre riesigen Lagerbestände durch Schleuderpreise nach Europa, speziell nach England und Deutschland abgaben. Der minimale Eingangszoll und die niedrige Fracht unterstützten dieses Beginnen. Angesichts dieser Thatsachen bat der Verein deutscher Fahrradfabrikanten in einer Eingabe an den Reichskanzler, Fahrräder unter 15c des deutschen Zolltarifs „Instrumente, Maschinen und Fahrzeuge“ einzureihen und sie demgemäss mit einem Werthzoll von 6 pCt. oder mit 15 Mk. pro Stück zu belegen.

Die konservativ-agrarische Presse befürwortete die Bestrebungen aufs eifrigste. Auch verschiedene Körperschaften traten für die Sache der Fahrradindustriellen ein. In der Generalversammlung des „Bundes der Industriellen“ (Oktober 1898) bezeichnete es v. Dreyse-Sömmerda als eine dringende Nothwendigkeit, die deutsche Fahrradindustrie vor der amerikanischenKonkurrenz zu schützen. Der Ausschuss des „Vereins zur Wahrung der gemeinsamen wirthschaftlichen Interessen in Rheinland und Westfalen“ sprach sich in einer Eingabe an den Bundesrath für eine Erhöhung des Zolls auf Fahrradtheile aus. Der „Bund der Industriellen“ wandte sich auch mit einer Eingabe an den Bundesrath; er bat darin, Fahrräder und Fahrradtheile in Zukunft auf Grund der Position „Fahrzeuge“ verzollen zu lassen. Die Handelskammern von Zittau, Solingen und Görlitz unterstützten diese Bemühungen, desgl. auch das Aeltestenkollegium der Berliner Kaufmannschaft.

Der Verbandstag deutscher Fahrradhändler (Leipzig, Nov. 1898) beschloss, keine bestimmte Stellung zu der Frage zu nehmen, da „die derzeitigen politischen Verhältnisse für Einführung eines solchen Schutzzolls überhaupt kaum geeignet“ seien. (Frkf. Ztg. 9. Nov. 98). Die Handelskammern Nürnberg und Hildesheim lehnten die Unterstützung ab. Erstere begründete das in einem Schreiben an den Verein deutscher Fahrradfabrikanten. Darin hiess es: „Auf Grund eines umfangreichen, in allen Stücken durch Belege erwiesenen Gutachtens ist die Fahrradindustrie in einer glänzenden und beneidenswerthen Lage. Sie kann sich, wie die vielfachen Erweiterungen u. s. w. beweisen, frei entfalten. Sie ist in der glücklichen Lage, ihre jungen Aktien bis zu 180 bezahlen zu lassen; ihre Dividenden steigen von Jahr zu Jahr und haben in den letzten Jahren eine Höhe bis zu 20 pCt. erreicht. Angesichts solcher Thatsachen, die den Berichten der Fahrradindustrie selbst entnommen sind, kann wohl von einer bedrängten Lage nicht gesprochen werden; und eine bevorstehende Krisis kann man nur insofern anerkennen, als die Fahrradindustrie einer gewaltigen Ueberproduktion zutreibt." Im Anschlusse daran betonte das „Berl. Tagebl." (6. 7. 98), im Jahre 1897 seien 5460 dz Fahrräder und Fahrradtheile im Werthe von 7 Mill. Mk. eingeführt, dagegen 6600 dz im Werthe von 9,9 Mill. Mk. ausgeführt worden. Die deutsche Fahrradindustrie führe also erheblich mehr aus als das Ausland auf den deutschen Markt bringe. Der Zollsatz der Dingleybill schliesse allerdings den Export nach den Vereinigten Staaten aus. Aber in Amerika rechne man schon mit einem höheren deutschen Zoll; man bereite die Gründung von Filialen in Deutschland vor und empfehle die vermehrte Einfuhr von Fahrradtheilen zur Montirung nach Deutschland. Jedoch habe der Konsum von Fahrrädern noch eine solche Ausdehnung zu erwarten, dass unsere Fahrradfabriken, von vorübergehenden Unterbrechungen der Konjunktur und sonstigen Ausnahmen abgesehen, auf günstige Verhältnisse rechnen dürften, auch ohne Zollerhöhungen, die im Gegentheil zu einer Ueberproduktion verleiten und damit die Prosperität der Industrie stören könnten.

Im Anschlusse an die Schutzzoll-Eingabe des „Bundes der Industriellen" gab die „Eisen-Ztg." eine Darstellung der deutschen Fahrradindustrie. Die Fabrikation werde bei uns in grösserem Maassstabe etwa seit 10 Jahren betrieben. Sie habe von kleinen Anfängen aus einen enormen Aufschwung genommen und erfreue sich namentlich durch ihre Präzisionsarbeit eines hohen Rufes nicht nur im Inlande, sondern auch im Auslande. Der deutsche Eingangszoll auf Fahrräder sei „verhältnissmässig niedrig". Ob es aber, ganz abgesehen von den übrigen Konsequenzen, viel nützen werde, wenn der Zoll bloss Amerika gegenüber erhöht würde, dürfe billig bezweifelt werden; denn es liessen sich dann immer noch genug Mittel und Wege finden, den Zoll zu umgehen. Von Wirkung könnte nur eine allgemeine Erhöhung des Zolls gegen alle Länder sein. Dann könnten aber auch unsere Eisenwerke eine Erhöhung des Schutzzolls auf Fahrradröhren, speziell Angesichts des im Entstehen begriffenen amerikanischen Trusts, verlangen. Dazu komme noch die Gefahr eines englischen Gummirings. Das Alles mache sich jetzt noch nicht fühlbar, könne aber mit der Zeit die Entwicklung der deutschen Fahrradindustrie beeinflussen. „Umsomehr erscheint es daher angebracht, dem grossen Publikum das gänzlich unbegründete Vorurtheil zu nehmen, als ob die ausländischen Fabrikate den deutschen überlegen seien. Die deutsche Fahrradindustrie steht heute weder der englischen noch der amerikanischen in irgend einer Weise nach. Die Anerkennung dieser Thatsache in möglichst weiten Kreisen und die Schlussfolgerung daraus beim Kaufe sind der beste Schutz für die deutsche Fahrradindustrie." Die „Frankf. Ztg.", bemerkt hierzu: „Jedenfalls erscheint es richtiger, dass die deutschen Produzenten durch stetige Vervollkommnung ihres Fabrikats dem Publikum den Wahn von der Ueberlegenheit der ausländischen Räder nehmen, als dass sie nach einem Schutzzoll rufen, der bei einer so hoch rentirenden Industrie am wenigsten angebracht wäre." Sozialdemokratische Blätter, z. B. die „Leipz. Volksztg." (24. 8. 98), bekämpfen den höheren Zollschutz mit der Begründung, dass das Fahrrad längst zu einem Verkehrsbedürfniss geworden sei, dass die Preise erst durch die amerikanische Konkurrenz etwas herabgesetzt, aber trotz der grossen Dividenden der Fabriken immer noch zu hoch seien.

Die schutzzöllnerische Presse erwiderte, die Folgen der enormen Einfuhr der billigen amerikanischen Massenwaare und der unlauteren Konkurrenz englischer Händler machten sich schon geltend: Zahlungseinstellungen hätten stattgefunden, andere ständen bevor (Dtsch. Tagesztg. 23. 7. 98 und Hannov. Kur.). Im Oktober 98 schrieb dann auch die „Frankf. Ztg.": „Infolge starker Ueberproduktion hat die Prosperität der Fahrradindustrie in letzter Zeit bekanntlich für eine Reihe von Werken stark nachgelassen. Besonders sind es die jüngeren und schwächeren Fabriken, die im Konkurrenzkampfe in eine vielfach recht schwierige Lage gerathen sind." Es werden dann vier solche Werke mit Namen angeführt.

Demgegenüber ist eine kurze Mittheilung der Berliner „Post" vom 26. Januar 99 von grossem Interesse. Darin heisst es, dass die amerikanische Fahrradindustrie im Jahre 1897/8 einen Rückgang ihres Exports erlitten habe. In den Jahren 1896 und 1897 (bis Juli) sei der amerikanische Fahrradexport ausserordentlich schnell in die Höhe gegangen. Diese Zunahme habe fortgedauert bis Frühjahr 1898. Von da ab sei ein Rückgang eingetreten. Der Fahrradexport der Union im Etatsjahr 1897/8 habe 68466000 Doll. gegen 7005000 im Vorjahre. Dieser Rückgang betreffe die Ausfuhr nach England, Kanada und Australien. Noch bedeutender sei der Rückgang in der zweiten Hälfte 1898 gewesen. Das Blatt schliesst seine Ausführung mit folgenden Worten: „Dass es der deutschen Fahrradindustrie trotz des mangelnden Schutzzolls gelungen ist, die amerikanische Konkurrenz auf dem deutschen Markte zum Stillstand zu bringen, darf als ein Beweis für die Leistungsfähigkeit unserer Fahrradfabriken und der Güte ihrer Fabrikate angesehen werden."

Der amerikanische Vizekonsul Mason in Frankfurt a. M. erklärte diesen Rückgang der amerikanischen Fahrrädereinfuhr in eigenthümlicher Weise. In einem Berichte an das Staatsdepartement in Washington sagte er (cf. Frkf. Ztg. vom 26. Januar 1899), der Verband der deutschen Fahrradfabrikanten habe, als seine Bemühungen um einen Prohibitivzoll gegen ausländische Fabrikate vergeblich gewesen seien, beschlossen, den Vertrieb amerikanischer Räder durch eine Art Boykott zu erschweren resp. ganz unmöglich zu machen Der Verband wolle nämlich in Zukunft den Händlern, die auch amerikanische Räder auf Lager halten würden, keinen Kredit oder sonstige Vergünstigung mehr gewähren. Mason fürchtet, dass die Wirkung dieser Abwehrmaassregel für den Vertrieb amerikanischer Räder sehr nachtheilig sein werde.

Von einem Vorstandsmitgliede des Fahrrad-Fabrikantenverbandes wurde Masons Mittheilung als unrichtig bezeichnet: Die deutschen Fahrrad-Fabrikanten hätten weder ein Mittel, ausländische Fahrräder zu boykottiren, noch hätten sie einen solchen Boykott angestrebt. Die amerikanischen Fahrradfabrikanten hätten sich in den letzten zwei Jahren durch Lieferung sehr geringer Ware und durch ungeschäftsmässige Behandlung der deutschen Händler unbeliebt gemacht. Hierin möge die Ursache eines Ausfalles des amerikanischen Absatzes zu suchen sein.

Im „Entwurf einer neuen Anordnung des Deutschen Zolltarifs" ist inzwischen den Wünschen der Interessenten insoweit Rechnung getragen worden, als dem Artikel „Fahrräder" und „Fahrradtheile" besondere Positionen eingeräumt sind.

Nachtrag.

Seitdem diese Schrift abgeschlossen worden ist, hat die Agitation der Interessenten zwar an Leidenschaftlichkeit theilweise etwas verloren, an Umfang aber umsomehr gewonnen. Speziell auch in den hier besprochenen Branchen hat der Kampf für und gegen den Zoll fortgedauert, aber in der Hauptsache wurde immer wieder mit denselben Argumenten gefochten. Immerhin sind einige neue Momente zu konstatiren.

So ist nicht zu leugnen, dass die Schutzzollidee im Gärtnergewerbe gerade bei ihren anfänglich entschiedensten Gegnern, den Händlern, merklich an Boden gewonnen hat.

In der Frage des Wollzolls ist es lange still gewesen. Nur der „Zentralverein der deutschen Wollwaaren-Fabrikanten" ist endlich aus seiner so lange beobachteten und misstrauisch betrachteten Zurückhaltung herausgetreten. Auf einer Versammlung in Hainichen am 21. Mai 1900 sprachen sich die Delegirten des Zentralvereins gegen den Wollzoll aus.

In der Gerbmaterialen-, speziell der Quebrachozollfrage ist der Faden, dank der Ausdauer der Agrarier, eigentlich garnicht abgerissen. Von besonderem Interesse ist hier eine Aeusserung der „Köln. Volksztg." vom 31. Mai 1900. Das Blatt behauptet, gehört zu haben, dass autonom wahrscheinlich wieder ein Zollsatz für die Mehrzahl der Gerbstoffe, wenn auch nur in mässiger Höhe, werde festgesetzt werden. „Ob dann beim Abschlusse neuer Handelsverträge wieder eine Herabsetzung oder Aufhebung des Zolls rathsam erscheint, dürften die künftigen Verhandlungen mit dem Auslande ergeben. Auf jeden Fall würde der Zoll ein sehr wirksames Kompensationsobjekt bei diesen Verhandlungen bilden. Da übrigens in den Kreisen der Lederhersteller höhere Eingangszölle für Leder und innerhalb des Lederwarengewerbes, z. B. von Seiten der Schuhwarenhersteller, höhere Zölle für Lederwaren gewünscht werden, so dürfte schliesslich, wenn diese Wünsche Berücksichtigung finden, der Widerstand gegen einen Gerbstoffzoll garnicht so gross sein können."

Zum Schlusse noch einige allgemeine Worte:

Die Vorbereitung der neuen Handelsverträge ist wohl, wenn man so sagen darf, der demokratischste Akt in der Politik des letzten Jahrzehnts, vielleicht darf man sogar sagen, des letzten Menschenalters. Selten oder niemals ist eine grosse politische Aktion so unter Mitwirkung der weitesten (allerdings Interessenten-) Kreise, ohne Unterschied der Partei, vorbereitet worden, wie die neue Handelsvertragspolitik. Aber es haben sich dabei allerlei, freilich nichts weniger als demagogische Elemente in den Vordergrund gedrängt. Es wurden Wünsche laut, die keinen andern Zweck haben konnten, als den Abschluss neuer Verträge überhaupt unmöglich zu machen. So kommen wir aber nicht weiter. Wir sind vielleicht mehr als sonst ein Volk auf den Verkehr mit dem Auslande angewiesen. Wir können keine Weltmachtpolitik treiben, wir können keine Welthandelsnation werden, wir können unsern Ueberschuss an Menschen nicht ernähren, wenn wir eine unübersteigliche Zollschranken um uns aufrichten. Deshalb muss die eine Seite entschieden Mässigung in ihren Wünschen lernen, die andere Seite aber, d. h. die Handelsvertragsfreunde und die Konsumenten müssen sich rühren. Hat man auf der einen Seite das „Schreien“ zum leitenden Grundsatz erhoben, dann darf die andere Seite in dieser unschönen, aber unvermeidlichen Politik nicht zurückbleiben. Wenn auch bei den neuen Verträgen die „Politik der Sammlung“ im Prinzip siegen sollte, so muss die Opposition wenigstens das Ihrige thun, damit die Sieger keine Exzesse verüben; sie handelt hier in eminent nationalem Sinne. Denn wenn es national ist, passende Schutzzölle zu schaffen, so ist es nicht weniger national, unrichtige oder übertriebene Zölle zu verhindern. Dass aber die Opposition Macht genug hat, im Bunde mit der öffentlichen Meinung, Schlimmes oder doch das Schlimmste zu verhüten, haben die Vorgänge bei dem Volksschulgesetze, der lex Heinze und dem Fleischbeschaugesetz gezeigt.

Druck von A. W. Hayn's Erben, Berlin und Potsdam.

FSC
www.fsc.org
MIX
Papier | Fördert
gute Waldnutzung
FSC® C083411

Kolibri 360 GmbH
Ferdinand-Jühlke-Straße 7
99095 Erfurt, Deutschland
produktsicherheit@kolibri360.de